Die Britischen Inseln: Die Topgrafie des Landes

Britische Geschichte für Dummies - Schummelseite

Herrscher Englands seit 1066

Wilhelm I. »der Eroberer«	1066–1087	Maria I.	1553–1558
Wilhelm II. »Rufus«	1087–1100	Elisabeth I.	1558–1603
Heinrich I. »Beauclerc«	1100–1135	Jakob I.	1603–1625
Stephan	1135–1154	Karl I.	1625–1649
Heinrich II.	1154–1189	Oliver Cromwell	1649–1658
Richard I. »Löwenherz«	1189–1199	Richard Cromwell	1658–1659
Johann »Ohneland«	1199–1216	Karl II.	1660–1685
Heinrich III.	1216–1272	Jakob II.	1685–1688
Eduard I.	1272–1307	Wilhelm III. und Maria II.	1689–1702
Eduard II.	1307–1327	Anna	1702–1714
Eduard III.	1327–1377	Georg I.	1714–1727
Richard II.	1377–1399	Georg II.	1727–1760
Heinrich IV.	1399–1413	Georg III.	1760–1820
Heinrich V.	1413–1422	Georg IV.	1820–1830
Heinrich VI.	1422–1461	Wilhelm IV.	1830–1837
Eduard IV.	1461–1483	Viktoria	1837–1901
Eduard V.	1483	Eduard VII.	1901–1910
Richard III.	1483–1485	Georg V.	1910–1936
Heinrich VII.	1485–1509	Eduard VIII.	1936
Heinrich VIII.	1509–1547	Georg VI.	1936–1952
Eduard VI.	1547–1553	Elisabeth II.	1952–

Die Geschichtsepochen Britanniens

Das alte Britannien

Neolithisches Britannien ca. 12 000 v. Chr. – ca. 2750 v. Chr.

Die Glockenbecherleute und das Bronzezeitalter ca. 2750 vor Chr. – 750 v. Chr.

Eisenzeit und La-Tène-Kultur ca. 750 v. Chr. – 43 n. Chr.

Das römische Britannien 43 n. Chr. – 410

Das Mittelalter

Angelsächsische Plünderungen und Siedlungen 449 – ca. 550

Separate angelsächsische Königreiche ca. 550–924

Das vereinte angelsächsische England 924–1066

Dänische Herrschaft 1016–1042

Normannische Zeit 1066–1154

Die Anarchie 1135–1148

Die Plantagenets 1154–1399

Der Beginn der Eroberung Irlands 1155

Die schottischen Unabhängigkeitskriege 1296–1357

Der Hundertjährige Krieg mit Frankreich 1337–1453

Die Rosenkriege 1455–1485

Das Britannien der frühen Neuzeit

Die Tudorzeit 1485–1603

Der Beginn der englischen Reformation 1532

Die Vereinigung der Kronen Englands und Schottlands 1603

Der Beginn der Expansion nach Amerika 1620

Bürgerkriege und Revolution 1642–1660

Die königliche AG 1662

Das *Revolution Settlement* 1688–1689 und die Union von England und Schottland 1707 schaffen die Grundlage für einen modernen britischen Staat.

Das moderne Zeitalter

Einsetzende Veränderungen in der Landwirtschaft 1730er

Der Beginn der Industrialisierung 1770er – 1780er

Kriege in Amerika und mit Frankreich fördern die Konsolidierung des britischen Staates 1770er – 1815

Die viktorianische Zeit 1837–1901

Die *Great Exhibition* markiert den Höhepunkt der viktorianischen Ära 1851

Imperiale Expansion in Afrika 1880er–1890er

Der Große Krieg 1914–1918

Der Zweite Weltkrieg 1939–1945

Der Höhepunkt der industriellen Unruhen 1960er–1980er

Britannien innerhalb der Europäischen Union 1970er–2000er

Britische Geschichte
für Dummies

Sean Lang

Britische Geschichte
für Dummies

Übersetzung aus dem Amerikanischen
von Kinka Gerke-Unger

WILEY-
VCH

WILEY-VCH Verlag GmbH & Co. KGaA

Bibliografische Information der Deutschen Nationalbibliothek
Die Deutsche Nationalbibliothek verzeichnet diese Publikation
in der Deutschen Nationalbibliografie; detaillierte bibliografische
Daten sind im Internet über http://dnb.d-nb.de abrufbar.

1. Auflage 2009

© 2009 WILEY-VCH Verlag GmbH & Co. KGaA, Weinheim

Printed in Germany

Gedruckt auf säurefreiem Papier

Korrektur   Geesche Kieckbusch, Hamburg
Satz   Conrad und Lieselotte Neumann, München
Druck und Bindung   Media-Print Informationstechnologie, Paderborn

ISBN 978-3-527-70507-8

Über den Autor

Sean Lang studierte in Oxford und unterrichtet seit über 20 Jahren an Schulen, College und Universität. Er schrieb ein Lehrbuch über die Geschichte des 19. und 20. Jahrhunderts und ist Mitherausgeber des Modern History Review. Sean Lang rezensiert regelmäßig Lehrbücher für Times Educational Supplement und verfasste Texte über Didaktik im Geschichtsunterricht für den Europarat. Er ist Forschungsstipendiat an der Anglia Ruskin Universität, Ehrenmitglied der Historischen Gesellschaft und untersucht zurzeit die Geschichte der Frauen im 19. Jahrhundert in Britisch-Indien.

Cartoons im Überblick

von Rich Tennant

Seite 31

Seite 71

Seite 135

Seite 185

Seite 253

Seite 339

Seite 405

© The 5th Wave
www.the5thwave.com
E-Mail: rich@the5thwave.com

Inhaltsverzeichnis

Über den Autor   7

Einführung   25

Über dieses Buch   25
Konventionen in diesem Buch   26
Törichte Annahmen   27
Wie dieses Buch aufgebaut ist   27
     Teil I: Die Briten kommen!   27
     Teil II: Alle anderen kommen! Die Invasoren   27
     Teil III: Wer hat hier das Sagen? Das Mittelalter   28
     Teil IV: Rechte oder Royals?   28
     Teil V: Auf dem aufsteigenden Ast: Das 18. und 19. Jahrhundert   29
     Teil VI: Nicht nach unten schauen: Das 20. Jahrhundert   29
     Teil VII: Der Top-Ten-Teil   29
Symbole, die in diesem Buch verwendet werden   30
Wie es weitergeht   30

Teil I
Die Briten kommen!   31

Kapitel 1
So viel Geschichte in so kurzer Zeit   33

Eine historische Dose voller Bohnen – aber nicht ganz 57 Sorten   33
     England   35
     Schottland   35
     Wales   35
     Irland   36
     Und all diese kleinen Inseln   36
Wie das Vereinigte Königreich geboren wurde   37
     England: Der Anführer   37
     Die Eroberung von Schottland   38
     Die Eroberung von Wales   39
     Die Eroberung von Irland   39
Sie sind nicht von hier – genauso wenig wie ich   40
     Gibt es so etwas wie einen eingeborenen Briten?   40
     Immigranten   41

Wessen Geschichte ist es denn überhaupt? 42
    Könige und Königinnen 43
    Wie sah es mit den Arbeitern aus? 43
    Eine globale Geschichte 44

Kapitel 2
Stöcke und Steinzeitzeugs   **45**

Was für ein Haufen Mist! Was Archäologen finden 45
    Den Müll durchwühlen 46
    Die Untersuchung der Werkzeuge 46
    Ein Blick auf Stammesgesellschaften von heute 46
Die Enthüllung des prähistorischen Menschen 47
    Es ist Leben, Jim, aber nicht wie wir es kennen 47
    Warum die ganze Aufregung? 47
Die Steinzeit 48
    Hey – wir sind die Affen! Die Neandertaler 49
    Treffen Sie Ihre Vorfahren 50
Pflügt die Felder, verbreitet Euch nicht: Die Neolithische Revolution 52
Rolling Stones: Eine nationale Institution 53
Fügt etwas Heavy Metal hinzu 54
    Und Bronze geht an … 54
    Glockenbechermanie 55

Kapitel 3
Farbenwahn und Streitwagen: Die Eisenzeit in Britannien   **57**

Die Eisenzeit: Was sie war und wie wir wissen, was wir wissen 57
    Schriftliche Überlieferungen anderer 58
    Seht, was ich unten im Moor gefunden habe: Leichen 59
Ergründen, wer diese Menschen waren 60
    Auf der Suche nach Mustern 60
    Kelten in Britannien? Vielleicht, vielleicht auch nicht 61
Britannien in der Eisenzeit 62
    Kriegerische Stämme 62
    Handelsplätze 64
    Ein Hauch von Klasse 65
    Bringt mir meinen Streitwagen! 65
    Einfach blau machen 66
Dies ist KEIN Scherz: Die Belgier kommen! 67
Mehr Blut, Herr Pfarrer? Religion in der Eisenzeit 67
    Bei Gott Ihr Götter! 68
    Kopf um Kopf 69
    Menschenopfer 69

Teil II
Alle anderen kommen! Die Invasoren 71

Kapitel 4
Britannien ganz beherrscht 73

Ein weit entferntes Land, über das wir nahezu nichts wissen 73
    Der gallische Krieg 74
    Willkommen in England! 75
Sie sind zurück – mit Elefanten! 76
    Caratacus kämpft gegen die Römer 76
    Die zornige Dame – Boudica 77
Das Abendrot der Römer – Agricola 78
Was haben die Römer je für uns getan? 79
    Entschuldigung, Aquädukte gibt's nicht 79
    Die Mauer muss weg, äh, her 80
    Urbane Zersiedelung 80
    Route LXVI – die Römer wussten, wo's langgeht 81
    Fleischesfrust statt -lust 81
    So lebten die Römer 82
    Das Christentum hält Einzug! 83
Niedergang und Fall … und Abgang 84
    Ärger hoch im Norden 84
    Römische Kaiser Made in Britain 85
    Die Rückkehr des Grauens 85
    Die Römer verlassen die Bühne 86

Kapitel 5
Sachsen, Drugs, und Rock'n Roll 87

Sie kommen aus allen Winkeln! 87
    Willkommen an unserer Küste! 88
Der Herrscher ganz Britanniens: Vitalinus der Vortigern 88
Gespaltene Königreiche 91
    Keltische Königreiche 91
    Sächsische Königreiche 93
In Gottes Namen 94
    Fest im eigenen Glauben: Die britischen Christen 95
    Glauben heißt teilen: Die keltische Kirche 95
    Auftritt der römischen Kirche 98
Winds of Change 100
    Der Aufstieg Mercias 100
    Ich will Sie nicht beunruhigen, aber ich sah drei Schiffe kommen: Die Wikinger 101

Kapitel 6
Habe Axt, suche neue Herausforderung: Die Wikinger   **103**

 Die Raserei der Nordländer   104
  Auf zum Plündern   104
  Basislager Isle of Man   105
 Einige echt gute Könige   106
  Mutiges Schottland: Kenneth MacAlpin   107
  Kurzer Prozess in den Bergen: Die Waliser   108
  Die englischen Könige: Egbert, Alfred und Athelstan   108
 Die Wikinger sind verschwunden – Was nun?   111
  Sie sind zurück – und diesmal ist es was Persönliches   111
  Kräftemessen in Irland   113
  In Schottland war es auch nicht besser   114
  Gut Knut: Zwanzig Jahre Frieden   115
 Auf Knut folgte das Chaos   116
  Könige für (etwas mehr als) einen Tag   116
  Eduard der Bekenner   117
  Die Männer, die König sein wollten   117

Kapitel 7
1066 und alles was danach kam   **119**

 Der König ist tot, lang lebe – eh   119
 König Harold: Einer in einer Millionen, einer im Auge   120
  Ärger am nicht allzu fernen Horizont   120
  Völker hört die Signale   121
  Als Harry auf Harry trifft   121
  Komm Wilhelm, wenn du dich traust!   122
  Normannische Mods und sächsische Rocker:
  Die Schlacht von Hastings   123
 Wilhelm Herzog der Normandie, König von England   123
  Krönungschaos   124
  Unter neuer Führung   125
  Meins, alles meins! Das Feudalsystem   127
  Schottland wird englisch   128
  Und Wales zog nach   129
  Eine Atempause für Irland   130
  Mit der Kirche über Kreuz   130
 Wilhelm stirbt und alles geht den Bach runter   130
  Wer möchte ein Erbe Wilhelms sein?   131
  Wilhelm Rufus als König   131
  Heinrich Beauclerc (alias Heinrich I.) als König   131
  Anarchie im UK   132

Teil III
Wer hat hier das Sagen? Das Mittelalter

135

Kapitel 8
England erhält ein Imperium

137

Die Familie kennenlernen	137
Meine Herren! (Sacré bleu!)	138
England war nett, aber Frankreich die Heimat	138
Heinrich II. und das Angevinische Reich	139
Der Treck nach Toulouse	140
Der große Kampf: England vs. Wales	140
Schlechte Nachrichten für Irland	142
In Schottland (fast) nichts Neues	143
Heinrich der Gesetzgeber	144
Mord in der Kathedrale	144
Heinrichs cleverer Plan … funktioniert nicht	145
Rezept für einen sofortigen Märtyrer	145
Königsfamilien und wie man sie überlebt	146
Richard I.: Der Löwenkönig	147
Auf den Kreuzzug werden wir gehen	148
Ein königliches Lösegeld	148
König Johann	149
Der Papst treibt es auf die Spitze	149
Eh, ich scheine mein Reich verloren zu haben	150
Die Magna Charta	151

Kapitel 9
Eine recht königliche Zeit: Das mittelalterliche Reich Britanniens

153

Grundlegende Hintergrundinfos	154
England: Die French Connection	154
Wer beherrschte was?	154
Simon sagt: »Berufe ein Parlament ein, Heinrich!«	155
Ich bin der König der Burgen: Eduard I.	156
Krieg um Wales	156
Es ist Hammer-Zeit: Schottland	157
Sie wollen also eine Palastrevolution: Eduard II.	160
Eine missachtete Frau	160
Vorsicht! Eines Tags kann der Prinz kommen	161
Die Eroberung Frankreichs: Der Hundertjährige Krieg und Edward III.	161
Welche Schlachten!	161
Die erneute Eroberung Frankreichs	162
»Calamity« Jeanne	164
Lancaster vs. York: Die Rosenkriege – ein Leitfaden	165

Das Haus Lancaster: Die Heinriche IV, V und VI 167
Das Haus York: Eduard IV. und V. und Richard III. 167
Guns 'n' Roses 168

Kapitel 10
Pest, Pocken, Poll Tax und Pflügen – und dann der Tod **171**

Die Vorzüge des Tuchs 171
Woran die Menschen glaubten 172
Der Gottesdienst 173
Ordensgemeinschaften 174
Mittelalterliche Schulen 175
Krankenpflege: Medizinische Versorgung im Mittelalter 175
Die fortschrittlichen Denker 176
Ein Rebell: John Wyclif und die Lollarden 177
Der Schwarze Tod 178
Der Pesttod 179
Schwerwiegende Diagnosen 179
Der Prinz und die Bettelknaben: Der Bauernaufstand 180
Gesetze zur Lohndämpfung 181
Eine Kopfsteuer 181
Showdown bei Smithfield 182

Teil IV
Rechte oder Royals? **185**

Kapitel 11
Unruhig ruht der Kopf, der die Krone trägt **187**

Prinzen und Prätendenten 187
Tricky Dicky, besser bekannt als Richard III. 189
Das Erscheinen von Heinrich Tudor – und einer Reihe
von Kronprätendenten 189
Und dann kam Heinrich vorbei (sprich: der VIII.) 191
Schlechte Ideen des 16. Jahrhunderts – Nr. 1: Heinrich VIII. heiraten 191
Eduard VI., Königin Maria … und Jane Grey? 194
Die Stewards in der Klemme 195
Jakob IV. greift die Engländer an – und verliert 195
Ein neuer König und ein weiterer Machtkampf 196
Schlechte Ideen des 16. Jahrhunderts – Nr. 2: Maria,
Königin der Schotten, heiraten 197
Die erste Elisabeth 198
Die jungfräuliche Königin vs. die nicht-so-jungfräuliche Maria 199
Englische Freibeuter gegen die Spanische Armada 201

Ein aufkeimendes Imperium 201
Protestanten in Ulster 202
Don't let the sun go down on me 203

Kapitel 12
Eine brennende Frage: Die Reformation 205

Religion im Mittelalter 205
Die Rolle der Katholischen Kirche 207
Auftritt der Reformatoren 209
Zurück in England mit Heinrich VIII. 211
Der Bruch mit Rom 212
Schließung der Klöster 212
Die Pilgerreise der Gnade 213
Die Kirche von England: Eher protestantisch oder eher katholisch? 213
Gott ist auf unserer Seite! – Die Protestanten und Eduard VI. 215
Brot, Wein – und Ärger 215
Wir sind auf der Seite Gottes! – Die Katholiken und Königin Maria 216
Ein guter Anfang, gefolgt von einigen schlechten Entscheidungen 216
Bloody Mary 217
Elisabeth löst das Problem ... oder nicht? 217
Die Katholiken schlagen zurück und aus 218
Und die Protestanten waren auch nicht glücklich 219
Schottland geht seinen Weg 219
Aufstand der Protestanten 219
Marias Rückkehr nach Schottland 220
Jakob VI. schreitet ein und macht die Sache noch verworrener 220

Kapitel 13
Krone oder Bürger? 223

Die Stuarts kommen in den Süden 223
Puritaner, nein danke 224
Auf einen Schlag: Die Schießpulververschwörung 225
Jakob I. bekämpfte das Recht und ... wer gewann? 226
Karl I. 227
Buckinghams Palast? 227
Die Auflösung des Parlaments 228
Irland unter Straffords Knute 229
Erneutes hartes Durchgreifen gegen die Puritaner 230
Das Parlament ist zurück und zeigt, wer das Sagen hat 231
Bürgerkrieg: Schlachtgesänge und eine Republik 232
Kriegsgeschichten 232
Dürfen wir mitmachen? Der Eintritt der Iren und Schotten 233
Nur ein toter Stuart ist ein guter Stuart 234

Oliver!   235
   Die Niederschlagung der Levellers und Schotten   236
   England wird eine Republik   236
   Irland: Der Fluch Cromwells   237
Die tragikomische Wiederherstellung der Monarchie   237
   Karl II. kommt nach England   238
   Erleichterungen für Katholiken sowie Puritaner   238
Und wer hat nun gewonnen – die Krone oder das Parlament?   239

Kapitel 14
Alte Probleme, Neue Ideen   241

Die Renaissance: Retro Chic   241
   Liebliche Musik und Paläste liegen in der Luft   242
   Shakespeare: Der Gute, der Barde und der Hässliche   243
Arm sein ist kein Vergnügen   245
   Die Armengesetze   245
   Verbrechen oder Klassenkampf?   246
Neue Ideen   246
   Lassen Sie uns über Religion sprechen ...   247
   Etwas Politik   248
   Selbst die Wissenschaft wird politisch   249
   Die Anwendung der Wissenschaft   250

Teil V
Auf dem aufsteigenden Ast: Das 18. und 19. Jahrhundert   253

Kapitel 15
Lasst uns ein Land werden   255

Kein Papismus! Keine Holzschuhe!   255
1688: Die Glorreiche (?) Revolution (?)   256
   Orangerie   257
   Die Bill of Rights   258
Irland: König Billy von der Boyne   258
   Nachfolgeprobleme   260
   Marlborough Country   260
Großbritannien schaffen – Großbritannien groß machen   261
   England und Schottland: Ein König, zwei Königreiche   261
   Glencoe: Tod bei MacDonalds   262
   Zweiter Akt des Zusammenschlusses: Schottland   263
   Aufstände: Der 15er und 45er   264
   Irland: Zeitstrafe   266
   Teil 3 der Vereinigung: Irland   268

Georg, Georg, Georg und – eh – Georg 268
Der einmalige, der ursprüngliche Georg I. 269
Gerade als man glaubte, man könnte wieder zur See fahren:
Georg II. 269
Die Schlechtigkeit Georg III. 269
Die Komplettierung der Reihe von Georgs 270
Whigs und Tories 270
Nationalsport: Franzosen klatschen 271
Runde 1: Der Spanische Erbfolgekrieg 1701–1714 271
Runde 2: Der Krieg um Kapitän Jenkins Ohr 1739 272
Runde 3: Der Österreichische Erbfolgekrieg 1740–1748 272
Runde 4: Der Siebenjährige Krieg 1756–1763 272

Kapitel 16
Der Reichere überlebt: Die Industrielle Revolution — **275**

Nahrung oder Hungersnot? 275
Das Problem: Dünger – Die Antwort: Rüben 275
Bäh, bäh – blökende Schafe bedeuten viel Wolle 276
Einfriedungen 277
Die Dinge voranbringen: Straßenarbeiten 278
Trouble Over: Bridged Water 279
Die Revolutionierung des Tuchhandels 279
Die Spinning Jenny ist angekommen 280
Die Dinge beschleunigen sich noch mehr 281
Es ist (nicht so) schöne Arbeit, wenn Du sie bekommst:
Leben in den Fabriken 281
Die Maschinenstürmer 282
Düstere Zeiten 282
Alle kochten vor Wut 283
Eiserner Wille 284
Alteisen 285
Tee, Mitgefühl und Sklavenhandel 285
Warum Britannien? 287

Kapitel 17
Kinder der Revolution — **289**

Revolutionen: Eine ganze oder eine halbe Umdrehung? 289
Ein britischer Bürgerkrieg in Amerika 290
Wie die Schwierigkeiten begannen 290
Es wird unangenehm: Von Boston nach Concord 291
Erklärung der Unabhängigkeit 292
Der Kampf beginnt 293
Schluss machen: Die Welt auf den Kopf gestellt 295

Die Französische Revolution 295
    Die Kurzfassung 296
    Hört sich gut an … denken wir 296
    Das bedeutet Krieg! Schon wieder Britannien gegen Frankreich 297
    Wegen Redefreiheit mundtot gemacht:
    Die Einschränkung der Freiheiten 298
    Sich um Schlachten schlagen: Nelson 299
    Bonapartes spanisches Magengeschwür:
    Der Krieg auf der iberischen Halbinsel 300
    Die Schlacht bei Waterloo: Wellington bootet Napoleon aus 301
Eine britische Revolution? 301
    Unzufriedenheit säen: Die Getreidegesetze 302
    Was die Demonstranten wollten 304
    Das Große Reformgesetz 305
    War DAS die britische Revolution? 306

Kapitel 18
Mit Zylinder auf dem Kopf: Die Viktorianer 307

Königin Viktoria 307
Premierminister und Abgeordnete dieser Zeit 309
    Sir Robert Peel: Die Tragödie eines Staatsmannes 309
    Die irische Hungersnot 309
    Peel vergisst die Rückendeckung 310
    Lord Palmerston – schickt ein Kanonenboot! 311
    Bill und Ben: Die Gladstone-und-Disraeli-Show 312
Schwierigkeiten im In- und Ausland 313
    Die People's Charter 313
    Der Krim-Krieg – nicht Britanniens Sternstunde 315
Wie viktorianisch waren die Viktorianer? 316
    Hatte die Oberklasse wirklich die Oberhand? 317
    Waren die Viktorianer wirklich so grausam zu Kindern? 317
    Hatten die Viktorianer wirklich Angst vor Sex? 317
    Waren die Viktorianer wirklich so religiös? 318
    Unterdrückten die Viktorianer Frauen? 319
Die Dinge werden besser 319
    Die Große Weltausstellung im Kristallpalast 319
    Zwei Giganten: Brunel und Darwin 320

Kapitel 19
Die Sonne geht nie unter – aber sie scheint auch nicht 323

Eine neue Weltordnung 324
    Kolonien in der Neuen Welt 325
    Zuckersüß und hundsgemein 325

Der Verlust Indiens 326
  Das schwarze Loch von Kalkutta 326
  Die Schlacht Warren Hastings 327
  Great game, great game! 328
  Das ist Meuterei, Mr. Hindu! 329
Cooks Reise: Australien und Neuseeland 330
Opium? Sag einfach ja: China 330
Weiter, noch weiter: Der Wettlauf um Afrika 331
  Zulu! 332
  Die wilden Buren 333
  Eins für dich und zwei für mich: Die Aufteilung Afrikas 333
Die Kolonien werden erwachsen – so lange sie weiß sind 336
Löwenbändiger 337
  Was ist mit den Iren? 337
  Der zweite Burenkrieg: Eine verdammte Lektion und
  ein verdammter Schock 338

Teil VI
Nicht nach unten schauen: Das 20. Jahrhundert   339

Kapitel 20
Der Große Krieg: Das Ende der Unschuld – und von allem anderen?   341

Spätsommer 341
  Vorsicht auf dem Eis 341
  Keine Ruhe an der Heimatfront 342
Allianzen 344
  Zurückhaltung bei der Entente 345
  Auf der Jagd nach schwerem Geschütz: Das Wettrüsten zur See 345
  Schüsse in Bosnien 346
  General von Schlieffens listiger Plan und Britanniens Ultimatum 347
Der große Krieg 347
  Dein Land braucht DICH! 348
  Tod in den Schützengräben 349
  Tod in den Dardanellen 350
  Tod auf See 351
  Tod an der Somme 351
  Tod im Schlamm 352
  Das Ende des Krieges 352

Kapitel 21
Die Zeit des Radios
355

Große Unruhen	355
Die irische Frage	355
Indien: Das Massaker von Amritsar	357
Probleme daheim	358
Stürmische Zeiten	360
Party Time!	360
Die Party ist vorbei: Der Börsensturz	360
Wie geht's dem Weltreich?	362
Palästina: Ein zweifach versprochenes Land	362
Gandhi	363
Der Weg nach München	364
Die Münchner Konferenz	365
Und dann griff Hitler Polen an	365
Der Zweite Weltkrieg	365
Frühe Schlachten und Churchills beste Stunde	366
Die Luftschlacht um England	366
Wenn's nicht die glühend heiße Wüste ist, ist's der verdammte Dschungel	369
Boote und Bomber	369
D-Day: Am Strand kämpfen	370
Der Krieg gegen Deutschland endet	370
Der Krieg gegen Japan geht weiter	370

Kapitel 22
Die Zeit des Fernsehens
371

Wir sind jetzt die Herren	371
Der Beveridge-Report: Kampf gegen Giganten	372
Mit der Arbeiterpartei arbeiten	372
Macht für das Volk	372
Ihr habt vielleicht den Krieg gewonnen, aber ihr bekommt keine Süßigkeiten	374
Entdeckung und Erholung	374
Das Ende des Weltreichs	375
Sonnenuntergang im Osten … und im Nahen Osten	375
»Wind of Change« in Afrika	378
Ein Imperium verlieren und eine neue Rolle finden	380
Eine Weltmacht oder nicht?	380
In Europa?	380
Schwarz und britisch – und braun und gelb	381
Yeah, yeah, baby – groovy	382
Was MACHEN diese Politiker?	383
Labours Wehen	384

Kapitel 23
Interessante Zeiten   387

Mrs. Thatchers Handtasche   387
    Die Macht der Gewerkschaften, das öffentliche Leben zu unterbrechen   388
    Der Falklandkrieg, die Übergabe Hongkongs   391
    Sehr spezielle Beziehungen   392
Eine Dame verschwindet   393
    Ganz allein in Europa   394
    Belfast geht in die Luft   394
New Labour – ein Neuanfang   397
    Majors Probleme   398
    Blairs Großbritannien   398
    Schottland und Wales: Sozusagen wieder Nationen   398
    Herrschaft über die Herren erlangen: die Reform des House of Lords   399
    Schulterschluss mit Amerika   400
    Briten bombardieren Britannien   402

Teil VII
Der Top-Ten-Teil   405

Kapitel 24
Zehn entscheidenden Wendepunkte   407

Das Ende der Eiszeit, ca. 7500 v. Chr.   407
Die Römer marschieren in Britannien ein, 43 n. Chr.   407
Die Synode von Whitby, 664   408
Die normannische Invasion Englands, 1066   408
Die Engländer marschieren in Irland ein, 1170   408
Die Schlacht von Bannockburn, 1314   409
Der Bruch von Heinrich VIII. mit Rom, 1532   409
Karl I. versucht fünf Abgeordnete zu verhaften, 1642   409
Das Große Reformgesetz, 1832   410
Der Fall Singapurs, 1942   410

Kapitel 25
Zehn Briten, die bekannter sein sollten   411

König Oswald von Northumbria   411
Robert Grosseteste   411
Nicholas Owen   412
John Lilburne   412
Olaudah Equiano   413
John Snow   413

Sophia Jex-Blake   414
Emily Hobhouse   414
Dr. Cecil Paine   415
Chad Varah   415

Stichwortverzeichnis   **417**

Einführung

Eines Tages saß ich in meinem College-Zimmer in Oxford, als mein Vater zu Besuch kam. Vater war einer der britischen Mitarbeiter an der amerikanischen Botschaft in London und sagte, dass einige der jungen Amerikanerinnen, die dort arbeiteten, ihn gefragt hätten, ob sie mitkommen könnten, da sie noch nie in Oxford gewesen wären. Ob es mir etwas ausmachen würde? Das hörte sich doch gut an: Gab es noch mehr, die kommen wollten? Als sie durch die Tür kamen, stockte einem der Mädchen der Atem und es sagte mit ehrfurchtsvollem Erstaunen: »Du meine Güte, ich kann es nicht fassen, dass ich in einem dieser alten Gebäude bin!« Ohne nachzudenken sagte ich: »Oh, die sind gar nicht so sehr alt. Die sind nur aus dem 17. Jahrhundert.« Sie hätten ihre Gesichter mal sehen sollen.

Aber ich hatte recht. Nur einen Block weiter von meinem Platz saßen andere Studenten in einem Raum, der fast vierhundert Jahre älter war als der, in dem ich mich befand. (Die meisten Studenten schätzten, dass das College-Essen noch älter war.) Und diese Räume waren immer noch »nur aus dem 13. Jahrhundert«. Die Kronjuwelen werden in einem Turm aufbewahrt, den Wilhelm der Eroberer beinahe tausend Jahre früher erbaute. Das Erstaunliche ist, dass diese Gebäude nicht nur alt sind, sondern dass sie immer noch genutzt werden. Sie können in Britannien in den gleichen Gebäuden in den Gottesdienst gehen, in denen schon die Sachsen beteten, und Sie können auf Autostraßen fahren, die den Strecken folgen, die die Römer angelegt haben. Sich darüber zu beklagen, dass die Briten irgendwie in der Vergangenheit leben, ist albern: Die Vergangenheit lebt in den Briten.

Über dieses Buch

Wenn Sie sich unter einem Geschichtsbuch so etwas vorstellen wie das, was Ihnen in der Schule vorgesetzt wurde, vergessen Sie es. Diese Bücher sind von Leuten geschrieben worden, die Sie durch Prüfungen bringen wollten, Ihnen Tests gaben und Ihnen gemeinhin zeigen wollten, wie viel sie selbst wussten und wie schlau sie waren. Glauben Sie mir, ich habe solche Bücher selbst geschrieben. Dieses Buch ist anders. Okay, es erzählt Ihnen die ganze Geschichte, aber ich habe mich bemüht, sie so zu erzählen, dass es für Sie nicht zur Plackerei wird. Denn dies ist eine tolle Geschichte: Verpassen Sie sie nicht.

Wichtig ist: Dies Buch heißt *Britische Geschichte für Dummies*. Viele Leute glauben »Britisch« bedeutet »Englisch«. Und es gibt viele »britische« Geschichtsbücher, die die Waliser, Iren und Schotten nur dann erwähnen, wenn sie auf die eine oder andere Weise den Engländern Kummer bereitet haben. Oder, was wahrscheinlicher ist, die Engländer ihnen Kummer bereitet haben. In diesem Buch habe ich versucht, diesem Ungleichgewicht abzuhelfen. Sie werden Menschen wie König Malcolm Canmore, Jakob IV., Brian Boru, Prinz Llewellyn und einigen anderen begegnen, die es verdienen, mehr als nur beiläufig erwähnt zu werden.

Kann ich versprechen, dass dieses Buch objektiv und fair ist? Nun, ich präsentiere meine Sicht der britischen Geschichte. Diese Sicht wird nie genauso wie die irgendeines anderen sein – darin liegt die Schönheit der Geschichte. Tatsächlich gibt es kein vollkommen »objektives« Geschichtsbuch. Jedes Mal, wenn ich entscheide etwas hineinzunehmen und etwas anderes herauszulassen, weil nicht genug Platz ist, ist dies eine Wertung. Jedes Wort, das ich zur Beschreibung der Ereignisse verwende, ist ein Werturteil. Amerikaner sprechen von der Amerikanischen Revolution; die Briten bezeichneten sie lange Zeit als den amerikanischen Unabhängigkeitskrieg. Bezeichnen Sie das, was am Wounded Knee 1890 geschah, als eine »Schlacht«, wie sie lange in den Geschichtsbüchern genannt wurde, oder als ein »Massaker«? Nenne ich das, was in den schottischen Highlands geschah, zum Beispiel bei der Schlacht von Culloden, »ethnische Säuberung«, wie es manche Leute tun? Diese Urteile sind nicht nur eine Frage des literarischen Stils: Sie sind Urteile über Geschichte, und nicht jeder wird mit ihnen übereinstimmen. Wenn Sie der Meinung sind, dass ich mich irre, sind Sie herzlich eingeladen, mir über meinen Verleger zu schreiben, der Ihren Brief an eine vollständig fiktive Adresse weiterleiten wird.

Nicht jeder in Britannien wird gerne Brite genannt. Einige ziehen es vor, »Schotte« oder »Ire« zu schreiben, wenn sie ein Formular ausfüllen und viele Leute in England sagen üblicherweise »England« oder »Englisch«, wenn sie »Britannien« und die »Briten« meinen. Was mich betrifft, so kann ich mit »britisch« leben. Ich habe einen Namen, der zeigt, dass meine Abstammung eine Mischung aus Engländern, Iren und Schotten ist. Keine Waliser, aber man kann ja nicht alles haben. Dieses Buch handelt also von der Geschichte meiner Familie, wo sie herkam und wie sie zu dem wurde, was sie heute ist.

Konventionen in diesem Buch

Wenn Sie durch dieses Buch blättern, werden Sie bemerken, dass einige Wörter kursiv geschrieben sind. Es handelt sich dabei um zentrale Begriffe oder bedeutende Ereignisse der britischen Geschichte und ich erkläre Ihnen, was sie bedeuten oder zu was sie geführt haben.

Die grau hinterlegten Kästen enthalten Informationen, die interessant zu wissen sind, aber nicht notwendigerweise entscheidend sind für das Verständnis der britischen Geschichte. Sie können sie überspringen, wenn Sie mögen – ich werde es keinem verraten.

Schließlich müssen Sie, wenn ich Daten erwähne, den Unterschied zwischen AC (oder v. Chr.) und AD (n. Chr.) und BCE und CE kennen. In der westlichen historischen Tradition ist es üblich, die Jahresnummerierung mit der Geburt Jesus Christus zu beginnen (auch wenn diese genau genommen um circa vier Jahre vom eigentlichen Datum abweicht), sodass alles, was ab dieser Zeit passierte *AD – Anno Domini* (»im Jahre unseres Herrn« oder nach Christus), und alle früheren Daten als *AC – Ante Christum Natum* (vor Christi Geburt, v. Chr., im Englischen *BC – Before Christ*) datiert wurden. Diese Bezeichnungen sind in Ordnung, wenn Sie kein Problem damit haben, ein christliches Datierungssystem zu verwenden. Aber dies trifft nicht auf alle Menschen zu. Statt mit einem anderen Anfangspunkt zu beginnen (was bedeutet hätte, dass man jedes Datum in jedem Buch hätte ändern müssen), ziehen es manche vor, von einem »allgemeinen Zeitalter« *CE – Common Era –* statt von AD zu sprechen, und *BCE – Before the Common Era –* »vor dem allgemeinen Zeitalter« anstelle von AC zu verwenden. Welchen Begriff Sie benutzen, ist letztlich Geschmacksache: Die eigentlichen Daten bleiben davon unberührt. Ich halte an v. Chr. und n. Chr. fest, weil ich an sie gewöhnt bin und weil sie mit den Begriffen übereinstimmen, die Sie in den meisten Büchern finden. Aber wenn Sie lieber CE und BCE gebrauchen, nur zu, tun Sie dies.

Törichte Annahmen

Ich mag mich irren, aber ich habe einige wenige Annahmen beim Schreiben dieses Buches über Sie getroffen. Ich gehe davon aus, dass Sie wahrscheinlich:

✔ ein wenig britische Geschichte in der Schule hatten, sie aber entweder sehr verwirrend fanden oder, falls Sie sie gemocht haben, Ihre Erinnerung daran, wer was machte, inzwischen ein bisschen verblasst ist.

✔ etwas *englische* Geschichte in der Schule hatten, aber über Wales, Schottland und Irland nur dann gesprochen haben, wenn sie Ärger mit den Engländern hatten.

✔ Freude an einer guten Geschichte haben und gerne mehr darüber wissen wollen.

Wie dieses Buch aufgebaut ist

Ich habe dieses Buch so aufgebaut, dass Sie es von Anfang bis Ende lesen oder von Thema zu Thema springen können. Um Ihnen zu helfen, die Informationen zu finden, die Sie suchen, habe ich das Material in Teile eingeteilt. Jeder Teil repräsentiert eine bestimmte Periode in der Geschichte Britanniens und enthält Kapitel mit Informationen zu dieser Ära. Die nachfolgenden Sektionen beschreiben die Art von Informationen, die Sie in den einzelnen Teilen des Buches finden.

Teil I: Die Briten kommen!

Teil I handelt von der Frühzeit Britanniens – den *wirklich* frühen Tagen. Sie erhalten dort Informationen über das Leben in Britanniens Stein- und Eisenzeit – oder wenigstens eine gute Vorstellung davon, wie Archäologen sie sich aufgrund der Belege, die die Frühmenschen hinterließen, machen konnten.

Dieser Teil macht Sie auch mit den mysteriösen Kelten vertraut und wirft einen Blick auf ihre Religion (die merkwürdigen und exzentrischen Bräuche der Druiden), ihre Monumente und die Meinungen, die andere (wie die Römer) von ihnen hatten. Im Grunde genommen zeichnet dieser Teil ein Bild von dieser dunklen, weit entfernten und ziemlich mysteriösen, aber auch ziemlich wunderbaren Welt.

Teil II: Alle anderen kommen! Die Invasoren

Plötzlich möchte *jeder* Britannien erobern. Römer, Sachsen, Angeln, (vielleicht) Jüten, Wikinger, Normannen. Was machte die Anziehungskraft dieses Landes aus? Es kann nicht am

Wetter gelegen haben und ich glaube auch nicht, dass es das Essen war. Die Römer machten Britannien zu einem Teil ihres großen Reiches, lieferten es dann aber der Gnade der Pikten aus, die es von Norden her überfielen, und der Angeln und Sachsen, die über das Meer kamen. Dann kamen die Wikinger brandschatzend und plündernd bis sie sich endlich in Irland, England und auf den schottischen Inseln niederließen. Schließlich begann Britannien zu der Einheit zu werden, die wir heute kennen – Wales, Schottland und England. Und dann, als sie sich gerade sicher glaubten, eroberte eine neue Sorte Wikinger – die Normannen (die altnordischer Abstammung und nicht Franzosen waren) – das angelsächsische England. Und nicht nur England wankte.

Teil III: Wer hat hier das Sagen? Das Mittelalter

Ritter in Rüstung, schöne Maiden und all dies. Willkommen im Mittelalter, einem Zeitabschnitt, in dem sich England in einem großen Machtkampf wiederfand, der in ganz Europa und dem Heiligen Land ausgetragen wurde. Wir beginnen mit einer großen unglücklichen Familie, die zufällig gerade ein Reich beherrscht, das England mit einschließt: die Plantagenets, die geraume Zeit auf dem englischen Thron saßen und noch einige andere Throne übernahmen: Irland zum einen und dann, als Eduard I. durch Wales stürmte, auch den walisischen Thron. Eduard kam der Eroberung auch des schottischen Thrones sehr nahe. Genau genommen nahmen die Plantagenets den schottischen Thron – sie nahmen ihn bis nach London mit. In diesem Teil treffen Sie auf einige schillernde Charaktere: Thomas Becket, der in seiner eigenen Kathedrale ermordet wurde; Wat Tyler, den Anführer des Bauernaufstandes, der vor den Augen des Königs getötet wurde; den Freiheitskämpfer William Wallace (ja, der Film *Braveheart* spielt zu dieser Zeit); und die gewöhnlichen Menschen, die weit ab von den Rittern und Königen lebten, beteten und starben und in deren Leben wir einen kleinen Einblick durch Chaucers *Canterbury Tales* erhalten.

Teil IV: Rechte oder Royals?

In diesem Teil erfahren Sie etwas über die Tudors in England (und Wales und Irland) und die Stuarts in Schottland, zwei Familien, die so viel Macht besaßen, aber über das älteste aller Probleme stürzten: der Erzeugung eines Nachfolgers. Hier treffen Sie Heinrich VIII., der der berühmteste Serienehemann der Geschichte werden sollte; Königin Elisabeth, die die zweitberühmteste Jungfrau der Geschichte wurde; Maria, Königin der Schotten, die religiöse Eiferer und Skandale aus ihrem Königreich vertrieben; und anderen wie Oliver Cromwell, der die politische und religiöse Landschaft dieser Zeit prägte. Dieser Teil untersucht auch die Rolle der Religion, als Katholiken Protestanten verbrannten, Protestanten Katholiken folterten und die Reformation in England und Schottland wütete. Er erklärt auch, wie die Machtkämpfe zwischen dem Parlament und Karl I. das Land in einen brutalen und blutigen Bürgerkrieg stürzten. Doch trotz der Schrecken von Bürgerkrieg, Revolution, Feuer, Seuchen und langen Männerperücken war dies die Ära, die die Renaissance nach Britannien brachte und mit ihr neue Ideen, die die Art und Weise veränderten, in der die Menschen ihre Welt sahen und verstanden.

Teil V: Auf dem aufsteigenden Ast: Das 18. und 19. Jahrhundert

Zu Beginn des 18. Jahrhunderts hätte keiner geglaubt, dass die Briten im Begriff waren, eine der mächtigsten je gekannten Nationen zu gründen. Keiner plante diese Nation, niemand wollte sie wirklich, aber dennoch entstand sie. Die Briten erschufen ihr eigenes Land, eine merkwürdig gemischte Angelegenheit mit einem langen und schwerfälligen Namen – das Vereinigte Königreich von Großbritannien und Irland –, indem sie Gesetze im Parlament erließen, das Leben in den schottischen Highlands unterdrückten und die Franzosen auf der ganzen Welt bekämpften. Selbst scheinbare Rückschläge (zum Beispiel als die Briten in Übersee in den amerikanischen Kolonien entschieden, genug sei genug, und ihre Unabhängigkeit erklärten) machten das Land nur stärker. Nicht alle bedeutsamen Veränderungen dieser Periode erfolgten jedoch auf der Weltbühne. Einige bemerkenswerte Leute waren damit beschäftigt, praktische Probleme zu lösen – wie man Fäden effizienter spinnt und wo man einen Kanal baut – und veränderten dadurch nicht nur Britannien, sondern die Welt für immer. Zu Beginn des viktorianischen Zeitalters war Britannien eine weltweit führende industrielle Supermacht geworden mit einem dazugehörigen globalen Imperium.

Teil VI: Nicht nach unten schauen: Das 20. Jahrhundert

Junge, stand den Briten ein großer Schock bevor. All ihr Selbstvertrauen, all ihr Glauben an sich selbst – alles fiel buchstäblich in den Schützengräben in sich zusammen. Dies ist der Teil, in dem Sie etwas über Britannien im 20. Jahrhundert lernen, das bereits in Schwierigkeiten steckte, als es in den 1. Weltkrieg eintrat, und tief verwundet und verstört an dessen Ende dastand. Aber die Ereignisse des Großen Krieges waren nicht die einzigen, die Britannien ins Straucheln brachten. Kaum wieder nach Hause zurückgekehrt, erlag das Land der globalen wirtschaftlichen Depression und ein weiterer weltweiter Konflikt zog am Horizont auf, bevor Großbritannien wieder in einer Position war, sich ihm stellen zu können. Aber Großbritannien kämpfte trotzdem, allein gegen die Übermacht von Hitlers Deutschland. Doch obwohl die britische Luftwaffe die Schlacht um England gewann, ging die Sonne schließlich über Großbritanniens mächtigem Imperium unter. Dieser Teil schließt damit, dass er die Geschichte bis in die heutige Zeit führt, in der Großbritannien auf der Suche nach einer neuen Rolle ist – im Commonwealth? In Europa? Oder Seite an Seite mit den USA?

Teil VII: Der Top-Ten-Teil

Möchten Sie Fremde mit Ihrem tief gehenden Wissen und Ihren Erkenntnissen beeindrucken? Lesen Sie diesen Teil. Wenn jemand über Wendepunkte im Weltgeschehen spricht, können Sie sagen »ich weiß alles darüber« – und dann einen (oder mehrere) der Wendepunkte erläutern, die Britannien formten (Sie finden sie in Kapitel 24). Zum Schluss erfahren Sie noch etwas über zehn Briten, die bekannter sein sollten, als sie es tatsächlich sind, und die eigentlich einen prominenteren Platz in den Geschichtsbüchern verdient hätten, als sie ihn haben.

Symbole, die in diesem Buch verwendet werden

Geschichte ist mehr als nur das Erzählen von Geschichten: Es geht ums Denken. Wie können wir wissen, was passierte? Welche Schlussfolgerungen ziehen wir daraus? Um einige dieser Punkte hervorzuheben, finden Sie einige Symbole, die auf etwas Besonderes im daneben stehenden Text hinweisen.

Britische Geschichte steckt voller guter Geschichten. Bedauerlicherweise sind nicht alle von ihnen wahr! Dieses Symbol bedeutet, dass ich sie überprüfe.

Die Gegenwart ist ein Geschenk der Vergangenheit. Wenn Sie dieses Symbol sehen, finden Sie Beispiele, wie historisch lange zurückliegende Ereignisse halfen, das Britannien von heute zu formen.

Geschichte wird immer wieder neu geschrieben, weil Historiker oftmals uneinig darüber sind, was sie über Ereignisse denken sollen, die in der Vergangenheit liegen. Wenn Sie dieses Symbol sehen, finden Sie einige sehr unterschiedliche Interpretationen.

Es gibt einige Punkte, an die Sie sich erinnern müssen, um das, was danach kommt, verstehen zu können. Dieses Symbol sagt Ihnen, was die wichtigsten sind.

Merkwürdige Fakten, witzige Details. Sie können diese Abschnitte, wenn Sie mögen, überspringen oder sie auswendig lernen und damit Ihre Freunde beeindrucken.

Wie es weitergeht

»Fange beim Anfang an«, sagte der Herzkönig in *Alices Abenteuer im Wunderland*, »und lies' bis du ans Ende kommst, dann halte an.« Sie müssen diesen Rat in diesem Buch nicht befolgen. Wenn Sie etwas über die Tudors wissen möchten, gehen Sie direkt zu Kapitel 11, oder wenn Sie etwas über die Georgs wissen wollen, lesen Sie Kapitel 15 und kümmern Sie sich nicht um die Kapitel 13 oder 14 auf dem Weg dorthin. Aber natürlich hängt Geschichte auf vielerlei Weise miteinander zusammen und Sie werden merken, dass Informationen in einem Kapitel auf etwas anderes in einem anderen Kapitel hinweisen. Wenn Sie dieses andere Kapitel lesen wollen, können Sie dies tun, und wenn Sie es nicht wollen, müssen Sie es nicht lesen. Hatten Sie so viel Entscheidungsfreiheit in der Schule?

Wenn Sie sich immer noch nicht sicher sind, wo Sie eintauchen sollen, lesen Sie Kapitel 1. Dieses Kapitel gibt eine Art Überblick über die gesamte Szene und vermittelt Ihnen einen guten Eindruck davon, auf was Sie sich einlassen. Und ich wette, Sie haben *dies* nicht in der Schule bekommen.

Teil I

Die Briten kommen!

The 5th Wave
By Rich Tennant

»Wartet! So ist's besser! Und nun versucht einen der Steine
ein wenig nach links zu neigen!«

In diesem Teil ...

Britannien ist ein altes Land mit einer langen Geschichte. Es entstand vor tausenden von Jahren durch die Kontinentalverschiebung der Eiszeit. Die ersten Menschen, die Britannien und Irland betraten, kamen zu Fuß bevor das Eis geschmolzen und zu einem Meer geworden war. Mit der Zeit erlernten sie die Kunst der Metallverarbeitung, erst Zinn und Kupfer, dann Bronze und schließlich Eisen, dem »Vater« aller Metalle in der alten Welt. Aus diesen Metallen stellten sie Waffen zum Jagen und Kämpfen her und fertigten Werkzeuge. Dabei lernten sie schmerzvoll aber beständig, sich dem Land mit seinen Hügeln, Tälern, Bergen und Seen anzupassen und es zu zähmen.

Diese Menschen waren keine »Engländer«, »Iren«, »Schotten« oder »Waliser« – das kam erst sehr viel später. Aber ihre Nachkommen leben immer noch dort, manchmal an denselben Orten. Sie waren es, die die Fundamente für das heutige Britannien und Irland legten. In diesem Teil beleuchte ich, wer diese Leute waren und wie sich ihre Kultur in der Stein-, der Bronze- und der Eisenzeit entwickelte. Dies ist der Anfang.

So viel Geschichte in so kurzer Zeit

1

In diesem Kapitel

▶ Werden die Königreiche genannt, aus denen das Vereinigte Königreich besteht

▶ Erkläre ich, wie das Vereinigte Königreich entstanden ist

▶ Bestimmen wir die Völker, die das Vereinigte Königreich bilden

---

Die britische Geschichte ist die Geschichte einer Vielzahl von Völkern, die eine Vielzahl von Regionen bewohnen. Diese Vielfalt ist einer der Gründe dafür, dass der Name des Landes so unglaublich lang ist: Das Vereinigte Königreich von Großbritannien und Nordirland. Sicher, dieser Name ist ein Zungenbrecher, aber er sagt viel über die Menschen – damals und heute – aus, die diese Inseln bewohnten.

Wenn Sie an den Geschichtsunterricht in der Schule denken, was kommt Ihnen in den Sinn bevor Ihnen die Augen zufallen? Vermutlich endlos lange Listen mit den Namen von Königen oder Parlamentsgesetzen und verwirrende Geschichten von Menschen, die nach Orten benannt waren (»Ah! Lancaster! Wo ist Worcester?«), die ihre Zeit damit verbrachten, die Seiten zu wechseln und sich gegenseitig die Köpfe abzuschlagen. Sie mögen auch an die Geschichten von Francis Drake denken, der in Ruhe seine Partie Bowls zu Ende spielte, während die spanische Armada den Ärmelkanal hinaufsegelte. Oder an Robert Bruce, wie er einer Spinne beim Spinnen ihres Netzes zuschaute. Oder an Churchills trotzige Auflehnung gegen Hitler. Fraglos gute Geschichten, aber gibt es eine Verbindung zwischen diesen Ereignissen und Ihnen? Falls Sie dazu tendieren, Geschichte lediglich als eine Reihe zusammenhangsloser Ereignisse anzusehen, übersehen Sie das größere Ganze: dass Geschichte von Menschen handelt.

 Die britische Geschichte ist voller wunderbarer Menschen (von denen einige eindeutig vollkommen übergeschnappt waren, aber das ist eine andere Geschichte). Und sie ist voller aufregender Ereignisse. Zusammen machen sie Britannien zu dem, was es heute ist. In diesem Sinne ist britische Geschichte, wer immer Sie sind, vermutlich auch Teil Ihrer Geschichte. Gute Unterhaltung!

Eine historische Dose voller Bohnen – aber nicht ganz 57 Sorten

Britische Geschichte ist unglaublich vielfältig. Diese Vielfalt erklärt sich zum einen daraus, dass jedes Land, dessen Geschichte bis in die graue Vorzeit zurückreicht, eine bunt gemischte Geschichte zu erzählen hat, zum anderen aber aus der Natur des Landes selbst. Um einen Einblick zu bekommen, wie die Union gegründet wurde, gehen Sie zum Abschnitt »Wie das Vereinigte Königreich geboren wurde«. Um herauszufinden, aus *wem* es besteht, sehen Sie sich den Abschnitt »Sie sind nicht von hier – genauso wenig wie ich« an.

Woher der Name stammt

Der vollständige Name des Landes lautet *Vereinigtes Königreich von Großbritannien und Nordirland*. Natürlich bezeichnet niemand das Land mit diesem Namen. Auf hochrangigen internationalen Zusammenkünften der UN oder beim Eurovision Song Contest hören Sie »United Kingdom« und die einzigen, die von »UK« sprechen, sind im Ausland arbeitende Briten. Die meisten Engländer sagen »England«, wenn sie »Britannien« meinen und befinden sich damit in guter Gesellschaft: Die Menschen des viktorianischen Zeitalters verwendeten den Begriff ebenfalls ständig – sogar die viktorianischen Waliser und Schotten und selbst die Iren. Sie glauben vielleicht, dass »Britannien« ein gefahrlos zu gebrauchender Begriff ist, aber abgesehen davon, dass seine Verwendung ein sicheres Mittel ist, um in Glasgow oder in West Belfast gelyncht zu werden, ist er nicht einmal richtig.

Dazu müssen Sie wissen, dass »Britannien« der Name war, den die Römer der gesamten Insel gaben, die das heutige England, Wales und Schottland umfasst. Irland war *Hibernia*, sodass nicht einmal Nordirland je zu »Britannien« gehörte. Diese alte römische Unterscheidung zwischen Britannien und Hibernia (oder Irland) ist der Grund dafür, dass der Name so sperrig ist.

Nach dem Abzug der Römer verschwand der Begriff *Britain* für lange Zeit und wurde nur zur Bezeichnung der Zeit vor den Sachsen verwendet – wie zum Beispiel in Shakespeares *König Lear*. Gebildete Menschen wussten, dass *Britain* eine historische Bezeichnung für die ganze Insel war, aber keiner benutzte sie, oder wenn es jemand tat, dann sprach er von der Bretagne! Als König Jakob VI. von Schottland 1603 König von England wurde (siehe Kapitel 13), versuchte er den Begriff *Britain* wiederzubeleben, aber niemand folgte ihm.

Einhundert Jahre später schlossen sich England und Schottland durch den *Act of Union* (»Vereinigungsgesetz«) zusammen und mussten einen Namen für das neue Vereinigte Königreich ersinnen. Irgendjemand schlug »Großbritannien« vor, was sich nicht nur gut anhörte, sondern auch zutreffend war, denn mit ihrer Vereinigung stellten England und Schottland die alte römische Provinz Britannien wieder her. Die Vorsilbe »Groß« half, es von der Bretagne (engl. *Britanny*) zu unterscheiden. Als einhundert Jahre später durch einen weiteren *Act of Union* noch Irland aufgenommen wurde, wurden nicht einfach alle drei Länder unter dem Namen Großbritannien zusammengefasst (weil Irland *nie* ein Teil von Britannien, ob groß oder klein, gewesen ist), sondern in Vereinigtes Königreich von Großbritannien und Irland – *United Kingdom of Great Britain and Ireland* – geändert. (Mehr zu den Vereinigungsgesetzen erfahren Sie in Kapitel 15.)

Als die Römer abzogen, waren die Briten (*Britons*) die keltischen Völker, die sie zurückließen. Als die Angeln und Sachsen das Land überfielen und besiedelten, fassten sie die Briten »Englands« und ihre eigenen Leute zu einem neuen Volk zusammen: die Engländer. Mit anderen Worten, die Menschen, die sich am stärksten dagegen verwehren, als Briten bezeichnet zu werden – die Waliser und Schotten –, haben historisch gesprochen den größten Anspruch auf diesen Namen.

Vor der Ankunft der Römer war die gesamte Insel ein einziger großer Flickenteppich verschiedener Stämme: Es gab keinen Begriff dafür, dass einige dieser Stämme »schottisch« und einige »englisch« waren. Da die Skoten ein irischer Stamm waren und die Engländer, sofern es sie überhaupt gab, in Deutschland lebten, hätte niemand die Bedeutung dieser Begriffe verstanden!

England

Nach den Römern etablierten die Angeln und die Sachsen ein Netzwerk verschiedener Königreiche: Kent, East Anglia, Northumbria, Mercia, Wessex und einige weniger bedeutende. Erst nach der Ankunft der Wikinger begannen die Engländer sich zu einem einzigen Königreich zu vereinen. Dieses Vereinigte Königreich war es, das Wilhelm der Eroberer übernahm, als er die Schlacht von Hastings 1066 gewann. Er hätte sich wohl kaum darum bemüht, wenn er nur König von Wessex geworden wäre.

Obwohl es nach der Invasion der Normannen leichter war, von »England« zu sprechen, war es sehr viel schwieriger, von *den* Engländern zu reden. Die gewöhnlichen Leute waren sächsischer Abstammung, aber alle Adligen kamen vom französischen Festland – zunächst aus der Normandie und später auch aus anderen Teilen Frankreichs. Es gab eine ganze Reihe berühmter englischer Könige, darunter Richard Löwenherz, Johann Ohneland, die ersten drei Eduards und Richard II., die sich selbst niemals als Engländer bezeichnet hätten. Erst ab Heinrich V. und den Rosenkriegen kann man davon sprechen, dass vom Niedrigsten bis zum Höchsten alle Teil eines englischen Volkes waren.

Schottland

Die Römer hatten eine Vorstellung davon, dass »Schottland«, oder *Caledonia* wie sie es nannten, ein bisschen anders war, aber nur deshalb, weil es ihnen nie gelungen war, es vollständig zu erobern. Dort gab es Briten in Strathclyde und Pikten in fast dem gesamten Rest Caledonias, bevor die Skoten aus dem Norden Irlands kamen und sich niederließen. Auch wenn es lange dauerte, lernten diese drei Gruppen miteinander zurechtzukommen. Dem Skoten Kenneth McAlpin gelang es schließlich, die drei Gruppen unter seiner Krone zu vereinen, sodass das gesamte Gebiet nach seinem Volk »Scot-land« (Schottland) benannt wurde.

Wales

»Für Wales«, hieß es früher in Indizes, »siehe England«! Das ist furchtbar unfair, aber so dachten die Engländer viele Jahre über Wales. Die Waliser sind mehr oder weniger direkte Abkommen der alten Briten und haben sich ihre eigenständige Identität und Sprache bewahrt. Noch heute wird Walisisch in einigen Gegenden Nordwales gesprochen.

Die Grenzregionen

Ganze Gegenden im Süden Schottlands und im Norden Englands haben ständig den Besitzer gewechselt. Zum Beispiel:

✔ Der englische *Lake District* kommt in dem *Domesday Book* (es wird in Kapitel 7 erklärt) nicht vor, weil er zu dieser Zeit Teil Schottlands war.

✔ Über viele Jahre wurde Südschottland von den Angeln – den Engländern – kolonialisiert.

✔ Die Grenzstadt Berwick-upon-Tweed erhielt sogar einen besonderen Status. Sie war weder englisch noch schottisch, sodass Friedensverträge und Ähnliches im Namen des Vereinigten Königreichs von Großbritannien und Irland und der Stadt Berwick-upon-Tweed geschlossen werden mussten!

Lange Zeit gab es entlang der gesamten Grenze mehr oder weniger ständig kriegerische Auseinandersetzungen. Die kämpferischen Familiengruppen (Clans), wie die Nixons oder die gefürchteten Grahams, lebten wild und außerhalb jedweder Kontrolle. Sie überfielen und töteten sich gegenseitig oder stahlen Vieh, und wenn Kriege zwischen Schottland und England ausbrachen, halfen sie der Seite, die sie gerade mochten, unabhängig davon, auf wessen Seite der »Grenze« sie tatsächlich lebten. Die Clans dieser Grenzregion waren als *Reivers* bekannt und waren die am meisten gefürchteten Plünderer seit den Wikingern: Von ihnen leiten sich die englischen Begriffe *bereaved* und *bereft* ab, die so viel bedeuten wie verwüstet, leidtragend oder am Boden zerstört.

Irland

Wenn von Irlands Geschichte die Rede ist, denken die meisten an ein von den Engländern überfallenes Land. In Wirklichkeit war es zumindest am Anfang genau umgekehrt. Abgesehen von ein oder zwei Handelsstationen ließen die Römer Irland in Ruhe (mit Ausnahme eines ganz bestimmten Römers namens Patrick, der einen gewissen Einfluss hatte). Nachdem die Römer Britannien verlassen hatten, kamen die Iren als Missionare nicht als Eroberer. Sie errichteten die berühmten Klöster von Iona und Lindisfarne, und irische Mönche und Prediger wie der Heilige Columban brachten das Christentum nach Schottland und Nordengland. Einige Iren kamen hinüber, um sich niederzulassen, und von einem dieser Stämme, den Scotti oder Skoten, erhielt Schottland seinen Namen. Als jedoch die Normannen England besiedelten, änderten sich die Dinge.

Und all diese kleinen Inseln

Inseln spielen eine wichtige Rolle in der Geschichte eines im Grunde genommen Inselvolkes. Schottische Missionare arbeiteten von Iona und Lindisfarne aus, und Königin Viktoria regierte ein Weltreich von Osborne Palace auf der Insel Wight aus. Die Inseln erinnern uns an die kulturelle und ethnische Vielfalt der britischen Völker.

Die Shetlandinseln und die Isle of Man

Den nördlichsten Teil Britanniens stellen die Shetlandinseln dar. Sie glauben vielleicht, diese Inseln seien schottisch, aber damit irren Sie sich gewaltig. Die Bewohner der Inseln sind ihrer Herkunft nach reinblütige Wikinger und stolz darauf. Greifbar ist das Wikingererbe auch unter der Manx-Bevölkerung auf der Isle of Man, obwohl diese ethnisch Kelten sind. Es heißt, man könne von Man aus fünf Königreiche sehen – England, Irland, Schottland, Gwynedd (Wales) und das Himmelreich! – und dass die Wikinger die Insel als Ausgangspunkt zur Kontrolle aller nutzten. Die Isle of Man rühmt sich des ältesten durchgängig tagenden Parlaments der Welt, Tynwald, einem Überbleibsel des Wikinger »Parlaments«, dem *Thing*.

Die Kanalinseln

Auf den Shetlandinseln und der Isle of Man wissen Sie immerhin, dass Sie sich noch im Vereinigten Königreich befinden. Es sei Ihnen verziehen, wenn Sie anfangen sich Fragen zu stellen, wenn Sie die Kanalinseln besuchen. Die Inseln sehen alle ziemlich englisch aus, aber auf ihren englischen Straßenschildern stehen französische Namen, die Polizei heißt *Bureau des Etrangers* und das Geld sieht aus wie britisches Geld, ist es aber nicht. Die Kanalinseln gehörten zum Herzogtum Normandie und wenn Sie auf eine Karte schauen, dann sehen Sie, dass Sie sich nahezu in Frankreich befinden. Diese Inseln haben viele ihrer charakteristischen Bräuche und Gesetze beibehalten darunter auch, wie reiche Menschen schon vor langer Zeit entdeckt haben, ihre sehr viel laxeren Steuerbestimmungen.

Die Kanalinseln waren der einzige Teil des britischen Territoriums, der im Zweiten Weltkrieg an die Deutschen fiel. Hitler nutzte sie weidlich zu Propagandazwecken aus. Historiker, die die Zeit der deutschen Besatzung studierten, fanden dort – vermutlich nicht überraschend – genauso viele Hinweise auf eine aktive Kollaboration und geheime Absprachen wie anderswo im besetzten Europa auch. Besonders tragisch war, dass Alderney in ein Zwangsarbeiterlager für Gefangene aus dem ganzen Nazireich verwandelt wurde.

Wie das Vereinigte Königreich geboren wurde

Wie ist dieses merkwürdig zusammengewürfelte Land mit dem umständlichen Namen, den niemand wirklich benutzt, entstanden? Wenn Sie eine vollständige Antwort darauf möchten, so müssen Sie das ganze Buch lesen, aber hier ist ein kurzer Überblick. Wie Sie sehen werden, war die Schaffung des Vereinigten Königreiches das Ergebnis einer Mischung von Eroberungen, Einwanderungen und Einigungsverträgen. Zusammen ergaben sie eine sehr britische Art von Schmelztiegel.

England: Der Anführer

England war prädestiniert dafür, eine führende Rolle zu spielen. Das Land ist größer als alle anderen Teile Britanniens und näher am Kontinent. England war Teil des Römischen Reiches und die Invasionen der Wikinger gaben den Engländern ein starkes Gefühl der Zusammengehörigkeit gegen einen gemeinsamen Feind. Die Engländer zogen nicht bewusst aus, ihre Nachbarn zu erobern: Bereits seit der Zeit der Sachsen kämpften sie immer wieder gegen die Waliser. Als König Eduard I. schließlich 1284 Wales eroberte, erschien dies daher wie der natürliche Abschluss einer sehr langen Geschichte. Schottland wollten die Engländer nie wirklich besiegen – trotz aller Schlachten: Zu ihrer eigenen Sicherheit wollten sie lediglich einen Monarchen auf dem schottischen Thron wissen, der England wohl gesonnen war.

Das eigentliche Problem Englands war Irland, weil es England nie gelang, das Land zu kontrollieren. Englands große Sorge war stets, dass sich die Iren oder die Schotten mit den Franzosen verbünden könnten – was sie oftmals taten. Den Engländern gelang es, das schottische Parlament zu überzeugen, 1707 dem *Act of Union* zuzustimmen (der es den Schotten, wie sich später herausstellte, ermöglichte, voll und ganz von Englands industrieller Revolution zu profitieren). Irland wurde seit 1801 von England aus regiert (das sogenannte *direct rule*). Für die Briten war dies in erster Linie eine sicherheitspolitische Maßnahme: Irland zog nie den gleichen Nutzen aus der Vereinigung mit England wie es Schottland tat.

Während des 19. und 20. Jahrhunderts betrachteten die Engländer ihre Führungsrolle weitgehend als selbstverständlich. England war das Land, das zählte; die anderen galten als der »keltische Rand«. In den 1990er-Jahren war dieses Selbstbewusstsein verschwunden. Nachdem er jahrelang keine eigenen Regierungseinrichtungen gehabt hatte, erhielt der »keltische Rand« wieder eigene Parlamente und Versammlungen; England sah immer mehr wie der Rumpf des Vereinigten Königreiches aus. Dadurch begannen die Engländer ein eigenes Nationalgefühl zu entwickeln: Sie fingen an, bei Fußballspielen die Flagge des Heiligen Georg zu hissen und es war sogar die Rede davon, spezielle Versammlungen für die englischen Regionen zu errichten, auch wenn daraus letztlich nichts wurde.

Die Eroberung von Schottland

Wie England war Schottland zunächst eine Ansammlung verschiedener Stämme, die sich langsam und schmerzhaft zu einer Nation zusammenschlossen. Natürlich waren Feindseligkeiten gegenüber England dabei eine große Hilfe, und es ist kein Zufall, dass Schottlands wichtigster Ausdruck seiner nationalen Identität, die Deklaration von Arbroath 1320, aus der Periode der heftigsten Unabhängigkeitskriege von England datiert. Bis weit in das 16. Jahrhundert hinein hielten die Schotten an ihrer antienglischen Allianz mit Frankreich – die *Auld Alliance* wie sie genannt wurde – fest, die gewährleisten sollte, dass die englische Regierung schlaflose Nächte verbrachte.

Aber obwohl es stets viele Kämpfe zwischen Schottland und England gab, waren keineswegs alle Schotten antienglisch. Die Engländer schlossen Heiratsbünde mit den Schotten – die Schwester von Heinrich VIII. wurde Königin von Schottland –, sodass gewöhnlich irgendwo am Hofe eine proenglische Fraktion existierte. Als sich im 16. Jahrhundert die Reformation vollzog, baten die schottischen Protestanten ganz selbstverständlich in England der Tudors um Unterstützung gegen die Katholiken des Hochlands und ganz besonders gegen die katholische und tollpatschige Maria, Königin der Schotten. Die meisten wissen, dass es die Engländer waren, die Maria köpften; sie vergessen dabei oftmals, dass die Schotten sie zuvor bereits selbst gestürzt und eingesperrt hatten.

Am Ende waren es nicht die Engländer, die ihren eigenen Mann auf den Thron von Edinburgh brachten, sondern die Schotten, die ihren Mann auf den Thron von London brachten. Als Elisabeth I. 1603 kinderlos verstarb, erbte König Jakob VI. von Schottland den englischen Thron. Es war eine Vereinigung der Kronen aber noch nicht der Nationen: Diese musste noch weitere einhundert Jahre bis zum *Act of Union* 1707 warten. Von da an spielte Schottland eine aktive Rolle im Vereinigten Königreich: Das britische Weltreich hätte kaum ohne die große Zahl von schottischen Missionaren, Ärzten, Soldaten und Administratoren, die ihm dienten, fortgeführt werden können. Aber die Schotten behielten ihren starken Sinn für eine eigene Identität und 1997 bekamen sie schließlich ihr Parlament zurück.

Die Eroberung von Wales

Die Normannen begannen mit der Eroberung von Wales und viele Jahre lang wurden Teile von Wales von den mächtigen normannischen *Marcher Lords* (mehr dazu in den Kapiteln 8 und 9) regiert. Die walisischen Prinzen Llewellyn der Große und Llewellyn ap Gruffydd leisteten erbitterten Widerstand, aber schließlich eroberte König Eduard I. Wales und errichtete im ganzen Land massive Burgen. Owain Glyn Dwr unternahm einen beherzten Versuch, die Engländer zu vertreiben, aber es sollte ihm nicht gelingen.

Ironischerweise waren die Leute, die schließlich die walisische Unabhängigkeit erstickten selbst Waliser: die Tudors. Heinrich Tudor landete in Milford Haven, um König Richard III. herauszufordern und König Heinrich VII. zu werden. Es war sein Sohn, Heinrich VIII., der das Parlament dazu brachte, den *Act of Union* zu verabschieden, der Wales faktisch zu einer Provinz Englands machte. Und dies blieb Wales bis Tony Blair der Schaffung einer walisischen Versammlung 1997 zustimmte. Eine lange Wartezeit!

Die Eroberung von Irland

Irlands großartiges christliches Erbe erwies sich als sein Verderben. Papst Hadrian IV. (der zufällig der einzige englische Papst war, den es je gab) erlaubte Heinrich II. nach Irland zu gehen und die irische Kirche der römischen einzuverleiben, ob die Iren dies wollten oder nicht. Ein großer Schwung anglonormannischer Ritter überquerte die Irische See und beanspruchte Irland für die englische Krone.

Religiöse Fehden

Als im 16. Jahrhundert die Reformation begann, schlossen sich die Nachkommen der anglonormannischen Ritter dem Protestantismus an, aber die keltischen Iren blieben katholisch. Königin Elisabeth I. und ihre Minister ersannen eine clevere Lösung: Die Ansiedlung schottischer Protestanten in Irland. Und Schwupps! Die katholische Provinz Ulster wurde zum protestantischsten und loyalsten Gebiet des Königreichs.

Als die Engländer ihren katholischen König Jakob II. 1688 vertrieben, kamen die Iren ihm zu Hilfe, aber die Ulster Scots wollten davon nichts wissen. Sie trotzten König Jakob, schlugen ihn vernichtend in der Schlacht am Boyne und verjagten ihn. Ihre Nachfahren im heutigen Ulster haben dies nie vergessen und sie sorgen mit ihren Umzügen dafür, dass ihre katholischen Nachbarn es auch nicht tun.

Hungersnot und Fenier

Nach dem 17. Jahrhundert erließen die Briten alle möglichen Gesetze, die den Katholiken die Bürgerrechte nahmen und Irland über Generationen in Armut hielten. Zwar gab es vereinzelt wohlhabende Gegenden – Dublin war eine sehr elegante Stadt im 18. Jahrhundert – aber Irland ähnelte ein wenig dem heutigen Indien mit seiner Mischung aus extremer Armut und großem Reichtum. Selbst die protestantischen Iren hatten zunehmend das Gefühl, dass die der katholischen Bevölkerung auferlegten Beschränkungen unfair sind und die Entwicklung des ganzen Landes beschränkten, sodass sie begannen, sich für die *Katholikenemanzipation*, insbesondere das Wahlrecht, einzusetzen. Als die Emanzipation kam, hatten die Briten Irlands Parlament bereits geschlossen und regierten Irland direkt von London aus. In den 1840-er Jahren dann lösten wiederholte Kartoffel-Missernten eine der schlimmsten Hungersnöte der Neuzeit aus. Die, die konnten, verließen Irland und verstreuten sich in alle Welt. Ihren Hass auf England und die Engländer nahmen sie mit sich. Die, die in Irland blieben, kämpften umso entschlossener für Selbstverwaltung oder *Home Rule,* während bewaffnete Gruppen wie die *Fenier* zu Bombenangriffen und Schießereien griffen. Schließlich mussten die Briten 1922 Irland die Unabhängigkeit gewähren. Die Protestanten in Ulster waren strikt gegen ein unabhängiges Irland und sprachen sich umgehend dafür aus, im Vereinigten Königreich zu bleiben. Deshalb ist ein Teil der Provinz Ulster immer noch im Vereinigten Königreich. Viele Iren betrachteten diese Teilung als eine Überbrückungsmaßnahme und die Gewalt, die in den 1960-er Jahren ausbrach, war der Versuch, ein vereintes Irland zu erhalten bzw. zu verhindern. Letztlich war keine Seite bereit aufzugeben und die Parteien mussten einem Kompromiss in Form eines Friedensabkommens zustimmen. Auch wenn die Schießereien damit beendet wurden, gibt es noch keine Anzeichen für ein Ende der Geschichte eines vereinten oder geteilten Irlands.

Sie sind nicht von hier – genauso wenig wie ich

Genau zu bestimmen, wer die Ureinwohner Britanniens sind, ist sehr schwierig. Die Viktorianer sprachen von der ›britischen Rasse‹, aber dies ist albern: Per Definition gibt es keine britische Rasse, sondern nur eine Ansammlung verschiedener ethnischer Gruppen.

Gibt es so etwas wie einen eingeborenen Briten?

Dem Ureinwohner am nächsten kommen die Kelten: Die Waliser, die schottischen Gälen, die Iren und die Cornisch – auch wenn es Völker keltischen Ursprungs überall in Britannien gibt. Aber selbst die Kelten waren ursprünglich keine Einheimischen Britanniens; sie kamen vom Kontinent wie die Römer, die Angeln und Sachsen und die Normannen.

Die Schotten und die Iren haben einen größeren Anspruch darauf, »Eingeborene« zu sein, aber die Situation ist kompliziert aufgrund der über die Jahre erfolgten Mischung untereinander. Sicherlich sind die keltischen Iren Eingeborene Irlands. Dennoch ist zu fragen, wie lange man an einem Ort leben muss, bevor man sich als Einheimischer bezeichnen darf? Ulster Protestanten haben in Irland so lange wie Weiße in Amerika gelebt und sehr viel länger als die Europäer in Australien und Neuseeland und dennoch haben einige immer noch ein Problem damit, sie Iren zu nennen.

Immigranten

Als ob es nicht schon schwierig genug wäre, diese Frage zwischen Engländern, Walisern, Iren und Schotten zu klären, so ist Britannien seit Langem ein Einwanderungsland für Menschen aus aller Welt.

Asylsuchende

Während der Religionskriege im 17. Jahrhundert suchten viele Protestanten Schutz in England, weil es die größte und stabilste protestantische Macht war. Vor Ludwig XIV. geflohene französische Hugenotten ließen sich in London nieder und führten dort ein sehr einträgliches Leben als Handwerker und Händler. Die Holländer begannen im Elisabethanischen Zeitalter während ihres langen Unabhängigkeitskrieges gegen Spanien in das Land zu kommen und weitere kamen herüber als Wilhelm von Oranien Jakob II. 1688 vertrieb. Einige dieser Immigranten waren Adlige wie die Bentincks, die später Herzoge von Portland wurden. Andere waren gewöhnliche Leute, die ins Land gebracht wurden, um bei der Trockenlegung der Moore von East Anglia zu helfen. Dort können Sie noch heute ihre Häuser im holländischen Stil sehen. Britannien fuhr sehr gut damit, diese Asylsuchenden willkommen zu heißen.

Ein wahrhaft königlicher Haufen von Ausländern

Wenn Sie ein gutes Beispiel für eine Familie mit sehr wenig englischem – oder selbst britischem – Blut in ihren Adern haben wollen, schauen Sie auf die königliche Familie. Die Normannen und die Plantagenets waren Franzosen, die Tudors Waliser, die Stuarts Schotten, die Hannoveraner Deutsche und bis Georg III. konnten sie nicht einmal die Sprache richtig sprechen. Viktorias Familie war ein Zusammenschluss zweier deutscher Familien und sie gehörte zum herzoglichen Haus von Sachsen-Coburg-Gotha – das hört sich nicht sehr englisch an, nicht wahr? Zwar änderte die königliche Familie ihren Namen während des Ersten Weltkrieges in Windsor (und ihre Verwandten, die Battenbergs anglisierten ihren in Mountbatten), aber die Briten haben nie ganz vergessen, dass die königliche Familie nicht ganz so *Made in Britain* ist, wie es den Anschein hat. Vermutlich mochten die Briten Diana, die Prinzessin von Wales, so sehr, weil sie so unbestreitbar *englisch* war.

Britannien breitet seine Flügel aus

Es gibt ein berühmtes viktorianisches Gemälde von Ford Madox Brown mit dem Titel *Der letzte Blick auf England*. Es zeigt ein Paar, das nachdenklich auf die verblassende englische Küstenlinie schaut, als ihr Schiff nach Amerika, Australien, Südafrika, Argentinien oder zu einem der vielen anderen Orte, in die die Briten in großer Zahl auswanderten, ausläuft. Die Waliser bevölkerten Patagonien in der argentinischen Pampa und einer von Chiles großen Nationalhelden trägt den eindeutig irischen Namen Bernardo O'Higgins. Viele Briten besiedelten den amerikanischen Westen, darunter eine große Zahl von Menschen, die, von Brigham Youngs Mission angezogen, von Liverpool aus auswanderten und sich in Salt Lake City niederließen. Britische Ingenieure und Hilfsarbeiter zogen durch ganz Europa, um Eisenbahnen zu entwerfen und Schienen zu verlegen: Die Strecken in Norditalien sind alle das Werk britischer Ingenieure. Die Briten waren stets ein Volk von Immigranten – und Emigranten.

Der Union Jack sollte schwarz enthalten

Die Leute glauben oft, dass die ersten Schwarzen in Britannien nach dem Zweiten Weltkrieg auftauchten. Keineswegs! Schwarze Menschen waren überraschend zahlreich in Britannien während der Tudorzeit, auch wenn die meisten von ihnen natürlich Sklaven waren (auf vielen Gesellschaftsporträts aus dem 17. und 18. Jahrhundert war ein kleines schwarzes Kind in der Ecke abgebildet). Zur Zeit von Königin Viktoria gab es ganze Gemeinden schwarzer Menschen, vielleicht weil Großbritannien den Sklavenhandel abgeschafft hatte.

Andere ethnische Gruppen

Das viktorianische Limehouse, ein Bezirk der Londoner Docklands, war regelrecht eine Art Chinatown und in dem Maße, in dem Großbritannien seine Herrschaft über Indien ausweitete, kamen mehr und mehr Asiaten nach London: Gandhi wurde in Middle Temple in London zum Rechtsanwalt ausgebildet und Nehru studierte in Cambridge. Duleep Singh, der exilierte Maharadscha des Punjab war ein häufiger Besucher am Hof von Königin Viktoria (okay, es waren die Briten, die ihn überhaupt erst ins Exil geschickt hatten). Viktoria hatte sogar einen indischen Diener, der bekannt war als *Munshi*, der aber keinesfalls einer hohen Kaste angehörte, wie er es vorgab, aber was soll's.

Wessen Geschichte ist es denn überhaupt?

Die meisten Geschichtsbücher erzählen Ihnen viel darüber, was die Könige, Königinnen und Führer anstrebten. Lange Zeit dachten britische Historiker, der einzige Grund für das Studium der Geschichte sei es herauszufinden, wie die britische Verfassung entstand. Folglich konzentrierten sie sich auf die Parlamente und Gesetze und ignorierten nahezu alles andere. In jüngerer Zeit haben Historiker darauf hingewiesen, dass es in der Geschichte um sehr viel mehr als Könige und Politiker geht und dass es viele andere Menschen gab und gibt, deren Geschichte ebenso ein Recht hat, gehört zu werden.

Könige und Königinnen

Man kann den Königen und Königinnen nicht vollständig entkommen – sie waren wichtig und es wäre ein merkwürdiges Buch über britische Geschichte, wenn es sie vollständig ausließe. Aber hüten Sie sich vor einer von Märchenerzählungen geprägten Sicht dieser Menschen. Könige konnten nicht einfach ihr halbes Königreich an junge Männer abgeben, die kamen und ihre Töchter heirateten, und die Könige, die versuchten ihr Reich unter ihren Söhnen aufzuteilen, wie Wilhelm der Eroberer und Heinrich II., fanden heraus, dass das auch nicht funktioniert. Selbst die mächtigsten Herrscher verließen sich sehr stark auf die Beratung durch ihre Minister. Einige wie Sir William Cecil, der Berater von Königin Elisabeth I., erteilten guten Rat (in der Tat glauben einige Historiker, dass es in Wirklichkeit Cecil war, der England regierte); andere Berater waren eine Katastrophe wie die Minister von Karl I., Strafford und der Erzbischof Laud.

Wenn Sie dann schließlich bei den Georgs angelangt sind, wird es sehr schwierig festzustellen, wie viel von dem König und wie viel von seinen Ministern entschieden wurde. »Dieses Haus ist der Auffassung, dass die Macht der Krone zugenommen hat, weiter ansteigt und begrenzt werden sollte« lautete ein berühmter Antrag des Parlaments im Jahre 1780. Drei Jahre später entließ Georg III. aus eigener Initiative ein Ministerium, das über eine große parlamentarische Mehrheit verfügte – und kam damit durch. Aber im Großen und Ganzen hatte die Macht der Krone abgenommen, war am abnehmen und sollte auch weiter abnehmen, egal was Königin Viktoria und Prinz Albert darüber denken mochten.

Wie sah es mit den Arbeitern aus?

Geschichte handelt nicht nur von den Menschen an der Spitze. Sicher, diese Leute haben sehr viele Dokumente hinterlassen – alle ihre Schriften, Häuser, Möbel – sodass es leicht ist, etwas über sie herauszufinden. Aber viele Menschen arbeiteten hart, damit diejenigen an der Spitze den Lebensstil beibehalten konnten, an den sie gewöhnt waren und diese arbeitende Bevölkerung hat ebenfalls eine Geschichte.

Der englische Historiker E. P. Thompson zeigte beispielhaft in seinem Buch *Making of the English Working Class* (»Die Entstehung der englischen Arbeiterklasse«), wie man die Geschichte der gewöhnlichen Leute erforschen und rekonstruieren kann. Mithilfe verschiedenster Quellen, darunter Balladen, Poster und Gerichtsakten (viele Arbeiter landeten vor dem Magistrat), zeichnete er nach, wie die Arbeiter im industriellen England ihre eigene Identität entwickelten. Viele Herrensitze öffnen mittlerweile ihre Küchen und Dienstbotenwohnungen für Besucher, und wenn Sie wirklich eine Vorstellung davon bekommen wollen, wie die andere Hälfte lebte, besuchen Sie den Palast von Heinrich VIII. am Hampton Court und werfen Sie einen Blick auf die Tudorküchen. Überlegen Sie nur, wie viel *Arbeit* es gekostet haben muss, ihn so dick zu halten!

Mein Großvater war...

Gehen Sie in irgendein Archiv oder das britische Staatsarchiv und Sie werden überraschenderweise lauter Menschen vorfinden, die ihre Familiengeschichte erforschen. Warum Familiengeschichte in der neueren Zeit auf ein so großes Interesse stößt, ist schwer zu erklären, aber Genealogie ist in Großbritannien unglaublich populär. Menschen lernen wie man Volkszählungen, Kirchenbücher und Feuerstellensteuerfestsetzungen verwendet, um herauszufinden, wer ihre Vorfahren waren und woher sie kamen. Sie werden überrascht sein, wie weit Sie zurückgehen können, wenn Sie wissen, was Sie tun – und wenn die Aufzeichnungen erhalten geblieben sind. Die meisten Menschen schaffen es zurück bis in die viktorianische Epoche und einige schaffen es sogar, ihre Ahnenlinie bis in die Tudorzeit oder sogar noch davor zu verfolgen. Diese Erforschung der Familiengeschichte ist nur ein Indiz dafür, warum Geschichte wichtig ist: Sie hilft uns herauszufinden, wer genau wir sind.

Eine globale Geschichte

»Was sollte der über England wissen«, fragte der große Dichter des britischen Weltreiches, Rudyard Kipling, »der nur England kennt?« Wenn man berücksichtigt, dass die viktorianische Verwendung von »England« »Britannien« bedeutete, hatte Kipling irgendwie recht, wenn auch nicht in der von ihm beabsichtigten Weise. Um die Geschichte von Britannien und den Briten zu kennen, muss man sich die Geschichte des britischen Weltreiches anschauen und alle diese unterschiedlichen Orte – Kanada, Jamaika, Tonga, Malta, der Punjab, Kenia, Aden (Katar) –, die in diese Geschichte einfließen. Ihre Geschichten sind Teil der britischen Geschichte und die britische Geschichte ist Teil ihrer Geschichte. Dies gilt insbesondere für die Nachfahren der Menschen aus diesen Teilen der Welt, die heute in Großbritannien in die Schule gehen. Okay, es gibt eine Grenze dessen, was ich in diesem Buch leisten kann, aber behalten Sie im Kopf: Wenn Sie die britische Geschichte kennen (und am Ende dieses Buches werden Sie eine ziemlich gute Vorstellung davon haben), kennen Sie nur die Hälfte der Geschichte von *Großbritannien*.

Stöcke und Steinzeitzeugs

2

In diesem Kapitel

▶ Graben wir in der prähistorischen Vergangenheit

▶ Verstehen Sie die Steinzeit und die Menschen, die in ihr lebten

▶ Rücken wir bis in die neolithische Periode vor

▶ Geht es um Glockenbecher, Grabhügel und das Bronzezeitalter

S tellen Sie sich eine auf dem Boden ausgerollte Rolle Toilettenpapier vor. Ziemlich lang, nicht? Diese Rolle ist die Geschichte des Planeten Erde. Wenn Sie sie der Länge nach abgehen, finden Sie das Jura, das Devon und die Kreidezeit. Sie sehen, wo die Dinosaurier auftauchen und wo sie wieder verschwinden. Sie sehen Vulkane und Säbelzahntiger und den ganzen Rest des wirklich alten prähistorischen Zeugs. Was Sie hingegen nicht sehen, sind mit Bärenhäuten bekleidete und gegen Dinosaurier kämpfende Höhlenmenschen: Denn sie lebten nicht einmal annähernd zur gleichen Zeit. Vielmehr werden Sie, wie sehr Sie auch suchen, überhaupt kein menschliches Leben finden, zumindest nicht bis Sie am Ende der Rolle angelangt sind. Nicht auf den letzten paar Blättern, nicht einmal auf dem allerletzten Blatt. Sehen Sie die Kante des letzten Blattes? Die Perforation? Diese Kante stellt die Menschheitsgeschichte auf der Erde dar. Ihre ganzen 800 000 Jahre. Das ganze Steinzeitzeug und das Mittelalter, ihre Tudors und Stuarts und Abraham Lincoln und Winston Churchill und der Kalte Krieg – in der Geschichte der Welt nimmt die der Menschheit nicht mehr Raum ein als die letzte Kante einer Rolle Toilettenpapier.

Legen Sie nun die Toilettenpapierrolle zurück, ehe sie jemand vermisst, und nehmen Sie ein Blatt Papier. Zeichnen Sie 100 Quadrate – in einem Quadrat, in einer Linie, das spielt keine Rolle. Die Quadrate repräsentieren die Geschichte der Menschen auf der Erde. Malen Sie nun die Quadrate gemäß den einzelnen Perioden bunt an – blau für das Mittelalter, rot für die Römer, und so weiter – und beginnen Sie mit der Steinzeit. Wie viele Quadrate glauben Sie, brauchen Sie für die Steinzeit? Zehn? Fünfzehn? Fünfzig? Nehmen Sie Ihren Buntstift und malen Sie 99 Quadrate aus. Und malen Sie auch noch ein bisschen des hundertsten Quadrats aus. Die Steinzeit stellt alle anderen Perioden der menschlichen Geschichte in den Schatten. Keine andere dauerte so lange wie diese Periode und keine, die später kam, brachte auch nur annähernd so viele Veränderungen und Innovationen hervor. Kommen Sie schon, diese Kerle verdienen Respekt. Sie überdauerten eine lange Zeit und mussten viel ertragen.

Was für ein Haufen Mist! Was Archäologen finden

Prähistorische Menschen hinterließen keine Steinzeitmanuskripte oder Geschichten und Legenden, die ihre eigene Geschichte erzählen. Um zusammenzustückeln, wie das Leben der prähistorischen Menschen aussah, müssen die Archäologen Detektiv spielen.

Den Müll durchwühlen

Was wir haben ist das, was prähistorische Menschen zurückgelassen haben, und Sie werden überrascht sein, wie viele Rückschlüsse Archäologen daraus ziehen können. Neugierige Journalisten wissen, wie viel man erfahren kann, wenn man die Mülltonnen der Leute durchwühlt, und Archäologen arbeiten nach demselben Prinzip. Steinzeitmenschen (und alle anderen nach ihnen) hinterließen – buchstäblich – viel Müll; all diese Hühnerbeine und gebrochenen Knochen sind äußerst informativ.

 Archäologen schauen nicht nur auf Belege des prähistorischen Lebens. Sie studieren alle Perioden bis zum heutigen Tage und die Art von Belegen, die sie vorlegen können, sind auch für Perioden, über die eine geschriebene Geschichte existiert, sehr nützlich. Wenn ein neues Gebäude oder eine Straße gebaut wird, sehen Sie in der Nähe oft Archäologen, die die freigelegte Erde nach Zeichen unserer Ahnen untersuchen.

Die Untersuchung der Werkzeuge

Wenn Sie anfangen, die Werkzeuge zu untersuchen, machen Sie sich sehr bald Gedanken darüber, wofür sie verwendet wurden. Eine Handaxt bedeutet, dass sie Dinge zerhackt haben, aber was? Holz? Nahrung? Ein Pfeil ist ein Hinweis auf die Jagd, und die Jagd legt eine ganze Reihe von Ritualen und Rollen nahe, und so beginnen Sie umgehend, sich ein Bild vom Leben eines Stammes zu machen. Tierknochen geben einem eine gute Vorstellung davon, was sie jagten und aßen, und manchmal, was sie mit den Knochen taten. Wissenschaftler machten sogar prähistorisches Saatgut und Getreide ausfindig, sodass wir wissen, welche Pflanzen sie wann aussäten. Beeindruckend.

Mit der Einführung der Landwirtschaft gab es für jeden viele neue Aufgaben: Saatgut musste gesät, Ernten eingebracht, Ernten gelagert, Getreide gemahlen, Nahrung gebacken und alle Arten von Werkzeugen erdacht und hergestellt werden. Dies sind also die Dinge, die Archäologen zu finden beginnen und aus dem was sie finden, ziehen Experten Rückschlüsse darüber, wie die Menschen lebten und wie schnell sich die Technologie entwickelte.

Ein Blick auf Stammesgesellschaften von heute

Neben dem Grübeln über den Kram dieser prähistorischen Menschen, schauen Archäologen manchmal was Anthropologen, die die Sozialmuster heutiger Stammesgesellschaften studieren, herausgefunden haben, um Rückschlüsse zu ziehen, wie die Stämme der Steinzeit funktioniert haben könnten. Als Nächstes kommen Biologen, Paläobiologen, Geologen und Geophysiker, bis man sich vor lauter Experten kaum noch rühren kann – weil wir uns nicht nur anschauen, was die Steinzeitmenschen hinterlassen haben. Wir schauen auch, wer und was sie überhaupt waren. Und es ist keinesfalls leicht, sich seiner Ergebnisse sicher zu sein.

Darwin

Darwins *Die Entstehung der Arten* (Original: *The Origin of Species*) enthält 14 lange Kapitel. Hier ist der Abschnitt über die Ursprünge der Menschheit: »In einer fernen Zukunft sehe ich ein weites Feld für noch bedeutsamere Forschungen. Die Psychologie wird auf einer neu geschaffenen Grundlage weiterbauen, dass jedes geistige Vermögen und jede Fähigkeit nur allmählich und stufenweise erlangt werden kann. Licht wird auch auf den Menschen und seine Geschichte fallen.« Das ist es. Und das ist alles davon. Aber Darwins Timing hätte nicht günstiger sein können – er publizierte just zu der Zeit, als Knochen aufzutauchen begannen, die tatsächlich Licht auf die Entstehung der Menschen warfen.

Die Enthüllung des prähistorischen Menschen

Die meisten Menschen vor 1856 hatten keinerlei Vorstellung von einem prähistorischen Menschen, als im Neandertal in Deutschland Steinbrucharbeiter das taten, was Steinbrucharbeiter tun, wenn sie Schädel und einige Knochen finden. Nicht wissend, ob sie Tier- oder Menschenknochen gefunden hatten, brachten sie die Knochen zu ihrem örtlichen Arzt, der sie untersuchte und »Ja!« sagte – es handele sich wirklich um Menschenknochen.

Es ist Leben, Jim, aber nicht wie wir es kennen

Die nächste Frage war, was für Menschenknochen es waren? Der Schädel hatte keine wirkliche Stirn – das ganze Ding sah flach und lang gezogen aus. Dies ist der Grund dafür, dass manche glaubten, es handele sich um einen Affen. Ganz sicher sah er nicht aus wie die dortigen Bewohner. Könnten die Knochen asiatischen Ursprungs sein? Während der Napoleonischen Kriege waren Kosaken in der Gegend gewesen; aber war er einer von ihnen? Und weil die Knochen ein wenig krummbeinig waren, fragten sie sich, ob die Kosaken Rachitis hatten.

Dann kamen zwei prominente britische Wissenschaftler, Charles Lyall und Thomas Huxley nach Deutschland, um einen Blick auf die Knochen zu werfen. Sie kamen zu dem Schluss, dass es sich bei dem Burschen definitiv um einen Menschen handelt, aber einen sehr viel älteren als den Deutschen bewusst war: Dies sei der Schädel eines Urzeitmenschen, sagten sie.

Warum die ganze Aufregung?

Die Knochen wurden 1856 entdeckt: in der viktorianischen Zeit. Die Vorstellung von einem Urmenschen barg Sprengstoff in sich. Viele Menschen waren sich nicht einmal sicher, was Lyall und Huxley meinten. Der Bibel zufolge schuf Gott Adam: Sie sagte nichts über einen Prototyp. Aber Huxley und Lyall schienen zu sagen, dass dieses Skelett solch einen menschlichen Prototyp darstellte.

Drei Jahre später veröffentlichte Huxleys Freund Charles Darwin sein berühmtes Buch *Die Entstehung der Arten*. Darwin entwickelt dort die Evolutionstheorie auf Grundlage des

Überlebens desjenigen, der besser an seine Umwelt angepasst ist, und seine Ideen haben enorme Auseinandersetzungen darüber ausgelöst, wer recht hat: Die Evolutionstheorie oder das Buch Genesis.

 Es mag Ihnen nicht bewusst sein, dass Darwins Buch ausschließlich von Pflanzen und Tieren handelt: Mit Ausnahme von einem winzigen Abschnitt am Ende (das Sie in dem Kasten »Darwin« nachlesen können) erwähnt das Buch Menschen überhaupt nicht. Aber diese Auslassung hielt die Leute nicht davon ab, eine Verbindung zwischen seinen Ideen und diesen mysteriösen Knochen herzustellen. Die Dinge begannen sich zu entwickeln.

Nachdem Darwins Buch reißenden Absatz fand, war es klar, dass die Leute anfangen würden über diese Knochen zu sprechen und das taten sie auch. Sie waren entsetzt. Der Neandertaler Schädel hatte einen dicken Wulst über den Augen und seine Knochen waren so stämmig. Waren sie wirklich mit *diesem* Mann verwandt?

Die Steinzeit

Wir sprechen von der Steinzeit, weil die Menschen Steine verwendeten – in einer überraschend vielfältigen Art und Weise. Ein glatter runder Stein? Er mag so aussehen, als gehöre er an einen Strand, aber haben Sie ihn sich jemals als Hammer vorgestellt? Wenn Sie sich einige der Steine, die man an Steinzeitfundorten gefunden hat, genauer anschauen, sehen Sie, dass auf ihnen immer noch kleine Markierungen und Abschläge zu finden sind, die auf das Behauen durch andere Steine zurückzuführen sind.

Denken Sie an die scharfen Werkzeuge. Wenn Sie in der Wildnis ohne eine wie auch immer geartete Klinge stecken bleiben, wüssten Sie dann auf Anhieb, welche Art von Stein Sie aufheben und wie Sie ihn zerbrechen müssten, damit Sie eine scharfe, schneidende Kante erhalten? Selbst wenn Sie es wüssten, würde vermutlich etwas ziemlich Plumpes dabei herauskommen: Nur ein großer, in zwei Teile zerbrochener Kiesel. Herzlichen Glückwunsch. Sie haben das technologische Niveau von einigen der frühesten Hominiden erreicht!

Die Geschicklichkeit der Steinzeitmenschen ging weit über das Spalten von Steinen hinaus. Sie fertigten und formten ihre Werkzeuge, und einige der Messer aus Feuerstein waren scharf wie Rasierklingen. Auch aus Knochen stellten sie Werkzeuge her. Ihre Höhlenmalereien geben uns einen Hinweis darauf, was in all den Schädeln, die immer noch auftauchen, vor sich ging. Folgendes können wir über sie sagen:

✔ **Sie wussten, dass sie für bestimmte Arbeiten Werkzeuge brauchten,** und wir können sehen, dass diese Arbeiten immer ausgefeilter waren.

✔ **Sie konnten die besten Materialien identifizieren.** Die Auswahl der besten Materialien begann vermutlich durch Versuch und Irrtum, aber dieses Wissen wurde über Generationen weitergereicht. Das deutet auf Geschicklichkeit und Ausbildung hin.

✔ **Sie waren sehr geschickt und einfallsreich.** Jedes Werkzeug, das sie verwendeten, mussten sie zunächst erfinden.

Hey – wir sind die Affen! Die Neandertaler

Dank Darwin und seinem 1859 veröffentlichten Buch *Die Entstehung der Arten* konnten Sie im 19. Jahrhundert kaum an einer Klippe spazieren gehen ohne nicht über einen Fossilienjäger zu stolpern, mit einem Hammer in der einen und einer Kopie des Buches in der anderen Hand. Bald begannen die Leute mehr Knochen und Schädel zu finden, die den deutschen ähnlich waren. Neandertalerfragmente tauchten in Belgien, Frankreich, Spanien und Griechenland auf. Kleine Stücke begannen auch außerhalb Europas aufzutauchen, im Nahen Osten und in Zentralasien. Aber es waren immer nur kleine Stücke: Ein Schädel hier, ein Oberschenkelknochen da – das war alles. Im Jahre 1908 schließlich förderten sie ein vollständiges Neandertalerskelett zutage. Endlich konnten Archäologen herausfinden, wie diese merkwürdigen Menschen wirklich aussahen. Es waren schlechte Nachrichten.

Dieser französische Neandertaler hatte einen stärkeren Knochenbau, gekrümmte Beine, einen gebeugten Nacken, steife Gelenke – er ähnelte mehr einem klobigen Affen als irgendetwas Menschlichem. So glaubten die Leute, dass die Neandertaler genau dies waren: Große, starke Affen mit hässlichen Gesichtern und über den Boden schleifenden Knöcheln. Und beschränkt. Logisch oder? Große, affengleiche, in Höhlen lebende Wesen, die »Ugh, Uhg« machen und Tierhäute tragen. Ja, die Leute sagten sich, dass, was immer sie auch sonst über Neandertaler dachten, wir besser sein mussten als sie. Und falls wir uns tatsächlich aus ihnen entwickelt haben, macht es dann nicht Sinn, dass wir cleverer sind? Oder etwa nicht?

Wissenschaftler haben Neandertaler sehr viel weiter erforscht und wir haben sie so furchtbar falsch eingeschätzt, dass sie sich einen guten Anwalt nehmen und uns verklagen sollten. Und wenn sie etwas länger gelebt hätten, hätten sie dies vielleicht auch getan.

Hier sind einige Fakten:

✔ **Das 1908 gefundene Skelett stammte von einem älteren Neandertaler mit chronischer Arthritis.** Andere Skelette – und inzwischen haben wir sehr viele davon gefunden – weisen nicht die gleichen Deformationen auf. Sieht man einmal von dem etwas platten Gesicht und einer geringfügig schwereren Knochenstruktur ab, würden Sie nicht einmal aufschauen, wenn Sie diesem Typen auf der Straße begegnen würden.

✔ **Neandertaler waren nicht dumm.** Vielmehr waren ihre Gehirne größer als unsere. Sie waren hoch entwickelte Werkzeugmacher. Sie waren so gut organisiert, dass sie selbst die größten Tiere erlegen konnten und die Art und Weise, wie sie ihre Toten beerdigten, weist darauf hin, dass sie eine Vorstellung von Spiritualität und Religion hatten.

✔ **Kein heute Lebender ist ein Nachfahre des Neandertalers.** Nicht einmal die englischen Fußballfans.

Wir wissen schlicht und einfach nicht, was mit den Neandertalern passierte. Wir wissen, dass sie die Eiszeit überlebten und es könnte sein, dass die Form ihrer Köpfe und Gesichter ihnen half. Wissenschaftler haben Vergleiche mit den Inuit in der Arktis angestellt. Wenn man sich einige der Brüche und Verrenkungen ihrer Knochen anschaut, muss man davon ausgehen, dass sie eine unglaublich hohe Schmerzgrenze gehabt haben müssen. Aber aus irgendeinem Grund starben sie aus. Und sie haben unseren Haufen auch nicht auf die Welt gebracht. Eines der größten mit den Neandertalern verbundenen Rätsel ist, dass wir eindeutig menschliche Knochen aus der gleichen Zeit gefunden haben. Das heißt, es gab eine Zeit zu der *zwei* menschliche Rassen auf der Erde wanderten (da die Neandertaler ausgestorben sind, könnten Sie sagen, dass sie dies zu Großcousins macht).

Eiszeit

Die Eiszeit war lang, etwa 990 000 Jahre, lang genug, um von der Swanscome Frau, die teilweise *Homo erectus* und teilweise *Homo sapiens* war, über die Geschichte des Neandertalers bis zum *Homo sapiens sapiens* zu gelangen. Das sind wir.

Machen Sie sich keine falsche Vorstellung von der Eiszeit. Es bedeutet nicht, dass die ganze Welt die ganze Zeit mit Eis bedeckt war. Nicht einmal, dass es die ganze Zeit kalt war. Wir vermuten, dass es einige ziemlich heiße Sommer in der Eiszeit gab. Aber die Winter waren sehr lang und sehr kalt und die Temperatur der Erde fiel eindeutig. Es war in jedem Fall kalt genug, dass die Menschen sich Behausungen in Höhlen einrichteten und sich in Tierhäute einwickelten. Sie mussten jagen und in diesen Tagen liefen viele wollige Mammuts herum, die gut gegen die Kälte gewappnet waren. Sehr viel Fleisch steckte in einem wolligen Mammut, aber wie würden Sie sich fühlen, wenn Sie ihm, nur mit einigen wenigen Speeren mit Feuersteinspitzen versehen bewaffnet, gegenüberstehen würden? Jagen erforderte viel Mut.

Treffen Sie Ihre Vorfahren

Der moderne Mensch, den Wissenschaftler *Homo sapiens sapiens* nennen, tauchte zuerst im Nahen Osten auf. Möglicherweise zur gleichen Zeit, zu der die Neandertaler nach Europa kamen. Es dauerte eine ganze Weile bis schließlich dieser neue Menschentyp auch in Europa aufzutauchen begann.

Wer sagt, kein Mensch ist eine Insel?

Obwohl wir von »Britannien« sprachen, macht dieser Begriff nicht viel Sinn in der prähistorischen Periode aus dem einfachen Grund, dass »Britannien« und »Irland« nicht als vom europäischen Festland getrennte Inseln existierten. Sie waren lediglich abgelegene Teile des ganzen europäischen Kontinents und dies blieben sie bis zum Ende der Eiszeit. Als der große Tau kam, ungefähr 7500 v. Chr., stieg der Meeresspiegel dramatisch und schuf das, was wir den Ärmelkanal und die Irische See nennen. Diese Entwicklung muss die neolithischen Menschen überrascht haben: Sie waren nun Inselbewohner und mussten sich daran gewöhnen.

Die Frau von Swanscombe

Die ältesten identifizierbaren menschlichen Überreste in Europa stammen aus England – ein weiblicher Schädel, der in Swanscombe in Kent auftauchte. Aber was war sie? Sie sieht ein bisschen aus wie ein sehr früher Typus Mensch, der als *Homo erectus* bezeichnet wird. *Homo* weil es sich hierbei definitiv um einen Menschen und keinen Affen handelt; *erectus* weil diese Leute aufrechtgingen – nicht gebeugt. Aber sie sieht nicht ganz genauso aus wie andere *Homo erectus* Funde: Ihre große, runde Gehirnpartie gleicht mehr einem Neandertaler. Vielleicht war die Swanscombe-Frau der Abgesang eines *Homo erectus*.

Malen Sie Ihren Cromagnon

Einige der Menschen, die den wolligen Mammuts Sorge bereiteten, waren unsere Freunde die Neandertaler, aber gegen Ende der Eiszeit gab es einige Neuankömmlinge mit runderen Köpfen, aber schärferen Gehirnen. Wir bezeichnen sie als *Cromagnonmenschen* nach einem Ort in Frankreich, an dem wir etwas ganz Besonderes gefunden haben, das sie hinterlassen haben. Diese Jungs konnten malen. Cromagnonmenschen erschufen diese erstaunlichen Gemälde in den Höhlen von Lascaux in Frankreich. Malen erfordert nicht nur Geschicklichkeit oder Hirn: Fantasie und artistisches Gespür sind dafür notwendig. Vielleicht sehen wir die ersten künstlerischen Wutanfälle der Geschichte. Werkzeuge und Pfeile und Jagdgruppen sind praktische Dinge: Aber wofür war die Höhlenmalereien gut? Wir wissen es nicht genau und vermutlich werden wir es auch nie erfahren.

Die Malereien mögen einen rituellen oder religiösen Zweck gehabt haben oder es ist das Cromagnon-Äquivalent zu Urlaubsschnappschüssen – »Hier ist eins von mir mit einem Bison« und »Das ist Sheila mit den Kindern, als wir den Sommer nach Frankreich gingen«. Aber was den Cromagnonmenschen angeht, so können wir ziemlich sicher sein, dass wir in den Spiegel schauen und uns selbst sehen. Buchstäblich. Ein DNA-Test, der an einigen Knochen aus der Mittelsteinzeit aus dem Südwesten Englands durchgeführt wurde, ergab eine exakte Übereinstimmung mit denen eines örtlichen Geschichtslehrers. Seine Schüler waren vermutlich nicht überrascht, aber denken Sie mal drüber nach: Trotz all der Einwanderungswellen von Kelten und Römern und Sachsen und Normannen (von denen Sie in den Kapitel 3 bis 7 hören werden), bewegten sich einige Menschen nie vom dem Ort, an dem ihre Ahnen lebten, weg. Unser Genpool reicht bis in die Steinzeit zurück. Vielleicht lebte der Lehrer sogar in dem gleichen Haus.

Der Cromagnonmensch hatte Kultur. Archäologen fanden Nadeln und Broschen, was vermuten lässt, dass sie herausgefunden hatten, wie man richtige Kleidung aus all den Tierhäuten fertigt. Die Entdeckung von Angelhaken und Harpunen bedeutet, dass sie angelten (was ihren Ideenreichtum beweisen würde). Sie hatten sogar Schmuck. Aber die Cromagnonmenschen waren Nomaden, die regelmäßig ihre Stöcke schulterten und den Hirschen folgten. Jäger und Sammler. Aber all dies sollte sich bald ändern. Der Cromagnonmensch wusste es nicht, aber seine Welt war im Begriff, auf den Kopf gestellt zu werden.

Pflügt die Felder, verbreitet Euch nicht: Die Neolithische Revolution

Soweit wir wissen, kamen die ersten Menschen, die herausfanden, dass sie Nahrung durch das Aussäen von Saatgut und dem Warten bis es gereift war erhalten konnten, aus dem »fruchtbaren Halbmond« des Nahen Ostens. Die Idee machte Schule, und als sich die Landwirtschaft in Europa ausbreitete, löste sie das aus, was Historiker die *neolithische Revolution* nennen (*Neo* = neu; *lith* = Stein, also Neusteinzeit). Okay, die Revolution fand nicht über Nacht statt. Und sie machte das Leben nicht notwendigerweise leichter: Landwirtschaft bedeutet sehr viel mehr Arbeit als Jagen.

Möglicherweise haben die Menschen sich der Landwirtschaft zugewandt, weil sie zusätzliche Nahrung brauchten, um die wachsende Population zu ernähren. Was auch immer der Grund war – die produzierende Wirtschaftsweise veränderte alles. Jäger passen sich der Landschaft an, Landwirte verändern sie. Menschen hörten auf, dem Wild nachzufolgen, wo immer es hinging; stattdessen wurden sie nun sesshaft und lernten zu pflügen. Sie können eine große, durch den Menschen hervorgerufene Veränderung der Umwelt auf die Neusteinzeit datieren.

Je stärker sich die Landwirtschaft ausbreitete, desto mehr Leute fanden neue Arbeiten, die es zu verrichten galt: Vom Aussäen des Saatguts, dem Ernten, der Lagerung bis zur Verarbeitung der Ernten. Und natürlich wurden neue Werkzeuge hergestellt, die diese Arbeiten leichter machten. All diese Aktivitäten hinterließen Spuren und Artefakte, damit Archäologen sie finden konnten.

Die Innovationen machten nicht vor der Landwirtschaft halt. Neolithische Menschen lernten Schweine, Pferde und Vieh zu zähmen und sie für die Arbeit oder als Nahrung zu nutzen. Sie wussten bereits, wie man Tiere häutet, aber irgendwann auf dem Weg dorthin trafen sie auf Schafe und fanden heraus, wie man Stoffe aus ihnen herstellt ohne die Tiere, die sie lieferten, zu töten. Wie die Menschen genau herausfanden, dass man ein Schaf scheren kann, mit der Wolle herumspielen und sie zu einem langen Faden drehen kann, aus dem man Stoff machen kann, weiß niemand (es ist nicht die *offensichtlichste* Art der Nutzung eines Schafes).

Vielleicht kam den neolithischen Menschen die Idee zum Scheren von alleine oder sie erlernten die Technik durch ihre Handelskontakte. Während der neolithischen Periode existierten richtige Städte mit Mauern und Straßen und einem Kriminalitätsproblem in Jericho und Çatal Hüyük in der Türkei.

Und denken Sie an die Religion. Wenn Sie jagen, rufen Sie den Geist des Hirsches oder des Wildschweins an. Wenn Sie jedoch mit Ackerbau und Viehzucht beginnen, geben Sie Ihr Leben vollständig in die Hände der Sonne, des Regens, der Erde und des britischen Wetters. Kein Wunder, dass man begann, diese Dinge als Götter zu verehren. Das britische Wetter wird immer noch angebetet.

Was die neolithische Periode überdauert hat, ist erstaunlich:

✔ **In Südengland wurde ein über eine Sumpflandschaft führender Holzweg gefunden; er könnte einer von vielen gewesen sein.** Das ist ein prähistorisches Straßennetzwerk!

✔ **In Star Carr in Yorkshire wurden Geweihe, Knochen und Werkzeuge gefunden darunter auch ein Holzpaddel (was ein Hinweis darauf ist, dass diese Leute so etwas wie ein Boot gehabt haben müssen).** Star Carr existierte bereits 7500 v. Chr., und sie ist damit beinahe zweimal so alt wie die kleine, aus sieben Hütten bestehende Gemeinschaftssiedlung, die in Skara Brae auf den Orkneys erhalten blieb.

✔ **In Skara Brae wurde wunderschön gearbeiteter Schmuck und Keramik gefunden.** Es müssen sehr geschickte und hochkultivierte Menschen gewesen sein.

✔ **Grabkammern unter langen Grashügeln, sogenannte *long barrows*, wurden entdeckt,** und lassen Sie uns Stonehenge nicht vergessen, das neolithische Äquivalent eines riesigen öffentlichen Bauprogramms.

Rolling Stones: Eine nationale Institution

Stonehenge. Neolithische Menschen bauten es und die »Glockenbecherleute« (sie werden in dem Abschnitt »Glockenbechermanie« etwas später in diesem Kapitel erklärt) halfen es zu vollenden. Stonehenge war riesig. Wenn es heute noch beeindruckend aussieht, überlegen Sie wie es ausgesehen haben muss, als es noch neu war. Stonehenge ist ein riesiger Kreis aus Pfeilersteinen, die Decksteine tragen, mit einer weiteren hufeisenförmigen Steinstruktur darin, in deren Mitte sich ein Altarstein befindet. Der Kreis ist nach dem Tag des Sommersonnenaufgangs und des Wintersonnenuntergangs ausgerichtet. Es gilt daher als ziemlich sicher, dass Stonehenge ein irgendwie geartetes religiöses oder rituelles Zentrum war. Wenn Ausmaß und Größe irgendetwas bedeuten, haben wir einen Ort von nationaler Bedeutung vor uns.

Die Steine stammen nicht aus der Region. Sie wurden vermutlich den ganzen langen Weg aus Wales herbeigeschafft. Lange Zeit vermuteten die Archäologen, dass die Steine auf hölzernen Schlitten gezogen wurden. Mittlerweile denken sie, dass sie das größte Stück des Weges per Boot transportiert wurden. Aber selbst wenn, Salisbury Plain, wo sich Stonehenge befindet, ist weit weg vom Meer. Die Anstrengungen, die Organisation und die schiere Anzahl von Menschen, die notwendig waren, um eine solche riesige Unternehmung durchzuführen, waren enorm. Wir sprechen hier nicht von ein paar Mistel schneidenden Druiden: Stonehenge bedeutete akribische Planung, technisches Know-how, Kommunikation, Logistik und sehr gute Seilherstellung. Ganz zu schweigen davon, wie man all diese Leute dazu überredete, die Schlepperei zu erledigen.

Und Stonehenge ist nicht die einzige kreisförmige Formation von Bedeutung. Nicht weit von Stonehenge gibt es Woodhenge (aber aus, eh, Holz gemacht), und selbst an der Küste gibt es einen hölzernen Henge, bekannt als Seahenge. Tara ist in Irland, wo die Könige, zu gegebener Zeit versteht sich, gekrönt wurden. Noch existent sind einfache Kreise wie Castlerigg in Cumbria und große, komplexe Kreise wie Avebury, das zwei Reihen konzentrischer Kreise innerhalb eines größeren aufweist und das komplett mit einem Graben umgeben ist. Diese Steine sagen uns viel über die Glockenbecherleute und die neolithischen Menschen, aber natürlich sagen sie uns nicht das, was wir für unser Leben gern wüssten: Für welchen Zweck bauten sie sie?

**Rätsel und Geheimnisse,
die niemand – bisher – beantworten konnte**

Wir wissen schlicht und einfach nicht, warum die neolithischen Menschen und die Glockenbecherleute Stonehenge errichteten. Und sofern wir nicht eines Tages die Anweisungen der Erbauer finden, werden wir es wahrscheinlich nicht wissen. Aber Stonehenge ist nur eins von vielen Dingen, die wir nicht über diese Menschen wissen. Wir wissen, sie hatten eine Sprache, aber nicht welche; wir wissen, dass sie Musik machten, aber nicht wie sie sich anhörte; wir wissen nicht, wer ihre Anführer waren oder ob sie die Sonne genossen oder ob sie jemals des Genusses von Wild überdrüssig wurden.

Menschen, die ungelöste Geheimnisse nicht mögen, entwickeln ihre eigenen Ideen, egal wie verrückt. Einige mutmaßten zum Beispiel, dass Stonehenge eine Uhr oder ein Computer oder eine Startrampe für ein Raumschiff war. Und neuzeitliche Druiden halten eher neuzeitliche Zeremonien zu jeder Sommersonnenwende in Stonehenge ab und Wanderer folgen den imaginierten Ley-Linien zwischen den historischen Orten vollständig unterschiedlicher Perioden. Nun, es ist ein freies Land. Aber wenn Sie wirklich wissen wollen, wie das alte Britannien aussah, halten Sie sich an die Beweise und lassen Sie der Fantasie wenig Spielraum. Überlassen Sie die Raumschiffe den Spinnern.

Fügt etwas Heavy Metal hinzu

Irgendjemand, vermutlich im Nahen Osten, fand eines Tages heraus, dass, wenn man einige Arten von glänzenden Steinen im Feuer lässt, das glänzende Zeug schmilzt und wenn es abkühlt, wieder hart wird. Und dann wurde einem klugen Kopf bewusst, dass man dieses Material mit etwas Einfallsreichtum zu bestimmten Formen härten konnte. Wie Pflüge oder Schwerter oder Speerspitzen. Willkommen im Metallzeitalter.

Und Bronze geht an ...

Wir Briten glaubten zunächst, das Metall sei durch den Einmarsch fremder Truppen nach Britannien gelangt. Die Briten sind so an die Vorstellung von Invasorenwellen gewöhnt, dass es ganz natürlich schien anzunehmen, dass die ersten Menschen des Bronzezeitalters aus Landungsbooten sprangen und der neolithischen Bevölkerung eine Abreibung verpassten. Aber nein, es gibt keine Beweise, die diese Theorie untermauern, und warum sollte irgendjemand das überhaupt tun wollen? Viel besser ist doch das zu tun, was vermutlich passierte: Bringen Sie die neue Technik über das Meer auf eine große Insel und verdienen Sie ein Vermögen damit – insbesonere da Britannien sehr nützliche Vorkommen an Kupfer und Zinn hatte. Und so hat es wahrscheinlich auch stattgefunden. Neue Völker, die diese neue interessante Technik mitbrachten, kamen vom Kontinent zunächst nach Cornwall, wo es die Metalle gab, und verbreiteten sich von dort aus.

Wie sollen wir diese Neuankömmlinge nennen? Sie mögen denken, dass sie Metallarbeiter oder so ähnlich genannt wurden. Aber nein. Sehen Sie, wenn sie nicht damit beschäftigt waren, Metall herzustellen, genossen sie einen Drink und wir wissen, dass ihnen dies ziemlich wichtig war, weil sie ganz besondere Glockenbecher-ähnliche Bierkrüge in ihre Gräber legten. Deshalb nannten die Archäologen sie *Glockenbecherleute*. Etwa so, als ob man uns als Tupperwarenleute klassifizieren würde.

Räder und Grabhügel

Wir wissen nicht, wer genau das Rad erfunden hat, aber es war jemand im antiken Sumer (dem heutigen Irak). Das Rad war fraglos die größte Erfindung der Weltgeschichte. (Der Himmel helfe uns, wenn sich jemals herausstellen sollte, dass die Sumerer ein Patent darauf angemeldet haben.) Wir sind ziemlich sicher, dass die neolithischen Menschen keine Räder hatten, aber sie kamen ganz sicher während der Bronzezeit. Räder veränderten die Lage völlig. Sie erleichterten das Reisen, sie machten den Transport schwerer Güter und sogar das Pflügen leichter.

Die Glockenbecherleute scheinen ein Faible für Kreise gehabt zu haben. Der Kreis ist eine mystische Form, natürlich: Keine Ecken, nur eine Linie, die eine perfekte 0 bildet. Die neolithischen Menschen beerdigten ihre Anführer unter großen, lang gestreckten Hügeln, sogenannten Hügelgräbern (engl. *barrows*). Die Glockenbecherleute bevorzugten runde Grabhügel. Sie waren sehr beliebt und man findet sie überall. Oder auch Glockenhügel, die einen Extrahügel zum Schutz hatten. Erhältlich waren auch die flacheren, komplexeren Scheibengrabhügel, die niedrig gelegenen Untertassengrabhügel und der gemeinschaftliche Wirf-deine-Toten-rein-Teichgrabhügel, der nur eine große Senke war, in der Sie Ihre Tante versenken konnten.

Glockenbechermanie

Die neolithischen Völker mögen bereits vor Ankunft der Glockenbecherleute begonnen haben, Dinge aus Metall anzufertigen – wir sind uns ziemlich sicher, dass sie dies in Irland taten – aber die Glockenbecherleute waren in der Lage, den Prozess einen bedeutenden Schritt weiterzubringen. Bis dahin hatte jeder, der mit Metall arbeitete, Kupfer verwendet, was zwar schön aussieht, aber nicht sehr hart ist. Aber die Glockenbecherleute wussten, wie man Kupfer mit Zinn vermischt – Britannien hatte reichlich von beidem –, um Bronze herzustellen. Nun ja, Britannien und die Glockenbecherleute waren nicht an, äh, führender Stelle der Metallverarbeitung. Das war die Minoische Zivilisation, die sich in Griechenland entwickelte. Aber es waren die Glockenbecherleute, die das neolithische Britannien sanft in die frühe Bronzezeit führten, und Britannien hat es nie bereut.

Wir sind ziemlich sicher, dass die Glockenbecherleute und die neolithischen Menschen sich verstanden haben. Alle Hinweise zeigen, dass die Glockenbecherleute ihre Technologie teilten und sogar halfen, Stonehenge nach der letzten Mode zu errichten. Wie die neolithischen Menschen waren die Glockenbecherleute zu Anfang Jäger, die mit der Zeit sesshaft wurden und Landwirtschaft betrieben. Archäologen haben Funde gemacht, die aussehen wie die Fundamente von Viehgehegen, obwohl es sich auch um Hütten der Glockenbecherleute gehandelt haben könnte. Höhlen gehörten somit der Vergangenheit an. Man baute jetzt richtige Rundhütten mit Holzzäunen zum Schutz darum, manchmal zusammengruppiert zu kleinen Festungen auf Bergkuppen.

Mit Bronzesteck- und Nähnadeln konnte man feinere Kleider machen und mit Bronzescheren konnte man sie so zuschneiden, dass sie besser saßen. Ein Bronzepflug schnitt besser und gerader als einer aus Knochen und eine bronzene Erntesichel leichter. Man konnte richtig ausgefallene Broschen und reich verzierte Dolche und Gürtelschnallen damit herstellen. Wir wissen, dass sie es taten, weil diese Artefakte in Grabstätten im West Country gefunden wurden. Und dann denken Sie an die berühmten Glockenbecher selbst: reich verzierte Trinkbecher, die auf einer Drehscheibe gefertigt wurden.

Haben Sie das mitbekommen? Es handelte sich um eine Drehscheibe. Weil irgendwann in der Bronzezeit, irgendjemand das Rad erfand. Das war eine Revolution.

Farbenwahn und Streitwagen:
Die Eisenzeit in Britannien

3

In diesem Kapitel

▷ Erfahren Sie, wann die Eisenzeit begann und wie sie sich von früheren Zeitaltern unterschied

▷ Diskutieren wir, ob die frühen Briten überhaupt Kelten waren

▷ Werfen wir einen kurzen Blick auf das Leben in der Eisenzeit

▷ Sehen heißt glauben: Die Belgier marschieren in Britannien ein

▷ Erfahren Sie von den Druiden und der Religion der damaligen Zeit

G egen Ende der Bronzezeit gelangte eine neue Technologie vom Kontinent nach Britannien – Eisen. Und ein neues Volk – die alten Briten. Das Bild, das wir uns in der Vergangenheit von den Briten machten, basierte oftmals auf Berichten der Römer, die sie nicht mochten. Aber jetzt haben wir eine sehr viel bessere Vorstellung davon, wie die Briten wirklich waren. Sie meisterten das Eisen, das stärkste, aber schwierigste aller Metalle und verwandelten Britannien in ein Land der Stämme und Nationen, der Händler und riesigen Städte auf Bergkuppen. Die alten Briten hatten Handwerker, die Artefakte von überwältigender Schönheit schufen, die Ihnen noch immer den Atem rauben, und Druiden, die einem mehr als nur den Atem nahmen.

Die Eisenzeit:
Was sie war und wie wir wissen, was wir wissen

Die Eisenzeit Britanniens reicht von etwas 750 v. Chr. bis zum Einmarsch der Römer 43 n. Chr. (auch wenn natürlich die Eisenzeitmenschen auch danach noch existierten). Die Eisenverhüttung kam ursprünglich aus dem Nahen Osten und gelangte über Kontakte mit Kontinentaleuropa nach Britannien.

Wir haben sehr viel mehr Belege aus der Eisenzeit Britanniens als über die Bronzezeit. Die üblichen Fundstätten und Artefakte existieren: Grabkammern, Spuren von Gebäuden und Scherben von Kochtöpfen und landwirtschaftlichen Werkzeugen. Die Druiden, die im Abschnitt »Mehr Blut, Herr Pfarrer« später in diesem Kapitel behandelt werden, hatten es mit dem Wasser und warfen ständig Dinge in Flüsse als Opfer für die Götter, was für uns sehr gut ist, weil auf diese Weise viele Objekte im Schlamm erhalten blieben.

Die ersten Menschen, die herausfanden, wie man eine Armee mit richtigen Eisenwaffen ausrüstet, waren die Assyrer, aber die Griechen standen ihnen in nichts nach und Dank ihrer verbreitete sich dieses Wissen. Die frühen Eisenmeister wussten wirklich was sie taten: Einige ihrer Schwerter sind auch heute noch elastisch, wenn Sie sie zurückbiegen.

Alteisen?

Die Herstellung von Bronze ist leicht. Sie graben etwas Kupfererz aus, erhitzen es und gießen dann das Kupfer ab. Währenddessen stellen Sie etwas Zinn auf niedrige Flamme und gießen es aus, wenn es geschmolzen ist. Mischen Sie beides zusammen und lassen Sie es köcheln. Erhitzen Sie etwas Zink und fügen Sie es der Mischung hinzu. Gut umrühren und wenn es kocht, gießen Sie es in Formen. Die Flüssigkeit erhärtet, sobald sie abkühlt, und bekommt eine glänzende dunkelrot-goldene Farbe. Das ist Bronze.

Eisen ist anders. Sie müssen es mit nichts anderem vermischen, aber es ist schwierig, es aus dem Eisenerz zu extrahieren. Dies erfordert wirklich hohe Temperaturen, und sobald Sie es gewonnen haben, müssen Sie es wie ein Derwisch mit einem Hammer bearbeiten während es noch glühend rot ist. Es kommt in so kleinen Mengen vor, dass die frühen Eisenarbeiter zunächst nur kleine Dinge wie Broschen oder Schnallen herstellen konnten. Die Verhüttung des Eisenerzes zu Eisen erforderte so viel Holz, dass die Leute, als sie anfingen Eisen auf der Insel Elba herzustellen, alle Bäume dafür aufbrauchten und auf das Festland umziehen mussten. (Und Sie glaubten Abholzung sei ein modernes Problem.)

Schriftliche Überlieferungen anderer

In dieser Zeit begannen die Leute Britannien und Irland zu besuchen, um zu sehen, wie es dort aussieht. Britannien war seit dem Ende der Eiszeit, also zu Beginn der Bronzezeit, vom Kontinent abgeschnitten (Irland sogar noch früher) und seither hatten die Inseln etwas Geheimnisvolles an sich. Wie groß waren sie? Was für Menschen lebten dort? Waren sie für irgendjemanden von Nutzen? Diese Reisenden und andere schrieben über ihre Eindrücke der Menschen und Dinge auf den britischen Inseln.

Griechische Darstellungen

Der griechische Historiker Herodot erwähnt, dass britisches Zinn besitzenswert sei. Strabo (ein anderer Grieche) schrieb ein Geografiebuch, das Britannien und Irland beinhaltete oder Albion und Ierne, wie die dort lebenden Menschen es zu nennen begannen. Pytheas von Massilien (noch ein Grieche) umsegelte sogar ganz Britannien und zeigte, dass es definitiv eine Insel war. Aber die detailliertesten Berichte, die wir über das Britannien der Eisenzeit haben, stammen von einer ziemlich fragwürdigen Quelle: den Römern.

Was die Römer schrieben

Obwohl das 4. Kapitel den Römern gewidmet ist, können wir sie in diesem Kapitel nicht vollständig ignorieren, weil so viele Belege über die Eisenzeit von ihnen stammen. Das würde nicht viel ausmachen, wenn sie unbeteiligt und objektiv gewesen wären, aber das waren sie nicht.

Von Julius Caesar

Caesar beschrieb, wie er die Briten in Schlachten besiegt hat. Seine Darstellung zielte darauf ab, zu zeigen wie groß und wie tapfer er war, als er sich den Bösen Britischen Barbaren stellte, wie zum Beispiel der nachfolgende Ausschnitt aus dem V. Buch von Caesars *Gallischen Kriegen* zeigt:

> *Die im Landesinneren Wohnenden säen kein Getreide, sondern leben von Milch und Fleisch und sind mit Fellen bekleidet. Alle Briten aber färben sich mit Waid, welcher eine bläuliche Farbe verursacht, und hierdurch sind sie im Kampfe furchtbar anzusehen. Sie tragen lang herabhängendes Haupthaar und sind am ganzen Körper geschoren, außer dem Kopf und der Oberlippe.*

Voreingenommen? Nur ein bisschen. Erstens, die frühen Briten säten Getreide aus. Sie betrieben seit der neolithischen Periode Ackerbau. Zweitens waren sie nicht in Felle gekleidet. Die Bronzezeit brachte Nähzeug, das das Schneidern von Kleidern ermöglichte. Drittens tropfte nicht jeder Brite vor Waid. Einige Menschen bemalten sich damit; andere nicht, aber die Verwendung von Waid war komplizierter, als es Caesars Darstellung erscheinen lässt. (Siehe dazu den späteren Abschnitt »Einfach blau machen« in diesem Kapitel.) Und, gut, die frühen Briten mochten Schnurrbärte. Aber dies taten auch alle anderen in Westeuropa zu dieser Zeit – einschließlich der Männer.

Von Tacitus

Der römische Senator und Historiker Tacitus schrieb ein ganzes Buch über seinen Schwiegervater Agricola, der als Gouverneur von Britannien diente. Agricola wurde von Kaiser Domitian in Ungnade zurückberufen, doch Tacitus hält zu ihm, indem er aufzeigt, wie Agricola die Briten aus der Kulturlosigkeit befreite und vorbildliche römische Bürger aus ihnen machte.

Von Sueton

Der römische Historiker Sueton schrieb ein merkwürdiges Buch mit dem Titel *Die Kaiserbiografien*, eine zum Teil ernste, zum Teil anekdotische Geschichte der ersten zwölf römischen Kaiser. Der, der tatsächlich Britannien eroberte, war Claudius, aber Sueton hielt nicht viel von ihm und so schrieb er: »Claudius einziger Feldzug [das ist Großbritannien, Leute] war von geringer Bedeutung.« Na, vielen Dank, Sueton.

Seht, was ich unten im Moor gefunden habe: Leichen

Sie können es glauben oder auch nicht, aber die besten Fundstücke aus der Eisenzeit stammen nicht von Archäologen, sondern ausgerechnet von Torfstechern. Sie gewinnen Torf aus Sümpfen und Mooren und entdecken immer noch darin bestattete Leichen. Diese Moorleichen tauchten zuerst in Dänemark auf, einer in Tollund und ein anderer in Grauballe. Zunächst glaubten die Leute, etwas sei hier faul und riefen die Polizei. Und faul war hier einiges, denn diese armen toten Geschöpfe waren nicht ins Moor hineingefallen, sondern sie sind gefesselt, erwürgt und hineingeworfen worden.

Das Erstaunliche an den Leichen war, wie gut sie erhalten waren: Diese Moorleichen waren keine Skelette, sondern ganze menschliche Wesen, mit Gesichtern, Händen und Kleidung – ein wenig entstellt durch die zweieinhalbtausend Jahre, die sie in dem dänischen Torfmoor eingeschlossen waren, aber wer wäre das nicht?

Archäologen warfen einen Blick in den Magen einer der Moorleichen (den Lindow-Mann; für Informationen zu ihm gehen Sie zum Abschnitt »Menschenopfer« weiter hinten in diesem Kapitel) und fanden heraus, dass er Toast und Misteln gegessen hatte. Misteln waren heilig, sodass es wirklich so aussah, als ob diese Moorleichen Menschenopfer waren. Gruselig.

Ergründen, wer diese Menschen waren

Einer Sache können wir uns ganz sicher sein: Es gab keine große »Welle« von Eisenzeitinvasoren. Die in Britannien lebenden Menschen stammten immer noch von den alten neolithischen Menschen und Glockenbechervölkern ab, aber neue Leute kamen und gingen ständig und einige von ihnen wussten eindeutig, wie man Eisen verhüttet. In Britannien gab es sehr viel Eisenerz, sodass jeder, der das Geheimnis kannte, sich niederlassen und ein Vermögen verdienen konnte. Aber von wo kamen diese Neuankömmlinge?

Auf der Suche nach Mustern

Da die frühen Eisenhersteller in Britannien in der Regel keine Nachsendeadressen hinterließen, mussten Archäologen ihre Spuren zurückverfolgen, indem sie sich die Dinge anschauten, die sie hinterließen. Wenn Sie sich die Verzierungen auf Eisenzeitschildern und -broschen und so weiter genau ansehen, gibt es zwei Hauptstilrichtungen:

✔ **Der Hallstatt-Stil:** Benannt nach einem Dorf in Österreich, in dem sehr viel gefunden wurde, darunter sehr lange und starke Schwerter. Einige Belege der Hallstatt-Kultur findet man in Britannien, aber nicht viele.

✔ **Der La-Tène-Stil:** Benannt nach einem Dorf in der Schweiz, wo Archäologen Keramik und Eisenarbeiten verziert mit Kreisen und wirbelnden Mustern fanden. Sehr viele La-Tène-Kulturgüter tauchten in Britannien auf.

Einige Historiker sagen, dass man die Bewegungen der Menschen nachverfolgen kann, indem man Muster und Stile verfolgt, und in diesem Fall scheint es eine Verbindung zwischen La Tène und Britannien zu geben. Aber andere Historiker sagen, dass Menschen unterschiedlicher ethnischer Gruppen oftmals den gleichen Stil unabhängig voneinander übernehmen. In diesem Fall wäre die Verbindung zwischen Britannien und den Menschen in La Tène nicht bewiesen.

Sie mögen vielleicht denken, dass die Klärung dieses Punktes ein wenig pingelig erscheint, aber er ist wichtig, weil eines, was wir über die Menschen von La Tène und andere, die ihre Muster und Designs verwendeten, wissen, ist, dass sie Kelten waren. Wenn diese Leute wirklich diejenigen waren, die das Eisen nach Britannien brachten, dann verwandelten sie Britannien auch in ein keltisches Land.

Die Kelten

Arme alte Kelten. Die Geschichte hat ihnen übel mitgespielt. Julius Caesar hielt sie für eine Horde Wilder und lange Zeit folgten Historiker seinem Beispiel: Sie sprachen abfällig von dem »keltischen Rand« (*celtic fringe*). Erst vor Kurzem lernte man, die Kelten für ihre Handwerkskunst und ihre Technologie zu respektieren. Abgesehen von einigen heroischen Figuren wie Boudicca und Caratacus (und selbst sie verloren am Ende), waren die Kelten jedermanns bevorzugte Verlierer: überfallen von den Römern, überrannt von den Angeln und Sachsen, erobert durch die Normannen und dann vernichtend geschlagen durch Eduard I. und die Engländer. Sie waren auf der Verliererseite in jedem Bürgerkrieg und nahezu jedem Fußballspiel. Wegen ihrer roten Haare können sie nicht einmal in die Sonne gehen.

Es gibt zwei Haupttypen von Kelten: Q-Kelten, also die heutigen Iren, Schotten und Manx (Menschen von der Isle of Man), und P-Kelten, die heutigen Waliser, Bewohner Cornwalls und die Bretonen Nordfrankreichs. Ja, die Kelten mussten auf ihre Ps und Qs achten! Was sie jedoch ganz sicher taten war Bronze und später Eisen zu entwickeln. Sie stellten einige beeindruckende Kunstgegenstände her. Heute gibt es ein großes keltisches Revival dank der New Age Bewegung und Sie können sich zu CDs wie *Celtic Sounds* (keltische Töne) oder *Celtic Moods* (keltische Stimmungen) entspannen, sofern Sie nicht bei einem Fußballspiel sind. In letzterem Fall ist es wahrscheinlicher, dass sie den Ton von launischen Kelten hören.

Kelten in Britannien? Vielleicht, vielleicht auch nicht

Die Kelten erschienen erstmals um 500 v. Chr. auf der europäischen Bühne. Wir wissen nicht genau woher sie kamen, außer dass sie vermutlich weit aus dem Osten, möglicherweise aus den Tiefen des heutigen Russlands, kamen. Sie erschreckten damals die klassische Welt zu Tode. Die Römer wussten nicht, wie ihnen geschah, als die Gallier – Kelten, die sich im heutigen Frankreich niederließen (sofern Kelten sich überhaupt jemals irgendwo niederließen) – in Italien eindrangen und Rom 390 v. Chr. plünderten und jeden, den sie erwischten, töteten. Die Römer betrachteten sie danach mit viel Argwohn.

Was wir bisher glaubten: Die Invasions-Hypothese

Bisher ging man immer davon aus, dass jede neue Gruppe von Siedlern die eingeborenen Völker angegriffen und vertrieben hätten. Diese Theorie ist bekannt als *Invasions-Hypothese*. Wenn das wirklich so passiert wäre, als die Kelten Britannien erreichten, hätte die Westküste Britanniens einem riesigen Flüchtlingslager geglichen.

Dieser Theorie zufolge kamen zwei Arten von Kelten möglicherweise in zwei unterschiedlichen Phasen zwischen 200 und 100 v. Chr. Eine Gruppe, die Gälen, nahmen Kurs auf Irland und die nördlichen Teile Schottlands. Sie sind die Vorfahren der heutigen Bewohner. Ihre Sprache überlebte als schottisches und irisches Gälisch. Die anderen, die sich in England, Wales sowie im schottischen Tiefland niederließen, waren bekannt als Brythoni (Brythoni = Briten, kapiert?) und ihre Sprache überlebte im modernen Walisisch und Bretonisch sowie – wenn es nicht im 18. Jahrhundert weitgehend ausgestorben wäre – auch im Kornischen.

Alle diese Völker hatten wilde rote Haare und lange Schnurrbärte, verbrachten ihre ganze Zeit damit, gegeneinander zu kämpfen, und mussten massive, riesige Wallanlagen zu ihrem Schutz errichten. Sie waren tapfer und sehr geschickt im Umgang mit dem Streitwagen, aber ihnen fehlte die Disziplin, um den Römern im entscheidenden Augenblick standzuhalten.

Nun wissen wir nicht, was wir denken sollen

Andere Historiker sagen, die Ankunft der Kelten geschah völlig anders. Frankreich und Belgien – Gallien – waren keltisch und die keltische Sprache und Kultur gelangte ganz sicher nach Britannien, aber, so sagen sie, dies bedeutet nicht, dass die Briten (um die Bezeichnung zu verwenden, die die Römer ihnen gaben), Kelten waren. Stellen Sie sich die Situation so vor: Sie finden amerikanische Kultur in der ganzen Welt, aber das bedeutet nicht, dass jeder, der Jeans trägt und Johnny Cash hört, ein Amerikaner ist.

 Die Römer nannten diese Menschen Briten, nicht Kelten. Sie fassten diese Völker nur deshalb unter einem Namen zusammen, weil sie alle zufällig die gleiche Insel bewohnten. Bis zum 18. Jahrhundert nannte niemand sie Kelten. Erst als die Menschen ein Interesse an der Entwicklung einer gemeinsamen »britischen« Identität zu entwickeln begannen, fingen sie an, von Kelten zu sprechen (wenn Sie mehr darüber wissen wollen, lesen Sie Kapitel 12).

Verwirrt? Kein Wunder. Einige Historiker sagen, es sei albern so zu tun, als ob die Briten keine Kelten wären. Andere wiederum sagen, es sei irreführend, sie Kelten zu nennen. Niemand wird je beweisen können, welche britisch-keltische *Connection* die Richtige ist.

Was wir jedoch wissen ist, dass, wer auch immer sie waren und wo auch immer sie herkamen, die Eisenzeitvölker Britanniens und Irlands enge Verbindungen mit den Eisenzeitvölkern des Kontinents unterhielten. Eine Verbindung, mit der sie sich am Ende den Zorn Roms zuzogen. Und was die Römer angeht, so war die Invasion nie nur eine Hypothese gewesen.

Britannien in der Eisenzeit

Die Römer hielten nicht viel von den Eisenzeitmenschen Britanniens. Aber wie waren die Briten wirklich?

Kriegerische Stämme

In der Eisenzeit scheinen die Menschen Britanniens eine starke Stammesstruktur entwickelt zu haben. Die lose Verwendung des Begriffs »Stamm« ist vermutlich zulässig für die Glockenbecherleute und die neolithischen Menschen vor ihnen (für mehr Informationen über diese Menschen siehe Kapitel 2), aber die Stämme der Eisenzeit hatten nichts Lockeres an sich.

Vielmehr ist der Begriff »Stamm« hier ein wenig irreführend: Die Stämme der Eisenzeit glichen oftmals eher Nationen, wie die der Irokesen oder der Sioux Nordamerikas. Einige der bedeutendsten waren die nachfolgenden (für ein vollständiges Bild davon, wo sie lebten, siehe Abbildung 3.1):

✔ **Die Ulaid:** In Ulster errichtete dieser Stamm eine beeindruckende befestigte Hauptstadt bei Emain Macha, immer noch eine der wichtigsten Fundstätten der Eisenzeit Irlands.

Abbildung 3.1: Die Eisenzeitstämme Britanniens

✔ **Die Durotriges:** In Dorset hatte dieser Stamm die größte Hauptstadt auf den Inseln bei *Mai Dun* (dem »Großen Fort«) heute bekannt als Maiden Castle. (Den Durotriges gelang diese Meisterleistung, obwohl sie nicht einmal zur ersten Liga von Nationen gehörten wie den Brigantes, den Catuvellauni, den Iceni, den Trinovantes und anderen.)

✔ **Die Brigantes:** Benannt nach dem keltischen *briga*, was Hügel bedeutet, dominierte dieses Volk den Norden des Landes.

✔ **Die Picti:** In dem, was später Schottland werden sollte, lebten die geheimnisvollen Pikten, auch bekannt als das bemalte Volk, das sehr gewalttätig sein konnte.

Handelsplätze

Die Völker entlang der Küste wie die Dumnonii oder die Cantiaci trieben regelmäßig Handel mit dem Kontinent, nicht nur den Galliern, sondern durch sie auch mit den Römern und Griechen. Mancher Handel erfolgte direkt: Phönizier zum Beispiel hielten regelmäßig vor Cornwall, um Zinn zu kaufen.

Archäologen können diese Art von Kontakten nachverfolgen, indem sie schauen, welche Funde auftauchen. Hunderte von römischen Weinkrügen aus der Zeit vor der römischen Eroberung zum Beispiel tauchten im Land der Trinovantes in East Anglia auf. Interessanterweise wurden solche Krüge nicht im Territorium der Iceni gefunden, das direkt daneben lag. Auf der Grundlage solcher Beweise sieht es so aus, als ob die Trinovantes einem römischen Schluck gegenüber sehr aufgeschlossen waren, während die Iceni – aus welchem Grund auch immer – nichts damit zu tun haben wollten. Die Iceni mögen Abstinenzler gewesen sein oder sie misstrauten den Römern (vielleicht war der Verkauf von Alkohol durch die Römer vergleichbar mit der Versorgung der Chinesen mit Opium durch die Viktorianer oder der »Feuerwasser«-Verkauf der Amerikaner im Grenzland).

Außerdem wurde Keramik und Schmuck aus dem ganzen Kontinent in Britannien gefunden und wir wissen, wie die Briten diese Gegenstände bezahlten, weil wir viele ihrer Münzen gefunden haben. Manchmal tauchen Münzen zusammen mit vielen anderen Artefakten auf; ein anderes Mal findet ein glücklicher Archäologe einen echten Schatz: einen Münzvorrat, der zur sicheren Aufbewahrung vergraben wurde. Entweder wurde sein ursprünglicher Besitzer getötet oder über dem gesamten Land waren die Rufe wütender Ehefrauen zu hören: »Was soll das heißen, du kannst dich nicht erinnern, wo du ihn versteckt hast? Denk nach!«

All diese Stücke, Keramik und Schmuck, zeigen, dass die Stämme im Südosten enge Verbindungen zu ihren Nachbarn auf der anderen Seite des Kanals unterhielten, vor allem nachdem diese Nachbarn den Römern unterlagen. Tatsächlich scheinen die Römer einige der Briten wie die Cantiaci aus Kent als bereits romanisiert angesehen zu haben noch vor ihrer Ankunft. Was nicht weiter überraschend ist, da ihre Sozialstruktur doch nicht so sehr anders war, auch wenn die Briten nicht mit den Römern mithalten konnten, was den Häuser- oder Straßenbau angeht.

Ein Hauch von Klasse

Ein Eisenzeitstamm war nicht nur ein Haufen Menschen in einem Dorf mit einem Häuptling, oh nein. Diese Leute hatten Klassen – genau genommen vier Klassen:

✔ **Der Adel:** Diese Gruppe umfasste den König (oder die Königin – eine Vielzahl von britischen Stämmen wurde von Frauen angeführt) und andere hochangesehene Leute, wie Krieger, Druiden, Dichter und Historiker.

Unter den Gälen Irlands wurde der Stammesführer *toisech* genannt, von dem wir das Wort *taoiseach* für den irischen Premierminister ableiten.

✔ **Die Mittelklasse:** Diese Gruppe bestand aus Bauern, Handwerkern und Händlern. Sie zahlten dem Adel Pacht.

✔ **Die Arbeiterklasse:** Diese Leute erledigten alle Routinearbeiten. Wahrscheinlich hatten die Eisenzeitstämme keine dauerhafte Arbeiterklasse: Sie nutzten vielleicht Kinder für Aufgaben wie Schafe hüten oder abwaschen und ältere Menschen für schwerere Arbeiten wie das Ernten und den Bergbau (auch wenn es ein bisschen gewagt erscheint, sich für die Versorgung mit Eisen auf die klapprigsten Angehörigen des Stammes zu verlassen).

✔ **Die Sklavenklasse:** Sklaven, die gewöhnlich Kriminelle oder Kriegsgefangene waren, wurden als *mug* (Trottel) bezeichnet, was sich ziemlich passend anhört.

Bringt mir meinen Streitwagen!

Die Briten wussten, wie man kämpft. Selbst Julius Caesar gestand ihnen das zu. Er sagte auch, dass sie viel Zeit damit verbrachten, gegeneinander zu kämpfen, was auch der Grund dafür ist, dass die Römer sie besiegen konnten. Angesichts all der Wallburgen und Waffen, die im Umlauf waren, erscheint dies zutreffend gewesen zu sein, auch wenn Archäologen heute glauben, dass viele dieser Waffen mehr der Show dienten und nicht alle Wallburgen zum Kämpfen errichtet wurden. (Immer wenn Sie glauben, dass jetzt alles klar ist, können Sie sicher sein, dass ein Archäologe daher kommt und alles verdirbt!)

Die Kelten hatten eine spezielle Gruppe von Elitekämpfern, die den Stammeskönig bewachten. In Irland wurden sie *Fianna* oder *Fenians* genannt – sehr viel später verwendeten die Iren die Bezeichnung erneut in ihrem Kampf gegen die Briten. Der berühmteste aller Fenier war der legendäre Finn MacCool (Der Typ hieß wirklich so), der die Hauptrolle in der keltischen Literatur spielt, die in der mündlichen Tradition von Generation zu Generation weitergegeben wurde. Sehr viel später begann jemand diese Geschichten aufzuschreiben. Sie mögen die Grundlage für die Geschichten von König Artus und den Rittern der Tafelrunde gewesen sein.

Aber die wirkliche Geheimwaffe der Briten war – und scheint eine Besonderheit Britanniens gewesen zu sein – der schnelle, leichte Streitwagen, der von einem Paar kräftiger britischer Ponys gezogen wurde. Jeder Wagen konnte zwei Männer tragen, einen der lenkte und einen anderen zum Werfen der Speere. Der Speerwerfer konnte entweder den Speer vom Wagen aus werfen oder er konnte herunterspringen und zu Fuß kämpfen und dann den Wagen rufen, wenn er schnell weg musste. Caesar war beeindruckt. Er schrieb dies in Buch IV seines *Gallischen Krieges*:

> *Durch Gewohnheit und tägliche Übung haben sie es dabei so weit gebracht, dass sie ihre Pferde auch auf abschüssigem, steilen Gelände in vollem Lauf anhalten, bändigen und in einem Augenblick schwenken lassen können. Ja, sie laufen sogar über die Deichsel und stellen sich auf das Joch der Pferde, um von dort aus mit größter Geschwindigkeit auf den Wagen zurückzuspringen.*

Auf dem Höhepunkt

Sie müssen diese Wallburgen der Eisenzeit besichtigen, um einen wirklichen Eindruck davon zu bekommen, wie groß sie wirklich waren. Sie können nachlesen, dass die frühen Briten Wallanlagen bauten, aber bis Sie am Fuße von, sagen wir, Maiden Castle stehen und den steilen Hang hinaufschauen, der sich vor Ihnen auftürmt, können Sie nicht wirklich verstehen, was diese Menschen geleistet haben. Und dies beschreibt nur die Sicht von der untersten Ebene. Darüber befinden sich noch zwei weitere.

Die genaue Feststellung, wie viele dieser Wallanlagen es in Britannien gibt, ist schwierig, weil auf einigen von ihnen mit an Sicherheit grenzender Wahrscheinlichkeit später normannische Burgen errichtet wurden, aber wenn Irland irgendeine Richtschnur ist, dann müssen es sehr viele gewesen sein. Über 30 000 keltische, runde Forts und Fundstätten existieren in Irland: Das sind viele Befestigungen.

Archäologen sagen, dass einige dieser Wallanlagen so riesig waren, dass es schwierig gewesen sein muss, sie zu verteidigen, und sie für einen anderen Zweck erbaut worden sein müssen. Aber niemand weiß, wofür diese enormen Befestigungen ansonsten gedient haben könnten.

Aber es stimmt, dass diese Wallanlagen genauso wenig echte Festungen waren wie die mit Stadtmauern umgebenen Städte im Mittelalter Burgen waren. Wallburgen waren Dörfer, Städte sogar, in denen Hunderte von Familien lebten und die große Lagerhäuser des Handels waren. Aber die Archäologen haben nicht ganz unrecht: Als es hart auf hart kam, erlagen diese mächtigen Wallanlagen relativ leicht den Römern.

Einfach blau machen

Jeder kennt Waid, den blauen Farbstoff, der aus der Waidpflanze gewonnen wird. Julius Caesar sagt, die Briten seien eimerweise mit dem Zeug bemalt gewesen, als er mit seinen Männern landete, und der Anblick dieser waidbedeckten Männer machte sie ziemlich nervös. Ein wenig später schreibt der römische Schriftsteller Plinius der Ältere, dass die britischen Frauen nichts außer Waid trugen, wenn sie geopfert werden sollten – was, wären die Frauen am Strand gewesen, Caesars Männer noch nervöser gemacht hätte. Bei der Frage, ob sie Waid trugen oder nicht und falls sie es taten, wie viel, ist eine von den Angelegenheiten, bei der wir uns auf römische Augenzeugen verlassen müssen. Es sei denn, ein Archäologe fördert eine alte britische Waid-Vereinbarung zutage.

 Es ist nicht ungewöhnlich, Stämme zu finden, die Kriegsbemalung verwenden. Waid ist eine Art Senfpflanze, die Blutungen stoppen und Wunden heilen helfen soll: Sehr hilfreich in einer Schlacht. Außerdem, wenn die Briten Waid trugen, haben sie ihn sich vermutlich nicht überall wie blaue Emulsion hingeschmiert: Sehr viel wahrscheinlicher ist es, dass sie es in diesen recht schönen geschwungenen Mustern aufgetragen haben, die sie möglicherweise von den Leuten der La-Tène-Kultur übernommen haben oder auch nicht (siehe den vorherigen Abschnitt »Auf der Suche nach Mustern« für Informationen zu der La-Tène-Verbindung).

Dies ist KEIN Scherz: Die Belgier kommen!

Irgendwann zwischen 200 und 300 v. Chr. bekamen die Briten wirklich Besuch von Invasoren. Aber sie waren nicht Römer, sondern Gallier. Einige Angehörige des Parisii-Stammes hatten bereits die Ufer der Seine verlassen, um sich in Humberside niederzulassen (heutzutage ein ungewöhnlicher Austausch!). Diese letzten Gallier, die nun an der Südküste landeten, stammten von den Belgae und den Atrebates ab, zwei der mächtigsten Nationen des nördlichen Galliens. Ja, Leute, sie waren Belgier – und sie kamen nicht auf Besichtigungstour. Sie waren hinter Sklaven her, um mit ihnen Wein von den Römern zu kaufen (vielleicht hatten die Iceni Recht, sich davon fernzuhalten; weitere Details dazu finden Sie im vorangegangenen Abschnitt »Handelsplätze« dieses Kapitels).

Nach ein paar Plünderungen ließen sich die beiden eingedrungenen Stämme im Süden nieder, mehr oder weniger im heutigen Hampshire. Sie blieben in enger Verbindung mit ihren »elterlichen« Stämmen daheim in Gallien, sodass sie Bescheid darüber wussten, dass Caesar mit seinem Einmarsch in Gallien begonnen hatte und sie scheinen einige ihrer Männer als Hilfe im Kampf gegen ihn geschickt zu haben. Dass die Belgae und die Atrebates in Britannien Truppen zur Verstärkung nach Hause schickten, war einer der Hauptgründe, warum Caesar die Überfahrt nach Britannien in Erwägung zog. Er wollte den Leuten dort eine Lektion erteilen. Aber nachdem Caesar Gallien erobert hatte, wurden diese britischen Belgae und Atrebates so eine Art römische fünfte Kolonne innerhalb Britanniens. Caesar übertrug sogar seinem eigenen Mann, Commius, die Zuständigkeit für die Atrebates bevor er selbst übersetzte. Commius erwies sich als sehr nützlich für die Römer. Gehen Sie zu Kapitel 4, um zu erfahren, was aus dieser Allianz wurde.

Mehr Blut, Herr Pfarrer? Religion in der Eisenzeit

Willkommen in der merkwürdigen und wunderbaren Welt der Druiden. Echte Druiden – nicht diese Freaks, die sich jedes Jahr zur Sommersonnenwende in Laken kleiden und Widderhörner in Stonehenge blasen. Die Religion der Briten basierte auf der Verehrung der Natur und ihrer

Umgebung und die Druiden waren ihre Priesterschaft. Diese Druiden waren überraschend gebildet: Sie konnten vermutlich lesen und schreiben und ganz sicher hatten sie ein gutes Verständnis der Mathematik. Sie wussten etwas über Medizin und Recht und konnten die Sterne und Planeten verfolgen. Die Druiden hatten sogar eine Art heiliges Hauptquartier auf der Isle of Anglesey (auch Mona genannt).

Druiden verfügten auch über immense Macht. Sie konnten jedem sagen, was er zu tun hatte, selbst Königen und Häuptlingen. Sie schlossen sich in heiligen Hainen ein, opferten heilige Misteln und standen allen heiligen Ritualen vor, die der Stamm brauchte, um durch ein weiteres Jahr zu kommen. Sie konnten die Zukunft aus dem Flug der Vögel vorhersagen und dunklen, schrecklichen Zauber zusammenbrauen. Vor allem aber wussten sie, wann man den Göttern Blut opfert und – Druide öffnet den Umschlag und der ganze Stamm hält den Atem an – wessen Blut es sein sollte.

Glaubt mir, ich bin ein Bischof

Geoffrey of Monmouth war ein walisischer Autor und Chronist, der im 12. Jahrhundert lebte und seine Tage als Bischof von St. Asaph in Wales beschloss (auch wenn er bis dahin ein sehr komfortables Dasein in Oxford geführt hatte und nicht die Absicht hatte, es zu verlassen und St. Asaph zu besuchen, nur weil er zum dortigen Bischof ernannt wurde). Geoffrey entschied, dass die Engländer und Waliser eine epische Geschichte ihrer Ursprünge bräuchten, genau wie die Griechen und Römer mit der Geschichte von Troja. Nahezu nichts war bekannt über die Geschichte der keltischen Könige, aber das hinderte ihn nicht. Er schrieb *Die Geschichte der Könige Britanniens* (im Original *Historia Regum Britanniae*), mit kleinen Anleihen bei Beda und Gildas und ein paar Brocken von anderen Autoren. Den Rest dachte er sich einfach aus. Er erfand einen vollständig fiktiven Trojaner genannt Brutus, der nach Norden segelte und der Vater der Briten wurde. Er bezog auch König Lud mit ein, was die Sache ziemlich verworren machte, weil einige Historiker behaupteten, Lud sei ein echter britischer Gott gewesen, der der Namensgeber von Ludgate in London oder London selbst gewesen sei. Lesen Sie Geoffreys Darstellung und Sie treffen Shakespeares britische Könige, Cymbeline und Lear sowie – unvermeidlich – König Artus.

Bei Gott Ihr Götter!

Es gab ziemlich viele Götter im Britannien der Eisenzeit: Genau genommen über 400. Die meisten von ihnen waren nur von lokaler Bedeutung, und Historiker streiten immer noch darüber, welche echt waren und welche erst später erfunden wurden. Einige dieser Götter wurden zu christlichen Figuren – die irische Göttin Birgit, zum Beispiel, mag zur Heiligen Brigid, einer der Schutzpatrone Irlands, geworden sein.

Als ob diese Götter (und viele andere) noch nicht reichten, betrachteten die Briten verschiedene Tiere als Götter, darunter Pferde, Bullen, Rehe, Wildschweine und Bären. Flüsse und Seen waren ebenfalls heilig, was der Grund dafür ist, dass die Druiden ihnen weiterhin Opfer brachten.

Ein kleiner Nachhall dieses Glaubens an die Heiligkeit von Flüssen und Seen zeigt sich später: all diese Statuen von Vater Themse, zum Beispiel, und die Legende von König Artus, der Excalibur von der Herrin vom See erhält.

Ja, alles in allem, konnte Religion der Eisenzeit jeden schwindlig machen. Aber wenn Sie Kopfschmerzen bekommen haben, gehen Sie bloß nicht zu Ihrem ortsansässigen Druiden und sagen es ihm, denn Druiden interessieren sich sehr, *sehr* für Köpfe.

Kopf um Kopf

Die Druiden glaubten an ein Leben nach dem Tode, und dass die Seele, wenn eine Person stirbt, von einer Welt in eine andere geht. Sie glaubten auch, dass das Einfangen der Seele eines anderen ihnen einen wirklich starken Zauber verlieh, und dass die Seele im Kopf wohnt. Also sammelten Druiden Menschenköpfe. Einige behielten sie, um sie für rituelle Zwecke zu verwenden, andere opferten sie den Göttern.

Das Kopfstück jeder Sammlung war der Kopf eines Feindes und die entsetzten Römer stießen auf Druidenhöhlen voller Köpfe, die wie Zwiebeln zusammengebunden waren. Sie fanden eine riesige Sammlung von Köpfen in Bredon in Shropshire und in Wookey Hole in Somerset. Britische Krieger ritten sogar mit an ihren Sattel gebundenen abgetrennten Köpfen herum in der Hoffnung, dass der Geist des Opfers ihnen half: Ich vermute, sie glaubten, sie wären ihren Gegnern damit um Haupteslänge voraus.

Menschenopfer

Eine der Angewohnheiten der Briten, die die Römer wirklich abstoßend fanden, waren die Menschenopfer. Die Druiden töteten ihre Menschenopfer dreifach, nicht nur um sicherzugehen, dass das Opfer tot war, sondern als Sinnbild für die drei unterschiedlichen Wege, in das Jenseits zu gelangen. Archäologen wissen dies von den Moorleichen, die alle dreifach getötet worden waren (mehr dazu erfahren Sie im Abschnitt »Seht, was ich unten im Moor gefunden habe: Leichen«). Vernünftigerweise wählten sie jemanden aus, den man für verzichtbar hielt: Viele der Moorleichen waren auf die eine oder andere Weise leicht entstellt. (Waidbedeckte Jungfrauen waren aber auch akzeptabel, wenn man eine finden konnte.)

Nehmen Sie zum Beispiel den Lindow-Mann, der 1984 in einer Moorgrube in Lindow in Cheshire auftauchte. Die Archäologen fanden heraus, dass er auf drei verschiedene Arten getötet worden war – Kopf eingeschlagen, erwürgt (er hatte immer noch die lederne Garotte um seinen Hals gebunden) und schließlich ertränkt. Diese Beschreibung deckt sich mit denen Caesars über rituelle Tötungen.

Opfergaben erfolgten auf der Grundlage des Tauschs. Wenn man etwas von den Göttern wollte, brachte man ihnen ein Opfer, um sie zu besänftigen und ihnen zu gefallen, und vielleicht gewährten sie ihnen dann das, was sie wollten. Oder eben auch nicht. Weder Lud noch Log noch Teutates oder St. Brigid selber waren in der Lage, den Sturm, der sich Britannien aus dem römischen Gallien rasch näherte, vorherzusehen, ganz zu schweigen davon, ihn zu verhindern.

Teil II

Alle anderen kommen!
Die Invasoren

»Wer weiß, was heute für ein Tag ist?«

In diesem Teil ...

Als die Römer ankamen, veränderten sie den Lauf der britischen Geschichte. Die Römer brachten Recht und Ordnung und die Briten lernten friedlich in der römischen Welt zu leben. Aber die Römer machten am Hadrianswall Halt und die römischen Legionen überquerten nie die Irische See. Während die Menschen im südlichen Britannien auf die römische Weise lebten mit Straßen und Städten, lehnten die Menschen im Norden Rom und alles, wofür es stand, ab.

Die Römer gingen und die Menschen Britanniens und Irlands mussten sich den Angeln und Sachsen stellen, die über das Meer kamen. Zunächst um zu plündern und dann um sich niederzulassen. Nach ihnen kamen die Wikinger, die ebenfalls plünderten und siedelten. Britannien wurde zum Land vieler Königreiche, aber Wilhelm von der Normandie hatte es auf die englische Krone abgesehen. Wilhelm erreichte 1066 mit seiner Armee die Südküste und bereitete der angelsächsischen Welt ein blutiges Ende.

Britannien ganz beherrscht

In diesem Kapitel

▶ Erfahren Sie, was zum römischen Einmarsch in Britannien führte

▶ Kämpfen für die gute Sache: Briten, die Widerstand leisteten

▶ Verstehen Sie, was die Römer für uns taten und nicht taten

▶ Rückkehr nach Hause: Warum die Römer schließlich Britannien verließen

---

Für ein Land, das sich rühmt, Invasionsversuchen erfolgreich widerstanden zu haben, stehen die Briten den Römern, die sie vor zweitausend Jahren eroberten, überraschend warmherzig gegenüber. Die Römer waren die Ersten, die die Hauptinsel Britannien, oder *Britannia*, nannten und die Briten haben dies nie vergessen: Sie gruben den Begriff wieder aus, als sie selbst ziemlich stark und sich bereit fühlten, es mit der Welt des 18. Jahrhunderts aufzunehmen (siehe Kapitel 15 für Details dazu).

Die Römer hatten ursprünglich nicht die Absicht Britannien zu erobern, und es war keinesfalls eine leichte Sache, als sie es taten. Aber nachdem sie sich dort niedergelassen hatten, liefen die Dinge sehr gut. Britannien wurde vollständig in die römische Welt integriert; es brachte sogar einige Herrscher hervor. Aber ein römisches Britannien konnte nicht von Dauer sein. Bald erschienen sächsische Schiffe vor der Ostküste und die Römer zogen sich zurück und überließen es den Briten, so gut wie möglich zurechtzukommen. Was sie nicht besonders gut taten.

Ein weit entferntes Land, über das wir nahezu nichts wissen

Bevor Julius Caesar auf der Bildfläche erschien, wussten die meisten Römer nur zwei Dinge über Britannien: Es gab dort Metalle, insbesondere Zinn aus Cornwall, das sich sehr gut in der ganzen römischen Welt verkaufte und sogar über sie hinaus; das andere waren die Druiden. Britannien war das Zentrum der merkwürdigen Religion der Kelten, so wie Rom selbst eines Tages das Zentrum der katholischen Kirche sein würde. Im Grunde genommen dachten die meisten Römer, dass Britannien weit weg ist und Rom keinen Schaden zufügt. Das Beste was man also tun konnte, war es in Ruhe zu lassen? Richtig? Falsch.

Julius Caesar landete in Britannien 55 v. Chr., aber er ließ die Aufgabe unvollendet und überließ es dem Herrscher Claudius, der 43 n. Chr. fast ganz Britannien besetzte, sie zu beenden. Was hat die Römer dazu veranlasst, ihre Meinung zu ändern?

Der gallische Krieg

Das antike Rom sollte eine Republik sein: Die Römer hatten sich ihrer Könige Jahre zuvor entledigt, und sie wollten sie nicht zurück haben. Aber ein ehrgeiziger und skrupelloser General namens Gaius Julius Caesar hatte andere Vorstellungen (mehr über die römische Republik und ihr Reich erfahren Sie in *Die Römer für Dummies* von Guy de la Bédoyère). Um die Macht zu erhalten, die er wollte, benötigte er politische Unterstützung, und der beste Weg, sie zu bekommen, waren nette kleine militärische Siege gefolgt von großen Triumphzügen. Alles was er brauchte, war ein Krieg.

Ein gallischer Stamm nach dem anderen

Caesar erhielt einen wirklich attraktiven Posten (Traumjob) an der französischen Riviera, wo er zuständig war für die römische Armee. Und genau in diesem Moment entschied sich ein ganzer Stamm, der sich Helvetii nannte und in den Alpen lebte, zu einer massiven Migration durch römisches Territorium, um irgendwo in Gallien einen anderen Ort zum Leben zu finden. Caesar nutzte die Gunst der Stunde. »Migration, so ein Quatsch!«, sagte er (oder vielmehr *migratio meus pedus!*); »Dies ist eine Invasion. Lasst die Trompeten erschallen!« Und so begannen Caesars berühmte gallische Kriege.

Caesar rief seine Männer zusammen, trat gegen die Helvetii an und besiegte sie. Unterwegs alarmierte er jedoch einige der anderen gallischen Stämme, und bevor er wusste wie ihm geschah, fand er sich im Kampf gegen nahezu jeden anderen gallischen Stamm wieder. Glücklicherweise für ihn, verbündeten sie sich nicht sofort, sonst wäre dies das Ende Caesars und seiner großen Ambitionen gewesen. Stattdessen griffen sie ihn einzeln an. Erst schlug er einen Stamm, dann den nächsten und wieder den nächsten, bis er, beinahe ohne es zu merken, Gallien erobert hatte. Sehr praktisch.

Galante kleine Belgae

Aber nicht alle Feldzüge Caesars verliefen glatt. Er traf auf eisernen Widerstand, als er sich dem Norden zuwandte und gegen die Belgae antrat. In diesen Tagen waren die Belgae harte Kunden. Sie sind noch nicht so weit herabgesunken, Mayonnaise auf Pommes zu tun.

Nach und nach wurde Caesar klar, dass der belgische Widerstand so erfolgreich war, weil sie Unterstützung bekamen. Einige der Gefangenen, die Caesars Armee machte, sprachen einen merkwürdigen Akzent, und wenn er sie befragte, beendeten sie jeden Satz mit: »…, ist es nicht?« Sie trugen Socken in den Sandalen und entschuldigten sich, wenn andere ihnen auf die Füße traten – es musste sich zweifellos um Briten handeln.

Britische Krieger waren schon schlimm genug, aber auch britische Druiden schienen hinüberzukommen und das verhieß Ärger (für mehr Informationen zu den Druiden gehen Sie zu Kapitel 3). Die Gallier kämpften sehr viel entschlossener, wenn Druiden sie anstachelten. Caesar entschied, die Zeit sei gekommen, um den Briten eine Lektion zu erteilen, die sie nicht vergessen würden.

Gallische Kriege

Wie alle medienkundigen und machthungrigen Generale, eroberte Julius Caesar nicht nur Gallien, er machte auch aus seinen Eroberungen einen Bestseller (in dem er natürlich seine Version der Ereignisse erzählt), *Der gallische Krieg*. Später, als alle Latein in der Schule lernten, gelangte *Der gallische Krieg* auch in deutsche Klassenzimmer und Generationen von gelangweilten Schülern lernten seinen berühmten Anfangssatz »Ganz Gallien ist in drei Teile geteilt«. (Was ein wenig unfair Caesar gegenüber ist, denn er schrieb nicht für deutsche Schüler, die Latein übersetzen mussten.) Für die Römer zu Caesars Zeiten jedoch war das Buch eine wirklich tolle Geschichte voller guter Schlachtszenen, vor allem da die Römer eine nach der anderen gewannen. Und es hatte den weiteren Vorzug, dass es Caesar wie einen sehr gefährlichen Mann aussehen ließ und ihm die nötige Zuversicht gab, um den Fluss Rubikon in Italien zu überqueren und die Macht in Rom zu ergreifen. *Alea iacta est*, wie er es ausdrückte: Die Würfel sind gefallen.

Willkommen in England!

Als Caesar 55 v. Chr. vor der Küste Englands auftauchte, war der ganze Strand voller bis an die Zähne bewaffneter und mit Waid bemalter Briten, die den Römern zuriefen, sie sollten nur kommen und kämpfen, wenn sie Manns genug seien.

Caesar zufolge ereignete sich ein heftiger Kampf am Strand, aber nachdem genug Römer es ans Ufer geschafft hatten und in Formation gegangen waren, drängten sie die Briten zurück und fassten Fuß. Sie drangen dann ins Landesinnere vor, schauten sich um, zerschlugen einige Stämme und kehrten dann Heim nach Gallien zurück.

Im nächsten Jahr (54 v. Chr.) kehrte Caesar mit einer sehr viel größeren Streitmacht zurück. Beabsichtigte er zu bleiben? Vermutlich nicht, aber die Briten konnten sich nicht sicher sein. Den britischen Stämmen gelang es, sich unter dem König Cassivelaunus (so nannten die Römer ihn) zusammenzutun, aber Cassivelaunus konnte Caesars Männer nicht schlagen. Und darüber hinaus waren nicht alle Briten auf seiner Seite: Einige gingen Allianzen mit den Römern ein.

Ich kam, sah und entschied, dass es dort nichts zu holen gab

Die Leute denken oftmals, dass es Julius Caesar war, der Britannien eroberte. Er tat es nicht. Er marschierte zweimal in Britannien ein, zuerst 55 v. Chr. und dann mit größerer Truppenstärke 54 v. Chr., aber er kehrte jedes Mal nach Gallien zurück. Natürlich tat er mehr als genug, um zu zeigen, dass er Britannien hätte erobern können, wenn er gewollt hätte, aber dafür gab es keine echte Notwendigkeit – die britischen Könige waren bereit, Rom ihren Tribut zu entrichten (*Tribut* ist ein beschönigendes Wort für Schutzgeld), und die prorömischen Stämme, wie die Trinovantes in East Anglia, in Ruhe zu lassen (mehr über die Trinovantes erfahren Sie in Kapitel 3). Dann segelte Caesar zurück nach Gallien und Rom, wo sie ihn erstachen, bevor er sich selbst zum Herrscher ernennen konnte. »Gemeinheit! Gemeinheit!«, wie er in dem Film *Ist ja irre – Cäsar liebt Kleopatra* sagt. »Sie haben es alle auf mich abgesehen!«

Wir marschieren ein, wir marschieren nicht ein: Der Wankelmut der Römer

Aber was war nun mit Britannien? Die Römer schwankten zwischen »Wer wird es sein, der beendet, was Julius begonnen hat?« und »Caesar ging dorthin und hielt es nicht der Mühe wert, warum also sollten wir?«

In jedem Fall war Britannien keine Bedrohung. Ganz im Gegenteil. Der größte Teil des Südens, der Teil, der den Römern wichtig war, wurde von einem König namens Cunobelinus (Shakespeares »Cymbeline«) regiert. Cunobelinus erlangte die Kontrolle über den Trinovantes-Stamm, die römische Verbündete waren, und verwandelte Südbritannien in eine Römer-freundliche Zone. Es bestand also keine Notwendigkeit für eine umfassende römische Invasion Britanniens. Noch.

Sie sind zurück – mit Elefanten!

Claudius ist der römische Herrscher, der stotterte und humpelte und von dem jeder glaubte, er sei ein Dummkopf. Aber wir wissen es besser, nicht wahr? Weil wir Derek Jacobi in *Ich, Claudius* gesehen haben. Klasse Fernsehserie, miserable Geschichte. Claudius war nicht der kluge, alte Weise, als den *Ich, Claudius* ihn darstellt. Römische Historiker wie Tacitus und Sueton schätzten, dass er genauso blutrünstig war wie jeder der Julisch-Claudischen Kaiserfamilie. Aber eine Sache, die Claudius nicht hatte, war irgendeine militärische Anerkennung seiner Altersgenossen, und das ärgerte ihn. Als also ein britischer Häuptling in Rom auftauchte und klagte, er habe sein Königreich verloren, war Claudius sehr interessiert. Ja sogar äußerst interessiert.

In Britannien war der Römer-freundliche König Cunobelinus gestorben und seine beiden Söhne Caratacus und Togodumnus begannen, die Macht über benachbarte Stämme an sich zu reißen. Einer dieser benachbarten Stämme waren die Atrebates. Es war ihr König (oder Ex-König) Verica, der nun in Rom Claudius in den Ohren lag. Die Atrebates waren also römische Verbündete: Bedeutete dies, dass Caratacus und Togodumnus die prorömische Politik ihres Vaters nicht fortsetzen würden? Claudius entschied, dass es an der Zeit war, die Briten daran zu erinnern, was mit Leuten passiert, die die Römer auf dem falschen Fuß erwischten.

Caratacus kämpft gegen die Römer

Claudius hatte einige Lektionen aus Julius Caesars Zeit in Britannien gelernt. Er stellte sicher, dass er genug Männer hatte, um das Land zu erobern und dort zu bleiben. Auf dieser Exkursion lungerten die Römer nicht am Strand herum: Sie marschierten an Land und zogen weiter ins Landesinnere. Togodumnus, Caratacus Bruder, wurde gleich zu Anfang getötet, sodass es Caratacus überlassen blieb zu versuchen, Widerstand zu leisten. Er tat es, aber die Römer waren einfach zu stark für ihn.

Als die Römer in der Hauptstadt von Caratacus, Camulodunum (Colchester), einmarschierten, entschied Claudius zu kommen und sich die Niederlage von Caratacus selbst anzuschauen. Er brachte einige Elefanten mit, die die Briten zu Tode erschreckten. Camulodunum fiel, aber Caratacus konnte entkommen und führte die Römer an der Nase herum. Er versteckte sich in den Waliser Bergen und führte im Norden Guerillaangriffe gegen die Römer immer dann, wenn die Römer sie am wenigsten erwarteten. Die Römer brauchten ewig, um Caratacus zu fangen, und selbst dann gelang ihnen dies nur mithilfe von Verrat.

Schließlich schlugen die Römer Caratacus Männer im offenen Kampf, aber Caratacus und seine Familie konnten fliehen und suchten Schutz bei den Brigantes von Yorkshire. Aber Cartimandua, die Königin der Brigantes, eine römische Handlangerin wie es selten eine gab, nahm ihn gefangen und übergab ihn den Römern, die ihn durch die Straßen von Rom führten. Aber jeder war so beeindruckt davon, wie würdevoll Caratacus war und wie er dem Herrscher und der Menge trotzte, dass Claudius ihn unter der Bedingung freiließ, dass er in Rom blieb. Was Cartimandua angeht, so erhielt sie sehr viel Geld und genoss viele Vorteile von den Römern, wie man sich leicht vorstellen kann. Wenn die Römer jedoch glaubten, mit Caratacus alle Widrigkeiten aus dem Weg geräumt zu haben, dann mussten sie sich auf einen unangenehmen Schock vorbereiten.

Die zornige Dame - Boudica

Im Jahre 58 n. Chr. ernannte Kaiser Nero Suetonius Paulinus zum neuen Gouverneur von Britannien. Suetonius entschied sich, nach Westen zu gehen und mit den Druiden ein für alle Mal Schluss zu machen. Also führte er eine große Armee nach Wales und auf die Insel Anglesey. Die Druiden versammelten sich auf einem Berg und schrien Verwünschungen auf Suetonius und seine Männer hinab. Die Verwünschungen retteten die Druiden nicht, aber ein Fluch scheint einen Treffer gelandet zu haben, denn während Suetonius Paulinus in Wales war, nahm die Katastrophe ihren Lauf.

So behandelt man keine Dame

Der Ärger begann mit den Iceni, die im heutigen Norfolk lebten. Obwohl die Iceni während des Einmarsches gegen die Römer gekämpft hatten, schienen sie sich seither mit der Situation abgefunden zu haben. Die Römer kontrollierten sie nicht direkt: Der König der Iceni Prasutagus war, was die Römer einen *Stellvertreterkönig* nannten (weniger höflich würden sie ihn als Marionette bezeichnen). Aber als Prasutagus 60 n. Chr. starb, lief plötzlich alles schief.

Als guter römischer *Stellvertreterkönig* hinterließ Prasutagus die Hälfte seines Besitzes seiner Frau, Königin Boudica, und die andere Hälfte dem römischen Herrscher. Ein unglaublich dummer römischer Steuereintreiber namens Catus Decianus ging dann zur Hauptstadt der Iceni in Norwich, um Roms Anteil zu fordern und den Iceni zu sagen, dass all das Geld, das der ehemalige Herrscher Claudius ihnen gegeben hatte, kein Geschenk, sondern ein Darlehn war, dass sie nun zurückzahlen mussten. Mit Zinsen.

Geld zu fordern war noch nie eine gute Voraussetzung für ein informelles Treffen, aber irgendetwas ging schrecklich schief, als Catus Decianus und seine Leute nach Norwich kamen.

Römischen Berichten (ja, *römischen* Berichten) zufolge, peitschten römische Soldaten Boudica aus und vergewaltigten dann ihre beiden Töchter. Wie um Himmels Willen eine Steuereintreibung so enden konnte – und ob diese Handlungen auf Catus Decianus Befehl hin erfolgten – weiß niemand sicher. Catus Decianus und seine Männer hatten Glück, lebend herauszukommen. Vielen anderen Römern sollte so ein Glück nicht beschieden sein.

Zur Hölle mit der Furie

Nach dem Angriff auf Boudica brach die Hölle los. Die Iceni randalierten und griffen alles Römische an, was sie finden konnten. Sehr viel Besorgniserregender für die Römer war, dass selbst ihre alten Verbündeten, die Trinovantes, sich den Iceni anschlossen. Die römischen Legionen brachen in Stücke. Die neunte Legion wurde zurückgedrängt, der Kommandant der zweiten Legion weigerte sich, zu weichen. Alle anderen waren mit Suetonius Paulinus in Wales beim Druidentöten. Boudica führte ihren Stamm 60 n. Chr. nach Camulodunum (dem heutigen Colchester), die großartige Stadt, die die Römer sich als Hauptstadt erbaut hatten mit einem enormen Tempel, der dem Herrscher Claudius geweiht war (für die Eroberung Britanniens machten sie ihn zu einem Gott). Alle Römer flohen in den Tempel, weil ihn ein großes ummauertes Gelände umgab. Aber dies war nicht genug, um Boudicas Leute fernzuhalten. Sie brachen ein, brannten den Tempel bis auf die Grundmauern ab und töteten jeden, den sie finden konnten. Dann machten sie sich auf den Weg nach London.

London war nicht die Hauptstadt, aber es war ein aufstrebender Hafen und viele Römer und romanisierte Briten lebten dort. Suetonius Paulinus konnte nicht rechtzeitig Truppen dorthin bringen, also befahl er allen dort zu fliehen. Boudica legte London in Schutt und Asche. Dann ging sie nach Verulamium, dem heutigen St. Albans, und zerstörte dies.

 In nur wenigen Monaten hatte Boudica die römische Armee in die Flucht geschlagen und die drei wichtigsten römischen Städte in Britannien völlig zerstört. Die Zerstörung war so vernichtend, dass Sie noch heute die geschwärzten Schichten von verbrannten und verkohlten Überresten im Boden sehen können.

Kein römischer Herrscher konnte zulassen, dass eine ganze Provinz so außer Kontrolle geriet. Suetonius Paulinus kam aus Wales herangerast und lockte Boudica in eine offene Schlacht nahe Mancetter in den westlichen Midlands. Die Römer gewannen – nun sie mussten –, aber sie fassten Boudica nicht. Der Legende zufolge, die tatsächlich wahr sein könnte, vergifteten sie und ihre Töchter sich. Und einer weit verbreiteten Version zufolge ist Boudica unter einem der Bahnsteige des Bahnhofs Kings Cross begraben.

Das Abendrot der Römer – Agricola

Die Römer in Schottland? Sie glauben vermutlich, dass die Römer Schottland nicht eroberten. Denken Sie erneut nach. Der römische Gouverneur Agricola führte eine Armee durch die Lowlands und weiter in die Highlands. Agricola eroberte die Lowlands ohne allzu große Schwierigkeiten. Einige Stämme schlossen schnell Frieden sodass er sich bald um die kümmern konnte, die es nicht taten. Das ganze Gebiet wurde eine römische Provinz mit einem großen römischen Lager namens Trimontium beim heutigen Newstead. Agricola fuhr fort, Kastelle zu bauen, während er weiter nach Norden vorrückte, um es mit den Caledoniern des Hochlandes aufzunehmen. Eine Mordsschlacht ereignete sich zwischen den Römern und den Caledoniern am Mons Graupius 84 n. Chr. und die Caledonier verloren. Schwer. Aber zu Agricolas Überraschung, kamen die Caledonier nicht, um sich zu ergeben. Sie brannten alles nieder und zogen sich in die Berge zurück. Agricola wusste, dass er ihnen nicht folgen konnte, und so kehrten er und seine Männer um.

Dennoch war fast ganz Caledonien in römischer Hand, was bedeutete, dass die Römer das heutige England, Wales und den größten Teil Schottlands erobert hatten. Vor wenigen Jahren fanden Archäologen sogar Überreste von etwas, das zunächst aussah wie ein römisches Kastell in Irland. Mittlerweile vermutet man, dass der Ort eher eine Handelsstation war. Wie auch immer, Agricola konnte ziemlich zufrieden mit sich sein: Britannien war fest in römischer Hand. Dann wurde er nach Rom zurückgerufen.

Agricolas Rückruf war natürlich politisch motiviert: Kaiser Domitian war äußerst neidisch auf ihn. Und dank Agricola schienen weniger Truppen in Britannien gebraucht zu werden. Man begann die Legionen abzuziehen und woanders hin zu schicken. Mit dem Abzug Agricolas und vieler römischer Legionen, sahen die Caledonier ihre Chance. Sie fingen an, die Kastelle, die Agricola erbaut hatte, anzugreifen und ohne ausreichend Männer, sie zu verteidigen, zogen die verbliebenen Römer aus Schottland ab. Bald war nicht mehr viel übrig von der römischen Besetzung Schottlands.

Was haben die Römer je für uns getan?

Die Römer waren keine großen originellen Denker: Sie bauten auf den Ideen und Erfindungen anderer auf, insbesondere denen der Griechen. In Britannien »borgten« sie sich sogar einheimische Götter: Sie bauten römische Tempel für britische Götter und nannten *Aquae Sulis* (Bath) nach Sul, einem örtlichen britischen Flussgott.

Eisenzeitmenschen waren kultivierter und fortschrittlicher, als wir ihnen zumeist zugestehen wollen, aber die Römer spielten in einer völlig anderen Klasse. Die Briten machten ihre erste Bekanntschaft mit römischer Technologie im Kampf, wo sie vermutlich nicht viel Zeit hatten, römische Handwerkskunst oder ihr Verständnis der Mathematik und der Projektionswinkel zu bewundern. Römische Belagerungstechnologie konnte riesige Steine durch die Luft schleudern, die die hölzernen Palisaden der Briten in Stücke schlugen. Und ein römisches *Ballista* (Katapult) konnte brennende Metallpfeile so schnell und mit solch tödlicher Genauigkeit abschießen, dass es dem Besitz eines Maschinengewehrs gleichkam. Die folgenden Abschnitte jedoch untersuchen, wie sich die römische Technologie auf die Briten auswirkte, nachdem das Kämpfen beendet war.

Entschuldigung, Aquädukte gibt's nicht

Außer ein paar erhöhten Leitungen und einem Pumpensystem in Lincoln wurde kein wirkliches Aquädukt in Britannien gefunden. Schade. Wir wissen, dass sie ein richtiges Wasserleitungssystem installierten. Ein wunderschön erhaltenes Netzwerk von Bädern existiert in Bath, das dies beweist, ganz zu schweigen von den kleineren im ganzen Land verstreuten Badehäusern. Aber statt das Wasser über weite Entfernungen über Aquädukte zu leiten, scheinen die Römer stärker die örtlichen Leitungen und unterirdischen Bleirohre genutzt zu haben.

Das lateinische Wort für Blei ist *plumbum* – daher leitet sich auch das englische Wort für Bleirohr (*plumb line*) ab, und Pb ist die chemische Bezeichnung für Blei. Aus dem gleichen Grund heißt im Englischen der Installateur *plumber*. Auch wenn die Römer letztendlich nicht das Aquädukt in Britannien einführten, brachten sie viele andere gute Dinge.

Die Mauer muss weg, äh, her

Vermutlich das berühmteste Ding, das die Römer in Britannien erbauten, war Hadrians bedeutender Wall, der sich vom Fluss Tyne bis hinüber nach Solway Firth erstreckt (was ungefähr Newcastle bis Carlisle entspricht). Der Wall markiert nicht und markierte auch nie, die Grenze zwischen England und Schottland.

Keiner weiß genau, warum Hadrian den Wall errichten ließ. Möglicherweise zur Verteidigung oder um die lästigen Brigantes (aus dem Nordland) davon abzuhalten, sich mit den Caledoniern (aus Schottland) zu verbünden oder einfach nur, um ins *Guinness Buch der Rekorde* zu kommen. Was wir jedoch wissen ist, dass Hadrian das Projekt sehr ernst nahm, weil er persönlich rüberkam, um bei der Planung des Bauwerkes zu helfen. Die Aufgabe war immens: Auf der ganzen Länge des Walls gab es Befestigungen und Meilenkastelle und einen riesigen militärischen Graben, und ein Verteidigungswall verlief parallel dazu. Der Hadrianswall sieht auch heute noch beeindruckend aus, während er sich durch die Landschaft schlängelt. Aber zu Zeiten der Römer war er sehr viel höher. Seine Konstruktion war eine unglaubliche technische Meisterleistung.

Wenige Jahre später jedoch, zogen die Römer erneut Richtung Norden. Diesmal war Antoninus Pius Kaiser, und er befahl den Bau eines zweiten Walls weiter nördlich. Der nach ihm benannte Antoninuswall führte durch ganz Schottland, mehr oder weniger von Edinburgh nach Glasgow. Der Antoninuswall machte sehr viel mehr Sinn als der Hadrianswall, weil er die friedlichen Stämme im Süden vor den wilden Caledoniern des Nordens schützte. Und die südlichen Stämme bedurften dieses Schutzes tatsächlich, denn die Angriffe der Caledonier waren so heftig, dass die Römer den Antoninuswall aufgeben und sich hinter den Hadrianswall zurückziehen mussten. Und das nach all der *Arbeit*!

Urbane Zersiedelung

Sehen Sie sich eine Karte des römischen Britanniens an (Abbildung 4.1) und das erste, was Ihnen auffällt, ist die große Zahl von Städten. Das Land war übersät mit ihnen, alle verbunden durch die berühmten geraden Straßen. Einige dieser Städte entstanden aus Stammeszentren, die bereits vor der Ankunft der Römer existierten wie Camulodunum (Colchester), der Hauptstadt von Cunobelinus, oder Verulamium (später St. Albans), das die Hauptstadt der Catuvellauni gewesen ist. Als die Römer ankamen, eroberten sie diese großen Zentren und bauten sie im römischen Stil weiter. Dies war aus zwei Gründen vernünftig:

✔ **Vorteil aus einer guten Sache ziehen:** Wenn irgendwo eine Stadt existiert, gibt es dafür normalerweise einen guten Grund – eine gute Wasserversorgung oder leichter Zugang zu einem Fluss oder was auch immer.

✔ **Romanisierung der Bevölkerung:** Die britischen Städte zu romanisieren half den Römern, den Briten das Gefühl zu geben, dass sie nun Teil des römischen Imperiums waren, ob sie wollten oder nicht.

Außerdem errichteten die Römer *coloniae:* Siedlungen für Soldaten, die die Armee verlassen hatten und nun nach einem Platz suchten, um sich niederzulassen. Die erste große Colonia war Colchester, aber weitere folgten an Orten wie Gloucester, Lincoln, Wroxeter und York.

Route LXVI – die Römer wussten, wo's langgeht

Was die Römer an Aquädukten vermissen ließen, machten sie mit Straßen wett (werfen Sie einen Blick auf Abbildung 4.1, um zu sehen, wo die wichtigsten gebaut wurden). Zu irgendeinem Zeitpunkt erhielten zwei von den drei großen Straßen ziemlich schlichte, englische Namen: *Watling Street* (von London nach Wroxeter in Wales) und *Ermine Street* (von London zum Hadrianswall). Nur der *Fosse Way*, der von Exeter in Devon durch das ganze Land bis nach Lincoln führte, klingt noch leicht römisch. Und ja, die Straßen waren schnurgerade.

 Sie können heute noch weite Strecken auf römischen Straßen entlangfahren, weil spätere Straßenbauer den gleichen Routen folgten. Sie könnten buchstäblich mit Autopilot fahren, wenn sie nicht so gerade wären, dass sie voller versteckter Bodenwellen sind.

Sie verstehen, warum sie so gerade sind – denken Sie an das Zeug, was sie in der Schule gelernt haben: »Der kürzeste Weg zwischen zwei Punkten ist eine Gerade« –, aber die Römer könnten noch etwas klüger gewesen sein. Eine gerade Linie mag der kürzeste Weg einen Berg hinauf sein, aber sie ist ganz sicher nicht der leichteste. Sie verwendeten die alte Drei-Stöcke-in-einer-Linie-Technik, um die Straßen gerade erscheinen zu lassen. Simpel, aber sehr effektiv. Sie kannten sich mit Entwässerung aus. Sie wussten alles darüber, wie man einen guten Untergrund baut, und dass man eine Schicht kleiner Steine braucht, um die großen Steine an ihrem Platz zu halten. Und sie wussten alles darüber, dass man die Bäume stutzen musste, damit sie nicht überraschend in einen Hinterhalt geraten konnten.

Fleischesfrust statt -lust

Die Römer begannen vermutlich die internationale Tradition des Jammerns über die britische Küche. Nicht dass die Briten schlecht gegessen hätten; nur ihre Möglichkeiten waren sehr beschränkt: Viel Fleisch und Brot, gefolgt von Brot mit Fleisch gefolgt von Fleisch (oder Brot) als Betthupferl. Die Römer brachten einige bessere Agrartechniken mit hinüber, zum Beispiel die neuesten Pflüge (Spitzentechnologie!), und zeigten den Briten, wie man Dinge wie Kohl und Karotten anbaut. Einige Kopien von römischen Rezepten existieren noch und sie sind überraschend gut. Sehr viel Obst – die Römer brachten sie gleichfalls ins Land – und Dinge wie Fischpaste und Honig.

Abbildung 4.1: Das römische Britannien

So lebten die Römer

Wie römisch waren die Briten? Wir wissen, dass führende Briten die römische Lebensweise angenommen haben. Sie sprachen nicht mehr von »Häuptlingen«, sondern nannten sich »Könige« – was viel vornehmer war. Ein König, Cogidubnus, war ein guter Freund von Kaiser

Vespasian und ließ vermutlich die große Villa im römischen Stil in Fishbourne in West Sussex für sich erbauen. Jeder, der in einer Stadt lebte – und viele Leute taten es –, lebte praktisch nach Art der Römer. Kaiser Caracalla machte sogar alle Briten zu Bürgern von Rom, aber er tat dies im ganzen römischen Reich, sodass man vielleicht nicht zu viel darin hineininterpretieren sollte.

Nichtsdestotrotz lebten die meisten Briten immer noch in ihren Dörfern und machten die Dinge mehr oder weniger so, wie sie sie immer getan hatten. Trotz einiger Veränderungen – neue Feldfrüchte, neue Straßen, kein Waid mehr – hätten ihre Vorfahren aus der Eisenzeit, wenn sie sie hätten besuchen können, viele Dinge unverändert vorgefunden.

Das Christentum hält Einzug!

Wir wissen nicht genau, wer als Erster das Christentum nach Britannien brachte (außer dass wir ziemlich sicher sein können, dass es nicht Josef von Arimathea war, wie man im Mittelalter gerne behauptete). Aber das Christentum begann erst dann weitverbreitet zu sein, als die Römer begannen, als Christen zu Gott zu beten.

Die Stadt Verulamium wurde in St. Albans umbenannt, weil Britanniens erster christlicher Märtyrer, ein römischer Soldat namens Alban, in Verulamium getötet wurde, weil er einen christlichen Priester Schutz geboten hatte. Dieses Ereignis mag sich 304 n. Chr. oder 209 n. Chr. ereignet haben (niemand hat je gesagt, dass die antike Geschichte eine genaue Wissenschaft ist), aber es zeigt, dass das Christentum tatsächlich das römische Britannien erreicht hatte.

Die frühen Christen mussten sich bedeckt halten oder sie endeten wie der arme alte Alban. Erst nachdem Kaiser Konstantin dem Christentum 312 n. Chr. seine Zustimmung erteilt hatte (der in York zum Kaiser ausgerufen worden war – ein Hiesiger, bei Jupiter!) und Kaiser Theodosius sie 380 n. Chr. zur offiziellen Religion machte, konnten die Christen aus ihren Verstecken hervorkommen und sich offen zu ihrem Glauben bekennen.

Und wenn man nach der Zahl der römischen Kirchen und Kapellen geht, die auftauchten, taten sie genau das. Diese frühen Christen müssen auch begonnen haben, Bischöfe zu ernennen, weil drei von ihnen von Britannien aus eine große Kirchenkonferenz in Arles in Gallien 314 n. Chr. besuchten.

Außerdem brachte ein Mönch namens Ninian – dem späteren St. Ninian – die Religion nördlich des Hadrianwalls zu den kriegerischen Pikten (mehr zu den Pikten finden Sie in Kapitel 3). Ein ziemlich unheimliches Unterfangen, aber Ninian schien ungestraft davon gekommen zu sein. Er gründete dort oben ein großes Kloster genannt *Candida Casa*, was weißes Haus bedeutet. (Nein, Archäologen haben bisher nichts gefunden, was der Form nach das *Oval Office* sein könnte, aber sie suchen noch danach.)

Sie glauben wirklich, dass St. Patrick Ire war?

Bereiten Sie sich auf einen Schock vor. St. Patrick war Brite. Er kam aus Westbritannien und wurde nicht Patrick getauft, sondern Succatus. Okay, Patrick hört sich besser an. Er war vermutlich nicht der Erste, der das Christentum nach Irland brachte. Das war wahrscheinlich ein Mönch namens Caranoc, der St. Ninian in Candida Casa ablöste.

Genau genommen kann sein erster Eindruck von Irland nicht besonders gut gewesen sein, weil ein Schiff voller Angreifer kam und ihn, als er noch ein Junge war, als Sklave nach Irland brachte. Es wäre schön sagen zu können, dass er seine Entführer damals augenblicklich konvertierte, aber das ist nicht passiert. St. Patrick gelang es, zurück nach Britannien zu entfliehen, wo er in die Kirche eintrat. Wir wissen, dass er viele Jahre als Mönch lernend und studierend in Gallien verbrachte, bis er schließlich zurück nach Irland ging bzw. geschickt wurde. Seine Mission scheint gut verlaufen zu sein und er mag ein Kleeblatt zur Erklärung der Trinität verwendet haben. Aber er hat die Schlangen nicht aus Irland vertrieben. Die hat es dort auch zuvor nie gegeben.

Niedergang und Fall ... und Abgang

Bis zum 4. Jahrhundert n. Chr. war das Römische Reich nicht mehr das mächtige Gefüge, das es in den Tagen Caesars war. Es war in zwei Hälften geteilt und kontinentale Machtkämpfe ereigneten sich, die oftmals damit endeten, dass zwei römische Armeen gegeneinander kämpften. Und als ob diese inneren Konflikte noch nicht reichten, holten die Nachbarn Roms zum entscheidenden Schlag aus. Germanische und ungarische Stämme sowie wandernde Stämme aus Asien begannen, das Reich anzugreifen und hinter seine Grenze vorzustoßen. Wie sehr sie sich auch bemühten, es gelang den Römern nicht, die Disziplin und Organisation wiederherzustellen, die sie einst unbesiegbar gemacht hatten. Sie befanden sich mitten im Niedergang und kurz vor dem Untergang. Das römische Britannien war keine Ausnahme.

Ärger hoch im Norden

Gebt den Brigantes ihr Stichwort – dem nördlichen Stamm, der damals Caratacus an die Römer auslieferte (siehe den Abschnitt »Caratacus kämpft gegen die Römer«). Nun, vielleicht wollten sie ihren einstigen Verrat wiedergutmachen, denn genau in dem Augenblick, als man glaubte, Britannien sei erfolgreich romanisiert und alles sei geregelt, begannen die Brigantes fröhlich Krach zu schlagen.

Die Brigantes hatten Hadrian dazu gebracht, nach Britannien zu kommen und nachzusehen – und vermutlich baute er den Wall ausdrücklich, um die Brigantes von den Caledoniern fernzuhalten, die auch immer Schwierigkeiten machten. Aber es brauchte mehr als einen Wall, um die Brigantes ruhig zu halten. Sie verbrachten den größten Teil des 2. Jahrhunderts (die 100er n. Chr.) damit, gegen die Römer zu rebellieren, bis die Römer schließlich Britannien in zwei Teile teilten: *Britannia Prima,* der Süden, der friedlich und wohlhabend war, und *Britannia*

Secunda, der Norden, wo all der Ärger herkam. Diese alte Teilung entspricht ein bisschen dem Nord-Süd-Gefälle, das es auch heute noch in Britannien gibt.

Römische Kaiser Made in Britain

In Britannien waren die römischen Kaiser in endlosen und tödlichen Machtkämpfen mit ihren militärischen Befehlshabern verstrickt. Hier sind einige Höhepunkte dieses langwierigen Todesmarsches:

✔ **186 n. Chr.:** Große Meuterei in der römischen Armee in Britannien, die von Gouverneur Pertinax niedergeschlagen wird. Pertinax macht sich dann auf nach Rom und wird Kaiser, kann sich aber nur wenige Monate halten bis er umgebracht wird.

✔ **208 n. Chr.:** Kaiser Septimius Severus erreicht Britannien, um sich die Caledonier zur Brust zu nehmen. Er tut dies eine Zeitlang, bis er – als erster römischer Kaiser – in York stirbt.

✔ **259 n. Chr.:** Der Möchtegernkaiser Postumus ruft ein abtrünniges römisches Reich von Gallien, Spanien und Britannien aus. Es wird schließlich, wenn auch erst nach seinem Tod, niedergeschlagen.

✔ **286 n. Chr.:** Carausius, Admiral der römischen Flotte in Britannien, verkündet eigenmächtig ein römisch-britisches Reich. Sein selbst ernanntes Reich dauert etwa zehn Jahre bis Caesar Constantius rüberkommt und Britannien für das eigentliche römische Reich zurückerobert. Constantius wird daraufhin Kaiser und geht erneut gegen die Caledonier vor.

✔ **306 n. Chr. und danach:** Im Jahre 306 stirbt Kaiser Constantius. In York. Danach halten sich römische Kaiser von York fern.

Der Tod von Constantius in York erklärt, wie es dazu kam, dass sein Sohn Konstantin zum Kaiser erklärt wurde (ebenfalls in York). Konstantin ist der, der die große Stadt Konstantinopel als ein »Neues Rom« im Osten erbaute. Während Konstantin damit beschäftigt war, Städte am Bosporus zu errichten, verschlechterte sich die Lage in Britannien drastisch.

Die Rückkehr des Grauens

Die Pikten, nun unterstützt von ihren Freunden den Skoten, unternahmen mehr und mehr Raubzüge hinter den Hadrianswall. Sie randalierten und stahlen alles, was sie tragen oder, im Fall von Rindern, treiben konnten. Das Problem war einfach nicht zu bändigen: Ganz egal wie viele Male die Römer sie schlugen, diese Pikten und Skoten kamen immer wieder zurück. Diese besorgniserregenden Ereignisse fielen zusammen mit einer noch besorgniserregenderen Entwicklung. Bootsladungen voll von Plünderern begannen entlang der ganzen Ostküste Britanniens zu landen. Diese Plünderer waren weder Pikten noch Skoten: Es waren Sachsen und kamen aus Germanien.

Germanien war ein großes Gebiet entlang der Grenze des Römischen Reiches, das die Römer nicht erobern konnten. Und die Römer waren nicht nur nicht in der Lage, die Sachsen zu erobern, sondern die Sachsen fuhren fort, in römisches Territorium einzudringen. Zur Zeit der sächsischen Landungsgruppen in Britannien griffen verschiedene germanische Stämme – Vandalen, Ostgoten, Westgoten – römisches Territorium an, stürmten in das Römische Reich und machten sich auf nach Italien. Die Römer steckten in großen Schwierigkeiten, sodass sie, als die Sachsen begannen in Großbritannien zu landen, besondere Vorsichtsmaßnahmen ergriffen.

Die Römer verlassen die Bühne

Die Römer ernannten einen Spezialkommandanten, um die Sachsen in Schach zu halten. Die ganze Ostküste Britanniens wurde bekannt als sächsische Küste, sodass der Offizier der »Kommandant der Sachsenküste in Britannien« genannt wurde. Die Römer errichteten eine Kette von Forts entlang der Küste mit Wachposten und einem Frühwarnsystem. Diese Forts funktionierten gut, bis 367 n. Chr. alles schiefging.

Die Pikten, Skoten und ein anderer Haufen, genannt die Attacotti, taten sich zusammen und planten einen gleichzeitigen Angriff. Zur gleichen Zeit verstärkten die Sachsen ihre Überfälle. Die Römer wurden vollständig überrumpelt und der Graf des Sachsenufers getötet. Das Ende des römischen Britanniens schien gekommen zu sein. Aber nein! Ein neuer Kommandant, Theodosius, erschien auf der Bildfläche, schlug die Pikten, machte den Skoten einen Strich durch die Rechnung, schickte die Sachsen nach Hause und baute den Hadrianswall wieder auf. Dann machte er Mittagspause. Er fand sogar Zeit, den römischen Gouverneur wegen Verrats zu exekutieren (nun, der Gouverneur hatte versucht, das Reich zu verlassen, wer kann ihm da einen Vorwurf machen?).

Offen gesagt, Theodosius hätte sich nicht die Mühe machen müssen, das römische Britannien vor den wilden Stämmen und Sachsen zu retten. Im Jahr 407 n. Chr. begann Kaiser Konstantin III. die Truppen aus Britannien abzuziehen, um eine Krise entlang des Rheins beizulegen. Diese Maßnahme mag von ihm nicht als dauerhafter Abzug geplant gewesen sein, aber es wurde einer. Bis 409 n. Chr. waren alle Römer abgezogen.zu verhindern.

Sachsen, Drugs, und Rock'n Roll

5

In diesem Kapitel

▶ Erfahren, wie die Angeln und Sachsen nach Britannien kamen

▶ Wird Britannien in sächsische und keltische Königreiche aufgeteilt

▶ Konvertieren keltische und britische Christen zur römischen Kirche

▶ Entwickeln sich politische und religiöse Macht- und Einflusszentren

*W*enn die Rede nun auf die Angelsachsen kommt, wird die Sache etwas verzwickt. Bis etwa zur Mitte des 5. Jahrhunderts lebten zwei Gruppen in Britannien: die keltischen Briten – unterschiedliche Stämme, sicherlich, aber grundsätzlich der gleiche Volkstyp – und Römer (gehen Sie zu Kapitel 3 und 4, um mehr über diese beiden Gruppen zu erfahren). Nach der Ankunft der Angeln und der Sachsen um 450 nach Christus herum, änderte sich die Lage. Die Engländer sind (theoretisch) Nachfahren der Angelsachsen. Das Wort *England* kommt von *Angel-Land* und einige Historiker sprechen sogar von dieser Periode als »Die Ankunft der Engländer«. Die Schotten nennen die Engländer immer noch *Sassenachs*, was »Sachse« bedeutet, und die Waliser besingen die in ihre Berge einmarschierenden »sächsischen Heerscharen« in dem Lied »Men of Harlech«. Wir befinden uns hier ganz klar auf dem Gebiet der territorialen Identität (ganz zu schweigen von der nationalen Identitätskrise). Wenn Sie Kelte sind, oder gerne vorgeben es zu sein, dann handelt es sich ganz klar um eine Geschichte der Invasion und Unterdrückung, in der die Sachsen die Bösen sind. Einige beschuldigen die Sachsen sogar, die Kelten vollständig ausgerottet zu haben. Wenn Sie jedoch sächsischer Abstammung sind, sieht es wie eine ganz gewöhnliche Geschichte von Eroberung und Siedlung aus, nach genau dem, was die Völker – einschließlich der Kelten – die ganze Geschichte hindurch gemacht haben.

Nicht alle Wanderungen und Siedlungen erfolgten gewaltsam. Dies war auch die Zeit, als christliche Missionare durch Britannien und Irland reisten und den sehr kriegerischen Völkern die Botschaft des Friedens verkündeten. Aber auch hier war eine Identitätskrise unverkennbar: Sollten die Engländer ihr keltisches Erbe behalten oder es in Europa aufgehen lassen? Diese Periode mag sehr lange zurückliegen, aber sie war entscheidend für die Ausformung des Britanniens, wie wir es heute kennen.

Sie kommen aus allen Winkeln!

Als die Römer Britannien verließen, konnten sie sich kaum durch Europa bewegen, ohne auf eine Horde von Völkern mit erhobenen Stöcken zu stoßen, die loszogen, um einen schönen Platz zu finden, den sie überrennen konnten. Ostgoten, Westgoten, Hunnen, Awaren, Bulgaren, Slawen, Franken, Langobarden und Burgunder wüteten alle und beschleunigten damit ganz allgemein den Niedergang und Fall des Römischen Reiches. Jenseits der Nordsee waren die Angeln, Sachsen und Jüten, die aus dem heutigen Deutschland und Dänemark kamen, auf Achse. Sie kamen aus allen möglichen Gründen nach Britannien – Abenteuerlust, Überbevölkerung zu Hause und aus Asien kommenden Seuchen.

Willkommen an unserer Küste!

Die Römer hatten eine ganze Reihe von Kastellen entlang der Ostküste Britanniens – der sogenannten Sachsenküste – errichtet, um genau solche Invasoren aufzuhalten, doch die Römer waren mittlerweile verschwunden. Der Schutz Britanniens blieb den beiden einzigen verbliebenen zwei Gruppen überlassen:

✔ Romano-Briten oder *Cives* (was so viel wie »römische Bürger« bedeutet), die über Generationen hinweg gründlich romanisiert worden waren und vermutlich besser Latein sprachen als irgendeine britische Sprache.

✔ Kelten, die ihre eigene keltische Sprache sprachen und zumeist friedlich und ebenfalls seit langer Zeit neben den Römern gelebt hatten.

Sie glauben vielleicht, dass es, angesichts von Schiffsladungen voller Angeln und Sachsen entlang der gesamten Ostküste, die alles klauten, was sie tragen konnten, und alles was sie nicht tragen konnten verbrannten, für alle guten Männer Zeit gewesen wäre, zu Hilfe zu eilen, aber dem war nicht so. Die Cives und die Kelten waren sich nicht grün und bald in einen ausgewachsenen Bürgerkrieg verwickelt, was eine gute Nachricht für die Angeln und Sachsen war: Während die Cives und die Kelten sich gegenseitig bekriegten, konnten die Invasoren mit ihren Überfällen fortfahren und niemand sie stoppen.

Der Herrscher ganz Britanniens: Vitalinus der Vortigern

Es ist schwierig, genau festzustellen, wie und warum die Angeln und Sachsen sich in Britannien niederließen. Es gibt wenige schriftliche Quellen und diese sind lückenhaft. Was nun folgt ist die Geschichte, die der britische Mönch Gildas erzählt, aber wie viel davon Wahrheit und wie viel Legende ist (möglicherweise alles), wissen wir nicht genau.

Gildas zufolge gelang es dem keltischen König Vitalinus, eine Zeit lang die Oberhand im Krieg gegen die Cives zu erlangen und sich selbst zum *Vortigern* oder Oberherrn von ganz Britannien zu erklären. Das Problem, dem sich der Vortigern nun gegenübersah, war ein klassisches – wie führt man einen Krieg an zwei, oder genauer gesagt, an drei Fronten. Er kämpfte, erstens, immer noch gegen die Cives. Diese Jungs waren römische Bürger und würden nie Anweisungen von jemandem befolgen, der lediglich Brite war. Zweitens plünderten die Angeln und Sachsen die Küste. Und dann fiel ihm noch ein drittes Problem in den Schoß: die Pikten. Die im Norden lebenden Pikten waren so wild, dass Hadrian seinen Wall errichtet hatte, um sie fernzuhalten (gehen Sie zurück zu Kapitel 4, um mehr über die Pikten, Hadrian und den Hadrianswall zu erfahren). Sie hatten es aufgegeben, den Wall zu attackieren, der zu gut verteidigt war, und raubten jetzt stattdessen die Küstengebiete aus.

Natürlich baten die Küstenbewohner den Vortigern um Hilfe, aber dieser hatte nicht viele Männer, die er entbehren konnte. So entschied er sich, das zu tun, was die Römer in der Vergangenheit oft getan hatten: Er erkaufte sich Hilfe. Der Vortigern wusste nicht, dass er im Begriff war, einen der größten Fehler in der britischen Geschichte zu machen.

Licht in das Dunkle Zeitalter bringen

Lange Zeit sprachen die Historiker von der Periode nach dem Abzug der Römer als dem Dunklen Zeitalter, weil wir so wenig Beweisstücke aus dieser Zeit haben. Tatsächlich gibt es sehr viele archäologische Funde, aber es stimmt, dass nur eine Handvoll Autoren die Ereignisse dieser Jahre aufzeichneten. An erster Stelle steht der britische Mönch Gildas. Gildas schrieb etwa hundert Jahre nach der angeblichen Ankunft von Hengist, und er war kein fröhlicher Typ. Er betitelte sein Buch *Der Untergang Britanniens* und hatte nichts Gutes über die Sachsen oder den Vortigern, der sie ins Land ließ, zu sagen. »Eine Gott und den Menschen verhasste Rasse« nennt er sie: »Nichts war je so schädlich für unser Land, nichts war je so glücklos.« Aber immerhin wissen Sie, wie er zu dieser Frage steht.

Der Nächste ist Beda, ein Mönch aus Northumbria, der etwa 100 Jahre nach Gildas lebte. Bedas wichtigstes Werk ist seine *Kirchengeschichte des englischen Volkes*, die oft als erste Geschichte der Engländer bezeichnet wird. Sein Buch ist ein großartiges Werk, keine Frage, aber auf seine Art und Weise ist Beda eine genauso problematische Quelle wie Gildas, weil Beda ein großer Patriot Northumbriens war. Alle Helden seiner Geschichte sind meist Könige oder Heilige Northumbriens und alle Bösen in der Regel Menschen, die im Krieg mit ihnen waren, wie die Waliser oder die Mercier. Außerdem schieb Beda eine Geschichte des *englischen* Volkes; er hatte keine Zeit für die eingeborenen Briten, die in seiner Geschichte stets als hitzköpfig, insular und, nun, einfältig dargestellt werden.

Schließlich gibt es noch die *Angelsächsische Chronik*. Sie ist im Kern ein chronologischer Überblick, der bis zu den Römern zurückreicht. Die *Chronik* enthält Daten, von denen wir glauben, dass viele bedauerlicherweise falsch sind. Aber das eigentliche Problem mit der *Chronik* ist, dass sie nicht wirklich das ist, was sie vorzugeben scheint. Sie erscheint als eine unparteiische Aufzeichnung von Ereignissen. Tatsächlich gab König Alfred der Große das Werk in Auftrag, um vor allem sich und sein Königreich gut dastehen zu lassen. Was es tut. Mit anderen Worten, die *Chronik* ist Propaganda und mit Vorsicht zu genießen.

Mein Königreich für Hengist (und womöglich Horsa)

Der Mann, mit dem Vortigern Kontakt aufnahm, war vermutlich ein germanischer Häuptling namens Hengist. Gildas zufolge erreichte Hengist (und möglicherweise sein kleiner Bruder Horsa) mit drei Schiffen die Küste Kents bei Thanet. Interpretieren Sie nicht zu viel in die drei Schiffe hinein: Autoren dieser Zeit schrieben stets, dass Invasoren mit drei Schiffen eintrafen. Aber Hengist musste einige Schiffe gehabt haben, denn er segelte offensichtlich nach Norden, vernichtete die Pikten, plünderte anschließend ihr Heimatland und gab ihnen so von ihrer eigenen Medizin zu schmecken. Einige von Hengists Männern mögen sich sogar im Piktenland niedergelassen haben. Sie können sich vorstellen, dass Vortigern begeistert war und Hengist seinen Lohn bezahlte. Aber dann machte Hengist etwas sehr Merkwürdiges. Er forderte von zu Hause Unterstützung von den Angeln an. Und sie kamen mit sehr viel mehr als drei Schiffen.

Sie können vermutlich erraten, was danach passierte. Je mehr Vortigern durchblicken ließ, dass es für Hengist und seine Leute an der Zeit wäre zu gehen, desto mehr Schiffsladungen voll Angeln und Sachsen trafen ein. Schließlich schlug Hengist vor, ein großes Treffen aller Ratgeber Vortigerns einzuberufen, um die Lage zu besprechen. Und als der Rat zusammengetreten war, sprangen Hengists Männer hinter Säulen hervor und töteten alle. Alle außer Vortigern, was vermutlich ziemlich grausam war. Ihm war nichts geblieben, über das er Vortigern sein konnte. Hengist war nun an der Macht.

Aber was ist mit König Artus?

Es gibt eine Geschichte, der zufolge ein britischer Häuptling namens Artus eine Art Widerstandsbewegung gegen die Sachsen anführte. Artus soll die Sachsen in einer großen Schlacht an einem Ort geschlagen haben, dessen lateinischer Name Mons Badonicus oder Mount Badon ist, bis er schließlich durch Verrat getötet wurde. Und wenn Sie Mythen und Legenden lieben: Er und seine Männer sollen immer noch irgendwo schlafen, jederzeit bereit zurückzukehren, falls England in tödlicher Gefahr ist. Aber wo, wüsste ich gerne, war er während der Fußballweltmeisterschaft 2006?

Wie bei den meisten Mythen mag ein Körnchen Wahrheit in der Geschichte liegen. Es gab einen Romano-Briten namens Ambrosius Aurelianus (hört sich nicht sehr nach Artus an, oder?) und die Schlacht am Mount Badon ereignete sich vermutlich 500 v. Chr.

Die Kelten übernahmen die Legende von Artus vor allem in Cornwall, wo Artus angeblich im Schloss von Tintagel lebte. Ein runder Tisch hängt an der Wand von Winchester, der *der* Tisch der Tafelrunde gewesen sein soll, aber wenn Sie das glauben, glauben Sie alles.

Später wurde die Geschichte von den Engländern übernommen – genau von den Leuten, die Artus bekämpft haben soll! Seither haben unterschiedliche Völker die Artus-Legende zur Überlieferung eigener Botschaften gebraucht. Im Mittelalter handelten die Artus-Legenden von Ritterlichkeit dank der Geschichten von Thomas Malory, der sie im Gefängnis niederschrieb. Die Viktorianer waren vernarrt ins Mittelalter, weil sie es für eine Zeit der Unschuld und der Ideale hielten und so stürzten sie sich auf Tennysons Version der Legende. In Deutschland verwendete Wagner die Geschichten, um den Deutschen ein Gefühl für ihr eigenes nationales Erbe zu geben (was gemein ist, berücksichtigt man, dass Artus gegen Germanen gekämpft haben soll). Man grub sogar die Metapher von Camelot aus zur Beschreibung des Weißen Hauses unter Kennedy, auch wenn ich mir nicht so richtig vorstellen kann, dass Sir Galahad mit Marilyn Monroe einverstanden gewesen wäre.

Ein Brite im England der Sachsen

Einige Briten verließen die von den Sachsen eroberten Gebiete. Wir wissen zum Beispiel, dass einige Briten nach Westen zogen, um den Sachsen zu entkommen, und in Wales und Cornwall, oder Kernow wie sie es nannten, landeten. Die weiter im Norden lebenden mögen in das britische Königreich Strathclyde gegangen sein. Andere bestiegen Boote und machten sich auf den Weg nach Gallien (angesichts der das Land überrennenden Franken, begann man es Frankenland oder Frankreich zu nennen). Diese Leute landeten in der heutigen Bretagne. Die meisten Briten jedoch blieben und lernten, wie nicht anders zu erwarten, an der Seite der Angeln und Sachsen zu leben.

Anfangs hatten die beiden Völker nicht viele Gemeinsamkeiten. Die romanisierten Briten waren es gewöhnt, in Städten zu leben; die Sachsen arbeiteten in der Landwirtschaft. Zu dieser Zeit waren die Briten überwiegend Christen; die Sachsen hatten ihre eigene Religion mit dem Götterkönig Odin, dem Donnergott Thor und Freya, Tyr und all den anderen. Zunächst lebten die Briten und Sachsen ihr Leben weitgehend getrennt voneinander. Aber mit der Zeit begannen sie, untereinander zu heiraten und zu dem halb germanischen und halb keltischen Volk zu werden, das wir Engländer nennen.

Gespaltene Königreiche

Wenn Hengist überhaupt je eintraf, war es vermutlich im Jahre oder um das Jahr 450 n. Chr. herum. Der letzte keltische König, der gegen die Sachsen verlor, war Cadwalladre von Gwynned 682 n. Chr. – 230 Jahre später. Bei der Invasion der Sachsen handelte es sich also nicht um einen Blitzkrieg des 5. Jahrhunderts, der in wenigen Wochen zu Ende war. Die Angeln und Sachsen verbrachten mindestens so viel Zeit damit, sich gegenseitig zu bekriegen, wie die Kelten zu bekämpfen. Aber sie drängten die keltischen Königreiche so weit zurück, dass die einzigen Orte außerhalb des Piktenlandes und Irland, wo die Kelten noch über sich selbst herrschten, Wales, Cumbria, Cornwall und ein britischer in Strathclyde lebender Stamm waren (werfen Sie einen Blick auf die Abbildung 5.1 zu Details über die Königreiche dieser Periode). Die Sachsen nannten diese Kelten *Fremde*, was in ihrer Sprache wie *Welsch* klang. Die Waliser hatten andere Namen, die sie den Sachsen gaben, aber die lässt mich mein Herausgeber hier nicht drucken.

Keltische Königreiche

Was passierte in der Zwischenzeit in dem größten keltischen Königreich – Irland?

Das Glück der Iren

Die Iren hatten fünf gälische Königreiche – Ulster, Leinster, Munster, Connaught und ein kleineres in der Grafschaft Meath – mit einem Hochkönig, der auf dem königlichen Berg Tara gekrönt wurde. Die meiste Zeit besaß der Hochkönig vermutlich nicht viel echte Macht, aber Ausnahmen gab es, wie den Hochkönig Neill mit den Neun Geiseln. Er wurde so genannt, weil er einst Geiseln aus jedem der anderen neun Königshäusern Irlands genommen hatte. Irland besaß einen detaillierten Rechtskodex namens *Brehan Law*, der alle gleich behandelte, und eine reiche mündliche Tradition der Geschichtserzählung, die später in vier großen epischen Zyklen niedergeschrieben wurde. Vor allem aber hatten die Iren sich dem Christentum im großen Stil verschrieben, eine Tatsache, die in ihrer Geschichte eine große Rolle spielt, wie etwas später in dem Abschnitt »Glauben heißt teilen: Die keltische Kirche« in diesem Kapitel erklärt wird.

Während die Angeln und Sachsen Druck auf Britannien ausübten, begannen die Iren ihr Königreich auszudehnen. Sie übernahmen die Isle of Man und begannen nach Wales überzusetzen. Die walisischen Hauptkönigreiche waren Gwynedd im Norden und Dyfed im Süden, und die Iren machten Teile von Dyfed regelrecht zu einer irischen Kolonie. Das Volk von Dalriada in der heutigen Grafschaft Antrim setzte über auf piktisches Territorium und erkämpfte sich ein Königreich im heutigen Argyll, das sie ebenfalls Dalriada nannten.

Abbildung 5.1: Sächsische und keltische Königreiche in Britannien

Eine Vorstellung vom Piktenland

Nördlich des Hadrianwalls lebten vier Hauptgruppen:

✔ **Pikten:** Bekannt auch als das Bemalte Volk, waren sie der größte Stamm und Angst einflössende Kämpfer.

✔ **Irische Dalriadanen:** Kürzlich aus Dalriada in Irland eingetroffen (wie oben erklärt) und in Argyll angesiedelt, oder »Neu Dalriada«, wie Sie es nennen könnten.

✔ **Briten:** Nach Norden gezogen, möglicherweise, um den Sachsen zu entkommen, und im Königreich von Strathclyde niedergelassen.

✔ **Angeln:** Möglicherweise – *möglicherweise* – Nachfahren von einigen von Hengists Männern, die in piktischem Territorium siedelten. In jedem Fall gab es ein großes Königreich der Angeln im heutigen schottischen Tiefland.

Wie wurden sie nun alle zu Schotten?

Es gab viele Kämpfe zwischen diesen Gruppen. Die Angeln drangen tief in piktisches Territorium vor: Sie nahmen Dun Eidyn (das heutige Edinburgh) ein und mögen auch das Hochland erobert haben, sofern sie nicht von dem Piktenkönig Brudei vertrieben wurden. Währenddessen fanden die Pikten – während sie zwischenzeitlich die Briten von Strathclyde eroberten –, dass die Iren von »Neu Dalriada« eine verdammte Plage waren – Diebe nannten sie sie oder auf Piktisch: *Scotti*.

Die Pikten attackierten die Skoten gnadenlos – und beinahe hätten die Pikten Dalriada komplett zerstört –, aber am Ende verschmolzen die Pikten und die Skoten (okay, wir nennen sie heute Schotten). Schotten heirateten in die piktische königliche Familie ein und weil König Kenneth I. MacAlpin, der schließlich die Pikten und Skoten vereinte und sie im Kampf gegen die Wikinger anführte, einer der schottischen Könige von Dalriada war, nahmen alle den Namen seines Volkes an – Schotten.

Sächsische Königreiche

In »Angel-Land« begannen die Angeln und Sachsen ihre eigenen Königreiche zu gründen:

✔ **Northumbria:** Angeln (bestehend aus zwei kleineren Königreichen, Bernicia und Deira)

✔ **Mercia:** Angeln

✔ **East Anglia:** Angeln

✔ **Sussex:** Sachsen

✔ **Essex:** Sachsen

✔ **Wessex:** Sachsen

✔ **Kent:** Möglicherweise Jüten aus Jütland, aber wahrscheinlich eher Sachsen

Die sieben Königreiche waren bekannt als *Heptarchie*. Es gibt einige Hinweise, dass einer der Könige von den anderen als Oberherrscher anerkannt wurde (viele Bücher werden Ihnen sagen, dass der Begriff dafür *Bretwalda* – »Herr der Briten« oder möglicherweise »umfassender Herrscher« – war, aber die Beweise dafür sind wackelig), aber was dies genau in der Praxis bedeutete, ist nicht vollständig klar. Die Oberherrscher-Idee mag auch eine Wendung sein, die »englische« Historiker der Geschichte gaben.

Vergessen Sie nicht: Keltisch-britische Könige herrschten immer noch über Wales und oben im Piktenland und konnten genauso mächtig sein wie ihre Nachbarn die Angeln und Sachsen. Einst ging Mercia sogar ein Bündnis mit dem keltischen König Gwynedd (in Wales) gegen die Angelsachsen Northumbrias ein und diese Allianz bereitete den Northumbriern viel Ärger.

Namen, Orte, Ortsnamen!

Eine Möglichkeit, die sächsischen Siedlungen nachzuverfolgen, ist die Erforschung der Ortsnamen. Die Sachsen pflegten Orte so zu benennen, wie sie waren. Wenn sie also eine Siedlung (*tun*) an einem gewundenen Fluss (*cridi*) hatten, nannten sie sie »Siedlung am gewundenen Fluss« oder *Cridiantun*, das heutige Crediton in Devon. Sie erhalten auch *Cyninges* (*Königs*)-*tun*: Kingston, das ein königliches »tun« war und noch heute eine königliche Gemeinde (»Royal Burough«) ist. Und wo gerade die Rede von Boroughs ist: Das Wort stammt von *burh*, befestigte Stadt wie in *Gæignesburh* (Gainsborough) und *Mældubesburg* (Malmesbury). Denken Sie an -*feld* für Feld und -*ing* für Volk und Sie erhalten *Haslingfeld*: Das Feld des Hasle Volkes (heute Haslingfield) oder *Hæstingacaester*, das Lager der Hæstingas, das moderne Hastings.

Bis zu einem gewissen Grad können Sie sogar die zeitliche Abfolge zurückverfolgen, denn als die Sachsen eintrafen, benannten sie tendenziell die Orte nach den Menschen, die dort lebten: Malling zum Beispiel, bedeutet einfach »das Volk der Malling lebt hier«. Als die Sachsen sesshafter wurden und begannen, Dinge zu bauen, spiegelte sich das in ihren Ortsnamen wider: *Gratanbrycg* bedeutet »Brücke über den Fluss Granta (oder Cam)« – Cambridge und all diese *felds* mussten gerodet und all diese *burhs* erbaut werden. Natürlich wird nicht jeder gerne an seine sächsische Vorgeschichte erinnert. Das heutige Nottingham hieß zu damaliger Zeit Snotingaham, was so viel heißt wie »Der Ort des rotznäsigen Volkes«.

In Gottes Namen

Hier ist die Geschichte. Eines Tages, als Papst Gregor I. durch die Straßen von Rom ging, kam er am Sklavenmarkt vorbei und sein Blick fiel auf einige gut aussehende junge Männer mit ziemlich heller Haut. »Hallo«, sagte er, »woher kommt ihr?« »Wir sind Angeln«, antwortete einer der Burschen. »Soso«, sagte Gregor, »ihr seid keine Angeln, sondern Engel«, oder um es anders auszudrücken, süße Engel! Also plauderte Gregor mit den Jungen, und als er erfuhr, dass sie immer noch die falschen Götter anbeteten, rief er einen seiner Mönche herbei, einen

Kerl namens Augustinus, und schickte ihn nach Angel-Land, um das Evangelium zu predigen. Augustinus gelangte nach Kent, bekehrte König Ethelbert (der Sachse Bretwalda, auch bekannt als König von Britannien aus Kent) und wurde der erste Erzbischof von Canterbury. Schöne Geschichte.

Aber Moment mal. Hatten die Römer nicht aus den Briten Christen gemacht? Ja. Und gab es nicht alle Arten von keltischen Heiligen? Wiederum ja. Wie also kann die Geschichte mit Augustinus beginnen? Nun, sie tut es nicht.

 Britannien hatte bereits zwei Kirchentraditionen lange bevor Papst Gregor diesen Jungen auf dem Sklavenmarkt begegnete. Zunächst war da die britische Kirche, die zwar noch immer gut in Form war jedoch keine Anstalten machte, zu den Sachsen zu predigen. Dann gab es die keltische Kirche mit den irischen Missionaren auf Iona und Lindisfarne.

Dies ist die Geschichte eines starken Glaubens, hochgeschraubter Erwartungen und herzlich wenig Nächstenliebe. Willkommen bei der Bekehrung Englands.

Fest im eigenen Glauben: Die britischen Christen

Gegen Ende ihrer Zeit in Britannien wurden die Römer Christen und alle römischen Briten taten es ihnen gleich. Als die Römer abzogen, waren viele britische christliche Priester und Bischöfe am Werke. Britannien hatte sogar eine eigene häretische Bewegung, die angeführt wurde von einem Priester namens Pelagius. Dieser war der Auffassung, dass es ein wenig zu hart sei, so viele Menschen wegen ihrer Erbsünde in die Hölle zu schicken (Pelagius wurde für den Ärger, den er dem Papst bereitete, verurteilt). Es gab britische Missionare wie St. Ninian, der sein Leben in seine eigenen Hände nahm und auszog, um die Pikten zu bekehren, und natürlich St. Patrick, der nach Irland ging.

Die Angeln und Sachsen wollten nichts mit dieser merkwürdigen Religion zu tun haben, und die Briten scheinen keine Versuche unternommen zu haben, ihnen davon zu erzählen. Vermutlich schmollten sie: »Sie haben unser Land erobert; da können sie ihre Götter gerne für sich behalten, und ich hoffe, dass sie alle im Feuer schmoren.« Das Christentum starb also genau genommen nicht aus in Britannien: Die Briten behielten es einfach für sich.

Glauben heißt teilen: Die keltische Kirche

Während die britische Kirche auf der Stelle trat, wie im vorherigen Abschnitt erklärt, waren es die Iren, die auszogen, um das Wort zu verbreiten. Irische Missionare predigten in ganz Europa und natürlich überquerten sie auch die Irische See. Erinnern Sie sich, dass es irische Kolonien in Wales und dem schottischen Dalriada gab, es machte also Sinn von dort aus zu beginnen. Der Mann, der uns in diesem Abschnitt interessiert, stieg in ein Boot und segelte hinüber nach Schottland. Sein Name war Columban.

Ein Schiff wird kommen und bringt Columban nach Iona

Columban war jemand, der sich nicht so schnell unterkriegen ließ. Er war kein unbekannter Kleinbauer: Vielmehr entstammte er dem königlichen Clan der O'Neill, die zu Hochkönigen von Irland aufstiegen. Columban muss ein zäher Kerl gewesen sein, denn die Pikten wollten ihre alten Götter nicht einfach so aufgeben. Die Pikten waren an zaubernde Druiden gewöhnt, die Menschen von den Toten auferstehen ließen, und als die christlichen Missionare kamen, erwarteten sie, dass diese mindestens so gut wie die Druiden wären.

Wir wissen nicht genau, was Columban tat, aber offensichtlich beeindruckte er die Pikten, denn einer ihrer Könige gab ihm die Insel Iona als Basis.

Columban machte Iona zur Schaltzentrale einer großen Mission nach Britannien. Falls Sie je mit der Aufgabe konfrontiert sein sollten, ein Stammeskönigreich zu einer neuen Religion zu bekehren, nehmen Sie sich diese Tipps, wie man es macht, von den irischen Missionaren auf Iona zu Herzen:

✔ **Zielen Sie direkt auf die Spitze:** Bekehren Sie den König und der Rest wird sicher folgen. Später nennt man das Prinzip »Cuius regio, eius religio« (Wer regiert, dem ist die Religion).

✔ **Erzählen Sie den Leuten einfache Geschichten:** Finden Sie die Trinität etwas kompliziert? Versuchen Sie es mit einem Kleeblatt: drei Blätter, ein Stamm. Einfach! Unsere kurze Lebenszeit auf der Erde? Erzählen Sie von dem Spatzen, der durch ein von Licht und Lachen durchflutetes Wiesental fliegt und am anderen Ende in die Nacht hinein. Funktioniert jedes Mal.

✔ **Vollbringen Sie Wunder:** So leid es mir tut, aber Wunder werden erwartet. Anmerkung: Posthume Wunder genügen völlig.

✔ **Gewinnen Sie ein oder zwei Schlachten:** Nichts ist erfolgreicher als Erfolg. Die Römer wurden Christen, weil der Kaiser Konstantin glaubte, dies würde ihm mehr Siege auf dem Schlachtfeld bescheren und die sächsischen Könige dachten ähnlich.

Eine sehr heilige Insel: Lindisfarne

Gottes Gunst zu erlangen, war mehr oder weniger das Bestreben von König Oswald von Northumbria, als er eine Nachricht nach Iona sandte, um zu fragen, ob man ihm einen Missionar schicken könnte. Mercia verbündete sich mit den Walisern, um Northumbria zu vernichten, und sie hätten beinahe Erfolg gehabt. Oswald entschied, dass er nur mit Gott auf seiner Seite eine Chance hatte.

Der Abt von Iona schickte Oswald einen Mönch namens Aidan, und da Oswald meinte, dass jeder von Iona am besten von einer Insel aus operieren würde, gab er Aidan die Insel Lindisfarne (dieser Tage besser als Holy Island bekannt) in Sichtweite von seinem königlichen Regierungssitz. Aidan scheint sich sehr viel am Hofe aufgehalten zu haben, vermutlich weil Oswald und sein Nachfolger König Oswin ganz sichergehen wollten, dass sie seinen Segen für ihren Regierungsstil hatten. Aber Aidan fühlte sich in der protzigen Lebensweise nicht wohl: Er missbilligte das Reiten von Pferden, und als König Oswin ihm eins gab, schenkte er es einem Bettler. (Esel waren okay für lange Reisen – gute biblische Präzedenzfälle –, aber ansonsten ging Aidan zu Fuß und wies seine Anhänger an, es ihm gleich zu tun.)

Sächsische Heilige – eine Betriebsanleitung

Die Hälfte der Städte und Bahnstationen Englands scheint nach irgendeinem obskuren keltischen Heiligen benannt zu sein. Denken Sie an St. Pancras, St. Neots, St. Austell – weiß irgendjemand, wer diese Leute tatsächlich waren? (St. Pancras war ein römischer Märtyrer; St. Neot war ein Einsiedler, der so klein war, dass er sich auf einen Stuhl stellen musste, um die Messe zu lesen; und St. Austell war ein Mönch, der eine Kirche in Cornwall gründete und möglicherweise noch viele andere Dinge getan hat, von denen wir nichts wissen.) Die Authentizität einiger Heiliger ist, offen gesagt, fragwürdig. St. Ia, nach dem St. Ives in Cornwall benannt ist, soll die Irische See auf einem Blatt überquert haben und einige Gelehrte sind sich ziemlich sicher, dass St. Brigid, Irlands anderer Nationalheiliger, nur eine christianisierte Version einer gleichnamigen heidnischen Gottheit ist, auch wenn die Katholische Kirche an dieser Stelle sehr defensiv wird. Nachfolgend werden einige Heilige dargestellt, die definitiv gelebt haben:

St. Cedd: Ein irischer Mönch, einer von St. Aidans Leuten. Cedd sprach Angelsächsisch und fungierte als Übersetzer während der entscheidenden Synode von Whitby, bevor er Bischoff der Ostsachsen wurde. Sie können seine Kirche aus dem 17. (ja, 17.!) Jahrhundert noch immer in Bradwell-on-Sea besichtigen.

St. Chad: Ein in Lindisfarne ausgebildeter englischer Mönch, der Bischof der Mercier wurde. Chad sagte, schlechtes Wetter sei eine Erinnerung an den Jüngsten Tag. Wenn das so ist, dann sieht es so aus, als ob die Engländer immer noch häufig daran erinnert werden müssten.

St. Cuthbert: *Der* Vater aller Heiligen und Missionare. Cuthbert war ein sehr beliebter sächsischer Prior von Lindisfarne, ein heiliger Mann (noch einer, der es liebte sich in die Einsamkeit der Insel Farne zurückzuziehen) und zugleich ein ziemlich gewiefter Politiker. Als er starb, errichteten die Mönche von Lindisfarne ein Heiligengrab zu seiner Erinnerung und schufen das wunderschöne Evangeliar *Lindisfarne Gospels* zu seiner Ehre. Sie überführten seine Gebeine nach Durham, um sie vor den Überfällen der Wikinger in Sicherheit zu bringen, wo sie sich noch heute hinter dem Altar der Kathedrale befinden.

St. Hilda: Die herausragende Äbtissin des Männer- und Frauenklosters von Whitby (die Sachsen billigten gemischtgeschlechtliche Klöster und St. Hilda stellte sicher, dass es keine Techtelmechtel gab). Hilda (oder Hild) war eine gute Freundin von St. Cuthbert und Gastgeberin der Synode von Whitby in der Abtei von Whitby. (Wenn Sie sich fragen, was die Synode von Whitby ist, die immer wieder erwähnt wird, gehen Sie zum Abschnitt »Machtkampf in der Abtei von Whitby« später in diesem Kapitel.)

St. Wilfrid: Nicht jeder mochte Wilfrid. Er war ein weiteres Produkt von Lindisfarne, ging aber auf den Kontinent und übernahm den römischen Ritus. Er kehrte nach Northumbria zurück, entschlossen, die keltische Kirche an die Kandare zu nehmen. Auf der Synode von Whitby, auf der er die römische Seite anführte, tat er genau das. Sie können Wilfrids Thron noch heute in der Abtei von Hexham sehen.

St. David: Oder Dewi, wie er eigentlich hieß. David ist der Schutzheilige von Wales. Er zog aus Wales fort, um zu den Leuten des englischen Westens zu predigen. Davids Klöster folgten der Regel von St. Columban, die unter anderem besagte, dass man nur reden solle, wenn es unbedingt erforderlich sei. Es wird Sie nicht überraschen zu hören, dass die keltischen Mönche die Zeichensprache meisterhaft beherrschten.

St. Bonifatius: Ein sächsischer Mönch aus Devon. Er ging nach Deutschland, um zu den Deutschen in ihrem Heimatland zu predigen, und fällte sogar einen ihrer heiligen Bäume, ohne vom Blitz erschlagen zu werden. Er bekehrte tausende Deutsche und dann erschlugen ihn die Friesen.

Auftritt der römischen Kirche

Wenn Britannien bereits zwei kirchliche Traditionen hatte (wie in den vorherigen Abschnitten erklärt), warum entschied Papst Gregor jemand anderes zur Bekehrung Englands zu entsenden? Es gibt stichhaltige Beweise dafür, dass er ein echtes Interesse an Britannien hatte, aber ein weiterer Grund war, dass die Kirche in Rom die keltische Kirche sehr misstrauisch beäugte. Die irisch-keltische Kirche war sehr weit weg und machte die Dinge auf ihre Art. Die römische Kirche glaubte an mächtige Bischöfe; die keltische Kirche war mehr an Klöstern und Äbten interessiert. Irische Mönche trugen ihr Haar anders als römische Mönche: Statt nur eine kleine Stelle auf dem Kopf zu rasieren, rasierten die Iren es über den ganzen Kopf von Ohr zu Ohr. Vor allem aber feierten die beiden Kirchen das wichtigste christliche Fest von allen, Ostern, zu unterschiedlichen Zeiten. Der Papst mag also gedacht haben, dass es an der Zeit sei, jeden in Britannien daran zu erinnern, wer eigentlich das Sagen hat.

Aufgemerkt! Augustinus ist gelandet!

Im Jahr 587 n. Chr. machte sich Augustinus mit einer Gruppe von 40 Mönchen auf den Weg nach Britannien. Er hatte Glück: Der König, den er sprechen wollte, Ethelbert von Kent, war zu dieser Zeit der Oberherrscher über die anderen südlichen Königreiche. Ihn für die eigene Sache zu gewinnen, würde große Auswirkungen haben. Er hatte auch einen Startvorteil, weil Ethelberts Königin bereits Christin war und es mag ihr zu verdanken sein, dass Ethelbert bereit war, sich taufen zu lassen, und allen seinen Edelleuten sagte, sie sollten es ihm gleichtun.

Nur ein Problem gab es: die britischen Bischöfe. Sie sahen nicht ein, warum sie Augustinus Autorität anerkennen sollten und machten sich auf den Weg, ihm dies mitzuteilen. Statt sie bei ihrem Eintreffen höflich zu begrüßen, blieb Augustinus felsenfest auf seinem Stuhl sitzen und teilte ihnen mit, dass er Anweisungen aus Rom hätte, dass sie die Sache mit Ostern zu klären und ihn als ihren Chef zu akzeptieren hätten. Ohne Wenn und Aber. Das Treffen endete damit, dass beide Seiten sich gegenseitig anbrüllten. Augustinus drohte den Bischöfen mit göttlicher Rache und die britischen Bischöfe kehrten beleidigt nach Wales zurück.

Augustinus hatte Recht damit, auf die Spitze zu zielen. König Ethelbert verheiratete seine Tochter Ethelburga an König Edwin von Northumbria, und als sie ging, nahm sie einen römischen Mönch namens Paulinus mit sich. Paulinus bekehrte König Edwin und brachte die römische Version des Christentums hoch nach Northumbria – direkt in das Territorium der keltischen Kirche. Unglücklicherweise zerrissen die Waliser und die Mercier nach Edwins Tod Northumbria in Stücke und Paulinus floh zurück nach Kent. Daraufhin ließ König Oswald seinen Bischof aus Iona kommen und das christliche Northumbria blieb fest in keltischer Hand. (Siehe zur Geschichte von Oswald, St. Aidan und Northumbria den früheren Abschnitt in diesem Kapitel »Eine sehr heilige Insel: Lindisfarne«.)

Machtkampf in der Abtei von Whitby

Die keltische und die römisch-katholische Kirche hätten jahrelang fröhlich so weitergemacht – jeder an seinem Ende der großen Insel. Aber wieder einmal nahm das Königshaus von Northumbria die Sache in die Hand. Im Jahr 651 n. Chr. hatte Northumbria einen neuen König namens Oswiu. Oswiu beschloss zu heiraten und auch er hielt in Kent nach einer Braut Ausschau. Das Mädchen, das er erwählte war Eanfled, die Tochter des alten Königs Edwin und der Königin Ethelburga.

Eanfled war, als sie klein war, zusammen mit Paulinus zurück nach Kent geflohen; jetzt war sie erwachsen und Christin wie ihre Mutter. Eanfled war mit der römischen Lebensweise aufgewachsen, was sich um Ostern herum als Problem erwies. Die keltische Methode zur Berechnung des Osterfestdatums war der römischen Kirche eine Woche voraus (glauben Sie mir, Sie wollen die Details der Berechnungsweisen nicht wissen), sodass der König und seine Freunde am einen Ende des Palastes fröhlich feierten, während am anderen Ende die Königin und ihre römischen Mönche noch fasteten und Palmsonntag begingen.

Die römischen Mönche sahen darin eine Gelegenheit, die Angelegenheit ein für alle Mal zu regeln. Sie überredeten König Oswiu beide Seiten zu einem Gipfeltreffen oder einer *Synode* in der Abtei von Whitby zusammenzurufen.

 664 n. Chr. Merken Sie sich das Datum gut: Dieses Datum ist so bedeutsam in der britischen Geschichte wie 1066 oder 1940. Es war das Jahr, in dem die Engländer sich von ihrem keltischen Erbe abwandten und sich für Europa aussprachen.

Die Kelten boten ihre erste Garde in Whitby auf. Äbtissin Hilda war dort, ebenso wie Cedd und der neue Bischof – Abbot von Lindisfarne, ein entschlossener Ire namens Coleman (scharf wie Senf!). Die Römer hatten Mühe, Leute zu finden, die es an Berühmtheit mit dem keltischen Team aufnehmen konnten, aber sie hatten Wilfrid, der in Lindisfarne ausgebildet worden, aber zur römischen Seite übergetreten war. König Oswiu übernahm den Vorsitz über die Debatte, die keine wirkliche Debatte war:

Coleman: »Die keltische Kirche berechnet das Osterfestdatum seit St. Columbans Tagen auf die gleiche Weise. Wenn dies für ihn gut genug war, dann sollte es auch für den Rest von uns gut genug sein.«

Wilfrid: »Was glaubt ihr Kelten eigentlich wer ihr seid, ihr und eure starrköpfigen Freunde, die Briten und Pikten? Ihr lebt hier am Ende der Welt und glaubt doch, ihr habt recht und der Rest Europas unrecht. Ihr mögt St. Columban an eurer Seite haben, aber wir haben St. Petrus. Da habt ihr's.«

König Oswiu: »St. Petrus ist zuständig für die Himmelstüren, oder nicht? Ich denke, wir sollten uns ihm anschließen, andernfalls lässt er mich vielleicht nicht ein, wenn ich sterbe. Ich entscheide zugunsten der Römer.«

Und das war's.

Winds of Change

Nach Whitby hätte es alle Arten von Ärger geben können, aber glücklicherweise ging ein neuer und sehr weiser Erzbischof von Canterbury namens Theodore besonnen vor und machte kein allzu großes Federlesen. Aber die Dinge veränderten sich. Northumbrias Tage waren gezählt. Weiter im Süden dehnte König Cedwalla von Wessex sein Königreich bis nach Kent aus, aber es war Mercia, das die Leute aufhorchen ließ.

Der Aufstieg Mercias

Mercia war der große heidnische Rivale Northumbrias: König Penda von Mercia hatte König Oswald geschlagen und getötet und König Oswiu fügte Penda Gleiches zu. Bis 754 n. Chr. war Mercia eines der mächtigsten Königreiche in Britannien unter der Herrschaft seines berühmtesten und mächtigsten Herrschers, König Offa.

Eine Offerte, die man nicht ausschlagen kann

Offas Vorgehen war einfach. Er zeigte dem König von East Anglia, dass er es ernst meinte, indem er ihn gefangen nahm und seinen Kopf abschlug (es funktionierte) und er hielt die Waliser draußen, indem er einen riesigen Schutzwall errichtete, bekannt als *Offa's Dyke*, genau wie Hadrian seinen Wall baute. Offa's Dyke war einer der Hauptgründe, warum sich die Waliser so anders als ihre sächsischen Nachbarn entwickelten. Offa verfasste einen vollständigen Rechtskodex und führte eine bemerkenswerte Erhebung durch, wer was in seinem Königreich besaß, genannt die *Tribal Hideage*, auch wenn es vermutlich nur ein Mittel darstellte zu wissen, wie viel Geld er genau unter Drohungen fordern konnte. Offa trotzte sogar dem großen fränkischen Kaiser Karl dem Großen, der ihn als seinen »Bruder«-König anerkannte. Offa verwandelte England in ein Reich der Mercier: Nur Wessex blieb außen vor, und selbst Wessex musste mehr oder weniger tun, was Offa wollte. Papst Adrian I. bezeichnete Offa als »König der Engländer« und es ist schwer, diesem Titel nicht zuzustimmen.

Offas Abgang

Offa hoffte ganz klar, dass seine Familie weiterhin über England herrschen würde, aber es sollte nicht sein. Er starb 796 n. Chr. und fünf Monate später starb sein Sohn und Erbe. Es gab noch weitere Kriegerkönige – die genossen es vor allem, die Waliser herauszufordern – aber Mercias glorreiche Zeit war vorbei. Wie dem auch sei, viel spannender war, dass ein paar Neuankömmlinge das Ganze aufmischten.

Ich will Sie nicht beunruhigen, aber ich sah drei Schiffe kommen: Die Wikinger

Der nicht immer ganz akkuraten *Angelsächsischen Chronik* zufolge wurden im Jahr 787 n. Chr. drei Schiffe vor Portland an der Küste von Wessex gesichtet. »Das sagen wir lieber dem Amtmann«, sagte sich der, der die Schiffe gesichtet hatte und ging los, ihn zu holen. Der Amtmann, dessen Aufgabe es war, alles zu prüfen, was an Land kam, ritt zur Küste hinunter, um zu sehen, wer diese Leute waren und was sie wollten.

»Nanu«, sagte der Amtmann, »was haben wir denn da?« Was er da vor sich hatte, waren drei Schiffsladungen voller Wikinger. Und diese gingen mit dem königlichen Amtmann, der kam, um zu sehen, was sie vorhatten, sehr pragmatisch um. Sie töteten ihn. Und viele andere sollten folgen.

Habe Axt, suche neue Herausforderung: Die Wikinger

6

In diesem Kapitel

▶ Erfahren Sie, was die Wikinger nach Britannien zog und was sie nach ihrer Ankunft taten

▶ Machen Sie Bekanntschaft mit Englands ersten Königen

▶ Stellen wir Ihnen die berühmten Herrscher von Schottland, Irland und Wales vor

▶ Verstehen Sie wie ein Däne – Knut – ein berühmter englischer König wurde

▶ Erfahren Sie, wie es zur Invasion der Normannen kam

Mehr als zweihundert Jahre lang – von 800 bis zur Jahrtausendwende und darüber hinaus – war Britannien Teil der Welt der Wikinger. Jeder weiß – oder denkt er weiß – über die Wikinger Bescheid. Gehörnte Helme, große Langboote und viel Raub und Plünderei. Obgleich diese Beschreibung nicht völlig falsch ist, so ist sie auch nicht völlig richtig. Sicherlich, jeder – Könige, Bürger und Kirchenleute gleichermaßen – hatten unter den Wikingern zu leiden. Lindisfarne, das religiöse Zentrum Northumbrias, wurde zerstört ebenso wie die Klöster Irlands: Sie können immer noch die hohen Türme mit den Türen auf halber Höhe sehen, die die irischen Mönche zu ihrem Schutz errichteten. In gewisser Weise halfen die Überfälle der Wikinger, die unterschiedlichen Völker Britanniens zusammenzuführen, weil sie alle gemeinsam litten. Andererseits begannen England, Wales, Schottland und Irland wirklich unterschiedliche Wege zu gehen und sich langsam von mit Kelten und Sachsen bevölkerten Regionen zu Regionen mit eigenen nationalen Identitäten zu entwickeln.

In den Jahren zwischen der Ankunft des ersten Wikingerschiffs vor der Küste Britanniens bis 1066, als die Normannen England überfielen (siehe Kapitel 7 für diesen Teil der Geschichte), passierte sehr viel in Britannien. Es war die Zeit der Nationalhelden – Brian Boru in Irland und Kenneth Mac Alpin in Schottland, die ihre Länder einten, und Englands Alfred der Große, dem es gelang, die Wikinger vollständig aus England zu vertreiben – und der königlichen Peinlichkeiten eines König Ethelred der Ratlose (»the Unredy«), der darauf reduziert wurde, Schutzgeld dafür zu bezahlen, dass die Wikinger ihn in Ruhe ließen.

Egal wie viele Male die Wikinger geschlagen wurden, sie kamen stets wieder und am Ende machte sich ihre Hartnäckigkeit bezahlt. Die Nordländer der Normandie eroberten schließlich 1066 England und veränderten die britische Geschichte für immer.

Die Raserei der Nordländer

»Von der Wut der Nordländer«, besagte ein sächsisches Gebet, »erlöse uns, oh Herr.« So jedenfalls die Geschichte, auch wenn man nie eine Quelle für dieses Gebet gefunden hat. Wer waren diese Leute und warum brachen sie in Langbooten auf, um das Leben anderer Menschen zu zerstören?

 »Nordländer« bedeutet einfach »Menschen aus dem Norden«, was die Wikinger ja waren. »Wikinger« ist kein echtes Nomen (oder wenn Sie es genau wissen wollen, es ist ein Gerundium), was so viel heißt wie »als Pirat ausziehen«: Sie können sagen, dass Sie zu einem eintägigen *a-viking* losziehen. Selbst »Däne« bedeutete nicht, dass jemand wirklich aus Dänemark war: Der Begriff ist lediglich eine Variation des sächsischen Wortes *thegn* (oder in schottischer Schreibweise, *thane*), was »Krieger« bedeutet. Die Sachsen verwendeten also die Begriffe Nordländer, Wikinger und Dänen weitgehend synonym.

Alle trifft das gleiche Schicksal

Die Nordleute zogen nicht nur nach Britannien und Irland. Sie segelten westwärts nach Island und Grönland (was alles andere als Grün ist – man nannte es nur so, um die Wikinger zu überreden, dorthin zu gehen). Sie gingen sogar in ein Land, das sie Vinland (»Weinland«) nannten. Es handelte sich um Nordamerika, wo sie von Indianern, die sie zunächst überheblich »Skraelinge« nannten und bei denen es sich vermutlich um Algonquins aus Kanada oder Inuit handelte, vertrieben wurden. Sie segelten auch die Seine hinauf, um Paris zu plündern, und ließen sich in Nordfrankreich nieder, ein Gebiet, das nach ihnen Normandie (aus dem französischen *normand*, was so viel wie Nordmänner oder Normannen bedeutet). Ihre Plünderungszüge gingen bis tief ins Frankenreich hinein und sie zogen ostwärts, segelten auf den Flüssen bis tief ins Landesinnere Russlands. Die dortigen Bewohner nannten sie *Rus*, was von dem nordischen Wort für »Route« stammt, und im Gegenzug gaben sie dem Land den Namen Russland. Sie gründeten Kiew, Nowgorod und Smolensk und trieben Handel mit den Chinesen. Sie drängten nach Süden und griffen Miklagård, d.h. Byzanz oder Konstantinopel (das heutige Istanbul) an, die Hauptstadt des Oströmischen Reiches. Sie konnten Byzanz nicht einnehmen, aber viele von ihnen traten in die Leibgarde des oströmischen Kaisers ein, der Warägergarde.

Auf zum Plündern

Wie die Angeln und Sachsen vor ihnen, kamen die Wikinger aus vielen Gründen nach Britannien. Sie kamen aus den Fjordlanden, sodass es für sie ganz normal war, mit Booten zu kommen. Britannien war für sie nur ein Sprung, ein Hüpfer weit weg. Und selbst wenn sie dort nicht siedeln wollten (früher oder später würden sie das tun), waren Plünderungen lukrativ und weitgehend gefahrlos. Sollten sie einmal besiegt werden, so konnten sie stets im nächsten Jahr wiederkommen.

Die Wikinger, die den Amtmann in Portland töteten (siehe Kapitel 5 für diese Geschichte), waren vermutlich nur auf einer Erkundungsmission, und sie hätten einen sehr günstigen Bericht abgegeben. England und Irland (von jetzt an kann man mehr oder weniger die heutigen Begriffe verwenden) waren beide wohlhabend, vor allem die schutzlosen Klöster. Falls die Wikinger an Weihnachten geglaubt haben, müssen sie gedacht haben, es sei früher da als sonst.

Vernünftigerweise begannen die Wikinger damit, die Klöster zu überfallen. Schließlich waren die Sachsen so freundlich, ihre wirklich bedeutsamen religiösen Zentren, Iona und Lindisfarne, unverteidigt auf Inseln vor der Küste anzusiedeln. Ihre Lage war genau richtig für Plünderer zur See, die aus dem Norden kamen. Die Wikinger müssen gedacht haben, dass es eine Sünde wäre, sie nicht auszurauben, und vermutlich wunderten sie sich, warum die Sachsen das nicht bereits vor Jahren getan hatten.

Basislager Isle of Man

Das Schöne daran, aus Skandinavien zu kommen, war, dass alle Gebiete, die die Sachsen und Pikten für abgelegen hielten wie die Orkneys oder die Hebriden für die Wikinger sehr leicht zugänglich waren. Nehmen Sie zum Beispiel die Isle of Man. Die meisten Menschen in Britannien und Irland verschwendeten kaum einen Gedanken an die Isle of Man, aber die Wikinger taten es. Wenn Sie sich eine Karte aus ihrem Blickwinkel heraus anschauen (siehe Abbildung 6.1), können Sie erkennen warum.

Für die Wikinger waren Britannien und Irland schlicht zwei Teile einer Inselgruppe, durch die eine große Meerenge (die Irische See) verlief in deren Mitte sich eine sehr nützliche Insel befand, die Isle of Man. Also eroberten sie sie und stellten fest, dass Man ihnen Kontrolle über das ganze Gebiet gab. Das Wikingerparlament Tynwald überdauerte bis heute auf Man – das älteste Parlament der Welt.

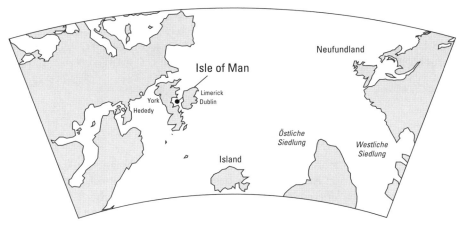

Abbildung 6.1: Die Sicht der Wikinger auf Britannien und Europa

Lange Schiffe und große Sagas

Die Wikinger nahmen ihre Plünderungen sehr ernst. Ihre Schiffe waren lang, aber sie waren nicht vollgestopft mit Männern, da sie Raum für viel Gepäck benötigten: Nahrung, Waffen natürlich und manchmal sogar das Zelt oder das Bett des Anführers. Die Planung eines Überfalls bedurfte großer Sorgfalt und Überlegung. Diejenigen, die eine Reise planten, hörten aufmerksam den Berichten der von einer Plünderung Zurückgekehrten zu und entschieden, ob es sich lohnte, zum gleichen Ort zu fahren, oder ob es besser sei, woanders zuzuschlagen.

Zweifelsohne wussten die Wikinger, wie man Menschen zu Tode erschreckt. Auch wenn die meisten schriftlichen Berichte über die Nordmänner von Leuten wie den Mönchen von Lindisfarne stammen, die Leidtragende eines Wikingerüberfalls waren, gibt es so viele Zeugnisse, dass die Menschen entsetzliche Angst vor diesen Männern hatten, dass man sie nicht alle als voreingenommen und Horrorgeschichten abtun kann. Die Plünderer aus dem Norden scheinen einen geschickten Trick gehabt zu haben, wonach sie eine lebende Schlange in ein Rohr hineinschoben und dann Rohr und Schlage einem armen Mönch den Schlund hinabstießen. Aber auch ohne diese Feinheiten waren die Wikinger so verwegen und offensichtlich unbesiegbar, dass es nicht erstaunlich war, dass die Leute Angst vor ihnen hatten.

Dennoch muss man das Bild der Wikinger zurechtrücken. Zum Beispiel wurden viele Wikingerhelme gefunden, aber keiner von ihnen hatte Hörner. Das traditionelle Bild von den gehörnten Helmen der Wikinger stammt vermutlich von Leuten, die dachten, dass die Wikinger schrecklich ausgesehen haben müssen, und ein Helm mit Hörnern sieht furchterregender aus als einer ohne Hörner. Wichtiger noch ist jedoch, dass die Wikinger, wenn sie nicht plünderten, genau wie andere Leute lebten: pflügend, erntend, jagend – sie spielten sogar Schach, wie Sie an den sehr schönen Schachfiguren von der Insel Lewis, die im Britischen Museum ausgestellt sind, erkennen können. Aber die beste Unterhaltung für einen Wikinger war es, in den Met-Hallen zu trinken und einem Barden zu lauschen, der eine der langen Wikingersagas nacherzählte, wie die von Sigur dem Drachentöter oder die Sprüche Odins. Nach dem Essen war gerade noch genug Zeit ein oder zwei Geiseln zu foltern und dann hieß es früh zu Bett zu gehen.

Einige echt gute Könige

Heulende und jammernde Mönche waren zu nichts gut: Irgendjemand musste sich wehren. König Offa von England und Karl der Große des Frankenreichs begruben ihre Differenzen eine Zeit lang und kamen überein zusammenzuarbeiten, um die Sicherheit der Schifffahrt im Ärmelkanal zu gewährleisten. Aber um sich die Nordleute vom Leib zu halten, bedurfte es etwas mehr.

Die Wikinger ließen sich in Dublin nieder und segelten im Landesinneren hinauf bis Liffey. Sie besetzten die Hebriden und das nördliche Schottland (die Einwohner der Hebriden fühlen sich bis zum heutigen Tag eher als Nordleute denn als Schotten). Und sie siedelten in Thanet in Kent. Unter ihrem grausamen Anführer Ivar der Knochenlose (weil er so aalglatt war, konnte man ihn nicht fangen) eroberten die Nordleute auch die northumbrische Hauptstadt York und töteten den northumbrischen König. Es wird erzählt, dass sie seinen Brustkorb öffneten und ihm die Eingeweide durch den Rücken hinauszogen, eine Form der Hinrichtung, die man »Blutadler« (Blutaar) nannte, aber wie so viele grausige Wikingergeschichten ist diese mit an Sicherheit grenzender Wahrscheinlichkeit nicht wahr.

Verschiedene sächsische und keltische Könige stellten sich der Herausforderung durch die Wikinger – einige mit spektakulärem Erfolg, einige ohne. Aber in jedem Fall war die Bekämpfung der Nordmänner nicht nur ein Selbstzweck (sie mussten diese Jungs loswerden), sondern auch ein Mittel zum Zweck: zur Machtkonsolidierung und Nationenbildung.

Mutiges Schottland: Kenneth MacAlpin

Schottland war verwundbar für Angriffe der Nordleute, weil die Skoten und Pikten sich immer noch gegenseitig bekriegten (gehen Sie zu Kapitel 5, um Details zu erfahren, wie der Tumult begann). Die Pikten versuchten immer noch, ihre Nachbarn zu vernichten: die irischen Skoten, die aus Nordirland gekommen waren und ein Königreich namens Dalriada errichtet hatten, und die Briten, die im Königreich Strathclyde lebten. Aber alle diese Völker mussten sich vereinen, wollten sie eine Chance gegen die Wikinger haben. Die Frage war also, wie man die Kriegsparteien einte.

Der Mann, der eine Lösung ausarbeitete, war der schottische König von Dalriada, Kenneth I. MacAlpin und sein Plan war sehr effektiv. Zunächst trickste er seine eigenen Leute aus und machte sie glauben, dass er Gott auf seiner Seite habe, indem er einen als Engel verkleideten Mann ausschickte (ich kann nicht garantieren, dass dieser Trick auch heute noch funktionieren würde). Dann lud er alle Skoten- und Piktenführer zu einem Friedensbankett ein. Der Zweck des Bankets? Das Kriegsbeil zu begraben. Und sie begruben es auch – in den Schädeln der Piktenführer.

MacAlpins Absicht war es nicht, irgendeiner großen Anti-Wikingerallianz mit den Angeln und Sachsen beizutreten: Was er wollte war ein starkes schottisches Königreich, das er mit dem gälischen Namen *Alba* bezeichnete, und die Angeln aus dem Tiefland vertreiben. Sicherlich bekämpfte er die Wikinger, aber er war auch ganz zufrieden damit, sich mit den Wikingern gegen die Angeln zu verbünden und damit die lange schottische Tradition zu begründen, absolut jeden zu unterstützen, der einen Streit mit den Engländern vom Zaun bricht.

Die Angeln aus Schottland zu vertreiben, nahm viel Zeit in Anspruch: Es gelang den Schotten erst mit der Schlacht von Carham 1018, und auf dem Weg dorthin verloren sie viele Schlachten. Nichtsdestotrotz waren es die Könige von Alba, die Kenneth MacAlpin ins Leben gerufen hatte, die die Hauptstadt aus dem entlegenen Dalriada in eine zentralere Lage in Perthshire verlegten und die, auf dem Stein von Scone sitzend (*Stone of Destiny* oder *Coronation Stone*), gekrönt wurden.

Kurzer Prozess in den Bergen: Die Waliser

Die Waliser entwickelten gleichfalls eine eigene Identität während der Wikingerzeit. Die Zeit, in der walisische Könige wie Cadwallader durch Northumbria stürmen und Angst und Schrecken unter den Engländern verbreiten konnten, waren lange vorbei: Gwynedd im Norden und Dyfed im Süden waren durch König Offa und seinen berühmten Verteidigungsdamm von dem Rest Britanniens abgeschnitten worden (siehe Kapitel 5) und die Waliser hatten engere Verbindungen zu den Iren geknüpft.

Dem König von Gwynedd, Rhodri dem Großen, gelang es, die Waliser gegen die Wikinger zu einen, aber unglücklicherweise geriet er in Schwierigkeiten mit den Engländern. 878 zogen die Mercier gegen die Waliser in den Krieg und Rhodri wurde getötet. Sein Sohn Anarawd schwor Rache. Anarawd war es egal, welches sächsische Königreich tatsächlich seinen Vater getötet hatte, er wollte allen Engländern eine Lektion erteilen. Also schloss er ein Bündnis mit den Wikingern gegen Wessex (wohlgemerkt nicht Mercia) und selbst gegen die südlichen Waliser in Dyfed (die glaubten, er sei verrückt geworden). Alfred der Große, der König von Wessex, musste eine Auszeit von den Kämpfen gegen die Wikinger nehmen, um sich Anarawd vorzunehmen und ihn zu zwingen, zu Verstand zu kommen.

Schließlich war es König Hywel der Gute, der die Waliser zu einer einzigen Nation zusammenschweißte, und er tat dies, indem er eng mit den Engländern zusammenarbeitete. Nationen müssen nicht immer aus Nachbarschaftskämpfen hervorgehen.

Die englischen Könige: Egbert, Alfred und Athelstan

Bedeutende Dinge ereigneten sich in Südengland. Im Jahre 829 wurde König Egbert von Wessex für kurze Zeit als Oberkönig (_Overlord_) von England anerkannt, und obwohl seine Macht wackelig war – er hatte es zu tun mit den Merciern, den Walisern, den Leuten aus Cornwall, von den Wikingern gar nicht zu reden –, war es ein Zeichen für die wachsende Bedeutung von Wessex. Bis in die 860er Jahre hinein hatten die Wikinger begonnen, sich auf einem großen Gebiet im Norden und Osten Englands niederzulassen, das als _Danelag_ bekannt wurde (engl. _Danelaw_, weil das Gesetz – _law_ – der Dänen dort galt). Bis dato waren die Wikinger Plünderer gewesen und hatten die Regierung der englischen Königreiche in Ruhe gelassen, aber als sie anfingen, sich dort niederzulassen und ihre Gesetze einzuführen, stellten sie eine echte Bedrohung für die Stabilität und Sicherheit aller englischen Königreiche dar. Bis 870 hatten die Wikinger East Anglia niedergeworfen, seinen König ermordet und den größten Teil Merciens eingenommen. Nur Wessex blieb noch übrig. Aber war Wessex stark genug, um die Macht der Nordmänner herauszufordern? Die Anzeichen dafür waren alles andere als gut.

Egbert gewann schließlich seinen Krieg gegen die Wikinger und seinem Sohn Ethelwulf gelang es, sich mit den Merciern gegen die Waliser zu verbünden. Aber dann schien die Lage außer Kontrolle zu geraten. Ethelwulfs Söhne kamen auf den Thron, konnten sich dort jedoch nicht lange halten – Ethelbald 858–859; Ethelbert 859–865; Ethelred 865–871 – und jeder von ihnen konnte nur dasitzen und zuschauen, wie die Wikinger ihre benachbarten Königreiche zerschlugen. Im Jahre 871 erfolgte der seit Langem erwartete Angriff der Wikinger auf Wessex. König Ethelred und sein jüngerer Bruder führten die Truppen aus Wessex heraus, um in Ashdown auf die Invasoren zu stoßen. Zu jedermanns Überraschung erzielten sie einen großen Sieg. König Ethelred starb kurz darauf und sein jüngerer Bruder wurde König. Sein Name war Alfred.

Sollen sie doch (verbrannten) Kuchen essen

Die berühmteste Geschichte von Alfred datiert aus sächsischer Zeit. Während Alfred sich in den Sümpfen von Athelney versteckte, fand er bei einer alten Frau Unterschlupf, die ihn anwies, auf ihre Kuchen aufzupassen, während sie im Backofen waren. Alfred, der heftig darüber nachdachte, wie er die Dänen schlagen könne, vergaß, auf die Kuchen zu achten. Als die alte Frau zurückkehrte, waren die Kuchen verbrannt. Die Frau war zornig und schlug auf Alfred ein bis zum Eintreffen einiger seiner Thanen (Gefolgsleute), als ihr bewusst wurde, wer er wirklich war.

Was ist also die Moral der Geschichte? Nun, sie zeigt Alfred in einem ansprechend menschlichen Licht – und würde es nicht ein bisschen zu weit gehen, wenn er in der Lage gewesen wäre, eine Schlacht zu planen *und* zur gleichen Zeit auf den Kuchen aufzupassen? Die Geschichte zeigt auch, dass er fair war: Die Frau hatte völlig recht, ärgerlich zu sein, aber er ließ seine Autorität nicht spielen oder sie bestrafen. Geschah diese Geschichte wirklich? Welche Bedeutung hat sie? Die Geschichte ist bedeutsam, weil sie uns erzählt, wie die Engländer Alfred sahen: als Held und dennoch als Mensch.

Alfred der Große – »König der Engländer«

Obwohl die Engländer dazu neigen, ihre gesamte Geschichte ab 1066 zu datieren, war der einzige Monarch, der »der Große« genannt wurde, Alfred und das völlig zu Recht – und er lebte im 9. Jahrhundert. Alfred war ein bemerkenswerter Mann, Gelehrter ebenso wie Soldat und ein erstaunlich scharfsichtiger, ja sogar visionärer Soldat noch dazu. Er war weise genug zu wissen, wann man auf Zeit spielen musste und begann seine Regentschaft damit, genau dies zu tun: Die Wikinger erholten sich bald von ihrer Niederlage in der Schlacht von Ashdown, also bezahlte Alfred sie dafür, dass sie Wessex in Ruhe ließen. Diese Strategie gab Wessex Zeit, sich auf den entscheidenden Kampf, von dem sie wussten, dass er kommen würde, vorzubereiten.

Im Jahre 878 machten sich die Wikinger unter ihrem König Guthrum über Wessex her. Die Sachsen wussten gar nicht wie ihnen geschah. Alfred musste sich in den Sümpfen von Athelney in Somerset verstecken und einen Guerillakrieg gegen die Wikinger führen. So lange ihn die Wikinger nicht schnappen konnten, war Alfred ein mächtiges Symbol des Widerstandes, der lebende Beweis dafür, dass nicht alles nach dem Willen der Wikinger ging.

Als Alfred aus seinem Versteck kam, hob er ein gewaltiges Heer aus und fiel auf König Guthrums Wikinger bei Edington nieder wie eine Tonne Ziegel. König Guthrum hatte Glück, in der nachfolgenden Friedensvereinbarung wenigstens East Anglia behalten zu dürfen. Dafür musste er sich taufen lassen. Alfred war sein Pate.

Alfred sprach vom Gezeitenwechsel und er hatte Recht. Er strukturierte die Verteidigung von Wessex vollständig um und organisierte die erste richtige englische Marine mit einem neuen Schiffstyp, der es ihm ermöglichte, die Wikinger auf See anzugreifen. Was er tat – und gewann.

Dann marschierte er nach Osten und vertrieb die Wikinger aus London. Alfred hatte definitiv eine Gewinnsträhne. Als die Wikinger ihn erneut angriffen, schlug er sie (mit der nützlichen Hilfe der Waliser). Als König Anarawd von Gwynedd ihn angriff, schlug Alfred ihn ebenfalls. Zum Zeitpunkt von Alfreds Tod 899 wurde er auf seinen Münzen König der Engländer genannt, das erste Mal seit Offas Tagen, dass irgendjemand so bezeichnet wurde (siehe Kapitel 5) und Wessex war bereit, den Kampf in das Land des Feindes zu verlagern und in Danelag einzumarschieren.

 Neben dem Sieg über die Wikinger, werden Alfred folgende Leistungen zugeschrieben (nicht immer richtigerweise):

✔ **Bildungsinitiative und Übersetzungen großer Werke ins Angelsächsische:** Irland war immer noch ein Zentrum der Gelehrsamkeit – Alfreds Zeitgenosse König Cormac von Munster war selbst ein großer Gelehrter und Alfred holte vernünftigerweise eine Gruppe irischer Mönche, um eine Schule in Glastonbury aufzubauen. Er gründete sogar eine Schule für die Söhne der Edelmänner seines eigenen Haushalts, um so die künftigen Führer Wessex heranzuziehen. Da so viele Leute kein Latein mehr sprachen, ließ Alfred wichtige Werke ins Angelsächsische übersetzen. Alfreds Förderung von Gelehrten war so bekannt, dass viele Jahre später, während der Herrschaft Richard II. (1377–1399), die Universität Oxford erfolgreich (wenn auch völlig zu Unrecht) besondere königliche Privilegien für sich reklamierte mit der Begründung, sie sei angeblich von König Alfred dem Großen gegründet worden.

✔ **Das Recht in Wort und Schrift:** Alfred ließ einen richtigen Gesetzeskodex abfassen, der genau festlegte, welche Rechte die Menschen hatten, wie viel Steuern und Abgaben sie wem zu zahlen hatten.

✔ **Er ließ die *Angelsächsische Chronik* schreiben, eine der ersten Geschichten Britanniens:** Nicht überraschend für einen derart gebildeten König behielt Alfred im Blick, wie die Geschichte ihn beurteilen würde und entschied als Erster zum Gegenschlag auszuholen. Er gab die *Angelsächsische Chronik*, eine umfassende, Jahr-für-Jahr-Darstellung der englischen Geschichte seit der Zeit der Römer, sowie seine Biografie bei Bischof Asser in Auftrag. Letztere war, was Sie kaum überraschen wird, für ihn sehr schmeichelhaft.

Athelstan – König von Britannien

Sie wissen wie es ist: Sie bekommen einen wirklich großen Führer, aber dann stirbt er und seine Nachfolger reichen an ihn nicht heran. Nun denn, machen Sie sich auf einen Schock gefasst: Alfreds Nachfolger waren genauso zäh und gut organisiert wie er es war. Sein Sohn Edward der Ältere marschierte in Danelag ein und begann damit die Wiedereroberung Englands. Er wurde von seiner Schwester Athelfled unterstützt, die es verdient hätte, bekannter zu sein – stellen Sie sich eine sächsische Jeanne d'Arc vor und Sie haben es begriffen. Aber es sollten noch weitere exzellente Verwandte kommen.

Der nächste war Athelstan, Edwards Sohn (unehelich, aber sagen Sie es niemandem), und Alfreds Enkel, auf den beide Stolz gewesen wären. Athelstan begann die Wikinger aus York zu vertreiben und dann Northumbria zurückzuerobern. Die Skoten und die Wikinger verbündeten sich, um ihn zu stoppen, aber Athelstan trat gegen sie in der Schlacht bei Bromborough an und schlachtete sie ab. Der Boden war buchstäblich – der *Angelsächsischen Chronik* zufolge – glitschig vor lauter Blut. Bromborough war Athelstans größter Triumph. Er war ein Verbündeter der Waliser und Mercier und er hatte die Schotten und die Wikinger besiegt: Athelstan nannte sich König von ganz Britannien und ihm gebührte der Titel.

Die Wikinger sind verschwunden – Was nun?

Lassen Sie uns Bilanz ziehen. Um 940 herum ging es den Menschen Großbritanniens recht gut. Die Waliser waren unter König Hywel dem Guten vereint (über ihn lesen Sie in dem Abschnitt »Kurzer Prozess in den Bergen: Die Waliser«) und hatten erkannt, dass es ein geschickter Schachzug war, sich mit Wessex zusammen zu tun (siehe den Abschnitt »Athelstan – König von Britannien«). Die Schotten sind am schlechtesten weggekommen. Nach einem Angriff auf Wessex mussten sie Strathclyde an Athelstan abtreten und ihn als Herrscher von Britannien anerkennen. Der schottische König Konstantin II. hatte sich entschieden, sich in ein Kloster zurückzuziehen.

Vor allem aber saß Wessex auf hohem Ross. Die Könige von Wessex hatten mehr oder weniger England erobert und unterhielten gute Beziehungen zu den Walisern. Sie hatten die Schotten geschlagen und Strathclyde eingenommen und erwarteten keinen weiteren Ärger mit den Wikingern. Warum nicht? Weil Wessex die Wikinger geschlagen hatte.

Diese Nordleute waren nicht unbesiegbar: Alfred, Eduard der Ältere und Athelstan hatten dies gezeigt. Natürlich lebten immer noch viele Nordleute oben in Northumbria, aber sie waren jetzt Athelstans Untertanen und würden lernen müssen, dies zu akzeptieren.

Selbstverständlich versuchten die Wikinger – wie stets – wieder die Oberhand zu gewinnen. Der Wikingerkönig von Dublin tat sich mit Erik I., genannt Blutaxt (der beste Wikingername, den Sie finden können) zusammen, um York zurückzuerobern, aber Athelstans Halbbruder Edrid jagte beide erneut davon. Dennoch, sieht man einmal von dem einen oder anderen gelegentlichen Überfall ab, hatte Britannien zwischen 930 und 990 – eine Zeitspanne von 60 Jahren – weitgehend Ruhe vor Wikingerangriffen. Diese Jahre des Friedens spiegeln sich in der atemberaubend schönen Kunst aus dieser Zeit wider – wunderschöne Schnitzereien und Metallarbeiten und prachtvoll illustrierte Bücher und Manuskripte – und das alles dank der Könige von Wessex. Sie verstehen, warum die Engländer Alfred »den Großen« nennen. Und wenn es eine Gerechtigkeit gäbe, so würde Athelstan ebenfalls »der Große« genannt werden.

Aber dann ging alles ganz langsam den Bach runter.

Sie sind zurück – und diesmal ist es was Persönliches

Just in dem Moment, als man glaubte, dass diese Periode der Geschichte vorüber sei, kehrten die Wikinger zurück. Im Jahre 991 landete eine riesige Invasionstruppe der Wikinger an der englischen Küste. Wer war da, um sie in Empfang zu nehmen? Ethelred II., einer in einer langen Linie von Königen von Wessex. Bedauerlicherweise, war er nicht einer der erfolgreichen.

Eine Rettung, die keine war

König Ethelred der Ratlose (»the Unredy«) eilte los, um die eindringenden Wikinger bei Maldon in Essex zu stoppen. Desaster! Die Schlacht von Maldon wurde einer der größten Siege, die die Wikinger je erzielten. Die Nordleute verfassten sogar ein episches Gedicht über die Schlacht, nur um Salz in die offene Wunde zu streuen. Ethelred stand vor der Wahl:

✔ den Kampf gegen die Wikinger fortzusetzen in der Hoffnung, beim nächsten Mal mehr Glück zu haben

✔ den Wikingern Essex zu überlassen in der Hoffnung, dass sie sich damit zufrieden geben würden

✔ sie dafür zu bezahlen, dass sie abzogen

Ethelred wählte die letzte Option: Er bezahlte die Wikinger dafür, dass sie abzogen. Die Sachsen nannten dieses Arrangement *Danegeld* – wir würden von Schutzgelderpressung sprechen. Doch wir wollen fair bleiben: Selbst Alfred der Große bezahlte zu Beginn seiner Regentschaft die Dänen dafür, dass sie weggingen. Aber er tat es, um etwas Zeit zu gewinnen, sodass er bereit war, als sie zurückkehrten (siehe den früheren Abschnitt »Alfred der Große – König der Engländer« für mehr Details). Zeit zu gewinnen, scheint jedoch nicht Ethelreds Strategie gewesen zu sein. Die Wikinger kehrten jedes Jahr zurück, verprügelten einige von Ethelreds Männern und handelten das Danegeld für das Jahr aus. Man sollte doch annehmen, dass Ethelred etwas geahnt haben muss, wenn die Nordmänner riefen: »Tschüss, Ethelred, bis nächstes Jahr zur gleichen Zeit, ja?«

Das war echt blöd

Im Jahre 1002 machte Ethelred etwas sehr Dummes. Er gab den Befehl für ein schreckliches Massaker an Tausenden von Dänen – Männer, Frauen und Kinder – in Oxford. Er wollte, dass alle Dänen, Nordleute und Wikinger es zur Kenntnis nehmen. Das taten sie auch, aber falls Ethelred geglaubt hatte, dass dieses sinnlose Blutbad sie abschrecken würde, so irrte er sich gewaltig.

Der dänische König, Sven Gabelbart (würden Sie sich nicht auch gerne so nennen?), unternahm eine Reihe heftiger Vergeltungsangriffe gegen England. Ethelred bot ihm Danegeld an: Sven teilte ihm mit, die Raten seien hochgegangen. Svens Männer überfielen sogar Canterbury und ermordeten den Erzbischof. (Sie bewarfen ihn nach dem Essen mit Knochen, und falls Sie sich fragen, wie irgendjemand davon sterben kann – was haben sie wohl gegessen? – dann sei Ihnen gesagt, dass sie ihn mit einer Axt fertigmachten. Was vermutlich die Knochen als Todesursache irrelevant, aber die Geschichte interessanter macht.) Und Sven, um einen Ausdruck zu prägen, hatte noch nicht einmal angefangen zu kämpfen.

In 1013 unternahm Sven eine groß angelegte Invasion. Diesmal war er nicht hinter dem Dane-geld her, sondern wollte den Thron. Die Dänen von Danelag strömten in Scharen zu ihm und er marschierte runter nach London. Vor lauter Staub war Ethelred nicht zu sehen. Ethelreds Sohn Edmund Eisenseite (»Ironside«) (zufällig der erste vernünftige Name, den die Sachsen erfanden) führte den Kampf fort und zwang die Dänen, einer Teilung des Königreiches zu-zustimmen. Aber Knut, Sven Gabelbarts Sohn, ermordete Edmund, bevor es dazu kam. Nach Edmunds Tod wurde Sven Gabelbart König von England. Er herrschte kurze Zeit bis er starb und das Königreich an Knut – besser bekannt als König Canute – übergab.

Nach allem, was die Könige von Wessex erreicht hatten, wurde England nun von den Dänen regiert. Dank Ethelred, dem Ratlosen.

Kräftemessen in Irland

Während die Dänen England eroberten, amüsierten sich die Dänen, die sich in Dublin nieder-gelassen hatten, gut. Nicht nur wegen des dortigen Nachtlebens, sondern auch, weil die Iren sich ständig untereinander bekämpften und die Wikinger (oder Dubliner Nordmänner, wie man sie nannte) sehr einträgliche Geschäfte damit machten, sich als Söldner mal für die eine und mal für die andere Seite zu verdingen. Die Iren hingen sehr an den Wikingern von Dublin und waren sehr traurig, als der König von Leinster (einem der Königreiche Irlands) sie rausdrängte. Aber wie Wikinger es traditionell taten, kamen sie zurück, und es dauerte nicht lange und das Söldnergeschäft florierte wieder.

Der Ui Neill Clan stellte die Hochkönige von Irland. Er tat dies seit vielen Jahren und die an-deren Clans verübelten ihnen dies zutiefst, vor allem die Könige von Leinster. Aber obwohl die Ui Neills in der Lage waren, die anderen irischen Clans zu dominieren, gelang es ihnen nicht, die Wikinger von Dublin zu besiegen. 914 kamen sogar noch mehr Wikinger und ließen sich in Waterford im Süden Dublins nieder und die Ui Neills schienen nicht in der Lage zu sein, irgendetwas dagegen zu tun.

Der Mann, der sowohl die Ui Neills als auch die Wikinger herausfordern sollte, war Brian Boru, der König von Munster. Boru hasste die Wikinger, die seinen Stamm dezimiert und seine Mutter getötet hatten, als er noch ein Kind war. Boru hatte sich seinen Weg zum Königtum von Munster erkämpft und sich eine solche Machtbasis im Süden Irlands geschaffen, dass der Hochkönig Malachy Ui Neill 998 sich bereit erklärte, sein Königreich mit Boru zu teilen. 1002 wurde Boru schließlich selbst Hochkönig.

Wie Alfred war Brian Boru ein Patron der Gelehrten. Aber er war auch ein hervorragender Kämpfer, was gut war, denn er hatte viele Feinde, darunter die Dubliner Wikinger und den König von Leinster.

Die Wikinger von Dublin nahmen auch Kontakt zu den Wikingern der Orkneys, Islands und Norwegens auf. Um das Jahr 1013 herum waren sie alle bereit. Sie erhoben sich in einer ge-waltigen Rebellion gegen den Hochkönig Brian Boru und im folgenden Jahr nahm er es mit ihnen in der Schlacht von Clontarf auf. Und besiegte sie. Aber Brian konnte seinen Sieg nicht genießen, denn einer der fliehenden Wikinger tötete ihn.

Clontarf brach die Macht der Wikinger von Dublin, aber Brian Borus Tod löste einen weiteren Bürgerkrieg in Irland aus. Was, wie die Dänen sagen würden, gut fürs Geschäft war. Wenn Sie mehr über Brian Boru und die Wikinger von Dublin wissen wollen, schauen Sie in _Irische Geschichte für Dummies_ (Wiley).

In Schottland war es auch nicht besser

Die Schotten hatten Mühe, sich die Engländer vom Leib zu halten, die Wikingerangriffe abzuwehren und die Leute davon abzuhalten, Strathclyde einzunehmen, was schließlich jeder zu tun schien. Die Tatsache, dass die Schotten sich nicht einigen konnten, wer König sein sollte, war nicht gerade hilfreich. Als der schottische König Malcolm I. gegen die Engländer verlor, ermordeten ihn seine eigenen Leute und schon bald kämpften alle um die Krone.

Es ist (nicht so) gut König zu sein – zumindest nicht in Schottland

Hier ist ein nützlicher Führer durch die Morde und das Durcheinander am schottischen Hof:

954 Die Männer von Moray ermorden König Malcolm I. Neuer König ist Malcolms Cousin Indulf.

962 Die Dänen töten Indulf. Neuer König ist Malcolms Sohn Dubh

966 Indulfs Sohn Culen lässt Dubh entführen und ermorden und seinen Leichnam in einen Graben werfen. Culen wird daraufhin König.

971 Der König von Strathclyde tötet Culen aus Rache, weil Culen die Tochter des Königs vergewaltigt hat. Neuer König der Schotten ist Kenneth II.

995 Kenneth II. wird ermordet, möglicherweise durch eine mit einer versteckten Sprengladung versehenen Statue, und Konstantin III. wird König.

997 Konstantin III. wird im Kampf getötet – gegen schottische Rebellen, die von seinem Cousin Kenneth und Konstantins eigenem, illegitimen Sohn angeführt werden. Kenneth wird König Kenneth III.

1005 Kenneth III. wird von seinem Cousin getötet, der König Malcolm II. wird.

Und dann fängt es an, _wirklich_ interessant zu werden.

»Ist das ein Dolch, was ich vor mir sehe?«

Malcolm II. verbündete sich mit dem König von Strathclyde und schlug die Engländer in der Schlacht von Carham 1018 – einem wichtigen Datum in Schottlands Geschichte. Die Schlacht legte die Grenze mehr oder weniger entlang des Flusses Tweed fest, wo sie heute noch verläuft.

Aber als Malcolm starb (getötet im Kampf gegen die Männer von Moray, falls Sie sich dies fragen), gab es Ärger. Sein Enkel Duncan riss den Thron an sich. Es ist der gleiche Duncan, der in Shakespeares Theaterstück *Macbeth* vorkommt, in dem er als netter alter Mann porträtiert wird. In Wirklichkeit war er jung und ein wirklich schlechter Kerl. Nicht einmal ein besonders guter Führer: Er versuchte Durham anzugreifen, aber verfügte nur über Kavallerie – wenig brauchbar gegen hohe Steinmauern. Die Engländer rissen seine Männer in Stücke und stellten ihre Köpfe als Souvenir entlang der gleichen Mauern aus. Dann verlor Duncan gegen die Wikinger – zweimal. Kein Wunder, dass Macbeth glaubte, er könne es besser machen.

Macbeth war ein bedeutender schottischer Adliger (der genauso gut den Wikingern geholfen haben mag, anstatt sie zu bekämpfen, wie Shakespeare es darstellt) und Duncan kam nicht auf sein Schloss 1040, um dort die Nacht zu verbringen. Er zog los, es anzugreifen. Und verlor erwartungsgemäß. Duncan wurde vermutlich in den Kämpfen getötet; andere sagen, Macbeth habe ihn in einem offenen Gefecht getötet. Wann (oder wie) Duncan starb, spielt keine Rolle: Der entscheidende Punkt war, dass er tot war. Jeder atmete auf und Macbeth wurde zum Hochkönig der Schotten gewählt. Er blieb 18 Jahre lang König, was etwas länger ist, als Shakespeare ihm zugesteht, und eine wichtige Errungenschaft für Schottland in dieser Zeit.

Macbeth war tatsächlich ein ziemlich guter König und sehr gläubig: Er unternahm eine Pilgerfahrt nach Rom und gab sehr viel von seinem Geld den Armen. Am Ende war es Duncans Sohn Malcolm, der es auf Macbeth abgesehen hatte. Malcolm lief los, um sich bei den Engländern zu beklagen, die sich mit den Dänen (die nun England regierten) zusammentaten, um in Schottland einzumarschieren (im Auftrag von Malcolm). Eine gewaltige Schlacht fand 1054 in Dunsinane statt (Shakespeare stellt dies richtig dar), aber es dauerte noch weitere drei Jahre der Verschwörungen und des Ränkeschmiedens bis Malcolm endlich in der Lage war, Macbeth in der Schlacht zu töten. Mit einem Dolch? Nein, wahrscheinlich eher mit einer Axt.

Gut Knut: Zwanzig Jahre Frieden

Jeder – die Iren, die Engländer, die Waliser und die Schotten – musste sich Knut unterwerfen, dem Dänen, der König während Ethelreds Flucht wurde (zu Einzelheiten siehe den früheren Abschnitt »Das war echt blöd«). Knut war einer der wirklich mächtigen Könige wie Offa (siehe Kapitel 5) oder Athelstan (siehe den früheren Abschnitt »Athelstan – König von Britannien« in diesem Kapitel), der ganz England so kontrollierte, dass selbst die Monarchen auf dem Kontinent sich aufrichteten und von ihm Notiz nahmen.

Natürlich gab es da das winzige Problem, dass Knut den Thron an sich gerissen hatte und einige von Ethelreds Familie das möglicherweise nicht mochten, aber Knut hatte eine ganz einfache Art und Weise, sich möglicher Herausforderer zu entledigen: Er tötete sie. Sobald die Krone auf seinem Kopf war, trommelte er alle Verwandte Ethelreds und alle führenden Sachsen, derer er habhaft werden konnte, zusammen und ließ sie alle töten. Sein Machtanspruch reichte bis über die Nordsee hinaus; er entriss seinem Bruder Harald Dänemark. Niemand, der Knut kannte, glaubte, dass irgendetwas an ihm auch nur annähernd lustig sei (auch wenn die Engländer sehr viel später in einem Versuch, aus diesem herausragenden König eine Witzfigur zu machen, dazu übergingen, ihn Canute zu nennen). Aber Knut war in vielerlei Hinsicht ein sehr guter König. Er reformierte das Recht und gab England zwanzig Jahre lang Frieden. Vielleicht war das *Danelaw* doch nicht so schlecht.

Auf Knut folgte das Chaos

Nach Knut dem Dänen, der über ganz Britannien herrschte – ungeachtet dessen was die walisischen, schottischen und irischen Könige gedacht haben mögen (siehe vorherigen Abschnitt) –, stellte sich die Frage, wer wird König, wenn er stirbt? Und eine Lösung für dieses Problem zu finden, erwies sich als ein wenig kompliziert, weil jeder begann, zwei Frauen zu haben (in Knuts Fall beide zur gleichen Zeit), und verschiedene Leute mehr oder weniger legitime Ansprüche auf den Thron hatten. Hier sind die verschiedenen Anspruchsinhaber – halten Sie sich fest:

✔ **Ethelred der Ratlose hatte zwei Frauen.** Mit seiner ersten Frau hatte er einen Sohn, Edmund Ironside, der durch Knut getötet wurde. Ende dieser Linie. Mit seiner zweiten Frau, Emma von der Normandie, hatte er zwei Söhne, Alfred und Eduard (auch als Eduard der Bekenner bekannt). Anmerkung: Ethelred und Emma waren so in Sorge über die Bedrohung der Wikinger, dass sie ihre Jungen zu deren Sicherheit in die Normandie brachten, sodass sie mehr normannisch als englisch aufwuchsen. Merken Sie sich diese Tatsache – sie wird bedeutsam werden.

✔ **Als Ethelred starb, heiratete Knut dessen Witwe Emma.** Sie hatten einen Sohn, Harthaknut. Aber Knut war bereits mit einer »zeitweisen Ehefrau« namens Ælfgifu von Northampton verheiratet. Er und Ælfgifu hatten zwei Söhne, Sven, der König von Norwegen wurde, und Harald »Harefoot« (Hasenfuß).

Sie sehen, es liefen sehr viele Halbbrüder herum und alle waren entschlossen, ihren Tag als König zu erleben.

Könige für (etwas mehr als) einen Tag

Als Knut 1035 starb, hatten Harald »Harefoot« (Knuts Sohn von Ælfgifu) und Harthaknut (Knuts Sohn von Emma) eine große Auseinandersetzung darüber, wer ihm nachfolgen sollte. Harald war der ältere, aber Harthaknut sagte, seine Mutter sei Knuts wirkliche Frau gewesen, also bitte. Harald sagte: »Willst du meine Mutter beleidigen?«, und ergriff den Thron.

Unterdessen dachte drüben in der Normandie Ethelreds und Emmas junger Sohn Alfred: »Wartet mal, sollte ich nicht König sein?«, und setzte nach England über, um mit seinem Stiefbruder Harefoot zu sprechen. Aber Alfred wurde von einem ambitionierten englischen Adligen namens Godwin ermordet, der ein gutes Auge für die sich eigentlich bietende Chance hatte. (Godwin ist ein Mann, den man im Blick behalten muss: Stellen Sie sich ihn als den Thanen mit der größten Chance auf die Thronnachfolge des Jahrgangs 1035 vor. Alfreds kleiner Bruder, Edward der Bekenner, jedenfalls vergaß nicht, was Godwin getan hatte.)

Harald Harefoot regierte einige Zeit und starb dann, und dann kam Harthaknut herüber und regierte und starb in der Mitte eines Hochzeitsbanketts (es war vermutlich der Fisch). Die naheliegende Person für den Thron war Ethelred und Emmas ziemlich frommer und streng pronormannischer Sohn Prinz Eduard »der Bekenner«. Niemand konnte damit hadern: Durch seinen Vater war Eduard ein Nachfahre von Alfred dem Großen und seine Mutter war sowohl mit Ethelred als auch Knut verheiratet gewesen. Also war es Eduard.

Eduard der Bekenner

Obwohl Eduard dem Königshaus von Wessex angehörte, mochte er England nie wirklich. Seine Mutter stammte aus der Normandie, wo auch er aufwuchs. Als er seinen Thron in England bestieg, brachte er viele Normannen mit herüber, was von den Engländern nicht goutiert wurde. Eduard liebte es, sich mit Gelehrten und Baumeistern zu umgeben: Er ließ die Westminster Abbey erbauen, achtete dabei aber argwöhnisch auf jedes Detail. Ein Problem raubte ihm aber beinahe wirklich den Verstand: Wie konnte er sich an den Godwins rächen?

 Eduards Spitzname »der Bekenner« bedeutet fromm oder gottesfürchtig, oder auch einfach »keusch«, was wiederum eine sehr taktvolle Art gewesen sein könnte, darauf hinzuweisen, dass Eduard und seine Königin Edith keine Kinder hatten. Was sehr schade war, denn ein Erbe hätte viel Ärger erspart.

König Eduard hasste Godwin: Er vergaß nie, dass Godwin seinen Bruder Alfred getötet hatte. Aber Godwin besaß zu viele mächtige Freunde, als dass Eduard irgendetwas tun konnte, um den Tod seines Bruders zu rächen. Stattdessen musste Eduard sogar Godwins Tochter Edith heiraten, auch wenn er ein schlechter Ehemann war und sich ihrer so schnell er konnte entledigte.

Eduard wollte keinen Godwin auf dem Thron. Er wollte, dass der Thron an Wilhelm geht, den neuen Herzog der Normandie. Als es in Dover Ärger zwischen Godwins Männern und einigen Normannen gab, nutzte Eduard die Gunst der Stunde, um Godwin und seine Familie zu verbannen und die arme Königin Edith einzusperren. Wenn Eduard wirklich jemals Wilhelm den Thron versprochen hatte, wie dieser stets behauptete, war es vermutlich zu diesem Zeitpunkt.

Dann kehrten die Godwins zurück. Mit einer Armee. Eduard biss die Zähne zusammen, hieß sie zu Hause willkommen, gab vor, dass ihre Verbannung nichts als ein Missverständnis gewesen sei, und gab ihnen schicke neue Titel. Godwins Sohn Harold Godwinson wurde Earl of Wessex und sein anderer Sohn Tostig wurde Earl of Northumbria.

Die zwei Godwin-Brüder gingen nach Wales, um sich König Gruffudd ap Llewelly vorzuknöpfen, der die Waliser geeint und einen erbitterten Krieg gegen die Engländer angezettelt hatte. Kaum hatte Harold Godwinson den walisischen König in die Flucht geschlagen, ermordeten Gruffudds Männer ihren eigenen König. Harold gewann durch seinen Waliser Feldzug viele Freunde (vermutlich jedoch nicht innerhalb der unmittelbaren Familie und den Freunden König Gruffudd ap Llewellyns). Eine Reihe sächsischer Edelleute dachte, Harold Godwinson sei als König geeignet. Selbst König Eduard schien von Harold beeindruckt gewesen zu sein. Aber war er beeindruckt genug, um Harold den Thron zu versprechen?

Die Männer, die König sein wollten

Alle nachfolgenden Männer hatten einen gewissen Anspruch auf Eduards Thron nach seinem Tod:

✔ **Edgar der Ætheling:** Der Enkel von Ethelred dem Ratlosen durch seine erste Frau. Das gab Edgar (*Ætheling* bedeutet »der Krone würdig«) einen größeren Anspruch auf den Thron als jedem anderen – größer noch als der von Edward dem Bekenner selbst, der Ethereds Sohn von dessen zweiter Frau war.

✔ **Harold Godwinson:** Er gewann die Volksabstimmung innerhalb des angelsächsischen Rates, dem *Witenagemot* – oder kurz: *Witan*. Harold behauptete sogar, Edward habe ihm den Thron versprochen, aber es war ja klar, dass er das sagen würde, nicht war?

✔ **Harald Hardrada:** Der Wikingerkönig von Norwegen. Harald Hardrada hatte einen ziemlich verzweigten – um nicht zu sagen fadenscheinigen – Anspruch auf den englischen Thron: Harthaknut hatte Harald Hardrada Dänemark versprochen, aber Harald Hardrada behauptete, es habe sich um ein Paketangebot gehandelt: Dänemark und England. Nicht sehr wahrscheinlich, oder?

Alle diese Leute warteten nur darauf, dass Eduard der Bekenner starb, was er am 5. Januar 1066 tat. Und dann wurde es erst richtig lustig.

1066 und alles was danach kam

7

In diesem Kapitel

▶ Erhalten Sie ein *Who's who* der Thronanwärter nach dem Tod von Eduard dem Bekenner

▶ Sie fochten es in Hastings aus: König Harold und Wilhelm Herzog der Normandie

▶ Sehen Sie, wie die normannische Eroberung England, Schottland und Wales veränderte und wie Irland – fürs Erste – entkam

▶ Verstehen Sie, wie die Streitigkeiten zwischen König Stephan und Kaiserin Mathilde England in die Anarchie stürzten

---

Das Jahr? 1066. Das Ereignis? Die Schlacht von Hastings. Das berühmteste Datum und die berühmteste Schlacht in der Geschichte Englands. Und das Jahr, in dem Wilhelm Herzog der Normandie den Kanal überquerte und König Harold einen Pfeil ins Auge bekam. Manchmal müssen die Engländer daran erinnert werden, dass Wilhelm nur England eroberte: Die Schlacht von Hastings brachte ihn nicht auf den Thron von Schottland, Irland oder Wales. Aber wenn die Menschen in Schottland, Irland oder Wales geglaubt hatten, dass die Ereignisse in Hastings nur eine englische Affäre sei, mussten sie sich auf einen unangenehmen Schock gefasst machen. Die normannische Eroberung veränderte alles für alle.

Der König ist tot, lang lebe – eh

Das sächsische England besaß keine festen Regeln, wer König sein sollte. Prinzipiell ging die Krone, wenn der alte König starb, an den, der einerseits zeigen konnte, dass er einen irgendwie gearteten Blutsanspruch hatte, und andererseits sich die Krone schnappen konnte, bevor sie ein anderer bekam.

Als Eduard der Bekenner am 5. Januar 1066 starb, war es die Aufgabe des *Witan* (oder *Witagemot*, wenn Sie angeben wollen), des Rates des Königs, eine Art sächsischer Oberster Gerichtshof, final zu entscheiden, wer der nächste König wird. Die Ratsmitglieder konnten zwischen vier Kandidaten wählen:

✔ **Harold Godwinson:** Jedermanns Favorit, er war populär, ein begabter Soldat mit einem guten Sinn für Politik. Ideal.

✔ **Wilhelm Herzog der Normandie:** Keine Blutsverbindung, aber Wilhelm behauptete, Eduard habe ihm den Thron versprochen.

✔ **Edgar Ætheling:** Obwohl er erst 14 Jahre alt war, hatte er blutsverwandtschaftlich den größten Anspruch auf den Thron. Aber 1066 war er noch zu jung. Ihm musste man Zeit geben.

✔ **Harald Hardrada, König von Norwegen:** Sein Anspruch war dürftig und er hatte keinerlei Unterstützung in England. Aber er hatte einen hohen Nerv-Wert. Ihn musste man im Auge behalten.

König Harold: Einer in einer Millionen, einer im Auge

Der Witan wählte Harold Godwinson als Nachfolger Eduard des Bekenners und hatte keinerlei Zweifel hinsichtlich seiner Wahl. Harold war der Mann, der zur Stelle war und der außerdem sagte, Eduards letzter Wunsch am Sterbebett sei es gewesen, dass er, Harold, die Krone bekomme. (Nein, für dieses Ereignis gab es keine Zeugen, aber die Behauptung reichte dem Witan.) Also ging Harold zur Westminster Abbey, wo der Erzbischof von York (nicht Canterbury, ein Punkt, der wichtig wird, als Wilhelm auf der Bühne erscheint) ihm die Krone auf den Kopf setzte.

Ärger am nicht allzu fernen Horizont

Harolds Krönung verlief reibungslos, aber zwei kleine Probleme waren bereits im Begriff, ihn heimzusuchen.

Tostig, Harolds Bruder und angehender Ex-Earl of Northumbria

Harolds Bruder Tostig war ein sehr brutaler Earl of Northumbria und 1065 verbündeten sich seine Gefolgsleute (Thane), um ihn loszuwerden. Harold schlug sich auf die Seite der Thane gegen seinen Bruder und zwang Tostig, ins Exil zu gehen. Die Grafschaft von Northumbria gab er einem nützlichen, potentiellen Verbündeten namens Morcar. Tostig war verärgert (wären Sie es nicht auch?) und fuhr direkt nach Norwegen, um in Ruhe mit König Harald Hardrada zu sprechen.

Harolds frühere Reise in die Normandie und der Eid, den er dort schwor

Im Jahr 1064, zwei Jahre bevor er zum König gekrönt wurde, war Harold in die Normandie gefahren. Man weiß nicht genau warum. Einige Historiker glauben, Harold setzte über, um mit Wilhelm über die Thronfolge zu sprechen; Harolds Darstellung zufolge hatte er Schiffbruch erlitten, was er allerdings so dicht vor der normannischen Küste zu suchen hatte, sagte er nicht.

Wie auch immer er in der Normandie landete, Wilhelm behandelte Harold eine zeitlang als Ehrengast, aber dann wurde er garstig. Als Harold nach Hause gehen wollte, zwang Wilhelm ihn, seine Hand auf eine Schachtel zu legen und einen Eid abzulegen, dass er Wilhelm helfen würde, König von England zu werden, wenn Eduard tot wäre. Nachdem Harold den Eid abgelegt hatte, forderte Wilhelm Harold auf, die Schachtel zu öffnen. Und was glauben Sie war darin? Heiligenreliquien.

Harold hatte also ein ernstes Problem an der Hand. Einen Eid auf Heiligenreliquien zu schwören, selbst wenn man nicht wusste, dass man es tat, war der höchste Eid, den es gab. Sobald Harold nach Hause kam, sagte jeder Kirchenmann, den er fragte, vom örtlichen Pfarrer bis zum Erzbischof von Canterbury, dass ein Eid, den man unter falschem Vorwand oder unter Zwang geschworen habe, nicht zähle (bis heute nicht), aber Sie können Gift darauf nehmen, dass Wilhelm das anders sehen würde.

Völker hört die Signale

Man musste kein Hellseher sein, um sich auszurechnen, dass Wilhelm vermutlich den Kanal überqueren und kämpfen würde, also bot Harold das Volksheer auf, die »Fyrd«, das entlang der Südküste Englands Wache hielt.

Die *Fyrd* war die Geheimwaffe des angelsächsischen Englands: eine Sofortarmee. Jeder Mann war im Kämpfen ausgebildet, und wenn der örtliche Lord oder der König schnell Männer benötigte, musste er nur das Volksheer einberufen und – presto! – hatte er eine Armee hinter sich. Natürlich blieb, wenn die Fyrd losmarschierte, niemand zurück, um die Arbeit auf dem Hof zu erledigen, aber hey, das ist der Preis des Fortschritts.

Als jedoch die Invasion schließlich losging, erfolgte sie nicht entlang der Südküste, sondern oben in Yorkshire.

Als Harry auf Harry trifft

Wilhelm war nicht der Angreifer; sondern Harald Hardrada. Und raten Sie mal, wer an seiner Seite war? Tostig. Tostig und Harald Hardrada landeten mit einer gewaltigen Armee, nahmen York ein (eine gute, alte Wikingerstadt, siehe Kapitel 6) und erklärten Harald Hardrada zum König von England.

Dann tat König Harold (der sächsische) etwas Erstaunliches. Er und die Fyrd stürmten nach Norden. Napoleon hatte stets gesagt, dass Geschwindigkeit seine größte Waffe gewesen sei und Napoleon wäre von Harold beeindruckt gewesen. Gerade als Harald Hardrada und Tostig sich zurücklehnten und dachten, dass es Wochen dauern würde, bis Harold erfahren würde, dass sie da waren, traf Harold mit der angelsächsischen Fyrd im Rücken ein. Und, Junge, er war in einer kämpferischen Stimmung. »Dieser Norweger will also England?«, sagte Harold. »Ich gebe ihm ein Stück von England. Sechs Fuß davon.« Die zwei Armeen trafen an der Stamford Bridge aufeinander, gerade außerhalb von York. Die Sachsen schlugen die Eindringlinge.

 Die Schlacht an der Stamford Bridge war einer der eindrucksvollsten Siege, die je ein sächsischer König errungen hatte. Die Wikinger – die *Wikinger* – wussten nicht, wie ihnen geschah. Harolds Männer töteten Harald Hardrada und Tostig. Diese Schlacht brachte Harold gleichauf mit Alfred, Athelstan und allen anderen Königen von Wessex, die sich durch ihren Widerstand gegen die Wikinger einen Namen gemacht hatten (schlagen Sie in Kapitel 6 nach für einen Überblick über die beeindruckenden Könige von Wessex). Und Harald war noch nicht fertig.

Wer wen krönte und warum das wichtig war

Harold wurde aus folgendem Grund vom Erzbischof von York und nicht dem Erzbischof von Canterbury gekrönt: Jahre zuvor, noch zur Zeit König Eduards, hatte Harolds Vater, Earl Godwin, eine Art antinormannische Säuberung durchgeführt. Er entledigte sich vieler normannischer Bischöfe – darunter der Erzbischof von Canterbury –, und viele sächsische Bischöfe, alle loyal der Familie Godwin ergeben, übernahmen ihre Ämter. Einer dieser Bischöfe war Stigand, der neuer Erzbischof von Canterbury wurde.

Der Papst war überhaupt nicht glücklich über all diese Veränderungen. Vor allem sagte er, dass Stigand kein Recht hätte, Erzbischof zu sein, solange der vorherige normannische Erzbischof (dessen Name Robert war, falls es Sie interessiert) noch lebte. Die Engländer sagten dem Papst, er solle sich zum Teufel scheren.

Als Harolds Krönung anstand, wollte er kein Risiko eingehen. Weil es keinen Disput über den Erzbischof von *York* gab, stellte Harold sicher, dass er es war, der ihn krönte.

Als Wilhelm nun Kontakt mit dem Papst aufnahm und ihm von seinem Plan, nach England zu gehen und Harold zu stürzen, erzählte, versprach er dem Papst im Falle seines Sieges sich Erzbischof Stigands zu entledigen. Der Papst war hocherfreut und sagte, Gott sei ganz klar auf Wilhelms Seite. Von Amts wegen.

Komm Wilhelm, wenn du dich traust!

Während Harold Harald Hardrada und Tostig besiegte, saß Wilhelm an der Seinemündung und wartete darauf, dass der Wind sich drehte. Er hatte ein riesiges Heer versammelt und dem Teppich von Bayeux zufolge hatten seine Männer Bäume gefällt und Boote gebaut, die groß genug waren, um Wilhelms Männer und ihre Pferde über den Kanal nach England zu bringen. Als der Wind sich drehte und die Normannen die Segel setzten, war niemand mehr an der englischen Küste, um sie aufzuhalten. Alle waren gen Norden gezogen, um in der Schlacht von Stamford zu kämpfen.

Wilhelm hatte Glück. Man könnte auch sagen, er war seines Glückes Schmied.

✔ **Ein Zeichen des Himmels:** Unmittelbar bevor die Normannen die Segel hissten, flog eine Sternschnuppe über ihre Köpfe hinweg. Die Normannen hatten wirklich Angst, dass der Stern ein schlechtes Omen war. Wilhelm sagte ihnen, ja, es ist ein schlechtes Omen – für Harold.

✔ **Der Segen des Papstes:** Der Papst sagte, Wilhelm sei der rechtmäßige König Englands aufgrund der Tatsache, dass Harold angeblich einen Eid – auf nichts Geringerem als einer Heiligenreliquie – geschworen hatte, dass Wilhelm der rechtmäßige König sei. Außerdem war Harold vom Erzbischof von York und nicht von Canterbury gekrönt worden (wenn Sie wissen wollen, warum das bedeutsam war, lesen Sie den Kastentext »Wer wen krönte und warum das wichtig war«). Der Papst gab Wilhelm eine besondere päpstliche Flagge, die er hissen konnte, um allen zu zeigen, dass Gott mit ihm war. Nützlich.

✔ **Ein Ausrutscher:** Als die Normannen an Land gingen, rutschte Wilhelm aus und fiel. Als sie ihren Herzog in dem Moment, in dem er seinen Fuß auf englischen Boden setzte schwer stürzen sahen, mussten die Normannen denken: »Oh, oh, ist das ein schlechtes Omen?« Aber einer von Wilhelms gewitzten Baronen rettete die Situation. Er rief aus: »Sieht aus, als hätten Sie England bereits mit ihren bloßen Händen eingenommen, Sir!«, und Wilhelm ergriff schnell eine Handvoll Sand und hielt sie triumphierend in die Höhe. Alle jubelten.

Normannische Mods und sächsische Rocker: Die Schlacht von Hastings

Sobald Harold mit den Wikingern im Norden fertig war (zur Schlacht bei Stamford Bridge sehen Sie den früheren Abschnitt »Als Harry auf Harry trifft«), mussten er und seine Fyrd kehrtmachen und in den Süden zurückkehren, um sich mit Wilhelm zu befassen. Im Sturmschritt. Harold und seine Männer mussten sehr erschöpft gewesen sein, aber das war ihnen in der nachfolgenden Schlacht nicht anzumerken. Als die Normannen aufwachten, sahen sie, dass die gesamte sächsische Fyrd den Senlac-Hügel besetzte.

Grundsätzlich galt in einer Schlacht des 11. Jahrhunderts, dass der, der sich auf einem Hügel befand, alle Asse hatte. Die gegnerische Seite musste den Berg hochlaufen, während die andere Seite alles, was sie wollte, auf den Gegner schmeißen konnte. Alles, was die Sachsen tun mussten, war, ihren Wall aus Schutzschildern geschlossen zu halten und auf alle einzudreschen, die es nach oben schafften. Die Normannen stießen wieder und wieder vor, aber sie konnten den sächsischen Schutzwall nicht durchdringen und mussten in die Ebene zurückreiten.

Dann machten die Sachsen einen fatalen Fehler. Einige von ihnen brachen aus der Schlachtordnung aus und rannten hinter den Normannen her. Das war ziemlich töricht, denn sobald sie sich am Fuße des Berges befanden, drehten die Normannen sich einfach nur um und zerrissen sie in Stücke.

Dann setzte Wilhelm seine Bogenschützen ein und Harolds Glückssträhne riss ab. Die Pfeile durchbrachen nicht die sächsische Linie, aber wenn man dem Teppich von Bayeux Glauben schenken darf (gehen Sie zum Kasten »Der Teppich von Bayeux – bestickende Wahrheit?«), traf einer Harold ins Auge. Anschließend, wenn der Teppich die Ereignisse richtig darstellt, rückten die Normannen mit ihrer Reitertruppe vor und Harold wurde massakriert.

Natürlich spielte es keine Rolle, wie die Schlacht ausging. Was zählte war, dass Harold tot war. Und in einer Schlacht, in der es darum ging, wer König werden sollte, war dieser Umstand das Einzige, was eine Rolle spielte.

Wilhelm Herzog der Normandie, König von England

Als König Harold in der Schlacht von Hastings starb, wurde Wilhelm König von England. Die Tatsache, dass Harold getötet wurde, kam Wilhelm sehr gelegen. Dass Harolds Brüder (seine Erben) ebenfalls getötet wurden, machte die Dinge noch besser. Die Sachsen mögen Wilhelm nicht auf dem Thron gewollt haben, aber in dem Moment gab es niemand anderen, den sie an seine Stelle hätten setzen können. Also machte sich Wilhelm mit Bedacht auf den Weg nach London und verkündete, dass er sich an Weihnachten in der Westminster Abbey krönen lassen würde.

Der Teppich von Bayeux – bestickende Wahrheit?

Genau genommen ist der Teppich von Bayeux kein Teppich, sondern ein sehr langes (70 Meter) Stück besticktes Tuch. Der Teppich ist also ein sehr langes Propagandastück. Er erzählt die Geschichte der Schlacht von Hastings aus der normannischen Perspektive. Wilhelms Bruder Odo, Bischof von Bayeux, war es vermutlich, der den Teppich anfertigen ließ und er hing vermutlich an der Wand seines Palastes (vielleicht verdeckte er einen besonders hässlichen 70 Meter langen Fleck).

Der Teppich erzählt sehr detailliert die Geschichte von Wilhelms Eroberung Englands und der Schlacht von Hastings. Harold erscheint als der Böse. Der Teppich porträtiert ihn als einen Eidbrecher, zeigt, dass sowohl Eduard als auch Harold Wilhelm versprochen hatten, dass er König wird, und erweckt den Eindruck, als ob Harold von Stigand, dem »falschen« Erzbischof, gekrönt wurde. (Siehe die Zusatzinformation »Wer wen krönte und warum das wichtig war« zur Wahrheit über Harolds Krönung und warum die Normannen es bewusst falsch darstellten.)

Der Teppich von Bayeux ist so ein außergewöhnliches Kunstwerk und solch wunderbares Quellenmaterial, dass Historiker sich manchmal daran erinnern müssen, dass es nicht gerade objektiv ist. Königen dieser Zeit war politische Meinungsmache und Propaganda keinesfalls fremd – denken Sie an König Alfred und seine sorgfältig erstellte *Angelsächsische Chronik* (siehe Kapitel 6) – aber es waren die Normannen, die daraus eine Kunst machten.

Krönungschaos

Wir mögen Wilhelm *den Eroberer* nennen, aber das war nicht die Botschaft, die er vermitteln wollte. In Wilhelms Augen war Harold der Eroberer, derjenige, der die Krone illegaler Weise an sich gerissen hatte. Er selbst jedoch war der rechtmäßige Monarch, dessen Recht auf den Thron wieder hergestellt worden war. Folglich wählte Wilhelm Westminster Abbey (was neu war, vergessen Sie das nicht) ganz bewusst.

Westminster Abbey war die Kathedrale Eduards. Indem er seine Krönung dort stattfinden ließ, zeigte Wilhelm, dass er Eduards, nicht Harolds Erbe war. Wilhelm stellte, wie Harold, sicher, dass er vom Erzbischof von York und nicht von Stigand, dem »illegalen« Erzbischof von Canterbury gekrönt wurde.

Niemand wusste, wie die Bevölkerung Londons auf Wilhelms Krönung reagieren würde, also stellte Wilhelm Wachen an den Türen der Kathedrale auf. Als die Leute in der Kathedrale einen Schrei ausstießen, vermutlich etwas wie »Gott schütze den König!« oder »Jaaa!«, dachten die

Wächter, Wilhelm sei in Schwierigkeiten. Statt ihm jedoch zu Hilfe zu eilen, zündeten sie alle nahe gelegenen Häuser an. Die Kathedrale füllte sich mit Rauch, alle rannten hinaus, um zu sehen, was um Himmels willen los war, und Wilhelm, einem uns vorliegenden detaillierten Bericht zufolge, blieb zitternd vor Angst zurück, als der Erzbischof ihm schließlich die Krone auf den Kopf setzte. Kein guter Start.

Unter neuer Führung

Wilhelm war ein schwieriger Kunde, wie die Engländer (und Waliser und Schotten) bald lernen sollten. Kaum gekrönt, ließ er seine Männer den Tower of London erbauen, eine massive Festung, die die Londoner warnen sollte, gar nicht erst zu versuchen, etwas zu tun: Die Normannen, so die Aussage des Towers, würden hier bleiben. Bald hatte sich das ganze Land an den Anblick dieser normannischen Festungen gewöhnt. Und wenn Sie glauben, Hastings sei das Ende des Krieges gewesen, haben Sie sich gewaltig getäuscht: Das Kämpfen hatte gerade erst begonnen.

Ärger in Kent und Exeter

Zuerst gab es Ärger in Kent. Dann gab es Scherereien in Exeter unten in Devon. Weil Exeter stets Ärger bereitete, marschierte Wilhelm selbst mit einem großen Heer hinunter, um sich der Sache anzunehmen. Dann traf Harolds Sohn mit einem irischen Heer ein. Sicherlich gelang es Wilhelm, mit all diesen Bedrohungen zurechtzukommen, aber sie bedeuteten, dass bereits jetzt andere Anspruch auf den Thron erhoben. Und ein sehr viel gefährlicherer Thronanwärter als Harolds Familie hatte gerade erst seinen Hut in den Ring geworfen: Edgar Ætheling.

Es ist grimmig oben im Norden

Edgar Ætheling stammte aus dem Königshaus Wessex und war ein direkter Nachfahre von Alfred dem Großen. Viele einflussreiche Leute hatten großes Interesse an ihm:

✔ **Edwin und Morcar (oder Morkere, wenn Sie das bevorzugen):** Edwin von Mercia und Morcar von Northumbria waren die beiden einflussreichsten englischen Edelleute (Thane), die nach Hastings noch am Leben waren. Sie boten Wilhelm die Stirn und unterstützten jeden, der gegen ihn opponierte.

✔ **Malcolm Canmore III., König der Schotten:** Die Engländer hatten Malcolm Schutz geboten und ihm geholfen, seinen Thron zurückzuerhalten (zu Details siehe Kapitel 6) und natürlich war er ihnen wohlgesonnen. Als die Normannen England eroberten, entschied Malcolm, den Engländern zu helfen sich zu wehren.

✔ **König Sven von Dänemark:** Es war noch nicht lange her, dass die Dänen über England herrschten und sie hatten immer noch ein Interesse daran. Sollte sich eine Chance ergeben zu helfen, Edgar auf den Thron zu heben, konnte man auf Sven zählen.

Wilhelm musste zwei Jahre – 1068 und 1069 – damit zubringen, Edgar Ætheling und seine Verbündeten zu bekämpfen. Sehr viel Blut wurde vergossen, vor allem in York, wo die Sachsen

3000 Normannen niedermetzelten. Aber Wilhelm siegte. Edwin und Morcar mussten klein beigeben, die Dänen nach Hause gehen und Edgar Ætheling nach Schottland fliehen. Dies war der Zeitpunkt, an dem Wilhelm entschied, dem Norden eine Lektion zu erteilen, die er nicht vergessen würde.

Man nannte es »Harrying the North« (Plünderung des Nordens). Wilhelm führte sein Heer durch den Norden Englands und verwüstete alles – eine Politik der völlig verbrannten Erde. Und als ob das noch nicht genug war, überfiel König Malcolm im nächsten Jahr den Norden und zerstörte praktisch die Stadt Durham. Tausende Engländer wurden als Sklaven nach Schottland verschifft. Wilhelm ließ sich das nicht gefallen und kehrte in den Norden zurück, marschierte in Schottland ein und zwang Malcolm, ihn nicht nur als König von England, sondern auch als *Overlord* (Oberherrn) von Schottland anzuerkennen.

Das Heim eines Engländers sind seine Schlösser

Die Normannen wussten, wie sie dem Land ihren Stempel aufdrücken konnten: Sie erbauten Burgen. Nicht schöne, romantische Märchenschlösser: Diese Dinger waren groß und hässlich und sollten jedem Angst einflößen. Zunächst zwangen die Normannen die komplette lokale Bevölkerung, einen großen Erdwall aufzuschütten, der wie eine riesige umgedrehte Puddingschüssel aussah, die man *Motte* nannte. Dann errichteten sie darauf die eigentliche Festung. Die Rede ist hier von einem 1 zu 1 Anstieg, damit niemand an der Seite hochklettern konnte. Am Fuße der Burg errichtete man einen kleineren Hügel für die Pferde, das Vieh und die Menschen, die nicht in der Festung selbst leben würden. Umgeben wurde das ganze Areal von einer hölzernen Ringmauer, einem sogenannten *Bailey*. Motte- und Bailey-Burgen schossen in ganz England aus dem Boden sowie entlang der Grenze zu Wales. Wenn Sie bedenken, dass die meisten Menschen damals noch nie ein Gebäude gesehen hatten, das höher war als eine Scheune, verstehen Sie, warum diese Burgen deutlich machten, dass die Normannen nun das Sagen hatten und man dies besser nicht vergaß.

In Herwards Gefolge

Ein kleiner Winkel Englands leistete Widerstand gegen die normannischen Invasoren – die Insel Ely. Heutzutage steht auf der Insel eine prachtvolle Kathedrale, aber damals war es Moorland, ideal als Unterschlupf. Der Mann, der sich dort versteckte, war Hereward the Wake. Hereward (ausgesprochen: Herra-ward) war ein sächsischer Edelmann, der immer schon ein bisschen ein Unruhestifter war, und jetzt war er mehr als das. Er verbündete sich mit König Svens Männern, um die Stadt Peterborough anzugreifen, und schloss sich dann mit Earl Morcar für eine aus den Sümpfen Elys herausgeführte Guerilla-Kampagne zusammen.

Hereward wurde ein richtiger Volksheld (*Wake* bedeutet wachsam), der normannischen Truppen auflauerte und sich verkleidet in ihr Lager schlich, sodass die Normannen sich seiner annehmen mussten. Und das bedeutete, dass sie Schiffe und Ingenieure herbeischafften, die regelrecht die Moore trockenlegten. Den Normannen gelang es, Morcar gefangen zu nehmen und die Abtei von Ely zu erobern, die Hereward und seine fröhlichen Männer mit Nahrung und

Schutz versorgt hatte. Sie fingen auch einige von Herewards Männern, nicht jedoch Hereward selbst.

Ein äußerst interessanter linguistischer Punkt

Das heutige Englisch enthält Versatzstücke aus dem normannischen Französisch und dem Angelsächsischen und Sie können sie verwenden, um die Beziehung zwischen diesen beiden Gruppen zu erkennen. Tiere hatten sächsische Bezeichnungen, wie »cow«, »sheep« oder »swine«, solange sie am Leben waren und sächsische Bauern sich um sie kümmern mussten. Aber sobald sie auf einer Platte einem normannischen Edelmann und seiner Dame serviert wurden, erhielten sie französische Namen wie »beef«, »mutton« oder »porc«. Die Bauern, die die schweren Platten tragen mussten, kannten noch ein paar andere angelsächsische Worte, die sie leise vor sich hin murmelten.

Meins, alles meins! Das Feudalsystem

Wilhelm hatte seinen Baronen Land in England versprochen, musste aber sicherstellen, dass die Barone sein Land und seinen Reichtum nicht dazu benutzten, um sich über ihn zu stellen und zu versuchen, ihm den Thron streitig zu machen. Wilhelms Lösung war einfach: Er führte das Feudalsystem in England ein.

Wie das System funktionierte

Zunächst erklärte Wilhelm, dass alles Land in England ihm gehöre. Dann ernannte er einige seiner vertrauenswürdigsten Barone zu Kronvasallen (taktvollerweise verwendete Wilhelm den alten sächsischen Titel *Earl* anstelle des normannisch-französischen *Count*), aber sie mussten ihm Abgaben entrichten, wie alle anderen Vasallen auch. Diese Verpflichtung konnte sowohl Geldzahlungen als auch Loyalität beinhalten. Von Kronvasallen wurde erwartet, dass sie dem König in Kriegszeiten viele Männer stellten.

An der untersten Stufe des Feudalsystems befanden sich die Bauern oder Hörige (*villeins*), die das Land bestellen und Abgaben zahlen mussten – und die stets Sachsen waren. Das englische Wort für Bösewicht *villain* stammt von *villein* und gibt uns eine gute Vorstellung davon, was die Normannen über sie dachten. Wenn das Feudalsystem etwas verwirrend wirkt, schauen Sie sich Abbildung 7.1 an.

Das Domesday-Buch

Den Normannen wurde schnell klar, dass Wissen Macht ist. Wilhelm wollte Steuern von seinem Königreich erhalten und er wollte nicht, dass irgendjemand ihrer Zahlung entging. Also schickte er seine Leute aus, sie gingen in jedes einzelne englische Dorf und schrieben genau nieder, wer was besaß und wie viel.

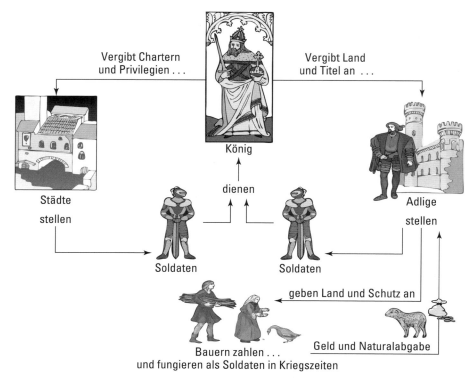

Abbildung 7.1: Das Feudalsystem

 Haben Sie je das Gefühl gehabt vom »Großen Bruder« beobachtet zu werden? Die Normannen haben damit begonnen. Sie hielten ihre Ergebnisse in einem Buch fest, das als *Domesday Book* (Gerichtstagsbuch) bekannt ist. Dem Schatzmeister Richard FitzGerald zufolge wird es so genannt, »weil es ebenso wenig zulässig ist, seinen Entscheidungen zuwiderzuhandeln wie denen des Jüngsten Gerichts«. Und sie lagen damit nicht falsch: Das *Domesday Book* wurde zuletzt 1982 zur Beilegung eines juristischen Streits herangezogen!

Schottland wird englisch

Schottlands König Malcolm III. (der Macbeth beseitigte; siehe Kapitel 6) war ein bemerkenswerter Mann. Obwohl er einen gaelischen Titel, *Canmore*, trug, was »Häuptling« bedeutet, war er tief im Herzen ein Modernisierer. Er hatte lange Zeit in England und auf dem Kontinent verbracht und erkannte, dass Schottland keine Zukunft hatte, wenn es an seinen alten Stammesbräuchen festhielt.

Malcolm gab seinen Kindern englische Namen und verlegte seine Hauptstadt vom Hochland ins Tiefland, wo es immer noch sehr viele Menschen gab, die Nachfahren der Angeln waren. Er erbaute sogar ein Schloss im normannischen Stil in Edinburgh. Daher entbehrt die Tatsache, dass der proenglische Malcolm in einem englischen Hinterhalt getötet wurde, während er um den Erhalt seiner englischen Ländereien kämpfte, nicht einer gewissen Ironie.

Malcolms Frau: Eine Heilige für Schottland made in England

Die Frau von König Malcolm III. war Edgar Æthelings Schwester Margareta. Margareta war eine sehr intelligente und äußerst gläubige Christin. Sie beendete den keltischen Brauch, Märkte und Feste an Sonntagen abzuhalten und lud den englischen Mönch St. Benedict ein herüberzukommen und das erste Kloster Schottlands in Dunfermline zu gründen. Ihre Kapelle im Schloss von Edinburgh existiert dort heute noch. Sie begründete die Königliche Fähre über den Fluss Forth damit die Pilger übersetzen und den Schrein von St. Andrew besuchen konnten. Sie hielt sogar große Festessen für die Armen in der königlichen Halle ab. Zweifelsohne war Margareta eine allseits beliebte Person und nach ihrem Tod wurde sie zur Heiligen erklärt: Sie ist bis heute die Schutzheilige Schottlands. Immerhin lebte sie tatsächlich in Schottland, was mehr ist, als man von dem Apostel Andreas, Schottlands anderem Schutzheiligen sagen kann.

Old McDonald kam und richtete Schaden an...

Viele Schotten, darunter auch sein Bruder Donald Bane, mochten das was Malcolm III. tat nicht. Nach Malcolms Tod wollte Donald Bane die alten Bräuche wieder in Schottland einführen und versammelte alle keltischen Schotten hinter sich, besetzte das Schloss von Edinburgh und erklärte sich selbst zum König.

Malcolms Söhne akzeptierten diese Nachfolge nicht und eine regelrechte Schlacht brach aus zwischen König Donald und seinen Neffen, bei der die Krone zwischen ihnen hin- und herging. Donald ließ sogar einen seiner Neffen, Duncan II. töten oder »mrrden« wie man in Glasgow sagt. Aber am Ende war König Donald unserem alten Freund Edgar Ætheling nicht gewachsen. Edgar (der sehr viel mehr Erfolg in Schottland als in England hatte) führte ein anglonormannisches Heer nach Schottland, verjagte Donald Bane und setzte seinen Neffen – und Malcolms Sohn – Edgar auf den Thron. Genau genommen regierten vier von Malcolms Söhnen Schottland und alle halfen, Schottland zu einem moderneren Land zu machen, das England ähnlich wurde.

Und Wales zog nach

Für die Normannen war die walisische Grenze Indianerland. Wilhelm positionierte einige seiner besten Barone entlang dieser Grenze und erbaute einige seiner größten Burgen dort – nahezu fünfhundert, einige davon aus Stein. Die Normannen beschieden sich jedoch nicht damit, nur an der Grenze herumzusitzen, also überquerten sie die Grenze und begannen, das Land zu erobern. Die Tatsache, dass die Waliser sich gegenseitig bekämpften, half den eindringenden Normannen, und zwar so sehr, dass die Normannen, als Wilhelm starb, den Norden von Wales erobert hatten und sich nach Süden begaben. Dann eroberten sie den Süden und gingen von dort direkt nach Pembroke an der Westküste. Diese Tat war die normannische Eroberung von Wales.

Eine Atempause für Irland

Die Normannen versuchten nicht, Irland zu erobern. Jedenfalls nicht in diesem Kapitel. Während England, Schottland und Wales sich gegen die Normannen abrackerten, genossen die Iren eine Art goldenes Zeitalter. Die Dynastie von Brian Boru war auf dem Thron und die Dänen hatten es aufgegeben zu kämpfen und machten Karriere im Import-Export-Geschäft. Die irische Kirche begann die Dinge auf römische Weise zu tun, erbaute schöne romanische Kapellen wie Cormac's Chapel in Cashel, während irische Mönche illustrierte Bücher der großen irischen Sagas herstellten. Es sah aus, als ob Irland sich zu einem starken Feudalstaat wie England wandeln würde. Das tat es nicht, denn eine Katastrophe brach herein, und Sie müssen in Kapitel 8 nachschauen, um zu erfahren, was ihnen widerfuhr.

Mit der Kirche über Kreuz

Wilhelm hielt sein Versprechen gegenüber dem Papst, der seinen Einmarsch in England unterstützt hatte: Er begann die sächsischen Bischöfe zu entlassen und sie durch Normannen zu ersetzen. Seine Wahl des Erzbischofs von Canterbury war durch die römische Kirche inspiriert: ein Italiener namens Lanfranc. Lanfranc erinnerte den Erzbischof von York nachdrücklich daran, wer das Sagen hatte, und wies die irische Kirche an, ihre Dinge in Ordnung zu bringen. Den Priestern in England sagte er, dass sie zölibatär zu leben hätten – keine sehr populäre Botschaft, da die meisten Priester Lebensgefährtinnen hatten. Lanfranc genoss Wilhelms volle Unterstützung, aber zwischen der Kirche und der Krone braute sich etwas zusammen: der Investiturstreit.

In dem Streit ging es darum, wer die Bischöfe ernennen sollte. Der Papst sagte, nur er könne dies tun, aber Wilhelm – wie nahezu alle anderen Könige Europas – sagte, dass sei Sache der Krone. Die Lage spitzte sich zu, als Wilhelms Sohn, Wilhelm Rufus, und dann Heinrich I. auf den Thron kamen (siehe den nächsten Abschnitt). Der neue Erzbischof Anselm war streng propäpstlich eingestellt und musste ins Exil geschickt werden, ehe schließlich ein Kompromiss erzielt werden konnte: Der Papst sollte die Bischöfe ernennen, aber die Bischöfe sollten dem König huldigen. Dieses Arrangement schien nicht von Dauer sein zu können und war es auch nicht.

Wilhelm stirbt und alles geht den Bach runter

Wilhelm starb 1087. Wenn ich Ihnen sage, dass er starb, während er unterwegs war, um gegen seinen eigenen Sohn zu kämpfen, haben Sie eine ungefähre Vorstellung davon, wie sich die Angelegenheiten in Wilhelms Haushalt verschlechtert hatten. Es sollte noch sehr viel schlimmer kommen.

Wer möchte ein Erbe Wilhelms sein?

Wilhelm hatte drei Söhne und alle wollten König werden:

✔ **Robert Curthose:** Der Name *Curthose* bedeutet Kurzhose oder Kleiner. Robert war der älteste Sohn und stritt sich ständig mit seinem Vater. Er erhielt die Normandie als Wilhelm starb, aber er kam nicht schnell genug aus den Startlöchern, um England zu bekommen.

✔ **Wilhelm Rufus:** *Rufus* bedeutet rotgesichtig. Der Künstler der Familie. Er liebte Musik und Dichtkunst. Seine Feinde behaupteten, er sei schwul, was möglicherweise stimmte. Er war jedoch ganz sicher ein zäher und grausamer Soldat. Sobald sein Vater starb, kam er nach England herüber, nahm es in Besitz und zeigte Robert die lange Nase.

✔ **Heinrich Beauclerc:** Der Clevere, was *Beauclerc* mehr oder weniger bedeutet. Heinrich war der dritte Sohn. Als solcher stand ihm gar nichts zu, als sein Vater starb. Aber dadurch ließ er sich ja nicht beeindrucken. Dies ist der Mann, der einst einen von Wilhelm Rufus Anhängern von der Turmspitze hinunterstieß. Völlig unbarmherzig.

Wie nicht anders zu erwarten, war Robert ziemlich beleidigt, dass er England nicht bekam, aber er war noch beleidigter, als sein Bruder Wilhelm Rufus die Normandie überfiel und Robert nötigte, sie an ihn zu verpfänden. (Robert wollte auf einen Kreuzzug gehen und brauchte Geld.)

Wilhelm Rufus als König

Wilhelm Rufus (1087–1100) war ein ziemlich schlechter König – ein Historiker bezeichnete ihn als den schlechtesten König, den England je hatte – und er hatte einen Minister namens Ranulph Flambard, der noch schlimmer war. Aber keine Sorge: Wilhelm Rufus war nicht lange König. Eines Tages, als er auf der Jagd im New Forest war, erschoss ihn ein französischer Ritter namens Walter Tyrrel mit einem Pfeil.

Unfall oder Auftragsmord? Tyrrel lungerte nicht länger herum, um das zu sagen. Robert hatte ein Motiv, aber er hatte auch ein Alibi, weil er sich auf einem Kreuzzug in Jerusalem befand. Prinz Heinrich war jedoch in der Nähe und er nahm umgehend das Schatzamt in Besitz und ließ sich krönen, bevor Robert den Thron für sich reklamieren konnte. Armer alter Robert. Heinrich besiegte ihn in der Schlacht von Tinchebrai, entriss ihm die Normandie und sperrte ihn dann ein. Heinrich ließ auch unseren alten Freund Edgar Ætheling einsperren (siehe vorher in diesem Kapitel), aber es wird Sie freuen zu hören, dass Heinrich ihn wieder laufen ließ.

Heinrich Beauclerc (alias Heinrich I.) als König

Heinrich machte sich um das Rechtssystem verdient. Er legte fest, dass jeder ein Anrecht auf Schutz durch das Gesetz hatte. Er löste auch den Investiturstreit mit Erzbischof Anselm (siehe den früheren Abschnitt »Mit der Kirche über Kreuz«). Aber seine wirkliche Sorge galt der Erbfolge. Es existierten zu viele Beispiele von Königreichen, die zerfielen, weil die Erbfolge nicht geregelt war – England zum Beispiel –, sodass Heinrich dieser Frage sehr viel Aufmerksamkeit schenkte. Ironischerweise hinterließ er eine der schlimmsten Erbfolgekrisen der englischen Geschichte.

Heinrich heiratete Edgar Æthelings Nichte Edith (deshalb kann im Übrigen die gegenwärtige königliche Familie eine sehr, sehr windige Verbindung zum Königshaus von Wessex für sich beanspruchen). Edith (auch Matilda genannt, aber fragen Sie mich nicht warum, denn in dieser Geschichte gibt es schon genug Matildas) hatte drei Kinder: Zwei Jungen, Wilhelm und Richard, und ein Mädchen namens, eh, Mathilde.

Die zwei Prinzen wurden zwei gut aussehende junge Pin-ups und die Zukunft sah vielversprechend aus, bis eines schrecklichen Tages im Jahre 1120 Heinrich und seine Söhne von der Normandie mit einigen Schiffen nach England aufbrachen. Heinrichs Schiff kam sicher ans andere Ufer, aber das *White Ship* mit den beiden Prinzen an Bord stieß auf einen Fels und sank – es gab keine Überlebenden. Also musste sich Heinrich seiner Tochter Mathilde als Erbin seines Thrones zuwenden.

Anarchie im UK

Mathilde war Witwe: Sie war mit dem Herrscher des Heiligen Römischen Reiches verheiratet gewesen und deshalb als Kaiserin Mathilde bekannt. In zweiter Ehe war sie mit Graf Gottfried von Anjou verheiratet und hatte zwei Söhne.

Heinrich versammelte alle seine Barone und ließ sie Mathilde die Treue schwören. Aber er wusste, dass sie die Vorstellung, eine Königin zu bekommen, nicht mochten. Und in dieser Situation war es wenig hilfreich, dass Heinrich sich mit Mathildes Ehemann Gottfried stritt und ausdrücklich sagte, er solle den Thron nicht erben.

Als Heinrich schließlich 1135 starb, zogen plötzlich viele der Barone, die geschworen hatten, Kaiserin Mathilde durch dick und dünn zu unterstützen, ihren Cousin Stephan vor. So kam Stephan zusammen mit seiner Frau, die – es tut mir wirklich leid – Mathilde hieß, nach London und ließ sich krönen.

Aber keine Tochter Heinrichs I. und Enkelin Wilhelm des Eroberers würde sich das klaglos gefallen lassen. Hatte Wilhelm aufgegeben, nur weil Harold sich hatte krönen lassen? Wohl kaum. Und so (tief Luftholen):

Kaiserin Mathildes Ehemann Gottfried von Anjou marschiert in der Normandie ein und Königin Mathilde (Stephans Frau) greift Kaiserin Mathildes Anhänger Robert von Gloucester in Dover an, während König David von Schottland, der Kaiserin Mathilde unterstützt, in England einmarschiert, um einen Teil des Landes seines Vaters Malcolm III. zurückzubekommen. Aber David wird in der Schlacht von Standard geschlagen. Dann greift Stephan Kaiserin Mathilde und Gottfried von Anjou bei Arundel an, aber sie entkommen und der Earl of Chester nimmt Lincoln ein und Stephan muss ausziehen, die Stadt zu belagern, aber er wird gefangen genommen und die Barone müssen Gottfried von Anjou als König akzeptieren, bis Gottfried Stephan gegen Robert von Gloucester austauscht, wonach Gottfried loszieht, die Normandie zu erobern und nicht zurückkehrt, um Kaiserin

Mathilde zu helfen, sodass ihrer beider Sohn Heinrich ihr behilflich ist, was genauso gut ist, da sie aus London rausgeschmissen wurde und Zuflucht in Oxford suchen muss. Aber Stephan kommt und belagert Oxford und Kaiserin Mathilde entkommt die Mauer hinab über den Fluss, der – zu ihrem Glück – gefroren ist. Während dieser Zeit nutzen die Waliser die Gelegenheit, die Normannen zu schassen, und König David übernimmt ein großes Gebiet in Nordengland – von Cumbria bis Northumbria – und die Leute sagen, Gott und seine Engel haben verschlafen, und Stephan ist völlig erschöpft und Mathilde auch, so erschöpft sogar, dass sie ihren Anspruch aufgibt und sich nach Frankreich zurückzieht, aber ihr Sohn Heinrich schwört, sicherzustellen, dass er als Nächster an der Reihe ist, wenn Stephan stirbt und WAS SOLL DAS HEISSEN, SIE HABEN BEREITS VOR LANGER ZEIT AUFGEHÖRT DIES ZU LESEN?!

Nun, Sie sehen, warum man diese Periode die Anarchie nannte. Die Dinge beruhigten sich nicht, bis Stephan 1154 starb und den Thron an Kaiserin Mathildes Sohn, Heinrich Plantagenet, übergab. Aber das ist eine andere Geschichte…

Teil III

Wer hat hier das Sagen? Das Mittelalter

Die Welt des Mittelalters drehte sich um ihre Könige. Es war das Zeitalter des Herrscherhauses Plantagenet, aber andere erhoben ebenfalls Anspruch auf den Thron. Die Plantagenets versuchten, ihre Nachbarn in Irland, Wales und Schottland – und Frankreich – zu erobern, was zu einer lang andauernden Epoche der Kriege führte.

Dann gab es die Kirche. Die Kirche errichtete Klöster und schickte Mönche aus, mit den Leuten zu beten und den Armen zu helfen, und wetteiferte beständig mit dem König um die Macht. Alldieweil die gewöhnlichen Menschen das Land bestellten, das Korn mahlten und all den Reichtum erwirtschafteten, der diesen Adligen ihre Macht gab. Die gewöhnlichen Menschen standen am unteren Ende des Feudalsystems: Sie kämpften in Schlachten und starben an der Pest.

England erhält ein Imperium

In diesem Kapitel

▶ Entdecken Sie, wie England angevinisch wird

▶ Folgt die Beschreibung der Schlachten Heinrich II. mit Becket, Strongbow, Wales, Irland, Eleonore, dem jungen Heinrich, Gottfried, Richard, John – Sie verstehen schon

▶ Verfolgen Sie die Regentschaften von Heinrichs Söhnen: König Richard Löwenherz und König Johann

▶ Alles wird durch König Johann, wütende Lords und die Magna Charta vermasselt

*M*esdames et Messieurs, bienvenue à l'Angleterre au moyen âge! Oder um es anders auszudrücken: Willkommen im heiteren mittelalterlichen England, einem Land der Maibäume und Schlösser und geharnischten Ritter und einem Land und einer Zeit, die vermutlich nicht ganz das war, was Sie sich bisher darunter vorgestellt haben – wenn Sie es für britische Geschichte halten. Sicher, dieses Kapitel handelt von Menschen wie Erzbischof Thomas Becket, der in seiner Kathedrale ermordet wurde; Richard Löwenherz, der es mit Saladin auf dem Dritten Kreuzzug aufnahm; und König Johann, der unfreiwillig einer großartigen Charta der Freiheiten zustimmte, bekannt als Magna Charta. Sie bekommen hier sogar flüchtig Robin Hood zu sehen und seine fidelen Männer und eine Diskussion darüber, wie die englischen Könige zunächst mit ihrem Anspruch auf Irland verfuhren. Aber all dies ist nicht britische Geschichte. Für dieses Kapitel begeben wir uns gänzlich in die französische Geschichte. Diese »englischen« Könige sprachen Französisch, benahmen sich wie Franzosen, hatten französische Namen und Titel, sie aßen Baguette und rochen nach Knoblauch und eröffneten jede Woche eine neue Apotheke. Sie *waren* Franzosen. Damit Sie keinen falschen Eindruck gewinnen: England wurde nicht von Frankreich beherrscht, auch nicht vom König von Frankreich – was für ein Glück für ihn. Aber *Merrie England* war weder so heiter, noch so englisch, wie es den Anschein hatte.

Die Familie kennenlernen

Wenn Sie den Film *Der Löwe im Winter* (Originaltitel: The Lion in Winter) gesehen haben, haben Sie eine ziemlich gute Vorstellung von der dysfunktionalen Familie, die England im späten 12. Jahrhundert beherrschte (manche Dinge ändern sich nicht, oder?). Zunächst ist da der König, Heinrich II. Er ist zäh, aber leicht verletzlich, wenn man weiß, wie man es anstellen muss. Dann ist da seine Frau Eleonore von Aquitanien, die Heinrich mehr als gewachsen ist, sieht man einmal davon ab, dass Heinrich sie einsperrte und nur an Weihnachten und zu Geburtstagen herausließ. Und schließlich sind da noch die Jungen: Der junge Heinrich, der seinem Vater grollt und es nicht abwarten kann, König zu werden; Gottfried, der seine Eltern dafür hasst, dass sie ihn so genannt haben (nun, haben Sie je von einem König Gottfried gehört?); Richard, der arrogant und ungeduldig ist und glaubt, er sei besser als seine älteren Brüder; und Johann, das Vatersöhnchen, der gemein und schrecklich verzogen ist. Sie sind die Plantagenets.

 Wenn der Name Plantagenets ein Zungenbrecher zu sein scheint, so liegt es daran, dass er Französisch ist. Der Name kommt von Heinrichs persönlichem Wappen, das er an seinem Hut trug und das zufällig ein Ginsterzweig war – auf Französisch _plante à_ genêt.

Die naheliegende Frage ist: Wie wurde Englands Königsfamilie plötzlich französisch? Die Versuchung ist groß, einfach zu sagen, es begann alles mit den Normannen (lesen Sie Kapitel 7, um mehr über sie zu erfahren), und in gewisser Weise stimmte das. Aber die wahre Erklärung liegt in dem mittelalterlichen Begriff der Herrschaft.

Meine Herren! (Sacré bleu!)

Wenn Sie heutzutage ein Stück Land besitzen, dann gehört dieses Stück Ihnen und Sie können damit machen, was Sie wollen. Aber im Mittelalter besaß man Land von jemandem. Es gab unterschiedliche Bezeichnungen für das Land, das man besaß: Ein Schloss und die Bauernhöfe drum herum war bekannt als Manor oder Ehre (engl.: _honor_). Land, das man im Ausgleich für Kriegsdienste besaß, war bekannt als _Ritterlehen_ oder _Lehen_ – und einige Lehen konnten ziemlich groß sein.

Wenn Sie das Gefolgschaftswesen bis zu seinem Anfang zurückverfolgen, so hatte jeder sein Land vom König empfangen und musste ihm huldigen (_Homage_ bezeugen). Die Treuebezeugung war eine Zeremonie, in der Sie vor Ihrem Herrn niederknieten und Ihre Hände in seine Hände legten und versprachen, ihm ein treuer Diener zu sein, während er versprach, Ihnen ein guter Herr zu sein und Sie vor Ihren Feinden zu schützen. Dieses System funktionierte so lange gut, wie, sagen wir, ein französischer Herr einem französischen König den Treueid für ein Stück französisches Land leistete. Aber als die Adligen begannen eigene Königreiche zu erhalten, wurden die Dinge etwas komplizierter.

Wilhelm der Eroberer war König in England, aber er musste immer noch dem König von Frankreich für die Normandie huldigen, weil es ein französisches Herzogtum war. Tatsächlich betrachteten die Normannen die Normandie und nicht England als den wichtigsten Teil von Wilhelms Erbe. Dies ist auch der Grund, warum die Normandie an seinen ältesten Sohn Robert ging und sein zweiter Sohn, Wilhelm Rufus, England erhielt. Wenn die Dinge so geblieben wären, dann wären England und die Normandie getrennte Wege gegangen, aber wie Kapitel 7 zeigt, wurde Wilhelm Rufus gierig und riss die Normandie an sich. Von dieser Zeit an erhielt derjenige, der König von England wurde, die Normandie kostenlos dazu.

England war nett, aber Frankreich die Heimat

Als Heinrich I. starb, gab es viele Scherereien (siehe Kapitel 7 für Details). Heinrich wollte, dass seine Tochter Mathilde ihm nachfolgte, aber viele normannische Barone mochten diese Idee nicht und unterstützten stattdessen ihren Cousin, Stephan von Blois. Der Hauptgrund warum die Normannen Stephan unterstützten war, dass den Normannen die Vorstellung, eine Königin zu haben, nicht genehm war. Es gab aber noch einen weiteren Grund: Jeder ging davon aus, dass, wenn man eine Königin hat, ihr Ehemann den Laden schmeißen würde, und sie mochten Mathildes Ehemann nicht besonders. Nicht so sehr, weil sein Name Gottfried war, sondern (sind Sie für das Folgende bereit?) weil er aus dem Anjou kam.

Wenn Sie oder ich jemanden aus dem Anjou träfen, würden wir vermutlich höflich lächeln und: »Wirklich? Wie interessant!«, sagen und dabei die ganze Zeit überlegen: »Wo zum Teufel ist dieses Anjou?« Aber die Normannen hassten die Leute aus dem Anjou oder Angeviner, wie man sie nannte.

Werfen Sie einen Blick auf die Landkarte und Sie werden sehen, dass das Anjou ein ziemlich kleines französisches Herzogtum ist, viel kleiner als seine Nachbarn. Vielleicht war dies das Problem. Die Normannen konnten die Vorstellung nicht ertragen, von einem Herzog eines so winzigen Gebiets regiert zu werden. Und während Sie auf die Landkarte schauen, werfen Sie einen Blick auf die Nachbargebiete: Poitou und Maine und Touraine und Limousin und alle anderen. Machen Sie sich mit ihnen vertraut, denn dies sind die Gegenden, die den angevinischen Königen von England wirklich etwas bedeuteten, im Gegensatz zu England. England war irgendwie weniger wichtig, aber diese Könige fühlten sich in Frankreich ganz wie zu Hause. Weil sie, nun ja, Franzosen waren.

König Stephan gewann den großen Bürgerkrieg gegen Kaiserin Mathilde, aber er hatte keine Kinder, die ihm auf den Thron nachfolgen konnten. Das Fehlen eines Thronerben bedeutete, dass Mathildes Sohn Heinrich den größten Anspruch darauf hatte, als Nächster an der Reihe zu sein (genau genommen hatte Heinrich, wenn man den Familienstammbaum verfolgt, den höchsten Anspruch auf den Thron, egal ob Stephan Kinder hatte oder nicht). Heinrich war jung und ambitioniert und keiner, wirklich keiner, hatte ein Interesse an weiteren Kämpfen. Also schlossen Stephan und Heinrich einen Vertrag. Stephan konnte bis zu seinem Tode auf dem Thron bleiben (was, wie Heinrich richtig vermutete, nicht sehr lange sein würde) und dann würde Heinrich als Heinrich II. König von England werden (und natürlich immer noch Herzog von Anjou).

Heinrich II. und das Angevinische Reich

König von Frankreich im 12. Jahrhundert zu sein, kann nicht sehr spaßig gewesen sein. Dass alle Herzöge der Normandie weggezogen und Könige von England geworden waren, war schlimm genug. Nun machte Heinrich, der Herzog von Anjou das Gleiche. And natürlich würde Heinrich nicht nur England bekommen, sondern auch noch die Normandie. Und er zog aus und heiratete Eleonore von Aquitanien, eine der mächtigsten Frauen Frankreichs. (Und warum konnte Heinrich Eleonore von Aquitanien überhaupt heiraten? Weil König Ludwig VII. von Frankreich sich von ihr hatte scheiden lassen, darum. Aua!) Eleonore besaß zufällig sowohl Aquitanien als auch die Gascogne, was genau genommen der ganze Südwesten Frankreichs bis an die spanische Grenze war, und Aquitanien erstreckte sich sogar bis an die Grenze zu Italien. Somit bekam Heinrich durch Eheschließung ganz Westfrankreich außer der Bretagne. Und er erhielt sogar die Bretagne, weil sein Kindbruder ihm als Herzog der Bretagne zur Treue verpflichtet war. Tatsächlich sollte Heinrich, als er König von England wurde, beinahe so viel Land in Frankreich gehören wie dem König von Frankreich.

Im Jahre 1154 schließlich starb König Stephan. Heinrich ließ einfach alles, was er gerade tat, stehen und liegen (was zufällig die Bekämpfung der Normannen war – Sie verstehen, warum sie ihn nicht mochten) und ging nach London zu seiner Krönung. Und welch eine Liste von Titeln ihm zuteil wurde: König von England, Herzog der Normandie, von Anjou, Maine, Touraine, Poitou, Aquitanien – soll ich fortfahren? Armer alter Ludwig VII. Alles was ihm blieb, waren Paris und die langweiligen Stücke in der Nähe von Belgien.

Der Treck nach Toulouse

Eine von Heinrichs ersten Maßnahmen als König war es zu versuchen, noch mehr Land in Frankreich zu bekommen. Er hätte gerne Toulouse seiner Sammlung hinzugefügt, weil es so viel ordentlicher auf der Landkarte ausgesehen hätte und er auf diese Weise den ganzen Süden und Westen Frankreichs besessen hätte. Mit diesem zusätzlichen Land wäre er so mächtig geworden wie der französische König. Aber Ludwig gelangte als Erster nach Toulouse und forderte Heinrich heraus, zu machen, was er wolle. Heinrich versuchte es, aber Ludwig und der Graf von Toulouse schmissen ihn raus. Okay, dachte Heinrich, Plan B. Wenn ich nicht in Frankreich expandieren kann, expandiere ich eben in England. Oder um genauer zu sein, in Wales.

Der große Kampf: England vs. Wales

Den Normannen war es ziemlich leicht gefallen, Wales zu erobern. Sie wussten nur zu gut, dass die Waliser zu Zeiten der Angelsachsen sehr gut darin waren, in England einzufallen, und Wilhelm der Eroberer wollte nicht, dass dies erneut passierte. Also ließ er eine gewaltige Reihe von Burgen entlang der Grenze zu Wales errichten und vergab ganze Landstriche an einige hartgesottene normannische Barone, die als *Marcher Lords* bekannt wurden. (»Marcher« kommt von »Mark« oder »Marken« was so viel wie »Grenze« bedeutet.) Diese Marcher Lords waren so weit nach Wales vorgedrungen, bis sie den ganzen Süden und Osten kontrollierten und die walisischen Prinzen im Norden in einem Gebiet, das sie *Wallia Pura* oder »reines Wales« nannten, feststeckten. Während all der Kämpfe in England zwischen Stephan und Mathilde (siehe den vorherigen Abschnitt »England war nett, aber Frankreich die Heimat«), gelang es den Walisern, einen Teil ihres Landes den Marcher Lords wieder zu entreißen. Aber jetzt hofften die normannischen Lords, dass Heinrich II. ihnen grünes Licht zum Gegenschlag geben würde. Was er auch tat.

Heinrich war kein Dummkopf. Er wollte nicht, dass diese Marcher Lords ihm das antaten, was er Ludwig VII. angetan hatte, also kam er nach Wales, um die Angelegenheiten dort selbst zu regeln: Er entschied, wer was bekam, was faktisch bedeutete, dass alles ihm zufiel. Die walisischen Prinzen mussten den Marcher Lords ihre Ländereien zurückgeben und anerkennen, dass Heinrich über den Norden von Wales herrschte. Alles in allem entwickelten sich die

Dinge sehr zufriedenstellend für Heinrich, bis er einen groben Fehler beging und alles absolut vermasselte.

Heinrich entschied für Wales das zu tun, was Wilhelm der Eroberer für England getan hatte: sich selbst zum Oberherren zu erklären und von allen zu verlangen, dass sie zu ihm kommen und ihm den Treueid leisten. Nun! Die Waliser hatten einige Schlachten verloren, aber sie waren nicht bereit, Heinrich das Recht auf das ganze Land zuzugestehen. Just in dem Augenblick, als Heinrich Pläne für ein Standbild von sich schmiedete, das ihn zeigte wie er Lauch essend über eine Reihe walisischer Prinzen trampelte, brachte ein Bote die Nachricht, dass er einen ausgewachsenen Krieg am Hals hatte – und dass er im Begriff war, ihn zu verlieren. Heinrich machte sich erneut auf, aber diesmal war der Kriegszug sehr viel schwerer. Es regnete, als ob es nie wieder aufhören würde, und Heinrich scheint einfach entschieden zu haben, dass die Eroberung von Wales all den Ärger nicht wert war. Vergessen Sie nicht, er war einer der mächtigsten europäischen Monarchen: Er hatte Besseres zu tun. Also überließ er die Sache den Walisern und den Marcher Lords, die einige Jahre lang fortfuhren, sich zu bekämpfen, dass die Fetzen flogen, auch wenn einige der Marchers wünschten, sie hätten versucht, ein leichteres Gebiet einzunehmen. Und dann meinte jemand: »Habt ihr schon mal an Irland gedacht?«

Eleonore von Aquitanien

Eleonore von Aquitanien war eine beeindruckende Dame. Wie allen in ihrer Familie galt ihre Loyalität zunächst ihrem Land und ihren Rechten und Titeln und wehe dem, der ihr in die Quere kam, selbst ihren Ehemännern. Der erste Ehemann Eleonores war Prinz Ludwig, der bald darauf König Ludwig VII. von Frankreich wurde. Keine glückliche Ehe. Ludwig war nur gut und fromm und eigentlich ziemlich langweilig, während Eleonore feurig und voller Schwung war. Ludwig entschied sich am zweiten Kreuzzug teilzunehmen – eine alberne Idee, weil Fortsetzungen niemals so gut wie das Original sind – und er war ein hoffnungsloser Soldat: Bald schon war der Zweite Kreuzzug festgefahren. Eleonore begann mit ihrem Onkel, dem Grafen von Antiochia, zu flirten, und als Ludwig sich weigerte weiterzumarschieren, um ihm gegen die Sarazenen beizustehen, stürmte sie aus dem königlichen Zelt und forderte die Scheidung. Während die Sarazenen ihrem Onkel den Kopf abschnitten, kehrten Eleonore und Ludwig auf getrennten Schiffen nach Hause zurück. Der arme alte Ludwig erlitt auf dem Weg nach Hause Schiffbruch (es war einfach nicht sein Tag) und selbst der Papst konnte die Angelegenheiten zwischen ihm und Eleonore nicht wieder in Ordnung bringen. Also bekam Eleonore ihre Scheidung und ging schnurstracks auf den jungen Heinrich von Anjou zu, der der nächste König von England sein würde – immerhin ist es nicht vielen Frauen vergönnt Königin von Frankreich *und* Königin von England zu werden. Heinrich und Eleonore hatten viele Kinder, aber ihre Ehe war auch nicht glücklich. Sie waren beide untreu und bald begann Eleonore mit ihren Söhnen gegen Heinrich Ränke zu schmieden, bis er sie einsperren ließ. Erst nach seinem Tod kam sie frei. Wenn Sie auf Frauenpower abfahren, dann wird Ihnen Eleonore von Aquitanien gefallen. Seien Sie nur froh, dass sie nicht Ihre Mutter war.

Schlechte Nachrichten für Irland

Der Papst war im Begriff mit den Iren die Geduld zu verlieren, weil sie die Dinge noch immer auf ihre Weise taten, Ostern zur falschen Zeit feierten und alles in allem nicht dem Rest der Kirche folgten (ein Problem, das weit zurückreichte, siehe Kapitel 6, um zu erfahren, wie alles begann). Papst Hadrian IV., ehemals Nicholas Breakspear, ein Engländer, entschied, die Sache ein für alle Male beizulegen. Also verfasste er einen besonderen päpstlichen Befehl, eine *Bulle*, die besagte, dass, wenn Heinrich nach Irland gehen wolle, um die Dinge dort zu regeln, er dafür die vollständige Unterstützung des Papstes hätte. Fingerzeig, Fingerzeig. Aber Heinrich reagierte nicht auf den Wink. Er war nicht an einem neuen Krieg interessiert. Und dann tauchte eines Tages ein irischer König an Heinrichs Hof in Frankreich auf und alles änderte sich.

Noch schlechtere Nachrichten für Irland: Ein grollender König

Dermot (oder Diarmait Mac Murchada, um ihn bei seinem vollständigen gälischen Namen zu nennen) war König von Leinster. Oder vielmehr Ex-König von Leinster, weil er mit der Ehefrau eines anderen Königs davongelaufen war und Rory, der Hochkönig Irlands, ihn rausgeschmissen hatte. Nun wollte Dermot, dass Heinrich II. ihm half, sein Eigen zurückzubekommen. (Dermot war nicht dumm: Die Normannen und die Angeviner kämpften als große Ritter in Rüstung, während die Iren immer noch mit Schleudern und Steinen herummachten.) Heinrich war interessiert – er hatte den Brief des Papstes nicht vergessen –, aber er hatte keine Zeit, Irland selbst zu überfallen. Andererseits mochten einige der normannischen Markgrafen aus Wales interessiert sein (siehe den früheren Abschnitt:»Der große Kampf: England vs. Wales«). Sie waren es. Ein großes Heer von ihnen setzte nach Irland über, unter der Führung des Earl of Pembroke, Richard FitzGilbert de Clare – seinen Freunden, Feinden und der Geschichtsschreibung bekannt als Strongbow.

Die gesamte Invasion verlief nach Plan. Die Iren hatten sich einer solchen Invasion seit der Zeit der Wikinger nicht mehr gegenübergesehen (siehe Kapitel 6 für mehr zu diesem kleinen Problem). Die Normannen eroberten Leinster, Waterford, Wexford und Dublin. Strongbow heiratete Dermots Tochter, und als Dermot starb, wurde Strongbow an seiner Stelle König von Leinster. Und dieses kleine Detail ließ die Alarmglocken in Heinrichs Kopf im Hauptquartier schrillen.

Aufgepasst! Hier kommt Heinrich

Ein Adliger, der Ihnen Treue schuldet, wird plötzlich selbst König? Erinnert Sie das an irgendjemanden? Das Szenario war Heinrich II. ganz sicher vertraut und er würde nicht abwarten, bis Strongbow seine Unabhängigkeit oder noch schlimmer ihm den Krieg erklären würde. Also stellte Heinrich ein riesiges Heer auf, raste nach Dublin und verlangte Strongbow zu sehen. Aber falls Heinrich sich auf Ärger gefasst gemacht hatte, so wurde er diesmal angenehm überrascht. Strongbow wusste, dass es keinen Sinn machte, Heinrich zu bekämpfen. Die zwei Männer erzielten eine Einigung. Strongbow würde die meisten der wichtigen Gebiete Irlands an Heinrich abtreten und als Heinrichs Wächter, Hüter oder Generalgouverneur Irlands, wenn

Sie so wollen, im Amt bleiben. Und Strongbow wollte. Er starb als sehr mächtiger Mann. Er ist in der Christ Church Cathedral von Dublin begraben.

In Schottland (fast) nichts Neues

Sie mögen nun erwartet haben, dass neben den Feldzügen in Wales und Irland die Anglonormannen auch eine Art von Feldzug nach Schottland gestartet hätten. Aber diesmal täuschen Sie sich. Der schottische König Malcolm Canmore und seine Söhne hatten Schottland nach englischem Vorbild zu reorganisieren (siehe Kapitel 7, um herauszufinden, warum) und die nachfolgenden schottischen Könige waren nicht geneigt, einen anderen Kurs einzuschlagen. Malcolms jüngster Sohn David I. war am Hofe von Heinrich I. aufgewachsen und hatte sogar einen englischen Titel, Earl von Huntington (für den er natürlich dem König von England zu Gefolgschaft verpflichtet war). David war Heinrich I. gegenüber sehr loyal. Er unterstützte Mathilde im Bürgerkrieg und er war es auch, der ihren Sohn Heinrich von Anjou zuerst zum Ritter schlug. Tatsächlich kam David während der Anarchie in England ziemlich gut weg. Er erhielt Cumbria und Northumberland zusätzlich zu seinem Huntington-Titel und er verstand sich gut mit den Angevinern, als sie schließlich auf den Thron kamen. Ihm gelang es sogar Anglonormannen wie die de Bruces, die Comyns und die Stewards (ja, sie sind die künftigen Stuarts) dazu zu bewegen, nach Schottland zu ziehen und ihm zu dienen.

 Sollten Sie enttäuscht sein, weil es kein gegenseitiges Hauen und Stechen zwischen den Schotten und den Engländern gab, betrachten Sie die Situation einmal aus Davids Blickpunkt. Frieden mit England bedeutete, dass er Schottland in den Griff bekam. Seine neuen anglonormannischen Barone errichteten starke Burgen, und David lud einige der bedeutendsten religiösen Orden ein, Klöster in Schottland zu errichten. Dank David erhielt Schottland erstmals ein richtiges Währungssystem, das dem Handel zur Blüte verhalf. Wenn Schottland sich als unabhängiges Königreich entwickelte, dann war dies weitgehend der weisen Herrschaft von König David I. geschuldet.

Die Situation konnte natürlich auf Dauer nicht so bleiben. Der nächste König von Schottland war ein kleiner Junge namens Malcolm – Malcolm IV., um genau zu sein. In den Geschichtsbüchern firmiert er unter Malcolm, die Jungfrau (»*Malcolm the Maiden*«), weil er unverheiratet blieb und keine Kinder hatte. Heinrich II. glaubte, es sei an der Zeit, Northumberland und Cumbria zurückzunehmen und das tat er und der arme kleine Malcolm musste dem zustimmen. Als Malcolm starb, wurde sein Bruder Wilhelm der Löwe König. Wilhelm entschied, dass es an der Zeit sei, Heinrich II. daran zu erinnern, dass die Könige von Schottland nicht herumgestoßen werden konnten, aber bedauerlicherweise für ihn zeigte Heinrich ihm, dass sie dies sehr wohl konnten. Folgendes passierte: Als Heinrichs Söhne gegen ihn revoltierten (siehe den späteren Abschnitt »Königsfamilien und wie man sie überlebt« zu Details), glaubte Wilhelm, es sei eine gute Idee, sich ihnen anzuschließen. Schwerer Fehler. Heinrich siegte, Wilhelm wurde gefangen genommen und Heinrich ließ ihn erst frei, als Wilhelm bereit war, Heinrich als seinen obersten Lehnsherren anzuerkennen und ihm Treue zu leisten, nicht nur für Huntington, sondern für Schottland selbst. Schottland war zu einem englischen Lehen geworden.

Heinrich der Gesetzgeber

Es wird Sie freuen zu hören, dass Heinrich nicht seine ganze Regentschaft mit Kämpfen zubrachte. Heinrich gestaltete das ganze englische Rechtssystem vollständig um. Königliche Richter reisten herum und statt darauf warten zu müssen, dass ein Opfer oder die Familie eines Opfers Klage erhebt, konnte ein spezielles Geschworenengericht (*Jury of Presentment*), das aus lokalen Bürgern bestand, jemanden anklagen. Die *Jury of Presentment* ist der Ursprung des Großen Geschworenengerichtssystems in den USA.

Heinrich führte auch neue Methoden ein, um Fälle schnell zu bearbeiten. Dabei war das Ziel, seine Herrschaft über seine Untertanen zu stärken. Ein weiteres Rechtsgebiet, das Heinrich nicht kontrollierte, war das Kirchenrecht. Aber Heinrich hatte Pläne für die Kirche und er kannte genau den richtigen Mann, um sie auszuführen.

Mord in der Kathedrale

Jeder Herrscher der Christenheit hatte ein Problem mit der Kirche, nicht nur die Könige von England und ganz sicher nicht nur Heinrich II. Der Kaiser des Heiligen Römischen Reiches musste einmal sogar zwei Tage im Schlamm und Schnee knien bevor der Papst sich bereit erklärte, ihn zu empfangen.

In England war das größte Problem das Recht. So wie die Dinge lagen, konnte ein Kleriker (selbst der rangniedrigste Schreiber), wenn er verhaftet wurde, verlangen, vor ein Kirchengericht anstelle des königlichen Gerichts gestellt zu werden. Ein Kirchengericht war eher geneigt, einen Delinquenten mit einer Verwarnung davonkommen zu lassen, und weil die Kirchengerichte die Todesstrafe nicht verhängen konnten, konnte ein »criminous clerk«, wie man Kleriker nannte, die ein ernstes Verbrechen begangen hatten, buchstäblich ungestraft mit Mord davonkommen. Als Heinrich versuchte die Kirche dazuzubewegen, die Regeln für kriminelle Kleriker zu ändern, streckte die Kirche entsetzt die Hände in die Höhe und sagte, er versuche ihr die heiligen und alten Privilegien wegzunehmen. Als nun der Erzbischof von Canterbury starb, entschied Heinrich, dass es an der Zeit sei, jemand Gefügigeres in das Amt zu berufen. Er wählte Thomas Becket.

Becket war einer der Menschen, die wirklich auf Zeremonien standen. Er war Rechtsberater Heinrichs gewesen und hatte ihm als Kanzler, dem wichtigsten Posten unter dem König, gedient. Becket war gut, aber Junge, bestand er darauf alles, was ihm zustand, zu bekommen. Als Becket auf eine Mission nach Frankreich ging, hatten die Franzosen so etwas noch nie gesehen: Becket hatte so viele Diener und Pferde und feine, teure Kleidung, man glaubte, er sei ein Pharao. Die Botschaft war aber natürlich folgende: Wenn ihr glaubt, *dies* ist beeindruckend, dann müsst ihr erst einmal meinen Herren sehen. Heinrich musste also geglaubt haben, dass es ein genialer Schachzug sei, Becket dafür zu benutzen, sich die Kirche gefügig zu machen.

Heinrichs cleverer Plan ... funktioniert nicht

Vielleicht hätte Heinrich ahnen müssen, was passieren würde, aber er war nicht der Einzige, der sich verrechnet hatte. Nachdem Becket zum Erzbischof erhoben wurde, veränderte er sich vollständig. Wenn er ein Kirchenmann sein sollte, dann würde er ein Kirchenmann *sein*. Er hörte auf, üppige Feste auszurichten, und begann regelmäßig zu beten. Unter seinen erzbischöflichen Roben trug er ein raues Hemd, das ihm das Fleisch wund kratzte. Und er insistierte auf seinen Rechten. Dieses Insistieren war ein ernstes Problem, denn Heinrich hatte ernsthaft von Thomas Becket erwartet, dass er das alte kirchliche Recht, die eigenen Rechtsfälle zu verhandeln, aufgeben würde.

Heinrich versuchte, die Macht der Kirche zu mindern. Er rief die Kirchenführer zu einem großen Treffen in Clarendon zusammen und sie einigten sich auf eine Reihe neuer Regeln, die in der *Konstitution von Clarendon* festgehalten wurden. Die wichtigsten besagten Folgendes:

✔ Jeder Kleriker, der irgendeines Vergehens beschuldigt wird, wird vor die königliche Gerichtsbarkeit (man bemerke, die des *Königs* nicht die der *Kirche*) geladen.

✔ Das Königsgericht (nicht das der Kirche) entscheidet, welche Fälle es behandelt und welche es der geistlichen Gerichtsbarkeit überträgt.

✔ Die königliche Gerichtsbarkeit wacht darüber, was die Kirchengerichte tun.

✔ Wenn ein Kleriker gesteht oder überführt wird, sollte die Kirche ihn nicht länger schützen (dumm gelaufen für die *kriminellen Kleriker,* die guten Zeiten sind vorbei).

Zunächst wollten die Bischöfe das Dokument nicht unterzeichnen, aber dann sagte Becket ziemlich überraschend, dass sie es tun sollten, also taten sie es. Dann schien Becket seine Meinung zu ändern: Er erklärte, die Unterzeichnung der Konstitution von Clarendon sei eine große Sünde gewesen, und das bedeutete, dass der Papst entschied, sie ebenfalls nicht zu unterschreiben. Heinrich war wieder am Anfang angekommen, aber jetzt war er wütend. Niemand, ich wiederhole: niemand, untergräbt ungestraft die Autorität Heinrich II. Heinrich erhob eine ganze Reihe von Klagen gegen Becket, von denen die meisten ganz offensichtlich frei erfunden waren. Becket erschien im vollen Ornat einschließlich des erzbischöflichen Prozessionskreuzes und erklärte, dass der König kein Recht habe, einen Erzbischof anzuklagen – und entwischte nach Frankreich. Becket war ein mutiger Mann, aber kein Dummkopf.

Rezept für einen sofortigen Märtyrer

Heinrich hatte ein Problem. Man konnte einfach im 12. Jahrhundert keinen offenen Disput mit der Kirche führen. Sicher, Becket konnte sich unmöglich benehmen und viele seiner Bischofskollegen ihn nicht leiden, aber er war nun einmal der Erzbischof von Canterbury und Heinrich hatte ihn erwählt. Als alles gesagt und getan war, verteidigte Becket die Kirche. Also musste Heinrich einen Kompromiss finden. Schließlich trafen Heinrich und Becket sich in Frankreich. Das Treffen verlief überraschend angenehm. Die beiden Männer vergaßen einfach alle ihre Streitigkeiten und genossen ihre Freundschaft. Tränen flossen und Heinrich sagte, dass es ihm leid tue, und Becket sagte, es täte ihm leid, und Heinrich sagte Becket, er könne nach Hause kommen, und Becket sagte, er würde nach Hause kommen, und zweifelsohne spielten im Hintergrund Geigen. Und dann kam Becket nach England zurück – und exkommunizierte umgehend den Erzbischof von York und alle anderen, die den König während seiner Abwesenheit unterstützt hatten.

Heinrich hatte genug. »Befreit mich denn niemand von diesem Unruhe stiftenden Priester!«, brüllte er. Natürlich meinte er es nicht so, aber eine Gruppe von vier Rittern nahm Heinrich beim Wort. Sie schlichen hinüber nach England und drangen in voller Rüstung in die Kathedrale von Canterbury ein und versuchten, Becket wegzuschleppen. Als er sich wehrte, hackten sie ihn in Stücke.

Königsfamilien und wie man sie überlebt

Als ob es nicht schon genug wäre, gegen die Waliser und Iren zu kämpfen, ein Rechtssystem zu entwickeln, über das größte Reich in Westeuropa zu herrschen und mit dem schwierigsten Erzbischof von Canterbury der Geschichte fertigzuwerden, musste Heinrich II. schließlich auch noch gegen seine eigene Familie kämpfen. Eleonore war verärgert wegen der vielen Affären, die Heinrich hatte, vor allem der wirklich ernsten mit der »schönen Rosamund«, der wahren Liebe seines Lebens. (Heinrich erwog sogar eine Scheidung von Eleonore, um Rosamund heiraten zu können, was bedeutet hätte, dass Eleonore mit den Königen Englands und Frankreichs verheiratet gewesen wäre und beide verloren hätte.) Ein weiteres Problem war Heinrichs Testament. Ihm zufolge sollte Heinrich der Jüngere England, die Normandie und Anjou erhalten; Aquitanien würde an Richard gehen (kein schlechter zweiter Preis); Gottfried sollte die Bretagne bekommen (sehr akzeptabel); und Johann Irland erhalten. Johann war ebenso wie die Iren wenig begeistert. Heinrich ließ sogar noch zu seinen Lebzeiten Heinrich den Jüngeren zum König krönen, für den Fall das irgendjemand auf die Idee käme, den Thron an sich zu reißen. (»Den Thron an mich reißen? Moi?«, sagten Richard, Gottfried und Johann wie aus einem Munde.) Die Krönung von Heinrich dem Jüngeren führte zu weiterem Ärger mit Becket, weil der Erzbischof von York die Krönung vornahm und Becket meinte, dass er selbst sie vorzunehmen hätte. Aber die Krönung führte auch zu weiteren Schwierigkeiten mit Heinrich dem Jüngeren, weil dieser ungeduldig darauf wartete, dass sein alter Herr endlich starb. Also begannen die Kämpfe:

✔ **Heinrich vs. Heinrich dem Jüngeren, 1. Runde:** Heinrich der Jüngere zettelte eine Rebellion gegen seinen Vater an. Praktisch die ganze Familie, außer Johann, schloss sich ihm an, auch Eleonore. Selbst König Wilhelm der Löwe von Schottland beteiligte sich. Diese Beteiligung gereichte keinem von ihnen zum Vorteil. Heinrich gewann den Krieg, nahm Eleonore und Wilhelm gefangen (siehe den früheren Abschnitt »In Schottland (fast) nichts Neues«) und sperrte Eleonore ein. Dann traf er sich mit den Jungs. Nach vielen Tränen und mannhaften Umarmungen, erklärte sich Heinrich bereit, den Jungs etwas mehr Taschengeld zu geben. Das war zu diesem Zeitpunkt in Ordnung.

✔ **Heinrich vs. Heinrich dem Jüngeren, 2. Runde:** Heinrich der Jüngere verschuldete sich und sein Vater weigerte sich, ihm aus der Klemme zu helfen. Also begann Heinrich der Jüngere eine weitere Rebellion anzuzetteln. Diesmal hielt Richard zu seinem Vater, aber Gottfried beteiligte sich ebenso wie der neue König von Frankreich, Philipp August.

Heinrich gewann erneut (Du hast wieder gewonnen!) und Heinrich der Jüngere musste fliehen. Und starb. An Durchfall. Sehr traurig (und unschön).

Heinrich musste nun sein Testament etwas ummodeln. Gottfried konnte die Bretagne behalten, aber Heinrich wollte, dass Richard zugunsten Johanns auf Aquitanien verzichtet (weil, naja, Richard England und die Normandie und das Anjou bekommen sollte – alle Gebiete, die zunächst Heinrich dem Jüngeren zugedacht waren). Aber Richard hatte Aquitanien sehr lieb gewonnen (er stand seiner Mutter sehr nahe) und entschied, seinem Vater nicht zu vertrauen. Das führte zu einem weiteren Kampf zwischen Heinrich und Richard (siehe den nächsten Absatz).

✔ **Heinrich vs. Richard:** Richard tat sich mit dem französischen König Philipp August zusammen und lauerte Heinrich nach einer Friedenskonferenz auf, auf der man versucht hatte, die Angelegenheit zu bereinigen. Heinrich entkam nach Anjou (seiner Heimat), aber dann erreichten ihn schlechte Nachrichten. Johann hatte sich der Rebellion angeschlossen. Johann! Heinrichs Liebling, der, der ihm am nächsten stand. Und Auslöser des ganzen Konfliktes waren seine Bemühungen, Johann etwas Land zu geben. Es brach Heinrich das Herz. Und brachte ihn um.

St. Thomas Becket

Wer hat gewonnen, Heinrich oder Becket? Sie mögen glauben Heinrich, da der Mann, der ihn plagte nun beseitigt war. Aber wenn Sie nach Herzen und Seelen urteilen, dann hat Becket haushoch gewonnen. Priester werden ermordet, aber einen Erzbischof in seiner eigenen Kathedrale zu töten, das ging selbst für das 12. Jahrhundert einfach zu weit. Heinrich musste schwer dafür büßen: Er wurde nackt ausgezogen, während die Mönche von Canterbury ihn unbarmherzig auspeitschten. Becket wurde St. Thomas von Canterbury, und sein Schrein in der Kathedrale von Canterbury wurde einer der beliebtesten Wallfahrtsorte Englands. Chaucers Pilger in den *Canterbury Tales* reisten beinahe 200 Jahre später dorthin. Die englischen Könige mochten St. Thomas jedoch nicht sehr. Er hatte dem König die Stirn geboten und sie wollten andere Leute nicht auf dumme Gedanken bringen. Heinrich VIII. ließ Beckets Schrein zerstören und wies alle an, das Gesicht von St. Thomas aus allen Bildnissen, die sich irgendwo in ihren Kirchen befanden, herauszukratzen. Noch heute können Sie die gesichtslosen Beckets sehen. Und um dem Ganzen die Krone aufzusetzen, schrieb der französische Bühnenstückschreiber Jean Anouilh ein Theaterstück über Becket, das ihn als Sachsen darstellt. Da hätte sich der alte Becket in seinem Schrein umgedreht.

Richard I.: Der Löwenkönig

Eine ziemlich prachtvolle Statue von Richard I. steht vor den *Houses of Parliament*. Warum sie dort steht, ist schwer zu erklären. Richard war ein gutes Beispiel für einen Angeviner, der als Allererstes, als Zweites und als Letztes Franzose war. Das Land, das er liebte, war Aquitanien, und England war, was ihn betraf, nur dazu da, den Dritten Kreuzzug zu finanzieren.

Christen und Muslime

Bei den Kreuzzügen ging es nicht darum, so viele Muslime wie möglich zu töten (auch wenn die Kreuzfahrer dies mit den Juden versuchten). Noch handelte es sich um eine Frühform des europäischen Imperialismus, auch wenn die Kreuzfahrer Königreiche im Heiligen Land gründeten. Die Menschen wurden durch das Kreuzfahrertum nicht reich, vielmehr ruinierte es sie oftmals. Bei den Kreuzfahrten ging es ganz allein um eine Sache: Jerusalem. Nichts anderes spielte eine Rolle. Das christliche Europa war der Auffassung, dass es ein Skandal sei, dass Jerusalem in den Händen der Muslime war. Sie waren auch furchtbar verängstigt angesichts der Geschwindigkeit mit der die Muslime nach Europa vordrangen. Beide Seiten glaubten, sie würden Gottes kosmische Schlacht zwischen Gut und Böse kämpfen und dass sie ihre Belohnung dafür im Himmel erhielten. Der Erste Kreuzzug führte zur Rückeroberung Jerusalems und zur Errichtung einiger christlicher Königreiche, aber die Muslime erholten sich und eroberten eines der Königreiche zurück, was der Auslöser des Zweiten Kreuzzuges war. Der Zweite Kreuzzug war ein einziges Gemetzel, und dann holte Saladin zum großen Schlag aus: Er zerstörte das lateinische Königreich von Jerusalem und eroberte die Heilige Stadt zurück. Folglich war ein Dritter Kreuzzug erforderlich. Richard eroberte sehr viel von dem Land, das Saladin eingenommen hatte, zurück, darunter die Hafenstadt Akkon, aber Jerusalem bekam er nicht. (Ebenso wenig wie der Vierte Kreuzzug dies schaffte.)

Auf den Kreuzzug werden wir gehen

Richard hatte seinem Vater versprochen, auf einen Kreuzzug zu gehen und dies war ein kindliches Versprechen, das er hielt. Er brach gemeinsam mit seinem alten Freund-Rivalen König Philipp August und dem Furcht einflössenden deutschen Kaiser Friedrich Barbarossa auf. Die drei Könige entzweiten sich schon bald. Barbarossa fiel in einen Fluss und ertrank. Philipp August kehrte schließlich um und nach Hause zurück. Richard erwies sich als äußerst effektiver Kreuzfahrer und schreckenerregender Kämpfer – man nannte ihn nicht umsonst *Cœur de Lion* (»Löwenherz«). Er nahm es mit Saladin auf, dem herausragenden kurdischen Sultan, der die Muslime in Syrien und dem Heiligen Land anführte und schlug ihn in der Schlacht von Arsuf. Saladin erkannte in Richard einen ebenbürtigen Gegner. Aber Richard gelang es nicht, Jerusalem einzunehmen und am Ende war das alles, was zählte. Und dann hörte er, was Johann zu Hause in England anstellte und entschied, dass es an der Zeit sei, nach Hause zurückzukehren.

Ein königliches Lösegeld

 Richard hatte sich im Heiligen Land viele Feinde gemacht. Er stritt mit Philipp August, war gegenüber dem Herzog von Österreich kurz angebunden und warf sogar in einem Wutanfall dessen Standarte von den Mauern Akkons hinunter. Aber Sie kennen ja das Sprichwort: Tritt die Leute nicht auf deinem Weg nach oben, du kannst ihnen auf dem Weg nach unten erneut begegnen.

Als Philipp August nach Hause kam, setzte er sich umgehend mit Prinz Johann in Verbindung, um zu sehen, ob sie nicht gemeinsam Richard loswerden und Johann auf den Thron setzen könnten. Philipp August begann, auch einen Teil von Richards Land in Frankreich wegzunehmen. »Was?«, rief Richard, als er von alledem hörte, und machte sich umgehend auf den Rückweg in die Heimat. Aber er erlitt Schiffbruch in Italien und entschied sich, eine Abkürzung durch, eh, Österreich zu nehmen. Keine gute Idee.

Die Männer des österreichischen Herzogs (ja, der mit dem Richard einen Streit hatte) ergriffen ihn und sperrten ihn ein. Der Herzog übergab Richard seinem Chef, dem Kaiser des Heiligen Römischen Reiches. Und der Kaiser begann Buchstaben aus illustrierten Manuskripten auszuschneiden, um eine Lösegeldforderung nach London zu schicken: »WIR HABEN IHN. ZAHLEN SIE 100 000 MARK IN GEBRAUCHTEN MÜNZEN.«

Wenn es nach Johann gegangen wäre, dann wäre Richard vermutlich im Gefängnis verfault, aber Richard war Eleonores Lieblingssohn und sie ließ nicht zu, dass das passierte. Sie erhöhte jedermanns Steuern, um das Lösegeld zu bezahlen. Johann musste schnell handeln, wenn er die Macht vor Richards Rückkehr ergreifen wollte, aber er war nicht schnell genug. Richard kehrte zurück. Johann sagte, dass es ihm sehr leid tue und dass er nicht noch einmal versuchen würde, widerrechtlich den Thron an sich zu reißen, und Richard sagte: »Das geht schon in Ordnung, Kleiner. Ich weiß, dass Philipp August der eigentlich Schuldige ist«, und überquerte den Kanal, um ihn sich vorzuknöpfen. Und wie er sich Philipp vorknöpfte.

Richard versetzte Philipps Armee einen verheerenden Schlag, schlug die von Philipp ermunterten Rebellen unten in Aquitanien nieder, verbündete sich mit dem Kaiser des Heiligen Römischen Reiches (erstaunlich wie schnell diese Jungs einander vergaben und vergaßen!) und begann die Operation »Einnahme-Restfrankreichs-und-König-Philipp-August-etwas-Furchtbares-antun«. Diese Operation verlief sehr gut, bis ihn das Unheil in Form eines Armbrustbolzens traf. Er traf Richard in die Schulter und entzündete sich. Es gab zu dieser Zeit kein Penizillin. Wenn sich eine Wunde entzündete, starb man. Löwenherzen bildeten da keine Ausnahme.

König Johann

Johann hätte eigentlich gar nicht König werden sollen. Als Richard starb, war der nächste Anwärter, der an der Reihe war, Gottfrieds kleiner Sohn, Arthur von der Bretagne, aber wann hat das schon mal eine Rolle gespielt? Johann riss den Thron an sich, ließ Arthur einsperren und – um ganz sicherzugehen – nach einer Weile auch noch ermorden. Und dann begann der Ärger für Johann erst richtig.

Der Papst treibt es auf die Spitze

Johann geriet in einen noch größeren Schlamassel mit der Kirche als sein Vater mit Becket (siehe den Abschnitt »Mord in der Kathedrale« zuvor in diesem Kapitel). Die Lehre, die Johann aus der Becket-Geschichte zog, sah so aus, dass er sichergehen wollte, dass er den richtigen

Erzbischof hatte, und was ihn anging, so bedeutete dies, einen zu nehmen, der ihm nicht vom Papst untergeschoben wurde. Als der Papst also versuchte, einen neuen Erzbischof auszuwählen, weigerte Johann sich, ihn zu akzeptieren, obwohl der Mann, den der Papst ausgewählt hatte, sogar sehr gut war. »In Ordnung«, sagte der Papst, »in diesem Fall verhänge ich ein Interdikt über England.« Ein Interdikt ist eine Anweisung, die die Bevölkerung von den Sakramenten der Kirche ausschließt – stellen Sie es sich als einen Generalstreik der englischen Kirche vor. Keine Messen, keine Beichten, keine Beerdigungen, keine Taufen, keine Vergebung der Sünden, keine Menschen, die in den Himmel kommen, nichts. Für ein zutiefst gottesfürchtiges Zeitalter war diese Aussicht schrecklich. Johann musste nachgeben und den Erzbischof akzeptieren.

Robin Hood

In der Zeit zwischen Richards Gefangennahme in Österreich und seiner Rückkehr nach England taucht normalerweise Robin Hood auf. Zunächst sehen Sie alle die fröhlichen Szenen mit Little John und Will Scarlett, wie sie die Männer des Sheriffs reinlegen und den futternden Bruder Tuck bis Robin kommt, der verkleidet in einem Bogenschützenwettkampf den ersten Preis gewinnt (»Wer seid Ihr Herr, dass Ihr so gut schießen könnt?«), bevor er irgendein armes Mädchen rettet, das der Sheriff oder Sir Guy of Gisborne im Begriff ist zu heiraten. Und am Ende sehen Sie den Sheriff von Nottingham, der mit Prinz Johann unter einer Decke steckt, und Richard, der, verkleidet nach Hause zurückgekehrt, seine treuesten Untertanen, in der Mitte des Sherwood Forest lebend und enge Strumpfhosen tragend, antrifft. Großartige Geschichten, die sich die Menschen im Mittelalter erzählten, aber bedauerlicherweise erst sehr viel später.

Menschen mit diesen Namen gab es, die die Vorlage für »Robin Hood« abgegeben haben mögen, aber keiner von ihnen scheint als Geächteter gelebt zu haben, der unschuldige Reisende im Sherwood Forest, Barnsdale Forest oder irgendeinem anderen Wald, der für sich beansprucht, Robin Hood beheimatet zu haben, ausraubte. Es tut mir leid, aber Sie haben nicht wirklich etwas anderes erwartet, oder?

Eh, ich scheine mein Reich verloren zu haben

Als Nächstes verbockte Johann es in Frankreich. Philipp August hatte Angst vor Richard, aber nicht vor Johann. Die Franzosen begannen Johanns angevinische und normannische Ländereien anzugreifen, und sogar der Kaiser des Heiligen Römischen Reiches konnte ihm nicht helfen. Philipp schlug den Kaiser in einer großen Schlacht an einem Ort namens Bouvines. Infolgedessen verlor Johann das Anjou, das Poitou und die Normandie – und er hatte Glück, nicht auch noch das Land seiner Mami in Aquitanien zu verlieren. Dieses eine Mal waren sich Johanns anglonormannischen und angevinischen Barone einig: König Johann war ein Desaster. Es musste etwas geschehen.

Die Magna Charta

Die anglonormannischen und angevinischen Adligen zwangen Johann, der Magna Charta zuzustimmen, der Großen Urkunde der Englischen Freiheiten, die Briten und Amerikaner noch so viele Jahre später begeisterte. Nein, die Magna Charta machte die Welt nicht sicher für die Demokratie, aber werden Sie nicht zu zynisch. In dieser Charta ging es nicht nur um die Rechte Reicher. Die Barone waren der Auffassung, dass Johann ihre Rechte und Privilegien zu sehr beschnitten hatte. Er sollte in seine Schranken gewiesen werden, und verschiedene Angelegenheiten, wie die Rechte der Kirche, bedurften der schriftlichen Klarstellung. In der Magna Charta ging es um gute Herrschaft. Sie legte die Rechte fest, die ein guter Herrscher anerkennen sollte, wie das Recht, nur nach vorheriger Zustimmung besteuert zu werden, und das Recht auf ein gerechtes Gericht.

Johann stimmte der Magna Charta zu, weil er musste. Aber er würde sich, wenn er es vermeiden konnte, nicht an sie halten. Er hatte keine Schwierigkeiten, den Papst dazu zu überreden, die Magna Charta für null und nichtig zu erklären (weil sie gegen die Rechte der Könige verstieß). Also mussten die Barone entscheiden, was sie mit ihm tun sollten. Johann musste weg und die Barone luden die Franzosen ein, ihnen zu helfen, ihn loszuwerden. Plötzlich war alles ein Chaos. Französische Soldaten und Soldaten der Barone und Johanns Soldaten waren darin verwickelt. Als Johann versuchte, eine Abkürzung über einen schwierigen Seeweg, den Wash, zu nehmen, wurde sein gesamtes Gepäck weggeschwemmt und schließlich hatte er einfach genug. Er aß zu viele Pfirsiche in Apfelwein und starb. Und die Moral von der Geschicht': Halt dich bei Pfirsichen in Apfelwein zurück.

Eine recht königliche Zeit: Das mittelalterliche Reich Britanniens

9

In diesem Kapitel

▶ England bekommt ein Parlament

▶ Der Kampf, das Erringen und der Verlust: Wales und Schottland und die Unabhängigkeit

▶ Eduard II. wird gefeuert – von seiner Königin und ihrem Liebhaber

▶ Die Schürzenbänder kappen und losschlagen: Eduard III. beginnt den Hundertjährigen Krieg

▶ Die Rosenkriege – ein schrecklicher Bürgerkrieg

Dieses Kapitel markiert den Beginn des Hochmittelalters in Britannien, eine Zeit, als die Ritter mutig waren, all diese prächtigen gotischen Kathedralen errichtet wurden und die Menschen Schlösser bauten, die begannen wie die in den Märchen auszusehen. Während dieser Epoche eroberten die Könige von England Wales und beinahe auch Schottland (das Land von *Braveheart*). Das Hochmittelalter sah ebenfalls Schlachten in Frankreich und England: Den *Hundertjährigen Krieg*, der nicht wirklich 100 Jahre dauerte, und die Rosenkriege, die rein gar nichts mit Botanik zu tun hatten.

Heutzutage können Sie auf diese Periode schauen und sehen, wie sich die Nationen – sei es England, Schottland, Irland oder Wales – behaupteten. Jahre später betrachtete Shakespeare diese Periode als eine Zeit, in der England sich nach und nach sammelte, sodass es zu der Zeit, als Heinrich Tudor Richard III. in Bosworth tötete, bereit war, eine große Nation unter den Tudors zu werden – was natürlich zufällig die Zeit war, in der Shakespeare lebte. Heutzutage sind die Waliser stolz darauf, dass Llewellyn und Owain Glyn Dwr (für alle anderen ist er Owen Glendower) den niederträchtigen Engländern Widerstand leistete. Und die Schotten lernen etwas über Bannockburn (die Schlacht, in der die Engländer aufgerieben und vertrieben wurden) und sehen die endlosen Wiederholungen von *Baywatch* (bestimmt ist *Braveheart* gemeint – der Lektor).

Obwohl diese Interpretationen die Geschichte allzu simpel darstellen, sind sie nicht gänzlich falsch. Gegen Ende dieser Epoche kann man davon sprechen, dass England »englischer« ist, als es je zuvor gewesen ist, und das schließt die Könige mit ein. Und die Schotten, Waliser und Iren setzten Urkunden auf, die erklärten, dass sie Nationen geworden sind (oder sein sollen), die frei von ausländischer (sprich: englischer) Herrschaft sind.

Grundlegende Hintergrundinfos

Lassen Sie uns kurz die Mannschaftsaufstellung verstehen, bevor das Spiel beginnt.

England: Die French Connection

Könige, die ihren Ursprung in Frankreich hatten, herrschten über England seit Wilhelm der Eroberer die Schlacht von Hastings 1066 gewonnen hatte (siehe Kapitel 7, wenn Sie wissen wollen, worum es dabei ging). Heinrich II. machte England zu einem Teil eines riesigen von Frankreich ausgehenden Reiches (mehr dazu in Kapitel 8), aber sein Sohn Johann verlor den größten Teil davon. Dessen Sohn, Heinrich III., war noch ein Baby als er auf den Thron kam, und er war kein sehr viel versprechender Jüngling.

Die Könige von England mussten den Königen Frankreichs huldigen für die französischen Ländereien, die sie in Aquitanien besaßen, und sie mussten ihnen obendrein versprechen, treue Untertanen zu sein. Und diese nicht sehr englischen Könige brachten oftmals weitere französische Adlige nach England mit hinüber, gewöhnlich Gascogner aus Aquitanien, die als Berater und Verwalter fungierten – ein Schachzug, der bei den »englischen«, alteingesessenen Adligen nicht gut ankam.

Wer beherrschte was?

In der Zwischenzeit hatten sich die Dinge in Wales, Schottland und Irland weiterentwickelt:

✔ **Schottland:** Schottland war getrennt von England und regierte sogar eine Zeit lang den nördlichen Teil Englands. Unglücklicherweise, stellte sich der schottische König Wilhelm »der Löwe« auf die falsche Seite in einer Familienrebellion gegen den englischen König Heinrich II. (mehr Details dazu siehe Kapitel 8), sodass die Schotten ihre Ländereien im Norden Englands aufgeben und die Könige von England als ihre Oberherren akzeptieren mussten.

✔ **Wales:** Obwohl sich Heinrich II. zum Oberherrscher von Wales erklärt hatte (siehe Kapitel 8), machten die Waliser es Heinrichs Leuten so ungemütlich, dass sie das Land verließen und in Irland einmarschierten, um sich eine Pause zu gönnen. Die anglonormannischen Markgrafen (*Marcher Lords*) regierten den Süden und den Westen, aber die Waliser herrschten im Norden und sie wollten die Markgrafen vertreiben. Also bereitete sich der Enkel von Prinz Llewellyn dem Großen, Llewellyn (das sparte Namensschilder), auf einen Krieg vor. Behalten Sie diese Gegend im Blick.

✔ **Irland:** Richard de Clare (»Strongbow«) und seine anglonormannischen Freunde fielen 1170 in Irland ein (siehe Kapitel 8) und blieben da. Sie hielten sich überwiegend in der Gegend von Dublin und entlang der Westküste auf. Das restliche Irland war ihnen zu nass und sumpfig und man bekam dort weder für Geld noch für Liebe eine anständige Tasse Tee. Also errichteten die Anglonormannen einen großen Schutzwall, genannt Pale, um ihre Gebiete in Irland und verschanzten sich dahinter. (Sie kontrollierten Irland die nächsten 600 Jahre von dem Gebiet hinter dem Pale aus.)

Ruhe! Ruhe!

Seien Sie nicht zu begeistert von diesen mittelalterlichen Parlamenten. Zunächst sind sie nicht einmal die ältesten Parlamente der Welt. Diese Ehre gebührt dem Parlament der Isle of Man – *Tynwald* –, das auf die Zeit der Wikinger zurückgeht (siehe Kapitel 6 für diese Ära der britischen Geschichte). In den frühen Parlamenten trafen sich die Barone überwiegend, um wichtige Entscheidungen zu besprechen, gewöhnliche rechtliche Dispute. Bis auf den heutigen Tag kann das Parlament als Gericht fungieren.

Man musste die gewöhnlichen Bürger nicht in das Parlament berufen und tat es auch oftmals nicht. Aber Simon de Montfort erkannte, dass es sehr nützlich sein konnte, die Bürgerlichen auf seiner Seite zu haben, besonders wenn man gegen den König in den Krieg ziehen wollte. Diese Einsicht teilte Eduard I., als er Geld für seine Kriege brauchte. Aber die Bürgerlichen wollten tendenziell neben Geld auch über andere Dinge sprechen und so gewann das Parlament nach und nach an Bedeutung.

Simon sagt: »Berufe ein Parlament ein, Heinrich!«

Lernen Sie Simon de Montfort kennen. Er ist Franzose, er ist Earl von Leicester und er ist wichtig. Er kam nach England, um seine Grafschaft zu reklamieren, und König Heinrich III. mochte ihn auf Anhieb. Die englischen Barone waren weniger beeindruckt. Sie dachten: »Hier ist ein weiterer prätentiöser, französischer Günstling von Heinrich III.«, bevor sie Heinrich zwangen, Simon de Montfort ins Exil zu schicken. Heinrich gestattete Simon zurückzukommen, aber als er zurückkam, wollte Simon nicht länger Günstling des Königs sein. Er begann sich mit den Baronen anzufreunden. Er listete alle ihre Klagen über Heinrichs Günstlinge auf und seine besorgniserregende Gewohnheit, Schlachten zu verlieren. Ungefähr zu dieser Zeit begann Heinrich sehr viel Geld zu fordern, weil er seinen jüngeren Sohn zum König von Sizilien machen wollte. Die Barone meinten, dass sie, wenn Heinrich Geld wolle, dafür eine Gegenleistung erhalten sollten. Simon wurde ihr Sprecher.

Was die Barone wollten – sogar forderten – war ein Parlament. Also legten sie ihre Forderungen 1258 in einem Dokument, den *Provisionen von Oxford* nieder (nein, es handelte sich nicht um einen Marmeladen-Laden). Die Provisionen besagten, dass Heinrich der Einrichtung eines Parlaments zustimmen müsse, das aus folgenden Mitgliedern bestehen sollte:

✔ **Die Kirche:** Jeder musste die Kirche hinter sich haben.

✔ **Die Adligen:** Nun, selbstverständlich.

✔ **Die Bürger:** Es handelte sich um Leute, die weder der Königsfamilie, dem Adel oder der Kirche angehörten. Gewöhnliche Leute also, wie Sie und ich.

Die letzte Gruppe war Simons Idee. Er schlug vor, dass jede Stadt und jede Grafschaft zwei Leute entsenden sollte, um die gewöhnlichen Bürger zu vertreten.

Heinrich musste den Provisionen von Oxford zustimmen, aber er tat es nicht gerne. Er brachte den Papst dazu, die Provisionen für ungültig zu erklären (das hatte der Papst auch mit der Magna Charta getan, wie Sie Kapitel 8 entnehmen können), und sobald er konnte, zerriss Heinrich III. die Provisionen von Oxford. Diese Tat bedeutete Krieg! In der Schlacht von Lewes nahm Simon de Montfort Heinrich und seinen Sohn Prinz Eduard gefangen. Das hört sich nach einem Erfolg für Simon an, aber mal abgesehen davon, Sie wollen den Thron selbst besteigen (was Simon nicht wollte), ist die Gefangennahme Ihres Königs eine knifflige Sache. Sie können ihn nicht eingesperrt lassen, aber wenn Sie ihn freilassen, was tut er dann? Simon blieb es erspart, eine Entscheidung treffen zu müssen, weil Prinz Eduard entkam, eine Armee aufstellte und zum Gegenangriff ausholte. Sekunden Pause. Zweite Runde: Die Schlacht von Evesham. Simon de Montfort wurde besiegt und getötet.

Ich bin der König der Burgen: Eduard I.

Nach all der Aufregung um Simon de Montfort war Heinrich III. mit den Nerven am Ende und ging in den Ruhestand. Heinrichs Sohn, Prinz Eduard, übernahm seine Regentschaft. Als Heinrich 1272 schließlich starb (seine Regentschaft war eine der längsten in der britischen Geschichte, aber niemand hat je von ihm gehört), wurde Eduard König Eduard I. (Er verwendete die Nummer, um sich von all den anderen sächsischen König Eduards zu unterscheiden.) Eduard schaffte das Parlament nicht ab, aber er hielt es davon ab, das ganze Königreich zu regieren. Eduard hatte andere Feinde im Blick: die Waliser.

Krieg um Wales

Während Heinrich III. um die Einrichtung eines Parlaments mit Simon de Montfort stritt (siehe den früheren Abschnitt »Simon sagt: ›Berufe ein Parlament ein, Heinrich!‹«), spielte Prinz Llewellyn von Wales sein Lieblingsspiel »Könige von England hauen«:

✔ **Als Heinrich III. in Wales einmarschierte, war er so nutzlos, dass Llewellyn ihn locker in die Tasche steckte** und selbst die *Marcher Lords* dachten, dass sie auf sich allein gestellt besser dran wären.

✔ **Dann zog Llewellyn aus und schloss sich Simon de Montforts Rebellion an,** nur um Heinrichs Gesicht zu sehen.

✔ **Dann ging Llewellyn nach Hause und griff die Markgrafen an,** sodass die einzigen Teile Wales, die Llewellyn nicht kontrollierte, es nicht wert waren kontrolliert zu werden, als Eduard I. auf den Thron kam.

Llewellyns Verhältnis zu Eduard I. war genauso gespannt, wie das zu Eduards Vater gewesen war. Als Eduard I. Llewellyn befahl, nach Westminster zu seiner Krönung zu kommen und ihm den Treueid zu leisten, sagte Llewellyn zu Eduard, er könne ihn mal. Fünfmal! Das machte man nicht mit Eduard I. Eduard stellte ein riesiges Heer auf und machte sich auf nach Wales. Die Waliser wehrten sich. Eduard errichtete riesige Burgen, um sie in Schach zu halten; die Waliser stürmten diese Burgen. Eduard entsandte mehr Truppen; Llewellyn schlug sie. Dann schlugen die Truppen Llewellyn. Die Waliser begannen ihnen aufzulauern und sie zu überfallen, Llewellyn wurde von einem englischen Soldaten getötet, der vermutlich nicht wusste, wer er war und das war das Ende. Die Revolte versiegte und das *Statut von Rhuddlan* trat in Kraft. Es besagte, dass das englische Recht von nun an auch in Wales galt. Eduard gab den Walisern einen »Prinzen von Wales«, der – so versprach er ihnen – kein Englisch sprechen konnte. Ha ha. Dieser Prinz war Eduards kleiner Sohn, der gar nichts sagen konnte außer Babygebrabbel. Keiner ließ sich täuschen: Eduard I. hatte das Sagen und all die Burgen bewiesen es.

Was steckt hinter einem Namen?

Die Schotten nannten ihn Robert the Bruce, aber er selbst hätte sich in der französischen Schreibweise als Robert le Bruce bezeichnet. Bruce war reinrassiger Franzose. Er stammte von Robert de Bréaux ab, einem der normannischen Barone, die mit Wilhelm dem Eroberer 1066 nach England gekommen waren (lesen Sie mehr dazu in Kapitel 7). Wir bezeichnen ihn als Robert the Bruce, weil das der Name ist, unter dem er in die Geschichtsschreibung eingegangen ist, aber vergessen Sie nicht, dass er durch seine Erziehung mit jeder Faser seines Wesens ein französischer Adliger war – er hat es ganz sicher nie vergessen.

Es ist Hammer-Zeit: Schottland

Zu behaupten, als Nächstes sei Schottland an der Reihe unter englische Herrschaft zu fallen, wäre schön und sauber, aber die Wahrheit ist, dass Eduard nicht wirklich vorhatte, in Schottland einzumarschieren. Den Schotten gingen schlicht die Könige aus. Alle Kinder von König Alexander III. waren gestorben und Alexanders Pferd war von einer Klippe gefallen (mit König Alexander darauf). Die einzige Person, die übrig geblieben war, war Alexanders kleine Enkelin, die in Norwegen lebte. Armes Ding: Sie starb auf einem Schiff auf dem Weg nach England, um den Sohn Eduard I. zu heiraten. Die Schotten nannten sie die »Jungfrau von Norwegen«, was schön ist, aber die Tatsache nicht verdecken konnte, dass man nun ein ernstes Problem hatte. Wer sollte regieren?

Gesucht: König von Schottland. Eduard sagte, er würde Schottlands Monarchenproblem lösen. Er ging die 13 Bewerber durch, nur zwei schafften es in die engere Wahl: Robert the Bruce, einer dieser anglonormannischen Adligen, dessen Familie sich in Schottland niedergelassen hatte, und John de Balliol, ein englischer Edelmann. Und der Gewinner war … John de Balliol. Eduard hoffte, dass Balliol unter seiner Fuchtel sein würde, sodass schließlich Eduard Schottland auf billige Weise kontrollierte. Bedauerlicherweise für Eduard spielte Balliol nicht mit. Als Eduard einen Krieg gegen Frankreich plante und Balliol sagte, er solle ihm helfen, weigerte sich Balliol nicht nur, sondern unterzeichnete auch noch ein Abkommen mit den Franzosen. Dann begannen einige Schotten den nördlichen Teil Englands zu überfallen.

»Na gut«, sagte Eduard erbittert, »das ist es also, was ihr wollt?« Eduard zog sein Heer zusammen und marschierte nach Norden. Er nahm jede schottische Burg ein, an der er vorbeikam und nahm schließlich Balliol gefangen. Balliol musste seine Krone ablegen und seinen gesamten königlichen Krimskrams an Eduard übergeben. Balliol bekam den Tower of London; Eduard I. schien ein weiteres Königreich zu bekommen.

Erst amüsiert, dann massakriert: William Wallace

Gerade als es so aussah, als ob Eduard Schottland gewonnen hätte, rief ein niederrangiger schottischer Adliger namens William Wallace (der keinesfalls wie Mel Gibson aussah und sich auch sein Gesicht nicht blau angemalt hätte) die Schotten zusammen, ermordete einige englische Amtsträger und lauerte den Engländern 1297 an der Stirling Bridge auf. Der Hinterhalt führte zu einem berühmten Sieg, aber dem Sieger dräute eine Katastrophe. Eduard stürmte zurück, besiegte Wallace im offenen Kampf im nächsten Jahr, nahm ihn gefangen, ließ ihn erhängen, ausweiden und in vier Stücke zerteilen und reklamierte Schottland für sich. Er ließ auch den heiligen Krönungsstein entfernen und runter nach London schicken, um ihn unter seinem eigenen Krönungsthron in der Westminster Abbey einzubauen. Kein Wunder, dass sie Eduard den »Hammer der Schotten« nannten.

Robert the Bruce erklärt sich selbst zu Robert I. von Schottland

Eduard kehrte nach Hause zurück und ließ zwei Wächter zurück, die Schottland während seiner Abwesenheit regieren sollten. Der eine war ein schottischer Adliger namens John Comyn, der andere war Robert the Bruce, der Zweitplatzierte nach John de Balliol im Wettstreit »Wer wird König von Schottland«. Sobald Eduard ihnen den Rücken zukehrte, stach Bruce zu. Buchstäblich. Er erstach Comyn und erklärte sich selbst zum König Robert I. von Schottland. Damit provozierte er König Eduard I. aufs Äußerste. Eduard nahm die Herausforderung an und marschierte (erneut) nach Norden – und starb. Dieser Tod veränderte alles.

Die Schlacht von Bannockburn...

Der Sohn von Eduard I., Eduard II. (leicht zu merken), hätte nicht unterschiedlicher sein können als sein Vater. Eduard II. war nicht imstande ein Heer anzuführen. Als es ihm endlich 1314 gelang, in Schottland einzumarschieren, lief er direkt in die Falle, die Robert the Bruce ihm bei Bannockburn gestellt hatte. Es war ein Sieg auf ganzer Linie für die Schotten. Eduard II. entging nur ganz knapp seiner eigenen Gefangennahme. Robert the Bruce war König und Schottland frei.

... war noch nicht das Ende der Geschichte

Man kann sich Bannockburn leicht als eine Art schottisches Yorktown vorstellen. Die Engländer gehen nach Hause, die Kredite fließen, »das Ende«. Nur dass Bannockburn noch nicht das Ende war. Jetzt, da die Schotten eindeutig eine starke, unabhängige Nation waren, begannen sie, sich wie eine zu benehmen – sie marschierten in Irland ein. Robert the Bruces Bruder Eduard erklärte sich zum König von Irland. Die Schotten versuchten zu behaupten, dass der Einmarsch im Namen der keltischen Solidarität erfolgt sei, aber die Iren ließen sich nicht täuschen – ebenso wenig wie die anglonormannischen Barone, die wirklich über Irland herrschten (mehr dazu siehe Kapitel 8). Die Schotten vernichteten die ohnehin spärliche Ernte des irischen Volkes, was sie in eine Hungersnot stürzte, und marschierten auf Dublin zu. Die Bewohner Dublins setzten lieber die Stadt in Brand, als sie den Schotten zu überlassen, und 1318 besiegten die Anglonormannen Eduard the Bruce im Kampf, schnitten ihm den Kopf ab und schickten ihn Eduard II. von England.

Dann begannen die Dinge in Schottland selbst zu kollabieren. Der neue König, Robert the Bruces Sohn David II., war kein Kämpfer. Die Engländer marschierten in Schottland ein und David II. floh nach Frankreich. Dann drangen die Engländer in Frankreich ein und David wurde gefangen genommen. Er schloss mit den Engländern einen Vertrag: Sie versprachen, ihn ziehen zu lassen, und im Gegenzug war er bereit, ihnen nach seinem Tod Schottland abzutreten. Im Ergebnis war es so, als ob Bannockburn nie stattgefunden hätte.

Unabhängigkeitserklärungen

Im Jahre 1320, sechs Jahre nach Bannockburn, entschied König Robert I. zu versuchen, sein Königreich zu stärken. Er brachte einige schottische Kirchenleute in der Abbey von Arbroath dazu, die *Deklaration von Arbroath* aufzusetzen, in der sie den Papst baten, Schottland als unabhängige Nation anzuerkennen. Es war ein beeindruckendes Dokument. »Solange auch nur Hundert von uns noch überleben«, besagte es, »wird man uns niemals, zu welchen Bedingungen auch immer, unter englische Herrschaft bringen.« Es fügte anschließend hinzu, dass die Schotten für die Freiheit kämpfen, »die kein rechtschaffener Mann aufgibt – außer für sein Leben.« Die Iren und die Waliser verfassten ähnliche Dokumente. Diese Dokumente waren nicht nur Ausdruck antienglischer Gefühle. Vielmehr begannen diese Völker sich als Nationen zu fühlen. Allerdings hielt das die Engländer nicht davon ab, sie zu beherrschen.

Ein erster flüchtiger Blick auf die Stewards

Während David II. in Frankreich war, hatte einer aus der führenden schottischen Adelsfamilie das Amt des Truchsesses (engl. *steward*) des Königreiches inne. Dies ist der Grund, warum man sie *Stewards* (und später *Stuarts*) nannte. Betrüblicherweise waren diese frühen Stewart-Könige ein ziemlich erbärmlicher Haufen:

✔ **Robert III. (1390–1406):** Übernahm die Regentschaft, nachdem David II. gefangen genommen worden war, aber beherrschte das Land nie wirklich.

✔ **Jakob I. (1406–1437):** Wurde von seinen eigenen Adligen ermordet.

✔ **Jakob II. (1437–1460):** Marschierte in England ein, aber wurde von einer explodierenden (schottischen) Kanone getötet.

✔ **Jakob III. (1460–1488):** Wurde im Kampf gegen seine eigenen Adligen getötet.

Sie wollen also eine Palastrevolution: Eduard II.

Piers Gaveston war ein Günstling Eduard II. von England (vermutlich waren er und Eduard II. ein Liebespaar). Gaveston war ein weiterer dieser eingebildeten Charaktere, die den Schiffen aus Aquitanien entstiegen und auf die örtlichen Bewohner hinabschauten; die Adligen konnten ihn nicht ausstehen. So begann eine Serie von Palastrevolutionen, in denen jeder um die Macht kämpfte:

✔ **1308:** Die Adligen zwingen Gaveston ins Exil und Eduard holt Gaveston zurück.

✔ **1311:** Die Adligen zwingen Gaveston erneut ins Exil und Eduard holt ihn erneut zurück.

✔ **1312:** Die Adligen werden Gavestons habhaft, klagen ihn des Hochverrats an und köpfen ihn. (Als Adliger sollte Gaveston eigentlich Immunität genießen. Aber von da an konnte jeder Adlige, der gefangen genommen wurde, getötet werden und die meisten von ihnen wurden es.)

✔ **1315:** Nachdem die Engländer gegen die Schotten in Bannockburn verlieren, entscheidet Thomas von Lancaster, dass es jetzt genug sei und übernimmt die Regierung.

✔ **1318:** Eduards neuer Günstling trifft ein – Hugh Despenser und sein Vater, Hugh Despenser.

✔ **1321:** Thomas von Lancaster zwingt Eduard, die Despensers ins Exil zu schicken.

✔ **1321:** Eduard wüsste gerne, wer hier eigentlich König ist?

Eduard war wütend. Er versammelte alle Getreuen der Krone (selbst wenn sie von dem, der sie trug, nicht viel hielten) und forderte Thomas von Lancaster zu einem Kampf in Boroughbridge in Yorkshire heraus. Und dieses eine Mal gewann Eduard. Er köpfte Thomas. War dies das Ende der Probleme? Keineswegs. Denn nun mischte sich Eduards Frau Königin Isabella ein.

Eine missachtete Frau

Eine Person, die Eduard in all diesen Palastintrigen nicht beachtet hatte, war seine Königin Isabella. Genau genommen hat er sie nie viel beachtet – das war das Problem. Isabella war jung und hübsch und Französin und in einem Albtraum von einer Ehe gefangen. Sie fühlte sich gedemütigt davon, dass Eduard so viel Zeit mit seinen Günstlingen verbrachte, und als Eduard sie dienstlich nach Paris schickte, erblickte sie darin eine Gelegenheit, etwas gegen diese Lage zu tun. In Paris traf Isabella einen jungen ambitionierten Adligen namens Roger Mortimer, begann ein Verhältnis mit ihm und heckte einen Plan aus. Isabella und Mortimer kehrten an der Spitze einer französischen Armee nach England zurück. Sie entledigten sich Eduard II. (der Legende nach ermordete sie ihn, indem sie ihm einen glühenden Schürhacken in den … schoben, aber es gibt keinerlei Beweise, Sie können also Ihre Fantasie spielen lassen) und ersetzten ihn durch den jungen Eduard, den Prinzen von Wales. Aber da der junge Eduard – er war nun König Eduard III. – noch ein Junge war, übten Isabella und ihr Liebhaber, Roger Mortimer, die eigentliche Macht aus.

Vorsicht! Eines Tags kann der Prinz kommen

Mit Isabella und Mortimer an der Macht bekamen die Barone zunehmend das Gefühl, dass sie lediglich Eduard II. gegen eine andere Version von Gaveston oder den Despensers ausgetauscht hatten. Der junge König, der schnell erwachsen wurde, war mit dem Arrangement auch nicht besonders glücklich. Nach einem Jahr entschied er, dass er genug davon hatte, von seiner Mutter und ihrem Liebhaber Befehle entgegenzunehmen. Er trommelte einige Männer zusammen und sie gelangten durch einen geheimen Gang in das Schlafzimmer von Mortimer und Isabella im Nottingham Castle und nahmen die beiden fest. Mortimer wurde gehängt (englische Politik wurde eindeutig gefährlicher) und Isabella zog sich aus der Politik zurück. Und Eduard III. fing gerade erst an.

Die Eroberung Frankreichs: Der Hundertjährige Krieg und Edward III.

Eduard III. entschied, dass es Spaß machen würde, Frankreich zu erobern. Er hatte einen vollständig berechtigten Anspruch darauf, König von Frankreich zu sein. Seine Mutter, Königin Isabella, war die Nächste in der Erbfolge, aber weil die Regeln besagten, dass eine Frau den Thron nicht erben könne, war Eduard als Nächster an der Reihe. Stattdessen ging die Krone an Eduards Großneffen, König Philipp VI. Also befahl Eduard III. dem Bischof von Lincoln, nach Frankreich zu gehen und König Philipp sehr höflich mitzuteilen, freundlicherweise den französischen Thron zu räumen und ihn Eduard zu überlassen. Man mag sich fragen, wessen Gesicht besser ausgesehen hat – das des Bischofs, als Eduard ihm sagte, was er tun solle, oder das König Philipps, als er die Botschaft hörte!

Jedermann hielt Eduard für verrückt. Frankreich war das große Land Westeuropas. Es hatte mehr Menschen, mehr Ritter und mehr Reichtum als jedes seiner Nachbarländer – sicherlich mehr als die Engländer. Französische Schiffe kontrollierten den Ärmelkanal und die Engländer schienen nicht viel dagegen tun zu können. Alles in allem schien das Beste, was Eduard angesichts der Tatsache, dass er um den französischen Thron betrogen worden war, tun konnte, Ärger-Management-Kurse zu besuchen und zu vergessen, dass man ihn übergangen hatte. Aber, wie Eduard gesagt hätte, wo bleibt da der Spaß? Das, was sich daraus entwickelte, bezeichneten die Menschen als den Hundertjährigen Krieg. Sie haben nicht genau Buch geführt, sondern meinten damit einfach, dass die Kämpfe scheinbar ewig anhielten.

Welche Schlachten!

Allen Gesetzen des Durchschnitts und der Physik zufolge hätten die Engländer jede Schlacht verlieren müssen – die Franzosen hatten mehr Männer und sie kämpften auf ihrem heimatlichen Boden. Die Engländer aber hatten eine Spezialwaffe – den Langbogen –, den die Franzosen nie richtig in Betracht gezogen zu haben scheinen, egal wie viele Male sie ihm begegneten.

Der Langbogen ist eine sehr einfache, aber absolut tödliche Waffe. In den Händen eines geschickten Bogenschützen – und englische Bogenschützen waren sehr geschickt – war sie äußerst genau und konnte eine Rüstung fast so leicht durchdringen wie eine Kugel. Eduard III. wusste ganz genau, wie viel er dem Langbogen verdankte, und als die Bevölkerung anfing, ihre sonntäglichen Bogenschützenübungen ausfallen zu lassen, um Fußball zu spielen, erließ er ein Gesetz, das das Spiel verbot. (»Fußball« bestand in diesen Tagen aus einem umfassenden Krieg zwischen zwei rivalisierenden Dörfern, in dem alles außer Waffen erlaubt war. Vielleicht war Eduard besorgt, er könnte die Hälfte seiner Bogenschützen verlieren, noch bevor er in den Krieg zog.)

Folgendes konnte der Langbogen:

✔ **Schlacht von Sluis 1340:** Englische Bogenschützen zerstören die französische Flotte. So viele Franzosen werden getötet, dass die Leute sagen, die Fische könnten Französisch lernen (in Sprechblasen?).

✔ **Schlacht von Crécy 1346:** Ein vernichtender englischer Sieg – 10 000 Franzosen niedergemetzelt von englischen Bogenschützen.

✔ **Belagerung von Calais 1347:** Eduard nimmt den wichtigsten französischen Hafen nahe Englands ein. Der Überlieferung zufolge versuchen sechs Burghers (führende Bürger) von Calais die Stadt davor zu bewahren, geplündert zu werden, indem sie Eduard stattdessen ihr Leben anbieten. Eduard ist geneigt, ihr Angebot anzunehmen, bis seine Königin, Philippa von Hainault, ihn überredet, sie zu verschonen. Dieses Ereignis ist das Thema von Rodins berühmter Skulptur *Die Bürger von Calais*.

✔ **Schlacht von Poitiers 1356:** Eduards Sohn, der Schwarze Prinz, dezimiert nicht nur die Créme der französischen Armee (wieder mit diesen Bogenschützen) – er nimmt sogar den französischen König Johann II. gefangen. England hat gewonnen – so scheint es.

Doch die Franzosen gaben einfach nicht auf: Eduard entdeckte, dass er nicht nach Reims hineingelangte, wo alle französischen Könige gekrönt werden, weil die Stadt sich nicht ergeben wollte und die Franzosen einen erschöpfenden Guerillakrieg gegen Eduards Männer führten (sie waren zu schlau, um eine weitere offene Schlacht zu riskieren). Am Ende unterzeichneten Eduard und die Franzosen einen Friedensvertrag, der besagte:

✔ Eduard würde auf seinen Anspruch auf den französischen Thron verzichten sowie auf die alten Ländereien von Heinrich II.: Anjou und Normandie.

✔ Im Gegenzug durfte Eduard Calais und ein sehr viel größeres Aquitanien behalten.

Wenn es Ihnen so vorkommt, als hätte Eduard ziemlich schnell nachgegeben, so bedenken Sie, dass, während all dies vonstattenging, der Schwarze Tod Europa verwüstete. Jede Art von Frieden war da sehr attraktiv. Alles, was von Eduards französischem Abenteuer übrig geblieben war, waren einige französische Lilien in seinem Wappen, um zu zeigen, dass er eigentlich König von Frankreich hätte sein sollen.

Die erneute Eroberung Frankreichs

Just als die Franzosen sich in Sicherheit wähnten, kam ein neuer englischer König auf den Thron: Heinrich V. Heinrich wurde König in einer für England sehr gefährlichen Zeit. Sein

Vater Heinrich IV. hatte den Thron ziemlich unrechtmäßigerweise an sich gerissen und ein großer Aufstand gegen ihn war die Folge (zu Details siehe den nachfolgenden Abschnitt »Lancaster vs. York: Die Rosenkriege – ein Leitfaden«). Nun gab es eine Verschwörung, Heinrich V. zu töten. Ein Krieg mit Frankreich schien genau das Richtige zu sein, um die Leute von Rebellionsüberlegungen abzulenken.

Rückkehr nach Frankreich

Heinrich sah all die alten Dokumente über den Thronanspruch Edward III. durch (werfen Sie einen Blick auf den früheren Abschnitt »Die Eroberung Frankreichs: Der Hundertjährige Krieg und Eduard III.«) und 1415 machte er sich auf nach Frankreich. Die Dinge ließen sich schlecht an für Heinrich:

✔ **Heinrich nahm die Stadt Harfleur ein** (dies ist die »Noch einmal stürmt, noch einmal, liebe Freunde«-Schlacht in Shakespeares »Heinrich V.«), aber die Schlacht kostete wertvolle Zeit und seine Männer starben wie die Fliegen an Durchfall.

✔ **Heinrich musste alle Gedanken an einen Marsch auf Paris aufgeben.** Das Beste was er tun konnte, war durch Nordfrankreich nach Calais zu marschieren und dem französischen König eine lange Nase zu zeigen, während er abzog, im Sinne von: »Pah! Du kannst mich nicht aufhalten!« Nur, die Franzosen konnten ihn aufhalten – so glaubten sie zumindest.

✔ **Eine riesige französische Armee lauerte Heinrichs Männern auf** und am 25. Oktober 1415 versperrten sie Heinrich den Weg in der Nähe des Dorfes Azincourt. Oder, wie die Engländer es nannten, Agincourt.

Der Schwarze Prinz

Der Sohn von Eduard III., Edward von Woodstock, auch der »Schwarze Prinz« genannt, ist einer dieser Helden der Geschichte, die keiner näheren Überprüfung standhalten. Sein Spitzname kommt von seiner schwarzen Rüstung, auch wenn ihn niemand zu Lebzeiten Schwarzer Prinz genannt zu haben scheint. Zweifellos war der Schwarze Prinz ein furchtloser Kämpfer. Als der Prinz in einer der Schlachten in der Klemme steckte und die Leute König Eduard drängten loszugehen und ihm zu helfen, soll der König seinen Kopf geschüttelt und gesagt haben: »Nein, lasst ihn sich seine Sporen verdienen.« Der Schwarze Prinz wurde Englands erster Herzog, kämpfte einen Krieg in Spanien und gewann ihn auch. Er heiratete aus Liebe. Aber die Details danach waren weniger glamourös.

Edward III. übertrug seinem Sohn die Gewalt über Aquitanien, aber es dauerte nicht lange bis die Bevölkerung Aquitaniens den König von Frankreich wegen der hohen Steuern zur Hilfe riefen, die der Prinz sie bezahlen ließ. Der französische König versuchte die Ländereien des Prinzen zu konfiszieren, was einen erneuten Krieg hervorrief. Zu dieser Zeit war der Prinz an der Ruhr erkrankt, aber er war so wütend über die Franzosen, dass er von seinem Krankenbett aufstand, um die Zerstörung der Stadt Limoges zu überwachen und das Massaker an rund 3000 seiner Einwohner. Kein so richtig netter Typ.

Die Schlacht von Azincourt

Vergessen Sie die Filme, Theaterstücke und alle feinen Worte – Azincourt war von Anfang bis Ende ein Gemetzel. Die Franzosen stürmten über ein matschiges Feld und die englischen Bogenschützen mähten sie einfach nieder. Die Chronisten sprachen von Bergen von Toten und ausnahmsweise glauben wir nicht, dass sie übertrieben haben. Dann gab Heinrich seinen grausamsten Befehl des Tages: »Tötet die Gefangenen!« Seine Armee war so klein, dass sie eine große Zahl Gefangener nicht hätte kontrollieren können. Nur einige wenige Topleute wurden verschont (für sie konnte man ein saftiges Lösegeld erzielen). Dann kehrte Heinrich im Triumph nach Hause zurück.

Der Sieg bei Azincourt war wirklich ein Triumph. Dieses Mal legte der Friedensvertrag fest, dass Heinrichs kleiner Sohn, er hieß ebenfalls Heinrich, Erbe sowohl des englischen als auch des französischen Throns sein solle. Dann starb Heinrich V. – an Durchfall wie so viele seiner Männer.

»Calamity« Jeanne

Aber Heinrich V. hatte noch nicht ganz gewonnen. Der Sohn des Königs von Frankreich, bekannt als *Dauphin* (weil sein persönliches Wappen einen Delfin trug, französisch *dauphin*), war ziemlich betrübt über den Friedensvertrag, weil er bedeutete, dass er nie König sein würde. Daraufhin formierte sich eine Art Widerstandsbewegung gegen die Engländer. Die Bewegung schien nicht vom Fleck zu kommen, bis eines Tages eine junge Frau namens Jeanne (dt. Johanna) auftauchte und sagte, sie höre Stimmen in ihrem Kopf, die ihr sagten, dass Gott wolle, dass sie die Engländer aus Frankreich vertreibe. Niemand glaubte ihr so recht, aber die Lage war so aussichtslos, dass der Dauphin bereit war, alles zu versuchen. Also staffierte er Jeanne mit einer Rüstung aus und zu jedermanns Überraschung zog sie hinunter zu der belagerten Stadt Orléans und vertrieb die Engländer. Der französische Sieg bei Orléans machte den Franzosen Mut und sie begannen sehr viel erbitterter zurückzuschlagen. Jeanne wurde gefangen genommen, als Hexe angeklagt und verbrannt, aber diese Ereignisse retteten die Engländer nicht. Der Dauphin wurde in der Kathedrale von Reims zum König von Frankreich gekrönt, und als die letzten englischen Städte in der Normandie fielen, mussten die Engländer sich geschlagen geben. Nach all den Kämpfen und all dem Blutvergießen war alles, was den Engländern blieb, die Stadt Calais.

Jeanne d'Arc

Aus der Geschichte von Jeanne d'Arc kommt niemand außer ihr selbst ruhmreich davon. Soweit wir wissen, war sie ein einfaches Bauernmädchen, das eine unglaubliche Fähigkeit hatte, andere zu inspirieren. Der französische Dauphin wurde dank ihrer König Karl VII., aber er zeigte ihr nie viel Dankbarkeit. Die französischen Adligen waren auf sie neidisch und nahmen es ihr übel, von einem Bauernmädchen vorgeführt worden zu sein. Sie mochten es auch nicht, dass sie sie wegen ihres Fluchens rügte. Die Engländer waren natürlich überzeugt davon, dass Jeanne eine Hexe war – nur böse Kräfte konnten erklären, wie sie in der Lage war, sie zu schlagen.

Heutzutage beschuldigen die Franzosen gerne die Engländer, Jeanne d'Arc verbrannt zu haben, aber tatsächlich nahmen französische Soldaten sie fest und ein französisches Gericht, mit einem französischen Bischof auf der Geschworenenbank, verurteilte sie zum Tode. Die Franzosen bekämpften sich gegenseitig ebenso wie die Engländer, und der französische Herzog von Burgund ging eine Allianz mit den Engländern ein. Die Männer des Herzogs von Burgund fingen Jeanne und übergaben sie der Kirche, die es nicht mochte, dass Jeanne ihr Monopol auf das Hören heiliger Stimmen gebrochen hatte. Am Ende war Jeanne das Opfer schmutziger Politik und da französische Politiker sich ihrer immer noch für ihre eigenen Zwecke bedienen – selbst die pro-nationalsozialistische Kriegsregierung in Vichy –, ist sie mehr oder weniger in dieser Position geblieben.

Lancaster vs. York: Die Rosenkriege – ein Leitfaden

Richard II. war der kleine Sohn des Schwarzen Prinzen (siehe den früheren Abschnitt »Welche Schlachten!« sowie den Stammbaum in Abbildung 9.1) und er wurde König als er noch ein Baby war. Also lenkte sein Onkel, John of Gaunt (dt. Johann von Gent), das Königreich. Als John of Gaunt auf einige Kriegszüge nach Spanien ging, zerfiel das Königreich in Stücke. (Mehr über die Abenteuer von John of Gaunt – wie zum Beispiel die Kopfsteuer (*poll tax*), die einen Bauernaufstand auslöste – in Kapitel 10.)

Richard II. ist einer der letzten Könige, die wir uns eher als Franzosen denn als Engländer vorstellen müssen. Und seine Adligen, die in der Zwischenzeit sehr viel mehr Engländer als Franzosen waren, mochten einige von Richards französischen Ideen nicht, insbesondere seine Vorstellung, dass er regieren könnte, wie er wollte und niemandem Rechenschaft schuldete. Schon bald braute sich ein ernster Streit zwischen Richard und seinen Adligen zusammen. Die Adligen zwangen Richard, seinen Kanzler zu exekutieren und Richard begann, Adlige gefangen zu nehmen und zu exekutieren. John of Gaunt kehrte aus Spanien zurück, und es gelang ihm, die Dinge etwas zu beruhigen, aber er war ein kranker Mann und starb bald danach. Die Lage sah nicht gut aus.

Im Grunde genommen glaubte jede Seite, die andere versuche all das loszuwerden, was der anderen besonders teuer war. Richard dachte, die Adligen versuchten ihm seine Macht als König zu nehmen; die Adligen glaubten, Richard versuchte die Adligen Englands als Klasse zu zerstören. Dann verbannte Richard zwei führende Adlige, den Herzog von Norfolk und John of Gaunts Sohn, Henry Bolingbroke, den Herzog von Lancaster, und konfiszierte alle Ländereien Bolingbrokes. Jetzt waren die Adligen richtig alarmiert. Bolingbroke war einer der mächtigsten Adligen Englands; wenn Richard dies Bolingbroke antun konnte, konnte er es jedem von ihnen antun. Als Richard wegging, um sich einer Rebellion in Irland anzunehmen, schlich sich Henry Bolingbroke über den Ärmelkanal zurück. Er sagte, er wollte nur seine Ländereien zurückhaben. Aber was er tatsächlich nahm, das war der Thron.

Richard kam zurückgeeilt, aber er kam zu spät. Henry Bolingbroke, nun König Heinrich IV. saß fest im Sattel und ließ Richard in Ketten legen. Innerhalb von wenigen Monaten war Richard tot – mit an Sicherheit grenzender Wahrscheinlichkeit ermordet. Dieser Tod war in vielerlei Hinsicht eine Tragödie. Aber für die Engländer begann die Tragödie erst.

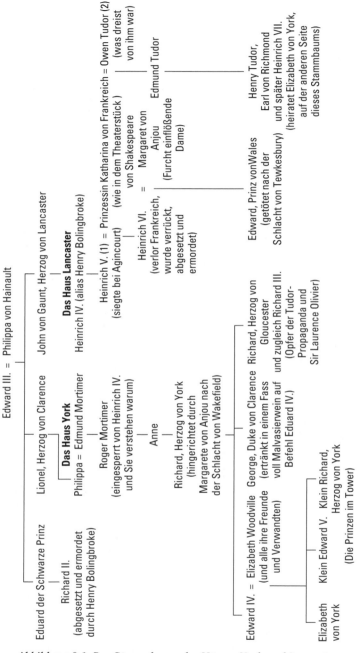

Abbildung 9.1: Der Stammbaum der Häuser York und Lancaster

Das Haus Lancaster: Die Heinriche IV, V und VI

Hatte Henry Bolingbroke wirklich ein Anrecht auf den Thron? Er war der Enkel von Eduard III., aber dies waren viele andere auch, und manche von ihnen hatten einen gewichtigeren Anspruch. Aber offen gesagt, was soll's? Heinrich war nun auf dem Thron und alle anderen mussten sich damit abfinden. Aber Heinrich stellte einen sehr beunruhigenden Präzedenzfall dar: Wenn er den Thron ergreifen konnte, einfach weil er den gegenwärtigen König nicht mochte, was konnte irgendjemand anderen davon abhalten, es ihm gleich zu tun? Und tatsächlich versuchten sie es auch:

✔ **Die Percys:** Henry Percy, Earl von Northumberland, und sein ungestümer Sohn Harry »Hotspur« (dt. Heißsporn) waren soeben von der Zerschlagung der Schotten zurückgekehrt, folglich waren sie ernst zu nehmende Gegner von Heinrich IV. Sie erhielten Unterstützung von dem walisischen Prinzen, Owain Glyn Dwr, und sogar von den Franzosen, aber Heinrich IV. handelte zu schnell für sie: Er und sein Sohn Heinrich besiegten die Percys und töteten beide im Kampf.

✔ **Owain Glyn Dwr:** Owain gelang es beinahe, die Engländer aus Wales rauszuschmeißen. Eine groß angelegte militärische Kampagne sowie sehr viel Bestechungsgeld waren erforderlich, damit Heinrich die englische Kontrolle wieder festigen konnte. Keiner weiß, was mit Owain passiert ist.

Heinrich IV. musste seine ganze Regentschaft damit zubringen, Kämpfe auszutragen, nur um auf dem Thron zu bleiben, und Heinrich V. verbrachte, wie in dem früheren Abschnitt »Die erneute Eroberung Frankreichs« dargestellt, seine kurze Regentschaft damit, um den Thron von Frankreich zu kämpfen. Was eigentlich hätte bedeuten sollen, dass alles sicher und geregelt für Heinrich VI. war, als er auf den Thron kam.

Bedauerlicherweise hätte Heinrich VI. nicht unterschiedlicher als seine streitbaren Vorfahren sein können: Er war zutiefst religiös und ziemlich furchtsam. Er heiratete eine beeindruckende Französin, Margarete von Anjou, die ihn noch ängstlicher werden ließ. Die internen Machtkämpfe am Hofe verschlimmerten sich und jeder machte den anderen für die Desaster in Frankreich verantwortlich und Beschuldigungen des Hochverrats und sogar der Hexerei machten die Runde. Doch dann passierte etwas ziemlich Unerwartetes: Der König wurde geisteskrank.

Auch wenn er nicht verrückt durch die Gegend rannte wie George III., so scheint Heinrich VI. doch seinen Verstand verloren zu haben. Er hatte keine Vorstellung mehr davon, wer er war oder wer irgendjemand anderes war oder für was auch immer er hier sei.

Das Haus York: Eduard IV. und V. und Richard III.

Als Heinrich VI. verrückt wurde, schien die offensichtlichste Lösung eine Regentschaft zu sein, aber ein weiterer kleiner Punkt musste berücksichtigt werden. Wenn man sich Eduard II. und Richard II. entledigen konnte, weil man der Auffassung war, sie herrschten nicht sehr gut, was sollte man dann mit einem König tun, der überhaupt nicht regieren konnte? Zu diesem Zeitpunkt begann ein Thronerbe, Richard Plantagenet, der Herzog von York, sein Interesse zu bekunden. Er dachte: (a) Warum sollte nicht irgendjemand anderes die Macht von Heinrich VI. übernehmen? Und (b) warum sollte irgendjemand anderes als ich selbst dieser jemand sein?

Der Herzog von York betrachtete sorgfältig seine Ahnentafel (und dies können Sie auch tun in der Abbildung 9.1). Wenn er sie richtig gelesen hatte, hatte er dann nicht sogar einen gewichtigeren Anspruch König zu sein als Heinrich VI.? Eduard III. hatte Anspruch auf den französischen Thron erhoben als ein vollständig guter König auf ihm saß; warum sollte der Herzog von York nicht Anspruch auf den englischen Thron erheben, wenn ein offensichtlich unfähiger englischer König auf ihm saß?

Guns 'n' Roses

Die Kriege waren eine Tragödie für England. Die Gefechte waren bitter und blutig. Eine der Schlachten, bei Towton 1461, war eine der blutigsten, die je auf britischem Boden ausgetragen wurden. Niemand zur damaligen Zeit sprach von den erst später so benannten Rosenkriegen – dieses Detail ist ein sehr viel späteres romantisches Stück, das auf den Wappen basierte, das jede Seite trug (die rote Rose für die auf der Seite des Hauses Lancaster und die weiße Rose für die aufseiten der Yorks). An ihnen war gar nichts romantisch – oder gar rosig. Es handelte sich um brutale Kriege, ausgetragen mit modernsten Waffen, einschließlich Kanonen. Wie in allen Bürgerkriegen gab es sehr viele Seitenwechsel, was es schwierig macht, sich ein klares Bild davon zu machen, was passierte. Hier ist eine Übersicht.

Runde 1: 1455-1460 Krieg!

Der Herzog von York gewann die Schlacht von St. Albans gegen Heinrich VI. Theoretisch kämpfte er die Schlacht, um zu zeigen, wie loyal er gegenüber Heinrich war und um ihn von seinen »bösen Beratern« zu befreien, aber Heinrich glaubte ihm nicht und Sie sollten es auch nicht tun. Fünf Jahre später, im Jahre 1460, schenkte der Herzog endlich reinen Wein ein und reklamierte den Thron für sich. Die Thronergreifung zahlte sich für ihn nicht aus. Die Gattin Heinrich VI., Königin Margarete, stellte eine Armee auf und schnitt dem Herzog den Weg bei Wakefield ab. Danach schnitt sie ihm auch noch den Kopf ab. **Vorteil: Lancaster.**

Runde 2: 1461 Rache!

Der neue Herzog von York (Sohn des alten) schlug Königin Margaretes Männer bei Towton und zwang Heinrich VI. und seine Familie, nach Schottland zu fliehen. Der Herzog wurde zum König Eduard IV. gekrönt. **Vorteil: York.**

Runde 3: 1462-1470 Die Yorkisten spalten sich und Leute wechseln die Seiten!

Der Yorkist Earl von Warwick hatte die Eheschließung Eduard IV. mit einer französischen Prinzessin vorbereitet, aber Eduard heiratete eine Engländerin namens Elizabeth Woodville hinter Warwicks Rücken. Elizabeth brachte viele Freunde und Verwandte an den Hof. Warwick, der wusste wann er nicht gelitten war, zog sich zurück, um in Ruhe mit Margarete zu sprechen und zu den Lancastern zu wechseln. Dann wechselte auch der Bruder von Eduard IV., George, Herzog von Clarence, die Seiten. Die Lancaster landeten in England, besetzten London und erklärten Heinrich VI. zum wahren König. Eduard IV. musste um sein Leben rennen. Warwick wurde bekannt als der »Königsmacher«. **Vorteil: Lancaster.**

Runde 4: 1471 Eduards Rache!

Eduard IV. brachte den Herzog von Burgund auf seine Seite und kehrte in voller Stärke zurück. Er besiegte (und tötete) Warwick bei Barnet und schlug dann Königin Margarete und den Prinzen von Wales (und tötete ihn) bei Tewkesbury. Eduard nahm London wieder ein und sandte Heinrich VI. in den Tower, wo er, eh, starb. (Gerade rechtzeitig wechselte George, Herzog von Clarence erneut die Seiten und schloss sich wieder Eduard an.) **Spiel, Satz und Sieg für York.**

Eduard IV. regierte zwölf Jahre lang von 1471–1483 und es gelang ihm wieder etwas Stabilität im Lande herzustellen. Er fuhr fort, Land und Titel an die Familie seiner Frau, den Woodvilles, zu vergeben. Er ließ Clarence wegen Verschwörung gegen ihn festnehmen (sehr weise), aber sein anderer Bruder, Richard, Herzog von Gloucester, tat ihm einen großen Gefallen, indem er die Schotten bekämpfte. Als Eduard IV. ernsthaft erkrankte und den Thron an seinen jungen Sohn Eduard V. übergeben musste, stellte Richard sicher, dass er, und nicht die Familie Woodville, Protektor des Jungen war.

Als Eduard IV. schließlich starb, sperrte Richard den jungen König und seinen jüngeren Bruder in den Tower von London in sicheren Gewahrsam – und man hörte nie wieder von ihnen. Dann unternahm er einen Staatsstreich (kindliche Könige hatten England nichts als Ärger beschert) und erklärte sich selbst zu König Richard III. (Mehr zu diesen Ereignissen finden Sie in Kapitel 11.)

Runde 5: 1485 die Lancaster kommen zurück!

Ein entfernter Verwandter des Hauses Lancaster durch Heirat, Heinrich Tudor, Earl von Richmond, landete bei Milford Haven (er war Waliser) und beanspruchte den Thron. Richard III. stürmte los, um gegen Heinrich zu kämpfen, aber Heinrich schlug ihn (und tötete ihn) in der Schlacht von Bosworth. Heinrich Tudor wurde König Heinrich VII. **Spiel, Satz und die Meisterschaft geht an Lancaster.**

Pest, Pocken, Poll Tax und Pflügen – und dann der Tod

In diesem Kapitel

▶ Religion, religiöse Institutionen und die Regeln, um in den Himmel zu kommen

▶ Dem schwarzen Tod erliegen – wie man weiß, ob man ihn hat und was man besser nicht dagegen tun sollte

▶ Aufständische Bauern – und: der König schlägt zurück

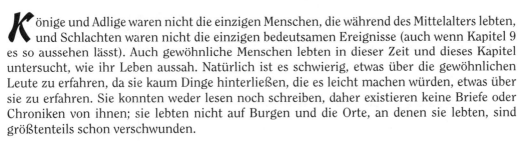

Könige und Adlige waren nicht die einzigen Menschen, die während des Mittelalters lebten, und Schlachten waren nicht die einzigen bedeutsamen Ereignisse (auch wenn Kapitel 9 es so aussehen lässt). Auch gewöhnliche Menschen lebten in dieser Zeit und dieses Kapitel untersucht, wie ihr Leben aussah. Natürlich ist es schwierig, etwas über die gewöhnlichen Leute zu erfahren, da sie kaum Dinge hinterließen, die es leicht machen würden, etwas über sie zu erfahren. Sie konnten weder lesen noch schreiben, daher existieren keine Briefe oder Chroniken von ihnen; sie lebten nicht auf Burgen und die Orte, an denen sie lebten, sind größtenteils schon verschwunden.

Dennoch erhalten wir gelegentlich einen kurzen Einblick in das Leben der gewöhnlichen Leute auf mittelalterlichen Bildern oder Holzschnitten, aus Kirchenurkunden oder -schriften oder aus der Literatur dieser Zeit wie Chaucers *Canterbury Tales*. Einige der interessantesten Hinweise erhalten wir, wenn sie plötzlich in den Mittelpunkt treten und beginnen für sich selbst zu sprechen, wie sie es während des berühmten Bauernaufstandes taten – auch wenn wir von ihnen nur durch die Leute hören, die ihnen Widerstand leisteten. Aus all diesen Hinweisstücken können wir uns ein überraschend detailliertes Bild davon machen, wie das Leben der gewöhnlichen Leute aussah. Für die meisten war es hart und kurz.

Die Vorzüge des Tuchs

Um die Menschen des Mittelalters verstehen zu können, muss man zunächst mit ihrem Glauben beginnen. Die Religion durchzog alle Aspekte des mittelalterlichen Lebens – alles. Sie vermieden Fleisch am Freitag, weil dies der Tag war, an dem Jesus starb. Wenn die Leute eine Verabredung treffen wollten, dann verwendeten sie keinen gewöhnlichen Kalender – 22. Juli, 8. November oder was auch immer – sie verwendeten Kirchenfeste: St. Bartholomäus, Fronleichnam, Pfingsten und so weiter. Das wichtigste Gebäude in einer Gemeinde war die Kirche und Kathedralen waren die größten Gebäude, die die Menschen je gesehen hatten. Reiche ebenso wie Arme gaben der Kirche Geld, und zwar nicht nur, um das Dach zu reparieren. Sie zahlten für neue Altarräume oder Querschiffe, für goldene Leuchter oder bunte Glasfenster und für Messen für die Seelen der Toten – und manchmal unterhielten Leute, die genug Geld hatten, ganze Kapellen nur zu diesem Zweck. Die Menschen steckten Geld in Armenhäuser, Schulen und Hospitäler – alle betrieben von den heiligen und nicht-so-heiligen Männern und Frauen der Kirche.

Woran die Menschen glaubten

Die Menschen im Mittelalter sahen regelmäßig den Tod. Ihre durchschnittliche Lebensdauer war sehr viel kürzer als unsere – man zählte zu den älteren Bürgern, wenn man das Ende der Vierziger erreicht hatte – und sie waren sich ihrer eigenen Sterblichkeit sehr bewusst. Was nach dem Tod passieren würde, war nicht nur ein Thema für Diskussionen mit Freunden spät in der Nacht, sondern eine drängende, tägliche Angelegenheit. Das Wichtigste war, nicht in der Hölle zu enden, weil die Hölle Schrecken erregend war. Bilder und Theaterstücke zeigten arme Seelen, die von abscheulichen mit langen Gabeln bewaffneten Teufeln nach unten in ewige Qualen gezogen wurden. Das Problem war, dass es sehr leicht schien, in der Hölle zu landen, sofern man nicht besondere Hilfe erhielt. An diesem Punkt kam die Kirche ins Spiel Diese Menschen waren sehr gläubige Mitglieder der katholischen Kirche, die sich in ganz Europa ausbreitete. Für spirituelle Führung blickten sie fest auf den Papst.

Oh, du wirst nie in den Himmel kommen...

Die Schwierigkeit, in den Himmel zu gelangen, begann bereits bei Adam und Eva in der Bibel. Hier die Theorie: Nachdem Adam und Eva aus dem Garten Eden vertrieben worden waren (dies war bekannt als der Sündenfall oder schlicht der Fall), wurde jeder nach ihnen mit der Erbsünde geboren. Sofern man sich ihrer nicht entledigte, verhinderte die Erbsünde, dass man in den Himmel kam. Diese Erbsünde loszuwerden, war recht leicht. Die Kirche legte die Regeln fest:

1. **Zunächst musste man getauft werden.** Angesichts einer so hohen Kindersterblichkeit musste man schnell getauft werden. Wenn man noch mit der Erbsünde auf seiner Seele starb, wurde man zu einem schrecklichen Ort am Ende der Welt, der als Limbo bekannt war, geschickt (stellen Sie ihn sich als Ipswich an einem schlechten Tag vor. Oder sogar Ipswich an einem guten Tag).

2. **Nachdem man getauft war, musste man achtgeben, dass man seine Seele nicht mit neuen Sünden befleckte.** Wenn man es doch tat (und die neuen Sünden konnten bereits lustvolle Gedanken an einem Freitag sein), musste man zur Beichte gehen. Hier erzählte man dem Priester alle Sünden, die man begangen hatte; er legte einem eine Buße auf (gewöhnlich ein oder zwei Gebete sprechen) und erteilte dann die Absolution, wischte die Seele sauber, bis man sie erneut beschmutzte.Man konnte auch alle möglichen anderen Dinge tun, um das eigene Guthaben bei dem Buch führenden Engel aufzustocken: Leuten helfen, auf eine Pilgerfahrt oder einen Kreuzzug gehen und vor allem die Heilige Kommunion mindestens an den hohen Feiertagen wie Ostern und Weihnachten empfangen. Da die Kirche lehrte, dass die Kommunion bedeutete, dass man den wirklichen Körper und das Blut Jesus Christus empfing, können Sie sich vorstellen, dass dies ziemlich wichtig war.

Wenn man alle diese Dinge tat – und daran dachte zu beichten und die Kommunion auf dem Sterbebett zu empfangen (besonders wichtig) – dann hatte man eine reelle Chance, wenn man durch das Fegefeuer ging.

Das Tor zum Himmel: Das Fegefeuer

Das Fegefeuer hört sich zunächst ein bisschen wie die Hölle an: Die Menschen stellten es sich als ein gewaltiges Feuer vor, das die Seele von den Sünden reinigen sollte, die zum Zeitpunkt des Todes noch tief darinnen saßen – daher der Name. Die Lebenden konnten den Seelen im Fegefeuer helfen, indem sie für sie beteten, insbesondere indem sie ihren Lieblingsheiligen baten, für sie ein gutes Wort einzulegen. Heilige waren Freunde an (buchstäblich) höheren Orten, und sie konnten sehr nützlich sein, was der Grund dafür ist, warum man Orte nach ihnen benannte und sie als Schutzpatrone für dies und das adoptierte. Sofern Sie kein Massenmörder oder süchtig nach lustvollen Gedanken an Freitagen waren, bestand Hoffnung, dass Sie bis zum Tag des Jüngsten Gerichts ausreichend Pluspunkte auf Ihrem Konto hatten, um all die wirklich schrecklichen Sünden aufzuwiegen, von denen das Fegefeuer Sie nicht reinigen konnte. Dann sollten die Trompeten erschallen, die Himmelspforte sich weit öffnen und Sie konnten eintreten. Puh!

Aber Sie konnten nicht ohne die Kirche in den Himmel gelangen.

Der Gottesdienst

Wie wichtig und bedeutsam die Kirche für die Menschen im Mittelalter war, ist schwierig zu vermitteln. Sie war überall, wie ein paralleles Universum. Selbst das kleinste Dorf hatte eine Kirche und die Städte hatten Hunderte von ihnen. Die Kirche war extra so gestaltet, dass sie einem ein Gefühl von Ehrfurcht und Staunen vermittelte – kein Wunder, dass das moderne Theater aus der mittelalterlichen Kirche hervorging.

✔ Sofern Ihre Familie nicht reich war und sich eine besondere Kirchenbank leisten konnte (innerhalb einer abschließbaren Loge, um die gewöhnlichen Leute fernzuhalten), gab es keine Bänke auf denen man sitzen konnte – man brachte entweder seinen eigenen Stuhl mit oder stand.

✔ Die Kirche war gewöhnlich reich geschmückt mit vielen lebendigen Bildern an den Wänden oder in den Fenstern, die Geschichten aus der Bibel darstellten. Außerdem gab es Statuen von Heiligen oder der Jungfrau Maria an Orten, an denen man eine Kerze anzünden und ein Gebet sprechen konnte.

✔ Am Ende der Kirche befand sich ein gesonderter Raum, abgetrennt durch eine hölzerne Wand, die Lettner genannt wurde (lat. *lectorium*, Lesepult), auf der oftmals Kreuzigungsszenen abgebildet waren. Hinter dem Lettner fanden alle wichtigen Zeremonien statt.

✔ Es gab süßlich riechenden Weihrauch und Glocken, die in bestimmten Momenten erklangen, und Musik vom Chor und den Priester in leuchtend bunten Roben, der das Brot und den Kelch erhob und die Worte sprach, die sie in den Leib und das Blut Christi verwandelten.

Häufig geht man davon aus, dass die gewöhnlichen Leute, weil die Gottesdienste auf lateinisch abgehalten wurden, nichts verstanden, aber alle Beweise deuten auf das Gegenteil hin. Die Menschen waren an lateinische Worte gewöhnt – sie hörten sie jede Woche –, und die Priester erklärten, was die verschiedenen Teile der Messe bedeuteten. Als die Tudors anfingen, Gottesdienste auf Englisch abzuhalten – siehe Kapitel 12 – gab es große Proteste.

Die ganze Anlage der Kirche und die Form des Gottesdienstes betonte, dass der Priester besondere, beinahe magische Fähigkeiten besaß und dass die Menschen ihn brauchten, um in den Himmel zu kommen.

Ordensgemeinschaften

Mönche und Nonnen waren Menschen, die sich dafür entschieden hatten, ihr Leben Gott auf eine besondere Art zu widmen, indem sie einer Ordensgemeinschaft beitraten. Mönche gab es seit der Frühzeit der Kirche und die keltische Kirche gründete die großen Klöster auf Iona und Lindisfarne (werfen Sie einen Blick in die Kapitel 5 und 6, um mehr Informationen über die keltische Kirche zu erhalten). Aber die Gestalt der Klöster, wie wir sie kennen, stammt von St. Benedikt, der die berühmten *Regeln* für das mönchische Leben verfasste, die einen Tagesablauf aus Gebet und Arbeit vorsahen, und die Idee machte Schule. St. Augustinus war ein Benediktiner, ebenso wie der Papst, der ihn nach England entsandte (siehe Kapitel 5). Bald begannen verschiedene Gruppen von Mönchen in Britannien Wurzeln zu schlagen:

✔ **Benediktiner:** Die ersten Mönche »römischen Stils«, die auf der Bildfläche Englands erschienen. Einige ihrer Kirchen wurden bedeutende Kathedralen, darunter Canterbury, Durham, Norwich, Winchester und Ely.

✔ **Kartäuser:** Ein sehr strenger, aber populärer Orden. Jede Kartause wies eine Reihe von zweistöckigen kleinen Häusern auf, sogenannten Zellen, und jeder Mönch lebte und arbeitete in seiner Zelle. Sie können diese Zellen immer noch wunderbar erhalten in der Mount Grace Priory in Yorkshire sehen. Die Mönche der Londoner Kartause opponierten gegen Heinrich VIII., als er mit der Kirche brach, also ließ er sie alle umbringen (siehe Kapitel 11 für mehr Informationen zur Regentschaft von Heinrich VIII. und Kapitel 12 zu Details über die religiösen Unruhen während der Reformation).

✔ **Zisterzienser:** Eine ziemlich strenge und asketische benediktinische Gruppe. Die Zisterzienser liebten es, sich in entlegenen Tälern und an schwer zugänglichen Orten niederzulassen. Einige der spektakulärsten monastischen Ruinen (Ruinen dank Heinrich VIII.) sind zisterziensisch wie die Fountains Abbey, Rievaulx und Tintern Abbey in Wales.

✔ **Dominikaner:** Die absoluten Intelligenzbolzen – erstklassige Prediger, die sich darauf spezialisiert hatten, es mit Häretikern in unbewaffneten Debatten aufzunehmen und mit ihnen Schlitten zu fahren. Die Dominikaner betrieben Schulen und spielten eine wichtige Rolle dabei, die Universitäten Oxford und Cambridge zum Laufen zu bringen.

✔ **Franziskaner:** Ein Mönchsorden, der von St. Franziskus von Assisi gegründet worden war. Sie arbeiteten draußen in der Gesellschaft mit den Armen und Kranken. Ihre große

Stunde kam mit dem Schwarzen Tod, auch wenn sie in verschiedene Gruppen und Fraktionen zerfielen. Gehen Sie zum Abschnitt »Der Schwarze Tod«, um Details über die Pest in Britannien zu erfahren.

✔ **Augustiner:** Benannt nach St. Augustinus von Hippo (einem afrikanischen Bischof, nicht der Missionar, der im 5. Kapitel nach England kam), auch bekannt als Augustiner Chorherren (engl. *Austin canons*) oder schwarze Stiftsherren (engl. *black canons*) – weil sie schwarz trugen. Ein beliebter Orden. Die Augustiner betrieben Schulen, Hospitäler und arbeiteten mit den Armen. Ihre Regeln waren etwas strenger als die der anderen und daher waren sie tendenziell intellektuell etwas unabhängiger. Es wird Sie nicht überraschen zu hören, dass Martin Luther Augustiner war. Gehen Sie zu Kapitel 12, um mehr über Martin Luther und die Reformation zu erfahren.

Mittelalterliche Schulen

Die meisten Kinder gingen nicht zur Schule. Zum einen, weil es teuer war, sofern nicht eine örtliche Wohlfahrtseinrichtung für sie zahlte. Diejenigen, die eine Schule besuchten waren gewöhnlich Jungen, die in die Kirche eintreten wollten, sodass in der Hauptsache Latein gelehrt wurde (weil dort überwiegend lateinische Grammatik gelehrt wurde, bezeichnete man sie als *Grammar Schools*). Papier und Bücher waren teuer, also verwendeten die Kinder kleine Horntafeln mit einem Griffel. Beim geringsten Ärger gebrauchte der Schulmeister die Rute. Wenn sie gut in der Schule waren, konnte es sein, dass sie von den Colleges in Oxford oder Cambridge aufgenommen wurden.

Die Universitäten von Oxford und Cambridge entwickelten sich aus kleinen Gruppen, die sich um einen bestimmten Lehrer versammelten, zu Bildungseinrichtungen. Ziel war das Studium der Philosophie, aber das bedeutete nicht, nur Aristoteles zu lesen. Philosophie bedeutete das Studium der Welt und es konnte so unterschiedliche Dinge wie Mathematik, Theologie, Logik, Astronomie und Musik umfassen. Alle Fächer wurden, natürlich, auf Latein studiert, erörtert und sogar öffentlich debattiert.

 College bedeutete religiöse Gruppe oder Versammlung – die Katholische Kirche spricht noch heute vom Kardinalskollegium. Diese Colleges waren monastische Gründungen. Wie alle Kleriker trugen die Studenten Talare, und die großen, aufwendigen Talare und Kopfbedeckungen, die Universitätsabsolventen heute in Großbritannien und den USA tragen, entwickelten sich aus der Ordenstracht des Mittelalters.

Krankenpflege: Medizinische Versorgung im Mittelalter

Einige Mönche und Nonnen spezialisierten sich darauf, Kranke zu pflegen – schließlich gab es dafür gute biblische Präzedenzfälle. Oftmals versorgte ein Mönch oder eine Nonne den *Apothekergarten* (engl. *physic garden*), in dem die Kräuter gezogen wurden, die zur Herstellung von Medizin und Umschlägen benötigt wurden. Viele Klöster hatten ein kleines angeschlossenes Hospital oder Hospiz, gewöhnlich für Pilger, die auf dem Weg zu einem der großen Schreine wie Canterbury oder Walsingham erkrankten, aber einige abgelegene Hospitäler existierten nur für Leprakranke (sehr häufig im Mittelalter). Später wurden einige dieser Hospitäler größer mit einem ständig anwesenden Arzt, der nach den Kranken schaute. Bis zum 14. Jahrhundert hatten sich diese Ärzte und Apotheker in richtigen Gilden und Gesellschaften organisiert.

 Es gibt eine berühmte Geschichte darüber, wie Rahere, Hofnarr am Hofe König Heinrich I., auf einer Pilgerreise nach Rom krank wurde und träumte, dass er, falls er genesen und nach Hause zurückkehren sollte, ein Hospital gründen würde. Er wurde wieder gesund und sein Hospital wurde St. Bartholomäus genannt, nach der Person, die er in seinem Traum sah. St. Bart's Hospital in London gibt es heute noch.

Mittelalterliche Ärzte hatten ihre Vorstellungen von den Griechen und Römern. Sie glaubten, dass der Körper aus vier Flüssigkeiten bestehe, die sie die Viersäftelehre nannten (Humoralpathologie, engl. *four humours*). Diese waren gelbe Galle, schwarze Galle, Schleim (Phlegma) und Blut. Jeder der Säfte wurde mit einem der Elemente, aus denen die Welt bestand, in Verbindung gebracht, wies bestimmte Charakteristika auf und war tendenziell zu einer bestimmten Jahreszeit dominant. Einer der Körpersäfte war zum Beispiel Schleim (Phlegma) (Entschuldigung, sind Sie gerade beim Essen?), der sich vor allem im Winter bemerkbar macht, wenn das Wetter kalt und nass ist, aber weniger im Sommer, wenn es heiß und trocken ist. Tabelle 10.1 listet die vier Säfte (engl. *humours*) auf.

Saft	Temperament (Typ)	Charakteristika	Element
Gelbe Galle	Choleriker	Trocken und heiß	Feuer
Schwarze Galle	Melancholiker	Trocken und kalt	Erde
Schleim	Phlegmatiker	Kalt und feucht	Wasser
Blut	Sanguiniker	Heiß und feucht	Luft

Tabelle 10.1: Die vier Körpersäfte

Diese vier Körpersäfte existieren in jedem einzelnen Individuum. Wenn sie sich im Gleichgewicht befinden, ist man gesund. Wenn man krank wird, dann liegt es daran, dass einer der Säfte dominiert und der Arzt würde demjenigen etwas geben, was dem entgegenwirkt. Wenn Sie zum Beispiel zu hitzig und cholerisch wären, würde Ihr Arzt Ihnen etwas Kühlendes geben, um all die gelbe Galle zu neutralisieren, vielleicht etwas Gurke oder Kresse. Wenn Sie sich heiß und feucht anfühlen würden – zum Beispiel ein Fieber hätten – zirkulierte in Ihrem Körper zu viel Blut, also würde Ihr Doktor Sie zur Ader lassen, um das überschüssige Blut loszuwerden und Ihre Körpersäfte so wieder ins Gleichgewicht zu bringen. Simpel!

Die fortschrittlichen Denker

Einige sehr schlaue Leute gingen aus den englischen und schottischen Kirchen des Mittelalters hervor. Hier ist eine Kostprobe:

✔ **Robert Grosseteste (ca. 1170–1253):** Wegweisender Bischof von Lincoln. Er unternahm eine groß angelegte Antikorruptionskampagne und geriet dabei in Schwierigkeiten mit dem Papst und dem König. Der Papst drohte sogar, ihn zu exkommunizieren. Er ließ sich davon nicht abschrecken.

✔ **Roger Bacon (1214–1294):** Franziskanermönch und experimenteller Forscher. Bacon fand heraus, wie man Glas zur Vergrößerung von Dingen verwenden konnte und wie man Schwarzpulver mischt. Der Papst zählte Bacon zu einem der größten Köpfe des Christentums, aber das hielt die Franziskanermönche nicht davon ab, Angst zu bekommen und Bacon für seine gefährlich neuen Ideen einzusperren.

✔ **Duns Scotus (ca. 1265–1308):** Schottischer Theologe und führender Gegner der Lehren des Thomas von Aquin. Aquin hatte Aristoteles benutzt, um die Bibel zu belegen. Duns Scotus sagte, Aristoteles sei reine Theorie und dass der Glaube sehr viel praxisorientierter sein solle. Die Dominikaner mochten Scotus Ideen nicht; Thomas von Aquin war einer ihrer Jungs.

✔ **Juliana von Norwich (1342–ca. 1416):** Dame Juliana (engl. *Julian*) war eine normale Benediktinerin bis sie eine komplexe und tief gehende Vision hatte. Sie verbrachte die nächsten 20 Jahre damit herauszufinden, was ihre Vision bedeutete, und schrieb dann alles in den *Sixteen Revelations of Divine Love* (»Die Offenbarungen der göttlichen Liebe«) nieder, in denen sie sagte, dass die Liebe die Grundlage des Glaubens ist und dass Gott und Sich-Selbst-Kennen ein und dieselbe Sache sind. Interessante Beobachtung: Juliana hatte keine Schwierigkeiten von Gott als »sie« zu sprechen.

Ein Rebell: John Wyclif und die Lollarden

Ein Problem der mittelalterlichen Kirche war, dass sie fortgesetzt Armut predigte, während sie weiterhin sagenhaft reich war. Nicht jeder war bereit, diesen Widerspruch stillschweigend hinzunehmen. John Wyclif war ein Theologe in Oxford, der zu dem Schluss kam, dass der Reichtum der Kirche ein Symptom dafür war, dass die Kirche die Dinge von Beginn an falsch verstanden hat.

Während dieser Zeit brachten die vielen Streitereien und internen Kämpfe Roms nicht nur einen, sondern zwei Päpste hervor, die beide reklamierten, der einzig wahre zu sein, und behaupteten, der andere sei der Gegenpapst. Es schien fast so, als wollte man Wyclifs Position belegen. Wyclif entschied sich, ihnen zu zeigen, wie ein wirklicher Gegenpapst aussieht. Er sagte, die Kirche würde dem, was wirklich in der Bibel steht, nicht genug Aufmerksamkeit schenken und dass alle Bischöfe, Kardinäle, und Päpste (und Gegenpäpste) verschwinden sollten. Er sagte sogar, dass die Kirche sich irrte, wenn sie behauptete, dass das Brot und der Wein der Kommunion zum Leib und Blut Christi würden.

Wyclifs Ideen waren radikal und die Kirche war nicht erfreut. Die Kirche nannte Wyclif und seine Anhänger *Lollarden* (engl. *Lollards*, was sich von Murmeln (lollen) ableitete) – was sehr viel rüder war, als es sich heute anhört. Aber Wyclif hatte einige mächtige Freunde am Hof, darunter den Schwarzen Prinzen (der Sohn von Eduard III.) und John of Gaunt (der Onkel von Richard II., der das Land regierte bis Richard alt genug war), die sich über alles freuten, was den Papst ärgerte. Richard II. war jedoch nicht einverstanden und begann die Lollarden zu verfolgen, bei denen es sich überwiegend um arme Priester und ihre Anhänger handelte. Wyclif selbst wurde nicht festgenommen, aber Oxford schmiss ihn raus und 30 Jahre nach seinem Tod wurden auf Befehl Roms seine Gebeine ausgegraben und verstreut, um ihm eine Lektion zu erteilen. Einige Lollarden waren in das Komplott gegen Heinrich V. verwickelt, was ihrem Ansehen großen Schaden zufügte. Wenn man es genau betrachtet, sagte Wyclif einfach nur Dinge, die spätestens während der Regentschaft von Königin Elisabeth gängige Doktrin der Kirche von England wurden. (Gehen Sie zu Kapitel 11 für Informationen über England in der Zeit Elisabeths.)

Ein englischer Progrom

Wenn Sie nach York gehen, werden Sie eine ziemlich schöne Burg auf einem steilen Berg, oder *Motte*, sehen. Diese Burg heißt Clifford's Tower und Sie wollen vermutlich ein Foto davon machen. Aber gehen Sie sicher, dass Sie die Informationen über sie lesen, bevor Sie weitergehen. Clifford's Tower ist der Schauplatz eines der schrecklichsten Beispiele von Antisemitismus in der englischen Geschichte. Es gab in England Juden seit der Ankunft der Normannen 1066 (siehe Kapitel 7). Sie boten Wilhelm dem Eroberer und seinem Hof Bank- und Kreditdienstleistungen an. Aber die Menschen in England fielen auf all die Geschichten über Baby mordende Juden herein, und die antijüdische Stimmung verstärkte sich, als die Kreuzzüge begannen. Juden waren damals »Gottesmörder«. Als der Erste Kreuzzug ausgerufen wurde, schlachteten die Leute so viele Juden ab, dass die Kirche sie daran erinnern musste, wer der wirkliche Feind war.

In London brachen ernste antijüdische Progrome aus, als Richard I. gekrönt wurde, und 1190 lief die Bevölkerung Yorks Amok. Die in York lebenden Juden flüchteten auf Clifford's Tower, der eine königliche Burg war, vielleicht in der Hoffnung, dass dies ihnen Schutz geben würde. Sie irrten sich. Mit einem Pöbel vor der Tür, der Blut sehen wollte, wenn die Juden nicht bereit waren, zum Christentum zu konvertieren, entschieden die meisten Juden, sich lieber selbst umzubringen als nachzugeben. Diejenigen, die nachgaben, tötete die Krone dennoch. Diese schreckliche Geschichte sollte man vor Augen haben, wenn man nach York geht. Schließlich vertrieb Eduard I. 1290 die Juden aus England und bis zu Cromwells Zeit, 1655, war es ihnen nicht gestattet zurückzukehren.

Der Schwarze Tod

Eines Tages im Jahr 1348 legte ein Schiff im südenglischen Hafen Weymouth an. Wir wissen nicht genau, was es geladen hatte, aber wir wissen, dass es eins an Bord hatte: die Pest. Der Schwarze Tod hatte Britannien erreicht.

 Die Pestepidemie begann vermutlich in China und hatte sich unaufhaltsam weiter nach Westen ausgebreitet. Der Schwarze Tod (man nannte ihn so wegen der schwarzen Flecken, die er auf der Haut seiner Opfer hinterließ) war eine Form der Beulenpest, die sich durch Rattenflöhe verbreitete – und Ratten waren immer auf Schiffen. Genau genommen kam die Pest 1348 in zwei Formen: die Beulenpest (auch Bubonenpest genannt von lat. *bubo*, die Beule, die häufigste Form der Pest)

und die Lungenpest, eine tödlichere Variante (eng zusammenhängend mit einer Lungenentzündung), die sich von Person zu Person durch Husten, Niesen und Sprechen verbreitete. Die Beulenpest schlug im Sommer zu, als mehr Flöhe auftraten, und wurde den Winter hindurch von der Lungenpest abgelöst.

Der Pesttod

Bristol war die erste große englische Stadt, die betroffen war, aber die Epidemie verbreitete sich rasch. Das Furchteinflößendste an der Pest war, dass sie sich so schnell verbreitete. Binnen Kurzem erreichte sie London, und das Parlament musste sich schnell auflösen.

Was passiert, wenn Sie die Beulenpest bekommen? Zuerst bekommen Sie Brustschmerzen und haben Schwierigkeiten zu atmen. Dann fangen Sie an zu husten und Blut zu spucken und bekommen Fieber. Als Nächstes bekommen Sie innere Blutungen, die die unschönen Flecken auf Ihrer Haut verursachen und Beulen treten auf – große weiße Schwellungen in den Achseln, den Leisten und hinter Ihren Ohren. Sie werden unruhig und fangen an zu fantasieren und fallen dann in ein Koma. Schließlich sterben Sie. Und Sie sterben mehr oder weniger innerhalb eines Tages, nachdem Sie anfingen, sich krank zu fühlen.

Die Zahl der Toten war schwindelerregend. In London tötete die Pest zwischen einem Drittel und der Hälfte der gesamten Bevölkerung. Einige kleinere Orte wurden buchstäblich ausgerottet. Die Epidemie hätte zu keiner ungünstigeren Zeit kommen können. Eduard III. hatte nicht nur seine Kriege mit Frankreich begonnen (erklärt in Kapitel 9), sondern England hatte nur wenige Jahre zuvor eine schreckliche Hungersnot durchgemacht, sodass die Menschen ohnehin körperlich geschwächt waren.

Schwerwiegende Diagnosen

Keiner wusste, was die Pest wirklich verursachte und was es ihr erlaubte, sich so schnell zu verbreiten. Aber verschiedene Leute glaubten es zu wissen und erfanden Behandlungen und Vorsorgemaßnahmen. Die Behandlung hing natürlich davon ab, was man für die Ursache der Pest hielt:

✔ **Zu viel Blut:** Weil die Menschen Blut husteten, entschieden die Ärzte mit ihren Körpersafttabellen (schlagen Sie im früheren Abschnitt »Krankenpflege: Medizinische Versorgung im Mittelalter« nach), dass das Problem zu viel Blut sei, also ließen sie ihre Patienten zur Ader. Stellen Sie sich die Überraschung vor, als die Behandlung nicht anschlug.

✔ **Strafe Gottes:** Diejenigen, die glaubten, die Krankheit sei eine Strafe Gottes (und viele Menschen glaubten, sie sei es), meinten die Antwort läge eindeutig im Beten und Fasten. Noch besser sei es, besonders laut »Entschuldigung!« zu sagen, indem man in großen Prozessionen umherging und sich geißelte. Viele dieser _Flagellanten_ liefen herum, bis der Papst entschied, dass sie nur Panik verbreiteten, und sie anwies aufzuhören.

✔ **Etwas in der Luft:** Wenn die Pest von irgendetwas in der Luft ausgelöst wurde, dann lag die Antwort eindeutig in ein bisschen Pomade und Lufterfrischer. Nun, es hätte keinem geschadet.

✔ **Infizierte Körper:** Vernünftiger waren neue Beisetzungsbestimmungen, die besagten, dass die Leute außerhalb der Stadtmauern beerdigt werden sollten. Drüben in Dubrovnik, einer italienischen Kolonie, führte man ein System ein, das Besucher 40 Tage in Isolation hielt. Das italienische Wort für 40 ist *quaranta* – daher Quarantäne. Ein interessantes Detail, nicht?

✔ **Ein Feind unter der Bevölkerung:** Die üblichen Verdächtigen waren – Überraschung, Überraschung – die armen alten Juden (obwohl die Iren behaupteten es seien die Engländer). Die Leute behaupteten, die Juden hätten die Brunnen vergiftet. Also holten sie ihre Stricke raus und zogen los, sie zu lynchen. Die Angriffe in England waren nicht ganz so schlimm wie in Deutschland, wo Tausende von Juden aus Rache für die Pest massakriert wurden. Und wissen Sie was? Diese Morde stoppten die Pest auch nicht.

Schließlich mussten die Menschen der Epidemie schlicht ihren Lauf lassen. Und selbst dann kehrte die Pest immer wieder zurück. Weitere große Ausbrüche traten auf und man konnte davon ausgehen, dass die Pest bis Ende des 17. Jahrhunderts etwa jedes Jahr an irgendeinem anderen Ort zuschlug.

Sie können den Überraschungseffekt der Pest in Bildern und Schriften aus dieser Zeit erkennen. Illustrierte Bücher und Manuskripte aus dem 14. Jahrhundert enthalten oftmals Bilder von Skeletten, die die Menschen zu Hunderten dahinrafften. Heutzutage schätzt man, dass der Schwarze Tod das schlimmste je dagewesene Unglück dieser Art gewesen ist. Die Pest traf die Leute, von denen man es am wenigsten erwartete – die jungen und fitten. Sie war besonders tödlich für Kinder. Alte Menschen hingegen schienen relativ leicht davonzukommen. Und dieses Muster des Todes hatte eine überaus überraschende Auswirkung auf den Arbeitsmarkt.

Der Prinz und die Bettelknaben: Der Bauernaufstand

Wenn Sie im Mittelalter ein Bauer waren, dann standen Sie am unteren Ende der Menge. Sie hatten keine Rechte, mussten auf dem Landgut des örtlichen Lords arbeiten und alles in allem, war das Leben nichts als Pflügen. Es gab nicht viel Unterhaltung, und wenn Sie sich der Unterhaltung hingaben, die verfügbar war, dann riskierten Sie Gonorrhö zu bekommen (jedoch nicht Syphilis, das war ein Souvenir, das Columbus aus Amerika mitbrachte). Dann kam der Schwarze Tod. Welche Menschen fielen dem Schwarzen Tod zum Opfer? Arme? Ja. Erwachsene? Ja. Gesund und stark? Ja.

Wenn es den Bauern gelang, den Schwarzen Tod zu überleben, fanden sie sich in einer Situation des ernsten Bauernmangels wieder. Dieser Mangel bot ihnen die Chance, ihr Leben ein wenig leichter zu machen. Nun, all diese Lords mit ihrem Grundbesitz waren abhängig davon, dass Bauern ihr Land bestellten. Aber wenn es nun so wenige Bauern gab, was konnte sie davon abhalten, ihre Dienstleistungen dem Höchstbietenden anzubieten? Ein Leuchten erscheint in den Augen von Tausenden von Bauern und man beginnt, ein Lächeln zu erkennen.

Gesetze zur Lohndämpfung

Der König und das Parlament handelten schnell. Sie wollten nicht zulassen, dass die Bauern Vorstellungen bekamen, die über ihrem Stand lagen. Sie entwarfen eine spezielle Proklamation mit dem Titel *Ordinance of Labourers*, die besagte, dass die Löhne nicht erhöht werden durften, und wenn die Bauern glaubten, sie könnten einen Vorteil aus der Arbeiterknappheit ziehen, sollten sie lieber noch einmal darüber nachdenken. Als die *Ordinance of Labourers* keine Wirkung zeigte, versuchte man ihr durch ein neues Gesetz, dem *Statute of Labourers*, mit gleichem Inhalt Nachdruck zu verleihen. Das war's.

Haben Sie so etwas schon einmal gehört?

Das *Statute of Labourers* gibt einen ziemlich guten Eindruck davon, was die normalen Leute getan haben müssen. Es spricht von der »Niedertracht der Dienstleute, die untätig waren und nach der Pestilenz nicht bereit waren, ohne exzessive Lohnforderungen zu dienen«. Dieses Gesetz war eindeutig für die Reichen und gegen die Armen. An einem Punkt beklagt es, dass die Bauern die *Ordinance of Labourers* nicht beachteten: »Sie ziehen sich vom Dienst an hohen Herren und anderen zurück (was so viel bedeutete wie sie »verweigerten sich«), sofern sie nicht Unterhalt und Löhne in doppelter und dreifacher Höhe dessen, was sie gewöhnlich bekamen, erhalten.« Die Leute forderten, tägliche Bezahlung! Schockierend, nicht wahr? Das Statut besagte, dass man für zu hohe Lohnforderungen ins Gefängnis kommen konnte. Aber auch das Statut änderte nichts. Die Bauern hatten einen, wie wir es heute nennen, Arbeitsmarkt geschaffen und die Tage des alten Feudalsystems waren gezählt.

Eine Kopfsteuer

Der Mann, der sich die *Statute of Labourers* einfallen ließ, war John of Gaunt, der Onkel von Richard III. Er war besorgt, weil es so aussah, als ob dem Königreich das Geld ausgehen könnte: Der Krieg mit Frankreich war noch im Gange (siehe Kapitel 9, um zu erfahren, worum es dabei ging) und dank des großen französischen Feldherren Bernard du Guesclin lief er nicht gut. Die Kriegsanstrengungen würden noch mehr Geld erfordern und John of Gaunt hatte einen Einfall, woher es kommen könnte: Eine Kopfsteuer musste her.

Die Kopfsteuer kam nicht aus heiterem Himmel. John of Gaunt hatte bereits in den vorangegangenen vier Jahren Steuern zur Finanzierung des Krieges erhoben. Aber die Kopfsteuer war die schlimmste, weil sie schlicht besagte, dass jeder ab 14 Jahren einen Schilling bezahlen musste. Es spielte keine Rolle, ob man arm oder reich war – es war eine Einheitssteuer für alle. In der Zwischenzeit hatten die Bauern das Feudalsystem ziemlich satt: Es nützte ihnen nicht und wenn sie sich beklagten oder versuchten einen fairen Lohn für ihre Arbeit zu bekommen, wurden sie eingesperrt. Die Kopfsteuer war also nur der Tropfen, der das Fass zum Überlaufen brachte. Aber was konnten sie tun? Ein Mann schien es zu wissen.

Sein Name war John Ball. Ball war ein Priester und wie einige seiner Mitpriester und Mönche war er wütend darüber, dass die Armen von den Reichen unten gehalten wurden. Er predigte im ganzen Land und erfand das Schlagwort »Als Adam grub und Eva spann, wo war denn da der Edelmann?« Mit anderen Worten, hatte Gott die Menschen als Herren und Bauern geschaffen? Antwort: Nein. Er hatte die Menschen als Gleiche geschaffen. Warum also, so Balls Botschaft, herrschten einige Menschen über andere? Sie verstehen, worauf Ball hinaus wollte – und die Kopfsteuer war nur der Anfang. John Ball sagte, das ganze Feudalsystem sei unrecht.

Showdown bei Smithfield

Wir wissen nicht genau, wo die Unruhen begannen. Ausbrüche traten in ganz England auf. Aber die Situation war besonders ernst in Kent und Essex, weil man von dort aus leicht nach London marschieren konnte und genau das taten die wütenden Bauern 1381. Einer der Rebellen aus Kent namens Wat Tyler wurde eine Art Rädelsführer, als die Bauern nach London eindrangen und Amok liefen. Sie brannten die Gefängnisse nieder und gingen von dort direkt zu John of Gaunts Palast am Savoy und brannten ihn bis auf die Grundmauern nieder. John of Gaunt konnte seinen Glückssternen danken, dass er sich nicht darin befand, denn er hätte es nicht überlebt. Stellen Sie sich vor, was dem Erzbischof von Canterbury passierte. Die Bauern brachen in den Tower of London ein, ergriffen den Erzbischof, hackten ihn in Stücke und steckten seinen Kopf auf einen Pfahl.

Richard II. war zu dieser Zeit vierzehn Jahre alt und musste etwas tun. Also erklärte er sich bereit, die Rebellen vor der Stadt Smithfield zu treffen. Das Treffen verlief sehr angespannt. Wat Tyler wartete dort auf einem Pferd und der König ritt mit dem Bürgermeister von London an seiner Seite zu ihm. Richard fragte die Bauern, was sie wollten, und Wat sagte ihm:

✔ **Keine Leibeigenschaft mehr:** Die Bauern wollten Landarbeiter sein, frei ihre Dienste anzubieten, wie sie wollten.

✔ **Gleichheit vor dem Gesetz:** Keine Sonderprivilegien mehr für Adlige. Ein bisschen marxistische Analyse hier.

✔ **Einen einzigen Bischof:** Die Bauern hielten die ausgeklügelte Hierarchie von Bischöfen und Kardinälen in der Kirche für unnötig. Einer allein sollte zuständig sein und den Rest den Gemeindepfarrern überlassen, die wussten, was die Menschen wollten.

✔ **Oh, und Straffreiheit** dafür, dass sie sich erhoben, das Marshalsea-Gefängnis niedergebrannt, den Erzbischof von Canterbury ermordet hatten und randalierend gegen die Einbahnstraße durch die Stadt gezogen waren und den Rasen beim Niederbrennen des Savoy-Palastes betreten hatten.

Richard hörte gut zu und sagte dann, dass ihre Forderungen billig zu sein schienen, während der neben ihm sitzende Bürgermeister fast einen Schlaganfall bekam. Und dann wurde es unangenehm. Einer Chronik über den Aufstand zufolge, forderte Wat Tyler, der es offensichtlich genoss, Forderungen an den König zu richten, etwas zu trinken und »als es ihm gebracht wurde, spülte er sich den Mund in einer sehr unhöflichen und ekligen Weise vor dem Gesicht des Königs aus.« Vielleicht gurgelte er auch die *Internationale*. Jedenfalls rief irgendjemand in der Menge, dass Wat Tyler ein Dieb sei, und Wat Tyler zückte seinen Dolch und wollte ihn töten. »Einen Augenblick!«, schrie der Bürgermeister, aber bevor er etwas tun konnte, richtete Wat Tyler seinen Dolch auf den Bürgermeister, der glücklicherweise seine volle Rüstung trug. Der Bürgermeister zog sein Schwert und senkte es auf Wat Tylers Kopf nieder.

Chaos brach aus – jeder fing an zu schreien und einige der Bauern begannen Pfeile abzuschießen. Unter den Bauern gab es Jungs, die einen französischen Ritter auf vierhundert Schritte Entfernung aufspießen konnten, der Bürgermeister hatte also allen Grund, sehr verängstigt zu sein. Er und der Rest der Gefolgschaft des Königs wandten sich um und flüchteten in die Stadt.

Und dann ritt König Richard, gerade mal 14 Jahre alt, nach vorne – bedenken Sie, nach vorne – auf die Bauern zu. Pause. Man beruhigte sich. Dies ist nicht der Bürgermeister oder der Erzbischof von Canterbury. Es ist der König. Richard sagte ihnen, er werde ihr Führer sein und sie sollten alle kommen und ihn etwas später bei Clerkenwell treffen.

Und was passierte bei Clerkenwell? Nun sie zerrten Wat Tyler aus dem St. Bartholomäus Hospital heraus und machten ihn fertig. Dann sagte Richard den Bauern, dass er sie frei ziehen lassen und ihnen sogar eine Eskorte geben würde, damit sie sicher nach Hause kämen. War das nicht nett von ihm? Aber sie lebten nicht alle glücklich bis ans Ende ihrer Tage. Ein Chronist beschrieb es so:

> *Später entsandte der König seine Boten in die verschiedenen Teile des Landes, um die Unruhestifter festzunehmen und umzubringen.*

Hatten Sie wirklich etwas anderes erwartet?

Teil IV

Rechte oder Royals?

In diesem Teil ...

Das England der Tudorzeit hatte zwei der stärksten Monarchen, die je auf dem englischen Thron saßen: Heinrich VIII. und seine Tochter Elisabeth I. Auf Gemälden von ihnen wird die Macht und Kontrolle sichtbar, die sie ausgeübt haben, und genau davon sind ihre Regentschaften geprägt, und dennoch konnte keiner von ihnen das grundlegendste Problem von allen lösen: Wer sollte ihnen auf den Thron folgen? Die verzweifelte Suche Heinrich VIII. nach einem männlichen Erben führte zu seinen berühmten sechs Ehen, während Elisabeth Zuflucht zu ihrem Image als jungfräuliche Königin suchte. Aber solange die Thronfolge unklar war, konnten selbst diese großen Monarchen nicht ruhig schlafen.

Außerdem wurde die Tudorzeit Englands durch die religiösen Konflikte geprägt, die einen schrecklich destruktiven Einfluss ausübten. Während neue religiöse Lehren Eingang in Britannien fanden, waren die Briten geteilt in diejenigen, die Veränderungen begrüßten, und diejenigen, die an ihrem alten Glauben festhielten. Gleichzeitig gewann das englische Parlament ein stetig wachsendes Selbstvertrauen: Man stritt sich über Religion und die Aufgaben der Krone, aber das Parlament wurde zu dem zentralen Bestandteil der politischen Szene. Dieser Konflikt zwischen Parlament und Krone führte zu einem Bürgerkrieg, der Vorbote für eine kurzlebige Republik war.

Unruhig ruht der Kopf, der die Krone trägt

11

In diesem Kapitel

▶ Finden Sie heraus, wie die Tudors auf den Thron kamen und versuchten, ihn zu behalten

▶ Lernen Sie Elisabeth I., Königin von England, und Maria, Königin von Schottland, kennen

▶ Sicherheit durch Thronfolge: Was die Tudors taten, um Thronerben zu bekommen

▶ Erfahren Sie, wie die Engländer die Spanische Armada ausmanövrierten

▶ Erblicken Sie die ersten Anzeichen für ein englisches Imperium

Die Tudors waren eine Familie, die man ernst nehmen musste. Alles an diesen Leuten strahlte Macht aus. Sie können es an ihren Porträts erkennen. Aber lassen Sie sich nicht täuschen. Macht ist nicht gleichbedeutend mit Sicherheit und dies war eine zutiefst besorgte Familie.

Heinrich Tudor (der spätere Heinrich VII.) errang den Thron mit Gewalt und andere waren nur zu bereit, es ihm gleichzutun. Zwischen Schotten und Franzosen gab es eine *Auld Alliance*, was bedeutete, dass sie sich gegenseitig helfen würden, die Engländer zu bekämpfen. Die Auseinandersetzung von Heinrich VIII. mit dem Papst bedeutete, dass jeder Katholik potenziell ein Rebell – oder Attentäter – war, insbesondere als der katholische König von Spanien ein Auge auf England geworfen hatte und im Begriff war, dort einzumarschieren. Das Hervorbringen eines Erben hätte geholfen. Aber Erbenhervorbringung war eines der Dinge, in denen die Tudors besonders schlecht waren. (Abbildung 11.1 gibt Ihnen eine Vorstellung davon, wie schlecht.)

Prinzen und Prätendenten

Im Jahr 1483 war England immer noch dabei, sich von dem großen Bürgerkrieg zwischen den beiden Häusern York und Lancaster zu erholen, den wir heutzutage als die Rosenkriege bezeichnen (siehe Kapitel 9 für die ganze Geschichte). Die Yorkisten schienen auf ganzer Linie gewonnen zu haben. Sie hatten die königliche Lancaster-Familie mehr oder weniger ausgerottet und der Yorkist König Eduard IV. herrschte friedlich die vergangenen zwölf Jahre. (Sie können an dieser Stelle heimlich einen Blick auf Abbildung 9.1 werfen.) Eduard hatte zwei kleine Söhne: Eduard (12 Jahre alt) und Richard, Herzog von York (10 Jahre alt). Doch Edward IV. zog sich eine böse Erkältung zu und starb sehr plötzlich 1483. Sein älterer Sohn wurde nun König Eduard V. Kinderkönige bedeuteten stets Ärger und Eduard V. sollte da keine Ausnahme darstellen.

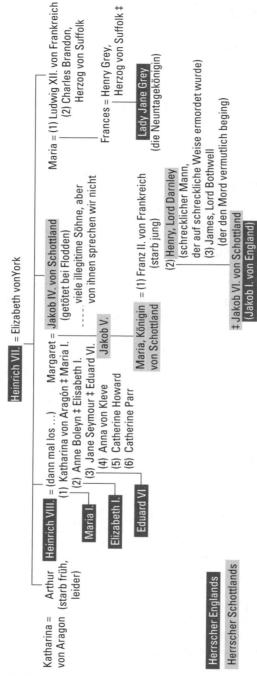

Abbildung 11.1: Der Stammbaum des Hauses Tudor

Tricky Dicky, besser bekannt als Richard III.

Jeder hat schon mal von Richard III. gehört, wenn auch normalerweise durch ein Theaterstück von Shakespeare, das großes Drama, aber verdammt schlechte Historie ist. Wer war Richard und warum wird um ihn immer noch so viel Wind gemacht?

Richard, Herzog von Gloucester, war der jüngere Bruder von König Eduard IV. Vor seinem Tode hatte Eduard IV. Richard gebeten, sich um seine beiden kleinen Söhne zu kümmern und nachdem Eduard gestorben war, schickte Richard sie in den Tower of London »zur sicheren Verwahrung«. Richard nutzte gleich die Gelegenheit, um nach der Macht zu greifen. Er sperrte jeden angeheirateten Verwandten von Eduard IV. – die Woodville-Familie – ein unter der Scheinanklage eines Mordkomplotts und ließ sie exekutieren. Dann verkündete er öffentlich, dass sein verstorbener Bruder, König Eduard IV., nicht rechtmäßig verheiratet gewesen sei. Seine beiden Kinder – sicher weggeschlossen im Tower of London, Sie erinnern sich – seien daher illegitim und könnten die Krone nicht erben. Wer sollte also König werden? Das Parlament trat zusammen und beriet die Frage und bot die Krone Richard an. »Nun«, sagte Richard, »wenn ihr darauf besteht ...« Und so wurde er zum König Richard III. gekrönt.

Der kleine Eduard V. und sein Bruder – die Prinzen im Tower, wie man sie nannte – wurden nie wieder lebend gesehen, aber zwei kleine Skelette tauchten in der Zeit Karl II. auf (das ist im 17. Jahrhundert), von denen wir glauben, dass sie ihnen gehörten.

Richard III. ist eine der umstrittensten Figuren in der Geschichte. Shakespeare zeigt ihn als einen bösen, buckeligen Mörder, aber das war nur Tudor-Propaganda. Es gibt zum Beispiel so gut wie gar keinen Beweis für den Buckel, aber für die Menschen zur Zeit Shakespeares war ein Buckel ein böses Omen. Die meisten Historiker sehen Richard III. in einem sehr viel positiveren Licht. Er war ein fähiger König, ein guter Soldat – er machte kurzen Prozess mit einem Aufstand des Herzogs von Buckingham und einer schottischen Invasion – er arbeitete gut mit dem Parlament zusammen, förderte den Überseehandel und war tatsächlich recht beliebt, besonders zu Hause im Norden. Aber was jeder über Richard wissen will ist: Hat er die Prinzen ermordet? Wir wissen es nicht wirklich – und werden es vermutlich auch nie –, aber seine Fans (ja, Leute, es gibt sogar eine *Richard III Society*!) streiten dies vehement ab, doch gibt es überzeugende Beweise dafür. In jedem Fall wäre er – angesichts der Umstände – verrückt gewesen, wenn er es nicht getan hätte. Junge Prinzen werden erwachsen und wollen sich rächen – vor allem an bösen Onkeln.

Aber auch wenn die Prinzen nicht in der Lage waren, Rache zu üben, so würde es doch jemand anderes sein. Im Jahr 1485 landete Heinrich Tudor, Earl of Richmond, mit einer Armee in Milford Haven in Wales und machte Richard die Krone streitig.

Das Erscheinen von Heinrich Tudor – und einer Reihe von Kronprätendenten

Heinrich Tudor war ein ziemlich entfernter Verwandter von Richard und er hatte sicherlich keinen guten Anspruch auf den Thron (siehe Abbildung 9.1, um herauszufinden, was für ein entfernter Verwandter Heinrich Tudor war). Aber er war Waliser und die Waliser unterstützten ihn. Richard eilte los, um ihm den Weg abzuschneiden und die zwei Parteien trafen bei Market Bosworth, nahe Leicester aufeinander. Und an diesem Punkt verließ das Glück Richard. Die Stanley-Familie, einer seiner größten Unterstützer, entschied sich, die Seite zu wechseln und sich Heinrich anzuschließen und Richard wurde im Kampf getötet. Irgendjemand fand seine Krone und Lord Stanley setzte sie Heinrich Tudor aufs Haupt. Heinrich war nun König Heinrich VII.

Die Beanspruchung des Thrones

Auch wenn die Prinzen tot waren (siehe den früheren Abschnitt »Tricky Dicky, besser bekannt als Richard III.«), gab es viele Leute mit einem größeren Anspruch auf den Thron als Heinrich Tudor. Die Person mit dem größten Anspruch war die Tochter von Eduard IV., Elisabeth von York. Also heiratete Heinrich sie. Guter Schachzug. Ihre Ehe verband das Haus Lancaster (Heinrich) mit dem Haus York (Elisabeth), sodass selbst Yorkisten Heinrich als ihren König akzeptieren konnten – theoretisch. Die Yorkisten sahen die Situation jedoch nicht so.

Den nächstbesten Anspruch auf den Thron hatte der Earl of Warwick, der Sohn des Bruders von Eduard IV., dem Herzog von Clarence (siehe Abbildung 9.1, um zu verstehen, wer wer in diesem Abschnitt ist), und 1487 krönten die Yorkisten ihn zum König von Irland. Was merkwürdig war, weil Heinrich VII. sagte, dass der Earl of Warwick im Tower von London sei und ihn in den Straßen von London zur Schau stellte, um dies zu beweisen.

Prätendent Nr. 1: Lambert Simnel

Der »Earl of Warwick« in Irland war wirklich ein Prätendent – ein Betrüger. Sein wirklicher Name war Lambert Simnel und er war ein Bäckersohn aus Oxford – ein Umstand, der die Yorkisten nicht davon abhielt, ihn an die Spitze einer Armee zu stellen und in England landen zu lassen, um den Thron zu beanspruchen. Also musste Heinrich eine weitere Schlacht kämpfen, diesmal bei Stoke. Heinrich gewann und der arme Lambert endete als Gefangener. Heinrich war überraschend gnädig. Er schlug ihm nicht den Kopf ab, sondern schickte ihn zum Arbeiten hinab in die königlichen Küchen.

Prätendent Nr. 2: Perkin Warbeck

Heinrich konnte sich nicht entspannen. 1491 behauptete ein weiterer Prätendent, Perkin Warbeck, er sei der kleine Herzog von York, der jüngere der Prinzen im Tower. Diese Behauptung stellte eine ernste Bedrohung für Heinrichs Herrschaft dar, weil Warbeck die Unterstützung von Heinrichs Feinden in Frankreich und Burgund hatte. Als Warbeck schließlich einmarschierte, nahm Heinrich ihn jedoch schnell gefangen und sperrte ihn in den Tower. Dann entkam der dumme Junge, sodass Heinrich ihn zurückschleppen und exekutieren ließ. Und er ließ, nur zur Sicherheit, den armen kleinen Earl of Warwick (den echten, nicht Lambert, den zum Küchenjungen gewandelten Prätendenten) ebenfalls exekutieren. Der Earl of Warwick hatte nichts getan, aber Heinrich hatte genug von Leuten, die behaupteten, sie hätten einen größeren Anspruch auf den Thron als er. Und Warwick hatte ihn tatsächlich.

Und dann kam Heinrich vorbei (sprich: der VIII.)

Heinrich VII. verbrachte seine ganze Zeit nicht nur damit, Prätendenten zu bekämpfen. Er verheiratete seine Kinder in die führenden Herrschaftshäuser Europas und schloss gute Handelsabkommen mit den Niederlanden. Es war also sehr viel Geld im Schatzamt, das er seinem gut aussehenden und begabten Sohn übergab, der 1509 König Heinrich VIII. wurde.

Schlechte Ideen des 16. Jahrhunderts – Nr. 1: Heinrich VIII. heiraten

Heinrich VIII. war das Paradebeispiel eines idealen Renaissanceprinzen (mehr zur Renaissance in Kapitel 14) – er war gut aussehend, stark, gut im Turnierkampf und im Ringen, aber auch sehr gebildet, musikalisch, theologisch interessiert und ein guter Tänzer. Er schien alles zu haben, was er nur haben wollte – außer einem Sohn.

Wenn man im 16. Jahrhundert viel Gezänk um die Thronnachfolge vermeiden wollte, brauchte man eine ausreichende Zahl von Söhnen. (Töchter konnten die Thronfolge antreten, aber das letzte Mal, als eine Tochter den Thron bestiegen hatte, war England in einen Bürgerkrieg gestürzt, wie Sie in Kapitel 7 nachlesen können. Infolgedessen waren die Menschen nicht besonders erpicht darauf, das noch einmal zu versuchen.) All die Gemälde von Generationen großer Tudor-Familien zeigen, dass »es nichts an unserer Männlichkeit auszusetzen gibt« – und aus diesem Grund trugen die Tudor-Männer riesige Schamkapseln, mit denen sie ihre Männlichkeit zur Schau trugen. Heinrich VII. schaffte zwei Jungen, Heinrich VIII. und seinen älteren Bruder Prinz Arthur, der jung starb, und zwei Mädchen, Margaret und Maria (siehe Abbildung 11.1 zu Details). Heinrich VIII. wollte noch besser sein, aber dafür musste er die richtige Frau finden.

Ehefrau Nr. 1: Katharina von Aragón

Als er auf den Thron kam, war Heinrich mit Katharina von Aragón verheiratet. Katharinas Familie waren die aufstrebenden Könige von Spanien, sie zu heiraten, stellte einen wichtigen diplomatischen Coup dar. Sie war zuvor mit Heinrichs Bruder Arthur verheiratet gewesen, aber Arthur starb und sowieso hatten sie und Arthur, Katharina zufolge, die Ehe nie vollzogen (und sie musste es wissen). Nun, genau genommen besagte die Bibel, dass man nicht die Frau seines verstorbenen Bruders heiraten durfte, aber Aragón war ein zu guter Preis, um ihn sich entgehen zu lassen, also sprach Heinrich mit dem Papst und der Papst gab Heinrich einen speziellen Dispens, sodass Heinrich und Katharina heiraten konnten.

Zunächst lief die Ehe sehr gut. Katharina schlug die Schotten in der Schlacht von Flodden in Heinrichs Abwesenheit, um gegen die Franzosen zu verlieren (siehe dazu den nachfolgenden Abschnitt »Die Stewards in der Klemme«). Aber dann gebar sie eine Tochter, Maria. Das hätte sie nicht tun sollen. Heinrich wollte einen Sohn! Schlimmer noch, sie hatte mehrere Fehlgeburten, und die beiden Jungen, die sie zur Welt brachte, starben jeweils nach kürzester Zeit. Heinrich war nicht nur wütend, er war besorgt: Versuchte Gott ihm etwas zu sagen?

Heinrich holte seine Bibel hervor. Dort war der Beweis, schwarz auf weiß: Die Scham der Frau deines Bruders darfst du nicht entblößen – *Levitikus*. Heinrich vermutete, dass die toten Babys die Strafe Gottes dafür war, dass er in Sünde lebte. Aber der Papst hatte Heinrich Dispens erteilt. Er hatte die Regel extra aufgehoben. Konnte der Papst sie möglicherweise wieder in Kraft setzen?

Heinrich erhält eine Scheidung – und eine neue Kirche

Heinrich entsandte seinen Lordkanzler, Kardinal Wolsey, nach Rom, um mit dem Papst zu sprechen, aber als Wolsey dort ankam, erfuhr er, dass der Papst von Karl V., dem Kaiser des Heiligen Römischen Reiches, gefangen genommen worden war, der zufällig Katharinas Neffe war. Karl ließ nicht zu, dass irgendjemand sein Tantchen beleidigte oder gar sich von ihr scheiden ließ. Wolsey kehrte nach Hause zurück, um Heinrich die schlechten Nachrichten zu überbringen.

Heinrich tobte. Als Erstes entließ er Wolsey. Dann schloss er einfach die Kirche des Papstes und eröffnete 1534 seine eigene: Die Kirche von England. Und diese Kirche gestattete ihm die Scheidung. Einige Leute widersprachen, wie der Staatsmann und Schriftsteller Sir Thomas Morus und der Bischof von Rochester, John Fisher, aber sie wurden geköpft, sodass nur wenige andere vortraten.

Kardinal Wolsey

Wolsey war der Mann, den jeder gerne hasste. Er war Kardinal, Erzbischof und Lordkanzler von England, aber er war nicht adelig – sein Vater war ein Metzger und das hatten die Leute am Hof nicht vergessen. Wolsey war gut. Er organisierte zum Beispiel Heinrichs Krieg mit Frankreich und er handelte auch ein gutes Friedensabkommen aus.

Einige Leute halten Wolsey für den letzten der Prinz-Bischöfe alter Schule. Er lebte auf jeden Fall in großer Pracht und ließ für sich einen großen Palast am Hampton Court erbauen. Es gab sogar ein Gedicht, in dem gefragt wurde, zu welchem Hof man gehen sollte, zu dem des Königs oder Hampton Court? Andere halten Wolsey für den großen Modernisierer, eine Art Schutzheiliger der Staatsangestellten. Wie auch immer. Wolseys Leistungen und Reichtümer halfen ihm nicht, als er Heinrich seine Scheidung nicht besorgen konnte. Er hatte alles versucht. Er bot Heinrich sogar Hampton Court an. Heinrich nahm das Angebot an und entließ ihn trotzdem. Wolsey war auf dem Weg nach London zum Schafott, als er starb, bei Leicester Abbey. »Hätte ich Gott ebenso gewissenhaft gedient, wie ich dem König gedient habe«, soll er gesagt haben, »so hätte er mich nicht grauhaarig ausgeliefert« – schöner Gedanke, nur ein bisschen zu spät.

Ehefrau Nr. 2: Anne Boleyn

Heinrich war verrückt nach Anne. Konnte ihr nicht widerstehen. Er entdeckte sie, als sie eine Kammerfrau Katharina von Aragóns war, und konnte seine Augen nicht von ihr abwenden. Sobald er seine Scheidung von Katharina bekommen hatte, heiratete er heimlich Anne und neun Monate später erhielt er seine Belohnung: Ein gesundes Baby. Noch ein Mädchen. Dieses wurde Elisabeth genannt. Er war nicht erfreut.

Von diesem Moment an ging es für Anne bergab. Sie hatte Feinde am Hof und so sehr sie sich auch bemühte, sie bekam keinen Jungen. Drei Jahre nach ihrer glanzvollen Krönung, schlugen Annes Feinde zu. Sie ließen sie festnehmen und klagten sie des Ehebruchs an – mit ihrem eigenen Bruder, Lord Rochford. Heinrich sandte nach einem besonderen Henker, der Annes Kopf auf einen Schlag mit einem Schwert abschlagen konnte, statt in der Art und Weise auf ihn einzuhacken, wie es die Scharfrichter gewöhnlich taten. War das nicht umsichtig von ihm?

Die Ehefrauen Nr. 3-6: Eine Jane, eine Anna und zwei weitere Katharinas

Jane Seymore war Kammerfrau sowohl von Katharina von Aragón als auch von Anne Boleyn. Als Heinrich sie ehelichte, waren beide tot, die Frage, ob die Ehe gültig war oder nicht, stellte sich also nicht. Jane war es, die Heinrich endlich den Sohn schenkte, auf den er so lange gehofft hatte, Eduard. Eduard war ein kränkliches Kind (vermutlich hatte er Heinrichs Syphilis geerbt), aber er überlebte. Jane nicht. Sie starb während der Geburt.

Anna von Kleve war eine deutsche Prinzessin. Sie können die Schuld für Heinrichs Ehe mit ihr seinem obersten Minister, dem strammen Protestanten Thomas Cromwell zuschreiben. Zu dieser Zeit sah es so aus, als ob es einen Krieg mit dem katholischen Kaiser des Heiligen Römischen Reiches, Karl V., geben würde und der gewiefte Thomas legte Heinrich nahe, sich mit den deutschen Protestanten zu verbünden. Das Beste sei es, sagte er, wenn Heinrich eine deutsche Prinzessin, Anna von Kleve, heiraten würde. Holbeins Porträt nach zu urteilen, war Anna ein wenig schüchtern, aber nicht schlecht aussehend. Heinrich jedoch fand sie völlig unattraktiv. »Gütiger Gott, sie sieht aus wie eine flandrische Mähre«, sagte er, aber zog die Hochzeit dennoch durch in dem ständigen Gedanken, »na, hoffentlich ist's das wert.« Dann änderte der Kaiser seine Meinung in Bezug auf einen Angriff Englands. Heinrich hatte sich ganz umsonst verheiratet! Er war der vollendete Gentleman. Er ließ sich von Anna scheiden und gab ihr ein schönes Haus und ein Einkommen. Dann köpfte er Cromwell.

Catherine Howard war eine Cousine von Anne Boleyn, was – so sollte man glauben – sie eines Besseren belehrt haben sollte. Sie war zwanzig und Heinrich war neunundvierzig, als sie heirateten: Der klassische Fall eines älteren Mannes, der sich in ein junges Ding verliebt. Catherine war jedoch verliebt, bevor sie Heinrich heiratete, und fuhr fort, ihren alten Liebhaber, Thomas Culpeper, nach ihrer Eheschließung zu sehen, das kleine Dummerchen. Während Heinrich weg war, um gegen die Schotten zu kämpfen, trafen Catherine und Thomas sich öffentlich. Idiotisch! Heinrich musste davon erfahren und tat es auch. Er war so erbost, dass er beide hinrichten ließ.

Catherine Parr war die Postskriptum Frau, diejenige, die überlebte und über die es nicht viel zu sagen gibt. Aber tatsächlich war sie eine sehr ehrgeizige Dame, wild entschlossen, England zu einem protestantischen Land zu machen. Sie war die erste Königin seit Katharina von Aragón, die das Land in Heinrichs Abwesenheit regierte. Sie bekam nicht alles, was sie wollte, aber es gelang ihr, einige ihrer protestantischen Vorstellungen an ihre Stieftochter Elisabeth weiterzugeben.

Eduard VI., Königin Maria ... und Jane Grey?

Klein-Eduard VI. war der Sohn von Heinrich VIII. und Jane Seymore (siehe den früheren Abschnitt in diesem Kapitel »Eine Jane, eine Anna und zwei weitere Katharinas« für mehr Informationen zu seiner Mutter). Eduard VI. war erst neun Jahre alt als er 1547 auf den Thron kam, und er war alles andere als gesund. Er war zu jung, um zu regieren, also übernahm diese Dinge ein »Protektor«, sein Onkel, Jane Seymours Bruder, der Herzog von Somerset.

Der Herzog von Somerset war sehr beliebt bei der Bevölkerung – sie nannten ihn den »guten Herzog«, weil er versuchte, sie vor den Adligen zu schützen, die versuchten, das Gemeindeland einzuzäunen – aber er hatte viele Feinde am Hof. Und 1549 war ein sehr schlechtes Jahr für den guten Herzog: Er wurde mit zwei großen Rebellionen konfrontiert, eine in Devon und Cornwall, bei der es um Religion ging, und eine in East Anglia, die sich gegen die Einfriedungen von Gemeindeland richtete. (Siehe Kapitel 12, um zu erfahren, um was es sich bei den religiösen Problemen handelte, und Kapitel 14, um zu entdecken, was an den Einfriedungen nicht rechtens war.) Eine Rebellion hätte man als ein Missgeschick betrachten können; zwei im gleichen Jahr wirkten fahrlässig – selbst gemessen an Tudor-Standards. Somersets Feinde machten sich auf, ihn zu töten, also schnappte sich Somerset den jungen König und rannte zum Hampton Court. Diese Aktion kam zu spät. Er musste sich sang- und klanglos ergeben und die Macht (und den kleinen König) seinem Erzrivalen, dem Herzog von Northumberland, übergeben.

Northumberland wollte England protestantischer machen (siehe Kapitel 12, um mehr Details darüber zu bekommen, was das bedeutete), aber ihm war klar, dass, wenn Eduard VI. sterben würde (und so wie er hustete konnte er jeden Tag tot umfallen), die Tochter von Katharina von Aragón, Maria, Königin werden würde. Maria war eine loyale Katholikin, sie würde sich also nicht nur der protestantischen Religion entledigen, sondern es bestand die sehr reale Gefahr, dass sie sich auch der Protestanten entledigen würde – wie zum Beispiel dem Herzog von Northumberland.

Die Auld Alliance

Die Engländer verbrachten viel Zeit damit, gegen die Franzosen und die Schotten zu kämpfen. Dass sie gegen beide gleichzeitig kämpften, war kein Zufall. Die Franzosen und die Schotten verband eine spezielle Beziehung und sie versuchten stets gemeinsam gegen die Engländer vorzugehen. Die Schotten nannten diese Beziehung die *Auld Alliance*. Die Engländer nannten sie eine verdammte Plage. Aber die Allianz konnte auch eine Plage für die Schotten sein. Die Franzosen profitierten sehr viel stärker von ihr und die schottischen Protestanten kämpften nicht gerne an der Seite französischer Katholiken gegen ihre protestantischen Glaubensbrüder, selbst wenn sie Engländer waren. Die Schotten hassten es auch, von der ultrakatholischen Guise-Familie, den fanatischsten Antiprotestanten ganz Frankreichs, gesagt zu bekommen, was sie tun und lassen sollten. Schottland hatte sehr viel ernstere Probleme als England (siehe den Abschnitt »Die Stewards in der Klemme«) und die Auld Alliance verschlimmerte sie.

Also schmiedete Northumberland ein Komplott, um sie zu stoppen. Er verheiratete seinen Sohn, Lord Guildford Dudley mit Lady Jane Grey, die irgendwie zum Haus Tudor gehörte (Enkelin der jüngsten Schwester von Heinrich VIII., wenn Sie es genauer wissen wollen, werfen Sie einen Blick auf Abbildung 11.1). Als Eduard VI. 1553 starb (er war erst 16), handelte Northumberland schnell und setzte Jane auf den Thron. Aber Maria spielte ihre Karten richtig aus. Sie reklamierte den Thron als Tochter ihres Vaters, ritt nach London und ließ die ganze Bagage, Northumberland, Jane und Guildford, in den Tower verfrachten. Jane war nur neun Tage lang Königin.

Queen Mary (nein, nicht der Ozeanriese) ist am bekanntesten dafür, Protestanten getötet zu habe, auch wenn, wie Kapitel 12 zeigt, dieses Bild von ihr wirklich nicht ganz fair ist. Wie jeder andere Tudor wollte sie verzweifelt einen Erben haben, aber sie wählte den falschen Ehemann: König Philipp II. von Spanien. Offiziell machte Philipps Ehe mit Maria ihn zum König von England (Sie finden beide auf den Münzen), was sich als Schuss in den Ofen für die Bevölkerung erwies. Sir Thomas Wyatt führte eine große Protestbewegung gegen ihn an und er erreichte London, bevor sie ihn aufhalten konnten. Spanien befand sich im Krieg mit Frankreich. Maria schloss sich auch an, und so kam es, dass sie Calais verlor.

Calais war seit den Tagen von Eduard III. englisch (zu Details siehe Kapitel 9) und es zu verlieren, schien ein Desaster zu sein. Maria war so außer sich über den Verlust, dass sie sagte, dass man nach ihrem Tode »Calais« in ihr Herz gemeißelt finden würde.

Aber die grausamste Wendung für Maria kam, als sie dachte, sie sei schwanger. Sie hatte aber Magenkrebs. Und er tötete sie.

Die religiöse Frage – Ist England katholisch oder protestantisch? – und die nachfolgenden Kämpfe zwischen den beiden Gruppen waren große Fragen, die die Regentschaften vieler britischer Monarchen prägten. Mehr über all diesen Religionskram – wer, was, warum tat – erfahren Sie in Kapitel 12.

Die Stewards in der Klemme

Drei Jahre nachdem Richard III. seinen Thron bei Bosworth verloren hatte (zu Details siehe den früheren Abschnitt »Das Erscheinen von Heinrich Tudor – und einer Reihe von Prätendenten«), verlor König Jakob III. von Schottland seinen Thron in der Schlacht von Sauchieburn. Schottische Rebellen, angeführt von Jakobs eigenem Sohn (zu seiner Ehrenrettung muss gesagt werden, dass er den Rebellen gesagt hatte, sie sollten seinem Vater keinen Schaden zufügen), fanden ihn nach der Schlacht und brachten ihn um. Mit dem Tode von Jakob III. wurde sein Sohn König Jakob IV.

Jakob IV. greift die Engländer an – und verliert

Jakob IV. war ein schwieriger Fall: Er brachte die rebellierenden schottischen Clan-Oberhäupter unter königliche Kontrolle, förderte die Wissenschaft und die Druckkunst und hielt glanzvoll Hof. Er heiratete Margaret, die Tochter von Heinrich VII., was ihn jedoch nicht davon abhielt, es mit den Engländern aufzunehmen. Im Jahr 1513, als Heinrich VIII. fort war, um gegen die Franzosen zu kämpfen, marschierte Jakob IV. nach Süden – ins Desaster. Er stieß auf eine englische Armee unter Führung von Katharina von Aragón (die erste Frau von Heinrich VIII.) bei Flodden nahe Edinburgh. Die englischen Kanonen zerrissen die Schotten in Stücke, und als die Schotten mit ihren langen Speeren angriffen, setzten die Engländer ihre *Hellebarden* (Speere, an deren Ende Beile befestigt waren) ein, um ihre Speerspitzen abzuschlagen. Es war ein Massaker. Die Engländer machten keine Gefangenen. Nahezu 12 000 Schotten starben an diesem Tag und Jakob IV. war einer von ihnen.

Ein neuer König und ein weiterer Machtkampf

Als Jakob IV. bei Flodden getötet wurde (siehe den vorherigen Abschnitt zu Details), war der neue König sein Sohn, Jakob V., ein 17 Monate alter Winzling, was bedeutete, dass die Macht in Schottland zu haben war. Die beiden sich gegenüberstehenden Seiten wurden angeführt von:

✔ **Königin Margaret:** Die Witwe von Jakob IV. und Schwester von Heinrich VIII., Margaret, war nun mit dem Herzog von Angus verheiratet. Sie führte die proenglische Partei an.

✔ **Der Herzog von Albany:** Es hätte ihm nichts ausgemacht, den Thron für sich selbst zu erobern. Er führte die antienglische (und folglich zugleich profranzösische) Partei an.

Der Machtkampf zwischen beiden wütete hin und her. Zuerst war Margaret an der Macht, dann übernahm Albany, dann landeten Margaret und Angus einen Coup und drängten Albany wieder hinaus, dann ließen sie und Angus sich scheiden und Angus behielt Jakob V. und weigerte sich, ihn herzugeben (Sie können dem noch folgen, nicht wahr?) bis Jakob V. 1528 entschied, dass es an der Zeit sei, alle daran zu erinnern, wer König war. Er floh aus Edinburgh, zog eine Armee zusammen und ließ den Earl of Angus einsperren. Jakob V. war erwachsen geworden. Mit 16 Jahren!

Aber welchen Weg würde Jakob einschlagen? Würde er proenglisch oder antienglisch sein? Jakob hatte seiner englischen Mutter oder dem Earl of Angus die Art und Weise, wie sie ihn eingesperrt hatten, nicht verziehen, eine proenglische Linie kam für ihn folglich nicht in Frage. Die *Auld Alliance*, der besondere Pakt zwischen Frankreich und Schottland, der besagte, dass sie gemeinsam gegen England vorgehen würden, kam wieder voll zum Tragen und Jakob wollte ihn durch eine Heirat mit einer französischen Prinzessin besiegeln. Seine erste französische Königin starb wenige Wochen nach ihrer Ankunft, aber 1538 heiratete er die mächtige, sehr antiprotestantische Maria de Guise. Jakob V. und Maria hatten eine Tochter, die ebenfalls Maria genannt wurde. Sie war gerade getauft worden, als Jakob gegen England in den Krieg zog. Der Krieg verlief nicht gut für die Schotten. Die Engländer zerstörten die schottische Armee in der Schlacht von Solway Moss. Jakob V. war fassungslos. Man erzählte sich, er habe sich hingelegt, sein Gesicht der Mauer zugewandt, und sei gestorben. Seine Babytochter – nur eine Woche alt – war nun Maria, Königin der Schotten.

Schlechte Ideen des 16. Jahrhunderts – Nr. 2: Maria, Königin der Schotten, heiraten

Jeder schien Maria heiraten zu wollen. Heinrich VIII. wollte sie für seinen Sohn Eduard, und als die Schotten sich zierten, entsandte Heinrich eine Armee, um sie zu erobern. Die Schotten nannten diesen Vorfall *rough wooing* (engl.»derbe Werbung«) und mussten einen Vertrag unterzeichnen, indem sie der Verlobung zustimmten, auch wenn sie sie bald widerriefen. Nachdem Eduard tatsächlich auf dem Thron war, kamen die Engländer zurück und gewannen einen weiteren Sieg bei der Schlacht von Pinkie, aber sie bekamen immer noch nicht Maria für ihren König. Die Schotten gaben nicht klein bei. Sie erhielten französische Verstärkung und schickten Maria nach Frankreich in Sicherheit. Sie würde den Dauphin heiraten, den ältesten Sohn des Königs von Frankreich, und die Engländer würden sich einfach damit abfinden müssen.

Maria liebte das Leben in Frankreich. Sie lebte am Hof wie eine französische Prinzessin. Aber sie hatte gute Aussichten auf mehr als das: Maria war im Begriff, drei Throne zu erben:

✔ **Schottland,** offensichtlich

✔ **Frankreich,** weil sie den französischen Thronerben geheiratet hatte

✔ **England,** weil den Engländern die Tudors ausgingen und Maria die Nächste in der Thronfolge war

Marias Anspruch auf den englischen Thron war komplexer, als einfach nur als Nächste an der Reihe zu sein. Den Katholiken zufolge war die Ehe von Heinrich VIII. mit Katharina of Aragón gültig und legal; seine Ehe mit Anne Boleyn, auf der anderen Seite, war unrechtmäßig. Und dieser Umstand bedeutete, dass Anne Boleyns Kind, Elisabeth, unehelich war. Und wenn Elisabeth illegitim war, dann hatte sie kein Recht, Königin zu sein. Also sollte es Maria sein. Nun.

Und dann begann alles für Maria schrecklich schiefzugehen:

✔ **1558** heiratete Maria Prinz Franz von Frankreich.

✔ **1559** wurde Franz König Franz II. und Maria Königin von Frankreich.

✔ **1560** starb Franz II. Nicht länger Königin von Frankreich musste Maria nach Schottland zurückkehren.

Marias Regentschaft in Frankreich war kurz und süß und sie hasste Schottland: Es war kalt und feucht. Schlimmer noch, dank eines finsteren alten Polterers namens John Knox war Schottland während ihrer Abwesenheit protestantisch geworden, was bedeutete, dass Maria ihre religiösen Überzeugungen für sich behalten musste.

Maria heiratete einen entfernten Cousin, gleichfalls Anwärter auf den englischen Thron, Heinrich Stewart, Lord Darnley. Zunächst war Darnley charmant und bald wurde ein kleiner Prinz geboren. Das Kind wurde Jakob genannt (nach seinem Großvater. Und seinem Ur-Großvater. Und seinem Ur-Ur-Großvater. Und seinem Ur-Ur-Ur-Großvater…). Aber dann veränderte sich Darnley. Er wurde ein betrunkener, gewalttätiger Grobian. Maria war todunglücklich und befreundete sich (und es mag wirklich nur Freundschaft gewesen sein) mit ihrem italienischen Musiklehrer-Sekretär-Schulter-um-sich-daran-auszuweinen David Riccio. Eines Nachts stürmten Darnley und seine Kumpanen in Marias Schlafzimmer und rissen Riccio von ihr weg und ermordeten ihn. Und dann spitzte sich die Lage wirklich zu:

1. Darnley wurde von Marias engem »Freund«, Lord Bothwell, in einen Hinterhalt in das Kirk o'Fields Haus gelockt.

2. Das Kirk o'Fields Haus explodierte.

3. Darnleys Leiche wurde im Garten gefunden – erdrosselt – und der Hauptverdächtige war Lord Bothwell.

4. Maria heiratete Lord Bothwell.

Was für ein Skandal! Die Abfolge der Ereignisse war einfach zu viel. Die schottischen Lords rebellierten. Bothwell floh (und endete in einem dänischen Gefängnis, wo er verrückt wurde) und die Lords nahmen Maria gefangen. Sie durchsuchten Bothwells Haus und fanden eine Schatulle voll mit Briefen von Maria, in denen der Mord geplant wurde (in Wirklichkeit waren diese Briefe mit an Sicherheit grenzender Wahrscheinlichkeit Fälschungen – so à la »und wenn wir ihn kalt gemacht haben, werde ich Dich heiraten« – aber wer sollte das glauben?). Maria gelang es zu entkommen, aber wohin sollte sie gehen? Frankreich? Zu weit. Nein, sie entschied, über die Grenze nach England zu gehen und sich der Gnade ihrer Cousine, Königin Elisabeth, auszuliefern.

Die erste Elisabeth

Elisabeth I. war Anne Boleyns Tochter und nicht auf den Kopf gefallen. Ihre Schwester, Königin Maria, hatte sie im Tower einsperren lassen, weil sie glaubte, Elisabeth schmiede ein Komplott gegen sie. Elisabeth wusste daher nur zu gut, wie gefährlich Politik im 16. Jahrhundert sein konnte. Als sie Königin wurde, musste sie sich sofort um drei Angelegenheiten kümmern: Religion, Sicherheit und ihre Verheiratung.

Das Thema Religion war dringlich und Elisabeth und das Parlament gründeten eine nicht-zu-protestantische Kirche von England, von der sie (fälschlicherweise) hofften, dass sowohl Katholiken als auch Protestanten sie besuchen würden (gehen Sie zu Kapitel 12, um mehr über die religiöse Frage zu erfahren).

Die Sicherheit war immer ein Problem – die Tudors wussten alles über Leute, die versuchten, sich des Thrones zu bemächtigen. Die beste Weise, sich gegen diese Gefahr zu wappnen, war es, einen Erben zu haben, und das bedeutete, dass Elisabeth einen Ehemann finden musste. Dies waren ihre Optionen:

✔ **König Philipp von Spanien:** Kein Witz: Er machte ihr einen Antrag. Die Engländer konnten ihn nicht ausstehen und – was viel wichtiger war – wenn Elisabeth ihn heiratete, würde England eine Art spanische Provinz werden. Nein, danke.

✔ **Ein französischer Prinz:** Politisch ergab dies Sinn. Es würde Frankreichs Allianz mit Schottland durchkreuzen und den König von Spanien vor den Kopf stoßen. Der französische König schickte seinen Sohn, den Herzog von Anjou hinüber und Elisabeth schien sehr interessiert zu sein. Sie tanzte mit ihm, nannte ihn ihren »Frosch« und ließ ihn zappeln. Bis er am Ende aufgab und nach Hause ging.

✔ **Robert Dudley, Earl of Leicester:** Ah, Elisabeth mochte ihn! Er war ihr »Robin«. Aber ein Problem gab es. Er war bereits verheiratet, mit einer Dame namens Amy Robsart – zumindest war er es, bis man die arme Amy eines Tages tot am Fuße ihrer Treppe fand. Sehr verdächtig. Nach diesem Zwischenfall konnte Elisabeth ihren Robin auf keinen Fall heiraten. Bedenken Sie den Skandal.

Wen auch immer Elisabeth wählte, es würde Ärger geben: Entweder Proteste oder ihr Ehemann würde versuchen, ihr das Heft aus der Hand zu nehmen. Also entschied sie, nicht zu entscheiden. Sie würde eine Jungfrau bleiben, nur mit ihrem Volk verheiratet und ihre Macht mit niemandem teilen. Keine leichte Entscheidung.

Die jungfräuliche Königin vs. die nicht-so-jungfräuliche Maria

Elisabeth wollte nicht über die Thronfolge sprechen, aber andere mussten es. Sie war erst ein paar Jahre auf dem Thron, als sie beinahe an den Pocken starb. Man sorgte sich, dass sie bei ihrer nächsten Erkrankung nicht so viel Glück haben könnte, sie zu überleben. Ihr engster Berater, Sir William Cecil, war furchtbar besorgt und das aus gutem Grund. Zunächst war da die Bedrohung durch Maria, Königin von Schottland, die bereits davon redete, die rechtmäßige Königin Englands zu sein und das Wappen Englands in ihr eigenes Wappen einzufügen. Zweitens und noch viel schlimmer war der große Schlag, der sie 1570 traf, als der Papst Elisabeth exkommunizierte. Ob es ihr passte oder nicht, sie war nun in ernster Gefahr.

Exkommunikation war die schlimmste Strafe, die die Katholische Kirche verhängen konnte. Diese Strafe bedeutete den Ausschluss aus der Kirche, ohne Hoffnung auf Erlösung nach dem Tode, außer man tat umfassend Buße. Im Falle eines Monarchen, wie Elisabeth, konnte Exkommunikation auch bedeuten, dass man kein Recht auf den Thron hatte und dass es loyalen Katholiken erlaubt war – ja sogar von ihnen erwartet wurde –, sie zu stürzen.

Katholische Verschwörungen gegen Elisabeth

Folgende katholische Verschwörungen gab es, um Elisabeth zu ermorden und Maria, Königin von Schottland, auf den Thron zu bringen:

✔ **Die Revolte der nordenglischen Earls, 1569:** Die Earls von Northumberland und Westmorland zettelten einen größeren Aufstand zur Rettung Marias an. Die Revolte wurde niedergeschlagen; die Earls flohen nach Schottland; Hunderte ihrer Anhänger wurden hingerichtet.

✔ **Die Ridolfi-Verschwörung, 1571:** Der florentinische Bankier Roberto Ridolfi und der katholische Herzog von Norfolk planten einen Coup mit der Hilfe von Philipp II. von Spanien und des Papstes. Die Verschwörung wurde aufgedeckt. Beide Verschwörer hingerichtet.

✔ **Die Jesuiten, 1580:** Die jesuitischen Missionare Robert Parsons und Edmund Campion gelangten heimlich nach England und wurden (fälschlicherweise) verdächtig, ein Komplott gegen die Königin zu schmieden. Champion wurde inhaftiert und exekutiert; Parsons entkam nach Spanien.

✔ **Die Throckmorton-Verschwörung, 1584:** Der Katholik Francis Throckmorton wurde verhaftet und gefoltert. Dabei gab er die Verschwörung mit dem spanischen Botschafter zur Ermordung Elisabeths und eine geplante französische Invasion Preis. Throckmorten wurde hingerichtet, der Botschafter nach Hause geschickt.

Diese Verschwörungen wurden immer ernster. Cecil und der Außenminister, Sir Francis Walsingham, entschieden, zur Holzhammermethode zu greifen. Maria wurde in immer strengerer Gefangenschaft in England festgehalten und sie ließen sie scharf bewachen. Vor allem lasen sie alle ihre Briefe, vor allem die geheimen, in einem Fass Bier versteckten – die ergaben, dass sie bis zum Hals in die Babington-Verschwörung verwickelt war.

Die Babington-Verschwörung (1586) und das Ende Marias

Der Katholik Anthony Babington plante, Elisabeth zu ermorden und brachte Maria, die Königin der Schotten, dazu, dem zuzustimmen. Das war der Moment, als Cecil und Walsingham, die Marias Korrespondenz gelesen hatten, die Entscheidung fällten zuzuschlagen. Sie hatten Maria genau da, wo sie sie haben wollten.

Herunter mit ihrem Kopf!

Noch bevor die Babington-Verschwörung ans Licht kam, wollte Cecil unbedingt, dass Elisabeth Maria tötete. Sie am Leben zu lassen, war viel zu gefährlich – nun, Sie verstehen warum. Aber Elisabeth wollte davon nichts wissen. Erstens war Maria ihre Cousine (nun, Großcousine). Zweitens war Maria keine englische Staatsbürgerin, wie konnte sie sie also des Hochverrats beschuldigen? Und drittens, aber am wichtigsten, Maria war ebenso wie Elisabeth eine Königin. Wenn man anfängt, Monarchen vor Gericht zu stellen und sie zu exekutieren, dann weiß der Himmel, wo das enden mag.

Aber selbst Elisabeth konnte die Babington-Verschwörung nicht ignorieren. Also wurde Maria, Königin von Schottland, angeklagt und das Gericht befand sie für schuldig. Alles was sie brauchten, war ein Todesurteil, und alles was dafür erforderlich war, war Elisabeths Unterschrift. Elisabeth wollte das Urteil nicht unterzeichnen, also legte ihr Sekretär es zwischen viele andere Papiere, die unterzeichnet werden mussten, sodass Elisabeth »vorgeben« konnte, nicht gewusst zu haben, dass es sich darunter befand. (Diese List kostete den Sekretär beinahe das Leben: Elisabeth versuchte es so aussehen zu lassen, als ob sie nichts davon gewusst hätte, und ließ den armen Kerl in den Tower schicken. Wenn Cecil nicht eingegriffen hätte, wäre er hingerichtet worden.)

Maria ging zu ihrer Hinrichtung in einem schwarzen Samtkleid. Sie riss es herunter, um ein blutrotes Kleid darunter zum Vorschein zu bringen, das symbolisieren sollte, dass sie sich als Märtyrerin verstand. Jedermann war zu Tränen gerührt. Es brauchte drei Anläufe, um ihren Kopf abzuhacken, aber als der Scharfrichter schließlich ihren Kopf an den Haaren hochhalten wollte, damit ihn jeder sehen konnte, fiel der Kopf herunter – ihr »schönes« Haar war eine Perücke. Selbst noch nach ihrem Tode konnte Maria allen die Schau stehlen.

Englische Freibeuter gegen die Spanische Armada

Während Elisabeths Regentschaft begannen die Engländer im Bereich der Seefahrt alles durcheinanderzubringen. Dafür gab es zwei Hauptgründe: Einer war Abenteuerlust, der andere war Geld. Man konnte versuchen, ein Vermögen zu machen, indem man einen Weg um die Spitze Kanadas herum zu den reichen Gewürzinseln Asiens fand (die »Nordwest-Passage«) oder man konnte einfach die Spanier bestehlen.

Die Spanier saßen auf Gold- und Silberminen in ihren Kolonien in Südamerika, also segelten Freibeuter wie John Hawkins und Francis Drake einfach zu den spanischen Kolonien, eröffneten das Feuer, nahmen was sie kriegen konnten und machten sich wieder vom Acker – und diese Unternehmungen machten sie sehr reich. Drake segelte sogar um die ganze Welt, um den Spaniern zu zeigen, dass sie zwar vor ihm weglaufen, sich aber nicht vor ihm verstecken konnten. Hawkins fand einen schönen lukrativen Markt, indem er die Spanier mit afrikanischen Sklaven versorgte. All diese Erfahrungen erwiesen sich für die Engländer als äußerst nützlich, nachdem Spanien entschieden hatte, den Spieß umzudrehen und England anzugreifen.

1588 hatte König Philipp II. von Spanien genug. Nicht nur griffen Drake, Hawkins und Co. seine Schiffe an, sondern Elisabeth schlug sie dafür auch noch zu Rittern. England musste ein für alle Mal eine Lektion erteilt werden. Und so stellte Philipp die größte Flotte der Geschichte zusammen, die Große Armada, und schickte sie nach England. Die Episode war ein vollständiges Desaster.

Alles ging schief. Philipps bester Kommandant starb, sodass er den Herzog von Medina Sidonia, der noch nie auf See gekämpft hatte und unter Seekrankheit litt, als Oberbefehlshaber einsetzen musste. Dann tauchte Drake plötzlich in Cádiz auf und brannte die noch im Hafen liegende Flotte nieder – Drake bezeichnete es als »das Ansengen des Bartes des Königs von Spanien«. Schließlich segelte die riesige Armada den Ärmelkanal hinauf in einer dichten halbmondförmigen Formation, die die Engländer nicht durchbrechen konnten. Stattdessen hinderten die Engländer die Spanier daran, in England zu landen. Die in Bewegung gehaltenen Spanier mussten in Calais anlegen, was bedeutete, dass sie nicht die mächtige spanische Armee in den Niederlanden an Bord nehmen konnten. Dann schickten die Engländer Brander – denken Sie an schwimmende unbemannte Bomben – in den Hafen von Calais. Die Spanier rannten panisch in alle Richtungen davon und ermöglichten den Engländern so, einen nach dem anderen aufzunehmen. Dann zwangen heftige Stürme die Spanier, weiter in den Norden zu segeln um Schottland und Irland herum, wo viele der Schiffe untergingen. Weniger als die Hälfte der Schiffe von Philipps Großer Armada schleppte sich zurück nach Spanien.

Ein aufkeimendes Imperium

Heinrich VII. begann mit der Tradition, englische Expeditionen nach Übersee zu schicken, als er John Cabot in die Neue Welt schickte, um zu sehen, was er dort finden könne (mehr zur

Neuen Welt, siehe Kapitel 19) – und er fand Neufundland. Aber Neufundland erschien öde und erst während Elisabeths Regentschaft begannen die Engländer ernsthaft, Nordamerika zu besiedeln. In den 1580ern gründete Sir Walter Raleigh eine Kolonie in Virginia, aber sie entwickelte sich nicht. Größeres Glück hatten die Engländer beim Handel mit Russland und dem Baltikum. Im Jahre 1600 stellte die Königin der Ostindienkompanie einen Freibrief aus, der die Grundlage für das britische Imperium in Indien und in Ostasien legte. (Um die ganze Geschichte zu erfahren, siehe Kapitel 19.)

Protestanten in Ulster

Am Ende ihrer Regentschaft, begannen sich Elisabeths Probleme richtig aufzutürmen. Sie inhaftierte nun protestantische Dissidenten ebenso wie Katholiken (siehe Kapitel 12, um herauszufinden, was los war) und das Parlament bereitete ihr Schwierigkeiten mit Handelsmonopolen und der Thronnachfolge und der Himmel weiß, was noch allem. Und dann brach 1594 eine ernste Rebellion im irischen Ulster aus. Sie schickte den schneidigen Earl of Essex aus, um sich der Sache anzunehmen, aber er erwies sich als ein hoffnungsloser Fall und preschte nach England zurück, um einen Umsturz zu planen – er hatte die verrückte Idee, Elisabeth zu heiraten und über das Land zu herrschen. Sie erledigte ihn schnell – ließ ihn festnehmen und köpfen. Aber damit blieb ihr immer noch das Problem mit den irischen Rebellen, und inzwischen erhielten sie spanische Unterstützung. Sie fand einen sehr viel besseren General in Lord Mountjoy, der die Rebellen mühelos in die Tasche steckte und ihre Anführer zur Flucht zwang.

Dann hatten die Engländer eine clevere Idee. Warum nicht protestantische Siedler in Ulster »anpflanzen«? Dann konnten sie Irland kontrollieren und sicherstellen, dass das Land keinen weiteren Ärger machte. Gesagt, getan. Sie begannen, starke, antikatholische, schottische Protestanten nach Ulster zu schicken und sich dort niederzulassen. Sie sind immer noch dort: die protestantischen Loyalisten von Ulster.

Sir Walter Raleigh: Ein elisabethanischer Gentleman

Sir Walter Raleigh musste nicht die ganze Welt umkreisen oder spanische Schiffe ausrauben, um seinen Ritterschlag zu erhalten: Er war ein echter elisabethanischer Gentleman, ein Höfling, ein Parlamentsmitglied und ein Soldat sowie ein Entdecker. Die Geschichte, wie er seinen Umhang über eine Pfütze legte, damit die Königin darüber gehen konnte, ist vermutlich nur eine Legende, aber sie zeigt, wie er in Erinnerung bleiben wollte – als galanter königlicher Höfling. Er gab ein kleines Vermögen dafür aus, seine Kolonie in der Neuen Welt, die er nach der jungfräulichen Königin Virginia benannt hatte (es geht nichts über Schmeicheleien), zum Laufen zu bringen, aber es funktionierte nicht: Zu viele Kolonisten starben und keiner interessierte sich wirklich für den Tabak und die Kartoffeln, die er mit zurückbrachte. Aber Raleigh half, eine andere Art von Kolonie zu gründen: Die Ansiedlung englischer Protestanten im katholischen Irland. Mehr darüber können Sie in dem Abschnitt »Protestanten in Ulster« lesen.

Don't let the sun go down on me

Elisabeth war die Vorstellung, alt zu werden, verhasst. Sie pflasterte sich mit Make-up zu und versteckte ihr dünner werdendes Haar unter einer großen roten Perücke. Künstler mussten eine Schablone ihres Gesichtes verwenden, die sie als gut aussehende junge Frau zeigte. Selbst als sie im Sterben lag, war Elisabeth noch eine Prinzessin und stolz darauf. Als ihr oberster Minister, Lord Robert Cecil (Sohn des alten Sir William – sie waren eine aufsteigende Familie), ihr sagte, sie müsse sich ausruhen, wandte sie sich ihm zu: »Muss! Ist muss ein Wort mit dem man Prinzessinnen anspricht? Kleiner Mann, kleiner Mann! Dein Vater, wäre er noch am Leben, hätte nicht gewagt, das Wort zu gebrauchen.« Aua!

Als der Tod näher rückte, wurde Elisabeth in den Thronraum getragen und auf die Stufen des Thrones gelegt. Ihre beinahe letzten Worte besagten, wer ihr auf dem Thron nachfolgen sollte: König Jakob VI., der Sohn von Maria, der Königin von Schottland. Heinrich VII. hatte seine Tochter Margaret mit dem König von Schottland verheiratet und nun sollte ein König von Schottland seinen Thron erben. Das Tudor-Rad kehrte zum Ausgangspunkt zurück: Wie würde es den Stewarts ergehen? Das erfahren Sie in Kapitel 13.

Eine brennende Frage: Die Reformation

In diesem Kapitel

▷ Die Rolle der Katholischen Kirche und die Auswirkung der Reformation auf Britannien

▷ Lernen Sie die Reformatoren kennen: Martin Luther, John Calvin und John Knox

▷ Der Bruch mit Rom durch Heinrich VIII.

▷ Die Kirchen Englands im Auf und Ab

▷ Die Entscheidung für den Protestantismus in Schottland

F ür spätere Generationen mag es so aussehen, als ob das 16. Jahrhundert von Religion besessen gewesen sei. Die Menschen zerbrachen sich den Kopf darüber, was mit ihnen nach ihrem Tode passiert, ob sie die Bibel lesen sollen oder nicht – und wenn ja, in welcher Sprache –, was während der Kommunion geschieht, was die Priester anziehen und ob sie heiraten sollen und eine ganze Reihe anderer Dinge. Wenn all diese religiösen Ängste ein bisschen so klingen wie die Sorge, wie viele Engel auf einem Stecknadelkopf tanzen können, bedenken Sie dies: Einige dieser Menschen starben für ihren Glauben und sie waren auch bereit, für ihn zu töten. Religion war ein zentrales politisches Thema, nicht nur während der Regierungszeit der Tudors, sondern auch in der darauffolgenden Stuart-Periode. Genau genommen werden Sie sehen, dass Religion im öffentlichen Leben Großbritanniens bis in die viktorianische Epoche hinein und darüber hinaus eine wichtige Rolle spielte. Dieses Kapitel erklärt, wie nicht nur eine, sondern mindestens zwei protestantische Kirchen in Britannien auftauchten, wie manche Leute am katholischen Glauben festhielten und welch schreckliche Dinge manche Leute taten, weil sie glaubten, dass Gott das will, was sie tun.

Religion im Mittelalter

Um wenigstens einigermaßen zu verstehen, was mit der Religion in Britannien während der Reformation passierte, müssen Sie zunächst die religiösen Vorstellungen der Menschen im Mittelalter verstehen. (Vielleicht hilft es Ihnen, einen Blick auf Abbildung 12.1 zu werfen, aber bleiben Sie zunächst bei dem katholischen Teil davon.)

Abbildung 12.1: Katholische und protestantische Theologie

Die Rolle der Katholischen Kirche

Die Katholische Kirche hatte stets behauptet, von Jesus Christus selbst gegründet worden zu sein und dass ihr erstes Oberhaupt der Heilige Petrus gewesen sei. Aus einer kleinen Gruppe in den Anfangsjahren hatte sich der Katholizismus bis zum Mittelalter in eine riesige internationale Organisation verwandelt, die ihren Hauptsitz mit dem Papst an der Spitze in Rom hatte. Die Päpste sahen sich quasi als Erben des römischen Kaisertums und in Bezug auf ihre Macht und ihren Einfluss waren sie es auch.

An der Spitze der Kirche stand der Papst. Der Papst war ein hochrangiges Kirchenmitglied, das in einer geheimen Zusammenkunft von anderen hochrangigen Kirchenleuten, den Kardinälen, gewählt wurde. (Der Theorie zufolge leitete der Heilige Geist die Wahl der Kardinäle, tatsächlich wurde sie aber von knallharten machtpolitischen Überlegungen geleitet.) Der Papst hatte enorme Autorität: Er konnte Erklärungen über den katholischen Glauben und die Glaubensdoktrin abgeben, Bischöfe, Erzbischöfe und Kardinäle ernennen (und entlassen) und absolut jeden exkommunizieren – ganz aus der Kirche rausschmeißen –, selbst den mächtigsten König oder Kaiser. Er konnte sogar ein Interdikt über ein ganzes Land verhängen – eine Art Massenexkommunikation. (Über England wurde einmal ein Interdikt verhängt; siehe Kapitel 8 zu Details.)

Der Papst war zugleich das Oberhaupt eines großen italienischen Zentralstaates und die Päpste waren bis zum Hals in die normalen politischen Gemeinheiten und Kämpfe verwickelt. Sie führten Armeen in die Schlacht und zeugten Kinder und beriefen sie dann in Spitzenpositionen. Papst Leo X., der 1513 gewählt wurde, entschied, den Vatikan zu einem fantastischen, luxuriösen Palast für sich umzugestalten. Das Auftreiben der Mittel dafür führte jedoch – irgendwie unerwartet – zur Reformation.

Bischöfe, Erzbischöfe und Kardinäle waren hochrangige Kirchenvertreter, die vom Papst ernannt wurden, um ihm zu helfen, die Kirche zu leiten. Weil sie gewöhnlich hoch gebildet waren, beriefen Könige und Kaiser sie gleichfalls auf hohe Staatsämter, was der Grund dafür ist, warum mittelalterliche Monarchen so erpicht darauf waren, ein Mitspracherecht zu haben, wer Bischof wird. Ein großer Streit entbrannte über die Ernennung der Bischöfe – es war einer der Gründe für den Streit zwischen Heinrich II. und Thomas à Becket (für mehr Informationen dazu siehe Kapitel 8). Einige Kleriker behaupteten sogar, der Papst hätte das Recht zu entscheiden, wer König sein könne und wer nicht. Aus diesem Grund unterstützte der Papst Wilhelm den Eroberer gegen König Harald 1066 (erläutert in Kapitel 7), und im Jahr 1570 meinte Papst Pius V., dass er das Recht habe, Königin Elisabeth I. zu exkommunizieren und die Katholiken aufzufordern, sie zu stürzen. (Mehr dazu im Abschnitt »Die Katholiken schlagen zurück«. Sie können auch zurück zu Kapitel 11 blättern.)

An der Basis gab es die gewöhnlichen Priester, die die Messen lasen und den gewöhnlichen Leuten in der Gemeindekirche die Beichte abnahmen. Aber selbst sie besaßen Macht und Einfluss. Die Priester waren oftmals die einzigen Menschen in der Gemeinde, die lesen und schreiben konnten und sie konnten über jeden Übeltäter eine schwere Buße verhängen – eine Strafe oder eine Sühne für eine Sünde. Die Gemeindemitglieder mussten der Kirche ein Zehntel, oder den Zehnten, von allem geben, was sie verdienten oder produzierten, und die Kirche musste eine ganz Reihe großer Zehntscheunen errichten, um das alles zu lagern. Priester sollten bescheiden, arm und keusch leben. Einige taten das, aber viele andere nicht.

Außerdem betrieb die Kirche alle Schulen und Universitäten, alle Krankenhäuser und Hospize, sie hatte ihre eigenen Gerichte und Gesetzbücher und sie konnte die zivilen Autoritäten zwingen, Strafen – selbst Todesstrafen – gegen jeden, der sich ihr entgegenstellte, zu verhängen. Um es auf den Punkt zu bringen – man verdarb es sich nicht mit der mittelalterlichen Kirche, wenn es sich vermeiden ließ.

Erlösung nach Art der Katholiken

Die Menschen im Mittelalter ertrugen diese mächtige Kirche, weil sie die Einzige zu sein schien, die sie von ewigen Qualen erlösen konnte. Der Katholischen Kirche zufolge, durchlief man nach dem Tode einen Selektionsprozess im Fegefeuer bevor die Buch führenden Engel entschieden, ob man in den Himmel oder die Hölle kam. Das Fegefeuer war eine Art himmlisches ärztliches Wartezimmer: Dort wurde man von seinen Sünden geläutert. Je sündiger man war, umso länger musste man im Fegefeuer bleiben. Wehe dem, der immer noch einige der hartnäckigeren Flecken auf seiner Seele am Tag des Jüngsten Gerichts hatte. (Wenn dieser Prozess kompliziert erscheint, werfen Sie einen Blick auf Abbildung 12.1.)

Wie konnte man die Zeit im Fegefeuer möglichst gering halten? Idealerweise, indem man ein unbescholtenes Leben führte, aber das gelang nur Heiligen. Alternativ konnte man Dinge tun, mit denen man sich eine Auszeit für gutes Benehmen verdiente (oder Gnade, um diese Vorstellung bei ihrem richtigen Namen zu nennen), und die Katholische Kirche machte dazu eine Reihe von Vorschlägen:

✔ **Sonntäglicher Besuch des Gottesdienstes:** Der Gottesdienst war (und ist es immer noch) die wichtigste Zeremonie in der Katholischen Kirche. Zentral für den Gottesdienst war die Eucharistiefeier, auch Heilige Kommunion genannt. Dort offerierte der Priester Brot und Wein, und der Theorie nach wurde beides wirklich zum Leib und Blut Christi. Er reichte dann das Brot den Leuten zum Essen (siehe den späteren Abschnitt über »Brot, Wein – und Ärger«, um zu verstehen, warum sie keinen Wein bekamen). Wenn sie nicht das Brot erhielten, so sagte die Kirche, würden sie nie in den Himmel kommen.

✔ **Zu einem Heiligen beten:** Das war relativ einfach – Heiligenstatuen waren in jeder Kirche verfügbar, um ihnen zu helfen – aber manche Heilige waren einflussreicher als andere. Am besten war es, über den Reliquien eines Heiligen zu beten – Sie wissen schon, dem Zehennagel des Heiligen Andreas oder einer Feder des Erzengels Gabriel.

✔ **Gute Werke tun:** Je besser die Werke, umso mehr Gnade heimste man ein.

✔ **Auf eine Pilgerfahrt gehen:** Wie viel Gnade man sich damit verdiente, hing davon ab, wohin man ging. Zu einem wichtigen Schrein zu reisen, wie dem vom Heiligen Thomas in Canterbury oder dem berühmten Schrein des Heiligen Jakob in Compostela in Spanien, brachte einem bedeutende Gnade ein.

✔ **Auf einen Kreuzzug gehen:** Bei dem Einsatz, den man zeigte, musste man nur für ein Wochenende ins Fegefeuer. Wenn einem das Glück beschieden war, auf einem Kreuzzug zu sterben, konnte man das Fegefeuer ganz umgehen und direkt in den Himmel kommen.

✔ **Ein Ablass:** Ein Ablass war ein »Raus-aus-dem-Fegefeuer-Freifahrschein«, der direkt vom Papst gewährt wurde.

Die Kreuzzüge waren bis zum 16. Jahrhundert vorüber, um das Fegefeuer also vollständig zu umgehen, brauchte man einen Ablass. Normalerweise musste man ihn sich verdienen, aber ein Dominikanermönch namens Johann Tetzel, der Ablässe verkaufte, war gerade in Deutschland aufgetaucht. Die Ablässe gab es jetzt auch gegen Geld. Und nicht nur für Sie, meine Dame. Diese neuen, verbesserten päpstlichen Ablässe funktionieren auch bei Leuten, die bereits im Fegefeuer sind! Wie Tetzel es ausdrückte: »Sobald das Geld im Kasten klingt, die Seele in den Himmel springt!«

Auftritt der Reformatoren

Frühere Kirchenmänner hatten gegen den Reichtum und die Korruption in der Kirche protestiert, wie John Wyclif und die Lollarden (siehe Kapitel 10, um mehr zu erfahren) und ein böhmischer Reformator namens Jan Hus. Aber die Präzedenzfälle waren nicht ermutigend. Hus wurde auf dem Scheiterhaufen verbrannt.

Martin Luther in Deutschland

Martin Luther (1483–1546) war ein katholischer Mönch, der nicht daran glaubte, dass man sich einfach seinen Weg in den Himmel erkaufen konnte. Wenn einfach irgendein missratener Priester Ablässe verkauft hätte, wäre Luther vielleicht nicht so bestürzt gewesen. Das wirkliche Problem war, dass Tetzel nicht auf eigene Faust handelte. Er hatte die Unterstützung des Papstes (das Geld war für den St.-Peter-im-jüngsten-Renaissance-Stil-Fond von Papst Leo X. bestimmt). Wenn Luther Recht hatte und man sich den Weg in den Himmel nicht erkaufen konnte, bedeutete dies, dass der Papst Unrecht hatte. Also blieb Luther bis spät in die Nacht im Turm seines Augustinerklosters wach, um dieses Rätsel zu lösen. Wenn der Papst in Bezug auf die Erlösung im Unrecht war, wer hatte dann Recht? Die Ergebnisse zu denen Luther nach langem Kopfzerbrechen kam, sollten Europa nachhaltig verändern:

✔ **Man muss nichts tun, um in den Himmel zu gelangen:** Man muss nur an Jesus glauben.

✔ **Man muss nicht auf Pilgerfahrten gehen oder Heilige anbeten (einschließlich der Jungfrau Maria):** Alles was man braucht, ist die Bibel. (Luther hielt es für eine gute Idee, gewöhnliche Menschen die Bibel selbst lesen zu lassen.)

✔ **Priester (einschließlich des Papstes) haben keine besonderen Kräfte:** Sie können Wasser nicht in Wein verwandeln – oder Brot und Wein in den Leib und das Blut Christi. Und wo wir gerade dabei sind, in der Bibel steht auch nirgendwo geschrieben, dass Priester nicht heiraten können, wenn sie es wollen.

Luthers Auffassungen brachten ihn in ernste Schwierigkeiten. Ohne die Einmischung seines Kurfürsten wäre er auf Anordnung des Papstes oder des Kaisers des Heiligen Römischen Reiches (der weder Heilig noch Römisch, sondern Habsburger war) getötet worden. Einige deutsche Fürsten, die aufseiten Luthers standen, protestierten gegen die Art und Weise, wie der Kaiser Luthers Unterstützer attackierte, und wurden bekannt als Protestanten.

Johannes Calvin

Bedeutendes ereignete sich auch in der Schweiz. Ein französischer Jurist namens Johannes Calvin (1509–1564) war zum Prediger der Genfer Stadtkirche ernannt worden und er hatte einige interessante neue Vorstellungen davon, wie man in den Himmel gelangt. »Es ist leicht«, sagte er. »Einigen Menschen ist es vorbestimmt in den Himmel zu kommen, noch bevor sie geboren sind, und anderen ist es vorbestimmt in die Hölle zu kommen. Die Glücklichen sind die Erwählten, die Glücklosen die Verdammten. Wenn man sehr streng zu sich ist, viel betet, jeden Tag die Bibel liest und ganz allgemein keinen Spaß hat, dann ist das ein ziemlich sicheres Zeichen dafür, dass man einer der Erwählten ist; aber wenn man trinkt oder spielt, dann ist man einer der Verdammten.« Dieser Gedanke ist auch als *Prädestinationslehre* bekannt. (Siehe Abbildung 12.1, um eine Vorstellung davon zu erhalten, wie Calvins Vorstellungen funktionierten.)

Dies sind Regeln aus Johann Calvins Kirchenordnung:

✔ **Jede Gemeinde wählt ihren eigenen Pfarrer.** Keine Priester mit besonderen Befugnissen.

✔ **Keine Bischöfe mit albernen Hüten. Pfarrer wählen einen Ältestenrat, der die Kirche leitet.** (Jedoch kann es sein, dass auch Älteste alberne Hüte tragen.)

✔ **Pfarrer tragen schlichte schwarze Talare zur Predigt.** Keine, wiederholen Sie, keine prunkvollen Ornate.

✔ **Bilder, Leuchter, Kommunionsbänke, Statuen und Glasmalerei sind des Teufels und sollten zerschlagen werden.** Tüncht die Wände weiß.

✔ **Keine besonderen Altäre.** Nur ein schlichter Abendmahlstisch für das Brot und den Wein.

Es existiert ein sehr wichtiger Nachtrag: Calvins Anhänger arbeiteten eine Idee heraus, die sie die *Widerstandslehre* nannten. Sie besagte, dass, wenn man einen »gottlosen« Monarchen hat (»gottlos« bedeutete »ist nicht einer Meinung mit Calvin«), man das Recht – nein, die Pflicht – hat, ihm Widerstand zu leisten. Oder ihr. Wenn erforderlich, ihn sogar zu töten. Diese Idee kam bei den europäischen Monarchen nicht gut an – weder den Katholiken noch den Protestanten!

John Knox

John Knox (1514–1572) war ein bemerkenswerter Mann. Wie Luther begann er als katholischer Priester, aber er änderte seine Meinung, nachdem er George Wishart, einen führenden schottischen Reformator kennengelernt hatte, und er war zutiefst schockiert, als Kardinal Beaton (der Erzbischof von St. Andrews) Wishart auf dem Scheiterhaufen verbrennen ließ.

Knox hielt es nur für fair, dass der Kardinal später von einer wütenden Gruppe schottischer protestantischer Lords ermordet wurde (siehe den Abschnitt »Schottland geht seinen Weg« für mehr Informationen über die Reformation in Schottland): »Von diesen Dingen schreiben wir fröhlich!«, schrieb Knox.

Als die katholischen Franzosen St. Andrews angriffen, landete Knox als Gefangener auf den französischen Galeeren, bis Eduard VI. (der Sohn von Heinrich VIII.) ihn befreite. Aber Knox musste schnurstracks nach Genf gehen, als Maria, Heinrichs katholische Tochter auf den Thron kam. In Genf begeisterte Knox sich für Johannes Calvin (siehe den vorherigen Abschnitt) und begann Calvins Worte unter den englischen Exilanten in Deutschland zu verbreiten. Er verfasste auch das berühmte Pamphlet gegen weibliche Herrscher *The First Blast of the Trumpet Against the Monstrous Regiment of Women* (»Der erste Trompetenstoß gegen die monströse Herrschaft der Frauen«). Schlechte Terminwahl. Knox schrieb über Maria Tudor und Marie de Guise, aber das Pamphlet erschien just, als Elisabeth Königin von England wurde. Knox schickte ihr einen Brief, in dem er unterwürfig schrieb: »Natürlich meinte ich nicht Euch, Euer Majestät…« Elisabeth glaubte ihm nicht.

Zurück in Schottland traf Knox auch Maria, Königin von Schottland – fünfmal. Er legte nicht viel Wert auf Etikette; er belehrte sie genauso wie er jeden anderen belehrte. Er nannte sie einen Sklaven Satans und verglich sie mit der boshaften Königin Isebel in der Bibel, womit er sagen wollte, die Schotten sollten Widerstand gegen sie leisten, ehe sie das ganze Land hinab in die Hölle zog. Als Marias Ehemann Darnley in Kirk o'Fields ermordet wurde und Maria den Hauptverdächtigen heiratete (siehe Kapitel 11 für die Details dieser Ereignisse), sagte Knox, er sei nicht überrascht und der Meinung, sie sollte hingerichtet werden. Er lebte nicht lang genug, um Marias Tod zu erleben. Er starb 1572. Sie können darauf wetten, dass er nicht erwartete, auf Maria im Leben nach dem Tode zu stoßen.

Zurück in England mit Heinrich VIII.

Heinrich VIII. interessierte sich sehr für Theologie und er konnte Martin Luther nicht leiden. Er schrieb sogar ein Buch, das genau herausarbeitete, wo er glaubte, Luther habe seinen Glauben falsch verstanden. Der Papst war so erfreut darüber, dass er Heinrich einen besonderen Titel, *Fidei Defensor* (»Verteidiger des Glaubens«), verlieh. Sie können noch heute die Buchstaben FD auf britischen Münzen sehen. Doch trotz Heinrichs Buch und seinen Gefühlen Luther gegenüber, begannen sich englische Gelehrte für Luthers Ideen zu interessieren, und seine Bücher fanden ihren Weg nach Oxford und Cambridge, wo die nächste Priestergeneration unterrichtet wurde.

Heinrichs Probleme mit dem Papst waren nicht theologischer Natur; es handelte sich vielmehr um das, was man *The King's Great Matter* nannte. Heinrich wollte, dass der Papst ihm die Scheidung von seiner Königin, Katharina von Aragón, erlaubte, sodass er Anne Boleyn heiraten konnte (siehe Kapitel 11, um zu erfahren, warum Heinrich Katharina loswerden wollte und warum seine anderen Ehen ebenfalls nicht so gut verliefen). Als der Papst nicht mitspielen wollte, entschied Heinrich, mit der römischen Kirche zu brechen und eine Englische Kirche zu gründen, deren Haupt er selbst wurde.

Der Bruch mit Rom

Zunächst war alles, was Heinrich wollte, eine Kirche, die ihm seine Scheidung gewährte. Um diese Kirche zu bekommen, musste er den Papst von der Bildfläche verschwinden lassen. Also erließ er 1532 eine Reihe von Gesetzen, die die Menschen davon abhalten sollten, Rom anzurufen, um zu verhindern, dass Anordnungen des Papstes England erreichten. Diese Gesetze schrieben auch vor, dass alle Untertanen Heinrichs einen Eid schwören mussten, dass sie Heinrich als Oberhaupt der Kirche anerkennen würden. Einige leisteten Widerstand. Sir Thomas Morus und der Bischof John Fisher von Rochester zum Beispiel weigerten sich, den Eid zu schwören, und Heinrich ließ beide deswegen hinrichten. Die Mönche der Londoner Kartause weigerten sich ebenfalls, den Eid zu leisten, und Heinrich ließ sie erhängen, ausweiden und vierteln. Wenig überraschend folgten die meisten Leute Heinrich.

Dann ging Heinrich gegen den populärsten Pilgerkult in England vor: den Schrein von St. Thomas von Canterbury. Dieser Heilige war Thomas Becket, der Erzbischof, der den Papst gegen König Heinrich II. unterstützt hatte und ein Märtyrer wurde, als die Männer von Heinrich II. ihn in der Kathedrale von Canterbury töteten (siehe Kapitel 8 zu Details dieses Ereignisses). Die Parallelen zu Heinrich VIII. waren doch etwas zu offensichtlich, meinen Sie nicht auch? Also ließ Heinrich den Schrein zerstören und sagte allen, dass sie das Gleiche mit allen Bildern oder Statuen, die sie von St. Thomas hatten, tun sollten.

Schließung der Klöster

1536 war Heinrich VIII. knapp bei Kasse und Thomas Cromwell, ein Protestant und Lordkanzler Heinrichs, hatte eine Idee, wie man an Geld kommen konnte: durch die Schließung aller Klöster. Mönche sollten arm sein, aber ihre Klöster besaßen enorme Summen, einige davon in Land und andere in Schätzen wie goldene und silberne Altarkelche. Heinrichs Augen leuchteten auf. Aber sie konnten die Klöster nicht einfach so schließen, also schickte Cromwell seine Männer aus, um die Klöster zu untersuchen und dreckige Details aufzudecken – was sie auftragsgemäß taten.

Cromwells Männern zufolge, konnte man sich vor lauter Goldsäcken und Jungfrauen vergewaltigenden Mönchen kaum bewegen. Heute wäre dies ein gefundenes Fressen für die Boulevardpresse gewesen. Aber auch damals war es genau das, was Cromwell brauchte, um die Klöster schließen zu lassen und die Mönche hinaus in die Welt zu jagen, damit sie sich auf ehrliche Weise ihren Lebensunterhalt verdienten. Seine Männer entfernten sogar das Blei von den Dächern. Dies ist der Grund, warum sie bis heute diese schlichten, aber schönen Ruinen großer Klöster bei Fountains, Riveaulx und Tintern im Grünen der englischen und walisischen Landschaft sehen können. Die Schließung der Klöster war Auslöser für die größte Herausforderung, der sich Heinrich während seiner ganzen Regierungszeit stellen musste: _der Pilgerreise der Gnade._

Die Pilgerreise der Gnade

Lassen Sie sich von dem Namen nicht in die Irre führen. Die Pilgerreise der Gnade war eine bewaffnete Rebellion. Die größte und ernsteste, der sich das England der Tudors je gegenüber sah. Die Rebellion begann in Lincolnshire und breitete sich dann nach Yorkshire aus, wo ein örtlicher Landbesitzer namens Robert Aske ihr Anführer wurde. Die Rebellen waren über viele Dinge erzürnt: Sie mochten die neuen von Heinrich eingeführten Steuern nicht und sie mochten es nicht, dass lokale Lords Gemeindeland einfriedeten (mehr dazu finden Sie in Kapitel 14). Aber vor allem war den Rebellen verhasst, was Cromwell der Kirche antat. Sie wollten Cromwell loswerden und ihre Klöster zurückhaben. Und sie glaubten, Heinrich würde ihnen zuhören. Ja, sie waren ein wenig naiv.

Die Pilger hatten ein großes Banner, das die fünf Wunden Christi zeigte (die ihm am Kreuz zugefügt wurden) und sie beteten und sangen Choräle während sie marschierten. Heinrich schickte eine Armee nach Norden unter dem Befehl des Herzogs von Norfolk, der sich den Rebellen entgegenstellen sollte. Aber als der Herzog ankam, wurde ihm klar, dass er nicht genug Leute hatte. Also versuchte er sie hinzuhalten. Er sagte den Pilgern, dass der König, wenn sie alle nach Hause gingen, ihnen ein Generalpardon erteilen und ihre Forderungen erfüllen würde. Die armen Teufel glaubten ihm. Norfolk zog weitere Männer zusammen und schlug zu. Razzia im Morgengrauen. Aske und rund 250 der Pilger wurden an den Stadtmauern und auf dem Dorfanger aufgehängt, um zu zeigen was passiert, wenn man es wagt, auch nur den kleinen Finger gegen König Heinrich VIII. zu erheben.

Die Kirche von England: Eher protestantisch oder eher katholisch?

Welche Art von Kirche wollte Heinrichs neue Kirche von England sein? Das war die große Frage und selbst Heinrich schien sich nicht so ganz sicher zu sein.

Protestantischen Vorstellungen zugeneigt...

Heinrich beseitigte den Papst, verbot Pilgerfahrten und ließ Bilder und Statuen von Heiligen zerstören. Er schloss Klöster. Und, was am allerwichtigsten ist, er stimmte der Herausgabe einer englischen Bibel zu. Wenn Sie dieses Kapitel von Anfang an gelesen haben, werden Ihnen diese Ideen bekannt vorkommen. Mit diesen Maßnahmen schien Heinrich genau das zu tun, was laut Martin Luther jeder tun sollte.

Würde die Kirche von Heinrich VIII. also protestantisch sein? Heinrichs Lordkanzler, Thomas Cromwell, war Protestant ebenso wie Anne Boleyn und Anna von Kleve (Heinrichs Frau 1536). Als Heinrich die »10 Artikel« veröffentlichte, die erklärten, woran die Kirche glaubt, schien er ebenfalls Protestant zu sein. Aber dann schien er ganz plötzlich seine Meinung zu ändern.

Übersetzungsschwierigkeiten

Sie würden kaum glauben, dass die Übersetzung der Bibel ins Englische große Schwierigkeiten bereiten würde, aber da irren Sie sich. Die Katholische Kirche, die den gewöhnlichen Leuten das Lesen der Bibel nicht zugestand – das wollte sie den Priestern vorbehalten – hatte eine lateinische Übersetzung, die *Vulgata*, verwendet, bis Erasmus von Rotterdam, einer der führenden Renaissancegelehrten, herausfand, dass sie voller Fehler war. Ich kann Ihnen sagen, das gefiel dem Vatikan gar nicht. William Tyndale legte ein Neues Testament auf Englisch vor, das jeder lesen konnte, aber er geriet dafür in Schwierigkeiten mit Heinrich VIII. (das war in Heinrichs Ich-hasse-Luther-Zeit) und er musste ins Ausland fliehen. Und dann ließen die Holländer ihn auf Bitten von Heinrich VIII. hinrichten. »Oh Herr!«, soll Tyndale gesagt haben, »öffne die Augen des Königs von England!« Vielleicht tat er es, denn als Miles Coverdale eine vollständige englische Bibel einige Jahre später vorlegte, wurde sie Heinrichs »offizielle« Bibel, die an jede Gemeinde verteilt wurde. Ihr Titelbild zeigte sogar Heinrich VIII., wie er seinem Volk das Wort Gottes gab. Als Heinrichs katholische Tochter Maria auf den Thron kam, zogen die englischen Protestanten nach Genf, wo sie ihre eigene *Genfer Bibel* (auch bekannt als »Breeches Bible«, weil sie besagt, dass Adam und Eva Feigenblätter ergriffen und sich Hosen (engl. »breeches«) daraus machten, als ob sie Nähmaschinen im Garten Eden gehabt hätten!). Bald wurde auch eine konkurrierende katholische englische Bibel erstellt! Am Ende war es König Jakob I., der die Gelehrten dazu brachte, gemeinsam die definitive *Authorised Version* oder *King-James-Bibel* zu erarbeiten, die so schön geschrieben war, dass sogar die Katholiken sich nicht wirklich beschweren konnten.

Rückwendung zu katholischen Vorstellungen...

Als die Ehe von Heinrich VIII. mit Anna von Kleve auseinanderbrach (siehe Kapitel 11, um herauszufinden warum), hatte dies zur Folge, dass er sich von Thomas Cromwell und seinen deutschen protestantischen Freunden abwendete. Als die Bischöfe mit einem Buch ankamen (nicht sehr einfallsreich »Bischofs-Bibel« genannt) mit allen Arten von Ideen, wie man die Kirche von England protestantischer machen könnte, mochte Heinrich sie kein bisschen. Heinrich bekam sogar Zweifel hinsichtlich Bibel lesender Leute. Er hörte auf, Abschriften zu verteilen, und sagte dem Volk, dass es das Lesen der Bibel den Priestern überlassen sollte. Im Jahr 1539 schließlich brachte Heinrich das Parlament dazu, das *Gesetz der Sechs Artikel* zu verabschieden, das genau besagte, woran diese Kirche von England glaubte:

✔ **Transsubstantiation:** Brot und Wein verwandelt sich in den Leib und das Blut Christi, wenn der Priester die Einsetzungsworte spricht.

✔ **Die Gemeinde sollte nur das Brot bei der Kommunion erhalten, nicht den Wein:** Dies war eine sehr katholische Vorstellung.

✔ **Priester sollten nicht heiraten, weil Gott es so wollte:** Eine weitere katholische Vorstellung.

✔ **Privatmessen (für die die Leute zahlten, oftmals für die Seelen im Fegefeuer) waren zulässig:** Dies entsprach gar nicht dem, was Protestanten dachten.

✔ **Witwen durften nicht wieder heiraten:** Heinrich befürwortete das (katholische) Zölibatsgelübde.

✔ **Jeder musste zur Beichte gehen:** Und die Strafe dafür, dies zu leugnen? Tod!

Es gab ein Wort für das, was Heinrich tat, aber das Wort war nicht protestantisch. Sehr viele Protestanten verließen das Land, solange sie noch konnten, und gingen nach Genf. Waren sie einmal dort, war es nur noch eine Frage des Wartens – darauf, dass Heinrich VIII. starb.

Gott ist auf unserer Seite! – Die Protestanten und Eduard VI.

Die englischen Protestanten waren sehr erleichtert, als Eduard VI. 1547 den Thron bestieg. Obwohl er erst neun war, hatte man ihn alles über die protestantische Religion gelehrt. Der Erzbischof von Canterbury, Thomas Cranmer, wurde auch immer protestantischer. Zunächst einmal heiratete er und verbot Statuen und Bildnisse der Jungfrau Maria. Aber während Eduards Regentschaft musste eine wichtigere Frage gelöst werden: Wurde das Brot und der Wein während der heiligen Messe wirklich Christi Leib und Blut oder nicht?

Brot, Wein – und Ärger

Die Frage, was mit dem Brot und Wein passierte war entscheidend. Die Katholische Kirche sagte, dass in dem Moment, in dem der Priester die Worte »Dies ist mein Leib, dies ist mein Blut« spricht, das Brot und der Wein wirklich Leib und Blut Christi werden. Diese Idee wurde Transsubstantiation genannt. Luther stimmte dieser Idee mehr oder weniger zu, auch wenn er glaubte, dass sie zu einer Art Mischung aus Brot-und-Leib und Wein-und-Blut wurden, die er Konsubstantiation nannte. Calvin aber lehnte die ganze Vorstellung ab, weil sie den Anschein erweckte, als ob die Priester besondere magische Fähigkeiten hätten. Also behaupteten die Protestanten, dass Brot und Wein Brot und Wein blieben, und dass man sie im Gedenken an das Letzte Abendmahl zu sich nahm, nichts weiter.

Einen weiteren Punkt gab es. Weil die Katholische Kirche glaubte, dass der Wein das Blut von Jesus wurde, war es absolut entscheidend, ihn nicht zu verschütten. Um auf der sicheren Seite zu sein, trank nur der Priester den Wein – alle anderen mussten sich mit dem Brot zufrieden geben. Mit der Zeit begann die Katholische Kirche so zu tun, als ob nur ihre Priester den Wein trinken dürften und dies wurde zu einer weiteren Frage, über die die Protestanten und Katholiken debattierten.

Als Cranmer sich hinsetzte, um 1549 das *Book of Common Prayer* oder *Prayer Book* zu schreiben (das Buch, das die Worte und die Liturgie festlegte, die man von nun an in den englischen Kirchen anstelle der katholischen Messe sprechen würde), musste er in der Frage des Brotes und des Weines sehr vorsichtig sein. Bei den Details blieb er bewusst vage.

Der Text sagte nicht wirklich, dass das Brot der Leib und der Wein das Blut ist, aber ebenso wenig sagte er, dass sie das nicht sind. Aber die Katholiken wollten von derartigen Unklarheiten nichts wissen. Sobald die *Prayer Books* erschienen, kam es zu einem großen katholischen Aufstand in Devon und Cornwall, der nur mit einer riesigen Armee niedergeschlagen werden konnte. (Siehe Kapitel 11 für die politischen Auswirkungen dieses Aufstandes.) Unterdessen hatte Cranmer Zweifel. Protestantische Zweifel. Also überarbeitete er das Buch 1552 noch einmal gründlich.

Die Botschaft der zweiten Fassung war klar: Brot ist Brot und Wein ist Wein und nichts anderes. Aber innerhalb eines Jahres starb Eduard VI. und seine katholische Schwester Maria gelangte auf den Thron. Also gab es keine weiteren *Prayer Books* und Artikel. Die heilige Messe war zurück und mit ihr der Papst.

Wir sind auf der Seite Gottes! – Die Katholiken und Königin Maria

Königin Maria ist eine der Personen mit dem schlechtesten Ruf in der Geschichte. Okay, nicht so schlecht wie Jack the Ripper, aber nicht sehr viel besser. Jahrelang behaupteten Historiker, Maria habe die Engländer gezwungen, katholisch zu werden, und dabei Hunderte von Protestanten verbrannt, was ihr den Beinamen *Bloody Mary* (»die blutige Maria«) einbrachte. Selbst einen Cocktail benannten sie nach ihr.

Jetzt vermuten die Historiker, dass die meisten Engländer bis weit in Elisabeths Regentschaft hinein ganz zufrieden damit waren, katholisch zu sein. Sie mochten die von Heinrich VIII. eingeführten Veränderungen nicht und sie hassten das *Prayer Book* von 1552, auch wenn es nur ein Jahr überdauerte. Als Maria auf den Thron kam und die Katholische Kirche wieder einsetzte, wurde daher allgemein ein Seufzer der Erleichterung laut.

Ein guter Anfang, gefolgt von einigen schlechten Entscheidungen

Maria hatte einige sehr fähige Bischöfe, die ihr halfen, vor allem ihren neuen Erzbischof von Canterbury, Kardinal Pole. Pole war kein emporgekommener Metzgersohn wie Kardinal Wolsey (siehe Kapitel 11), sondern ein richtiger Aristokrat von königlichem Geblüt. Die Leute holten ihre alten Messbücher raus und kramten ihre Heiligenstatuen vom Dachboden herunter. Dann traf Maria einige sehr törichte Entscheidungen:

✔ **Sie heiratete König Philipp von Spanien:** Dies musste zwangsläufig unpopulär sein, und das war es auch.

✔ **Sie ließ Protestanten verbrennen:** Nicht ganz so unpopulär, wie Sie glauben mögen – vergessen Sie nicht, dass dies eine Zeit war, in der man öffentlich ausgeweidet werden konnte. Aber die Leute mochten es nicht, wenn das Opfer arm war oder wenn Gruppen von Protestanten gemeinsam verbrannt wurden.

✔ **Sie zog gegen Frankreich in den Krieg:** Normalerweise kämpften die Engländer nur zu gerne gegen die Franzosen, aber diesmal wurden sie nur da hineingezogen, um Philipp zu helfen, und dann zog Maria los und verlor Calais. Das haben sie ihr nie wirklich verziehen.

Bloody Mary

Marias Regentschaft ist vor allem bekannt für ihre Politik der Festnahme und Verbrennung von Protestanten.

Katholiken und Protestanten glaubten nicht nur, dass die andere Seite im Unrecht sei, sondern dass sie tatsächlich böse sei und gestoppt werden müsse. Aber man hatte auch die christliche Pflicht, sie zu retten, wenn man konnte. Dafür mussten die Protestanten sich zunächst outen (»Hallo. Ich bin Bob. Und ich bin – bin … Anglikaner.«) Dann mussten sie bereuen. Schließlich mussten sie verbrannt werden, denn durch die Verbrennung gab es die Möglichkeit, dass das Feuer ihre Seelen reinigte – die alte Fegefeuervorstellung (siehe den Abschnitt »Erlösung nach Art der Katholiken«). Die berühmtesten Verbrennungen fanden in Oxford statt, als Thomas Cranmer (der, der so hart an dem *Book of Common Prayer* gearbeitet hatte) verbrannt wurde, sowie die anglikanischen Bischöfe Hugh Latimer und Nicholas Ridley.

Historiker streiten darüber, wie die Verbrennungen zu bewerten seien. Einige weisen darauf hin, dass Marias Verfolgungen mild waren im Vergleich zu den Verfolgungen auf dem Kontinent, was vermutlich richtig ist, aber für die englische Bevölkerung zu der Zeit als Argument keine große Bedeutung hatte. Andere sagen, durch sie hätten sich viele Menschen erst von der Katholischen Kirche abgewandt. Im Großen und Ganzen sind sich die Historiker aber einig, dass Maria und Kardinal Pole, ihr Erzbischof von Canterbury, sehr erfolgreich dabei waren, die Katholische Kirche wiederzubeleben. Hätten sie etwas länger gelebt, wäre England vielleicht ein katholisches Land geblieben. Aber sie taten es nicht. Sie starben am gleichen Tag im Jahr 1558 und Elisabeth kam auf den Thron. Die Katholiken hatten ihre Chance verpasst.

Elisabeth löst das Problem … oder nicht?

Religion stand ganz hoch oben auf der Prioritätenliste von Elisabeth als sie den Thron bestieg. Zu ihrem Glück traten alle Bischöfe von Königin Maria von ihren Ämtern zurück, sodass sie neue ernennen konnte, die das guthießen, was sie wollte. Und was sie wollte war protestantisch mit katholischen Einsprengseln:

✔ **Elisabeth sollte Supreme Govenor (»Oberster Statthalter«) der Kirche sein,** nicht Oberhaupt wie Heinrich VIII. Supreme Govenor bedeutete, dass das wirkliche Oberhaupt der Kirche Gott war.

✔ **Ihre Kirche von England sollte richtige Bischöfe haben,** mit albernen Hüten und so.

✔ **Die Priester ihrer Kirche sollten Ornat tragen.** Die Ornate mussten nur weiße Chorhemden aus Baumwolle sein, die über einem schwarzen Talar getragen wurden, aber sie mussten getragen werden. Elisabeth wollte, dass ihre Priester wie Priester aussahen.

✔ **Einige Heiligentage und Festtage konnten bleiben.** Elisabeth wusste genau, was das Volk wollte.

✔ **Neununddreißig Artikel fassten das zusammen, woran die Kirche von England glaubte.** Die Artikel enthalten sehr viel calvinistisches Gedankengut – Artikel 17 handelt von der Prädestination –, aber auch sehr viel von Elisabeth. Artikel 21 verbietet der Kirche eine Beratung abzuhalten, ohne die Erlaubnis des Monarchen, und Artikel 35 betont die Autorität der Königin und ihres Magistrats.

✔ **Es sollte ein neues Gebetsbuch geben.** Was die heikle Frage von Brot und Wein anging (siehe den früheren Abschnitt »Gott ist auf unserer Seite – die Protestanten und Eduard VI.« und »Brot, Wein – und Ärger« für Details zu diesem Dilemma), fanden sie eine sehr clevere Lösung, den Text so zu formulieren, dass er implizierte, dass Brot und Wein der Leib und das Blut Christi sind und zugleich nicht sind.

Das nennt man zwei Fliegen mit einer Klappe schlagen, meine Freunde! Aber wenn Elisabeth glaubte, durch ihre Lösung des Konfliktes würde sie alle für sich gewinnen können, irrte sie sich.

Die Katholiken schlagen zurück und aus

Im Jahr 1570 exkommunizierte Papst Paul V. Elisabeth, was bedeutete, dass es den Katholiken erlaubt war, gegen sie einen Komplott zu schmieden. (Der Papst begann auch, katholische Missionare nach England zu entsenden.) Elisabeth reagierte darauf wie folgt:

✔ Sie erklärte die Einführung einer Kopie der Exkommunikationsbulle für Verrat.

✔ Die Beherbergung eines katholischen Priesters wurde für illegal erklärt. Katholiken mussten die Priester in geheimen Priesterlöchern verstecken.

✔ Katholiken, die sich weigerten, die Kommunion in ihrer örtlichen anglikanischen Kirche zu nehmen, mussten eine happige Strafe (Rekusant) zahlen.

Die Puritaner

Puritaner ist ein kniffliger Begriff. Wir neigen dazu, uns Puritaner mit großen weißen Krägen und hohen schwarzen Hüten vorzustellen, aber nur die wirklich strengen trugen sie. Genau genommen gab es keine Gruppe namens Puritaner: Der Begriff war ein Spottname für Protestanten, die die Kirche von England kritisierten. Einige waren durch und durch Calvinisten, die Bischöfe und Gemeinden abschaffen wollten und sogar die Königin. Aber die meisten wollten nur einige der besonders katholischen Merkmale ihrer Kirche verändern wie die Gewänder oder den Kirchenschmuck. Wie auch immer, sie hielten sich für normale Protestanten und alle anderen für Spinner, die das nicht richtig verstanden haben.

Bis 1580 stiegen die Rekusanten-Gelder ins Unermessliche, und Katholiken konnten allein dafür, dass sie den Gottesdienst nicht besuchten, ins Gefängnis kommen. Inhaftierte Katholiken mussten die *Bloody Questions* (die »Blutigen Fragen«) beantworten, wie »Gehorchen Sie dem Papst?« und »Wenn der Papst Ihnen befiehlt, die Königin zu töten, würden Sie das tun?«. Katholischer Priester zu sein, stellte bereits Landesverrat dar und 1580 veranstaltete die Regierung eine riesige Hetzjagd auf die ersten jesuitischen Missionare. (Jesuiten waren Mitglieder eines katholischen Eliteordens, der sich *Gesellschaft Jesu* nannte.) Der Jesuitenpater Edmund Campion und zwei andere wurden in einem geheimen Versteck gefasst. Campion wurde gefoltert und exekutiert.

Und die Protestanten waren auch nicht glücklich

Englische Protestanten waren keineswegs glücklicher mit der Kirche von England als die englischen Katholiken. Vielmehr war ihnen die anglikanische Kirche mit ihren Gewändern und Bischöfen und Kerzen und all dem viel zu katholisch.

Der Erzbischof von Canterbury, Edmund Grindal, weigerte sich, Ornat zu tragen oder seine Priester anzuweisen, dies zu tun, also suspendierte Elisabeth ihn. Einige Protestanten versammelten sich zu kleinen, illegalen Gebetsgruppen, sogenannten *prophesyings*, wo sie ihre Pfarrer wählen und schlichtes Schwarz tragen konnten, genau wie Calvin es ihnen zu tun gebot. Für Elisabeth war Religion eine Frage der Autorität. Sie war Supreme Govenor (Treuhänder) der Kirche; sie legte das Gesetz fest. Elisabeth ließ diese Puritaner, wie sie sie nannte, festnehmen und hinrichten.

Schottland geht seinen Weg

Während Heinrich VIII. überlegte, welche Religion er für seine Kirche von England wollte, wusste Kardinal David Beaton, Erzbischof von St. Andrews in Schottland, genau was er wollte und das waren nicht Protestanten. Er machte gnadenlos Jagd auf schottische Protestanten und verbrannte sie auf dem Scheiterhaufen.

Aufstand der Protestanten

1545 ließ Kardinal Beaton einen sehr populären protestantischen Prediger namens George Wishart festnehmen und verbrennen; Wisharts Tod war der Tropfen, der das Fass für die bedrängten schottischen Protestanten zum Überlaufen brachte. Eine Gruppe protestantischer Lords brach seine Tür auf und hackte ihn in Stücke. Aber sie hatten die Rechnung ohne die Franzosen gemacht.

Die Franzosen hatten praktisch ununterbrochen Schottland regiert, seit Jakob V. gestorben war und die Regentschaft an seine Babytochter Maria, Königin von Schottland (siehe Kapitel 11 für die Fakten), übergeben hatte. Regentin war die erzkatholische Witwe von Jakob V., Maria von Guise. Die Schotten waren die Herrschaft von Maria von Guise sehr schnell leid, besonders weil immer mehr von ihnen Protestanten wurden, während ihre französischen Herrscher stramm katholisch blieben.

Maria von Guise saß nicht untätig herum und sah zu, wie ihre Kardinäle ermordet wurden. Sie zog ihre Truppen zusammen und marschierte nach St. Andrews. Die Protestanten mussten sich ergeben und die Franzosen verfrachteten die Gefangenen, darunter John Knox, als Sklaven auf ihre Galeeren.

Die protestantischen Adligen waren jedoch nicht bezwungen. Eine Gruppe von ihnen, die sich selbst die »Kongregation der Lords« nannte, schloss einen »Covenant« (Pakt), in dem sie den Papst und alles wofür er stand ablehnten und die Franzosen aufs Äußerste provozierten. Dann kehrte John Knox (der von seiner Galeerenstrafe von Eduard VI. befreit wurde) aus Genf, wo er begierig Calvins Ideen aufgenommen hatte, nach Schottland zurück. Er wurde Prediger der St. Gilles Kathedrale von Edinburgh und bereitete sofort den Franzosen Ärger. Die Lords der Kongregation zwangen Maria von Guise, als Regentin abzudanken, und 1560 vollzog Schottland formal den Bruch mit der Katholischen Kirche. Und dies war die Situation, als Maria, Königin von Schottland, aus Frankreich nach Hause zurückkehrte (um zu erfahren, warum sie in Frankreich gewesen war und was nach ihrer Rückkehr nach Schottland passierte, siehe Kapitel 11).

Marias Rückkehr nach Schottland

Maria, Königin von Schottland, war Katholikin und stolz darauf, aber sie wusste, dass sie nicht hoffen konnte, Knox und die Lords der Kongregation zu besiegen. Sie stellte sich auf die Seite der Protestanten – wenn du sie nicht schlagen kannst, schließ' dich ihnen an – und schlug einen katholischen Aufstand nieder. Ihre Bemühungen halfen ihr jedoch nicht viel: Denn die Protestanten wandten sich trotz allem gegen sie nach der Sache mit Lord Darnley und Lord Bothwell (zu Details siehe Kapitel 11) und zwangen sie, abzudanken.

Jakob VI. schreitet ein und macht die Sache noch verworrener

Nach Marias Abdankung wurde ihr Babysohn, Jakob VI., Schottlands König. Bald war Schottlands Religion noch verworrener als Englands:

✔ **Die Kirche von Schottland (bekannt als »Kirk«) war strikt calvinistisch oder presbyterianisch, wie sie sie nannten (nach Presbyter, einer guten biblischen Bezeichnung für Priester).** Sie hatte gewählte Pastoren, die alle schlichte schwarze Talare und lange Bärte trugen, und wählte eine Generalversammlung, die die ganze Sache leitete.

✔ **Schottland hatte auch viele schottische Katholiken, vor allem in den Highlands.** Sie waren aufseiten Marias, der Königin von Schottland, und wollten sie zurück.

✔ **1584 machte das Parlament in Edinburgh König Jakob zum Oberhaupt der Kirk.** Calvins Regeln jedoch zufolge konnte man keinen Monarchen an der Spitze der Kirche haben. Und König Jakob mochte die presbyterianische Kirche ohnehin nicht sehr. Er zog es vor, Bischöfe zu haben (die er kontrollieren konnte). Ganz sicher wollte er nichts mit der calvinistischen Widerstandsdoktrin zu tun haben, die in dem früheren Abschnitt »Johannes Calvin« in diesem Kapitel erklärt wird.

Schottland war also ein presbyterianisches Land mit einem König an der Spitze, der die Presbyterianer nicht mochte. Verzwickt nicht? Es wurde noch verzwickter durch die Tatsache, dass, als Jakob nach Elisabeths Tod 1603 König von England wurde, er zugleich Supreme Govenor der Anglikanischen Kirche wurde, von der die Presbyterianer sagten, dass sie praktisch katholisch sei (auch wenn die Katholiken das ganz anders sahen; siehe den früheren Abschnitt »Elisabeth löst das Problem … oder nicht?«). All diese politischen und religiösen Verknüpfungen zu handhaben, erforderte Takt und Intelligenz. König Jakob VI. war weder taktvoll noch intelligent.

Krone oder Bürger?

In diesem Kapitel

▶ Ab nach Süden: Die Regentschaft der Stuarts und Jakob I.

▶ Vorstellung von Karl I.: Ein schlechter Start,
  der in einem Bürgerkrieg gipfelte

▶ Republikwerdung: Das England Cromwells

▶ Die Rückkehr des Königs: Karl II. und seine nicht
  unproblematische Allianz mit dem Parlament

Das 17. Jahrhundert war das Jahrhundert, das Britannien veränderte. Und weil es zugleich das Jahrhundert war, in dem die Briten begannen, Amerika in großer Zahl zu besiedeln, veränderte es auch Amerika. Zu Beginn des Jahrhunderts hatte England wie jedes andere Königreich einen allmächtigen König, aber an seinem Ende hatten die Engländer zwei Könige gestürzt und einen von ihnen vor Gericht gestellt. Und was noch bedeutsamer war, sie hatten die Monarchie selbst gestürzt und England unter Oliver Cromwell in eine Republik verwandelt. Cromwells Republik war nicht von Dauer, aber sie veränderte auf jeden Fall die Dinge. England war – anders als andere europäische Staaten – im Begriff, eine parlamentarische Monarchie zu werden und Schottland und Irland mussten damit (und in ihr) leben, ob es ihnen gefiel oder nicht.

Die Stuarts kommen in den Süden

Jakob VI. war noch ein Baby, als Maria, Königin der Schotten, abdanken und nach England fliehen musste (zu den Gründen dafür siehe Kapitel 11) und ihn zurückließ, um König von Schottland zu werden. Jeder wollte natürlich Regent werden, sodass es zunächst die altbekannten Rangeleien um die Regentschaft gab, diesmal zwischen dem Earl of Lennox, dem Earl of Mar und dem Earl of Morton. In all diesen Streitereien ging es nicht nur darum, wer das Land regieren sollte, sondern auch um Religion (wenig überraschend; sollte es Sie dennoch überraschen, lesen Sie Kapitel 12, um herauszufinden, warum es Sie nicht überraschen sollte).

Jakob wurde von strengen Presbyterianern groß gezogen, die stets besorgt waren, dass er rebellieren und Katholik wie seine Mutter werden könnte. Und diese Presbyterianer mochten es gar nicht, dass Jakob sich mit dem französischen Herzog von Lennox, Esmé Stuart, anfreundete. 1582 entführte eine Gruppe protestantischer Lords Jakob und hielt ihn gefangen, bis er Esmé zum Tode verurteilte. Jakob weigerte sich eisern. Er war kein Katholik und würde auch nicht katholisch werden, aber er würde sich auch nicht sagen lassen, was er zu tun hatte.

Jakob wurde Oberhaupt der Kirche von Schottland und führte wieder Bischöfe ein, was er wirklich genoss, weil es die Presbyterianer so sehr ärgerte. Vor allem aber hatte er ein waches

Auge auf England. Elisabeth hatte England zu einer großen europäischen Macht gemacht, sehr viel reicher und stärker als Schottland es war, und bald würde England ihm gehören, ihm allein! Jakob konnte es nicht abwarten, dass Elisabeth starb. Er schrieb ihr regelmäßig und war ebenso regelmäßig enttäuscht, wenn sie ihm zurück schrieb. Schließlich im Januar 1603 erreichte ihn die Neuigkeit: Elisabeth war tot. König Jakob VI. von Schottland war nun König Jakob I. von England. Vor lauter Staub konnten die Schotten Jakob nicht sehen.

 England hatte im Mittelalter Wales und Irland erobert (siehe Kapitel 8 und 9, um zu erfahren, wie es dazu kam), aber die Könige von England hatten es nie so richtig geschafft Könige von Schottland zu werden. Somit hatte, als Jakob König von England wurde, die Gesamtheit der Inseln – England, Wales und Schottland – erstmals den gleichen Herrscher. Jakob bezeichnete sich sogar als König von Großbritannnien, aber der Name fand keinen Anklang, hauptsächlich weil seine Königreiche immer noch sehr unterschiedlich waren. Er tauschte sogar »Stewart« gegen das englischere »Stuart« aus.

Jakob ging davon aus, dass das englische Parlament genauso funktionierte wie das schottische Parlament (das im Grund genommen nur dafür da war, alle Gesetze, die der König zufällig wollte, zu verabschieden). Da irrte er sich aber gewaltig.

Jakob war Verfechter der Theorie des göttlichen Rechts der Könige. Sie besagte, dass Könige machen konnten was sie wollten und nur Gott Rechenschaft schuldeten. Er sagte sogar, dass »Könige aus gutem Grund als Götter bezeichnet werden«. Das war den Engländern neu. Jakob sah keinesfalls wie ein Gott aus. Er hatte lange dürre Beine und seine Zunge hing stets raus, was dazu führte, dass er selbst dann stammelte, wenn er schmutzige Witze erzählte (was er oft tat). Er hatte panische Angst, ermordet zu werden, und trug extra Polsterungen für den Fall, dass irgendjemand versuchte, ihn zu erstechen.

Puritaner, nein danke

Elisabeth war hart gegen die Katholiken und Puritaner vorgegangen (siehe Kapitel 12, um zu erfahren warum), sodass beide Seiten sich von Jakob eine Atempause erhofften. Die Puritaner hofften sogar, dass Jakob noch etwas weitergehen und einige Änderungen in der Kirche von England einführen würde. Fehlanzeige. Jakob verabscheute die schottischen Presbyterianer und hielt die Puritaner für nichts anderes als Presbyterianer mit vornehmem Akzent.

 Auch wenn sie sich in vieler Hinsicht ähnelten (sie folgten zum Beispiel beide den Lehren Johannes Calvins und hassten Bischöfe), waren die englischen Puritaner nicht das Gleiche wie die schottischen Presbyterianer. Ein bedeutsamer Unterschied zwischen beiden Gruppen war, dass die schottischen Presbyterianer der Auffassung waren, ein König oder eine Königin könne nicht Oberhaupt der Kirche sein. Die englischen Puritaner dagegen akzeptierten den Monarchen als Supreme Governor der Kirche von England.

Die Mayflower

Es ist eine schöne, bewegende Geschichte: Eine kleine Gruppe gottesfürchtiger Puritaner ging an Bord der *Mayflower* und segelte von Plymouth nach Cape Cod (eigentlich wollten sie nach Virginia, aber sie nahmen die falsche Abzweigung) und gründeten eine Siedlung, die sie Plymouth Plantation nannten. Ihren ersten Winter in der Neuen Welt überlebten sie jedoch nur dank der Hilfe und Gastfreundschaft der Eingeborenenstämme. An diesem Punkt bekommen viele Amerikaner feuchte Augen und spüren einen Kloß im Hals, während der Rest der Welt sich fragt, was das ganze Theater soll.

Jetzt aber im Ernst: Erstens waren weniger als ein Drittel der Siedler Puritaner. Zweitens war Neuengland, obwohl es einen gewählten Gouverneur hatte, eine der intolerantesten Gesellschaften dieser Zeit. Die Puritaner glaubten zwar an ihre eigene Glaubensfreiheit, aber gestanden sie keinem anderen zu. Viele Menschen in England waren nur zu froh, sie ziehen zu sehen.

Jakob beraumte ein große Konferenz der Puritaner und Bischöfe im Hampton Court 1604 an. Es war ein Versuch, all die religiösen Probleme beizulegen. Die Bischöfe waren über dieses Treffen ziemlich verärgert. Sie konnten nicht verstehen, warum sie sich überhaupt mit den Puritanern zusammensetzen sollten. Ihre Stimmung besserte sich aber bald, als die Puritaner sagten, sie wollten die Bischöfe loswerden und Jakob ihnen einfach mitteilte: »Ohne Bischof kein König!« (»No bishop, no king!«), und sie fortschickte. Sein Erzbischof, Richard Bancroft, begann umgehend die Puritaner zu verfolgen und aus der Kirche zu vertreiben. Kein Wunder, dass einige von ihnen glaubten, dass es ihnen auf der anderen Seite des Atlantiks besser gehen würde, und sie ein Schiff, die *Mayflower,* anheuerten, sie dorthin zu bringen.

Auf einen Schlag: Die Schießpulververschwörung

Wenn Jakob dachte, die Puritaner seinen das Problem (siehe den vorherigen Abschnitt), dann hatte er die Katholiken noch nicht erlebt. Jakob war der beste Freund, den die Katholiken bekommen konnten. Er schloss Frieden mit Spanien und versuchte sogar seinen Sohn Karl mit einer spanischen Prinzessin zu verheiraten. Auf jeden Fall zog er die Katholiken den Puritanern vor, aber er konnte es nicht riskieren, durch Abschaffung aller antikatholischen Geldbußen und Strafen als schwach gegenüber dem Papismus zu erscheinen (vergessen Sie nicht, dass die Engländer seine katholische Mutter exekutiert hatten – Jakob jedenfalls hatte es nicht vergessen). Also gestattete er seinem Lordkanzler, Lord Robert Cecil, die Wiedereinführung hoher Geldstrafen für Katholiken und die Verbannung katholischer Priester. Die meisten Katholiken gingen einfach los und bezogen die Feldbetten in den Priesterhöhlen neu (siehe Kapitel 12), aber ein hitzköpfiger Dummkopf namens Robert Catesby entschied, aktiver zu sein. Er plante einen der berühmtesten Terroranschläge in der Geschichte: die Schießpulververschwörung (engl. *The Gunpowder Plot*).

Catesby und eine Gruppe von Verschwörern plante, den König und das gesamte *House of Parliament* in die Luft zu sprengen. Wäre ihnen das geglückt, so hätten sie alle, die auch nur irgendeinen Anspruch auf Souveränität über die Insel gehabt hätten, zerstört und was darauf gefolgt wäre, ist schwer vorstellbar: Ganz sicher Bürgerkrieg, möglicherweise eine Invasion aus dem Ausland und sehr wahrscheinlich sektiererische Massaker.

Die Regierung bekam Wind von der Verschwörung (die Verschwörer hatten die Keller unter dem House of Lords mit großen Fässern und viel Feuerholz vollgestopft – es wäre schwer gewesen, das nicht mitzubekommen), als jemand, angeblich einer der Verschwörer, Lord Monteagle eine Notiz schickte, die ihn davor warnte, am 5. November in das Parlament zu gehen. Lord Monteagle zeigte die Notiz umgehend Lord Robert Cecil, der die Wachen hinunter in den Keller schickte. Sie fanden Guy Fawkes, einen weiteren Verräter, inmitten von Fässern voller Schießpulver mit einer Lunte in der einen und einem Streichholz in der anderen Hand. Er versuchte sie davon zu überzeugen, dass er nur gekommen sei, um die Rohrleitungen zu überprüfen. Sie führten ihn ab, folterten ihn, während sich die restlichen Verschwörer nach einem Feuergefecht mit Regierungstruppen ergaben. Die Nation stieß einen allmächtigen Seufzer der Erleichterung aus.

 Die Engländer gewannen den *Gunpowder Plot* sehr lieb und nehmen die Geschichte heute nicht mehr allzu ernst. Die Verschwörung ist eine gute Entschuldigung für riesige Feuerwerke am 5. November und eine Reihe von Witzen, dass Guy Fawkes der einzige, ehrliche Mann gewesen sei, der jemals ins Parlament gegangen ist. Natürlich war die Angelegenheit damals überhaupt nicht witzig.

Jakob I. bekämpfte das Recht und ... wer gewann?

Ironischerweise war Jakob vermutlich ein besserer König von Schottland während er in London war, als er es je gewesen ist, als er noch in Holyrood in Edinburgh lebte. Er errichtete ein System von Adligen, Bischöfen, Rechtsgelehrten und schottischen Parlamentsmitgliedern, damit in Schottland während seiner Abwesenheit alles ruhig blieb, und im Großen und Ganzen funktionierte sein System. Die Schwierigkeiten begannen, als er in England war.

Die Engländer verachteten Jakob sehr bald, besonders als er begann, sich auf seine Günstlinge zu verlassen – nie eine gute Idee. Erst war das Robert Carr, Earl of Somerset, dann George Villiers, Herzog von Buckingham. Die Engländer mochten seinen Frieden mit Spanien nicht oder seine Versuche, England in Europas Dreißigjährigen Krieg zu verwickeln (wenn Sie wissen wollen, worum es sich dabei handelte, siehe *Deutsche Geschichte für Dummies* (Wiley)). Aber vor allem akzeptierten sie nicht seine Vorstellung vom göttlichen Recht der Könige. Der Lord-Oberrichter, Sir Edward Coke, sagte, Jakob verstoße gegen das englische *Common Law*. Jakob versuchte dem Parlament klarzumachen, dass es aufhören solle, auf Menschenrechten herumzureiten, aber das Parlament sagte, wenn Jakob Geld von ihm wolle, dann müsse er sich damit abfinden. Daraufhin entschied Jakob, dass es auch ohne das Parlament geht und Geld woanders aufzutreiben sei.

Zur Finanzierung seiner Projekte lieh sich Jakob Geld. Er zwang die Leute, ihm Geld zu leihen; er verkaufte Handelsmonopole; und er erfand sogar einen neuen erblichen Titel, Baronet, den er an Hunderte begieriger Käufer verkaufte – sozialer Aufstieg ist keine neue Idee. Aber alle seine Bemühungen reichten nicht aus. Jakob hatte einen wohlhabenden Hof geerbt und er wollte das Beste daraus machen, indem er neue Gebäude und Gemälde im neuesten Barockstil oder im *Jacobean Style* in Auftrag gab. Bis zum Zeitpunkt seines Todes 1625 hatte er seine Kreditwürdigkeit bei der Bank und sein Ansehen beim Parlament verspielt.

Hexenwahn

Jakob I. war besessen von Hexen. Er schrieb ein Buch mit dem Titel *Daemonologie* darüber, wie man herausfinden konnte, ob die Nachbarin eine Hexe war, und was man gegen sie tun konnte, wenn sie eine war (im Wesentlichen war das, sie zu erhängen). Die meisten Menschen glaubten an Hexen und Elisabeth hatte ihren persönlichen Magier, John Dee, der alles über Okkultismus wusste. Aber die Intensität des Interesses von Jakob I. war neu. Als er noch in Schottland war, beschuldigte er den Earl of Bothwell, er habe versucht ihn zu töten, indem er mittels Hexerei einen Sturm auf dem Meer ausgelöst habe – stellen Sie sich vor, Sie müssten sich gegen eine Anklage dieser Art vor Gericht verteidigen! – und Bothwell musste praktisch einen Putsch anzetteln, damit die Anklage fallen gelassen wurde.

Die Engländer fanden bald Gefallen an den Interessen ihres neuen Königs. Shakespeare dichtete Hexen in *Macbeth* hinein und ein übereifriger Magistrat in Lancashire untersuchte eine verdächtig hohe Zahl von Fällen gezielter Heilung durch alte Frauen in der Stadt Pendle – und erhängte sie.

Karl I.

Wenn es je einen Menschen gab, der alles Unglück, das ihm zustieß, selbst heraufbeschworen hatte, dann war es König Karl I., der Sohn Jakob I. Er war arrogant, nicht vertrauenswürdig und vor allem vollständig blind für die Realität, der er sich gegenüber sah. (Er wurde nur deshalb König, weil sein älterer Bruder Heinrich unerwartet gestorben war.) Jakob I. hatte seinem Nachfolger eine sehr komplizierte politische und religiöse Lage hinterlassen. Karl I. machte sie noch sehr viel schlimmer.

Buckinghams Palast?

Beginnen wir mit George Villiers, dem Herzog von Buckingham. Er war der große Liebling von Jakob I., möglicherweise sogar sein Geliebter. Aber Buckingham war klug genug, sicherzustellen, dass er auch der Freund von Jakobs Erben war. Er nahm Karl auf eine tollkühne Spritztour mit, um unangekündigt im Schlafzimmer der Infanta, der ältesten Tochter des Königs von Spanien, aufzutauchen und ihre Hand zu verlangen. Vermutlich hielten Villiers und Karl dies für einen Jux, aber die Spanier waren empört. Als die beiden nach England zurückkehrten, heiratete Karl stattdessen eine französische Prinzessin, Henrietta Maria.

Nun überredete Buckingham Jakob, Spanien den Krieg zu erklären. Jetzt war es an der Zeit für Buckingham seine militärische Begabung unter Beweis zu stellen – oder vielmehr seine Unfähigkeit:

✔ **Niederlande, 1625:** *Der Plan:* Englische Truppen landen an der holländischen Küste und befreien die protestantischen Niederlande von der verhassten spanischen Herrschaft. *Was wirklich passierte:* Buckingham vergaß Essen für seine Männer einzupacken, und folglich starben sie an Hunger und an Krankheiten.

✔ **Cadiz, 1625:** *Der Plan:* Buckingham führt einen Angriff auf Cadiz im Stile Drakes aus, um die spanische Schatzflotte zu ergreifen. *Was tatsächlich passierte:* Buckinghams Leute betranken sich so sehr, dass sie nicht in der Lage waren zu kämpfen; die Flotte meuterte; und die spanische Schatzflotte segelte sicher nach Hause, nachdem sie zweifellos den Engländern ihren nackten Hintern gezeigt hatten. Das Parlament debattierte über Buckinghams Amtsenthebung. Stattdessen zettelte Buckingham Ärger mit den Franzosen an.

✔ **La Rochelle, 1627:** *Der Plan:* Der tapfere Buckingham befreit die protestantische Hochburg La Rochelle. *Was wirklich passierte:* Die Protestanten (Hugenotten) weigerten sich klugerweise, ihn einzulassen, sodass er stattdessen auf der Ile de Ré landete. Aber er vergaß Verstärkung mitzubringen, sodass die Franzosen einfach nur übersetzen mussten, um seine Männer zu massakrieren.

✔ **Portsmouth, 1628:** *Der Plan:* Buckingham überfällt La Rochelle, tritt den Katholiken in den Allerwertesten, macht die Welt sicher für den Protestantismus und schmeißt Kardinal Richelieu in die Seine. *Was wirklich passierte:* Buckingham wurde in Portsmouth von einem Offizier namens John Felton erstochen, der den ganzen Weg von London hinterhermarschiert war, nur um das zu tun. So viel zu Buckingham.

Die Auflösung des Parlaments

Das Parlament verbrachte die erste Hälfte von Karls Regentschaft damit über Buckingham zu klagen und dem vorangegangenen Abschnitt können Sie entnehmen warum. Sie waren auch unzufrieden damit, dass Karl eine Vermögenssteuer und alte rechtliche Details zur Finanzierung des Krieges einsetzte. 1628 gelang es dem Unterhaus (*House of Commons*) Karl dazuzubewegen, einer »Petition of Rights« zuzustimmen, in der er versprach, die althergebrachten Rechte und Freiheiten der Bürger zu wahren und keinen ohne Gerichtsverfahren einzusperren, keine Truppen in den Häusern der Bürger einzuquartieren oder Steuern ohne die Zustimmung des Parlaments zu erheben. So weit so gut, aber die Maßnahmen des Parlamentes waren hiermit nicht beendet.

Die führende Figur im Parlament zu dieser Zeit war ein Hitzkopf namens Sir John Eliot. Er erreichte, dass das Parlament übereinkam, Karl I. die Erhebung der Hafenzölle, bekannt als Tonnen- und Pfundsteuer, nur für ein Jahr zu gestatten. (Elisabeth und Jakob I. durften dies auf Lebenszeit und Karl erwartete das Gleiche.) Ebenso attackierte Eliot die Veränderungen, die Karl an der Kirche vorgenommen hatte. Karl schickte seinen Boten, Black Rod, zum House of Commons hinunter, um es aufzulösen (zu vertagen), aber Eliot und seine Unterstützer schlossen die Tür und hielten den Sprecher (Speaker) gewaltsam auf seinem Stuhl fest, während Eliot es dazu veranlasste, die »Drei Resolutionen« zu verabschieden, die faktisch besagten, dass das, was Karl trieb, Hochverrat war. Erst nachdem die Drei Resolutionen verabschiedet waren, stimmten die Abgeordneten einer Auflösung des Parlaments zu. Karl hatte genug. Er entschied sich zu zeigen, dass er absolut in der Lage sei, ohne Parlament zu regieren und für die nächsten elf Jahre tat er genau das.

Man ist leicht geneigt, diese Ereignisse als den Versuch des House of Commons zu betrachten, für die Rechte des Volkes einzutreten, aber in Wirklichkeit glaubten viele Menschen, dass Eliot und die Parlamentarier zu weit gegangen waren. Einige Abgeordnete und Lords waren von dem was passierte so verunsichert, dass sie die Seiten wechselten und loyale Unterstützer des Königs wurden. Der wichtigste von ihnen war »Black Tom« Wentworth, der geholfen hatte, die Petition of Rights aufzusetzen, aber zu der Auffassung gekommen war, dass das Parlament eine größere Bedrohung für Recht und Ordnung sei als der König. Karl ernannte Wentworth zum Earl of Strafford, und der wurde so etwas wie der königliche Schläger. Er schickte ihn aus, das Grenzenland zu sondieren – Irland.

Irland unter Straffords Knute

Die Tudors hatten Irland bis auf den Pale, einem eingegrenzten Gebiet um Dublin herum, in dem die »alten englischen« Siedler (the »Old English«) seit Jahrhunderten lebten (siehe Kapitel 8, um herauszufinden, für wie viele Jahrhunderte), nie wirklich unter Kontrolle. Noch heute bedeutet »beyond the Pale« »wild, die Grenzen des Erlaubten überschreitend«. Als das England der Tudors protestantisch wurde, blieben die gälischen Iren der katholischen Kirche treu ergeben, und während des Neunjährigen Kriegs (1594–1603) kämpften die gälischen Clanoberhäupter (Chieftains) Hugh O'Neill, Earl of Tyrone, und Rory O'Donnell, Earl of Tyrconnell, um die protestantischen Engländer aus Irland zu vertreiben. Sie scheiterten und 1607 flohen sie nach Frankreich. Ihre Flucht ist bekannt als die »Flucht der Grafen«. (Mehr über diese entscheidende Periode von Irlands Geschichte können Sie der *Irischen Geschichte für Dummies* (Wiley) entnehmen.)

Elisabeth I. und Jakob I. veranlassten die schottischen Protestanten, die Katholiken von den besten Ländereien zu vertreiben und sie selbst zu besiedeln, aber die Protestanten blieben hauptsächlich in Ulster. Der größte Teil Irlands wurde immer noch von den gälischen Clanchefs kontrolliert.

Zwei Gruppen lebten bereits in Irland: Die gälischen Iren, die unter ihren Clan-Oberhäuptern lebten und katholisch geblieben waren, und die Anglo-Iren, die Nachfahren der alten anglonormannischen Ritter waren, die im 12. Jahrhundert auf die Insel gekommen waren. Die Anglo-Iren gehörten der Kirche von Irland an, dem irischen Zweig der Kirche von England. Diese neuen schottischen Protestanten, die sich in Ulster niedergelassen hatten, bildeten folglich eine dritte Gruppe.

Der Earl of Strafford gelangte 1632 nach Irland. Strafford gelang es in kürzester Zeit, jeden – die Gälen, die Old English und die Schotten – gegen sich aufzubringen, aber das war ihm total egal. Er glaubte, dass Irland sehr viel mehr Geld besaß, als der König erhielt, und er entwickelte und verfolgte eine harte, »Thorough« genannte, Politik, um dieses Geld zu finden. Er zwang die »Old English«, höhere Steuern zu zahlen; er behauptete, die Krone würde Land konfiszieren, wenn die Landbesitzer, Old English oder Irisch, kein Schutzgeld zahlten; und als

König Karl gegen Schottland in den Krieg zog, zwang er die Schotten von Ulster, dem König die Treue zu schwören. Mit diesen Maßnahmen machte sich Strafford keine Freunde, aber sie wirkten: Irland bereitete Karl keinen Ärger, solange Strafford dort war. Aber als Strafford nach England zurückkehrte brach die Hölle los. Zu Details siehe den Abschnitt »Bürgerkrieg: Schlachtgesänge und eine Republik«.

Erneutes hartes Durchgreifen gegen die Puritaner

Karl war sehr beschäftigt mit der Kirche von England. Wie sein Vater hatte Karl keine Zeit für die Puritaner und er fand genau den richtigen Bischof, um sie loszuwerden. William Laud war ein aufstrebender Kleriker, der die Kirche von England an ihr mittelalterliches (d.h. katholisches) Erbe erinnern wollte, indem er Dinge wie Kreuze, Leuchter und Altäre in den Kirchen wieder einführte. Viele Puritaner, die protestierten, fanden sich sehr bald ohne Anstellung oder sogar vor dem gefürchteten – nun ja, ungeliebten – Hohen Kommissionsgericht (Court of High Commission) wieder. Es wurde vielfach darüber geschrieben, dass den Engländern die Maßnahmen Lauds verhasst waren, aber tatsächlich hatte er recht viel Unterstützung. Nur als er das Gleiche auch in Schottland versuchte, geriet er in ernste Schwierigkeiten.

Sag es mit Stühlen!

Karl war das Oberhaupt der Schottischen Kirche und 1635 ließ er Laud freie Hand, sie so umzustrukturieren, wie er wollte. Laud führte wieder Bischöfe ein, verwandelte die St. Giles Kirche in Edinburgh in eine Kathedrale und bestand darauf, dass die Schotten das gleiche Gebetsbuch benutzen sollten wie die Engländer – Leuchter, Kommunionbänke und all das. Die Schotten, äh, mochten diese Änderungen nicht. Als der Pfarrer versuchte, das englische Gebetsbuch in St. Giles zu benutzen, sprang eines seiner Gemeindemitglieder, Jenny Geddes, auf und bewarf ihn mit ihrem Stuhl. Die Lage spitzte sich so zu, dass ein Bischof ein paar Pistolen unter der Kanzel verwahrte (nur für den Fall, dass Jenny mit einem Sofa auftauchen sollte).

Der Bischofskrieg

1638 verfassten die Schotten den »National Covenant«, der Karl und Laud mitteilte, dass sie Ärger bekommen würden, wenn sie ihre Finger nicht von der Schottischen Kirche ließen. Diese Erklärung stellte eine Meuterei im großen Stil dar, aber Karl hatte nicht das Geld für eine Armee, um mit den »Covenanters« kurzen Prozess zu machen (Sie erinnern sich, er herrschte ohne Parlament). Er musste mit ein paar Männern, die nichts Besseres zu tun hatten, und einem halbherzigen Hund auskommen. Dieses Ereignis wurde der »Bishops' War« genannt, aber es gab nicht einmal eine Schlacht.

Karls Armee hatte genug und ging nach Hause, und die Schotten platzten fast vor Lachen. An diesem Punkt entschied Karl, dass er etwas Hilfe gebrauchen könnte und rief »Black Tom« Strafford herbei. Strafford sagte ihm, er solle das Parlament einberufen.

Das Parlament ist zurück und zeigt, wer das Sagen hat

Die Einberufung des Parlaments, nachdem er es elf Jahre zuvor aufgelöst hatte, war keine so verrückte Idee, wie es sich anhören mag. Man kann keinen Krieg ohne Geld führen und Karl hatte einfach nicht genug. Er hatte in den vergangenen elf Jahren von erzwungenen Krediten und illegalen Steuern gelebt (mit einem Sondergericht, dem *Star Chamber,* das sich all derer annahm, die sich beschwerten), aber es war ein sehr riskantes Vorgehen. Nehmen Sie zum Beispiel das Schiffsgeld. Mit dieser Steuer sollte eine Flotte zum Schutz der Küste finanziert werden. Sehr vernünftig, wenn algerische Piraten den Bristol-Kanal auf- und absegeln und die Menschen in den Dörfern Devons entführen und als Sklaven verkaufen. Aber dann entdeckten die Leute, dass Karl das Geld dafür verwendete, das katholische Spanien gegen die protestantischen Niederländer zu unterstützen, und so hörten die Engländer auf, das Geld zu entrichten. Der Landbesitzer John Hampton wurde ein Nationalheld als er für das Nichtzahlen an den Pranger gestellt wurde. Die Zustimmung des Parlamentes zu bekommen, um neue Steuern erheben zu können, war also nur vernünftig.

Aber als das Parlament 1640 zusammenkam, war es genauso stur wie vor seiner Auflösung durch Karl. Diesmal führte John Pym die Unruhestifter an. Nach nur drei Wochen löste Karl das wieder einberufene Parlament auf (weshalb diese Periode das Kurze Parlament genannt wird) und Strafford musste sich damit begnügen, eine Armee zu schanghaien, um den zweiten *Bishops' War* zu führen. Das Ergebnis? Die englischen Soldaten meuterten und die Schotten okkupierten einen großen Teil Nordenglands, einschließlich Newcastle, und präsentierten Karl dann eine Spesenrechnung über £ 850 pro Tag. Zu Preisen von 1640. Karl musste das Parlament erneut einberufen. Diese nachfolgende Sitzungsperiode wurde bekannt als das Lange Parlament und es dauerte sehr viel länger als drei Wochen.

Dieses neue Parlament wies Karl an:

✔ Laud zu verhaften

✔ Strafford zu verhaften

✔ das Schiffsgeld abzuschaffen

✔ das Hohe Kommissionsgericht und die Star Chamber aufzulösen

Einige Mitglieder des Parlaments wollten sogar, dass Karl die Bischöfe abschafft, aber da das Unterhaus sich darauf nicht einigen konnte, riet Pym ihnen, diese Forderung fallen zu lassen.

Die Verhaftung Straffords, Karls loyalstem Unterstützer, war die eine Sache, über die sich alle – Parlament, Schotten und Iren – einig waren. Es stellte sich heraus, dass Karl mit dieser Forderung gleichfalls einverstanden war. Pym und Co. versuchten Strafford wegen Amtsvergehen anzuklagen (sie stellten ihn praktisch im Parlament vor Gericht), aber weil sie nicht genug Beweise gegen ihn hatten, verabschiedete das Unterhaus stattdessen ein Gesetz. Das Gesetz war der *Act of Attainder,* das Strafford des Hochverrats schuldig erklärte. Und Karl unterzeichnete es. Der arme alte Strafford wurde hingerichtet. »Verlasst Euch nicht auf Fürsten«, sagte er erbittert. Zumindest nicht auf diesen. Und Erzbischof Laud? Sie sperrten ihn in den Tower und ließen ihn dort verrotten. Karl stimmte dem ebenfalls zu. Mit Freunden wie Karl I. ...

Bürgerkrieg: Schlachtgesänge und eine Republik

Die Schwierigkeiten, die zum Bürgerkrieg führten, begannen in Irland. 1641 erhoben sich die Katholiken gegen all die protestantischen Distrikte um Ulster (siehe den früheren Abschnitt »Irland unter Straffords Knute«) und begannen jeden abzuschlachten, dessen sie habhaft werden konnten. Bei Portatown zum Beispiel wurden hundert Protestanten eine Brücke hinunter gestoßen und dann unten im Wasser erschossen. Karl benötigte Truppen, um die Ordnung wieder herzustellen und er brauchte sie schnell, aber das Parlament war sich nicht sicher, ob es ihm trauen konnte. Was, wenn er diese Truppen gegen das Parlament einsetzte?

Pym und Hampden verfassten die *Große Remonstranz* (»Grand Remonstrance«), eine Beschwerdeschrift, die Karl faktisch der Möglichkeit beraubte, regieren zu können, und dem Parlament die Führung übergab, aber das Gesetz wurde nur mit einer Mehrheit von elf Stimmen verabschiedet: Etliche Abgeordnete waren der Auffassung, dass Pym zu weit gegangen war, vor allem als er anfing, von einem Amtsenthebungsverfahren gegen die Königin zu reden. Und dann, gerade als es so aussah, als würden sich die Dinge zu Karls Gunsten wenden, vermasselte Karl alles. Er rückte mit einem Trupp Soldaten im Unterhaus ein, um Pym, Hampden und drei weitere festzunehmen. Die fünf Männer hatten einen Tipp bekommen und waren nicht dort. Als der König fragte, wo Pym, Hampden und die anderen seien, erwiderte der Speaker: »Wenn es Eurer Majestät beliebt, ich habe weder Augen zu sehen, noch eine Zunge zu sprechen, aber wie das Haus beliebt, mich anzuweisen.« Das war eine sehr höfliche Art Karl mitzuteilen, dass er verschwinden soll. Karl verließ London noch am gleichen Tag. Er wollte es gewaltsam wieder einnehmen; das Parlament bereitete sich darauf vor, ihm Widerstand zu leisten. Das Ergebnis war Bürgerkrieg.

Kriegsgeschichten

Zu Anfang war der Krieg ein einziges Durcheinander. Eine professionelle Armee existierte nicht, sodass beide Seiten den Landbesitzern und Städten sagten, sie sollten Freiwillige auftreiben. Das Parlament setzte zwei Adlige, den Earl of Essex und den Herzog von Manchester, als Heerführer seiner Armee ein; Karl hatte seinen deutschen Neffen, Prinz Rupert von der Pfalz – einen der fähigsten Kavalleriekommandanten seiner Zeit. Rupert führte Essex und Manchesters Leute bei Edgehill, der ersten Schlacht des Krieges, regelrecht vor.

Es gab nichts, was Karl davon hätte abhalten können, London einzunehmen – also tat er es nicht. Er bekam kalte Füße und schlug sein Lager stattdessen bei Oxford auf, während seine Armee Zeit mit der Belagerung parlamentarischer Hochburgen wie Bristol und Gloucester verschwendete. Abbildung 13.1 zeigt die Frontverläufe während des Krieges. Ein parlamentarischer Offizier, ein gewisser Oliver Cromwell, war tief beeindruckt von Prinz Ruperts Kavallerie und begann, eine professionelle Reitertruppe, die für das Parlament kämpfte, auszubilden. Seine »Ironsides« (»Eisenseiten«) gaben ihr Debüt, als sie Prinz Ruperts Männer in der Schlacht von Marston Moor schlugen. Das Parlament reorganisierte daraufhin seine Armee vollständig nach dem Vorbild der Kavallerietruppe, und es war diese »New Model Army«, die unter Führung Cromwells und Sir Thomas Fairfax schließlich Karl in der Schlacht von Naseby schlug. Das Undenkbare war eingetreten: Der König hatte den Krieg verloren.

Rundköpfe gegen wilde Reiter

Das Elend mit dem Englischen Bürgerkrieg (oder genauer, den britischen Bürgerkriegen) sind all die Verkleidungen. Grimmig aussehende »Roundheads« und verwegen herumgaloppierende Reiter: Der Anblick ist ein gefundenes Fressen für Touristen. Tatsächlich jedoch war der Krieg furchtbar traumatisch, mit Mord und Todschlag im großen Stil und in zwei Hälften gespaltenen Gemeinschaften und Familien. Bei Colchester Castle schnappten die parlamentarischen Truppen zwei royalistische Befehlshaber, stellten sie an die Wand und erschossen sie. Basing House, heute ein Herrensitz in Berkshire, wurde zu einem blutigen Schlachtfeld. Beide Seiten glaubten, Gottes Werk zu tun. Cromwells Soldaten zogen sogar Hymnen singend in den Kampf. Und natürlich beschuldigte jede Seite die andere, all dieses Töten und Morden ausgelöst zu haben. Die Dinge verändern sich nicht sehr!

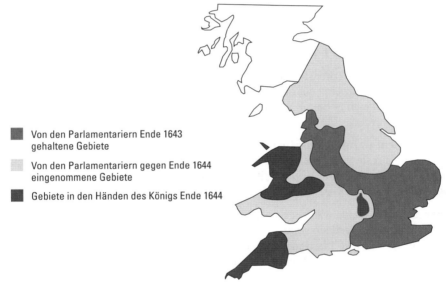

Von den Parlamentariern Ende 1643 gehaltene Gebiete

Von den Parlamentariern gegen Ende 1644 eingenommene Gebiete

Gebiete in den Händen des Königs Ende 1644

Abbildung 13.1: Der Bürgerkrieg

Dürfen wir mitmachen? Der Eintritt der Iren und Schotten

Den Iren wurde (völlig zu recht) schnell klar, dass das Parlament und die Puritaner eine sehr viel größere Bedrohung darstellten als der König. Folglich entschieden sie sich, an Karls Seite zu kämpfen. Erfolgreich halfen sie, die »Covenanter« (die schottischen Parlamentarier, deren »National Covenant«, ein nationales Bündnis, Karl und Laud dazu aufforderte, die Schottische Kirche in Ruhe zu lassen; siehe Abschnitt »Erneutes hartes Durchgreifen gegen die Puritaner«) aus dem schottischen Hochland zu vertreiben. Karl hatte stets gehofft, dass die Iren ihn vor den Engländern schützen würden. Träum' weiter, Karl.

Die Schotten waren eine andere Sache. Sie waren mit dem englischen Parlament verbündet – erinnern Sie sich, sie wollten Karls Gebetsbuch nicht (siehe den vorherigen Abschnitt »Sag es mit Stühlen!«) –, aber nicht alle Schotten waren über diese Allianz glücklich. Karl schätzte, dass, wenn er seine Karten vorsichtig ausspielte, er diesen Umstand zu seinem Vorteil nutzen könnte. Nach der Schlacht von Naseby, als Karl Cromwells Armee unterlag, ergab er sich bewusst den Schotten, nicht den Engländern; dann lehnte er sich zurück, um dem lustigen Treiben zuzuschauen. Nur dass die Ereignisse sich nicht ganz so entwickelten, wie Karl es erwartet hatte.

Die Schotten sagten, dass sie Karl gerne wieder auf seinen Thron setzen würden, wenn er bereit sei, die Kirche von England zu schließen und England zu einem presbyterianischen Land wie Schottland zu machen. Karl sagte nicht Nein, aber er sagte auch ganz sicher nicht Ja. Es war seine eigene Kirche, von der sie sprachen. Die Schotten verloren die Geduld mit ihm. »Mach's wie du willst«, sagten sie und lieferten ihn an die Engländer aus. »Hallo Karl«, sagte das Parlament. »Willkommen zu Hause.«

Nur ein toter Stuart ist ein guter Stuart

Es hatte mehr als genug Tote während des Bürgerkrieges gegeben und keiner wollte weitere: Das, was alle wollten, war eine wie auch immer geartete Vereinbarung, die Karl auf dem Thron belassen, ihn aber davon abhalten würde, alles über den Haufen zu werfen. Aber es sollte gar nicht so einfach werden, eine Lösung zu finden:

✔ **Das Parlament war gespalten.** Nur die Puritaner waren übrig geblieben: Die meisten von ihnen waren Presbyterianer, die England zu einem presbyterianischen Land wie Schottland machen wollten, und eine Minderheit waren Unabhängige (»Independents«), die das nicht wollten.

✔ **Parlament und Armee waren gespalten.** Die Presbyterianer im Parlament versuchten die Armee aufzulösen, weil sie voller Unabhängiger war. Deshalb marschierten die Soldaten, die bereits die Nase voll hatten, weil das Parlament sie seit Monaten nicht bezahlte hatte, gen London, besetzten den Tower und nahmen das Parlament praktisch gefangen.

✔ **Die Armee war gespalten.** Cromwell und Fairfax befürworteten Verhandlungen mit dem König, aber ihre Soldaten waren dagegen. Viele von ihnen hatten sich einer radikalen Gruppen namens *Levellers* (Gleichmacher) angeschlossen, die glaubten, dass alle Menschen gleich und England eine Republik sein sollte. Die Armee hielt eine Reihe von Diskussionen in der Kirche von Putney zu diesem Thema ab. Diese Diskussionen wurden als die *Putney Debates* bekannt und hatten zur Folge, dass sich Cromwell und Fairfax nachdrücklich von den Levellers abwandten.

Verhandlungen über Verhandlungen und ein zweiter Bürgerkrieg

Welchen Einfluss hatte all dieses Ringen auf den König? Ganz einfach: Jede Seite versuchte ihn gegen die andere Seite einzusetzen. Das Parlament versuchte eine Vereinbarung zu treffen, die Karl zurück auf den Thron brachte, sofern er versprach, die Kirche von England presbyterianisch zu machen. Cromwell und Fairfax versprachen Karl, dass er auf dem Thron bleiben könne, wenn er vollständige Religionsfreiheit (außer für die Katholiken natürlich) zusagte und außerdem versprach, nichts mehr von den albernen Ideen von Erzbischof Laud wissen zu wollen.

Aber man konnte Karl nicht trauen. Er schrieb ständig an die Schotten, um sie dazu zu bewegen, ihn zu retten. Und dann machte er die Fliege und tauchte auf der Isle of Wright auf – was ein wirklich alberner Schachzug war, weil der Gouverneur der Isle of Wright sich als strammer Parlamentarier entpuppte und ihn einfach im Carlsbrooke Castle einsperrte.

Aber Karls Gefangenschaft auf der Isle of Wright brachte die Schotten dazu, zu seiner Rettung zu eilen und das löste den zweiten Bürgerkrieg aus, in dem es nur eine große Schlacht bei Preston gab. Cromwell schlug die Schotten in Stücke. Cromwell entschied, dass die Zeit gekommen sei, sich endlich Karl Stuarts, »diesem Mann von Blut«, anzunehmen. Er sollte wegen Hochverrats angeklagt werden.

Kopflos

Das Parlament stellte den König vor Gericht. Die Presbyterianer im Parlament wollten Karl auf dem Thron lassen, aber Cromwell ließ sie alle festnehmen. Damit blieb nur noch eine nicht-presbyterianische Gruppe, die sogenannten *Independents* (die Unabhängigen) übrig, die der Auffassung waren, dass nur ein toter Stuart ein guter Stuart ist. Cromwell glaubte an vieles, aber Respekt für die Souveränität des Parlaments gehörte nicht dazu.

Karls Anklage vor dem Parlament war ein Spektakel, das man genießen musste. Ein Volk stellte seinen König vor Gericht: Das hatte es noch nie gegeben. Diese Tat zeigte, dass das Volk, nicht der König, souverän ist. Sie verstehen, warum Karl I. sich weigerte, das Gericht in irgendeiner Weise als legal anzuerkennen, und würdevoll schweigend während des ganzen Prozesses dasaß. Das rettete ihn auch nicht. Das Gericht befand Karl des Hochverrats für schuldig und Cromwell selbst unterzeichnete das Todesurteil zusammen mit 59 anderen Abgeordneten.

An einem kalten Morgen im Januar 1649 trat Karl I. aus dem Fenster des großartigen *Banqueting House* seines Vaters in Whitehall auf ein Schafott und legte seinen Kopf auf den Block. Ein schreckliches Stöhnen ertönte, als die Axt niederfuhr, und die Leute drängten nach vorne, um ihre Taschentücher in sein Blut zu tauchen – waren sie hinter einer heiligen Reliquie oder nur einem Souvenir her?

Oliver!

Oliver Cromwell war Puritaner und wohlhabender Landbesitzer aus Huntingdon. Er war Abgeordneter Cambridges im Langen Parlament (siehe den früheren Abschnitt »Das Parlament ist zurück und zeigt, wer der Chef ist«). Bis er sich während des Bürgerkrieges als hervorragender Feldherr der Kavallerie erwies, war er kaum bekannt. Cromwell bildete die »New Modell Army« aus (siehe den früheren Abschnitt »Kriegsgeschichten«) und von da an befand er sich genau im Zentrum der Ereignisse.

Die Niederschlagung der Levellers und Schotten

Nachdem man mit Karl I. fertig war und ihn ins Jenseits befördert hatte, wandten sich Cromwell und Fairfax den Levellers zu, einer Gruppe, die alle Standesunterschiede beseitigen wollte. Die Heerführer (wohlhabende Landbesitzer bis auf den letzten Mann) schickten die Anführer der Levellers in den Tower.

Die Schotten waren empört darüber, dass die Engländer ihren König hingerichtet hatten (vergessen Sie nicht, dass Karl I. auch König von Schottland war), ohne auch nur um Erlaubnis gefragt worden zu sein. Um den Engländern eine Lektion zu erteilen, krönten die Schotten trotzig den Sohn von Karl I. in Edinburgh zum König Karl II. Diese Aktion veranlasste Cromwell, mit einer Armee nach Norden zu stürmen. Er schlug die Schotten in der Schlacht von Dunbar (so knapp, dass Cromwell überzeugt war, dass Gott auf seiner Seite war) und machte den Rest der Männer von Karl II. in der Schlacht von Worcester nieder. Karl II., der kein Dummkopf war, musste um sein Leben rennen. Cromwell setzte sogar einen Preis auf den Kopf von Karl II. und gab einen Steckbrief heraus (GESUCHT: Ein großer, dunkelhäutiger Mann. Er hört auf den Namen König Karl II.). Einer Erzählung zufolge musste Karl II. sich einmal auf einer Eiche verstecken, während Cromwells Männer die Büsche darunter absuchten. Es gelang Karl II. ins Exil auf den Kontinent zu entkommen. In England übernahm Oliver Cromwell die Macht.

England wird eine Republik

Diese Tatsache überrascht oftmals die Leute, die sich England als Monarchie vorstellen, aber unter Oliver Cromwell wurde England eine Republik.

Das Parlament schaffte die Monarchie und das Oberhaus (*House of Lords*) ab und entschied, dass alle erbliche Macht »unnötig, belastend und gefährlich für die Freiheit« sei. Fortan war England ein Commonwealth – eine Republik für Sie und mich. Aber die Republik war nicht sehr demokratisch. Die Abgeordneten des »Rumpfparlaments«, diejenigen, die von dem 1640 gewählten Parlament übrig geblieben waren (wir befinden uns nun im Jahr 1653), versuchten ihre Sitze auf Lebenszeit zu behalten. Daher löste Cromwell 1653 das Rumpfparlament auf. Er marschierte ein und trieb sie alle mit den berühmten Worten hinaus: »Für das Wenige, das Ihr an Gutem geleistet, habt Ihr hier lange genug gesessen. Im Namen Gottes, hebt Euch hinweg!«

Beinahe dreihundert Jahre später, 1940, wurden diese Worte im Unterhaus zitiert, nachdem die Deutschen in Norwegen und Dänemark einmarschiert waren (mehr dazu in Kapitel 21). Premierminister Chamberlain verstand den Hinweis und trat zurück und Churchill wurde Premierminister.

Cromwell ersetzte das Rumpfparlament durch eine gänzlich manipulierte Institution, die als »Barebones«-Parlament bekannt ist. Dieses Parlament bot Cromwell die Krone an, aber er gab dem Angebot der Armee den Vorzug, Lordprotektor zu werden (die Armee hatte in der Zwischenzeit das tägliche Regierungsgeschäft übernommen). »Cromwell ist unser König«, erklärte ein Engländer einem deutschen Besucher, und als er zum Lordprotektor erhoben wurde, ähnelte die Zeremonie verdächtig einer Krönung, was bedeutete, dass er den (wahren)

Royalisten ebenso wie den Republikanern verhasst war. Cromwell jedoch führte Krieg gegen Holland und Spanien und schlug beide. Er vereinigte Schottland und England zu einem Land mit einem Parlament, was den Schotten freien Zugang zum englischen Markt gab. Vor allem aber bewahrte er den Frieden. Keine schlechte Leistung im 17. Jahrhundert.

Keine Ballspiele, kein Weihnachten, keine Vergnügungen

Man konnte sich in Cromwells England gut amüsieren, solange man nicht singen, tanzen, ins Theater gehen oder ganz einfach ausgehen wollte. Okay, die Beschreibung mag ein wenig unfair sein, aber es stimmt, dass viele Puritaner »frivole« Musik und Freizeitbeschäftigungen missbilligten, und gewiss ließ die Regierung Theater aus Gründen der öffentlichen Gesundheit und des Anstandes schließen. Sie verboten auch Weihnachten, weil sie es für ein heidnisches Fest hielten, das nichts mit der Geburt Jesu zu tun hatte. Und Cromwell ließ die Juden wieder nach England zurückkehren (siehe Kapitel 9 zu Informationen darüber, warum er das tun musste). Aber Cromwell war gnadenlos gegenüber einigen der religiösen Sekten, die aus dem Boden geschossen waren, wie die »Ranters«, die der Auffassung waren, dass Sünde das Gute ist, und die Quäker, die sich von dem konventionellen Gottesdienst vollständig abgewandt hatten. Cromwell ließ einen Quäker, James Nayler, auspeitschen, brandmarken und ihm ein Loch in die Zunge bohren.

Irland: Der Fluch Cromwells

Die Iren hatten ihren Aufstand auf Eis gelegt (den, in dem sich irische Katholiken gegen Protestanten erhoben hatten; siehe den Abschnitt »Bürgerkrieg: Schlachtgesänge und eine Republik«), aber Cromwell hatte ihn nicht vergessen. Er kam 1649 nach Irland, um sich zu rächen. Er marschierte direkt nach Drogheda, das keine Rolle in dem Aufstand gespielt hatte, aber von englischen Royalisten kontrolliert wurde. Cromwells Männer belagerten sie, nahmen die Stadt ein und massakrierten jeden, den sie finden konnten. Sie prügelten den Kommandanten mit seinem eigenen Holzbein zu Tode. Dann marschierten sie auf Wexford zu und machten das Gleiche dort. Schließlich konfiszierte Cromwell alles Land, das sich noch in katholischer Hand befand, und gab es seinen Offizieren. Die Iren konnten sich entscheiden, ob sie in die »Hölle oder nach Connaught« verbannt werden wollten – und Connaught war schlimmer.

Cromwell glaubte wirklich, Gottes Werk zu tun. Er hielt die katholischen Iren für gefährliche Wilde, die einer Religion folgten, die er für das Werk des Teufels hielt (vergleichbar mit den Ansichten der Europäer im 19. Jahrhundert über Afrikaner oder der amerikanischen Sicht auf die indianischen Stämme). Irland brauchte Jahrhunderte, um sich von dem »Fluch Cromwells« zu erholen, aber genau dies war ja das Ziel gewesen.

Die tragikomische Wiederherstellung der Monarchie

Cromwell starb 1658. Sein Sohn Richard wurde Lordprotektor (wie war das noch mit der Ablehnung des Vererbungsprinzips?), aber er war zu schwach und konnte die Armee nicht kontrollieren. Drüben in den Niederlanden verkündete Karl II. (immer noch im Exil, siehe den vorherigen Abschnitt »Die Niederschlagung der Levellers und der Schotten«), dass er den Engländern, wenn sie ihn wieder aufnehmen würden, ein Generalpardon, Religionsfreiheit und die Bezahlung der Armee bieten würde. Ein Offizier namens General Monck entschied, dass dieses Angebot zu gut war, um es sich entgehen zu lassen. Er marschierte von Schottland nach London mit einer Armee, stellte ein neues Parlament zusammen und überredete es, das Angebot von Karl II. anzunehmen. Sie luden ihn ein, nach Hause zu kommen, und er kam. Sie nannten dieses Ereignis die Restauration.

Karl II. kommt nach England

Ein wildes Freudengeheul brach aus, als Karl II. nach Hause zurückkehrte. Plötzlich war jeder schon immer in seinem Innersten ein Royalist gewesen und Karl entging dies nicht. Er entschied vernünftigerweise, nicht zu genau nachzuforschen, und sie hatten das Todesurteil seines Vaters ja auch nicht wirklich unterzeichnet. Aber er traute dem Parlament nie, und man kann es ihm nicht verübeln. Stattdessen handelte er ein geheimes Abkommen mit König Ludwig XIV. von Frankreich aus und lebte faktisch von französischem Geld. Auf Ludwigs Geheiß zog er gegen die protestantischen Holländer in den Krieg, auch wenn seine Loyalität ihm nichts nützte, weil die Holländer gewannen.

Erleichterungen für Katholiken sowie Puritaner

1672 gab Karl die _Erklärung zur Gewährung der Gewissensfreiheit_ (»Declaration of Indulgance«) heraus, die jedermann, sogar den Katholiken, vollständige Religionsfreiheit gewährte (Karl war kein Katholik, aber seine Frau und sein Bruder waren es). Diese Deklaration ging dem Parlament zu weit und Karl musste die Zähne zusammenbeißen und dem _Test Act_ zustimmen, der besagte, dass nur Mitglieder der Kirche von England in den Streitkräften oder dem Parlament dienen oder die Universität besuchen konnten. Aber er wartete den richtigen Zeitpunkt ab.

Titus Oates war ein Kleriker und professioneller Lügner, der 1687 behauptete, dass es eine riesige papistische (katholische) Verschwörung zur Ermordung des Königs gäbe. Es gab keine, aber die Behauptung löste eine riesige Panik aus und die Katholiken wurden verhaftet. Der Erzbischof von Armagh, Oliver Plunkett, war einer von vierundzwanzig Katholiken die tatsächlich getötet wurden; viele andere starben im Gefängnis. Das Parlament versuchte sogar, Karls katholischen Bruder Jakob von der Thronfolge auszuschließen. Als die Wahrheit bekannt wurde, dass es gar keinen papistischen Komplott gab, schlug Karl zu. Er löste das Parlament auf und regierte ohne es. Dabei lebte er von dem Geld seines guten Freundes Ludwig XIV. Als einige alte Cromwell-Leute tatsächlich das Rye-Haus-Komplott zur Ermordung von Karl schmiedeten, ließ er sie inhaftieren und hinrichten. Er hatte immer noch alles fest unter seiner Kontrolle, als er 1685 starb.

Ein doppelter Schlag - Pest und Feuer

Der gelegentliche Ausbruch der Pest war ein Berufsrisiko im 17. Jahrhundert, aber der Ausbruch, der London 1665 heimsuchte, war besonders: Seit dem Schwarzen Tod hatte man nicht ihresgleichen erlebt. Tausende starben und infizierte Häuser mussten mit den Bewohnern darinnen versiegelt werden. Keiner hatte ein Heilmittel, weil keiner wusste, was sie auslöste. Im nächsten Jahr brannte ein Feuer die Stadt bis auf die Grundmauern ab, das von einem überhitzten Bäckerofen ausgelöst worden war. Karl II. selbst musste das Kommando übernehmen. Er ordnete an, Häuser in die Luft zu sprengen, damit das Feuer sich nicht weiter ausbreiten konnte. Am Ende war die Stadt mit der alten St. Paul Kathedrale eine rauchende Ruine. Das Feuer ermöglichte natürlich ein vollständiges Wiederaufbauprogramm. Dies ist der Punkt, an dem Sir Christopher Wren ins Spiel kommt, der der Stadt seinen eigenen architektonischen Stil aufdrückte. Aber zur damaligen Zeit erschien das Ganze wie ein weiterer Schlag eines wütenden Gottes gegen ein Land, das genug gelitten hatte.

Und wer hat nun gewonnen – die Krone oder das Parlament?

Bei den in dieser Zeit geführten Kriegen ging es ebenso darum, wer über Schottland und Irland herrschte, wie um die Krone und das Parlament. Dies ist der Grund dafür, dass einige Historiker von den Britischen Bürgerkriegen sprechen. Die Armee gewann den Bürgerkrieg, aber Karl II. war am Ende obenauf, auch wenn er seine Karten sehr vorsichtig ausspielen musste, um dort zu bleiben.

Alte Probleme, Neue Ideen

In diesem Kapitel

▶ Alte Ideen auf den Kopf stellen: Die englische Renaissance

▶ Mitleid mit den englischen Armen: Ein altes Problem, das schlimmer wurde

▶ Einführung bahnbrechender Ideen: Denker, Philosophen, Theoretiker, Wissenschaftler und Mathematiker

*W*enn Sie die Zeit der Tudors und der Stuarts betrachten, wirkt sie recht historisch – all diese Halskrausen, Wämser, Melonenhosen und so weiter. Dass Historiker diese Periode als den Start in die Moderne ansehen, überrascht daher. Diese Menschen mögen altmodisch ausgesehen haben, aber einige der Dinge, die sie dachten und taten, waren unserer Art des Denkens überraschend nah. Beginnend mit der englischen Renaissance im 16. Jahrhundert befanden sich die Briten zu der Zeit, als Karl nach Hause zurückkehrte (1660), mitten in der wissenschaftlichen Revolution und die Aufklärung stand schon vor der Tür. Moderne Regierung? Verdanken wir den Tudors. Moderne Kunst und Musik? Hatten ihren Anfang während der Renaissance. Theater wie wir es kennen? Kannte man damals auch. Moderne Wissenschaft und Medizin? Suchen Sie nicht weiter. Demokratische Regierung und Gemeinschaftsleben? Die Stuarts wussten alles darüber. Dieses Kapitel erklärt die Ideen, mit denen die moderne Welt begann und die uns zu den Menschen machten, die wir sind.

Die Renaissance: Retro Chic

Wenn Sie irgendwo im Europa des Mittelalters zur Schule gingen, gab man Ihnen ein Buch mit einem der großen Namen der Vergangenheit – Aristoteles für Philosophie, Galen (der griechische Arzt des römischen Kaisers Mark Aurel und Commodus) für Medizin oder St. Augustin oder Thomas von Aquin für Theologie – und Sie setzten sich hin und lernten es. Sie debattierten vielleicht, was der große Denker genau meinte, und Sie spekulierten darüber, was er jetzt sagen würde, aber dies waren die großen Bücher der großen Denker, die über Jahrhunderte verehrt wurden. Man stellte das, was sie sagten, nicht in Frage, auch wenn man nur einen Leichnam öffnen musste, um zu sehen, dass Galens anatomische Vorstellungen völlig absurd waren (kaum überraschend, da Galens Ideen auf der Beobachtung von Tieren basierten). Gegen Ende des 14. Jahrhunderts begann schließlich etwas Merkwürdiges in Italien zu passieren. Gelehrte begannen in Schränken und auf Dachböden zu suchen und fanden viele alte lateinische und griechische Manuskripte, von denen sie nichts wussten. Sie fanden ebenfalls hebräische Manuskripte. Unter diesen neu entdeckten Schätzen befanden sich philosophische und theologische Werke, darunter Schriften Platos, den niemand zuvor gelesen hatte. Einige Gelehrte begannen fortan, Griechisch und Hebräisch zu lernen (bisher hatten sie lateinische Übersetzungen verwendet) und fanden zum Beispiel heraus, dass Plato ganz andere Dinge zu sagen hatte als Aristoteles, und dass einige der wichtigen lateinischen Dokumente der Kirche in Wirklichkeit Fälschungen waren. Plötzlich war die Ausgrabung alter klassischer Literatur die Sache, in die man sich hineinkniete. Man nannte das Studium der Ideen, die man in diesen neuen Texten fand, *Humanismus*, weil man glaubte, ein besseres Verständnis davon zu erhalten, was Menschsein wirklich bedeutete. Später nannten Historiker die Studien in dieser Periode die Wiedergeburt der klassischen Welt, oder auf Französisch, die Renaissance.

Niemand zu dieser Zeit nannte diese Periode Renaissance – der Begriff ist eine Bezeichnung des 19. Jahrhunderts. Noch war es die erste große Wiederbelebung des Interesses an klassischer Literatur – eine Renaissance ereignete sich im 9. Jahrhundert, eine weitere im 12. Jahrhundert. Die Menschen der Renaissance von denen wir sprechen hatten nur Verachtung für die Kunst und die Architektur der vorangegangenen Jahre übrig – sie waren es, die den Begriff »mittelalterlich« oder das »Mittelalter« zu ihrer Beschreibung prägten. Von ihnen stammte die Vorstellung, dass eine große Kluft voller Unrat zwischen der glorreichen klassischen Welt und ihrer Wiederbelebung im 15. und 16. Jahrhundert liegt. Diese Beschreibung ist eine grobe Beleidigung des Mittelalters, aber die Renaissancemenschen setzten sich durch. Noch heute gebrauchen wir »mittelalterlich« in der Bedeutung von primitiv oder barbarisch!

Liebliche Musik und Paläste liegen in der Luft

Obwohl die Renaissance in Italien begann, dauerte es nicht lange, bis sich die Renaissance-Ideen in Europa verbreiteten, dank der neuen Druckerpresse. Oxford und Cambridge fanden Gefallen an der Neuen Lehre, und John Colet, Dekan von St. Pauls gründete sogar eine Schule nur zu ihrer Verbreitung. Einer der größten Renaissance-Gelehrten, Erasmus von Rotterdam, ließ sich lange Zeit in England nieder, weil er das Land so kongenial und offen für neue Ideen fand, und Sir Thomas Morus, Autor von *Utopia*, war einer der wichtigsten Intellektuellen der Renaissance in Europa. In mancher Hinsicht jedoch war England hinter seinen Nachbarn zurück. Italienische Künstler wie Michelangelo oder Raphael studierten griechische und römische Bildhauerkunst und Architektur und reproduzierten deren Proportionen und Dynamik in ihren Skulpturen und Gemälden. Aber wo, wollte Heinrich VIII. wissen, war der englische Leonardo oder Raphael? Als Franz I. von Frankreich und der Heilige Römische Kaiser Karl V. sich protzige neue Paläste im neuesten Stil bauten und Renaissance-Maler anstellten, die Wände zu bemalen, war Heinrich entschlossen, ihnen nicht nachzustehen. Er wollte eine englische Renaissance und er wollte sie jetzt.

Die Stadtgrenzen von Nonsuch

Heinrich war ein echter Renaissance-Prinz: In einem Augenblick diskutierte er Theologie oder Philosophie, im nächsten maß er sich im Turnierkampf oder im Ringen mit dem König von Frankreich (gewöhnlich jedoch nicht zur gleichen Zeit). Er besaß Paläste in Greenwich und Richmond und später erhielt er Kardinal Wolseys Palast am Hampton Court (siehe Kapitel 11 zu Heinrich und Wolsey), aber Nonsuch war der große Palast, den Heinrich erbaute, um die Welt zu beeindrucken. Wir wissen nicht genau, wie Nonsuch aussah – es ist außer den

Grundmauern nichts davon übrig geblieben und die einzigen Zeichnungen, die wir davon haben, zeigen das Innere – aber allen Berichten zufolge, war ein Besuch dort ein atemberaubendes Erlebnis. Heinrich dachte groß und aufdringlich und Historiker schätzen, dass all diese schönen, roten Ziegelhäuser der Tudorzeit mit ihren Holzbalken ursprünglich scheußlich grellbunt waren mit vielen lebhaften Farben und goldenem Anstrich. (Zu erfahren, was für einen grässlichen Geschmack die Leute in der Vergangenheit hatten, ist stets ein Schock.) Wir bekommen eine Vorstellung davon wie Nonsuch ausgesehen haben mag, wenn wir uns Hampton Court anschauen, aber Nonsuch war ein so andersartiger Palast, dass wir uns sehr stark auf das berühmte Gemälde von Hans Holbein verlassen müssen.

 Hans Holbein malte all die berühmten Bilder von Heinrich wie er mit seinen Händen auf die Hüften gestützt breitbeinig dasteht. Wie groß die Ähnlichkeit mit Heinrich – oder Nonsuch – war, wissen wir nicht sicher, da man Porträts immer mit viel Vorsicht betrachten muss. Der Zweck eines königlichen Porträts war es nicht, festzuhalten, wie das Modell aussah, sondern eine Botschaft zu verbreiten. Heinrich wurde also stets stark und männlich aussehend dargestellt, was bedeutete, dass (a) dies kein Mann war, mit dem man sich anlegen sollte, (b) er schnell Söhne bekommen würde und (c) er, wenn alles schiefging, einen prima Rausschmeißer in einem Nachtclub abgeben würde.

Thank you for the Music

Heinrich war ein begeisterter Musiker und Musik stellte sich als einer der Kunstzweige heraus, in dem die Engländer gut waren. Sie neigten dazu, sich auf Kirchenmusik zu spezialisieren: Thomas Tallis schrieb eine erstaunliche Motette mit dem Titel *Spem in Alium* für 40 Solovokalstimmen – es handelte sich um einen besonders vollen Klang (»a wall of sound«), lange vor Phil Spector. Sein Schüler William Byrd wurde Organist von Elisabeths Chapel Royal, was eine schwierig zu bekleidende Stelle war, weil Byrd ein heimlicher Katholik war, und einige Leute sagen, man könne katholische Botschaften in manchem seiner Werke entdecken. Englische Musik bestand jedoch nicht nur aus Motetten. John Dowland schrieb einige der schönsten Musikstücke für Laute und Gitarre, die noch immer regelmäßig aufgeführt werden, und Heinrich VIII. selbst schrieb eine beliebte Ballade namens *Pastime with Good Company* und könnte – könnte – auch *Greensleeves* geschrieben haben.

Shakespeare: Der Gute, der Barde und der Hässliche

Gegen Ende der Regentschaft von Elisabeth I. bekam das englische Theater plötzlich Auftrieb. Schauspieler waren immer durch das Land gereist und hatten Theaterstücke in Gasthäusern oder auf Marktplätzen aufgeführt, etwa so wie heute ein Zirkus oder Jahrmarktstruppen. Und die Menschen betrachteten sie auf die gleiche ziemlich hochnäsige Weise. Aber dann tauchten feste Theater am Londoner Südufer auf – *The Rose*, *The Curtain*, *The Theatre* und das berühmte *Globe Theatre* – und hochstehende Adlige wie der Earl of Leicester wurden ihre Gönner. Die Shakespeare Company hatte Lord Chamberlain als ihren Förderer und Königin Elisabeth selbst war ein Fan: Shakespeare schrieb *Die lustigen Weiber von Windsor* extra für sie. Seine Theaterstücke können uns viel über diese Zeit erzählen: Nicht nur, welche Sprache die Menschen sprachen und welche Witze ihnen gefielen, sondern auch woran sie glaubten, was sie bewunderten und was sie fürchteten:

✔ **Ist England nicht wundervoll?** *Dieser glorreiche Königs-Thron, diese bezepterte Insel, dieses majestätische Land, dieser Sitz des Kriegs-Gottes, dieses andre Eden, halb Paradies …* Diese Zeile stammt von John of Gaunt, der England in *Richard II.* beschreibt, falls Sie sich das fragen. Viele von Shakespeares Stücken haben einen patriotischen Beiklang: Denken Sie nur an *Heinrich V.* Shakespeare fügte einen Iren, einen Waliser und einen Schotten hinzu, um die Idee einer ganzen Nation zu suggerieren, die vereint hinter dem König steht. Allerdings hielt selbst Shakespeare nicht viel vom englischen Wetter: siehe *König Lear.*

✔ **Vorsicht vor dem Papst!** Shakespeare ließ die großen religiösen Themen seiner Zeit aus seinen Stücken heraus, was vermutlich klug war, denn es kann gut sein, dass er ein heimlicher Katholik war. Aber wenn in seinen Stücken katholische Priester auftauchen, handelt es sich fast immer um Bösewichter, sieht man einmal von Bruder Lorenzo ab (der ein wahrer Schatz in *Romeo und Julia* ist). Kardinäle sind arrogant (Wolsey in *Heinrich VIII.* und Pandulph in *König Johann* versuchen beide, den König herumzukommandieren), und selbst der Priester in *Hamlet* will Ophelia keine anständige Beerdigung geben.

✔ **Keine Unruhe stiften!** Die Tudors waren überzeugte Anhänger von Recht und Ordnung. Gott erwählte die Herrscher, und wenn man sie infrage stellte oder umzustürzen versuchte, dann würde Chaos herrschen. Diese Vorstellung kommt oft bei Shakespeare vor. Wenn man den König tötet, wie in *Macbeth* oder *Richard II.* folgen Rebellion und Bürgerkrieg. Tun Sie es nicht.

✔ **Wenn der König nicht gut ist, wird die Sache jedoch etwas komplizierter.** Richard III. zu stürzen ist in Ordnung, weil er ein Mörder war und weil das in jedem Fall die offizielle Lesart der Tudors war. Aber kommen Sie nicht auf falsche Gedanken: In *Julius Caesar* ist Brutus gut und nobel, aber die Ermordung Caesars führt nur zu Schwierigkeiten und am Ende verliert Brutus. Selbst schwache Könige wie Richard II. oder Heinrich VI. sind durch Gottesgnaden auf den Thron gekommen.

✔ **Habe ich Eurer Majestät schon gesagt, wie wunderbar Sie sind? Lassen Sie es mich Ihnen erneut sagen…** Shakespeare war kein Dummkopf, und er packte viele Schmeicheleien in seine Theaterstücke hinein. *Heinrich VIII.* handelt von Königin Elisabeths Vater und enthält eine Rede über Elisabeth selbst, in der es heißt, wie glücklich England sein wird, wenn sie erwachsen ist und Königin wird (es gibt keinen Grund dafür, zu zurückhaltend zu sein!). Als Jakob VI. aus Schottland nach London kam, schrieb Shakespeare *Macbeth* mit vielen Hexen darin nur für ihn.

 Shakespeares Stücke setzten sich mit Vorstellungen auseinander wie Sterblichkeit (Hamlets »Sein oder Nichtsein«-Monolog handelt allein davon); Wahnsinn und Vernunft (*König Lear*); rassistischen Vorurteilen (*Der Kaufmann von Venedig* und *König Lear*); und dem ewigen Kampf der Geschlechter (*Wie es euch gefällt, Maß für Maß, Der Widerspenstigen Zähmung* – und was auch immer). Mittelalterliche Theaterstücke erzählten biblische Geschichten, aber das elisabethanische Theater befasste sich mit Fragen des Lebens und des Todes und des ganzen Spektrums menschlicher Erfahrungen. Theater war Philosophie mit Theaterschminke. (Wenn Sie etwas mehr über Shakespeare und seine Welt erfahren wollen, werfen Sie einen Blick in *Shakespeare für Dummies* (Wiley).)

Arm sein ist kein Vergnügen

Was sollte man mit den armen Menschen machen? Dieses Thema ist eines der ältesten Probleme der Welt, aber in der Tudorzeit, spitzte sich das Problem zu, weil es so viele von ihnen gab. Keiner wusste genau warum, auch wenn es einige Vorstellungen darüber gab:

✔ **Tut mir leid Jungs, aber ihr seid ohne Job.** Im Mittelalter hatte jeder Nobelmann, der etwas auf sich hielt, eine große Gefolgschaft, die alle seine Farben (*Livree* genannt) trugen und bis an die Zähne bewaffnet waren, genauso wie die namenlosen Sicherheitsleute in *Star Trek*, die nur erscheinen, um getötet zu werden. Aber Heinrich VII. wollte all den Kämpfen am Ende der Rosenkriege einen Riegel vorschieben (für mehr dazu werfen Sie einen Blick in die Kapitel 9 und 10), also verbot er den Adligen, ein Gefolge zu haben. Plötzlich waren all diese Krieger ohne Job.

✔ **Das soll ein Schilling sein?** Keiner wusste genau warum, aber die Preise begannen zu steigen. Unglücklicherweise erhielt keiner eine Lohnerhöhung, die damit Schritt hielt, sodass die Leute unweigerlich Hunger litten. Die Regierung glaubte, dass die Ausgabe von mehr Münzen helfen würde, aber sie verringerten den Gold- und Silberanteil, mischten andere Metalle wie Kupfer oder Zinn bei und begannen wie verrückt Geld zu prägen. Aber als die Leute merkten, dass sich das Silber ihrer Münzen abreiben ließ und darunter das Kupfer durchkam, verloren sie das Vertrauen in ihr Geld und die Händler erhöhten die Preise noch mehr.

✔ **Es sind all diese Schafe.** Schafe bedeuteten Geld. Es gab einen florierenden Export von Wolle, aber Schafe benötigten sehr viel Weideland. Gewiefte Landbesitzer begannen, große Felder mit riesigen Hecken einzufrieden und sie in Schafweiden umzuwandeln. Was gut für die Landbesitzer war, war nicht so gut für die Menschen, deren Häuser niedergerissen wurden und die von dem Land vertrieben wurden. Im Jahr 1549 ereignete sich eine Reihe von Rebellionen gegen die Einfriedungen, die nur mithilfe eines Militäreinsatzes niedergeschlagen werden konnten. (Siehe Kapitel 11 dazu wie diese Kriegszüge die ohnehin schwierige Politik während dieser Zeit beeinflussten.)

Die Armengesetze

All diese Veränderungen und der sie begleitende Anstieg der arbeits- und obdachlosen Menschen resultierten in einer massiven Kriminalitätswelle. Man konnte sich im Tudor-England kaum bewegen, ohne in eine große Gruppe, ja Armeen von Bettlern zu laufen. Die Menschen waren an bettelnde Blinde oder Krüppel gewöhnt, aber diese waren kräftig, körperlich gesund und bis an die Zähne bewaffnet. Es musste etwas geschehen. Landstreicher konnten in Arbeitshäuser und Zuchthäuser geschickt werden, bei denen es sich um eine Art Erziehungslager des 16. Jahrhunderts handelte, aber diese Maßnahmen reichten nicht aus. Deshalb erließ das Parlament 1601 strenge neue Armengesetze.

 Diese Gesetze besagten, dass die Armen in ihren Gemeinden bleiben müssten, wo die, die wirklich nicht arbeiten konnten, ein paar Almosen erhalten könnten. Wenn sie anfingen umherzuziehen, konnten sie ausgepeitscht werden oder ein V (für »Vagabund«) mit einem heißen Eisen auf die Stirn gebrannt bekommen. Die Gesetze blieben bis in die viktorianische Zeit in Kraft. Die Frage, ob man den Armen Unterstützung oder Arbeit anbieten sollte, beschäftigt uns noch heute.

Verbrechen oder Klassenkampf?

Sich nicht fassen zu lassen, war entscheidend, wenn man ein Krimineller zur Zeit der Tudors oder Stuarts war. Die Strafen waren hart. Für Diebstahl oder Schmuggel wurde man gehängt und man konnte sich glücklich schätzen, wenn man mit einer öffentlichen Auspeitschung davonkam. Das Parlament fuhr fort, Gesetze zu verabschieden, die sich mit Eigentumsverbrechen beschäftigten (wie Diebstahl und Wilderei) und die Strafe, die darauf stand, war normalerweise der Tod.

Die meisten Menschen, die exekutiert wurden, waren Diebe oder Wilderer und sie waren oft arm und hungrig. Die Richter, die sie verurteilten, waren Landbesitzer, die die Interessen der Landbesitzer schützten. Sie verstehen, warum einige Historiker das ganze Kriminalitätsproblem als eine Art Klassenkrieg verstehen.

Schuld und öffentliche Sühne

Die Menschen waren der Auffassung, dass Personen, die eines Verbrechens angeklagt waren, ein faires Gerichtsverfahren mit einem unparteiischen Richter bekommen sollten, aber ebenso waren sie der Meinung, dass die Gemeinschaft eine Rolle bei der Bestrafung spielen sollte. Aus diesem Grund wurden Kriminelle an den Schandpfahl oder den Pranger gestellt. Diese Form der Strafe bedeutete, »genannt und geschändet« zu werden, und gab der Gemeinschaft die Gelegenheit, sich zu revanchieren. Erhängungen und Verbrennungen wurden öffentlich vollzogen, zum Teil zur Abschreckung, zum Teil, damit jeder sehen konnte, dass die Gerichtsbarkeit vollzogen wurde. Anschließend ließ man den Leichnam in Ketten neben der Straße oder über einem Eingangstor als Warnung hängen.

Neue Ideen

Das Britannien des 17. und 18. Jahrhunderts brachte einige der wichtigsten Denker und Wissenschaftler Europas hervor. Halten Sie sich gut fest: Umwälzende Ideen kamen auf!

Lassen Sie uns über Religion sprechen ...

Ob Sie es glauben oder nicht, in der Diskussion über Religion und Politik ging es nicht nur um Katholiken und Protestanten. Die Sache begann mit Galileo, einem Italiener, der, soweit wir wissen, an Britannien und seine Probleme nie einen Gedanken verschwendete. Dennoch beginnt diese Geschichte mit ihm.

Zutreffende Beobachtungen

Galileo beobachtete den Himmel und notierte, was er sah, und dies veranlasste ihn zu einer sehr wichtigen Schlussfolgerung: Die Erde bewegt sich um die Sonne und nicht umgekehrt. Diese Beobachtung brachte ihn in ernste Schwierigkeiten mit dem Papst und der Inquisition, aber das ist eine andere Geschichte. Was wir hier zur Kenntnis nehmen müssen, ist, wie Galileo dies wusste. Ganz einfach. Er beobachtete, notierte, was er sah und leitete daraus begründete Schlussfolgerungen ab. Dieses Vorgehen mag ziemlich naheliegend erscheinen, aber zu einer Zeit, als die Kirche erwartete, dass die Menschen ihre Lehren akzeptierten, ohne sie zu hinterfragen, barg dieses Vorgehen Sprengstoff.

Zur gleichen Zeit argumentierte in England ein Staatsmann und Philosoph namens Francis Bacon auf ähnliche Weise. Wissen, sagte er, kommt nicht von Büchern, sondern von der Beobachtung oder der Erfahrung der Dinge, indem man über sie nachdenkt und dann daraus allgemeine Prinzipien ableitet. Der schicke Name für diese Art des Erkenntnisgewinns ist *Empirismus*. Die große Frage – und ich meine groß – war, können wir die Existenz Gottes aus Beobachtungen ableiten?

Ich denke, also bin ich verwirrt

Jedermanns Staatslehre, ob es sich um die Stuarts und ihr göttliches Recht der Könige oder Cromwell als Lordprotektor handelte (zu Details über diese Leute siehe Kapitel 13), basierte auf der Idee, dass Gott gesagt hatte: »So sollt ihr regiert werden.« Aber nun fragten sich die Menschen (nun zumindest die Gelehrten und tiefgründigen Denker), gibt es einen Gott? Und wenn ja, wie könnte irgendwer sicher sein, was er sagte?

Nun, nichts von dem, was Bacon oder Galileo sagten, deutete an, dass Gott nicht existierte, aber ein französischer Denker, René Descartes, schien Zweifel zu haben. Descartes sagte, dass man, um das Leben, das Universum und alles andere verstehen zu können, nicht Glaube, sondern Verstand (ratio) brauche. Schließlich könnte, nach allem was wir wissen, die ganze Welt ein vom Teufel geschaffener Trick sein. Das Einzige, dessen wir uns ganz sicher sein können, ist, dass wir existieren, und das wissen wir nur, weil wir denken können – »Ich denke, also bin ich«, wie es in seiner berühmten Formulierung heißt.

Wenn wir also (a) existieren und (b) wissen, dass wir existieren, dann mögen Dinge uns einen Hinweis darauf geben, dass es einen Gott gibt, der uns zuvor schuf. Aber der Punkt ist, dass wir ableiten können, dass es einen Gott gibt, statt dies einfach nur zu glauben, weil die Kirche es sagt.

Aber was für eine Art von Gott ist er und was will er? Karl I. sagte, die Antwort sei recht einfach: Gott wolle, dass jeder dem König gehorche. Andere sagten, ganz im Gegenteil, Gott wolle, dass sie sich des Königs entledigten. Cromwell glaubte, dass das Massaker an den Iren und die Inhaftierung der Quäker Gottes Wille sei. Die Quäker glaubten, Gott wolle, dass sie in der Kirche schweigen; andere glaubten, Gott wolle, dass sie herumliefen und lauthals von ihm erzählten. Sie verstehen, warum John Milton, der Puritaner und ein großer Unterstützer Cromwells war, sich veranlasst fühlte, ein langes episches Gedicht, *Das verlorene Paradies*, zu schreiben, in dem Versuch, wieder etwas Ordnung herzustellen und zu erklären, wie Gott handelt.

Etwas Politik

Thomas Hobbes (1588–1679) warf einen Blick auf die Zeit, in der er lebte, was es mit den Einfriedungen, dem Bürgerkrieg, den Massakern und den religiösen Spinnern auf sich hatte, und er kam zu dem Schluss, dass das ganze Leben nervt: »Einsam, armselig, scheußlich, tierisch und kurz«, nannte er das Leben. Der einzige Weg, diese selbstsüchtigen, unzuverlässigen Wüstlinge davon abzuhalten, dass sie sich gegenseitig in Stücke zerreißen, sagte Hobbes, sei eine starke Regierung mit absoluter Macht über alle. Idealerweise sollte diese Regierung mit der Zustimmung des Volkes handeln (seien Sie fair, der Typ war Republikaner), aber Hobbes ging davon aus, dass das Volk seinen Teil des Handels nicht einhalten würde, deshalb sei es am besten, die Menschen mit Gewalt zu regieren. Er schrieb seine Ideen in einem schönen Buch mit dem Titel *Leviathan* nieder, das erste Buch, das seit *Moby Dick* nach einem großen Meeresungeheuer benannt wurde. Jeder Herrscher hatte eine Kopie davon (vom *Leviathan* nicht von *Moby Dick*).

Wenn Sie denken, dass Hobbes einen Tick zu pessimistisch war, möchten Sie vielleicht lieber hören, was John Locke zu sagen hatte. Locke hatte im Bürgerkrieg gekämpft und all den darauffolgenden Debatten darüber beigewohnt, wer die Macht haben sollte und was man mit einem schlechten König tun sollte. Er dachte viel darüber nach und hatte einige wichtige Dinge zu sagen:

✔ **Babys haben keinen Sinn für richtig und falsch:** Locke sagte, dass wir, wenn wir geboren werden, keine uns innewohnenden moralischen Ziele hätten; all dies komme erst später. Jeder sei ein unbeschriebenes Blatt – eine *tabula rasa*, wie er es nannte. Keine vorgefassten Meinungen (und keine Erbsünde), nur ein offener Verstand, ein offener Mund und eine volle Windel.

✔ **Menschen lernen und handeln durch Beobachtung:** Hierbei handelt es sich wieder um Empirismus (siehe den vorherigen Abschnitt »Zutreffende Beobachtungen« für eine umfassendere Diskussion). Locke war der Auffassung, dass wir durch unsere eigenen Taten gut/schlecht/groß/klein/Gewinner/Verlierer werden würden und nicht durch irgendetwas, mit dem wir geboren sind. Die Welt liegt Dir zu Füßen, mein Freund. Nutze den Tag!

✔ **Menschen sind gleich geboren.** Keiner ist »besser« als irgendjemand anderes geboren. Also gibt es auch keine Herren oder Könige, und erbliche Lordprotektoren auch nicht. Locke glaubte, dass jede Regierung durch die Zustimmung des Volkes zustande komme und dass das Volk ein Recht habe, einen schlechten Herrscher loszuwerden. Die Engländer mochten diese Idee.

Lockes demokratische Ideen hatten einen großen Einfluss in Amerika und sollten zu gegebener Zeit helfen, die amerikanische Revolution auszulösen. Im Gegensatz dazu war Cromwells Einmannherrschaft als Lordprotektor (siehe Kapitel 13, worum es sich dabei handelte) eine große Enttäuschung für Locke. Die Levellers waren diejenigen, die Lockes Ideen richtig auslebten (sehen Sie in Kapitel 13 nach, um herauszufinden, was Cromwell mit ihnen machte), und noch mehr tat dies Gerard Winstanleys kleine Gemeinschaft von Diggers (»Buddlern«) auf St. George's Hill in Surrey, das erste (und letzte) Mal, dass es jemandem gelang, eine kommunistische Zelle in den *Home Counties*, den an London angrenzenden Grafschaften, zu errichten.

Selbst die Wissenschaft wird politisch

Die Engländer, so schien es, nahmen sich die neuen Ideen von Gleichheit zu Herzen und es war daher nicht überraschend, dass sie anfingen diese demokratischen Begriffe auch auf die Wissenschaft und die Medizin anzuwenden. Als der Wissenschaftler William Harvey herausfand (durch umsichtige Beobachtung, natürlich), dass das Herz das Blut im Körper herumpumpt, löste dies ein ziemliches Aufsehen aus. Die Menschen hatten sich das Herz als eine Art König vorgestellt, der den Staatskörper beherrschte, Harvey aber zeigte – wohlgemerkt, spekulierte er nicht nur, sondern zeigte tatsächlich –, dass das Herz einfach ein Werkzeug war, das eine Aufgabe zu verrichten hatte wie alle anderen Teile des Körpers auch.

Alle diese Vorstellungen von Gott, dem Empirismus und der Regierung führten dazu, dass die Menschen anfingen, die natürliche Welt systematisch, empirisch und durch gewissenhafte Beobachtung zu erforschen. Es ist diese Zeit, die wir die wissenschaftliche Revolution nennen.

Verhext?

Bevor Sie sich zu sehr für den Glauben an die Vernunft und die wissenschaftliche Beobachtung begeistern, behalten Sie im Kopf, dass diese Zeit in der Geschichte zugleich die Hochzeit der Hexenverfolgung war. Während der Bürgerkrieg noch wütete, reiste Matthew Hopkins, der »oberste Hexenjäger«, durch East Anglia, beschuldigte Menschen, gewöhnlich harmlose alte Frauen, der Hexerei und erhängte viele von ihnen. Es war sehr schwierig, sich gegen eine Anklage wegen Hexerei zu verteidigen – wie sollte man schließlich beweisen, dass man nicht eines Nachts durch die Luft geflogen war? Jede Warze oder Körperfleck konnte als »dritte Brustwarze« angesehen werden, die Hexen angeblich hatten, damit der Teufel daran saugen konnte.

Die Menschen verbrachten nicht ihr ganzes Leben in Angst vor Hexen, aber immer mal wieder flackerten plötzlich Fälle auf, wie der von Hopkins in den östlichen Grafschaften oder die berühmten Salem-Fälle in Massachusetts. Allmählich führten die rational begründeten Argumente, die Wissenschaftler und Philosophen entwickelten, auch zur Abwendung vom Hexenglauben, aber dieser Prozess brauchte viel Zeit und noch heute trifft man Menschen mit einem plötzlichen irrationalen Glauben an mystische Kräfte. Wie sonst erklären Sie sich *Feng Shui*?

Die Anwendung der Wissenschaft

Eine ganze Menge empirischer Denker liefen in Britannien herum, darunter Robert Hooke, Robert Boyle und ein gewisser Isaac Newton und 1660, in dem Jahr, in dem Karl II. zurückkehrte (mehr dazu in Kapitel 13), schlossen sich einige von ihnen zusammen und gründeten eine wissenschaftliche Gesellschaft. Zwei Jahre später gab der König dieser Gesellschaft eine königliche Charta und seither ist sie als die _Royal Society_ (nationale Akademie der Wissenschaften) bekannt. Die Gruppe setzte sich zum Ziel, zusammen zu kommen, Ideen auszutauschen und ihre jüngsten Experimente vorzuführen.

Das Studium der Naturwissenschaften

Diese Männer unterschieden nicht strikt wie wir es heute tun zwischen, sagen wir, Chemie und Physik: Ihrem Selbstverständnis nach untersuchten sie die Naturphilosophie, die Regeln nach denen die Erde und das Universum arbeiteten. Sich mit diesen Studien zu beschäftigen und weiterhin an Gott zu glauben, war wohl möglich und die meisten von ihnen taten es. Betrachten Sie nur einmal den bloßen Umfang ihrer Arbeiten:

✔ **Gas und Luft:** Wenn Sie das nächste Mal staubsaugen, danken Sie einem irischen Aristokraten namens Robert Boyle. Er führte die erste Vakuumpumpe der Welt vor und er arbeitete auch Boyles Gesetz heraus, das beschreibt, wie die Moleküle, wenn man Gas erhitzt, anfangen, wie kopflose Hühner herumzusausen, aber wenn man den Druck verringert, sie sich alle wieder zusammenschließen. All dieses Herumexperimentieren mit Gas führte die Menschen in interessante Richtungen. Ein Franzose namens Papin schaute sogar bei der Royal Society vorbei, um zu zeigen, wie man Dampfdruck dazu verwenden konnte, sich ein Cordon Bleu zuzubereiten. Sie gaben ihm dafür zwei Sterne.

✔ **Eine Himmelskarte:** Seit Jahrhunderten studierten die Menschen die Sterne, aber das Studium wurde immer von der Astrologie dominiert. John Flamsteed war der Mann, der als Erster eine verlässliche Karte der Gestirne erstellte, die zeigte, wo und wann sich jeder Stern befand. Er gründete das _Royal Observatory_ (»das königliche Observatorium«) auf einem Hügel, von dem man die Themse bei Greenwich überblicken konnte. Karl II. ernannte ihn zum ersten _Astronomer Royal_, dem ersten »königlichen Astronomen«. Das Observatorium wurde von Christopher Wren entworfen, der gleichfalls Astronom war, wenn er nicht damit beschäftigt war, Kirchen zu entwerfen. Für eine maritime Nation wie Britannien, war diese Art Arbeit sehr wichtig. Karl wusste was er tat, als er dem Observatorium sein königliches Gütesiegel verlieh.

✔ **Navigationsgeräte:** Segel zu setzen mit einer guten Himmelskarte war schön und gut, aber man musste auch in der Lage sein zu erkennen, wohin man fuhr, und Messungen von dem, was man sah, vorzunehmen. Hier kommt Robert Hooke ins Bild. Dieser nützliche Bursche entwarf ein richtiges Teleskop und einen Quadranten, den man auf See verwenden konnte, auch wenn noch viele Jahre ins Land gingen, bis John Harrison das Chronometer zur Messung von Längengraden perfektionierte.

✔ **Mathematik:** Sie wollen den Schlüssel zum Verständnis der Natur und, daher, dem Geist Gottes? Mathematik. Ja, Leute, diese Menschen konnten die Schönheit einer quadratischen

Gleichung und die Eleganz von Algebra sehen. Traurig, nicht wahr? Sie liebten die Form und die Symmetrie der Natur und des Himmels, und sie mochten es, wie man diese Muster und Proportionen in der Architektur reproduzieren konnte. Das Große Feuer von London war eine wunderbare Gelegenheit für Architekten wie Christopher Wren und Nicholas Hawksmoor, und dass so viel ihrer Zeit dafür draufging, perfekt proportionierte Kirchen zu entwerfen, macht Sinn. Die Kuppel von St. Pauls ist ein mathematisches Meisterstück und sie scheint perfekt die Himmelssphären wiederzugeben. Und sie tut es immer noch, wenn man zu laut darin flüstert.

Newton

Die Briten wissen nicht wirklich, was sie an Isaac Newton haben. Alles, was die meisten von ihm wissen, ist die alberne Geschichte von einem Apfel, der auf seinen Kopf fällt und diese Erzählung stimmt nur zum Teil. Der Kerl war schlicht und einfach einer der größten Wissenschaftler, den die Welt jemals hatte. Punkt.

Ironischerweise hatte Newton Glück, überhaupt eine Ausbildung zu bekommen. Sein Vater wusste nicht, wofür all dieses unsinnige Lesen und Schreiben gut sein sollte, aber glücklicherweise starb Papa Newton bevor Baby Newton geboren wurde. Newton gelang es, nach Cambridge zu kommen, was nicht gerade wissenschaftlich führend in Europa zu dieser Zeit war. Die Schule war immer noch skeptisch gegenüber dieser nicht mehr ganz so neumodischen Idee, dass die Erde sich um die Sonne dreht. Also schloss Newton sich in seinem Zimmer ein (er war der Prototyp des zerstreuten Professors) und es gelang ihm, die Differenzialrechnung zu erfinden (und wenn Sie von mir erwarten, dass ich Ihnen das erkläre, irren Sie sich) und herauszufinden, dass »weißes« Licht in Wirklichkeit aus allen Farben des Regenbogens besteht.

Als die Pest zuschlug, musste Newton Cambridge verlassen, und er verbrachte seine Abwesenheit damit, darüber nachzudenken, warum die Planeten im Orbit bleiben und sich nicht einfach aufmachen und ihrer eigenen, süßen Wege gehen. An diesem Punkt kommt der Apfel ins Spiel. Er sah einen Apfel von einem Baum fallen (er sah ihn, er fiel nicht auf seinen Kopf) und überlegte: »Warte mal. Das ist ein ziemlich großer Baum. Wenn die Kraft, die den Apfel zum Fallen bringt, so weit hinaufreicht, warum sollte sie nicht auch bis zum Mond reichen?« Sie müssen zugeben, dass das nicht jedem, der Äpfel pflückt, auffällt. Newton »entdeckte« also genau genommen die Schwerkraft nicht, sondern war derjenige, der zu dem Schluss kam, dass die Schwerkraft überall wirkt – im Weltraum, in Ihrem Garten – und dass die Schwerkraft daher ein universelles Gesetz ist.

Newton neigte dazu, seine Ideen für sich zu behalten: Es war Edmond Halley (von kometenhaftem Ruhm; siehe den Kasten »Halley und die Kometen«), der ihn überredete, seine Ideen zu veröffentlichen. Sein größtes Werk waren seine *Principia*. Rennen Sie nicht los, um dieses Buch zu kaufen, es sei denn, Ihr Latein ist wirklich gut – wie alle wissenschaftlichen Arbeiten in dieser Zeit war es auf Latein geschrieben. In den *Principia* beschrieb Newton seine *Bewegungsgesetze* (wenn Sie mehr über diese Gesetze wissen wollen, gehen Sie zum Kasten »Die Newton'schen Bewegungsgesetze«).

Nicht zufrieden damit, die grundlegenden Gesetze entdeckt zu haben, die das Universum bestimmen (und bis Einstein sollte keiner sie infrage stellen und selbst dann sollten dessen

Gesetze nur dann gelten, wenn man auf einem Lichtstrahl reist oder wenn Sie sich im fernen Weltall befinden), wurde Newton ein Mitglied der Royal Society, Professor der Mathematik in Cambridge und er verteidigte die Universität sowohl gegen Jakob II. als auch gegen Richter Jeffreys. Er fand auch Zeit, Theologie zu studieren und die Dreifaltigkeitslehre der Kirche von England zu kritisieren (er war Mathematiker: die Drei passt nicht in die Eins) und die Königliche Münze (»Royal Mint«) zu reorganisieren. Letzteres brachte ihm den Ritterschlag ein – die Briten wussten stets, wo ihre Prioritäten lagen!

Halley und die Kometen

Das eine, was jeder über Edmond Halley weiß, ist, dass ein Komet nach ihm benannt ist, was eine Schande ist, denn es gibt noch sehr viel mehr über ihn zu berichten.

Halley (1656–1742) war ein guter Freund Newtons und selbst ein brillanter Astronom (es half, dass er aus einer reichen Familie stammte und sich die Ausrüstung leisten konnte). Halley beobachtete einen Kometen am Firmament und verwendete dann Newtons Gesetze, um zu berechnen, wann er wieder zurückkommen würde – und er behielt recht. Als Student in Oxford schrieb Halley an Flamsteed, der zu dieser Zeit königlicher Astronom war, und wies sehr höflich darauf hin, dass einige von Flamsteeds Berechnungen falsch zu sein schienen. Auch damit hatte er recht. Halley machte sich einen Namen, indem er den Süd- und Nordatlantik bereiste und die dort sichtbaren Sterne kartografierte, auch wenn das hieß, dass er Oxford verlassen musste. Er geriet in eine Auseinandersetzung mit der Kirche, weil er zeigte, dass es die Erde schon vor dem Sonntag, dem 23. Oktober 4004 v. Chr., morgens 9 Uhr gab, also vor dem Zeitpunkt, an dem sich laut Erzbischof Ussher die Schöpfung ereignete. Er wurde Kapitän der Königlichen Marine, ein Diplomat, Professor für Geometrie in Oxford und folgte Flamsteed als königlicher Astronom nach. Oh, und er war auch ein ziemlicher Frauenheld – musste er wohl sein bei all den himmlischen Körpern, die er stets betrachtete.

Die Newton'schen Bewegungsgesetze

Gesetz 1: Jedes Objekt im Ruhezustand bleibt im Ruhezustand oder jedes Objekt, das sich bewegt, bleibt in Bewegung in der gleichen Geschwindigkeit und in der gleichen Richtung, sofern nicht etwas vorbeikommt und es umnietet. (Einen Baseballschläger braucht es nicht: Reibung oder Wind reichen.)

Gesetz 2: Wie stark ein Objekt sich beschleunigt hängt davon ab, wie viel Kraft auf es einwirkt. Wenn Sie selbst ein Auto schieben, bewegt es sich wenig; wenn Sie einen Bulldozer haben, um dies zu tun, bewegt es sich stark – schnell.

Gesetz 3: Auf jede Kraft kommt eine gleich große entgegengesetzte Reaktion. Wenn Sie zum Beispiel gegen eine Wand drücken, drückt die Wand genauso fest zurück, was der Grund dafür ist, dass sie nicht umkippt. Wenn Sie natürlich jemanden hauen, der größer ist als Sie, dann erhalten Sie eine Gegenreaktion, aber ich kann Ihnen nicht versprechen, dass sie gleich groß sein wird.

Teil V

Auf dem aufsteigenden Ast: Das 18. und 19. Jahrhundert

The 5th Wave   By Rich Tennant

Viktorianisches England
Das Heim von James Watt

»So James - ich sehe Du versuchst immer noch das haarige Problem
der verbesserten Dampfmaschine zu lösen.«

In diesem Teil ...

Im 18. Jahrhundert machten die Engländer etwas neues und außergewöhnliches: Sie schufen eine neue Nation – ›Großbritannien‹. Ihre Bevölkerung bestand nicht länger aus Engländern, Schotten oder Walisern, sondern ›Briten‹. Nicht jeder war überzeugt: Britanniens amerikanische Kolonien revoltierten gegen eine korrupte Regierung, die ihre grundlegenden Prinzipien aus dem Blick verloren hatte.

Noch größere Veränderungen standen bevor: Britannien wurde zum weltweiten Führer in industriellen Technologien, errichtete kilometerlange Eisenbahnschienen und Kanäle und verwandelte kleine Dörfer in riesige industrielle Städte. Zur gleichen Zeit verbreiteten die Briten ihre Ideen und ihre Herrschaft über riesige Herrschaftsgebiete in Indien, Afrika und in vielen anderen Ländern der Welt.

Lasst uns ein Land werden

In diesem Kapitel

▶ Verstehen Sie, warum es nur ein protestantischer Monarch richten konnte

▶ Wird die Union mit England unterzeichnet: Schottland

▶ Wird für eine Reihe königlicher Verlierer bezahlt: Irland

▶ Gegen die Franzosen kämpfen:
Warum die Engländer es nicht lassen konnten

▶ Die Schaffung einer völlig neuen Nation:
Wie die Engländer es anstellten

Was macht ein Land aus? Bis zum 17. Jahrhundert gab es vier Staaten in Britannien: England, Schottland, Wales und Irland. Jeder hatte seine eigene Identität, seine eigene Geschichte, sogar seine eigene Sprache. Wenn man Leute zur Zeit der Bürgerkriege (1642–1649, Sie finden alle blutigen Details in Kapitel 13) nach ihrer Nationalität gefragt hätte, dann hätten sie diese Frage vermutlich nicht verstanden. Wenn sie es doch getan hätten, hätten sie vermutlich »englisch« oder »schottisch« oder was auch immer gesagt. Aber gegen Ende des 18. Jahrhunderts würden Sie die Leute einen neuen Begriff benutzen hören: »Britisch« oder »Briten« statt »Engländer«, »Schotte« und so weiter. Sie hätten vielleicht ein neues Lied gehört (*Rule, Britannia*), eine merkwürdige neue Flagge gesehen (eine Mischung aus dem rot-weißen St. Georgs Kreuz (für England), dem weißen St. Andreas Kreuz auf blauem Grund (für Schottland) und, nach 1801, dem diagonalen roten Kreuz für Irland) mit einem ungewöhnlichen Namen. Nicht die »englische« Flagge, nicht einmal die »britische« Flagge, sondern die Unionsflagge oder *Union Jack*. Etwas ausgesprochen Merkwürdiges ging vor sich.

Kein Papismus! Keine Holzschuhe!

Das mit Abstand wichtigste Charakteristikum der Engländer des 18. Jahrhunderts war, dass sie stolz darauf waren, Protestanten zu sein (für eine kurze Analyse der Unterschiede zwischen Protestanten und Katholiken siehe Kapitel 12). Diese Definition war nicht nur eine Frage der Religion. Protestant zu sein bedeutete, dass man für Dinge wie Freiheit, Redefreiheit und Rechtsschutz eintrat. Wenn Sie zurück zu den Kapiteln 11 und 13 blättern, sehen Sie, dass die Engländer keine guten Erfahrungen mit katholischen Herrschern gemacht hatten, weder mit den einheimischen wie Maria Tudor, noch den ausländischen wie Philipp II. von Spanien (der, der die Armada ausschickte). Auf jeden Fall konnten die Engländer nicht verstehen, wie irgendjemand freiwillig Katholik sein konnte. In ihren Augen dienten die vielen Statuen und all der Weihrauch nur dazu, die Leute arm und unterwürfig zu halten, während sich ihre Priester vollstopften und hinter den Klostermauern nichts Gutes trieben. Katholische Herrscher wie der

König von Frankreich oder der Papst waren ihrer Auffassung nach die schlimmsten Tyrannen. Sie sperrten unschuldige Menschen ein und lieferten sie der gefürchteten Inquisition aus.

Die Franzosen taten den Engländern ziemlich leid. Sie betrachteten sie als arme, halbverhungerte Kreaturen, die Holzschuhe trugen, weil sie sich nichts Anständiges für die Füße leisten konnten. Wann immer die Engländer Gefahr liefen, sich in die gleiche Richtung zu entwickeln, ertönte der Schrei: »Kein Papismus! Keine Holzschuhe!«

 Diese antikatholischen Proteste hatten eine solch tief greifende Wirkung auf die britische Kultur, dass man sich ihrer noch heute erinnert. Werfen Sie einen Blick auf die berühmten Fackelzüge von Lewes in Sussex an jedem 5. November, wo Sie noch heute Banner sehen können, auf denen »Kein Papismus!« (»No popery!«) geschrieben steht – Clogs scheinen heute jedoch okay zu sein.

1688: Die Glorreiche (?) Revolution (?)

Antikatholische Gefühle (siehe den vorherigen Abschnitt) erreichten einen Höhepunkt, als König Jakob II. 1685 den Thron bestieg. Jakob II. war der jüngere Bruder von Karl II., aber er hatte nichts von dem politischen Geschick seines Bruders geerbt. Bedeutsamer war jedoch, dass Jakob II. Katholik war. Versuche, ihn von der Thronfolge auszuschließen, wurden noch während der Regentschaft Karl II. unternommen (Kapitel 13 erklärt wie all dies passierte), aber als Jakob 1685 den Thron von seinem Bruder übernahm, schien er zunächst bereit, die Vergangenheit ruhen zu lassen. Aber dann begannen die Dinge arg schiefzulaufen.

✔ **1685 Die Monmouth Rebellion.** James, Herzog von Monmouth und illegitimer Sohn von Karl II., landet in Dorset und beansprucht den Thron. Seine Begründung: Er ist Protestant. Monmouth sammelt Unterstützung in der West Country, aber seine Männer werden von der Armee Jakob II. in der Schlacht von Sedgemoor vernichtend geschlagen. Sieg für Jakob, doch dann verdirbt er es.

✔ **1685 Die »Bloody Assizes«.** Jakob II. entsendet Lordoberrichter George Jeffreys (oft einfach nur als »Richter Jeffreys« bekannt), um sich Monmouth und seinen Rebellen anzunehmen. Monmouth wird hingerichtet (sehr ungeschickt – es braucht fünf Schläge mit der Axt und der Scharfrichter muss die Sache mit einem Tranchiermesser zu Ende bringen). Dann beginnt Jeffreys, die gewöhnlichen Menschen anzuklagen, die an der Rebellion teilgenommen haben. Er schreit sie an und nötigt sie und verurteilt an die dreihundert Menschen zum Tode und lässt weitere hundert auspeitschen oder auf die Westindischen Inseln verschiffen. Das Land ist entsetzt; Jakob II. hocherfreut.

✔ **1686.** Jakob II. beginnt, Katholiken auf Offiziersposten und in wichtige Ämter zu berufen, wie zum Beispiel auf das des *Lord Lieutenant of Ireland* (dem Repräsentanten des Königs in Irland) und der Dekane der Colleges von Oxford, und jeden zu entlassen, der dagegen protestiert. Er führt auch wieder die katholische Messe im presbyterianischen Schottland ein (siehe Kapitel 11, um zu verstehen, warum diese Maßnahme die Menschen so erboste).

✔ **1687.** Jakob II. erlässt – ohne das Parlament zu konsultieren – eine *Erklärung zur Gewährung der Gewissensfreiheit* (»Declaration of Indulgence«). Theoretisch gewährt diese Erklärung allen Bürgern Religionsfreiheit. Tatsächlich zielt sie darauf ab, die Katholische Kirche zu fördern. Kleriker oder Staatsbeamte, die sich gegen sie aussprechen, werden entlassen.

✔ **1688.** Der Versuch von Jakob II., sieben anglikanische Bischöfe dafür, dass sie sich gegen die *Declaration of Indulgence* gewandt haben, strafrechtlich zu verfolgen, scheitert, nachdem sie unter großem Jubel freigesprochen werden. Also versucht Jakob den antikatholischen *Test Act* rückgängig zu machen (mehr zu dem *Test Act* siehe Kapitel 13) und versucht die nächsten Wahlen zu manipulieren, um ein Parlament zu bekommen, das dies tut.

Als seine zweite, katholische Ehefrau, Maria von Modena, einen gesunden Jungen gebar, der nach seinem Vater Jakob Eduard genannt wurde, brachte dies das Fass für die Protestanten endgültig zum Überlaufen. Jakob II. hatte bereits aus einer vorherigen Ehe zwei erwachsene protestantische Töchter, Maria und Anna, aber als Junge hatte Jakob Eduard Vorrang. Das bedeutete einen weiteren katholischen König (da der kleine Jakob Eduard ganz sicher katholisch erzogen werden würde) und vermutlich ein weiterer nach ihm und so fort. Diese Aussicht war nicht zu ertragen. Es war Zeit zu handeln.

Orangerie

Am 5. November 1688 (der 5. November war ein Glückstag für die Protestanten, weil dies der Tag war, an dem das Schießpulverkomplott vereitelt wurde – mehr dazu siehe Kapitel 13) landete der niederländische Herrscher, Prinz Wilhelm von Oranien, mit einer Armee in Devon, um Jakob II. zu stürzen. Führende englische Adlige begannen sofort, sich Wilhelm anzuschließen. Als Jakobs Armee zu Wilhelm überlief, wusste Jakob, dass seine Regentschaft zu Ende war. Er floh nach Frankreich, zusammen mit seiner Frau und dem kleinen Jakob Eduard. (Tatsächlich wurde Jakob an der Küste von ein paar Fischerleuten gefasst und verprügelt, sodass Wilhelm, um eine hochgradig peinliche und konstitutionell äußerst knifflige Anklage gegen ihn zu vermeiden, Jakob erlauben musste, wieder zu »entkommen«!)

Wilhelm war der Schwiegersohn Jakob II. – er hatte Jakobs Tochter Maria geheiratet. Zugleich war er einer der führenden protestantischen Prinzen Europas. Tatsächlich war der Hauptgrund dafür, dass er in England einmarschierte, dass er sicherstellen wollte, dass die Engländer sich ihm in dem Krieg, den er gegen König Ludwig XIV. von Frankreich plante, anschlossen.

Das Parlament entschied, dass Jakob durch seine Flucht faktisch abgedankt habe und es erklärte Wilhelm und Maria gemeinsam an seiner statt zu Monarchen – König Wilhelm III. und Königin Maria II. (Die Parlamentarier erklärten Wilhelm auch zum König von Schottland, was für die nachfolgenden Ereignisse eine Rolle spielt. Gehen Sie zu dem Abschnitt »Großbritannien schaffen – Großbritannien groß machen«, wenn Sie die Spannung nicht aushalten können.) Und wenn Sie sich fragen, was mit dem kleinen Jakob Eduard passierte: Das Parlament sagte, dass er nicht der wirkliche Erbe sei, weil er in einem Bettwärmer versteckt in das Bett der Königin geschmuggelt worden sei. Nun, einige Leute glaubten diese Geschichte.

Eine Revolution? Sind Sie sicher?

Warum wurde die Vertreibung Jakob II. als Revolution bezeichnet? Okay, das Ergebnis war ein Königswechsel, aber er war keinesfalls so revolutionär wie der Bürgerkrieg (und wenn Sie sich nicht sicher sind, was daran revolutionär war, werfen Sie einen Blick auf all den Unfug in Kapitel 13). Aber jahrelang bezeichneten die Engländer dieses Ereignis als die »Glorreiche Revolution« (*Glorious Revolution*), oder einfach nur *die* Revolution. Was sie meinten, war eine Revolution im Sinne eines Rades, das zum Ausgangspunkt zurückkehrt. Sie glaubten, dass sie nach Jahrhunderten der andauernden Kämpfe für ihre Freiheit, die bis zu Wilhelm dem Eroberer zurückreichten, endlich die Freiheiten zurückerlangt hatten, die sie glaubten in der angelsächsischen Zeit genossen zu haben. Das Rad hatte sich an den Anfang zurückgedreht – daher, eine Revolution. (Siehe Kapitel 5 und 6, um eine etwas weniger rosige Sicht auf die angelsächsische Zeit zu bekommen, und den Rest dieses Kapitels, für eine weniger rosige Sicht auf die Revolution!)

Die Bill of Rights

Für die Engländer war eines der schlimmsten Verbrechen von Jakob II. die Art und Weise, wie er versucht hatte, ohne das Parlament zu herrschen. Sie wollten sicherstellen, dass kein Monarch – nicht einmal ein protestantischer – dies noch einmal probieren würde. Das Parlament sagte, dass Wilhelm und Maria nur König und Königin werden konnten, wenn sie einer *Bill of Rights* (einem *Gesetz der Rechte*) zustimmten, die besagte, dass sie das Parlament häufig einberufen müssten und dass Katholiken nicht König oder Königin werden oder einen offiziellen Posten bekleiden könnten.

Aber wenn Wilhelm und Maria glaubten, dass sie sich nun entspannen konnten, irrten sie sich. Bereits im nächsten Jahr kam Jakob II. zurück. All diese englischen Politiker hatten die katholischen Iren vergessen. Jakob nicht.

Irland: König Billy von der Boyne

 Obwohl sie technisch alle »Iren« waren, gab es im 17. Jahrhundert drei Haupttypen von Iren (werfen Sie einen Blick in Kapitel 11 und 13, um zu erfahren warum):

✔ **Die katholischen Iren:** Dies waren die ursprünglichen Bewohner. Die Engländer betrachteten sie als gefährliche Wilde – katholische Wilde obendrein.

✔ **Die schottischen Iren:** Diese waren schottische Presbyterianer – *wirklich* strenge Protestanten – die in der Zeit von Elisabeth und Jakob I. in Ulster »eingepflanzt« worden waren, um die irischen Katholiken zu vertreiben. Diese Schotten erhielten sehr viel Geld von der Stadt London, was auch der Grund dafür ist, dass sie die alte Stadt Derry in »Londonderry« umbenannten.

✔ **Die Anglo-Iren:** Von ihnen gab es nicht so viele, aber sie besaßen fast das ganze Land in Irland, das sich zu besitzen lohnte. Sie besuchten die Kirche von Irland – den irischen Zweig der anglikanischen Kirche – und sie waren diejenigen, die bei Wahlen abstimmten und im irischen Parlament in Dublin saßen. Aber lassen Sie sich nicht täuschen: Diese Leute waren Iren, keine Engländer, und sehr stolz darauf.

Die katholischen Iren waren stets loyal gegenüber den Stuarts gewesen. Als ein französisches Schiff Jakob 1689 nach Irland brachte, zogen sie daher in Scharen zu ihm, um sich ihm anzuschließen. Aber als Jakobs Streitkräfte, die anscheinend nicht zu stoppen waren, auf ein unbewegliches Objekt, die stramm protestantische *City of Londonderry* stießen, nahmen die Dinge eine unglückliche Wendung. Die Lehrlinge von Londonderry (die schottischen Iren) schlossen ihnen die Stadttore vor der Nase zu und erklärten: »Keine Kapitulation!« Jakob musste eine Barriere über den Fluss errichten und die Stadt belagern, was Monate in Anspruch nahm und Wilhelm Zeit gab, die Dinge in England vorzubereiten. Eine schreckliche Hungersnot ereignete sich innerhalb von Londonderry, aber die Lage von Jakobs Armee war nicht sehr viel besser. Schließlich trafen Schiffe mit Vorräten aus England ein, durchbrachen die Sperre und hoben die Belagerung auf. Jakob musste zurückweichen.

Aber inzwischen war Wilhelm mit einer riesigen Armee und sehr viel Geld in Irland eingetroffen. 1690 holte er Jakob am Ufer des Flusses Boyne ein und schlug Jakobs Armee in Stücke. Jakob rannte den ganzen Weg nach Frankreich zurück.

Jakob vertrödelte den Rest seines Lebens im Schloss von St. Germain nahe Paris, von dem Tag träumend, an dem er in London wieder willkommen geheißen würde. Sein Exil war sehr traurig, sagten Ludwigs Höflinge, aber man musste Jakob nur kennenlernen, um zu verstehen, warum er dort war.

Die Oranier

Diese Menschen, die Sie Trommel schlagend und Melonen und orangefarbene Schärpen tragend die Straßen von Nordirland entlang marschieren sehen, sind Mitglieder des »Oranier-Ordens« (*Orange Order*), der in Gedenken an Wilhelm von Oranien – oder König Billy, wie sie ihn nennen – nach einer Schlacht gegen die Katholiken 1795 gegründet wurde. Der Orden ähnelte ein wenig den Freimaurern und wurde gegründet, um die Arbeiterklasse der Ulster-Protestanten gegen Angriffe der Katholiken zu verteidigen. Aber der Orden existierte auch, um protestantische Gebiete abzustecken und die Katholiken daran zu erinnern, wer die Macht hat. Die größten Umzüge finden jedes Jahr am 1. Juli, dem Gedenktag der Schlacht am Boyne, statt und viele protestantische Spruchbänder und Wandmalereien erklären stolz: »Keine Kapitulation!« oder »Denkt an 1690!« Ulster ist ein Land, in dem die Geschichte noch lebt – und genau das ist das Problem.

Nachfolgeprobleme

Selbst nachdem Jakob II. aus dem Weg war, hatten Wilhelm und Maria ein Problem. Es gab keinen kleinen Wilhelm oder eine kleine Maria, die nach ihrem Tode die Regierung übernehmen konnte. Marias Schwester Anna war auch keine große Hilfe. Obwohl sie 18-mal schwanger war, wurden nur fünf ihrer Kinder lebend geboren und vier von ihnen starben im Kleinkindalter. Annas einziges überlebendes Kind war der kleine Herzog von Gloucester und im Jahre 1700 starb auch er. Die Lage war nicht nur traurig, sondern auch dringlich.

 Wenn Wilhelm, Maria und Anna alle ohne einen Erben starben, wäre der Nächste in der Thronfolge der Sohn von Jakob II., Jakob Eduard Stuart. Aber die *Bill of Rights* besagte, dass Katholiken nicht König oder Königin werden konnten. Folglich mussten die königlichen Ahnenforscher eifrig nach einem Protestanten mit einem – irgendeinem – Anspruch auf den englischen Thron suchen.

Die Genealogen fanden, wonach sie suchten: Zurück ins Jahr 1613. Die Tochter von Jakob I. hatte einen deutschen Prinzen geheiratet (der nun tot war) und die Frau ihres (bereits toten) Sohnes war noch am Leben … und sie war Protestantin. (Und Sie glaubten, dass die Drehbücher von Seifenopern weit hergeholt seien.)

Also verabschiedete das Parlament 1701 die *Act of Settlement* (dt. Grundordnung), die besagte, dass der Thron zu gegebener Zeit an die Kurfürstin Sophie (die lebende protestantische Ehefrau des toten deutschen Prinzen, dessen Mutter die Tochter von Jakob I. war) und ihre Erben und Nachfolger gehen würde und niemals an einen Katholiken gehen dürfe. Dieses Gesetz existiert noch heute. Das Gesetz kam gerade noch rechtzeitig, weil plötzlich alle zu sterben begannen:

✔ **Königin Maria** starb 1694.

✔ **Jakob II.** starb, immer noch im Exil in Frankreich, 1701.

✔ **Wilhelm III.** starb 1702.

Daher war nun Anna Königin. Aber sie hatte keine lebenden Kinder und es war unwahrscheinlich, dass sie noch welche bekommen würde. Drüben in Frankreich hielt der Sohn Jakob II. seine Augen und Ohren nach Neuigkeiten aus London auf. Währenddessen wartete, noch weiter entfernt in Hannover, die Kurfürstin Sophie ungeduldig darauf, dass Königin Anna starb.

Marlborough Country

Heutzutage hört man nicht viel von ihm, aber zu seiner Zeit, und seine Zeit war die der Herrschaft von Königin Anna, war John Churchill, der 1. Herzog von Marlborough *der* große Star: Kriegsheld und politischer Führer in einer Person. Er wird immer noch gemeinhin als einer der größten Befehlshaber angesehen, den es je gab. Marlborough war der Sohn von Sir Winston Churchill (nein, nicht der!) und er machte sich einen Namen, als er für Jakob II. kämpfte. Er wechselte jedoch schnell die Seite, als Wilhelm von Oranien 1688 landete (siehe den früheren Abschnitt »Orangerie«).

Wilhelm ernannte Marlborough zu seinem Oberbefehlshaber, was die richtige Wahl zur richtigen Zeit war, denn Europa war im Begriff, einen Krieg anzufangen. Der Grund für diesen Krieg war, dass der König von Spanien 1701 gestorben war und Ludwig XIV. darin eine Gelegenheit erblickte, seinen Sohn auf den spanischen Thron zu setzen. Dadurch wäre eine Art katholischer Superstaat, bestehend aus Frankreich und Spanien, entstanden (»Die Pyrenäen gibt es nicht mehr!«, rief Ludwig fröhlich aus) und die protestantischen Staaten Europas hätten das auf keinen Fall geduldet.

Also machte sich eine englische protestantische Armee auf nach Europa mit dem Herzog von Marlborough an ihrer Spitze. Die Franzosen sollten nicht wissen, wie ihnen geschah.

Marlboroughs größte Waffe war seine Schnelligkeit. Er konnte seine Truppen sehr viel schneller als es irgendjemand für möglich hielt über große Entfernungen vorrücken lassen und er wusste, wie er seine Kavallerie einsetzen musste. 1705 marschierte Marlborough in Rekordzeit von der Küste bis ins Herz Deutschlands und schlug die Franzosen und ihre Verbündeten in der Schlacht von Höchstädt (engl. *Battle of Blenheim*) in Stücke. England war verrückt vor Freude. Das Parlament bewilligte ihm ein großes Haus (selbstredend Blenheim genannt), in dessen Park die Bäume in der Schlachtformation angeordnet waren. Marlborough besiegte die Franzosen erneut bei Ramillies, Oudenard und in der sehr blutigen und knapp entschiedenen Schlacht von Malplaquet.

Marlboroughs Fehler war es, sich in die Politik einzumischen. Er und seine Frau waren ehrgeizig und starke Unterstützer der Whigs (mehr zu diesen Leuten, siehe den späteren Abschnitt über »Whigs und Tories«), was ein guter Start war, weil die Whigs an der Macht waren. Aber Königin Anna wurde der Whigs überdrüssig und begann sich mit Marlboroughs Frau zu entzweien, sodass Anna sich nach der Schlacht von Malplaquet herzlich bei Marlborough für einen weiteren berühmten Sieg bedankte und ihn dann entließ.

Großbritannien schaffen – Großbritannien groß machen

England und Wales waren seit der Tudorzeit zu einem Land vereint (siehe Kapitel 11), aber Schottland und Irland waren immer noch eigenständige Königreiche mit ihren eigenen Parlamenten und Gesetzen. Der nachfolgende Abschnitt erklärt die Gründe, warum beide bereit waren, sich England in einem neuen Vereinigten Königreich anzuschließen und beschreibt den Kampf darum, wie vereint sie sein sollten.

England und Schottland: Ein König, zwei Königreiche

England und Schottland hatten, seit Jakob VI. 1603 Jakob I. von England wurde, den gleichen König (für die Hintergründe all der Ereignisse in diesem Abschnitt, siehe Kapitel 13). Aber sobald die Stuarts auf den englischen Thron gekommen waren, schienen sie jegliches Interesse an Schottland zu verlieren.

Jakob I. sprach zunächst davon, König von Großbritannien zu sein, und ab 1608 waren die Schotten offiziell englische Staatsbürger, aber keiner bemühte sich ernsthaft um eine Vereinigung der beiden Länder bis Oliver Cromwell dies 1652 gewaltsam tat. Die Schotten hatten sein Vorgehen nie akzeptiert.

Selbst Karl II., der zum König von Schottland gekrönt wurde, bevor er König von England wurde, machte einen Bogen um Schottland, sobald er zurück in London war. Sollten die Schotten geglaubt haben, dass es helfen würde, wenn sie die Stuarts auf den englischen Thron bekommen, so hätten sie sich nicht mehr täuschen können.

Die »Glorreiche Revolution« von 1688 (siehe den früheren Abschnitt) beunruhigte die Schotten zutiefst, weil das englische Parlament Wilhelm III. auch zum König von Schottland erklärte. Wenn die Engländer anfingen zu entscheiden, wer König von Schottland sein solle und wer nicht, was war dann der Sinn des Parlamentes in Edinburgh? Vielleicht war es an der Zeit, dachten die Schotten, die Engländer und die Welt daran zu erinnern, dass Schottland eine stolze und unabhängige Nation war. Und der beste Ort, um sie daran zu erinnern, schien ihnen – warten Sie – der Isthmus von Panama zu sein. Der Zwischenfall war ein Desaster: Lesen Sie dazu den Kasten mit der treffenden Überschrift »Desaster in Panama«.

Glencoe: Tod bei MacDonalds

Dann kam 1688 (Sie können darüber am Anfang dieses Kapitels lesen in dem Abschnitt »1688: Die glorreiche (?) Revolution (?)«). Die schottischen Protestanten mochten Jakob II. (der für sie Jakob VII. war) keineswegs mehr als die Engländer es taten, aber die Katholiken in den *Highlands* mochten ihn. Als die Engländer Jakob aus England rausschmissen, zettelten diese Katholiken einen Aufstand gegen Wilhelm an und schlugen tatsächlich Wilhelms Männer bei Killiecrankie. Ihr Sieg änderte natürlich nichts, aber die Hochländer waren im Begriff einen schrecklichen Preis für ihren Widerstand zu zahlen.

Nachdem Wilhelm fest auf dem Thron saß, ordnete er an, dass alle katholischen Gebiete in Irland und Schottland einen Treueid auf ihn vor einem Magistrat bis zum 1. Januar 1692 leisten mussten. Der MacDonald-Clan zog spät los, um den Eid zu leisten, teilweise aus Verstocktheit, aber hauptsächlich weil es ziemlich viel Zeit beansprucht, einen ganzen Clan zu mobilisieren und mit ihm über Land zu ziehen. Der MacDonald-Clan erreichte rechtzeitig Fort William, aber dort wurde ihnen gesagt, dass sie am falschen Ort seien und in das sechzig Meilen entfernte Inverary gehen müssten. Sie gelangten nach Inverary und schworen den Eid mit sechs Tagen Verspätung. (Versuchen Sie einmal die Strecke heute mit dem Zug zurückzulegen und schauen Sie, ob Sie es schneller schaffen.)

Einen Monat später kam eine Gruppe von Regierungssoldaten mit einer von König Wilhelm unterzeichneten Anweisung und unter Führung von Hauptmann Robert Campbell im Lager der MacDonalds bei Glencoe an. Die Campbells und die MacDonalds waren alte Feinde, die sich stets gegenseitig das Vieh gestohlen hatten, aber diese Animositäten hielten den MacDonald-Clan nicht davon ab, ihre Besucher willkommen zu heißen und sie 12 Tage zu beherbergen. Früh am Morgen des 13. Februar begannen die Campbell-Männer damit, ihre Gastgeber systematisch zu massakrieren. Sie stellten sie der Reihe nach auf, erschossen sie und erschossen den alten Clan-Häuptling über den Haufen, als er sich aufrichtete.

König Wilhelm war entsetzt: Er hatte die Anweisung unterzeichnet, ohne zu realisieren, um was es sich handelte. Die MacDonalds schoben die Schuld den Campbells zu und die Fehde zieht sich bis heute hin.

Das Desaster in Panama

Die Schotten fragten sich: »Warum ist England so reich und mächtig?« Ihnen wurde bewusst, dass die Antwort zum Teil lautete, weil sie größer waren, und zum Teil, weil sie all die englischen Kolonien in der Neuen Welt besaßen. »Also«, sagten sie sich, »warum sollten wir uns keine eigenen Kolonien zulegen?« Sie konnten nicht nach Nordamerika oder in die Karibik gehen, weil die Engländer, die Franzosen und die Spanier sie bereits alle eingenommen hatten, aber Mittelamerika sah vielversprechend aus. Mittelamerika war spanisches Territorium, aber, he, das ist Kolonialismus. 1698 brach eine kleine Flotte von Möchtegern-Kolonialisten auf, ein schottisches Imperium in Darién in Panama zu gründen.

Hier ist ein Tipp. Sollten Sie sich je entschließen, in einem sumpfigen, Fieber verseuchten Küstenstück mit feindlichen Nachbarn und langsamen Kommunikationsmöglichkeiten siedeln zu wollen, machen Sie gründlich Ihre Hausaufgaben, ehe Sie sich aufmachen. Darién war ein Desaster. Alles ging schief. Die erste Flotte brach mit 1200 Menschen auf und 200 von ihnen waren, bis sie dort ankamen, tot. Die Siedler hatten noch nicht richtig ein Fort errichtet, als sie gleichfalls zu sterben begannen. Zunächst an Fieber und dann, als ihre Vorräte zur Neige gingen, an Unterernährung. Sie schickten eine dringende Nachricht zurück nach Schottland, um davor zu warnen, weitere Leute in diese Hölle zu schicken. Aber bis die Botschaft Schottland erreichte, war die zweite Flotte bereits auf dem Weg. Die Leute von der zweiten Flotte fanden die Kolonie verlassen vor, das Fort in Ruinen und sich selbst umzingelt von Spaniern. Dann fanden sie heraus, dass sie nicht die richtigen Werkzeuge mitgebracht hatten oder genug Nahrung, aber dass sie sehr viel warme wollene Kleidung hatten. Wenig nützlich in den Tropen.

Die englischen Kolonien in den Westindischen Inseln weigerten sich, ihnen zu helfen, und die Kolonisten begannen zu sterben – in großer Zahl. Als die Spanier vorrückten, um ihnen den Garaus zu machen, entschieden die Schotten, das Abenteuer zu beenden. Sie gingen an Bord von drei Schiffen und segelten nach Hause. Alle drei Schiffe gingen auf der Reise unter. Darum bezeichne ich diese Ereignisse als Desaster.

Zweiter Akt des Zusammenschlusses: Schottland

Der Grund dafür, dass der Zusammenschluss schließlich zustande kam, war nicht so sehr, weil Schottland ihn brauchte (was es tat), sondern weil *England* ihn brauchte, um die Rückkehr der Stuarts zu verhindern. Und die Engländer hatten allen Grund eine Rückkehr der Stuarts zu fürchten.

Die Schotten waren 1688 sehr besorgt, dass England ihnen diktieren könnte, wer künftig ihr König sein würde. Nun, im Jahre 1701, wiederholten die Engländer diese Torheit. Der *Act of*

Settlement besagte, dass der Thron an die Kurfürstin Sophia von Hannover und ihre Erben gehen würde (siehe den obigen Abschnitt »Nachfolgeprobleme«). Das schottische Parlament weigerte sich, dieser Thronbesteigung zuzustimmen und verabschiedete sogar ein Gesetz, das besagte, dass es nichts gäbe, was England und Schottland davon abhalte, erneut separate Könige zu haben. Dies war eine klare Andeutung, dass sie Jakob Eduard Stuart einladen könnten, König von Schottland zu werden. Drüben in Frankreich interessierte sich Jakob Eduard Stuart für diese Entwicklung. Sehr sogar.

Die Engländer waren alarmiert. Keinesfalls würden sie es zulassen, dass »Jakob III.« König von Schottland werden würde. Sie mussten mit den Schotten reden, und zwar schnell.

 Glauben Sie nicht, dass der Kampf um die Thronbesteigung nur eine Angelegenheit zwischen Engländern und Schotten war. England war sehr viel reicher und mächtiger als Schottland und viele Schotten sahen enorme Vorteile in einem Zusammenschluss. All diese bedeutenden Posten in Whitehall oder in den englischen Kolonien würden den Schotten offen stehen. Die Schotten, die einen Zusammenschluss befürworteten, glaubten, dass die antienglische »Patriot Party« einfach nur versuchte, Schottland im Mittelalter festzuhalten. Und vor allem wollten die meisten Schotten genauso wenig wie die Engländer einen katholischen König.

Auf jeden Fall bestachen die schottischen Herzöge von Argyll und Queensberry so viele schottische Abgeordnete mit Geschenken und Posten, um das »Unionsgesetz« (*Act of Union*) durchzukriegen, dass das Ergebnis von vornherein feststand. Heftige Ausschreitungen gegen die Union ereigneten sich in den Straßen vor dem schottischen Parlamentsgebäude, aber 1707 erhielt der *Act of Union* die königliche Zustimmung Königin Annas. Mit diesem Gesetz verlor Schottland sein Parlament und seine Unabhängigkeit (auch wenn es sein eigenes Rechtssystem und viele separate Gesetze behielt) und wurde Teil eines neuen Landes, das Großbritannien genannt werden würde.

Aufstände: Der 15er und 45er

Jakob Eduard Stuart bekam 1714 eine Chance, König von England zu werden, als Königin Anna starb. Sechsundzwanzig Jahre hatte er auf diesen Moment gewartet. Und dann vergab er sie.

Als Anna starb, war Sophie bereits tot, sodass es ihr Sohn Georg (mehr über ihn und die anderen Georgs später in diesem Kapitel) war, der nach England übersetzte. Er mochte England nicht und die Engländer mochten ihn nicht. Das war Jakobs Chance, den Thron zu ergreifen – aber er war nicht bereit! Als er es endlich war, war es zu spät. Georg hatte eine Regierung ernannt und die Engländer hatten begonnen, sich an ihn zu gewöhnen. Schließlich landete Jakob 1715 in Schottland – am falschen Ort im falschen Jahr. Und natürlich hatte er immer noch die falsche Religionszugehörigkeit.

Zwei große Jakobitenaufstände ereigneten sich. Beide fanden in Schottland statt und beide schlugen fehl.

Der 15er

Dieser Aufstand wurde so genannt, weil Jakob Eduard Stuart 1715 in Schottland eintraf. Die schottischen Jakobiten verloren die Schlacht von Sheriffmuir. Wichtiger für Jakob war, dass die englischen Jakobiten die Schlacht von Preston verloren. Jakob musste zurück nach Frankreich gehen, und Georg I. konnte aufatmen. Für die Schotten jedoch sollte das Schlimmste erst noch kommen.

Der 45er

1745 war Jakob Eduard ein wenig zu alt für militärische Kampagnen geworden, aber sein Sohn Karl Eduard Stuart, der junge Prätendent, landete 1745 im schottischen Hochland, um für seinen Vater Anspruch auf den Thron zu erheben. Karl erwischte die Regierung völlig unvorbereitet. Er versammelte eine große Armee, nahm Edinburgh und Carlisle ein, verjagte eine kleine Regierungstruppe bei Prestonpans und marschierte in England ein. Genau wie sein Vater war Karl an England, nicht an Schottland, interessiert. Aber die Engländer hatten kein Interesse an ihm. So gut wie kein englischer Jakobit schloss sich ihm an, und als Karl Derby erreichte, war klar, dass sein Auftrag, die Herzen und den Verstand der Engländer zu gewinnen, nicht vorankam. Karl blieb keine andere Wahl, als umzukehren und zurückzugehen. Aber nun lauerte ihm der Herzog von Cumberland mit einer sehr großen, gut ausgerüsteten englischen Armee auf.

Die zwei Armeen trafen auf dem Culloden Moor, nahe Inverness, aufeinander. Die Engländer hatten herausgefunden, wie sie mit den wilden Hochländern umgehen mussten, und ihre Taktik bestand hauptsächlich darin, sie mit Kanonen in Stücke zu sprengen oder ihnen mit Bajonetten die Därme rauszureißen. Karl musste um sein Leben rennen und die Engländer nahmen schreckliche Rache. Sie machten Jagd auf die Hochländer und töteten sie. Sie zerstörten ganze Dörfer, trieben die Menschen zusammen und erschossen sie entweder oder ließen sie auf Schiffen deportieren. Sie verboten die Kleidung und Gebräuche der Hochländer. Diese Rache war eine Form von ethnischer Säuberung des 18. Jahrhunderts.

Die Jakobiten

Der Sohn von Jakob II. hieß Jakob Eduard Stuart (oder König Jakob III., wenn Sie ein Fan der Stuarts sind), folglich wurden ihre Anhänger, abgeleitet von dem lateinischen Wort für Jakob *Jacobus*, Jakobiten (engl. *Jacobites*) genannt. Die Engländer nannten ihn den *Old Pretender* (dt. den »alten Thronanwärter«), um ihn von seinem Sohn Karl Eduard Stuart, dem *Young Pretender*, zu unterscheiden. Es ist leicht, sich die Jakobiten als Schotten vorzustellen, tatsächlich aber gab es viele englische Politiker, die eine enge Verbindung mit dem »König über dem Wasser« aufrechthielten. Wenn man auf diskrete Weise einen jakobitischen Toast ausbringen wollte, erhob man das Glas auf »den König« und hielt es dabei unbemerkt über eine griffbereite Schale Wasser. Und dabei hoffte man, dass kein anderer einen dabei beobachtete. Ganz schön gerissen, nicht?

Rob Roy

Die meisten der großartigen jakobitischen Erzählungen stammen überhaupt nicht aus dem 18. Jahrhundert, sondern wurden hundert Jahre später erfunden oder ausgeschmückt, gewöhnlich von dem schottischen Schriftsteller des 19. Jahrhunderts Sir Walter Scott. Rob Roy MacGregor ist ein typisches Beispiel. Ja, er lebte wirklich und ja, er war ein Jakobit. Er kämpfte 1688 für Jakob II. und 1715 für »Jakob III.«. Und er musste dem bösen Marquis von Montrose entwischen. Aber dann machte sich einer von Rob Roys Männern mit sehr viel Geld des Marquis davon. Rob Roy war mit an Sicherheit grenzender Wahrscheinlichkeit ein Rinderdieb, wie die meisten der Hochländer. Aber er kämpfte nicht für die schottische Unabhängigkeit oder dergleichen. Wenn Sie patriotische schottische Nationalhelden wollen, dann lesen Sie Sir Walter Scott oder schauen Sie sich Liam Neeson auf DVD an, aber halten Sie sich von Geschichtsbüchern fern.

Zu dieser Geschichte gibt es ein merkwürdiges Nachspiel. Culloden war für beide Seiten ein großer Schock und jahrelang hassten die Engländer die Schotten und alles Schottische aus tiefstem Herzen. Aber gegen Ende des Jahrhunderts begannen sie sich zu ändern und bemühten sich bewusst, die Schotten stärker in das englische Leben zu integrieren. Mehr und mehr Schotten traten in die britische Armee ein oder zogen aus, die Kolonien zu verwalten, und schottischen Regimentern wurde sogar gestattet, Kilt und Tartan zu ihren roten Mänteln zu tragen. Schon bald waren die Engländer und Schotten daran gewöhnt, zusammen in einer Schlacht gegen die Franzosen anzutreten. Und als ob er diese zuträglichen Beziehungen besiegeln wollte, besuchte Georg IV. – der Ur-Urenkel von Georg I. – Edinburgh und trug einen Kilt. Er schaute griesgrämig und es gibt ein Gemälde, das dies belegt, aber anscheinend kam die Geste bei den Schotten sehr gut an. Oh, und bevor Sie die naheliegende Frage stellen: Er trug hautfarbene Strumpfhosen.

Irland: Zeitstrafe

Nach der Schlacht am Boyne (siehe den früheren Abschnitt »König Billy von der Boyne«) schloss Wilhelm III. Frieden mit den Iren in dem Vertrag von Limerick, der vielleicht in etwa so lautete:

> *Beschlossen ward zu Limerick*
> *Wir brechen Euch nicht das Genick.*
> *So lasst Freunde uns sein,*
> *Und sei es nur zum Schein,*
> *Nehmt Willy statt James – welch ein Trick!*

> *Schon kurz nach der schmählichen Tat*
> *Noch heute sagt mancher »Verrat«*
> *In Ulster man tobte,*
> *Katholiken nicht lobte,*
> *Die griffen so frech nach dem Staat.*

So riefen die Iren laut aus,
Engländer gehör'n nicht ins Haus,
Kein Land für die Fremden,
Die Botschaft wir senden,
Sonst schmeißen wir flugs alle raus.

Wilhelm III. und die irischen Protestanten führten eine Reihe von Strafgesetzen ein, die die Katholiken ihrer Menschenrechte beraubten. Unter diesen Gesetzen war es Katholiken verboten:

✔ im Parlament abzustimmen oder vertreten zu sein

✔ Land zu besitzen oder zu erben oder sogar länger als 31 Jahre zu pachten

✔ die Universität zu besuchen (nicht einmal ausländische) oder Juristen oder Lehrer zu sein

✔ Waffen oder ein edles Pferd zu besitzen

Außerdem hatte man ein wachsames Auge auf alle katholischen Priester. Und die Strafgesetze funktionierten. Sie sorgten dafür, dass die katholischen Iren so arm und machtlos blieben, dass sie sich an keinem der schottischen Jakobitenaufstände beteiligten.

Bonnie Prince Charlie

Wenn es je einen Mann gab, der mehr Glück hatte, als er verdiente, dann war dieser Mann Karl Eduard Stuart – der Geschichte und Shortbread einkaufenden Touristen besser bekannt als Bonnie Prince Charlie (dt. der hübsche Prinz Karl). Er wurde ein schottischer Volksheld hauptsächlich, weil die Hochländer ihn nach Culloden beschützten und aus dem Land schmuggelten. In Wirklichkeit konnte Karl Eduard (der es *gehasst* hätte, Charlie genannt zu werden) Schottland nicht ausstehen und er hielt sich gewiss nicht für einen Schotten: Er war halb Pole und hatte sein ganzes Leben im sehr komfortablen Exil in Frankreich verbracht. Keinesfalls unterstützten alle Schotten ihn und viele Schotten schlossen sich den Regierungstruppen an, um gegen ihn zu kämpfen. Peter Watsons Fernsehdokumentation *Culloden* von 1964 vermittelt ein ziemlich gutes Bild: »Ja, lauf nur Du feiger Franzose«, schrie ihm einer seiner Offiziere nach als er genau das tat. Bonnie Prince Charlie verbrachte den Rest seines Lebens damit, ein kompliziertes Liebesleben in Frankreich und Italien zu führen, während er sich langsam zu Tode trank.

Tatsächlich waren die Gesetze so hart, dass sie faktisch Irland zu einem Armenhaus machten, womit niemandem geholfen war. Selbst die protestantischen Anglo-Iren begannen die Emanzipation der Katholiken zu fordern, was bedeutete, den Katholiken zu gestatten, im Parlament vertreten zu sein und dort abzustimmen, aber London hatte kein Interesse.

Als der amerikanische Unabhängigkeitskrieg 1775 ausbrach (siehe Kapitel 17), stellten die Anglo-Iren eine militärische Streitkraft, die *Irish Volunteers*, auf für den Fall, dass die Franzosen einfallen. Der führende protestantische angloirische Abgeordnete, Henry Grattan, teilte

London mehr oder weniger deutlich mit, dass es, wenn sie den Katholiken nicht das Wahlrecht gäben, zu einem Aufstand der *Irish Volunteers* kommen könnte. Da der Krieg in Amerika immer schlechter lief, musste London einlenken.

 Das Wahlrecht zu erlangen, war nicht eine so große Sache, wie es scheinen mag. Ohne Grundbesitz – und dank der Strafgesetze hatte kein Katholik Grundbesitz – durfte niemand wählen. (Mehr zu Britanniens interessanten Vorstellungen über das Wahlrecht im 18. Jahrhundert siehe Kapitel 17.) Darüber hinaus war es den Katholiken immer noch nicht gestattet, im Parlament vertreten zu sein – weder in Dublin noch in Westminster.

Teil 3 der Vereinigung: Irland

Trotz der vielversprechenden Maßnahmen, die Henry Grattan eingeleitet hatte (siehe den vorherigen Abschnitt), glaubten einige Iren, dass Irlands einzige Hoffnung eine Loslösung von England sei. Als die Französische Revolution 1789 ausbrach, sagten die Franzosen, sie würden den Iren helfen, mit England zu brechen. 1796 erreichte ein junger Ire namens Theodore Wolfe Tone an der Spitze einer französischen Armee Bantry Bay. Er wurde vom schlechten Wetter zurück aufs Meer getrieben! Zwei Jahre später zettelten die Iren eine große Revolte gegen die Briten an. Zumindest sollte sich die Rebellion gegen die Briten richten, aber sie wurde sehr schnell zu einer Erhebung gegen alle Protestanten, Engländer, Schotten – oder Iren. Die Franzosen erschienen nicht, sodass die Briten, die Spione im Lager der Rebellen hatten, ihre Streitkräfte sammelten und die Rebellen ohne Gnade zerschlugen. Just in dem Moment als die Rebellion vorbei war, trafen die Franzosen ein und mussten wieder von dannen segeln.

London war schwer angeschlagen und Premierminister Pitt entschied, vorsichtig vorzugehen: Er schlug vor, eine vollständige Katholikenemanzipation zu gewähren, aber die Iren müssten im Gegenzug ihr Parlament in Dublin aufgeben und die direkte Herrschaft Londons akzeptieren. Zunächst waren die Protestanten gegen diesen Vorschlag, aber als Pitt sagte, sie würden keinerlei Regierungsämter bekommen, wenn sie nicht zustimmten, änderten sie sehr schnell ihre Meinung. Also wurde 1800 ein zweiter *Act of Union* verabschiedet, der erneut ein neues Land schuf, das Vereinigte Königreich von Großbritannien und Irland. (Und die Katholikenemanzipation? Georg III. legte sein Veto dagegen ein.)

Georg, Georg, Georg und – eh – Georg

Es gab nicht wirklich ein Gesetz, das besagte, dass die britischen Könige des 18. Jahrhunderts Georg heißen müssten, aber genau so sah es aus.

Politiker mussten sehr vorsichtig sein. Sie mussten im Einvernehmen mit dem König bleiben, wenn sie irgendetwas werden wollten, aber wenn sie glaubten, der König würde sich nicht lange halten, dann mussten sie sich mit dem Prinzen von Wales (dem Thronerben) gut stellen. Das Problem dabei war, dass keiner der Georgs seinen Vater (oder Sohn) besonders mochte, sodass man in große Schwierigkeiten geraten konnte, wenn man sich falsch anbiederte. Da sie Politiker waren, erfanden sie sogar einen Begriff dafür mit dieser dysfunktionalen Familie zurechtzukommen – *reversionary interest* (dt. anwartschaftliches Interesse).

Der einmalige, der ursprüngliche Georg I.

Georg I. (1714–1727) war ganz zufrieden damit Kurfürst von Hannover zu sein, was er, bis er 1714 König von Großbritannien wurde, war. Er mochte England nicht: Er bemühte sich nie, die Sprache zu lernen, und verbrachte so viel Zeit wie möglich drüben in Hannover. Er war kein Dummkopf. Die Engländer tolerierten ihn nur, weil er Protestant war, und das wusste er. Er starb auf dem Weg nach Hannover, und wenn Sie sein Grab besuchen wollen, müssen Sie dahin gehen. Wenn Sie das wirklich wollen.

Gerade als man glaubte, man könnte wieder zur See fahren: Georg II.

Georg II. (1727–1760) hatte ein viel größeres Interesse an Britannien und der britischen Politik als sein Vater es gehabt hatte und aus gutem Grund – es war während seiner Herrschaft, dass Britannien zu einer wirklichen Weltmacht wurde. Georg konnte sich in der Politik nicht immer durchsetzen, aber er brachte Händel dazu, sich in England niederzulassen, und er ist verantwortlich dafür, dass die Leute für den Halleluja-Chor aufstehen müssen. Georg war ein guter Soldat und der letzte britische König, der seine Truppen in eine Schlacht führte, bei Dettingen 1743 (und er gewann obendrein).

Der Familientradition der Hannoveraner entsprechend hasste Georg II. seinen ältesten Sohn, Frederick, den Prinzen von Wales, und Fred hasste seinen Vater ebenfalls. Aber dann starb Fred und Georgs Enkel, ein weiterer Georg, wurde der neue Prinz von Wales. Spannung! Würde der junge Georg seinen Großvater, den König, hassen? Und die Antwort war ... ja, er tat es! Immerhin hielt irgendjemand die Familientradition hoch.

Die Schlechtigkeit Georg III.

Georg III. war als Brite geboren und erzogen und darauf sehr stolz. Der arme alte Georg hatte seit seiner Thronbesteigung eine schlechte Presse. Politiker dieser Zeit behaupteten, er versuche die Verfassung zu untergraben, und die Amerikaner beschuldigten ihn, er habe sie dazu gebracht, ihre Unabhängigkeit zu erklären (mehr dazu, was in Amerika schiefgelaufen ist, siehe Kapitel 17). Aber seit Kurzem sind Historiker (britische zumindest) ihm gegenüber etwas wohlwollender. Sie sagen, Georg III. habe versucht, die Krone wieder in den Mittelpunkt der Politik zu stellen, aber stets indem er eng mit dem Premierminister zusammenarbeitete, nicht indem er versuchte, dem Parlament Befugnisse wegzunehmen.

Nach dem amerikanischen Fiasko wurde Georg sehr unpopulär, aber als seine berühmte Verrücktheit einsetzte, gab es eine Welle von Sympathie für ihn. Er verbrachte die letzten Jahre seines Lebens damit, vollkommen blind und ohne Verstand in dem verlassenen Windsor Castle herumzulaufen. Sehr traurig.

Die Komplettierung der Reihe von Georgs

Georg IV. war fett, eitel und faul. Als Prince of Wales heiratete er heimlich eine katholische Witwe, Mrs. FitzHerbert, und leugnete es. Er verbrachte zehn Jahre als Prinzregent, angeblich das Land regierend während sein Vater krank war, aber in Wirklichkeit gab er alles Geld für sich aus, während das Land die erste Phase wirklichen industriellen Elends und der Arbeitslosigkeit der Geschichte durchlief. Wenn Sie wirklich mehr über diesen schrecklichen Mann erfahren wollen, finden Sie die beschämenden Details in Kapitel 17.

Whigs und Tories

Während die Schotten und die Iren sich erhoben oder ihnen Vereinigungsgesetze (*Acts of Union*) aufgezwungen wurden, formierten die Engländer die erste parlamentarische Monarchie der Welt.

Die *Glorious Revolution* und die *Bill of Rights* waren ein guter Anfang (mehr dazu können Sie früher in diesem Kapitel lesen). Weder Wilhelm III. noch Georg I. wären König gewesen, wenn das Parlament dies nicht so entschieden hätte. Nachdem Georg I. auf dem Thron war, wurde das Parlament sogar noch wichtiger, weil Georg I. keinerlei Interesse an englischer Politik hatte und so lange wie möglich nach Hannover ging. Zunächst waren die englischen Politiker ein wenig ungehalten über sein Desinteresse, aber nach einer Weile wurde ihnen klar, dass seine Abwesenheit vielleicht doch keine so schlechte Sache war. Wenn Georg nicht mitspielen wollte, dann konnten sie das Land ohne ihn regieren. Und das taten sie.

Im 18. Jahrhundert gab es in Britannien zwei politische Parteien:

✔ **Die Whigs,** die an die Hannoveranische Erbfolge, das Parlament und gleiche Rechte für alle Protestanten, vor allem Protestanten, die nicht der Kirche von England angehörten, den sogenannten *Dissenters* (dt. die »Andersdenkenden«), glaubten.

✔ **Die Tories,** die an die Krone, Religionsfreiheit für alle (solange sie in der Kirche von England waren) und das Auspeitschen von *Dissenters* glaubten. Außerdem wollten viele Tories im Geheimen die Stuarts zurückbringen.

Natürlich gab es auch Themen, in denen sie sich einig waren. Zum Beispiel glaubten alle an das gottgegebene Recht von Landbesitzern, Wilderer zu erhängen, die Festlegung einer beliebig hohen Pacht und daran, dass sie ihr Land steuerfrei besitzen durften. Und sie alle hassten die Katholiken.

Nach dem *South Sea Bubble* (dt. Südseeblase, siehe den gleichnamigen Kasten zu dem Thema) waren die Whigs so mächtig, dass sie die meiste Zeit des Jahrhunderts die Politik *waren*. Sie waren untereinander in sich bekämpfende Fraktionen zersplittert und konkurrierten um lukrative Regierungsposten – vor allem solche, die keine Arbeit bedeuteten –, was zu viel Korruption und vielen Betrügereien führte.

Der Meisterpolitiker der Whigs war Sir Robert Walpole. Walpole leitete das *House of Commons* so effektiv, dass die Leute sagten, Britannien sei eine »Robinokratie« oder eine »Oligarchie der Whigs« geworden (Oligarchie bedeutet Herrschaft einer kleinen Gruppe). Offiziell war Walpole *First Lord of the Treasury* (dt. Oberhaupt der Schatzkammer), aber die Leute nannten ihn in zunehmendem Maße erster oder Premierminister.

Walpoles Politik war einfach: Mache Geld, nicht Krieg. Aber diese Politik kam nicht immer gut an, zumindest der zweite Teil davon nicht, und 1739 zog das Parlament wegen Kapitän Jenkins (der behauptet hatte, die Spanier hätten ihm ein Ohr abgeschnitten und zum Beweis dem Parlament sein Ohr vorlegte!) gegen Spanien in den Krieg.

Dieser Krieg bestand aus einer ganzen Serie von Kriegen gegen die Franzosen, die im nächsten Abschnitt skizziert werden.

Die South Sea Bubble

Im Jahr 1711 entschieden die Tories eine kleine profitable Unternehmung zu starten. Die Whigs lebten sehr gut von den Profiten der Bank von England, die sie kontrollierten, also reagierten die Tories mit der Gründung der *South Sea Company*, die den Vertrag zur Versorgung der spanischen Kolonien in Südamerika mit Sklaven erhielt. Unglücklicherweise wurde das Unternehmen zu ehrgeizig und bot an, einen substantiellen Teil der Nationalschuld zu übernehmen, die sie mit den von ihnen voller Zuversicht erwarteten riesigen Profiten glaubte tilgen zu können. Ermutigt von der Regierung beeilten sich alle, ihr Geld entweder in die South Sea Company oder andere Unternehmen, die plötzlich auftauchten, zu investieren. Genau wie beim Wall Street Crash von 1929 erwiesen sich viele Pläne als Betrug. Ein Zusammenbruch war unvermeidbar und er kam 1720 – Investoren waren ruiniert und eine Vielzahl von Korruptions- und Skandalgeschichten, in die Minister und sogar die Mätressen von Georg I. verwickelt waren, machten die Runde. Den Tories wurde die Schuld dafür gegeben und die Whigs zogen den Nutzen daraus: Sie blieben bis in absehbare Zukunft im Amt.

Nationalsport: Franzosen klatschen

Viele Kriege ereigneten sich im 18. Jahrhundert, aber ein Detail war leicht zu merken: Die Briten und die Franzosen waren stets auf entgegengesetzten Seiten. Da diese Kriege etwas verwirrend sein können, besonders wenn sie anfangen ineinander zu verschmelzen, ist hier ein nützlicher Überblick.

Runde 1: Der Spanische Erbfolgekrieg 1701-1714

- ✔ **Worum er gehen sollte:** Wer König von Spanien wird.

- ✔ **Worum es wirklich ging:** Wird der König von Frankreich den ganzen europäischen Kontinent dominieren oder wird ihn jemand stoppen?

✔ **Was passierte:** Dies ist der Krieg, in dem Marlborough seine Siege bei Höchstädt, Ramillies, Oudenard und Malplaquet errang (siehe vorher in diesem Kapitel).

✔ **Ergebnis:** Britannien erhielt nützliche Stützpunkte bei Gibraltar und Menorca, plus den größten Teil Nordamerikas.

Runde 2: Der Krieg um Kapitän Jenkins Ohr 1739

✔ **Worum er gehen sollte:** Ob die Spanier das Recht haben, einem englischen Handelskapitän ein Ohr abzuschneiden oder nicht. Die Engländer meinten im Großen und Ganzen, nein.

✔ **Worum es wirklich ging:** Ob es den Briten erlaubt sein solle, Spaniens Monopolstellung im Handel mit Lateinamerika zu untergraben. Die Spanier waren im Großen und Ganzen der Meinung, nein.

✔ **Was passierte:** Er wird von Runde 3 überlagert.

Runde 3: Der Österreichische Erbfolgekrieg 1740-1748

✔ **Worum er gehen sollte:** Wer wird Kaiser – oder Kaiserin – von Österreich.

✔ **Worum es wirklich ging:** Wird der König von Frankreich den ganzen europäischen Kontinent dominieren oder wird ihn jemand stoppen (siehe Runde 1)?

✔ **Was passierte:** Georg II. (er selbst, in Person) besiegte die Franzosen 1743 bei Dettingen. Im folgenden Jahr kommen sie sogar dazu, sich den Krieg zu erklären. Gute Nachrichten für die Hannoveraner bei Culloden (siehe den früheren Abschnitt »Aufstände: Der 15er und der 45er«), aber eine schlechte Nachricht bei Fontenoy, wo die Franzosen höflich die Briten auffordern, zuerst zu schießen, um dann sechs Läufe gegen sie zu erzielen.

✔ **Ergebnis:** Unentschieden.

Runde 4: Der Siebenjährige Krieg 1756-1763

✔ **Worum er gehen sollte:** Eine preußisch Invasion in Teile von Polen.

✔ **Worum es wirklich ging:** Weltherrschaft (aber britische oder französische, nicht preußische).

✔ **Was passierte:** Der britische Außenminister *William Pitt der Ältere* denkt global und kämpft gegen die Franzosen, sowohl in Indien und Nordamerika, als auch in Europa.

✔ **Ergebnis:** Die Briten nehmen Quebec und Guadeloupe ein, vertreiben die Franzosen aus Indien, schlagen die Franzosen in der Schlacht von Minden und versenken die französische Flotte in der Bucht von Quiberon. Alles in allem ein guter Krieg für die Briten.

Georg III. mochte Pitt nie, auch wenn er ihn zum Earl of Chattham ernannte. Pitt unterstützte die Amerikaner in ihrem Streit mit Britannien bis der Revolutionskrieg ausbrach. Aber zu diesem Zeitpunkt war er bereits ein kranker Mann und er brach auf ziemlich dramatische Weise mitten in einer Rede vor dem House of Lords zusammen und starb. Noch heute können Sie Leute im House of Lords sehen, die das Gleiche getan zu haben scheinen.

Pitt der Ältere

Der erste William Pitt machte sich einen Namen durch seine Opposition gegen Walpole und indem er Unhöfliches über Hannover sagte. Pitt mochte es nicht, Kriege in Europa zu führen, aber er war ein überzeugter Anhänger der Schaffung eines britischen Handelsimperiums und er kämpfte gerne in Kanada oder Indien, um es zu bekommen. Oder anders gesagt, er mochte es, andere Leute zum Kämpfen nach Kanada oder Indien zu schicken, um es zu bekommen.

Die Leute wussten nicht so recht, was sie von ihm halten sollten. Als Pitt Generalzahlmeister der Armee wurde, nutzte er nicht die Gelegenheit zur Unterschlagung großer Summen öffentlicher Gelder. Er wurde als der *Great Commoner* bekannt, weil er an das House of Commons (das Unterhaus) glaubte und sich nicht mit einer Adelswürde bestechen ließ. Er hatte bereits das britische Imperium geschaffen, als Georg III. auf den Thron kam. Aber Georg war entschlossen, einen Frieden auszuhandeln, selbst wenn das die Rückgabe vieler Gebiete bedeutete, die Pitt gewonnen hatte.

Der Reichere überlebt: Die Industrielle Revolution

16

In diesem Kapitel

▶ Fortschritte in der Landwirtschaft

▶ Wasserfeste Straßen und Schiffsbrücken

▶ Industrialisierung der Tuchindustrie

▶ Darstellung des Lebens und der Arbeit in den Fabriken

▶ Der Zusammenhang zwischen dem britischen Süßzahn und dem afrikanischen Sklavenhandel

Die Leute lieben es, etwas über Könige und Königinnen zu lernen und mit etwas Glück kann man sie auch dafür gewinnen, etwas über Politiker und Revolutionäre zu erfahren, aber kaum erwähnt man die Erfindung der »Spinning Jenny« fallen ihnen die Augen zu. Spricht man dann von der Erfindung des »Water Frame« und »Cromptons Mule« (alles Spinnmaschinen) und erwähnt noch das Fabriksystem und das Prinzip der Dampfkraft – nun, Sie überlegen bereits, dieses Kapitel zu überspringen, oder nicht?

Dennoch umfasst dieses Kapitel Dinge wie Kinderarbeit und die Ausbeutung der Armen und Hilflosen, Hungersnot und Grausamkeiten, atemberaubende Schönheit und Eleganz – ja, die Rede ist hier von Aquädukten – und einem bemerkenswerten Erfindergeist und Unternehmertum. Kurzum, meine Freunde, dieses Kapitel handelt davon, wie die Briten die moderne Welt mit all ihrem Glanz und ihrer Herrlichkeit schufen und all ihrem Elend, der Not und Missständen. Es beschreibt im Detail den über alle Träume hinausgehenden Wohlstand und die Armut, die schlimmer war als jeder Albtraum. Es beschreibt auch, wie das Land verändert wurde und zu einem Volk zusammenwuchs. Und ja, dieses Kapitel handelt auch von der *Spinning Jenny*.

Nahrung oder Hungersnot?

Am Ende spielen Könige und Generäle keine große Rolle. Was wirklich zählt sind Dinge wie Nahrung und Kleidung. Die Geschichte, wie Britannien die erste industrielle Supermacht der Geschichte wurde, beginnt mit diesen grundlegenden Dingen. Im 18. Jahrhundert gab es in England die ersten Versuche, etwas mehr Nahrung auf den Markt zu bringen.

Das Problem: Dünger – Die Antwort: Rüben

Das erste Problem, das es zu überwinden galt, um die Nahrungsmittelproduktion zu steigern, war Dünger und in dieser Zeit hieß das Tierdung. Traditionelle englische Anbautechniken sahen vor, dass man Felder ein Jahr leer oder brachliegen ließ. Im 18. Jahrhundert führten holländische Experten eine effizientere Technik ein. Die Technik wurde Fruchtfolge genannt und basierte ganz auf Speiserüben. So funktionierte sie:

✔ **1. Jahr:** Ernte einbringen.

✔ **2. Jahr:** Rüben anbauen; Rüben ziehen; Rüben an Schafe, Schweine und Kinder verfüttern; schwören, nie wieder eine Rübe anzurühren.

✔ **3. Jahr:** Gerste, Klee und Gras auf dem gleichen Feld aussäen. Die Gerste wächst, man erntet sie. Das Gras und der Klee wachsen durch die Gerstenstoppel. Die Bauern lassen ihre Rinder und Schafe drauf, um das Gras und den Klee zu fressen. Die kacken auf das ganze Feld und düngen es auf diese Weise.

✔ **4. Jahr:** Zurück zum ersten Jahr.

Ein ehemaliger Außenstaatssekretär, nun im Ruhestand, namens Viscount Townsend führte die Fruchtfolgenwirtschaft auf seinem Gut ein (und erhielt für seine Mühen den Spitznamen »Turnip (Rüben) Townsend«) und verbreitete diese Neuigkeit, was der Verbreitung der Methode half. Was auch half, war eine neue Maschine, mit der man Saatgut gleichmäßig aussähen konnte, statt es nur auszustreuen und zu hoffen. Jethro Tull erfand diese Maschine, und wenn Sie genau hinhören, dann können Sie ihn aus seinem Grab »Nein, nicht die Rockband aus den siebziger Jahren« rufen hören.

Das Glück der Engländer

In gewissem Sinne ging es den Engländern sehr viel besser als den Schotten oder Iren, weil sie keine echten Bauern hatten, Leute, die an das Land gebunden waren und nicht woanders hingehen konnten. In England waren die meisten Leute auf dem Land Pachtbauern oder Landarbeiter, die ihre Dienste jedes Jahr auf *hiring fairs* (dt. »Einstellungsmessen«) verkauften. Die Engländer hatten auch all diese wunderschönen Landgüter, die Sie am Wochenende besichtigen können, aber auf denen zu dieser Zeit englische Adlige saßen, die sich ungewöhnlicherweise für Landwirtschaft interessierten. Während Marie Antoinette Schäferin in Versailles spielte, hatte Georg III. einen richtigen experimentellen Bauernhof auf den königlichen Gütern von Windsor.

Bäh, bäh – blökende Schafe bedeuten viel Wolle

Tiere des 17. Jahrhunderts waren nur Haut und Knochen und hatten wenig Fleisch. Also begannen die Engländer, ein wissbegieriger Haufen, mit Gentechnik herum zu dilettieren. Oder Auslesezüchtung, wie sie diese Technik nannten. Der große Name auf diesem Feld war Robert Bakewell, der herausfand, dass, wenn man Schafe sorgfältig auswählte, man am Ende riesige Schafe bekam. Monsterschafe. Er nannte diese Tiere *New Leicesters* und sie waren sehr, *sehr* fett.

Durch Zucht wurden aus gewöhnlichen Pferden nun riesige Shire Horses (Kaltblutpferde), große Pferdemonster, die riesige Wagenladungen voll Rüben (tut mir leid, Kinder) ziehen konnten. Noch besser waren die riesigen Schweine und Kühe, die Engländer zu züchten begannen, weil man sie essen konnte. Diese Tiere wurden Superstars. Die Menschen kamen aus ganz Europa, um sie zu bestaunen.

Einfriedungen

All die oben beschriebenen, großartigen landwirtschaftlichen Ideen funktionierten nur, wenn man einen schönen großen Bauernhof besaß. Die meisten Bauern hatten keine großen, schönen Bauernhöfe. Sie hatten kleine Stücke Land, die über verschiedene Felder des Dorfes verstreut waren. Wenn man also mit den agrarischen Verbesserungen irgendwie weiterkommen wollte, musste man losgehen und umorganisieren, wer welches Land besaß. Das Ergebnis waren Einhegungen (*enclosures*) und das Verfahren verlief wie folgt:

✔ **Schritt 1:** Eine Gruppe lokaler Landbesitzer brachte das Parlament dazu, einen lokalen *Enclosure Act* zu verabschieden, der sagte, dass sie beginnen konnten, mit dem Eigentum ihrer Nachbarn zu jonglieren.

✔ **Schritt 2:** Das Parlament entsendete eine zwei bis drei Mann starke Kommission, um zu überprüfen, wer was besaß, und verlangte dafür schriftliche Beweise. Keine Dokumente, kein Land.

✔ **Schritt 3:** Die Mitglieder der Kommission fertigten eine große Karte an und gaben das beste Land den örtlichen Bonzen; kleinbäuerliche Familien, die seit Generationen Landwirtschaft betrieben, verloren ihr Land und wurden dazu gezwungen, Landarbeiter zu werden.

✔ **Schritt 4:** Die großen Landbesitzer errichteten viele Zäune und Hecken, um ihr neues Land mit Schildern wie »Betreten verboten« und »Unbefugte werden am nächsten Gerichtstag gehängt« zu umgeben, um die Nachbarn fernzuhalten.

Sie können die Errichtung der Einhegungen als einen klaren Fall von Diebstahl der Land besitzenden Klasse ansehen. Und so erschien es auch ganz sicher den meisten Menschen zu dieser Zeit, die gezwungen wurden, ihr Land zu verlassen. Auf der anderen Seite musste Britannien diesen Prozess durchlaufen, wenn es ausreichend Nahrung produzieren wollte, um die Menschen in all den wachsenden Industriestädten zu ernähren. Wie Britanniens industrielle Revolution ohne die Einhegungen hätte stattfinden können, ist schwer vorstellbar und viele Menschen hätten vermutlich sehr hungern müssen. Die Einhegungen sind ein klassischer Fall des Abwägens zwischen dem individuellen und dem allgemeinen Interesse. Seien Sie nur froh, dass Sie nicht das Individuum waren.

Die Räumung des Hochlandes

Schottland erlebte vom späten 18. Jahrhundert bis ins 19. Jahrhundert hinein die schlimmste Form der Landräumung (*clearance*). Schottische Clanchefs oder *Lairds* entschieden, dass die Highlands ohne Hochländer noch besser aussehen würden, also begannen sie, sie gewaltsam zu vertreiben. Die schlimmsten Übeltäter waren der Herzog und die Herzogin von Sutherland, die das Ganze noch dadurch schlimmer machten, dass sie die wenigen verbleibenden Pächter zwangen, dem Herzog eine riesige Statue »in Dankbarkeit« zu errichten. (Die *Lairds* wollten das Land teilweise für Schafe, teilweise zum Moorhuhnschießen haben.)

Die Hochländer mussten in winzige, dicht gedrängte Bauernhöfe an der Küste umsiedeln, die praktisch nicht bewirtschaftet werden konnten. Die einzige Option, die vielen Menschen blieb, war an Bord eines Schiffes zu gehen und Schottland für immer zu verlassen. Das ist der Grund, warum es so viele schottische Gemeinden auf der ganzen Welt gibt, in Kanada, Australien, Südafrika und den Vereinigten Staaten. Schätzungen zufolge leben mehr »Schotten« außerhalb als in Schottland.

Die erzwungenen Vertreibungen waren so erfolgreich, dass kaum eine Spur der Hochlandsiedlungen überlebt hat. Was in Schottland passierte, wurde oft mit einer ethnischen Säuberung verglichen und aus gutem Grund, sieht man einmal davon ab, dass sie von den eigenen Clanchefs der Hochländer betrieben wurden. Das nächste Mal, wenn Sie die einsame Schönheit der Highlands bewundern, denken Sie daran, dass diese Schönheit mit Grausamkeit, Ungerechtigkeit und Gewalt erkauft wurde. Und fragen Sie sich, warum die Landschaft so leer ist.

Die Dinge voranbringen: Straßenarbeiten

Englische Straßen waren im 18. Jahrhundert so schlecht, dass Sie kaum irgendwo hinkommen konnten. Wenn man tatsächlich einem Stück Straße begegnete, war die Wahrscheinlichkeit groß, dass man auch auf Straßenräuber stieß. Auch wenn wir uns die Wegelagerer gerne als romantische Dick-Turpin-Typen vorstellen, sah die Realität ganz anders aus. Ich vermute, Ihnen gefällt die Vorstellung nicht, dass irgendjemand sein Gewehr auf Sie richtet und Ihnen die Brieftasche und Karten klaut, und die Menschen im 18. Jahrhundert mochten die Erfahrung auch nicht.

Manchmal legten die Dörfer ihre Mittel zusammen, um für Straßenreparaturen zu bezahlen und sie erhielten ihr Geld zurück, indem sie Wegegeld verlangten. Sie bezahlten die Maut an einer Mautstation mit einem spitzen Tor, das »Mautschranke« (engl. *turnpike*) genannt wurde und die Pferde davon abhielt, hinüberzuspringen. Mautstraßen waren besser als die meisten Straßen zu dieser Zeit, aber wir sprechen hier nicht wirklich von der Route 66.

 Wenn Sie glauben, dass man für den Bau einer Straße nur einen Pfad durchs Gras schlagen muss, irren Sie sich. Zuerst müssen Sie einen Weg finden, das Ding zu entwässern; andernfalls fahren Sie beim ersten Regen durch Morast. Ein Schotte, John Loudon Macadam, löste das Problem. Er fand heraus, wie man mithilfe einer

Schicht kleiner Steine das Wasser ablaufen lassen kann. Er entschied auch, dass die beste Art, Straßen regenfest zu machen, eine Schicht Teer war – man nannte es ihm zu Ehren *tarmacadam* oder *tarmac*. Macadams Mitschotte Thomas Telford erbaute so viele Meilen von wunderschön geraden Straßen und Kanälen, dass man ihm den Spitznamen »Colossus of Roads« gab. Kapiert? Gehen Sie und schauen Sie sich die elegante Menai-Brücke an, die Nordwales mit der Insel Anglesey verbindet: Die Konstruktion ist ein Meisterwerk.

Trouble Over: Bridged Water

Francis Egerton, der 5. Herzog von Bridgewater, war ein reicher Mann, der hoffte, noch reicher zu werden. Der Herzog hatte haufenweise Kohle auf seinem Anwesen bei Worsley und die Leute unten in Manchester und Salford wollten sie. Die Frage war, wie bekommt man die Kohle dorthin? Der Herzog entschied sich für einen Kanal, also beauftragte er einen Ingenieur namens James Brindley ihn zu bauen. Der Herzog hatte zunächst an einen ziemlich kurzen Kanal den Fluss hinab gedacht, aber er und Brindley kamen schnell zu dem Entschluss, etwas Größeres anzustreben: einen Kanal den ganzen Weg hinunter von Worsley bis Manchester, der sich mit einem weiteren Kanal verbinden würde, an dem Brindley zwischen Trent und Mersey arbeitete. Und dieser würde mit mehr und mehr Kanälen verbunden werden, bis das ganze Land mit Kanälen überzogen wäre.

Das Problem mit diesem Plan? Ein Fluss war im Weg. Ein Kanal kann keinen Fluss überqueren, oder? Aber ein Kanal kann einen Fluss kreuzen, wenn man ein Aquädukt baut. Was zufällig gerade Brindleys Spezialität war. Das Aquädukt (oh, nun gut, genau genommen ist das Ding ein Viadukt) war wunderschön, und den Anblick eines Bootes, wie es den Fluss Irwell an der Barton Bridge kreuzte, musste man in diesem Zeitalter gesehen haben.

Die Revolutionierung des Tuchhandels

Gehen Sie in irgendein Haus im England des 18. Jahrhunderts und Sie werden, selbst in einem sehr armen Haus, mit an Sicherheit grenzender Wahrscheinlichkeit einen großen Webrahmen sehen, der den größten Teil des Raumes einnimmt. Der Mann des Hauses setzte sich an ihn dran, wenn er von den Feldern nach Hause kam. Dann wird da noch ein Spinnrad stehen, an dem seine Frau die rohe Wolle in Garn für den großen Webrahmen verwandeln wird. Diese Heimindustrie, oder *Cottage Industry* wie man sie nannte, war ein willkommenes Zusatzeinkommen für die Familie, denn die Arbeit lohnte sich, weil englisches Tuch gut war. Und dann kamen all diese Erfinder vorbei und veränderten das ganze System.

Sehen Sie sich die großen, wunderschönen Kirchen East Anglias an. Alle mit Wolle bezahlt (deshalb werden sie bis auf den heutigen Tag noch Tuch- oder Wollkirchen genannt). Denken Sie an die großen städtischen Unternehmen in London wie die Tuchhändler und die Handelsschneidereien. Denken Sie an Harris Tweed oder Savile Row oder vornehme englische Gentlemen, die sich über ihre Schneider unterhalten und Sie bekommen eine Vorstellung davon, was für eine große Rolle der Tuchhandel für die Engländer stets spielte. Der Kanzler von England nahm im House of Lords auf einem großen mit Wolle vollgestopften Sack Platz, der immer noch *woolsack* (der »Wollsack«) genannt wird, ein Symbol für das, was das Land reich gemacht hat.

Die Spinning Jenny ist angekommen

Es sei Ihnen verziehen, dass Sie dachten, man konnte im 18. Jahrhundert nicht mal einen Ziegel werfen, ohne irgendeinen cleveren Erfinder damit zu treffen, den es in den Fingern juckte, eine neue Maschine zu erfinden, die mehr und mehr Tuch herstellen konnte und dies immer schneller, genau wie die Leute, die bestimmte Probleme erkannten und lösten:

✔ **1. Problem: Weben war eine arbeitsaufwendige Angelegenheit,** und man bekam keinen Stoff, der breiter als die Länge des Armes eines Mannes war, weil er fürs Weben nicht weiter reichte. »Ich weiß was!«, sagte ein gewisser John Kay 1733, »warum nehmt ihr nicht eine spezielle Vorrichtung, die das Schiffchen für euch bewegt? Und das auch noch schneller?« Gute Idee. Er nannte es den »Schnellschützen« (*the flying shuttle*).

✔ **2. Problem: Schnellschützen waren zu schnell** und unfair gegenüber den Frauen, die all das Spinnen erledigen mussten. »Wie können wir nur Schritt halten?«, beklagten sich die Frauen bei ihren Ehemännern. Die Schafe waren auch nicht allzu glücklich. »Ich weiß was!«, sagte ein Weber namens James Hargreaves. »Warum nehmen wir nicht ein Spinnrad, das mehr als einen Faden spinnt?« Die Lösung war so einfach, dass man sich fragte, warum vorher noch niemand daran gedacht hatte. Sein Modell aus dem Jahre 1764, das als *Spinning Jenny* bezeichnet wurde, konnte 8 Spindeln an einem Rad betreiben, und bis zu seinem Tod verwendeten die Leute sie, um 80 Fäden zu spinnen. (Die Behauptung, dass er das Rad nach seiner Tochter Spinning Jenny genannt habe, klingt ganz schön, ist aber vermutlich unwahr. Jenny oder »ginny« war nur eine Kurzform für »engine« (Motor), denn so nannten die Menschen in Lancashire in dieser Zeit die Maschinen.)

✔ **3. Problem: Das Garn, das die Spinning Jennies herstellten, war nicht sehr fest** – keinesfalls fest genug für Kettfaden. »Ich weiß was!«, rief ein schlauer Perückenmacher namens Richard Arkwright. »Wir werden eine Maschine bauen, die das Garn spinnen kann und es gleichzeitig zu einem festeren Faden verdrillen kann.« Die Maschine, die er baute, war zu groß, um sie mit der Hand zu bedienen, also entschied Arkwright, die Maschine, die er *Water Frame* nannte, mit Wasser anzutreiben. Und diese Idee führte zum vierten Problem.

✔ **4. Problem: Arkwrights Water Frame musste an einem Fluss stehen, aber die Menschen arbeiteten immer noch in ihren Häusern.** Und da hatte Arkwright seine große Idee, die eine, für die man sich immer an ihn erinnern sollte, aber es gewöhnlich nicht tut: Man bringt die Arbeiter zum Frame. Er nannte diese Idee des Arbeitens eine Fabrik und Arkwright machte sich damit einen Namen – sie brachte ihm sogar einen Adelstitel ein – und sein Vermögen. (Das nächste Mal, wenn Sie im Berufsverkehr stecken bleiben auf Ihrem Weg zur oder von der Arbeit, denken Sie an Arkwright und erweisen Sie ihm Ihren Respekt.)

Nur weil eine Maschine erfunden wurde, heißt das noch nicht, dass sie innerhalb einer Woche im ganzen Land verwendet wurde. Es dauerte eine ganze Weile bis die meisten dieser Maschinen eingesetzt wurden und nicht einmal alle von ihnen wurden patentiert. Sie wurden meistens an ein oder zwei Orten verwendet und setzten sich erst nach und nach durch, als andere Menschen in dem Wirtschaftszweig merkten, dass eine Spinnerei oder Fabrik sehr viel mehr Stoff als normal produzierte. Und selbst dann war ihre Verbreitung sehr uneinheitlich, sodass man in einem Gebiet ein vollständig funktionierendes Fabriksystem hatte und in einem anderen Gebiet Weber, die noch mit dem Handwebrahmen arbeiteten. Später blickten Historiker auf diese Zeit und nannten sie die Industrielle Revolution. Damals hing es von dem Wohnort ab, ob man von dieser Revolution betroffen war oder nicht.

Die Dinge beschleunigen sich noch mehr

Genau wie das Wasserrad, das sich so lange drehte, wie das Wasser floss, hatte Arkwright einen Prozess in Gang gesetzt, der nicht gestoppt werden konnte. Ein Erfinder namens Samuel Crompton entwickelte eine noch bessere Spinnmaschine aus einigen Teilen der Spinning Jenny und einigen Teilen des Water Frame. Er nannte diese Maschine »Maultier« (engl. *mule*) – ein kleiner Scherz, den er sich erlaubte. Die Spinning Mule war so gut, dass jeder die Idee klaute und Crompton Jahre mit Rechtsstreitigkeiten zubrachte, in denen er zu beweisen versuchte, dass er sie sich zuerst ausgedacht hatte.

Bei all diesem Geschwindigkeitsspinnen musste irgendjemand schließlich auch eine Form des Schnellwebens erfinden. Dieser jemand war ein Kleriker namens Edmund Cartwright. Sobald das Weben mit dem Spinnen Schritt halten konnte, ging es erst richtig los. Und wie gelang Mr. Cartwright das Geschwindigkeitsspinnen? Er benutzte Dampf, was neue Möglichkeiten eröffnete und neue Probleme erzeugte.

Es ist (nicht so) schöne Arbeit, wenn Du sie bekommst: Leben in den Fabriken

Die Verwendung von Dampf zum Antreiben der Maschinen bedeutete vor allem, dass die Fabrik nicht länger an einem Fluss liegen musste: Man konnte sie überall errichten, was faktisch in der Mitte der Stadt bedeutete. Oder präziser, man konnte eine Fabrik errichten und eine Stadt entstand um sie herum. Mit der Dampfmaschine musste man die Maschinen auch nachts nicht mehr ausschalten; man konnte sie 24 Stunden am Tag laufen lassen und in Schichten arbeiten (aber nicht 24 Stunden an 7 Tagen die Woche, denn man musste allen am Sonntag frei geben). Die Arbeiter mussten mit einer Fabriksirene und einer Fabrikuhr leben, die ihnen sagte, wann sie aufstehen mussten und wann sie nach Hause gehen konnten und ganz allgemein ihr Leben auf ähnliche Weise regelte, wie es die Kirche im Mittelalter getan hatte. Mal abgesehen davon, dass sie ein sehr anderes Leben führten.

Die Maschinenstürmer

Wie der junge Wissenschaftler in dem alten Alec-Guinness-Film, der eine unzerstörbare Faser zur Herstellung von Tuch entwickelt, aber zu seiner Enttäuschung entdeckt, dass andere Leute von seiner Idee nicht so begeistert sind, mussten die Erfinder des 18. Jahrhunderts mit den, sagen wir, wenig unterstützenden Reaktionen der anderen zurechtkommen.

Einige waren schlicht neidisch auf die neuen Erfindungen, wie die Leute, die James Hargreaves angriffen und seinen Vorrat an Jennies zerstörten. Aber Neid wich blankem Zorn als den Leuten bewusst wurde, dass alle diese neuen Maschinen sie arbeitslos machen würden. Handweber zum Beispiel hassten Crompton und seine verdammte Mule und 1790 griffen sie seine Fabrik an und setzten sie in Brand. Immer mehr Textilfabriken setzten jedoch Mules ein und immer mehr Handweber verloren ihre Arbeit.

1810 waren die *Cropper* an der Reihe – Facharbeiter, die die Appretur auf dem Stoff auftrugen (Veredelungen, die die Stoffe schöner aussehen ließen). Als eine neue Maschine erschien, die diese Arbeit für sie erledigte, trafen sich die Männer heimlich, um Angriffe auf Fabriken zu planen. Sie wurden als Ludditen bekannt – wir wissen nicht genau warum, auch wenn es sein kann, dass sie nach Ned Ludd benannt wurden, der einer ihrer Anführer war. Mit den Ludditen zu sympathisieren, ist nicht schwer – wollten Sie noch nie einen Computer zerstören? –, aber sie konnten die Ausbreitung von Arkwrights Fabriksystem nicht verhindern. Was schade war, denn das System hatte sich in einer Weise weiterentwickelt, die niemand, am allerwenigsten Arkwright selbst, vorhergesehen hatte. (Angesichts ihrer gewaltsamen Tendenzen gegenüber Maschinen, könnte man die Ludditen vermutlich auch als Splittergruppe bezeichnen.)

Düstere Zeiten

Einige Fabrikbesitzer glichen mittelalterlichen Baronen, die das Leben ihrer Arbeiter genauso kontrollierten wie der Lord des Landgutes das Leben seiner Leibeigenen. Die Fabrikbesitzer bauten die Arbeiterhäuser, die billig und beengt waren ohne sanitäre Einrichtungen. Arbeiter benutzten einen Fabrikladen, wo sie mit Wertmarken bezahlten, die von der Fabrik gestellt wurden. Kinder arbeiteten in der Fabrik, sie krochen in und unter die laufenden Maschinen. Wenn man versuchte, eine Gewerkschaft zu gründen, verlor man seinen Job. Und wenn man streikte, wovon sollte man dann leben? Es gab keine Streikkasse und auch kein Arbeitslosengeld.

Die Arbeiter erhielten einen sehr niedrigen Lohn, gerade genug, um das kleine Reihenhaus bezahlen zu können, das knöcheltief im Dreck stecken konnte. Diese Städte hatten keine Kanalisation und kein fließendes Wasser – sie schrien geradezu nach Krankheiten und sie bekamen sie. Dieses schmutzige Leben war die Schattenseite all dieser wunderschönen Artefakte, die Sie heute in Antiquitätenläden und an Flohmarktständen finden.

 All diese Erfindungen hatten zwei Klassen von Menschen geschaffen, die Fabrikbesitzer und die Fabrikarbeiter, und die Fabrikarbeiter waren gerade im Begriff zu entdecken, wie mächtig die Besitzer wirklich waren. Und es schien für sie unmöglich zu sein, dieses Ungleichgewicht zu beheben.

New Lanark: New Labour?

Robert Owen war ein Waliser und ein Fabrikbesitzer, der 1800 in seiner Fabrik in New Lanark in Schottland ein Experiment durchführte. Owen versorgte seine Arbeiter mit anständigen Häusern, Schulen und Geschäften und legte vertretbare Arbeitszeiten fest. Zur Überraschung seiner Konkurrenten erzielte Lanark einen beträchtlichen Profit. Owen zeigte, dass die Menschen besser arbeiteten, wenn man sie anständig behandelte. Owen hoffte, damit einen neuen Trend zu starten, besonders als andere Hersteller schnurstracks nach New Lanark kamen, um herauszufinden, wie er das geschafft hatte. Obwohl alle immer sehr beeindruckt waren, übernahm niemand wirklich seine Ideen.

Alle kochten vor Wut

James Watt erfand nicht – ich wiederhole: nicht – die Dampfmaschine. Noch hat er je behauptet, dies getan zu haben. Ein Mann aus Cornwall namens Savery entwarf die erste Dampfpumpe damals 1689, aber man riskierte sein Leben, wenn man sie benutzte, weil es kein Sicherheitsventil gab. Dann entschied ein anderer Mann aus Cornwall, Thomas Newcomen, er könnte Saverys Pumpe verbessern, was er 1712 tat. Abbildung 16.1 zeigt Ihnen, wie Newcomens Maschine funktionierte.

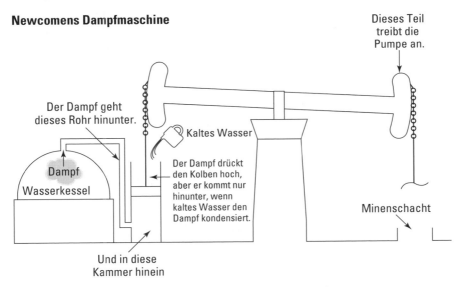

Abbildung 16.1: Newcomens Dampfmaschine

James Watt kommt erst 1763 ins Spiel als er als Instrumentenmacher an der Universität von Glasgow arbeitete. Jemand brachte ihm ein kaputtes Model von Newcomens Dampfpumpe und fragte ihn, ob er sie reparieren könne. Watt schaute sich das Ding an und dachte »Bingo! Ich weiß, was dieser kleine Bursche braucht.«

Was Watt erkannte, war, dass die Newcomen-Maschine ineffizient war, weil der Kolben dadurch bewegt wurde, dass ein einziger Zylinder zunächst erhitzt und dann abgekühlt wurde.

Was dieses Ding brauchte, dachte Watt, war ein separater Kondensator, der den Dampf aus dem heißen Zylinder woanders kühlte.

Watts Maschine machte die Dampfmaschine schneller, effizienter, zuverlässiger und günstiger. Sie schuf die Nachfrage nach mehr Kohle, die wiederum einen ganz neuen Untertagebergbau kreierte. Sie stimulierte auch die Nachfrage nach qualitativ hochwertigem Eisen und stimulierte damit gleichfalls diese Industrie. Watts Maschine erreichte schließlich einen Wirkungsgrad, der hoch genug war, um sie zum Antrieb von auf Metallschienen fahrenden Fahrzeugen einsetzen zu können und läutete damit das Zeitalter der Dampflok ein, was schließlich dazu führte, dass erwachsene Männer Modelleisenbahn-Bausätze auf riesigen Platten auf dem Dachboden hatten.

Eiserner Wille

James Watt vermarktete seine Dampfpumpenmaschinen zusammen mit seinem Partner Matthew Boulton sehr gut. Es dauerte nicht sehr lange, bis jemand diese hoch effizienten – und sehr teuren – Pumpmaschinen von Boulton und Watt anschaute und sie auf die Fortbewegung anwandte. 1814 entwickelte William Hedley eine Lokomotive zum Ziehen von Grubenwagen. Er nannte die Maschine _Puffing Billy_, ein großes unansehnliches Monster. Aber sie funktionierte.

1825 entwarf George Stephenson die erste Eisenbahnlokomotive der Welt, die _Locomotion_. Sie fuhr auf den ersten richtigen Eisenbahnschienen der Welt von Stockton nach Darlington und erreichte auf ihrer Jungfernfahrt eine Geschwindigkeit von 15 Meilen pro Stunde – bedenken Sie, dass ein galoppierendes Pferd mit etwas Glück und wenn es nicht zu müde ist, vielleicht sechs oder sieben erreicht.

1829 setzten die Direktoren der _Liverpool und Manchester Railway_ einen Preis in Höhe von 500 Pfund für die schnellste Maschine aus, die sich als ein weiteres Stephenson-Produkt erwies, die _Rocket_ von Robert Stephenson (der Sohn von George). Tragischerweise wurde der Tag ihres ersten Versuches durch den ersten Eisenbahnunfall getrübt. Ein führender Politiker, William Huskisson, schätzte die Geschwindigkeit der _Rocket_ falsch ein (es war nicht seine Schuld: nichts war je zuvor so schnell gefahren), zögerte und war verloren. Oder vielmehr erdrückt und zerfleischt. Hässlich.

 Eine Anmerkung für Puristen: Die erste Dampfmaschine, die auf Schienen fuhr, wurde _Catch Me Who Can_ (dt. »Fang mich, wer kann«) genannt und von Richard Trevithick, einem Ringer aus Cornwall gebaut. Aber sie fuhr nur auf einer Kreisbahn als Jahrmarktsattraktion und sowieso brachen die Schienen ständig, sodass aus seiner Maschine nichts weiter wurde.

Die Schöne und die Biestigkeit

Die Industrielle Revolution bestand nicht nur aus düsteren Fabriken und rauchenden Schornsteinen; diese Periode ist auch eine Geschichte von Handwerkskunst und Schönheit. Die geschickten Messerschmiede aus Sheffield waren bekannt als *Little Mesters*. Sie arbeiteten in kleinen Werkstätten und stellten feines Essbesteck her, lange nachdem Henry Bessemer seine berühmte Bessemerbirne (engl. *converter*) herausbrachte, um Eisen in Stahl zu verwandeln.

In den Keramikstädten von Staffordshire, die wegen all dem Dreck und Ruß als *Black Country* bekannt waren, stützte Josiah Wedgewood seine Designs auf die der alten Griechen und Römer – schöne elegante Dekors mit einfachen Figuren auf einem sattblauen Hintergrund. Wedgewood nannte sein Porzellan *Erturia* nach einer Region im antiken Italien, in der sehr feine Stücke hergestellt wurden, die er imitierte. Er erfand gewissermaßen die moderne Wissenschaft des Marketing und der Werbung, um seine Waren an elegante Londoner zu verkaufen. Und er machte damit viel Geld. Schüsselweise, könnte man sagen!

Alteisen

Eins, sagt man, führt zum anderen, und auf nichts traf dieser Spruch mehr zu als auf all diese Erfindungen. Mechanische Webstühle (Mules und Jennies) und Dampfmaschinen und Eisenbahnschienen und Wasserkessel und Kondensatoren und so weiter – alle mussten aus Metall gefertigt werden. Was größtenteils Eisen bedeutete. Eisenverhüttung zu dieser Zeit hieß, Eisenerz auf einem langsamen Kohlefeuer in der Mitte eines Waldes zu erhitzen. Hoffnungslos. Bis eine bemerkenswerte Familie daherkam, die völlig verrückt nach Eisen war und in der jeder Abraham Darby hieß.

Großpapa Abraham fand heraus, wie man Eisenblech mit einer sehr reinen Form von Kohle, dem sogenannten Koks, statt mit Holzkohle erzeugt. Abraham Nr. 2 entwickelte eine Methode der Veredelung von Koks, sodass man Gusseisen erhielt. Abraham Nr. 3 verwendete dieses neue Gusseisen, um die weltweit erste Eisenbrücke zu erbauen. Die Konstruktion steht noch heute; über dem Fluss Severn so schön und elegant wie an dem Tag, als Abraham Darby III. sie eröffnete.

Tee, Mitgefühl und Sklavenhandel

Wie andere Europäer entwickelten sich die Briten im 18. Jahrhundert zu richtigen Naschkatzen und diejenigen, die das Land mit Zucker versorgen konnten, konnten ein Vermögen verdienen. Der Zucker wurde in der Karibik geerntet, was der Grund dafür ist, dass die Briten so erpicht darauf waren, die Westindischen Inseln während der langen Kriege mit Frankreich zu behalten (mehr über diese Kriege und warum sie so lange währten, erfahren Sie in Kapitel 15). Den Zucker ernteten Sklaven.

Der Sklavenhandel war ein sogenannter *Dreieckshandel,* weil er aus drei Abschnitten bestand:

✔ Waren minderer Qualität wurden von Britannien nach Afrika verschifft und gegen Sklaven getauscht.

✔ Die Sklaven wurden auf Sklavenschiffe verladen und von Afrika in die Karibik gebracht.

✔ Die Sklaven wurden verkauft und mit dem Geld Zucker gekauft.

Dieser Zucker wurde dann zurück nach Britannien verschifft. Auf den Schiffen wurden die Sklaven in das Unterdeck gezwängt, wo sie manchmal so dicht zusammengepfercht waren, dass sie nur auf der Seite liegen konnten. Sie waren aneinandergekettet und wurden nur in kleinen Gruppen hinausgelassen, um sich zu bewegen. Diese Bewegung bestand gewöhnlich darin, vor einer auf ihre Füße gerichteten Peitsche wegzuspringen. In den Kojen mussten sie essen und ihre Notdurft dort verrichten, wo sie lagen, sodass viele von ihnen an Krankheiten starben. Kein Wunder, dass manche es vorzogen, über Bord zu springen, während sich die Sklaven in einigen Fällen erhoben und versuchten, die Führung über das Schiff zu bekommen.

Aber die meisten Sklaven mussten den Horror der *Middle Passage* so gut es ging durchstehen bis sie die Sklavenmärkte von Barbados erreichten. Hier wurden sie an den Meistbietenden verkauft und mussten die Knochenarbeit des Zuckerrohrschneidens in glühender Hitze verrichten, damit die Briten etwas hatten, was sie in ihren Tee tun konnten. Das Geld aus dem Sklaven- und Zuckerhandel – und das war sehr viel – wurde in genau die Industrien investiert, die die Güter für die nächste Schiffsladung Sklaven herstellten. Damit war das Dreieck geschlossen.

Die meisten Menschen Britanniens machten sich keine großen Gedanken über den Sklavenhandel in die eine oder andere Richtung, aber Ausnahmen davon gab es und einer von ihnen war der Musikkritiker Granville Sharp. 1771 ging er bewaffnet mit einer Habeas-Corpus-Akte an Bord eines Schiffes und forderte die Freilassung eines schwarzen Sklaven namens James Somerset. James' Besitzer, ein Mr. Steward aus Boston, Massachusetts, protestierte und der Fall ging an den Lordoberrichter, Lord Mansfield. Mansfield war gewöhnlich nicht besonders liberal, aber bei dieser Gelegenheit kam er zu einer bemerkenswerten und bedeutsamen Entscheidung. Er ließ James Somerset frei mit der Begründung, dass die Luft Englands so rein sei, dass keiner sie atmen und Sklave bleiben könne. Mit anderen Worten, Sklaverei wurde in England als illegal erklärt und jeder Sklave, der seinen Fuß nach England setzte, war per Definition frei.

Trotz des Urteils von Lord Mansfield dauerte es bis 1806, um den Widerstand der Plantagenbesitzer zu überwinden und den Sklavenhandel abzuschaffen, und selbst dann blieb die Sklaverei in den britischen Kolonien noch bis 1833 legal. Nichtsdestotrotz nahmen die Briten eine führende Rolle bei der Ächtung des internationalen Sklavenhandels ein: Sie zwangen andere Länder, den Handel nach den Napoleonischen Kriegen abzuschaffen, und die Königliche

Marine (*Royal Navy*) verbrachte einen Großteil des 19. Jahrhunderts damit, die afrikanische Küste zu patrouillieren und Sklavenhändler zur Strecke zu bringen.

Die Bekämpfung der Sklaverei

Es ist wichtig sich daran zu erinnern, dass die Sklaven selbst gegen die Sklaverei kämpften – Aufstände ereigneten sich auf Sklavenschiffen und es gab schwarze Redner gegen den Sklavenhandel. Aber die Bekämpfung der Institution der Sklaverei war offensichtlich sehr viel leichter für Weiße. Eine der frühesten Stimmen, die sich gegen den Sklavenhandel aussprach, war eine Schriftstellerin des 17. Jahrhunderts, Aphra Behn, in ihrem Roman *Oroonoko*. Später nahmen sich die Quäker und die Evangelikalen des Themas an. Einer der bemerkenswertesten Aktivisten war ein Kleriker namens John Newton: Er war selbst Kapitän eines Sklavenschiffes gewesen und wusste wovon er sprach. Aber letztlich konnte nur das Parlament den Sklavenhandel abschaffen. William Wilberforce, Abgeordneter Hulls, ein evangelikaler Protestant und guter Freund von Premierminister William Pitt, brachte sein ganzes Leben damit zu, Gesetzesanträge gegen den Sklavenhandel einzubringen und er lebte gerade lange genug, um die Abschaffung der Sklaverei im ganzen britischen Imperium 1833 zu erleben.

Warum Britannien?

Keiner zu dieser Zeit sprach von der »Industriellen Revolution«, aber die Leute spürten, dass sich die Dinge veränderten, und zwar schnell veränderten. Künstler malten Bilder von den neuen Industriestädten und von den Menschen, die man dort antraf, wie Anthropologen, die über einen neuen Stamm stolpern. Und zweifelsohne machten all diese industriellen Aktivitäten bestimmte Teile des Landes und bestimmte Leute extrem reich. Jeder kaufte britische Waren, sogar Napoleon. Als er in Russland einmarschierte, waren die Mäntel seiner Soldaten in England hergestellt. Aber was war so besonders an Britannien?

Dass Britannien eine Insel war, half. Keine ausländischen Armeen marschierten durch die Gegend, was immer schlecht fürs Geschäft ist, und die Existenz vieler Flüsse und Häfen und Kanäle bedeutete, dass es leicht war, all diese Industriegüter zu den Leuten zu bringen, die sie haben wollten. Viel Eisen und Kohle war auch verfügbar. Britannien half auch, dass all diese Lords und Adligen sich nicht zu fein dafür waren, sich einzumischen und die Hände schmutzig zu machen. Aber was auch immer der Grund war, die Industrielle Revolution begann in Britannien, und Britannien – und die Welt – würden nie wieder so sein wie zuvor.

Kinder der Revolution

In diesem Kapitel

17

▶ Wird erklärt, was »Revolution« im Zeitalter der Revolutionen bedeutete

▶ Verstehen Sie, warum ein Bürgerkrieg im britischen Imperium in Nordamerika ausbrach – und warum er in anderen Büchern nicht so genannt wird

▶ Wird herausgearbeitet, warum die Briten die Französische Revolution – zunächst – begrüßten

▶ Verstehen Sie, warum die Briten so lange gegen Napoleon kämpften

▶ Entdecken Sie, wie die Briten sich davor fürchteten – und hofften – als Nächste mit einer Revolution an der Reihe zu sein und was sie stattdessen bekamen

*I*rgendwann in der zweiten Hälfte des 18. Jahrhunderts, packen Historiker ihre Lineale aus und ziehen Trennlinien: Das moderne Zeitalter beginnt hier. Sie tun es hauptsächlich wegen der großen Veränderungen, die sich in der Politik, der Wirtschaft und der Gesellschaft zu dieser Zeit ereigneten, die gewöhnlich »Revolutionen« genannt wurden: Die Amerikanische Revolution, die Französische Revolution und die Industrielle Revolution.

Dieses Kapitel untersucht, wie diese großen Ereignisse Britannien berührten. Wie kam es dazu, dass die Briten einen langen und erbitterten Krieg gegen ihre eigenen Kolonialisten in Amerika führten und wie verkrafteten sie es, ihn zu verlieren? Warum hielten die Briten es für erforderlich, erneut gegen die Franzosen zu kämpfen, wenn die Franzosen doch offensichtlich in der Lage waren, sich selbst zu bekämpfen? Bedenken Sie, dass dies die Zeit war, in der sich die ganze Lebensweise in Britannien veränderte, als die Leute begannen, in Fabriken und Manufakturen zu arbeiten und vom Land in die Städte zogen. (Um mehr darüber zu erfahren, wie Britannien die erste moderne Wirtschaftsmacht der Welt wurde, siehe Kapitel 16.) Viele glaubten, dass nach Amerika und Frankreich die Briten als Nächstes mit einer Revolution an der Reihe seien. Was sie stattdessen bekamen, war eine Parlamentsreform, aber auf ihre Weise war das auch eine Art Revolution.

Revolutionen: Eine ganze oder eine halbe Umdrehung?

Genau genommen entspricht eine Revolution der vollständigen Umdrehung eines Rades. Sie endet dort, wo sie angefangen hat. Und so verwendeten die Briten den Begriff im 18. Jahrhundert. Wenn sie von »der Revolution« sprachen, dann meinten sie die *Glorious Revolution* von 1688, die das Rad ganz zurückgedreht hatte zu den Freiheiten, von denen sie glaubten, dass die

Engländer sie zu Zeiten der Angelsachsen genossen hätten (zur Glorreichen Revolution siehe Kapitel 15, zu den Angelsachsen Kapitel 5). Die Amerikaner meinten mehr oder weniger das Gleiche, wenn sie von ihrer »Revolution« sprachen, nur diesmal meinten sie die Wiedererlangung der Freiheiten, die sie genossen hatten, bevor Georg III. anfing sich einzumischen.

Als die Franzosen König Ludwig XVI. ein paar Jahre später stürzten, war es sehr schnell klar, dass ihre Revolution von anderer Art war. Die Franzosen hatten nicht die Absicht, irgendetwas wiederherzustellen; in der Französischen Revolution ging es mehr darum, die Dinge auf den Kopf zu stellen, sodass die, die unter dem alten Regime am unteren Ende der Gesellschaft waren, nun an der Spitze waren – genau genommen eine halbe Umdrehung.

Ein britischer Bürgerkrieg in Amerika

Verabschieden Sie sich zunächst von der Idee, dass der Amerikanische Unabhängigkeitskrieg (engl. *American Revolutionary War*) ein Krieg zwischen »Amerikanern« und »Briten« war. Die Amerikaner des 18. Jahrhunderts betrachteten sich ganz und gar als Briten und die dreizehn Kolonien als eine Erweiterung Englands. Die Erklärung der Unabhängigkeit 1776 war daher eine wirkliche Wende. Während des ganzen Krieges betrachteten sich viele »Amerikaner« immer noch als Briten, während in Britannien viele Leute zutiefst unglücklich darüber waren, gegen »englische Mitbürger« in den Krieg zu ziehen. Wie kam es dazu, dass die Situation so schiefgelaufen war?

 Wenn Sie den patriotischen amerikanischen Blickwinkel dazu haben wollen, so finden Sie viele Filme (*Revolution* mit Al Pacino und *Der Patriot* mit Mel Gibson, um nur zwei Beispiele zu nennen), die die Amerikaner als beherzt, friedliebend und heroisch darstellen, während die Briten kaum besser dastehen als Nazis mit roten Armbinden. Wenn Sie Geschichte so mögen, halten Sie sich an die Filme; die Wahrheit ist ein bisschen komplizierter.

Der Pontiac-Aufstand 1763

Pontiac, Häuptling der Ottawa, vereinigte die indianischen Stämme und versuchte die Briten aus Amerika zu vertreiben. Er eroberte nahezu jedes wichtige britische Fort und jede Siedlung im Westen außer Detroit und Pittsburgh. Er belagerte sogar diese, aber ohne Artillerie musste er sich zurückziehen und die Briten übernahmen erneut die Kontrolle. Aber seine Handlungen verängstigten die Briten (und die Kolonialisten) und keiner konnte sich sicher sein, dass die Indianer sich nicht erheben würden.

Wie die Schwierigkeiten begannen

Das Ende des Siebenjährigen Krieges 1763 war der Beginn der Schwierigkeiten in Amerika. Für die Briten war dieses Ereignis eine Sternstunde – sie hatten die Franzosen auf drei Kontinenten vernichtend geschlagen und am Ende die Kontrolle über einen großen Teil Indiens und Nordamerikas erlangt. Aber als die Feierlichkeiten abklangen, blieb die belanglose Frage, wie man dieses Imperium verteidigt und bezahlt.

Wie alle Regierungen nach einem großen Krieg, suchte London nach Möglichkeiten zu sparen, und die amerikanischen Kolonialisten zu bitten, einen Teil der Kosten dessen zu tragen, was schließlich ihrer eigenen Verteidigung diente, erschien vertretbar. Das Problem war nur, wie.

✔ **Zuckersteuer** (oder um genau zu sein, Molasse). Versucht: 1764

   Zucker war *der* große Geldbringer dieses Zeitalters, aber die Regierung erhielt herzlich wenig Staatseinnahmen dadurch, weil er so leicht zu schmuggeln war. Tatsächlich senkte die Regierung den Zoll auf Molasse, wollte ihn diesmal jedoch wirklich eintreiben. Das ist der Grund, warum die Kolonialisten sich darüber beklagten.

✔ **Eine Stempelsteuer (»Stamp Act«)** (eine Abgabe auf offizielle Schriftstücke, Zeitungen, Kartenspiele und andere Druckerzeugnisse). Versucht: 1765.

   Die Briten waren an Stempelsteuern gewöhnt, aber in Amerika war die Idee neu. Folglich kam es zu massiven Protesten, und ich meine massiven, nicht nur gegen die Steuer, sondern auch gegen die Vorstellung, dass das Parlament überhaupt das Recht besaß, Amerika zu besteuern. Das Ergebnis? Das Stempelgesetz wurde aufgehoben – aber die Regierung verabschiedete auch ein Feststellungsgesetz, das im Kern besagte: »Nur weil wir euch in dieser Frage nachgeben, braucht ihr nicht zu denken, dass wir euch nicht wie es uns gefällt besteuern können, verstanden Kamerad?«

✔ **Besteuerung anderer Güter** (wie Papier, Glas, Farbe und Tee). Versucht: 1767.

   Es handelte sich hierbei um die Townshend-Steuern, benannt nach dem Minister, der sie einführte. Keiner bestritt, dass das Parlament den Handel regulieren durfte, aber die Amerikaner argumentierten, dass diese Zölle nichts mit Handel zu tun hätten, sondern es nur darum ging, die Befugnisse des Parlaments über sie geltend zu machen. Ergebnis? Die Ereignisse wendeten sich zum Schlechteren.

Keine Besteuerung ohne Vertretung

»Keine Besteuerung ohne Vertretung« (engl. *no taxation without representation*) war die Vorstellung, angeblich der Magna Charta, dass die Erhebung von Steuern ohne Zustimmung der Bürger durch ihre Repräsentanten Diebstahl sei. Die Amerikaner verwendeten dieses Argument als Begründung zur Ablehnung des Stempelgesetzes, weil es keine amerikanischen Abgeordneten in Westminster gab. Natürlich können Sie der Meinung sein, dass Besteuerung mit oder ohne Zustimmung Diebstahl ist.

Es wird unangenehm: Von Boston nach Concord

1770 waren die Briten schließlich in einer sehr schwierigen Lage. Sie hatten bei dem Stempelgesetz nachgegeben und nun hoben sie alle Townshend-Zölle auf – außer den auf Tee. Nun, irgendwie mussten sie ihr Gesicht wahren. Aber es durfte auch nicht so aussehen, als ob sie der

Gewalt nachgaben. Die Kolonisten hatten verschiedene gewalttätige Angriffe auf die Stempel-gesetz-Beamten durchgeführt und 1770 feuerten Regierungstruppen in Boston auf einen Mob, der einen Wachmann angegriffen hatte – das »Massaker von Boston« (*Boston Massacre*). Zwei Jahre später griffen Kolonisten einen britischen Zollkutter, die *Gaspée*, an und brannten ihn nieder. 1773 waren die Schiffe an der Reihe, die Tee in den Bostoner Hafen brachten und in die berühmteste Teeparty der Geschichte hineinsegelten. Eine Gruppe von Bewohnern Bostons, die sich andeutungsweise als Mohawk-Indianer verkleidet hatten, überfielen die Schiffe und schütteten den Tee in den Bostoner Hafen. Dadurch machten sie den Tee, wie Mr. Banks in dem Film *Mary Poppins*, es ausdrückte, ungenießbar. Selbst für Amerikaner.

Die Boston Tea Party

Die Boston Tea Party hatte sehr wenig mit der Teesteuer zu tun. Die britische Ostindien-Kompanie war tief in den roten Zahlen, sodass London ihr eine Sondergenehmigung erteilt hatte, eine Lieferung indischen Tees direkt nach Boston bringen zu dürfen, ohne über England fahren zu müssen. Dies machte den Tee *billiger*, nicht teurer, aber die lokalen Händler wollten nicht, dass ihre Preise unterboten wurden, also arrangierten sie den berühmten Überfall. Die Boston Tea Party wirkte sehr symbolisch und patriotisch, aber tatsächlich ging es einzig und allein um Profite.

Die anderen Kolonien waren der Auffassung, dass die Leute von Boston zu weit gegangen waren, aber dann wandten sich die Briten gegen Boston, schlossen den Hafen und zwangen Massachusetts die direkte Herrschaft auf. Nun sorgten sich die anderen Kolonien, dass das, was heute Boston widerfuhr, ihnen morgen passieren könnte. Sie entschieden sich, sich auf die Seite Bostons zu stellen. Als dann der britische Kommandeur in Boston von einem Waffenlager im nahe gelegenen Concord Wind bekam und entschied, eine Vernichtungsmission auszuschicken, fand er die örtlichen Bewohner kampfbereit – auf der Dorfwiese in Lexington. Irgendjemand – wir wissen nicht wer – gab einen Schuss ab. Und dieser Schuss löste den Krieg aus.

Die Briten erreichten Concord und zerstörten den geheimen Waffenvorrat, aber sie wurden auf dem Rückweg erwischt und durch akkurat abgegebene amerikanische Schüsse aus dem Hinterhalt dezimiert. Als sie nach Boston zurückgekehrt waren, wussten die Briten, dass sie in einen Krieg verwickelt waren und dass der Kampf nicht leicht werden würde.

Erklärung der Unabhängigkeit

Nachdem das Kämpfen begonnen hatte, trafen sich die Amerikaner zu einem Kongress in Philadelphia, stellten eine Kontinentalarmee unter George Washington auf und starteten prompt eine erfolglose Invasion Kanadas. Genau in diesem Moment als die Emotionen hochschlugen und beide Seiten entsetzt waren über das Blutvergießen, betrat Tom Paine (ein britischer Philosoph und Autor) die Szene mit einem der einflussreichsten Schriftstücke der Geschichte. *Common Sense* (dt. Gesunder Menschenverstand) betitelt, wies Paines Schrift darauf hin, dass es, statt krampfhaft zu versuchen herauszuarbeiten, was der König und was das Parlament dürfe, sinnvoller sei, einfach die Unabhängigkeit zu erklären. Und am 4. Juli 1776 tat der Kongress genau das.

Die Unabhängigkeitserklärung gab ziemlich klar Georg III. die Schuld für all den Ärger, nicht weil er tatsächlich die Führung in der amerikanischen Affäre übernommen hatte (das hatte er nicht), sondern weil »unabhängig« bedeutete, unabhängig vom König zu sein. Die Erklärung der Unabhängigkeit war jedoch eine Sache; die Unabhängigkeit zu gewinnen eine ganz andere. Die Briten hatten eine riesige Armee und sie waren darauf vorbereitet, sie einzusetzen.

Tom Paine

Tom Paine ist zu einer Art Held zweier Kontinente geworden, auch wenn er nicht allgemein als solcher zu Lebzeiten angesehen wurde. Er war Korsettmacher von Beruf und seine Feinde stellten sicher, dass er dies nicht vergaß. Er kam aus Norfolk, doch 1774 setzte er die Segel Richtung Amerika, wo er *Common Sense* (dt. »Gesunder Menschenverstand«) schrieb und in der amerikanischen Armee gegen den König kämpfte. Als die Französische Revolution ausbrach, wurde Paine in die Französische Nationalversammlung gewählt, das revolutionäre »Parlament«, aber er geriet in Konflikt mit den Jakobinern, der extremistischen Partei, weil er gegen die Hinrichtung von Ludwig XVI. gestimmt hatte, und er hatte Glück, mit seinem Leben davonzukommen. Er kehrte nach Amerika zurück, wo ihm stets Wertschätzung entgegengebracht wurde und wo er 1802 starb. Seine Feinde hielten ihn für kaum besser als den Antichrist; in jüngerer Zeit wurde er als wahrer Radikaler anerkannt, und als einer der wichtigsten politischen Schriftsteller und Denker, die England hervorgebracht hat.

Der Kampf beginnt

Die Leute glaubten oftmals, dass die Amerikaner gewinnen mussten, aber damals sah es gar nicht danach aus. Die Amerikaner waren dreizehn separate Kolonien, die bekannt dafür waren, sich auf gar nichts einigen zu können, außer welchen Tag der Woche sie hatten. Sie hatten keine professionellen Soldaten, keine Alliierten, keine Marine und ihr Oberbefehlshaber, George Washington, hatte nie zuvor einen militärischen Posten bekleidet, der höher als der eines untergeordneten Rangs in der Miliz Virginias war. Die Amerikaner hatten es mit einer großen und professionellen britischen Armee zu tun, die von einer großen Zahl deutscher Truppen aus Hessen verstärkt wurde. Die Briten hatten den Siebenjährigenkrieg – den ersten Weltkrieg in der Geschichte – einschließlich des Sieges in Nordamerika gewonnen. Kein Buchmacher im 18. Jahrhundert hätte Wetten auf einen amerikanischen Sieg angeboten und im ersten Jahr der Kämpfe sah es so aus, als wäre es weise von ihnen gewesen, dies nicht zu tun. Im Folgenden finden Sie die Höhepunkte des Krieges:

✔ **1776: Die Briten nehmen New York ein.** Der britische General Howe startet einen groß angelegten Angriff vom Meer her, der Washington völlig unvorbereitet trifft. New York bleibt bis zum Ende des Krieges in britischer Hand.

✔ **1777: Die Briten kapitulieren bei Saratoga.** Der britische General Burgoyne startet einen riesigen dreizackigen Angriff, um die Vereinigten Staaten in zwei Teile zu trennen. Howe besiegt Washington erneut, aber Burgoyne wird abgeschnitten und ist gezwungen bei Saratoga zu kapitulieren dank einer rasanten Aktion des amerikanischen Generals Benedict Arnold.

✔ **1778: Die Franzosen treten ein.** Die britische Kapitulation bei Saratoga ermutigt die Franzosen, den Briten den Krieg zu erklären, weil es so aussieht, als ob sie diesmal auf der Seite der Gewinner sein könnten. Die Briten verlassen Philadelphia. Kann man ihnen das verübeln?

✔ **1779: Die Briten erobern Savannah** und schlagen die französischen und amerikanischen Gegenangriffe zurück.

✔ **1780: Die Briten landen im Süden,** erobern Charleston und kreisen US-General Gates ein, den der Kongress in den Süden entsandt hatte, um genau dies zu verhindern.

Zu diesem Zeitpunkt wurde Benedict Arnold, der bis dahin mit Abstand der erfolgreichste amerikanische Befehlshaber war, zu einem Verräter, der den Briten beinahe den ganzen Staat von New York übergeben hätte. Wenn dies passiert wäre, hätten die Briten den Krieg gar nicht mehr verlieren können.

Aber er kam nicht dazu. Sein britischer Kontaktmann, Hauptmann John André, wurde gefangen genommen, in Zivil, hinter den amerikanischen Linien und mit Plänen von Fort West Point in den Stiefeln. Arnold flog auf und floh hinter die britischen Linien; André wurde gehängt. Amerikas Unabhängigkeitskrieg konnte fortgesetzt werden.

George Washington

Vielleicht halten Sie diese Sicht der Ereignisse Washington gegenüber für etwas unfair. Wo bleibt seine berühmte Überquerung des Delaware und sein Sieg bei Trenton? Naja, er startete Weihnachten 1776 eine mutige Attacke bei Trenton, New Jersey, nachdem er den Fluss Delaware überquert hatte (allerdings mit an Sicherheit grenzender Wahrscheinlichkeit nicht aufrecht in einem Boot stehend, wie Sie ihn auf dem berühmten Gemälde sehen, zumindest nicht, wenn er halbwegs bei Verstand war). Und es bleibt die Tatsache, dass, trotz dieses unzweifelhaften Erfolges, Washington sehr viel erfolgreicher als Organisator seiner Armee, denn als Befehlshaber im Felde war. Er wurde sehr viel öfter geschlagen, als er gewann; der britische General Howe hingegen verlor nie eine Schlacht. Washingtons größte Leistung war es, die amerikanische Armee zusammengehalten zu haben, vor allem durch den berüchtigten Winter von 1778, als er in Valley Forge, Pennsylvania, lagerte und seine Leute unnachgiebig in Form brachte, bis die Briten sich schließlich übernommen hatten.

Revolution oder Unabhängigkeitskrieg?

Die korrekteste Bezeichnung für das, was zwischen England und seinen Kolonien in Amerika passierte, ist *Bürgerkrieg*, aber diese Sichtweise war stets eher eine britische denn eine amerikanische gewesen. Es widerspricht dem patriotischen Ehrgefühl zu sagen, dass nicht jeder auf die Unabhängigkeit erpicht war (Alistair Cooke wies einmal darauf hin, dass die Leute, die heutzutage der Revolution gedenken, wahrscheinlich auf die Seite der Briten gewesen wären). Für Amerikaner handelt es sich bei dem Konflikt seit Langem um eine *Revolution* oder den *Revolutionskrieg*. In Großbritannien sprach man bis vor Kurzem allgemein vom *Amerikanischen Unabhängigkeitskrieg*.

Diese Bezeichnungen sind nicht nur eine Frage der Semantik: Sie enthalten auch wichtige Unterschiede in der Interpretation. Für die Amerikaner war der Sturz des Königs und die Errichtung einer unabhängigen Republik eine Revolution, sowohl im modernen Sinne als auch in dem älteren Sinne der Rückkehr zu einem Zustand der Freiheit, den man verloren hatte. Britische Historiker hingegen waren weniger überzeugt. Verglichen mit genuin revolutionären Bewegungen wie der Französischen oder der Russischen Revolution, erschien die amerikanische Erfahrung reichlich zahm: Keine Säuberungen, kein Terror, keine Massaker oder Diktatur. Obwohl der Begriff »Amerikanische Revolution« heutzutage in britischen Schulbüchern gebräuchlicher ist, hat sich die grundlegende Sicht des Krieges der Briten nicht verändert.

Schluss machen: Die Welt auf den Kopf gestellt

Dem britischen Angriff im Süden ging die Luft aus als Washington seine Truppen neu formierte, und schließlich fand sich der britische General Cornwallis 1781 gefangen zwischen Washingtons Armee und der französischen Flotte auf der Halbinsel Yorktown. Er kapitulierte. Seine Musiker spielten ein Lied, das »The World Turned Upside Down« hieß, weil in einer Welt, in der die Kolonisten ihre Herren schlagen konnten (und die Franzosen die Briten besiegen konnten!), dies der Fall zu sein schien.

Die Französische Revolution

Im Jahr 1789 trafen unerwartete und aufregende Nachrichten aus Frankreich ein. Die Menschen von Paris hatten sich erhoben und die Bastille gestürmt. Dieses Ereignis entsprach dem Fall der Berliner Mauer exakt 200 Jahre später. Die Bastille war eine düstere Festung und ein Gefängnis, das der weitverbreiteten Meinung zufolge voller unschuldiger Opfer eines grausamen und repressiven Regimes war. Tatsächlich saßen in der Bastille nur sieben Gefangene ein als sie fiel, aber, hey, spüren Sie die Symbolkraft.

Die Franzosen erklärten die *Menschenrechte* und errichteten eine konstitutionelle Monarchie, der britischen nicht unähnlich, um dann herauszufinden, dass man Regierungsformen nicht einfach wie Tuch oder Brandwein importieren kann. Einige Anführer wollten keine Monarchie, weder eine konstitutionelle noch sonst eine: Sie wollten eine Republik und 1792 bekamen sie genau die.

Die Kurzfassung

Da die Französische Revolution tief greifende Auswirkungen auf die Ereignisse auf der anderen Seite des Ärmelkanals hatte, hier ein kurzer Überblick (und falls diese sie neugierig auf die vollständige Darstellung der Ereignisse macht, lesen Sie _European History for Dummies_).

Phase 1: Aufstände 1789-1791

Im Jahr 1789 war die französische Monarchie unter dem gütigen, aber unfähigen König Ludwig XVI. bankrott. In dem Versuch, Geld aufzutreiben, rief Ludwig das alte Parlament Frankreichs, die Generalstände, nach Versailles ein. Als die Generalstände tagten, wollten die Abgeordneten sehr viel weitreichendere Veränderungen. Als der König sich weigerte mitzuspielen, erklärten sich die Deputierten zur das Volk repräsentierenden Nationalversammlung. In Paris nutzten die Menschen die Gelegenheit, um das Symbol königlicher Macht, die Bastille, zu stürmen. Die Nationalversammlung gab die _Erklärung der Menschen- und Bürgerrechte_ heraus und errichtete eine konstitutionelle Monarchie mit Ludwig XVI. an der Spitze, der nach den Regeln herrschen sollte. Theoretisch.

Phase 2: Republik und Schrecken 1792-1794

Ludwig XVI. kooperierte nicht lange und floh 1791. Er versuchte die österreichische Grenze zu erreichen, um eine österreichische Armee nach Frankreich zu führen. Unglücklicherweise (für ihn), wurde er gefasst, angeklagt und guillotiniert. Frankreich wurde eine Republik und zog umgehend gegen seine Nachbarn in den Krieg. Der Krieg lies sich schlecht an, sodass die Radikalen unter der Führung von Maximilien Robespierre und den Jakobinern die Schreckensherrschaft ausriefen und alle »Verdächtigen« aufgrund fadenscheinigster Beweise auf die Guillotine schickten.

Phase 3: Krieg 1794-1799

Robespierres Feinde entschieden 1794, dass es genug Tote gegeben hatte – vor allem weil sie als Nächstes an der Reihe gewesen wären – und ließen ihn einsperren und selbst guillotinieren. Der Krieg ging weiter, doch die Neuigkeiten waren im Allgemeinen gut für die Franzosen dank eines begabten neuen Befehlshabers, General Bonaparte. 1799 kehrte Bonaparte von einem erfolglosen Feldzug in Ägypten zurück, um die Macht in Frankreich zu ergreifen.

Hört sich gut an ... denken wir

Zunächst mochten die Briten, was sie aus Frankreich hörten. Der Führer der Whigs (und Kapitel 15 sagt Ihnen, wer die Whigs waren), Charles James Fox, beschrieb die Französische Revolution als das größte Ereignis der Geschichte. Einer der engsten Freunde von Fox, Edmund Burke (ein weiterer Whig-Politiker), widersprach. Sein Buch *Reflections on the Revolution in France* (dt. »Betrachtungen über die Revolution in Frankreich«) verurteilte die Revolution und sagte, sie würde zu Anarchie und einer Militärdiktatur führen. Aber keiner hörte wirklich auf Burke – seine eigenen Freunde dachten, er sei verrückt geworden. Bis die Ereignisse dazu führten, dass sie ihre Meinung änderten:

✔ **Massenmorde in Paris:** Innerhalb eines Monats, nachdem sie an die Macht gekommen war, hatte die neue französische Republik ein umfassendes Massaker an den Menschen organisiert, die in allen Gefängnissen von Paris einsaßen.

✔ **Die Franzosen marschieren in Belgien ein:** (Offiziell handelte es sich um die österreichischen Niederlande, aber jeder nannte den Landstrich Belgien.) Belgiens Häfen waren ein perfekter Ausgangspunkt für eine Invasion Englands und Antwerpen war ein so starker potentieller Rivale Londons, dass er bereits Jahre zuvor für den Handel geschlossen worden war. Nun öffneten die Franzosen Antwerpen wieder.

✔ **Die Franzosen exekutierten König Ludwig XVI.:** Die Briten dachten zwar, dass Ludwig XVI. sich um Kopf und Kragen geredet hatte, aber sie wollten nicht, dass er geköpft wurde. Eine große Welle der Sympathie wurde ihm entgegengebracht und ein lebhafter Handel mit sentimentalen Drucken von seinen letzten Momenten entwickelte sich.

✔ **Das Edikt der Brüderlichkeit:** Die französischen Revolutionsführer verabschiedeten ein Dekret, wonach sie allen Völkern, die nach Freiheit von Unterdrückung strebten, helfen würden. Die britische Regierung vermutete, dass sie Irland im Sinn hatten und sie hatte recht.

Das bedeutet Krieg! Schon wieder Britannien gegen Frankreich

1793 erklärten die Franzosen Britannien den Krieg, jedoch hatten die Briten ohnehin vorgehabt, ihnen den Krieg zu erklären. Die Regierung stand unter der Führung von William Pitt dem Jüngeren, und obwohl der Krieg alle seine sorgfältigen Pläne, mit denen er die Wirtschaft wieder in die schwarzen Zahlen bringen wollte, zunichte machte, begrüßte er ihn mit grimmiger Genugtuung. Die Whigs, angeführt von Charles James Fox, waren empört und beschuldigten Pitt der Führung eines illegalen ideologischen Krieges – das heißt eines Krieges gegen eine Idee statt gegen eine spezifische Bedrohung. Als die Franzosen jedoch stärker und bedrohlicher wurden, begannen mehr und mehr Menschen, Pitt und den Krieg zu unterstützen.

Die britischen Landungen auf dem Kontinent waren so verheerend, dass ein Kinderlied, *The Grand Old Duke of York*, an sie erinnert (Sie verstehen – den Berg hoch und wieder runter ohne eine Vorstellung davon, wohin sie gingen und was sie taten). Sehr viel effektiver war die dichte Seeblockade, die die Briten über die französische Küste verhängten und die den französischen Handel ernsthaft unterbrach. Die Straßen waren zu dieser Zeit so schlecht, dass ein Großteil des internen Handels entlang der Küste transportiert wurde, sodass eine Seeblockade ein beträchtliches Ärgernis war.

Den Franzosen gelang es, ihre anderen Feinde an Land zu besiegen, während die Briten das Beste aus ihren eigenen Siegen auf See machten, und um 1795 waren beide Seiten so erschöpft, dass sie beinahe – aber eben nur beinahe – Frieden schlossen. 1796 versuchten die Franzosen in Irland zu landen, was vielleicht geklappt hätte, wenn die Landung nicht von schlechtem Wetter durchkreuzt worden wäre. Als die Iren ihre eigene Revolte zwei Jahre später anzettelten, waren die Briten darauf vorbereitet. (Sie können alle schmutzigen Details in Kapitel 14 lesen.)

Wegen Redefreiheit mundtot gemacht: Die Einschränkung der Freiheiten

Premierminister Pitt machte sich genauso viel Sorgen um die Feinde zu Hause wie um die Franzosen. Er brachte Gesetze zur Beschränkung der Redefreiheit ein und jeder, der Veränderungen des politischen Systems forderte, riskierte, des Hochverrats angeklagt zu werden. Nebenbei bemerkt, war es müßig, Pitt daran zu erinnern, dass er selbst nur wenige Jahre zuvor Änderungen befürwortet hatte. Das war damals, argumentierte er; man repariert kein Haus in einem Wirbelsturm.

Das Parlament war der einzige Ort, wo man gefahrlos alles, was man gegen die Regierung sagen wollte, sagen konnte, weil man dort für etwas, das man sagte, nicht inhaftiert werden konnte (auch wenn manche Leute meinten, man sollte es). Aber alles war noch nicht verloren. Als 1797 ein großer Prozess gegen Radikale stattfand, wurden sie von den Geschworenen für nicht schuldig befunden. So viel Glück hatte Tom Paine nicht: Er hatte ein Buch mit dem Titel *The Rights of Man* (dt. »Die Menschenrechte«) geschrieben als Erwiderung auf Edmund Burkes antirevolutionäre *Betrachtungen über die Revolution in Frankreich* (siehe den früheren Abschnitt »Hört sich gut an … denken wir«). Er floh nach Frankreich und wurde in Abwesenheit des Hochverrats für schuldig befunden. (Mehr zu Tom Paine und warum er so wichtig war, finden Sie in dem Kasten etwas früher in diesem Kapitel.)

Pitt der Jüngere – der Wunderknabe

William Pitt der Jüngere war der Sohn von William Pitt dem Älteren (später Earl of Chatham), der auf Frankreichs Kosten während des Siebenjährigen Krieges (1756–1763) ein riesiges Imperium gewann (mehr zu der älteren Hälfte dieser bemerkenswerten politischen Familie siehe Kapitel 14). Pitt der Jüngere war eine Art Wunderknabe, der mit 14 Jahren in Cambridge studierte, mit höchster Auszeichnung in zwei Fächern sein Studium abschloss und dann – dank Georg III. – mit 24 Jahren Premierminister wurde. Kaum überraschend war Pitt der Jüngere dem König gegenüber äußerst loyal.

Nicht zufrieden damit, die Freiheiten zu suspendieren, um deren Erhaltung er hätte kämpfen sollen, verabschiedete Pitt auch noch die Versammlungsgesetze (engl. *Combination Laws*), die jede Art von Versammlungen und Zusammenschlüssen (Gewerkschaften) illegal machten. Fortan riskierten alle Arbeiter, die sich über ihre Löhne oder Arbeitsbedingungen beklagten, ins Gefängnis geschickt zu werden. Kein Wunder, dass einige Arbeiter erklärten, sie sympathisierten mit den Franzosen. (Siehe Kapitel 16, um zu erfahren, warum Arbeiter Grund zur Klage hatten.)

Das Leben in Nelsons Marine

Für eine Nation, die sich seiner Seemacht rühmte, schienen die Briten sich erstaunlich wenig um ihre Seeleute zu kümmern. Die harten Bedingungen an Bord der Schiffe Seiner Majestät waren berüchtigt für das schlechte Essen und die verspätete Entlohnung bis zu den Auspeitschungen mit der Neunschwänzigen Katze – einer Lederpeitsche mit neun Strängen, die oft auch noch mit eisernen Spitzen versehen waren – auf den nackten Rücken. Vergessen Sie die Meuterei auf der *Bounty* – 1797 meuterte die ganze Flotte gegen ihre Bedingungen. Allerdings kann keine Kriegsflotte Schlachten durch die Terrorisierung ihrer eigenen Männer gewinnen und in jüngerer Zeit haben Historiker darauf hingewiesen, dass, obwohl die Bedingungen uns heute schockieren mögen, sie oftmals sehr viel besser als an Land waren – es gab regelmäßig Nahrung, die Bezahlung war angemessen und die meisten Kapitäne waren keinesfalls so wie Kapitän Blight. Nelson selbst wurde allgemein dafür bewundert, wie gut er sich um seine Männer kümmerte und sie kämpften umso besser unter ihm.

Sich um Schlachten schlagen: Nelson

Da die Briten dringend eine Erfolgsgeschichte brauchten, schlachteten sie die Nelson-Geschichte so gut es ging aus und machten ihn zum ersten Medienkriegshelden. Verstehen Sie mich nicht falsch: Nelson war zweifellos ein sehr guter Kommandant, und er hatte sehr, sehr viel Glück – was kein Fehler ist (fragen Sie Napoleon, der das Glück seiner Kommandanten höher bewertete als ihre tatsächlichen militärischen Fähigkeiten), – aber er war nicht wirklich ein gutes Vorbild für künftige junge Offiziere. Eine seiner berühmtesten Aktionen war es, sich sein Teleskop gezielt an sein blindes Auge zu halten, damit er das Signal von seinem Vorgesetzten nicht »sehen« konnte, der ihm mitteilte die Schlacht abzubrechen. Für jeden anderen hätte dies das Kriegsgericht bedeutet. Nelson vernachlässigte oft seine Pflichten, um Zeit mit seiner Mätresse, Emma Hamilton, zu verbringen (mit der er eine kuriose *ménage à trois* zusammen mit ihrem Ehemann, dem britischen Botschafter in Neapel, unterhielt).

Wenn Sie so eine Art von Offizier sind, sollten Sie besser siegen (die Briten erschossen Admiral John Byng 1757 dafür, dass er einer Schlacht, die er nicht gewinnen konnte, den Rücken zukehrte) und zum Glück für Nelson, tat er das:

✔ **1798:** Nelson zerstörte fast die ganze französische Flotte, die im Hafen von Abukir in Ägypten vor Anker lag (dieses Ereignis wurde bekannt als die Schlacht am Nil, was sich besser anhörte). Damit saßen Napoleon und seine Armee in Ägypten fest.

✔ **1801:** Nelson segelte in den Hafen von Kopenhagen, als es so aussah, als ob die Dänen in den Krieg eintreten würden, und zerstörte auch ihre Flotte (dort ereignete sich der Zwischenfall, bei dem er sich sein »blindes Auge« zuzog).

Die Briten begannen sich für ihren Schutz mehr auf Nelson als auf die königliche Marine selbst zu verlassen.

Britannien und Frankreich unterzeichneten einen Waffenstillstand 1802, aber keine Seite erwartete, dass er von Dauer sein würde und er war es auch nicht. 1804 begann der Krieg erneut und diesmal beabsichtigte Napoleon in Britannien einzumarschieren. Nelsons Aufgabe war es, ihn davon abzuhalten.

Tatsächlich hatte Napoleon seine Invasionspläne bereits aufgegeben aus Verzweiflung über das Zögern seiner Admiräle gegen die Briten anzutreten, als Nelson schließlich auf die vereinigte französische und spanische Flotte vor Kap Trafalgar 1805 traf. Die Briten durchbrachen die französische und spanische Schlachtlinie und zerstörten oder kaperten alle ihre Schiffe. Aber sie verloren Nelson, der von einer französischen Kugel erschossen wurde. Es könnte ein französischer Scharfschütze gewesen sein – Nelson war leicht zu erkennen, weil er sich weigerte all seine Medaillen abzudecken –, obwohl heutige Historiker es für unwahrscheinlich halten, dass irgendjemand ihn während einer Schlacht präzise hätte herauspicken können. Wie auch immer, Nelson hielt durch bis klar war, dass er einen großen Sieg errungen hatte, und starb dann. Obwohl Trafalgar Napoleons Seemacht zerstörte, waren die Briten so bestürzt über Nelsons Tod, dass sie seinen Sieg kaum zur Kenntnis nahmen. Wer sollte sie nun beschützen?

Napoleon versuchte Plan B. Er setzte seine Herrschaft über den Kontinent ein, um jeden europäischen Hafen für den britischen Handel zu sperren und das Land langsam in die Gefügigkeit zu hungern. Unglücklicherweise benötigte Europa britische Waren so dringend, dass immer wieder Lücken in Napoleons Handelsblockade auftauchten.

Bonapartes spanisches Magengeschwür: Der Krieg auf der iberischen Halbinsel

Britanniens Chance, Bonaparte an Land zu besiegen, kam 1807 mit einer Erhebung in Spanien und Portugal gegen die französische Herrschaft. Als es den Spaniern gelang, die französische Armee zu schlagen, entsendete London eine große Armee nach Portugal unter Sir Arthur Wellesley, der bald darauf Herzog von Wellington wurde.

Der Krieg zog sich von 1808 bis 1814 hin und zeitweise sah es so aus, als ob Wellington zum Rückzug gezwungen wurde. Aber in Wirklichkeit war sein Plan, die Franzosen nur zermürben (nicht umsonst sprach Napoleon von ihm als seinem »spanischen Magengeschwür«) und dringend benötigte französische Truppen in Spanien zu binden als Napoleon 1812 in Russland einmarschierte. Schließlich überquerte er selbst die Pyrenäen nach Frankreich.

Die große Ironie dieses Krieges (den die Spanier den _Spanischen Unabhängigkeitskrieg_ nennen und die Briten den _Peninsular War_ nach dem Ort, an dem er stattfand) war, dass es ein Krieg des spanischen und portugiesischen Volkes mit Unterstützung der Briten gegen eine von den Franzosen aufgezwungene Regierung war, die in ihrem Namen regieren sollte.

Die Schlacht bei Waterloo: Wellington bootet Napoleon aus

Napoleons großer Fehler war es, 1812 in Russland einzumarschieren. Er erholte sich nie mehr ganz von seinem vernichtenden Rückzug aus Moskau. 1814 hatten seine Feinde ihn bis nach Paris verfolgt und er musste abdanken. Während die Alliierten die diskreditierten Bourbonen-Könige Frankreichs wieder auf dem Thron einsetzten, wurde Napoleon selbst weggeschickt, um die kleine Insel Elba unmittelbar vor der italienischen Küste zu regieren. Innerhalb eines Jahres jedoch entkam er der nicht sehr strengen Bewachung unter der er stand und nahm in Frankreich wieder das Heft in die Hand. In der zutreffenden Erwartung, dass die Alliierten ihn nicht auf den Thron lassen würden, wenn sie es verhindern konnten, entschied er sich, zuerst Vergeltung zu üben, indem er die Truppen, die ihm am nächsten standen, angriff. Dies war zufällig eine gemischt britisch-belgische Armee – unter dem Kommando des Herzogs von Wellington. Sie trafen in der Nähe des kleinen Dorfes Waterloo aufeinander.

Die Schlacht bei Waterloo war eine der blutigsten Schlachten des gesamten Krieges. Die Franzosen stürzten sich einen ganzen Tag lang gegen die britischen Linien. Die Lage stand auf des Messers Schneide, ob es ihnen gelingen würde durchzubrechen oder nicht, als Wellingtons preußische Alliierte eintrafen und die Franzosen fliehen mussten.

Die Briten waren besessen von Waterloo – sie benannten Städte und Haltestellen danach und begingen den Waterloo-Tag, den 18. Juni jeden Jahres, bis zum Ersten Weltkrieg. Waterloo war eine gigantische Heldentat – die Briten waren die ersten, die Napoleons berühmte Alte Garde zur Umkehr und zur Flucht zwangen, und sie bereiteten Napoleons Karriere ein Ende. Der große Mann wurde auf einem britischen Schiff ins Exil auf eine entfernte britische Kolonie, St. Helena, gebracht, von der er nicht entfliehen konnte.

Eine britische Revolution?

Die Männer, die in Waterloo gekämpft hatten (siehe den vorherigen Abschnitt zu Details), kamen zurück in ein Land, das im Begriff schien, eine eigene Revolution zu starten. Die britische Industrie wuchs sehr schnell und dieses Wachstum war ein schmerzhafter Prozess. Facharbeiter, die durch die neuen Maschinen arbeitslos geworden waren, kämpften so gut sie konnten dagegen an, indem sie Fabriken angriffen und Maschinen zerstörten. Um diese Ludditen (für mehr zu diesen Männern und was sie antrieb, siehe Kapitel 16) unter Kontrolle zu bekommen, musste die Regierung mehr Truppen entsenden, als Wellington mit nach Spanien genommen hatte. Fabriken bedeuteten lange Arbeitszeiten, niedrige Löhne und ein System, das sich kaum darum kümmerte, ob seine Arbeiter lebten oder starben. Und wenn man irgendetwas dagegen tun wollte, um die Lage zu ändern – keine Chance. Wegen der »Versammlungsgesetze« (*Combination Laws* – sie wurden in dem Abschnitt »Wegen Redefreiheit mundtot gemacht: Die Einschränkung der Freiheiten« erklärt) war es Arbeitern verboten, in Gruppen zusammenzukommen. Willkommen zu Hause, Jungs.

Und gerade als man dachte, dass die Lage nicht noch schlimmer werden könnte, wurde sie es. Die Regierung erhöhte die Preise für Nahrungsmittel.

Der Prinzregent

Der arme alte Georg III. wurde 1810 endgültig wahnsinnig und musste im Windsor Castle weggeschlossen werden, wo er weitere zehn Jahre herumhing. In der Zwischenzeit herrschte sein ältester Sohn Georg, der Prinz von Wales (auch »Prinny« genannt – aber nicht ins Gesicht), als Prinzregent. Prinny war fett, faul und völlig ichbezogen. Er und seine geckenhaften Freunde wie George »Beau« Brummell gaben ein Vermögen dafür aus, sich jede Nacht vollzufressen und besinnungslos zu trinken. Sie standen keinen Tag vor ein oder zwei Uhr am Nachmittag auf, um sich den Herausforderungen des Vormittags zu stellen. Ja, ich weiß, die Beschreibung klingt mehr nach dem Leben eines Studenten als nach dem eines Prinzregenten.

Prinny hatte die Idee, sich selbst einen kuppelförmigen Vergnügungspalast in Brighton bauen zu lassen, ein geschmackloses Stück Prahlerei, das nicht einmal entscheiden konnte, ob es chinesisch oder indisch sein sollte. Der *Regency-Stil* war sehr elegant – denken Sie an *Stolz und Vorurteil* und diese eleganten Nash-Terrassen in London – aber nichts war elegant an dem Mann, der diesem Stil seinen Namen gab.

Unzufriedenheit säen: Die Getreidegesetze

Der Anstieg der Nahrungsmittelpreise war auf die Getreidegesetze (engl. *Corn Laws*) zurückzuführen. Sie wurden so genannt, weil sie vorschrieben, wie viel Getreide in das Land importiert werden durfte, zu welchem Preis, wie hoch die Importzölle darauf waren und wie viel im Inland erzeugtes Getreide es geben durfte und zu welchem Preis – he, wachen Sie auf! Ja, ich weiß, all diese Getreidedetails hören sich noch weniger aufregend an als ein verregnetes Wochenende in Skegness, aber hinter all diesen ökonomischen Dingen steht eine ziemlich wichtige prinzipielle Frage: Sollten arme Leute sich Essen leisten können oder nicht?

Die Absicht, die hinter den Getreidegesetzen stand, war es, ausländisches Getreide aus dem Land fernzuhalten, um den Bauern zu helfen. Bedauerlicherweise bedeutete das Gesetz auch, dass die Landwirte und die Leute, die mit dem Getreide spekulierten, den Preis hochhalten konnten, um ihre Profite zu maximieren. Teures Getreide bedeutete hungrige Menschen und hungrige Menschen konnten Revolution bedeuten. Anzeichen dafür gab es bereits.

Hampden Clubs diskutieren Reformen, 1812

Die *Hampden Clubs*, benannt nach John Hampden, der im englischen Bürgerkrieg König Karl I. Widerstand geleistet hatte (in Kapitel 13 können Sie ihn richtig kennenlernen), waren radikale Diskussionsgruppen für Arbeiter, um über Reformen zu debattieren. Die Regierung nutzte diese Gruppen als Entschuldigung, um die richterliche Kontrolle über den Freiheitsentzug (engl. *habeas corpus*) zu suspendieren und öffentliche Treffen zu unterbinden.

Eines der wichtigsten Bürgerrechte, das aus den konstitutionellen Konflikten des 17. Jahrhunderts hervorgegangen war, war das *Habeas Corpus* (1679), das die Polizei oder die Regierung davon abhielt, Sie zu inhaftieren, nur weil ihnen Ihr Gesicht – oder Ihre Ansichten – nicht gefielen. Regierungen haben oftmals versucht, *Habeas Corpus* in Notzeiten zu suspendieren. Tony Blairs Gegner sagten, er versuche genau das mit seinen Sicherheitsgesetzesvorschlägen nach den Bombenanschlägen von London 2005 (siehe Kapitel 23).

Das Spa Fields Treffen, 1816

Dieses große öffentliche Treffen von Reformern in London erzeugte einen Aufruhr und die Menge plünderte das Geschäft eines Waffenschmiedes. Die Regierung fürchtete, dass dieses Ereignis Britanniens Sturm auf die Bastille hätte werden können.

Der Marsch der Blanketeers, 1817

Der Marsch der Blanketeers sollte ein großer Arbeitermarsch von Lancashire nach London werden (die *blankets* – auf Deutsch »Decken« – waren dazu da, um darin zu schlafen), um dem Parlament eine Reformpetition zu bringen. Die Armee stoppte den Marsch und inhaftierte die Anführer.

Die Pentrich-Erhebung, 1817

Bei diesem Ereignis handelte es sich um einen bewaffneten Aufstand der Männer eines kleinen Dorfes in Derbyshire mit dem Namen Pentrich. Unglücklicherweise für sie stellte sich der Organisator als ein Regierungsagent namens Oliver der Spion heraus, und der Anführer der Erhebung wurde gehängt.

»Peterloo« und die Six Acts, 1819

1819 fand ein riesiges Treffen von Menschen aus dem ganzen Nordwesten Englands in St. Peter's Fields in Manchester statt, um Reformen zu fordern. Die örtlichen Behörden bekamen Panik und schickten die Kavallerie der *Yeomanry* hinein, die mit Säbeln in die unbewaffnete Menge hineinritten. Über 400 Menschen wurden verletzt – und Sie sollten sehen, was Kavalleriesäbel anrichten können – und elf getötet. Einer der getöteten Männer hatte nur vier Jahre vorher für sein Land bei Waterloo gekämpft. Die Leute waren so angewidert davon, dass sie dem Zwischenfall den Spitznamen »Peterloo« gaben (das ist Ironie im Stil von 1819). Der Prinzregent auf der anderen Seite war erfreut und schickte eine Gratulationsbotschaft an die Kavallerie.

Die Regierung reagierte auf Peterloo mit der Einführung von sechs Knebelgesetzen zur Einschränkung der Redefreiheit, der Versammlungsfreiheit und zur Verteuerung von Zeitungen, und die den Behörden größere Freiheit zur Durchsuchung des Privatbesitzes gaben.

Cato-Street- Verschwörung, 1820

Die Cato-Street-Verschwörung war ein Komplott, bei dem alle Kabinettsmitglieder getötet werden sollten, als sie sich zum Essen hinsetzten. Der Plan wurde rechtzeitig aufgedeckt, weil einer der Verschwörer ein Regierungsagent war. Es hilft immer, einen verdeckten Agenten zu haben.

Was die Demonstranten wollten

Was forderten all diese Leute, die gegen das System protestierten? Nun, natürlich wollten sie Dinge wie bessere Löhne und einen Funken mehr Sicherheit am Arbeitsplatz, aber was sie vor allem forderten, ist in der Fachsprache bekannt als eine *Parlamentsreform*. Sie wollten nicht nur das Wahlrecht: Sie wollten eine Reform des gesamten parlamentarischen Systems.

Kleine Fischerdörfer in Cornwall: jeweils 2; große Industriestätten: keine

Als König Heinrich III. damals 1258 das erste Parlament einberief (Sie können alles darüber in Kapitel 9 nachlesen), sah die Landkarte Englands ein bisschen anders aus. Orte wie Manchester oder Birmingham waren kleine Dörfer; die großen Städte hatten Kathedralen oder sie waren Tuchhandelsstädte. Sie waren es auch, die Abgeordnete ins Parlament entsandten. Bis zum 19. Jahrhundert waren Birmingham und Manchester wichtige Industriezentren geworden und die Orte, die 1258 groß gewesen waren, waren nun kleine Marktstädte und Fischerdörfer in Cornwall. Die Größe der Städte und Dörfer machte aber keinen Unterschied: Jedes dieser kleinen Dörfer hatte immer noch je zwei Abgeordnete, während die großen Städte keinen einzigen hatten.

Kein Topf? Keine Stimme!

Signifikant war auch die kleine Frage, wer das Stimmrecht hatte. Abgesehen davon, dass Frauen nirgendwo das Wahlrecht hatten, waren die Regeln in jedem Wahlkreis unterschiedlich. Die Haupttypen von Wählern waren:

✔ **Haushaltsvorstände.** Dies war die grundlegende Qualifikation, aber unterschiedliche Regeln galten je nachdem wie viel das Haus wert war. An einigen Orten hatten Sie das Wahlrecht, wenn Sie beweisen konnten, dass Ihr Herd groß genug für einen großen Kochtopf war, und Sie konnten Ihr Recht wahrnehmen, indem Sie den Topf zur Wahl mitbrachten.

✔ **Mitglieder des Stadtrates.**

✔ **Jeder!** Es gab zwei Orte, Preston (Lancashire) und den Stadtbezirk Westminster, wo so ziemlich jeder wählen durfte, sofern er die Nacht zuvor dort verbracht hatte, und (a) erwachsen und (b) männlich war.

Sie finden, das ist schlimm?
Warten Sie, bis Sie von der Korruption gehört haben

Es gab keine geheime Abstimmung. Wähler erklärten, für wen sie stimmten vor einer großen Menge. Mit so wenigen Wählern, war Bestechung leicht, vor allem wenn es sich um Pächter des örtlichen Landbesitzers handelte. Abstimmungen waren gewöhnlich manipuliert, indem man den örtlichen Gasthof aufkaufte und freies Essen und freie Getränke für die Dauer einer Wahl anbot, was in dieser Zeit eine Woche oder mehr sein konnte.

Die Stadtbezirke wurden so vollständig von dem lokalen Lord kontrolliert, dass sie als *pocket boroughs* bekannt waren – was so viel heißen sollte wie, dass jemand die Bezirke praktisch in der Tasche hatte. Der Spezi von Pitt dem Jüngeren, Henry Dundas, hatte 12 Sitze in seiner Tasche und kontrollierte effektiv ganz Schottland. (Zu Details über Pitt den Jüngeren, siehe den Kasten vorher in diesem Kapitel.)

In vielen Stadtbezirken wurden keine Wahlen abgehalten, weil der örtliche Lord einfach den nominierte, den er gewählt wissen wollte, und diese Person kam ohne Gegenkandidat ins Parlament.

Faktisch hielt das System die Land besitzende Klasse an der Macht, was der Grund dafür war, dass die Radikalen – die Leute, die eine Änderung wollten – für eine Parlamentsreform argumentierten als erster Schritt zur Reform alles anderen.

Die verfaultesten Bezirke

Wahlbezirke (*boroughs*) mit sehr wenigen Wählern waren als *rotten boroughs* bekannt. Die fauligsten von ihnen waren:

✔ *Gatton* (Surrey): Zahl der Wähler (eh, nein sie *lebten* nicht wirklich dort): 6; Zahl der Abgeordneten: 2.

✔ *Dunwich* (Suffolk – nun ja, *nahe* Suffolk, weil es genau genommen ins Meer gestürzt war): Zahl der Wähler: 0; Zahl der Abgeordneten: 2; Zahl der Fische: 4000.

✔ *Old Sarum* (Wiltshire): Zahl der Wähler: 0; Zahl der Einwohner: 0, Zahl der Häuser: 0 – ja, Leute, es war ein Grashügel! Zahl der Abgeordneten: 2.

Das Große Reformgesetz

Bekamen die Demonstranten was sie wollten? Zunächst nicht. In den Jahren nach Waterloo wurde jeder, der sich für eine Parlamentsreform aussprach, eingesperrt, aber nach und nach beruhigten sich die Dinge. Die Grundbesitzer realisierten schließlich, dass sie wirklich etwas für die großen Industriestädte tun mussten. 1830 waren die einzigen beiden Leute, die gegen jegliche Art von Reform waren, König Georg IV. (der Prinzregent gewesen war, mehr zu ihm vorher in diesem Kapitel) und der starb und der Herzog von Wellington, der zu dieser Zeit Premierminister war – und der wurde sowieso aus dem Amt vertrieben. Nach einer epischen

Schlacht verabschiedete das Parlament schließlich 1832 den *Reform Act*, der bekannt wurde als der *Great Reform Act*. Dieses Gesetz modernisierte das parlamentarische System, brachte es strampelnd und schreiend in das 19. Jahrhundert – mit nur 32 Jahren Verspätung!

War DAS die britische Revolution?

Gut, der *Great Reform Act* war nicht sehr revolutionär. Er standardisierte das Wahlsystem und half es geografisch auszubalancieren, aber das Gesetz gab keinesfalls den Arbeitern das Wahlrecht. Die Leute, die am meisten von der Gesetzgebung profitierten, gehörten zur Mittelklasse: Sie konnten jetzt eine politische Kraft organisieren, mit der man rechnen musste. Aber das Gesetz veränderte das System und es brach die Macht der alten Landbesitzer. Vor allem aber wurde es überhaupt verabschiedet.

Im Zentrum von Newcastle steht eine prächtige Säule mit einer Statue obendrauf. Diese Statue ist nicht eine weitere von Nelson, sondern von Earl Grey, dem Mann, der das Reformgesetz durch das Parlament brachte. Auf seine Weise war Grey genauso wichtig wie Nelson: Wenn Trafalgar Britannien vor einer französischen Invasion bewahrte, bewahrte der *Great Reform Act* Britannien vor einer gewalttätigen Revolution. Britannien war im Begriff sich zu ändern und diese Veränderung sollte tatsächlich revolutionär werden, aber man stellte sicher, dass sie durch das Parlament herbeigeführt wurde. Dieser Umstand war es, der Britannien anders machte, als es das viktorianische Zeitalter betrat.

Morsche Boroughs: Morsches System?

Keiner wird behaupten, dass das alte politische System keiner Veränderung bedurfte, aber Historiker waren sich lange Zeit uneinig darüber, wie schlecht es war. Ganz offensichtlich entsprach das System nicht unseren demokratischen Prinzipien; andererseits funktionierte es merkwürdigerweise im Großen und Ganzen. Einige der größten Staatsmänner Britanniens, einschließlich William Pitt und Sir Robert Peel, gingen aus dem alten, unreformierten System hervor, und ein fähiger junger Mann ohne viel Geld konnte mit der Hilfe eines hilfsbereiten Patrons ins Parlament kommen. Nicht alle Gönner versuchten »ihren« Abgeordneten vorzuschreiben, was sie zu sagen und zu tun hatten, und selbst wenn sie es taten, hatten viele eigenständig denkende Wahlkreise mit den Schutzherren und ihren »Taschen«-Abgeordneten nichts zu tun.

Mit Zylinder auf dem Kopf: Die Viktorianer

18

In diesem Kapitel

▶ Lernen Sie Königin Viktoria und wichtige Parlamentsabgeordnete kennen

▶ Die wichtigsten Ereignisse dieser Ära, von der *People's Charter* bis zur Weltausstellung

▶ Den Viktorianern Gerechtigkeit widerfahren lassen (und die Wahrheit über Klavierbeine)

Zeitreise zurück ins Jahr 1837 – dem Jahr, in dem Viktoria auf den Thron kam – und Sie befinden sich in einem Historienfilm. Die Männer tragen Kniebundhosen und die Damen Hauben und Sie sind in einer Szene aus den *Pickwick Papers*. Aber spulen Sie nach vorne, ans Ende ihrer Regentschaft, und Ihnen wird etwas unheimlich: Diese Umgebung sieht vertraut aus. Okay, man benutzt Gaslaternen und es gibt noch Pferde auf der Straße, aber die Männer tragen Hemden und Krawatten und Jacketts und fahren jeden Morgen mit dem Zug. Ein Telefon steht auf dem Tisch und eine Sekretärin arbeitet an einer Schreibmaschine und die Nachrichten kommen per E-Mail herein – na ja, Telegraf, aber die Idee ist die gleiche. Die Zeitungen sind Ihnen bekannt – die *Times*, *Daily Telegraph* und *Daily Mail* sowie eine große Boulevard-Presse – und sie drucken dieselben Geschichten wie heutzutage: Politik, Sex, Skandal. Klingt vertraut?

Moderne Zeiten. Unsere Welt. Die Viktorianer hoben Wissenschaft und Technologie auf einen Sockel und stellten sie damit auf eine Stufe mit der Religion. Sie erfanden die Stadt als das Konzept, das wir kennen, mit Vororten, Rathaus, Parks, Bibliotheken, Bussen und Schulen. Sie erfanden die Badeorte, Ferien am Meer und sogar »das Land« als einen Ort, zu dem man fahren und ihn genießen kann. Ja, sie schickten Jungs die Schornsteine hoch, aber sie hörten auch auf, Jungs die Schornsteine hoch zu schicken, genauso wie sie den Sklavenhandel und die Hahnenkämpfe beendeten. Die Viktorianer waren voller Widersprüche, aber sie erschufen unsere Welt, sie formten unsere Denkweise und damit letztendlich uns.

Königin Viktoria

Zunächst einmal ist sie die Dame, die diesen Menschen und dem Zeitalter, in dem sie lebten, ihren Namen gab. Sie war erst achtzehn (und lag noch schlafend in ihrem Bett), als sie ihrem Onkel, König Wilhelm IV., auf den Thron folgte und sie hatte viel zu lernen. Ihre Regentschaft begann mit einem holprigen Start: Ihre Krönung war ein Durcheinander – ein Lord, netter Weise »Lord Rolle« genannt, trat auf seinen Umhang und rollte buchstäblich die Stufen vom

Thron hinunter. Und Vicky glaubte, dass sie als Königin machen konnte, was sie wollte, und musste sehr schnell erfahren, dass sie das nicht konnte.

Als Erstes stellte Viktoria zu ihrem Entsetzen fest, dass sie ihren Whig-Premierminister, Lord Melbourne, nicht behalten konnte, als er seine Mehrheit im Parlament verlor. (Siehe Kapitel 13, um mehr über die Ursprünge der Whigs und der Tories zu erfahren.) Dann erfuhr sie, dass sie ihre Hofdamen nicht behalten konnte, weil dies politische Stellen waren; wenn die Regierung sich änderte, änderten sie sich auch. Viktoria stellte sich in dieser Frage stur, mit dem Ergebnis, dass der neu ins Amt kommende Tory-Premierminister, Sir Robert Peel, sich weigerte, das Amt anzutreten, was den armen alten Lord Melbourne zwang, sich mit einer hauchdünnen Mehrheit weiter abzurackern. In der Tat war Viktoria im Begriff, ihre Popularität rasch zu verlieren, was in den 1830er Jahren schlecht war, weil Monarchen, die ihre Popularität verloren, auch ihren Thron verlieren konnten – fragen Sie mal die Franzosen. Was sie rettete, war ein gut aussehender junger Cousin, der aus Deutschland kam und sie von den Socken riss. Albert. Sehr vernünftig, sehr praktisch veranlagt, sehr ernst, keinerlei Sinn für Humor (er mochte lediglich Wortspiele), aber für Viktoria war er ein griechischer Gott. Mit Verstand.

 Die Viktorianer hielten Albert für ein bisschen bieder und mehr als nur ein bisschen Deutsch, aber insgesamt erkannten sie, dass er sein Herz am rechten Fleck trug. Die Grosse Weltausstellung (engl. *Great Exhibition*) war seine Idee, einer der entscheidenden Momente des Jahrhunderts (siehe den späteren Abschnitt »Die Große Weltausstellung im Kristallpalast«), und er war ein enthusiastischer Förderer der Wissenschaft, Technologie und Bildung. Das Albert Memorial und die Royal Albert Hall stehen in der Mitte der Museen und Institute, die er in Süd Kensington gründete. Vor allem aber wurde Albert viele Jahre lang das Verdienst zuteil, Königin Viktoria auf den rechten Weg geleitet und von ihren Vorstellungen, sie könne tun wie es ihr beliebt, abgebracht zu haben. Seit Kurzem neigen Historiker jedoch dazu, Alberts Rolle etwas anders zu sehen. Er wollte eine Monarchie, die über den Parteien steht, damit sie eine aktive Rolle in der Politik spielen konnte und keine geringere.

Albert war ein großer Bewunderer des Tory-Anführers Sir Robert Peel und er sagte Viktoria, dass sie ihn beim nächsten Mal, wenn Sir Robert ins Amt kommen würde und Änderungen in ihrem Haushalt wünsche, alles ändern lassen müsse, was er für richtig hielte – außer vielleicht die Teppiche – und an ihm festhalten müsse. Denn wenn Sir Robert das Amt verlassen würde, würden die Whigs an die Macht kommen und Albert hielt nicht viel von ihnen. Mittlerweile war Viktoria so vollständig unter Alberts Bann, dass sie seinem Rat folgte, sodass sie, als Sir Robert wieder an die Macht kam, keinen Terz machte.

 Albert hat Viktoria nie wirklich dazu überredet, neutral zu bleiben. Er wollte, dass die Krone eine wichtige Rolle in der Politik spielt, und er starb 1861, während er einen entscheidenden Part dabei spielte, Britannien aus dem Amerikanischen Bürgerkrieg herauszuhalten.

Nach seinem Tod war Viktoria so bestürzt, dass sie sich regelrecht von der Welt zurückzog und von Disraeli überredet werden musste, wieder ins öffentliche Leben zurückzukehren. Die Königin bewunderte Benjamin Disraeli, den Führer der Konservativen, und machte kein Geheimnis aus der Tatsache, dass sie seinen liberalen Gegner, den ehrwürdigen Mr. William Gladstone, nicht leiden konnte. Aber auch wenn sie Gladstone auf die Palme bringen konnte – und das tat sie oft –, brachte sie manchmal Dinge ins Rollen, auch wenn sie sehr wenig Macht besaß. (Mehr über Disraeli und Gladstone und ihren berühmten Kleinkrieg erfahren Sie in dem Abschnitt »Bill und Ben: Die Gladstone-und-Disraeli-Show« später in diesem Kapitel.)

Königin Viktorias Regentschaft dauerte 64 Jahre, von 1837 bis 1901. Sie präsidierte über ein Zeitalter, in dem Britannien sich fast bis zur Unkenntlichkeit veränderte, und als sie starb, konnten die meisten ihrer Untertanen sich an keinen anderen Monarchen mehr erinnern.

Premierminister und Abgeordnete dieser Zeit

Das 19. Jahrhundert war das große Zeitalter des Parlaments. Diese Periode brachte einige großartige Redner und Staatsmänner hervor und viele dramatische Schlachten wurden auf den grünen Bänken des Unterhauses (*House of Commons*) oder den roten Bänken des Oberhauses (*House of Lords*) ausgetragen. Hier sind einige dieser großen viktorianischen Staatsmänner.

Sir Robert Peel: Die Tragödie eines Staatsmannes

Sir Robert Peel, der zweimal Premierminister war, 1834/35 und 1841–1846, war ganz einfach einer der größten Premierminister des 19. Jahrhunderts. Als Innenminister schuf er eine moderne Polizei, unbewaffnet und in blau gekleidet, damit sie der Armee so wenig wie möglich ähnelte. Als Premierminister finanzierte er im Alleingang Britanniens ökonomische Expansion und er tat es, indem er die Importzölle senkte. Er führte auch eine neue Steuer ein, von der er glaubte, dass sie nur ein paar Jahre Bestand haben würde: die Einkommensteuer. Schöne Idee, schlechter Zeitplan. Peels Karriere wurde jedoch von der irischen Hungersnot abrupt beendet.

Die irische Hungersnot

In den 1840er Jahren verhungerten in Irland und Schottland Millionen Menschen. Das Desaster begann, als die europäischen Kartoffelernten von einer Krankheit zerstört wurden. Der Ernteausfall brachte die meisten Länder in Bedrängnis, löste aber keine Hungersnot aus. Die Iren und die Hochland-Schotten waren so arm, dass Kartoffeln das Einzige war, was sie sich zu essen leisten konnten. Als die Hungersnot in Irland begann, schien die Reaktion der Behörden die schreckliche Lage noch zu verschlimmern:

✔ Die Regierung gab den Leuten Arbeit, gewöhnlich im Straßenbau, damit die Leute genug Geld verdienen konnten, um Nahrung zu kaufen. Unglücklicherweise ist schwere körperliche Arbeit nicht das Beste für Leute die entsetzlich geschwächt vom Hunger sind.

✔ Die Kirche von England richtete Suppenküchen ein. Dabei versuchte sie manchmal die Menschen, die für Nahrung anstanden – die meisten von ihnen waren Katholiken –, dazu zu nötigen, Protestanten zu werden – sie glaubte, ihr Katholizismus mache sie so arm und rückständig.

✔ Die Menschen in Britannien spendeten Tausende von Pfund für Hungernothilfe, aber nach einer Weile setzte eine »Mitleidsermüdung« ein, so wie es auch heute bei großen Spendenaufrufen passiert.

Was Sir Robert Peel nicht tun wollte, war einfach kostenlose Nahrungsmittel auszugeben. Er war der Meinung, dass er damit die fragile irische Wirtschaft ruinieren und nur noch schlimmere Armut produzieren würde. Als er schließlich nachgab und Hilfslieferungen von amerikanischem Mais zuließ, stellte sich heraus, dass dieses Nahrungsmittel zu viel Vorbereitung bedurfte, ehe es gegessen werden konnte.

War die irische Hungersnot ein Fall von Genozid, wie manche meinen? Es gibt keine Beweise, die diese These stützen. Genozid bedeutet, dass man ein ganzes Volk gezielt auslöscht, wie im Fall des Krieges der Nazis gegen die Juden; die Briten haben die Iren nicht besonders gemocht und sie verzweifelten ganz sicher an ihnen, aber sie versuchten nicht, sie gezielt zu töten. Die Regierung hatte schlicht und einfach keine Idee, wie sie mit dieser noch nie dagewesenen Situation zurechtkommen sollte. (Ein Beispiel für einen Genozid finden Sie in Kapitel 19, wo die Situation in Tansania beschrieben wird.) Wenn Sie mehr über die Große Hungersnot erfahren wollen, denken Sie daran, einen Blick in die *Irische Geschichte für Dummies* (Wiley) zu werfen.

Peel vergisst die Rückendeckung

Peel ging völlig zu Recht davon aus, dass die Schwierigkeiten in Irland nicht so sehr eine Frage fehlender Nahrungsmittel, sondern fehlenden Geldes waren. Er glaubte daher, dass der beste Weg, die Hungersnot zu überwinden, die Liberalisierung des Handels sei, um auf diese Weise mehr Geld in Irland in Umlauf zu bringen. Langfristig hatte er vermutlich recht, aber diese Politik half den Iren, die auf ihren Feldern verhungerten, nicht. Auf jeden Fall wollte seine Partei davon nichts wissen. Sie mochte das alte System, das die Landwirte und Landbesitzer (die überwiegend für die Tories votierten) begünstigte. Als Peel, der sich auch in seinen besten Zeiten nie allzu sehr um seine eigene Partei gekümmert hatte, vorschlug, dieses große Symbol der Protektion, die Getreidegesetze, aufzuheben (Sie finden mehr zu diesen umstrittenen Maßnahmen in Kapitel 17), wandten sich seine Abgeordneten gegen ihn. Der junge Benjamin Disraeli sah eine Chance, sich selbst einen Namen zu machen, und fiel schonungslos über Peel her, der seine eigene Partei »verrate«. Peel erreichte die Aufhebung der Gesetze, aber seine Partei verließ ihn und er musste zurücktreten. Dieser Zwischenfall war ein trauriges Ende einer bemerkenswerten Karriere. Peel starb kurz darauf bei einem Reitunfall, sodass er es nicht mehr erlebte, wie Disraeli und die anderen Rebellen wenige Jahre später zugaben, dass er in der Frage des freien Handels recht gehabt hatte.

Lord Palmerston – schickt ein Kanonenboot!

Lord Palmerston war von 1806 bis zu seinem Tod 1865 im Parlament und die meiste Zeit davon war er Minister. Er war zweimal Premierminister, 1855–1858 und 1859–1865, aber er ist vor allem für sein energisches Vorgehen in der internationalen Diplomatie in guter Erinnerung geblieben. Seine Spezialität war es, kleine Flotten in den Hafen eines Gegners zu schicken (und wenn es sich dabei zufällig um eine Hauptstadt handelte, umso besser) und ihn in Stücke zu sprengen. Dieser Ansatz, der als »Kanonenboot-Diplomatie« bekannt wurde, funktionierte bei den Chinesen, den Holländern und den Ägyptern in den 1830er und 1840er Jahren. Tatsächlich geriet »Pam«, wie er liebevoll genannt wurde, erst wirklich in Schwierigkeiten, als er als Außenminister 1850 diese Form der Diplomatie an den Griechen ausprobierte.

Die griechische Regierung war in einen langen und komplexen Rechtsstreit mit einem zwielichtigen Charakter mit dem Namen Don Pacifico geraten, der zufälligerweise in Gibraltar geboren worden war, was bedeutete, dass er rein rechtlich gesehen britischer Bürger war. Als britischer Bürger konnte Pacifico vom britischen Botschafter Schutz verlangen. Der Botschafter wandte sich an London und ehe man sich versah, erschien eine große britische Flotte vor Athen und machte ein Angebot zugunsten von Don Pacifico, das die Griechen wirklich nicht ablehnen konnten: Gebt nach oder wir schießen euch in Stücke.

Handel ohne Grenzen – Brot ohne Tränen

Die Viktorianer hielten Freihandel für ein Mittel, mit dem Staaten Frieden und Harmonie untereinander erreichen konnten. Freihandel würde Prosperität und Freiheit und Liebe und Frieden und universelles Glück bedeuten. Es wird Sie nicht überraschen zu erfahren, dass die Leute, die diese Idee hatten, genau die Produzenten und Industriellen waren, die die Güter herstellten, die gehandelt werden sollten. Einige ihrer Gegner wiesen darauf hin, dass die Arbeiter keinen großen Anteil an diesem Wohlstand und diesem Glück zu haben schienen.

Die Freihändler gründeten eine riesige Lobbygruppe, die sie *Anti-Corn Law League* nannten, weil das beste Beispiel für einen eingeschränkten Handel die Gesetze waren, die den Getreidehandel regelten. Diese Getreidegesetze erlaubten den Bauern und Landbesitzern, Geld zu verdienen, indem sie die Armen zwangen, einen Haufen Geld für Brot zu bezahlen. Das Schicksal der Getreidegesetze wurde also zu einer Art Konflikt zwischen den Industriellen (die sie nicht wollten) und den Bauern (die sie wollten). Dank Peel wurden die *Corn Laws* 1846 abgeschafft und dank Disraeli, wurde Peel im Grunde ebenfalls abgeschafft. Nichtsdestotrotz hatte Peel recht: Der Freihandel machte Britannien sehr reich und sehr mächtig. In Manchester, der Heimatstadt der *League*, sammelten die Menschen Geld für Standbilder nicht für Generäle, sondern für die Anführer der *Anti-Corn Law League*.

Die *Royal Navy* wegen eines persönlichen Rechtsstreits zu rufen, ging selbst den Viktorianern zu weit und Palmerston musste kommen und sein Verhalten vor dem *House of Commons* rechtfertigen. Die Briten, sagte er, seien wie die alten Römer: Sie hätten ein Anrecht auf Schutz überall auf der Welt, und wenn sich ihnen irgendjemand in den Weg stellen sollte, dann bekäme er es mit Lord Palmerston zu tun. Die Öffentlichkeit liebte diese Vorstellung: Britannien als der Weltpolizist, der die Meere patrouillierte und den Frieden, oder die *Pax Britannica*, bewahrte.

Schickt kein Kanonenboot

Palmerstons Idee einer *Pax Britannica* funktionierte nicht immer. In einem Fall ging ein britischer Seemann namens Bowers in einem ausländischen Hafen an Land und wurde umgehend wegen eines eklatanten Verstoßes gegen internationales Recht verhaftet. Jeder erwartete, dass Palmerston handeln – ein Boot schicken! – würde, aber diesmal rührte er keinen Finger. Bei dem Land handelte es sich um die Vereinigten Staaten, der Hafen war Charleston, South Carolina, und das »Verbrechen« des armen Mr. Bowers war es gewesen, schwarz zu sein.

Bill und Ben: Die Gladstone-und-Disraeli-Show

Die Viktorianer liebten Kasperletheater und in den 1860er und 1870er Jahren bekamen sie ihr sehr eigenes politisches Kasperletheater mit zwei politischen Führern, die beide echte Starqualitäten hatten. In der blauen Ecke der Führer der Konservativen, Benjamin Disraeli (Premierminister 1868 und 1874–1880, auch bekannt als Ben, Dizzy oder Earl of Beaconsfield), und in der gelben Ecke der Führer der Liberalen, William Ewart Gladstone (Premierminister 1868–1874, 1880–1884, 1886 und 1892–1893, auch bekannt als der Wilhelm des Volkes, der Große Alte Mann, Mr. Gladstone oder einfach *That Madman*). Die beiden Männer waren seit Peels Tagen Rivalen (siehe den früheren Abschnitt »Sir Robert Peel: Die Tragödie eines Staatsmannes« in diesem Kapitel) und sie konnten sich nicht ausstehen. Irgendjemand fragte Disraeli einmal nach dem Unterschied zwischen einem Unglück und einer Katastrophe. »Wenn Gladstone in den Fluss fiele«, erwiderte er, »dann wäre das ein Unglück. Wenn ihn irgendjemand herausziehen würde, dann wäre das eine Katastrophe.«

Gladstone glaubte an Gott und an solide Finanzen und er war sich ziemlich sicher, dass zwischen beiden eine Verbindung bestand. Für Gladstone war Politik eine Mission: um Frieden nach Irland zu bringen oder freie Bildung für alle bereitzustellen. Wenn andere Leute nicht seiner Meinung waren, war die Sache ganz einfach: Er hatte recht und alle anderen unrecht, selbst wenn er seine Meinung änderte.

Disraeli hatte es nicht mit den Missionen. Nicht einmal wirklich mit Prinzipien. Er war ein beliebter Schriftsteller, der eindeutig über seine Verhältnisse lebte und nur deshalb ins Parlament ging, weil Abgeordnete nicht für Verschuldung ins Gefängnis kommen konnten. Er hatte keine Ahnung von Finanzen und seine Amtszeit als Finanzminister in den 1850er und 1860er Jahren bewies dies. Aber Disraeli kannte sich aus mit sozialem – und politischem Hochkommen. Er heiratete eine reiche Erbin, und als er schließlich Premierminister wurde, erklärte er, er habe »die Spitze der fettigen Stange« erreicht.

Gladstone wollte den Arbeitern, die es verdienten, das Stimmrecht geben, aber nicht denen, die es nicht verdienten. Disraeli wollte nicht wirklich allen das Wahlrecht geben, aber 1867 gab er es einem großen Teil der Arbeiterklasse, damit er, anstelle von Gladstone, alle Anerkennung einstreichen konnte. Disraeli hatte auch kein besonderes Interesse am britischen Empire, aber er ging davon aus, dass man damit Stimmen holen konnte und dass Gladstone es vermutlich ablehnte (mit beidem hatte er recht). Also verkündete Disraeli plötzlich 1872, dass der Gedanke des Empires gut und richtig sei und dass die konservative Partei dafür durch dick und dünn gehen würde. Gladstone wurde erst rot, dann lila und dann wieder rot vor Zorn und Frustration angesichts dieser Frechheit von Dizzy – aber genau das war Disraelis Absicht gewesen.

Jeder ergriff Partei. Zeitungen, Karikaturisten und Liedschreiber – alle nahmen an der Disraeli-Gladstone-Komödie teil. In einigen Gaststätten konnte man sogar dafür verprügelt werden, dass man die falsche Partei unterstützte! Gladstone fuhr fort, der Königin zu predigen, was sie nicht ausstehen konnte; Disraeli umschmeichelte sie schamlos, und es gelang ihm sogar, ihr einen exotischen neuen Titel zu verschaffen: Kaiserin von Indien. Sie fand das ganz toll. Als er allerdings im Sterben lag und sie ihm eine Nachricht schickte und fragte, ob er einen Besuch wünsche, sagte er: »Besser nicht: Sie will nur, dass ich eine Nachricht für Albert mitnehme.«

Schwierigkeiten im In- und Ausland

Obwohl die Viktorianer gerne betonten, wie stabil Britannien im Vergleich zu seinen europäischen Nachbarn – oder den Vereinigten Staaten – war, hatten sie mit einigen ernsten Problemen zu kämpfen. Dies waren die dringenden Themen ihrer Zeit.

Die People's Charter

Als Königin Viktoria den Thron bestieg, hatten die Arbeiter kein Wahlrecht – keiner von ihnen. Bedenken Sie, dass dies die Menschen waren, die all die Arbeit verrichteten, die Britannien zu dem großen Industriegiganten gemacht hatte, der es war (mehr Informationen über die Industrielle Revolution finden Sie in Kapitel 16). Daher tat sich eine Gruppe von Arbeitern zusammen und entschied, etwas dagegen zu unternehmen. 1838 verfassten die Chartisten ein Dokument, das sie die *People's Charter* nannten (das klang so schön nach der Magna Charta; siehe Kapitel 9 für mehr Informationen dazu), um das Wahlrecht zu verlangen. Und nicht nur das Wahlrecht – die Überlegungen der Chartisten gingen darüber hinaus. Sie wollten Folgendes:

✔ **Das Wahlrecht:** Nun, offensichtlich. Und einige von ihnen wollten sogar auch das Wahlrecht für Frauen.

✔ **Gerechte Wahlkreisaufteilung:** Andernfalls konnte die Mittelklasse die Wahlkreise zu ihren Gunsten festlegen.

✔ **Keine Eigentumsvoraussetzungen für Abgeordnete:** Zu dieser Zeit musste man Eigentum besitzen, um Abgeordneter werden zu können. Und da sich nicht viele Arbeiter ein Haus oder Landbesitz leisten konnten, waren nur wenige Arbeiter in der Lage, Mitglieder des Parlaments zu werden.

✔ **Besoldung von Parlamentsabgeordneten:** Wovon sollte ein Parlamentsabgeordneter ohne Bezahlung leben? Zu dieser Zeit waren die meisten Abgeordneten dagegen, eine Bezahlung zu erhalten, aber in jüngerer Zeit sind sie recht scharf darauf geworden.

✔ **Geheime Wahl:** Es sollte Schluss damit sein, dass man vor einer großen Menge seine Wahlentscheidung mit lauter Stimme bekannt gab – so nützlich es für jeden örtlichen Landbesitzer war, der seine Pächter einschüchtern wollte.

✔ **Jährliche Parlamentssitzungen:** Diese hätten jährliche Parlamentswahlen bedeutet. Ein bisschen drastisch, aber bedenken Sie, dass die Feuerprobe einer Demokratie nicht darin besteht, ob Sie jemanden in das Parlament wählen können, sondern ob Sie ihn abwählen können. Wenn Sie die Gelegenheit haben, jemanden jedes Jahr zu wählen, dann lernt der sehr schnell, wer der Chef ist.

Ungeachtet dessen, was ihre Gegner sagten, waren die Chartisten keine Revolutionäre (auch wenn der deutsche Philosoph Karl Marx, der Begründer des Kommunismus, der zu dieser Zeit in London war, wünschte, sie wären es gewesen!). Aber wenn Sie sich ihre Forderungen noch einmal genau anschauen, dann sehen Sie eine vollständig funktionierende Demokratie mit der Macht in den Händen des Volkes. Vielleicht hatte das Bürgertum nicht ganz unrecht: Die Chartisten waren revolutionärer als ihnen bewusst war.

Petitionsübergaben an das Parlament

Die Chartisten reichten zwei große Petitionen ein: Die erste hatte über eine Million Unterschriften und die zweite drei Millionen. Es bedurfte einiger Organisation, um diese Petitionen zusammenzustellen: Es gab keine Computer, keine Datenbanken in den 1840er Jahren, vergessen Sie das nicht. Und es war nicht verwunderlich, dass Unruhen ausbrachen. Die Chartisten organisierten einen nationalen Streik und ein großer Aufstand ereignete sich im walisischen Newport. 1848 versuchten sie es mit einer noch größeren Petition. Das Parlament, das diesmal noch nervöser war wegen der Revolutionen auf dem Kontinent, rief die Regierungstruppen und erklärte sich vorsichtig bereit, einen Blick auf die Petition zu werfen. Was gut und schön war, bis sie sich die Unterschriften anschauten und herausfanden, dass, eh, einige von ihnen falsch waren. Es sei denn, Königin Viktoria, der Herzog von Wellington und Mr. Punch (eine Cartoon-Figur aus dem gleichnamigen Satiremagazin) hätten sie wirklich unterzeichnet – siebzehnmal. Die Parlamentsabgeordneten bogen sich vor Lachen und die Chartisten mussten sich davonschleichen.

Waren die Chartisten also von historischer Bedeutung? Na ja, wenn die Frage lautet: »Gab das Parlament ihren Forderung umgehend statt?«, dann lautet die Antwort: Nein. Aber wenn die Frage lautet: »Hatten sie eine Wirkung?«, dann ist die Antwort: Ja. Die Chartisten formten eine nationale Bewegung, die von gewöhnlichen, oftmals schlecht ausgebildeten Arbeitern organisiert wurde, denen es gelang, eine nationale Zeitung zu leiten und riesige politische Kampagnen durchzuführen mit Treffen, Plakaten, Aufmärschen, Pamphleten, Sprechern und Petitionen. Sie führten ein Bildungsprogramm durch, ein Landprogramm und sogar eine Abstinenzbewegung. Die Chartisten schufen die größte politische Arbeiterbewegung vor der Arbeiterpartei.

Tag der Arbeit?

Wie viel Macht bekam das Volk tatsächlich nach all den politischen Faxen? Einige der besser ausgebildeten Facharbeiter erhielten das Wahlrecht, hauptsächlich dank Disraeli (siehe den früheren Abschnitt »Bill und Ben: Die Gladstone-und-Disraeli-Show« für Informationen über ihn), aber die meisten arbeitenden Männer – und alle Frauen – hatten immer noch kein Wahlrecht zu der Zeit als die Königin 1901 starb.

Arbeiter hatten vielleicht kein Wahlrecht, aber es gab viele Gewerkschaften, die ihre Stärke demonstrierten. Ein langer und erbitterter Streik ereignete sich im Londoner Hafenbezirk in den 1880ern, den die Streikenden gewannen. Sogar die Mädels, die die Streichhölzer bei Bryant und May herstellten, organisierten einen Streik. Aber selbst starke Gewerkschaftsstimmen sind kein Ersatz für eine Stimme im Parlament. Der erste »Labour«-Abgeordnete war Keir Hardie, ein schlauer Schotte, der aus Prinzip keinen schicken Zylinder und keinen Frack wie die anderen Abgeordneten trug. Im Jahr 1900 bekam die Arbeiterbewegung schließlich ihre eigene Arbeiterpartei, die *Labour Party*. Keiner wusste, ob *Labour* auf Dauer Bestand haben würde, und keiner sagte voraus, dass sie eine der beiden führenden Parteien des Landes werden würde und dass sie hundert Jahre später beim Millenniumswechsel 2000 fest an der Macht sein würde.

Der Krim-Krieg – nicht Britanniens Sternstunde

Sie wollen nicht wirklich wissen, worum es in diesem Krieg ging. Offiziell ging es im Krim-Krieg (1854–1856) darum, welche Gruppe von Mönchen die Schlüssel zu der Geburtskirche in Bethlehem haben sollte (kein Scherz) und ob die Russen das Recht haben, den Türken zu sagen, wie sie ihr eigenes Land (und das anderer) regieren sollen oder nicht. In Wirklichkeit ging es in dem Krieg darum, den Verbindungsweg nach Indien (das britisch war), der durch Ägypten führte (das nicht britisch war), zu sichern und darum, ob die Russen im Mittelmeer sein durften und ob Rumänien und Bulgarien frei sein sollten. Deshalb entsandten die Briten eine Flotte in das Baltikum, merkten, dass es nicht einmal in der Nähe des Mittelmeeres oder der Türkei war, schauten erneut auf die Karte, bemerkten, dass ein großer russischer Hafen ungefähr im richtigen Gebiet lag und entschieden, ihn anzugreifen.

Der Krieg war von Anfang bis Ende ein Durcheinander. Der britische Kommandant, Lord Raglan, vergaß immer wieder, dass die Franzosen seine Alliierten waren, und musste daran erinnert werden, sie nicht anzugreifen. Die Alliierten mussten nur den Hafen von Sewastopol einnehmen. Sie gewannen jede Schlacht, aber für die Einnahme von Sewastopol brauchten sie fast drei Jahre, weil sie sich nie entscheiden konnten, was sie als Nächstes tun sollten. Tennysons berühmtes Gedicht *Charge of the Light Brigade* (dt. »Todesritt der Leichten Brigade«) war vom Krimkrieg inspiriert. Fünf Kavallerieregimenter merkten, dass man, wenn man gegen Kanonen anstürmt – vor allem wenn sie sich auf allen drei Seiten befinden –, zumeist in Stücke geschossen wird. Und dieses ganze Gemetzel ereignete sich nur, weil Lord Raglan eine Nachricht nicht klar formulieren konnte.

Die Dame mit der Lampe

Florence Nightingale ist vermutlich die bekannteste viktorianische Frau – möglicherweise die bekannteste Person des viktorianischen Zeitalters – direkt nach der Königin. Nicht nur, dass sie auf die Krim ging, um die Soldaten zu pflegen, sondern sie legte sich mit der ganzen Bürokratie des militärischen Oberkommandos an und gewann. Schon bald lernten die Kinder Geschichten von der sanften, warmherzigen »Dame mit der Lampe«, die nachts über die Stationen ging, während Soldaten ihren Schatten küssten, als sie vorbeiging. Wenn Sie sich Florence Nightingale so vorstellen, vergessen Sie es. Sicher, sie legte sich mit den Ärzten an, aber sie war nicht besonders sanft. Sie war ein harter Brocken und sie setzte sich durch, indem sie noch kompromissloser als die Ärzte war. Sie hörte nicht auf Leute, die nicht ihrer Meinung waren, und sie hatte kein Problem damit, Beweise, die für sie ungelegen kamen, zu ignorieren. Sie weigerte sich zu glauben, dass Bakterien Krankheiten verbreiteten, und bestand darauf, dass sie von üblen Gerüchen in der Luft übertragen wurden. Sie war ein chronischer Hypochonder und verbrachte die zweite Hälfte ihres Lebens aufrecht in ihrem Bett sitzend. Sie entwarf Krankenhäuser und andere Gemeinschaftsgebäude wie Baracken und Gefängnisse und erklärte sich selbst zur Indienexpertin, auch wenn sie nie einen Fuß an diesen Ort gesetzt hatte. Einige Bücher behaupten immer noch, dass jeder Vizekönig von Indien sofort nach seiner Ernennung vorbeigesaust kam, um sie zu sehen. Diese Behauptung ist eine komplette Erfindung ihrer Bewunderer. Sie war völlig intolerant gegenüber jedem, den sie als einen Rivalen ansah. Sie erreichte, dass andere Krankenschwestern von der Krim nach Hause geschickt wurden, und fand erst in einer genauso streitsüchtigen katholischen Mutter Oberin ihren Meister. Sie behandelte die »old Mother Seacole«, eine sehr beliebte Krankenschwester aus Jamaika, die sogar eine ihrer großen Bewunderinnen war, völlig herablassend. Florence Nightingale verdient fraglos Anerkennung für die Schaffung einer modernen Krankenpflegeprofession – keine geringe Leistung. Seien Sie nur dankbar, dass Sie nie mit ihr zusammenarbeiten mussten.

Viele Menschen starben im Krimkrieg und die meisten von ihnen, weil die Führung nicht einmal in der Lage war, einen Kindergartenausflug zu organisieren. Nur zwei Leute erwarben sich in diesem Krieg Ansehen: Florence Nightingale (lesen Sie mehr über sie in dem Kasten »Die Dame mit der Lampe« und der *Times*-Reporter William Howard Russell, der den Lesern die Ereignisse schilderte, wie sie wirklich waren. Weil diese Geschichte erzählt werden musste.

Wie viktorianisch waren die Viktorianer?

Man kann sich leicht falsche Vorstellungen von den Viktorianern machen. Wir denken immer an verklemmte, zutiefst religiöse Charaktere, die schreckliche Angst vor Sex hatten und ständig Kinder dazu zwangen, Schornsteine zu reinigen. Aber ist dieses Bild die ganze Geschichte? Ist es überhaupt Teil der Geschichte? Hier sind ein paar häufige Fehlannahmen, die die Leute oftmals von den Viktorianern haben.

Hatte die Oberklasse wirklich die Oberhand?

Die Vormachtstellung der Oberklasse scheint auf den ersten Blick Realität gewesen zu sein, aber dieses Bild war nicht ganz zutreffend. Sicher, es gab viele Lords und Ladies und sie lebten in diesen wunderbaren Herrensitzen, die Sie heute gegen Eintrittsgeld besichtigen können, aber es war furchtbar teuer, diese Häuser zu unterhalten, selbst in dieser Zeit, und Land brachte nicht mehr so viel Geld wie früher ein. Die Adligen, denen es gut ging, waren die, die ihr Geld in die Industrie oder in Finanzgeschäfte gesteckt hatten oder in diese Sektoren einheirateten. In der Politik wurde das Oberhaus nach und nach weniger wichtig. Zu Beginn des 19. Jahrhunderts war es die Norm, dass ein Adliger Premierminister oder Außenminister war. Am Ende des Jahrhunderts gab es immer noch adlige Premierminister – Lord Salisbury war zum Beispiel viermal Premierminister – aber dies wurde immer mehr zur Ausnahme. Ganz gewiss waren die Kabinette nicht mehr voller Lords wie zu Anfang des Jahrhunderts. Vielmehr erwarben die Lords immer mehr den Ruf, sich mehr für Jagen, Schießen und Fischen als für die hohen Angelegenheiten des Staates zu interessieren. Gilbert und Sullivan hatten viel Spaß dabei, sich über die ziemlich beschränkten Mitglieder des *House of Lords* in ihrer Operette *Iolanthe* lustig zu machen. (Es wird Sie freuen zu hören, dass sie genauso hart gegenüber dem *House of Commons* waren.)

Waren die Viktorianer wirklich so grausam zu Kindern?

Gewiss wurden kleine Kinder als Kaminkehrer im viktorianischen England beschäftigt, aber vergessen Sie nicht, dass von Kindern schon immer erwartet wurde, dass sie arbeiteten, sobald sie alt genug waren. Die, die Glück hatten, erhielten eine Lehrstelle in einem Handwerk, die weniger glücklichen arbeiteten in der Landwirtschaft oder halfen in den Spinnereien. Als mit der Entwicklung der Industrie und den Fabriken neue Arten von Arbeiten entstanden, schien es ganz natürlich, Kinder für die Arbeiten einzusetzen, die Erwachsene nicht tun konnten: unter Maschinen durchkriechen oder in Kohleminen sitzen und die Belüftungstüren öffnen und schließen.

Die Sache mit den Viktorianern ist nicht so sehr, dass sie Kinder beschäftigten, sondern dass sie die ersten waren, die sich fragten, ob es richtig sei, dies zu tun, und die Gesetze einbrachten, die vorschrieben, welche Tätigkeiten man von Kindern erwarten durfte und welche nicht. Die Viktorianer hatten die Idee, dass alle Kinder zur Schule gehen sollten, und sie kontrollierten auch, ob die Schulen den Erwartungen entsprachen. Sie waren die ersten, die eine ganze Literaturrichtung speziell für Kinder entwickelten – am bekanntesten sind Lewis Carrolls *Alice*-Bücher. In vielerlei Hinsicht könnte man sagen, dass es die Viktorianer waren, die die Vorstellung von einer Kindheit, wie wir sie heute haben, erfanden.

Hatten die Viktorianer wirklich Angst vor Sex?

Es tut mir leid, Sie zu enttäuschen, aber entgegen eines weitverbreiteten Mythos, bedeckten die Viktorianer nicht die kurvenreichen Tischbeine für den Fall, dass sie sie zu aufreizend fanden, und nein, die viktorianischen Frauen legten sich nicht zurück und dachen an England, um die unerfreuliche Notwendigkeit, Sex mit ihren Ehemännern zu haben, durchzustehen. Alle Hinweise, die wir haben – und wir haben sehr viele – deuten darauf hin, dass die Viktorianer Sex genauso sehr genossen wie wir. Es stimmt, dass Sex nicht ganz leicht mit ihrer Religion und dem großen Gewicht, das sie dem Kirchgang beimaßen, in Einklang zu bringen war, aber Sie müssen sich nur die Größe viktorianischer Familien ansehen, um zu wissen, dass sie etwas über die Tatsachen des Lebens wussten.

Prostitution und durch Geschlechtsverkehr übertragene Krankheiten waren ein riesiges Problem im viktorianischen Britannien. Die Regierung raufte sich die Haare über die hohen Zahlen von Geschlechtskrankheiten in der Armee und der Marine und verabschiedete 1864 die äußerst umstrittenen _Contagious Diseases Acts_ (dt. Gesetze über ansteckende Krankheiten), die die Polizei ermächtigten, jede Frau, die sich in der Nähe der Baracken oder der Hafenanlagen aufhielt, zu untersuchen, ob sie Prostituierte war oder nicht.

Die von viktorianischen Frauen getragenen Korsetts und Mieder waren so geschnitten, dass sie den Körper maximal erotisch zur Wirkung brachten. Krinolinen (Reifröcke) stellten eine Art exklusive Zone dar, wo Männer nichts zu suchen hatten, aber sie trugen sie oft mit schulterfreien Oberteilen, die Männer ermutigten, es doch mal zu probieren. Tatsächlich waren die Viktorianer so scharf auf Sex, dass sie sich über die Leute amüsierten, die sie für verklemmter hielten. Wie die Amerikaner zum Beispiel, von denen sie glaubten, sie hätten so viel Angst vor Sex, dass sie ihre Stuhl- und Klavierbeine bedeckten, damit sie nicht zu aufreizend sind. Dies traf auch auf die Amerikaner nicht zu. (Auf die Kanadier, vielleicht...)

Waren die Viktorianer wirklich so religiös?

Die Viktorianer nahmen ihre Religion eindeutig sehr ernst. Sehen Sie sich all die Kirchen an, die sie errichteten, die Choräle, die sie schrieben, die Gebetsbücher, die sie mit sich trugen. Denken Sie an die Heilsarmee und die _Barchester Towers_ und all die Missionare in Afrika. Wenn die Viktorianer nicht religiös waren, was waren sie dann? 1851 ordnete das Parlament eine religiöse Volkszählung in England und Wales an und zählte jeden, der an diesem Sonntag in der Kirche war. Die Zahl war so niedrig – über fünf Millionen Menschen gingen nicht in die Kirche –, dass sie nie wieder eine weitere Erhebung durchführten.

Die meisten Viktorianer nahmen, was in der Bibel stand, wörtlich und die Kirchen unterhielten Sonntagsschulen für Kinder und Missionshäuser für die Armen. Evangelikale Christen führten Kampagnen gegen Alkohol im Inland und für die Abschaffung der Sklaverei im Ausland durch. Anglikanische Kirchenleute leiteten die besten Schulen und alle Colleges von Oxford und Cambridge. Die Kirche von England schien fast so wichtig und mächtig zu sein wie das Parlament selbst – aber sie war es aus einer Reihe von Gründen nicht. Erstens gab es viele andere Kirchen. Nichtanglikanische Kirchen waren sehr verbreitet, vor allem in Wales und dem Norden Englands und 1850 etablierte die Katholische Kirche wieder ihr Netzwerk von Bischöfen und Diözesen in England und Wales. Viele Arbeiter gingen lieber in nichtanglikanische Kirchen oder in die Messe als in die Kirche von England. Zweitens verbreitete sich die Wissenschafts- und Technologiegläubigkeit. 1851 fand die Große Weltausstellung statt, die Wissenschaft und Technologie feierte, und 1859 ging Darwins _The Origin of Species_ in Druck. Neue universitäre

Colleges schossen aus dem Boden, die nicht von der Kirche von England geleitet wurden, und ab 1870 gab es ein ganzes Netzwerk von Schulen, in denen religiöse Erziehung optional war.

Unterdrückten die Viktorianer Frauen?

Wir neigen dazu, uns das viktorianische Britannien als einen von Männern dominierten Ort vorzustellen, wo der Ehemann und Vater (es gibt einen wirklich schicken Namen für ihn – *pater familias*) von seiner wichtigen Arbeit in der Stadt nach Hause kommt, sich seine Rockschöße am Feuer stehend wärmt, während seine Frau näht und »Ja, Liebling« sagt und man seine Kinder sieht, aber nicht hört und er sich nach dem Essen in seinen Club zurückzieht. Und um fair zu sein, entspricht dieses Bild dem, wie die Viktorianer sich gerne selbst sahen. Aber die Beziehung zwischen Männern und Frauen war nie ganz so einfach.

Rechtlich zum Beispiel wurde eine Frau bis 1870 Eigentum ihres Mannes, sobald sie heirateten. Aber betrachtet man die große Zahl an rechtlichen Arrangements, die es zwischen Ehemännern und Ehefrauen gab, war dies eher eine rechtliche Formfrage denn Realität im täglichen Leben. Nichtsdestotrotz gab es enorm viele männliche Vorurteile und einige Frauen mussten einen schweren Kampf fechten, um zu »männlichen« Professionen zugelassen zu werden. Die ersten Colleges für Frauen in Cambridge öffneten 1875, aber Frauen durften immer noch nicht einen vollständigen Universitätsabschluss erwerben. Als Sophia Jex-Blake versuchte, in Edinburgh Medizin zu studieren, wandten die Professoren jeden rechtlichen Trick an, den sie finden konnten, um sie davon abzuhalten und die Studenten verprügelten sie regelrecht. Nichtsdestotrotz gewann Sophia und sie erhielt ernorm viel Unterstützung sowohl von Frauen als auch Männern. Gegen Ende des Jahrhunderts arbeiteten junge Frauen in Büros, Kaufhäusern und Telefonvermittlungen. Sie konnten sogar wählen und bei jeder Art von Wahl gewählt werden, außer der fürs Parlament, und es wurden viele Schritte unternommen, um dies zu ändern, der Erfolg stellte sich aber erst 1918 ein, als die Frauen endlich das Recht zur Wahl ins Parlament erhielten (mehr zu dem langen Kampf der Frauen für das Frauenwahlrecht, siehe Kapitel 20).

Die Dinge werden besser

Die Viktorianer glaubten fest an den Fortschritt und die Briten machten langsam, aber sicher die Welt zu einem besseren Platz zum Leben. Einige dieser Verbesserungen waren das Ergebnis von Reformen der Arbeitsstunden, die ein Arbeiter leisten durfte, und dem Tiefgang, den Schiffe im Wasser haben durften, aber ein Großteil des Fortschritts kam durch Wissenschaft und Technik. Und Britannien stand mit an der Spitze dieser Entwicklung.

Die Große Weltausstellung im Kristallpalast

Wir werden nie so etwas wie die Große Weltausstellung von 1851 zu Gesicht bekommen. Viele internationale Ausstellungen sind seither auf die Beine gestellt worden – der Eiffelturm blieb von der Pariser Ausstellung 1889 übrig –, aber sie waren alle ein müder Abklatsch des Originals. Die Große Weltausstellung fand in einem prächtigen Palast aus Glas, den sogenannten Kristallpalast, statt, einem riesigen Gewächshaus, das von Joseph Paxton entworfen wurde, der verantwortlich für die Gärten von Chatsworth House war. Die Ausstellung war eine Art Glaubensbekenntnis, was die Menschheit erreichen könnte, von der Schwerindustrie bis zu den letzten Haushaltsgeräten, und sie war phänomenal populär. Menschen aus dem ganzen Land kamen, um die Wunderwerke der Technologie zu bestaunen. Die Ausstellung umfasste überwältigende Exponate aus der ganzen Welt, aber über die Hälfte der Ausstellungsgegenstände kamen von britischen Designern und britischen Ingenieuren. Wenn die Viktorianer an Britannien glaubten, dann konnte man hier leicht erkennen, warum.

Zwei Giganten: Brunel und Darwin

Wenn ein Mann es je verdient hat, für modernste Erfindungen in Erinnerung zu bleiben, war es Isambard Kingdom Brunel (1806–1859). Der Mann war ein technisches Genie. Er baute den *Great Western Railway* von London nach Bristol und entwarf jedes Detail von den Brücken und Tunneln bis zu der Verzierung der Stationen. Er erbaute eine große Glaskathedrale von einer Bahnstation in Paddington und eine Art Eisenbahnstation-mit-Gemeindekirche am Endbahnhof Bristol. Seine Clifton-Hängebrücke über den Fluss Avon bietet immer noch einen der schönsten Anblicke Englands. Er entwarf die *Great Britain*, das erste Dampfschiff, das regelmäßig den Atlantik überquerte, die *Great Western* und die riesige *Great Eastern* – ein gewaltiges Monster von einem Schiff, das größte der Welt. Aus Versehen verschluckte er eine Münze (während eines Zaubertricks für seine Kinder, der schiefging), sie blieb in seiner Speiseröhre stecken und er entwarf ganz schnell eine spezielle Einen-sich-verschluckenden-Mann-umdrehende-und-Münzen-rausschüttelnde-Maschine. Und sie funktionierte ebenfalls. Brunel setzte nicht immer seinen Kopf durch. Er wollte, dass seine Eisenbahnen auf breiteren Schienen fuhren, aber die anderen Eisenbahngesellschaften besiegten ihn: Jeder seither entgleiste Zug ist eine Erinnerung daran, dass Brunel recht hatte.

Charles Darwin (1809–1882) hatte nie die Absicht, Wissenschaftler zu werden. Er studierte Theologie in Cambridge, auch wenn er kein Priester werden wollte. Er schloss sich der *HMS Beagle* auf ihrer Weltreise 1831 an, um dem Kapitän Gesellschaft zu leisten und er sammelte Tiere und Pflanzen als Hobby, um sich die Zeit zu vertreiben. Erst als er anfing seine Exemplare zu klassifizieren, begann er über die Entstehung der Arten nachzudenken. Es dauerte Jahre bis er seine Ideen zu Papier gebracht hatte und er beeilte sich erst 1859 damit, in den Druck zu gehen, als jemand anderes im Begriff war, ein Buch zu veröffentlichen, in dem mehr oder weniger das Gleiche stand. Die meisten Wissenschaftler waren sich hinsichtlich der Evolution einig: Darwin war lediglich der erste, der von natürlicher Auslese sprach, wie unterschiedliche Arten sich ihrer Umwelt anpassen, und dass nur die stärksten überleben. Darwin hatte aber Angst, dass seine Ideen einen Sturm der Empörung auslösen könnten, und er hatte recht. Die Kirche war in heller Aufruhr und behauptete, Darwin stelle die Schöpfungsgeschichte, wie sie das Buch Genesis erzählt, infrage, obwohl Darwins Buch gar nichts über den Ursprung der Menschen sagt. Kirchenführer beschuldigten ihn, der Antichrist zu sein. »Hat es etwas mit der Großmutter oder mit dem Großvater zu tun, dass Herr Darwin behauptet vom Affen abzustammen?«, fragte ein Bischof sarkastisch, aber die Kirche kämpfte einen verlorenen Kampf: Nach und nach stellte sich die Öffentlichkeit in Britannien hinter Darwin und seine Ideen.

Literarische Betrachtungen

Dickens, Thackerey, Trollope, Thomas Hardy, Charlotte Brontë, Emily Brontë, Anne Brontë, George Eliot, Mrs. Gaskell – soll ich fortfahren? Sie alle waren viktorianische Schriftsteller. Aber nicht nur die Autoren waren von Bedeutung: auch die Leser. Die Viktorianer waren besessene, zwanghafte Leser. Ihre Zeitungen und Zeitschriften, sogar die für Kinder, wurden in dicht beschriebenen Spalten gedruckt und die Leute lasen sie eifrig. Haben Sie sich je gewundert, warum viktorianische Romane so lang sind? Weil sie als monatliche Serien in Zeitschriften erschienen und die Autoren nach Zeilenlänge bezahlt wurden. Das Publikum liebte Sensations- und Kriminalgeschichten; Sherlock Holmes und Dracula waren beide viktorianische Schöpfungen. Sie liebten Rührseligkeit und Romanzen – wie *Jane Eyre* oder Tennysons Gedichte auf König Arthur. Sie lasen Predigten und Wissenschaft ebenso wie Romane – ein britischer Kommandant las, während er die chinesische kaiserliche Armee in die Luft sprengen ließ, zwischendurch Darwin und Trollope. Vor allem aber genossen die Viktorianer Romane mit einer guten Handlung, viel Spannung und starken Charakteren. Sie wurden als die Seifenopern ihrer Zeit bezeichnet. Das waren sie aber nicht. Sie waren besser.

Die Sonne geht nie unter – aber sie scheint auch nicht

19

In diesem Kapitel

▶ Unbeabsichtigte Schaffung eines Imperiums:
Wie die Briten es machten

▶ Der Aufbau eines Imperiums in Amerika, Indien, Australien,
Neuseeland, China und Afrika

▶ Erfahren Sie, was in Indien und Südafrika schiefging

---

*E*in Historiker sagte einmal, die Briten hätten ihr Imperium in »einem Anfall von Geistesabwesenheit« bekommen, so als ob sie eines Tages einkaufen gegangen und mit einem riesigen Imperium zurückgekommen seien, ohne irgendeine Erinnerung daran, es gekauft zu haben. Der Punkt ist, dass sich nie jemand hingesetzt und gesagt hat, »Gut, dann dieses Imperium. Welche Teile der Welt brauchen wir dafür?« Der Aufbau des Imperiums erfolgte sehr viel zufälliger, und die Briten opponierten oft dagegen. Schließlich muss man, wenn man irgendein Gebiet erobert, es auch verteidigen und erhalten und das kostet Geld. Und letztendlich war Geld eines der Hauptdinge, um die es bei dem britischen Imperialismus ging.

Abbildung 19.1 zeigt das Imperium auf dem Höhepunkt seiner Expansion 1920. Viele der Länder, die zum Imperium in dieser Zeit dazugehörten, wurden Deutschland am Ende des Großen Krieges abgenommen (siehe Teil VI, um mehr über die Spätphase des Imperiums zu erfahren); andere Länder – wie die amerikanischen Kolonien – wären auf einer früheren Karte vorgekommen, waren aber zu dieser Zeit schon lange unabhängig (siehe Kapitel 17, um die Gründe zu erfahren).

Jeder, der heute über das britische Empire schreibt, hat ein Problem. Auf der einen Seite war das Ganze eine haarsträubende Geschichte von Gier, Grausamkeit, Massakern, Genozid, Diebstahl und ziemlich zynischem Eigeninteresse der weißen Europäer, die die schwächeren Völker auf der ganzen Welt ausbeuteten. Auf der anderen Seite war das Imperium auch eine Geschichte hoher Erwartungen und Träume, von enormer Energie und Unternehmungsgeist, von Menschen, die wirklich glaubten, die Welt zu einem besseren Ort zu machen und den weniger Glücklichen zu helfen, sich selbst zu helfen. Das britische Weltreich verbreitete den enormen technologischen und politischen Vorsprung auf dem ganzen Globus, aber es tat es zu einem schrecklichen Preis und beschämenden menschlichen Kosten und Leid. Für Historiker ist es schwierig, das richtige Gleichgewicht in dieser Geschichte zu finden.

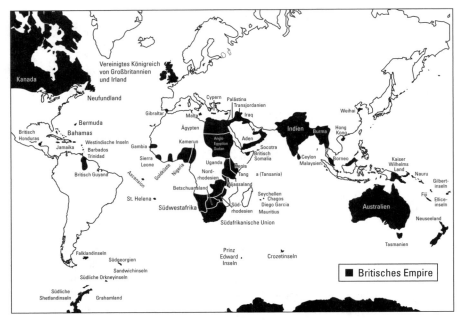

Abbildung 19.1: Das Britische Weltreich 1920

Eine neue Weltordnung

Um zu verstehen, wie das britische Weltreich entstand, müssen Sie bis ins 16. Jahrhundert und die Zeit der Tudors zurückgehen – Wams, Kniehose und Männer mit Spitzendeckchen um den Hals (siehe Teil IV, um mehr über diese Leute zu erfahren). Ein italienischer Matrose namens Giovanni Caboto kam an den Hof von König Heinrich VII. Ob der König Interesse hätte, das Geld für eine Reise in die Neue Welt lockerzumachen? Nun, einige Jahre zuvor hatte König Heinrich Kolumbus abgewiesen und er wollte denselben Fehler nicht noch einmal machen. Also sagte er Ja und John Cabot – die Engländer kamen mit seinem richtigen Namen nicht zurecht – segelte nach Westen bis er auf »Neu-fund-land« stieß. Er wusste es nicht, aber er hatte zugleich das britische Weltreich begründet.

Neufundland erwies sich reich an Fisch, was ein einträgliches Geschäft zu dieser Zeit war – Fleisch war an Freitagen oder in der Fastenzeit verboten, also war die Nachfrage hoch –, aber was die Engländer wirklich wollten, war in den hochprofitablen Gewürzhandel mit dem Osten einsteigen, und um das zu tun, mussten sie über die Neue Welt hinaus nach Asien gelangen, wenn sie nur einen Weg dorthin finden könnten. Aber sie konnten es nicht. Eine Gruppe versuchte sich, während der Regentschaft von Heinrich VIII., in der Neuen Welt niederzulassen, aber sie fand dort so wenig Nahrung, dass sie sich gegenseitig aufaßen. Im Zeitalter von Elisabeth I. hatten die Engländer daher einen besseren Weg gefunden, zu Geld zu kommen: Raub.

Das imperiale Spanien war *die* Supermacht der Welt, teilweise dank seiner südamerikanischen Gold- und Silberminen. Die Spanier zwangen die Einwohner, es abzubauen, und verschifften es dann nach Spanien. Die Engländer überfielen diese Schiffe einfach (siehe Kapitel 11, um mehr über die englischen Piraten herauszufinden, den sogenannten »sea dogs«).

Kolonien in der Neuen Welt

Während der Regentschaft von Elisabeth I. (1558–1603) machten die Engländer einen zweiten Anlauf, Kolonien in Amerika zu errichten.

Im Jahr 1584 fand Sir Walter Raleigh einen Ort bei Roanoke in Virginia (benannt nach Elisabeth, der »Jungfräulichen Königin« oder englisch »Virgin Queen«), aber die Kolonie überdauerte nur ein Jahr. Als eine zweite Kolonie 1607 in Jamestown gegründet wurde, brachte die Antiraucherkampagne von König Jakob I. (engl. King James) die Nachfrage nach Tabak zum Erliegen. Virginia brach zusammen. Außerdem versuchten die Kolonisten, die eingeborenen Stämme zu betrügen, also massakrierten sie die Siedler.

Das Scheitern der Kolonien in Virginia wäre das Ende der Geschichte des britischen Kolonialismus gewesen, hätte es da nicht all die religiösen Auseinandersetzungen zu Hause in England gegeben. (Werfen Sie einen Blick in Kapitel 13, um zu erfahren, worum es dabei ging.) Die Pilgerväter, die berühmtesten Glaubensflüchtlinge der Geschichte, mieteten die *Mayflower* 1620 und segelten in die Neue Welt, landeten in Massachusetts und gründeten eine weitere Kolonie. Dass diese Gruppe den ersten Winter überlebte, war eine Art Wunder – und ausschließlich den Eingeborenenstämmen zu verdanken, die kamen und ihnen halfen. 1630 führte John Winthrop eine weitere Gruppe Puritaner nach Massachusetts und zwei Jahre später kamen katholische Kolonisten nach Maryland. Die Schotten beschlossen, sich mit einer schottischen Kolonie in einem Landstrich zu beteiligen, den sie Nova Scotia (Neues Schottland) nannten, und dies hätte funktionieren können, wäre da nicht die Politik gewesen: Karl I. verlor einen Krieg mit Frankreich und als Teil der Friedensvereinbarung stimmte er zu, Nova Scotia den Franzosen zu übergeben.

Gegen Ende des Jahrhunderts hatten die Engländer genügend Kolonien in der Neuen Welt, um es mit den Franzosen und den Spaniern aufnehmen zu können.

Zuckersüß und hundsgemein

Zu Anfang wussten die Engländer nicht wirklich, warum sie die Kolonien wollten. Als die Regierung die Pilgerväter fragte, was sie in der Neuen Welt nach ihrer Ankunft machen wollten, schauten die Pilgerväter etwas betreten und murmelten etwas von ein bisschen fischen.

Sobald die Engländer die Neue Welt erreichten, fanden sie natürlich alle Arten von nützlichen Dingen, die sie verkaufen konnten. Sie fanden Pelze – europäische Winter wurden damals sehr viel kälter, sodass diese äußerst willkommen waren – Tabak, Fisch und Kartoffeln. Aber der König aller Produkte, der Pfundzeichen in den Augen der Händler aufblitzen ließ, das eine, das wirklich bedeutsam war, war Zucker.

Zucker machte all die Mühen der Kolonisation lohnenswert. Man konnte ihn essen, formen, zum Süßen verwenden, von allem möglichen von Kuchen bis Getränken, und Zucker schmeckte gut! Aber den Zucker zu ernten, war schwere Arbeit – was der Grund dafür war, dass dieses britische Reich in der Neuen Welt sich so stark auf die Sklaverei stützte. Um die schmutzige Verbindung zwischen Zucker und dem Sklavenhandel zu erkennen, siehe Kapitel 16. Der entscheidende Faktor, den es hier zu wissen gilt, ist, dass Zucker die Inseln reich machte, sogar so reich, dass die Briten ernsthaft erwogen, Kanada den Franzosen zurückzugeben im Tausch für eine einzige Zuckerinsel in der Karibik. Selbst Häfen, die nie einen einzigen Sklaven sahen, verdienten am Sklavenhandel. Bristol und Liverpool waren kleine Küstenstädte: Der Sklavenhandel machte sie zu den reichsten Häfen Britanniens.

 Nach vielen Jahren des Streits über den Sklavenhandel verboten die Briten ihn schließlich 1807, und 1833 wurde die Sklaverei im ganzen britischen Weltreich verboten. Bis dahin hatten sie einen Weg gefunden, Zuckerrüben zu Hause anzubauen, sodass ohnehin weniger Bedarf für Sklavenarbeit in den karibischen Kolonien bestand.

Der Verlust Indiens

Die Geschichte der Briten in Indien beginnt am allerletzten Tag des 16. Jahrhunderts, als eine Gruppe von Händlern sich in London traf, um die Ostindien-Kompanie zur Abwicklung des Handels mit dem Osten zu gründen. Der erste Engländer, der loszog, Sir Thomas Roe, handelte ein sehr gutes Abkommen mit dem Mogulkaiser aus, das den Engländern eine Handelsstation in Surat an der Westküste einbrachte. Dann heiratete König Karl II. (mehr zu ihm finden Sie in Kapitel 13) eine portugiesische Prinzessin namens Katharina von Braganza, und sie schenkte ihm zur Hochzeit den indischen Hafen Bombay (Mumbai)!

Nach und nach wurden die Engländer, wie die Franzosen und Portugiesen, die auch Handelsstationen in Indien hatten, in die gewalttätige und unvorhersehbare Welt der indischen Politik hineingezogen, was im Wesentlichen bedeutete, dass sie in einer Reihe sehr komplexer und blutiger Bürgerkriege Partei ergreifen mussten. Diese europäischen Handelsgesellschaften begannen, ihre eigenen bewaffneten Truppen unter der Führung europäischer Offiziere aufzustellen, und bis zum 18. Jahrhundert besaß die britische Ostindien-Kompanie eine richtige Armee, mit der sie der französischen Ostindien-Kompanie – und ihrer ausgewachsenen Armee – entgegentreten konnte. 1751 besiegte die Armee der britischen Kompanie unter ihrem ziemlich wilden jungen Kommandanten Robert Clive die Truppen der französischen Kompanie bei Arcot und vertrieb die Franzosen mehr oder weniger aus Südindien.

Das schwarze Loch von Kalkutta

1756 erreichten beunruhigende Nachrichten aus Bengalen die Briten: Der Nawab von Bengalen hatte die britische Garnison in seiner Hauptstadt Kalkutta angegriffen, sie besiegt und viele von ihnen gefangen genommen. Er sperrte sie über Nacht in einen kleinen Keller ein, aber die

Nacht war drückend heiß und morgens waren viele Gefangene gestorben. Dieser Keller wurde bekannt als das Schwarze Loch von Kalkutta.

Das »Schwarze Loch von Kalkutta« ist wichtig, weil es einer der Gründe war, den die Briten für die Eroberung Indiens anführten und britische Kinder lernten jahrelang, dass dieser Zwischenfall eine schreckliche Gräueltat gewesen sei und ein sicheres Zeichen dafür, dass man den Indern nicht trauen kann. Wie viele Menschen genau starben, ist umstritten. Die Briten behaupteten, dass 146 Männer eingesperrt gewesen seien und nur 23 überlebten, aber Historiker bestreiten dies und in jedem Fall ist es keinesfalls klar, ob diese Tode beabsichtigt waren. Wie so oft in der Geschichte ist es nicht so wichtig, was wirklich passierte, sondern was die Leute glaubten, was passiert sei. Die Briten waren überzeugt, dass der Nawab die Männer absichtlich getötet hatte und sie forderten Vergeltung. Und diese Rache bedeutete einen Regimewechsel in Bengalen.

Clive zog nach Norden und traf 1757 auf Nawab und seine französischen Alliierten bei Plassey. Clive hatte 3000 Männer, Briten und Inder; der Nawab hatte 68 000 bengalische und französische Soldaten. Stellen Sie sich dieses Verhältnis als 3 gegen 68 vor. Dennoch gewann Clive. Wie? Ganz einfach. Er mogelte (aber mal ganz ehrlich, wer kann es ihm bei einer derartigen Ungleichheit verübeln). Clive schloss ein geheimes Abkommen mit einem Verwandten des Nawab, Mir Jaffir. Wenn Mir Jaffir seine Truppen aus der Schlacht heraushalten würde, würden die Briten ihn auf den bengalischen Thron setzen. Was sie hinterher auch taten, auch wenn es ihm nicht viel brachte, auf dem Thron zu sein. Nach Plassey übergab der Mogulkaiser Bengalen den Briten, sodass Mir Jaffir nicht mehr als eine Marionette war, die vom britischen Gouverneur kontrolliert wurde. Er war der erste von vielen.

Die Schlacht Warren Hastings

Jeder wusste, was in der Ostindien-Kompanie vor sich ging: Dunkle Geschäfte, Schmiergelder und eine chaotische Buchführung. Um die 1770er Jahre herum war die Kompanie beinahe bankrott (wie Enron). Clive wurde nach England zurückgeschleppt, um sich dort wegen Korruptionsvorwürfen zu verantworten. Der Mann, der nach Indien entsandt wurde, um aufzuräumen, war Warren Hastings. Er hatte die indische Kultur und seine Sprachen studiert und er war ein sehr guter Administrator. Unglücklicherweise war Hastings auch jemand, mit dem schwer auszukommen war. Er war in erbitterte Auseinandersetzungen verwickelt mit dem Dreierrat, mit dem er zusammenarbeiten sollte, und verletzte sogar einen von ihnen in einem Duell, was nicht half. Während seiner Amtszeit traf Bengalen eine schreckliche Hungersnot, die fünf Millionen Menschen tötete – ein Drittel der gesamten Bevölkerung.

Hastings Feinde hatten Freunde in London und sie erreichten, dass er abberufen wurde und sich einer langen Liste von Anklagen stellen musste. Die Verhandlung fand im Parlament statt mit einigen der führenden Whig-Politiker als Leiter der Staatsanwaltschaft (siehe Kapitel 15, um mehr darüber zu erfahren, wer die Whigs waren). Das Verfahren zog sich Jahre hin. Schließlich wurde Hastings frei gesprochen, aber seine Karriere war ruiniert. Die Regierung entschied, dass es nicht gut sei, die Regierung Indiens einer privaten Kompanie zu überlassen, und begann nach und nach Indien selbst zu übernehmen.

Great game, great game!

Nach Warren Hastings (siehe den vorherigen Abschnitt) schlugen die Briten einen neuen Kurs gegenüber Indien ein. Statt zu versuchen, sich selbst den indischen Gebräuchen anzupassen, wollten sie die Inder zwingen, es so zu machen wie die Briten: britische Gesetze und britische Erziehung. Sie hörten auf, indische Sprachen und indische Geschichte zu lernen, und ließen sogar christliche Missionare in das Land. Aber die Briten waren besorgt, dass die Russen auch ins Land kommen könnten – wenn Sie auf eine Karte schauen, sehen Sie, dass die Idee nicht völlig albern war. Also schickten die Briten Spione und Geheimagenten an die nordwestliche Grenze, um ein Auge auf die Russen zu haben. Sie nannten diese Machenschaften das *Great Game* (dt. Großes Spiel). Indiens Nachbarn mussten in diesem Spiel mitspielen, ob sie es mochten oder nicht:

✔ **Afghanistan, 1839–42:** Die Briten hatten Angst, die Russen würden über Afghanistan in Indien einmarschieren, also schickten sie eine Armee nach Kabul und setzten ihren eigenen Mann ein, eine glücklose Person namens Schah Shuja. Die Afghanen erkannten die britische Marionette auf den ersten Blick. Sie begannen, britische Soldaten in Kabul zu erschießen, und übernahmen die Kontrolle über die engen Korridore durch die Berge, sodass den Briten der Weg abgeschnitten war. Als die Briten sich schließlich zurückzogen, schossen die Afghanen sie in Stücke. Dann machten sie das Gleiche mit Schah Shuja.

Invasionen Afghanistans haben die Angewohnheit, schrecklich daneben zu gehen. Die Briten setzten eine weitere Marionettenregierung 1878 ein und die Afghanen stürzten auch die. Die Briten mussten einen zweiten Afghanistan-Krieg beginnen und selbst nach diesem Konflikt erlangten sie nicht wirklich die Kontrolle über das Land. 1980 marschierte die Sowjetunion in Afghanistan ein und installierte eine pro-russische Regierung, aber nach acht Jahren Guerillakampf mussten auch sie abziehen. Die Amerikaner marschierten 2002 in Afghanistan ein als Vergeltung für die 9/11-Angriffe auf New York und Washington, die von dem afghanischen islamischen Regime der Taliban unterstützt worden waren. Genau wie die Briten im 19. Jahrhundert eroberten die Amerikaner das Land relativ leicht und fanden sich dann in einem noch größeren und erbitterten Guerillakrieg kämpfend wieder. Afghanistan ist ein Gebiet in der Welt, bei dem es sich lohnt, die Geschichte zu kennen!

✔ **Sind, 1843:** Der britische Kommandant Charles Napier eroberte den nordwestindischen Staat Sind im Grunde genommen, um Rache zu üben für das, was ein Jahr zuvor in Afghanistan passiert war. Sie könnten den Angriff eine unprovozierte Aggression nennen und hätten recht. Der Legende nach schickte er sogar eine Spaßbotschaft – *Peccavi!*, was im Lateinischen »Ich habe gesündigt« heißt. Kapiert?

✔ **Punjab:** Dieses Sikh-Königreich fiel ins Chaos nach dem Tod seines großen Herrschers Ranjit Singh. Die Sikhs drangen in britisches Territorium ein und nach zwei unglaublich blutigen Feldzügen (1845–46 und 1848–49) trieben die Briten sie zurück und übernahmen die Macht.

✔ **Burma:** Die Briten griffen Burma dreimal an (1824–26; 1852; 1885–86) und eroberten schließlich das ganze Land. Warum? Hauptsächlich, damit die Franzosen es nicht bekamen. Die Meinung der Burmesen spielte keine Rolle bei der Entscheidung.

Das ist Meuterei, Mr. Hindu!

Was, mögen Sie fragen, hielten die Inder von dem, was die Briten taten? Die Briten schienen sich kaum Gedanken zu machen. Sie gingen davon aus, dass die Inder zufrieden waren und alles in Butter war. Junge, irrten sie sich. 1857 erhob sich Indien in einer Revolte aus drei Hauptgründen:

✔ **Die »Verfall«-Regel** (*Lapse Rule*)**:** Dies war ein interessantes System, das die Briten für den Fall entwickelten, dass ein indischer Herrscher starb. Wenn es gemäß den britischen Regeln keine Erben gab, dann fiel die Nachfolge an Britannien – d. h. die Briten übernahmen die Macht. Die Tatsache, dass es den indischen Regeln zufolge einen indischen Nachfolger gab, zählte nicht!

✔ **Gefettete Patronen:** Indische Soldaten, Sepoys, erhielten neue Patronen, die mit Fett beschichtet waren. Gerüchten zufolge war das Fett entweder Rindertalg, den die Hindus nicht berühren durften, oder Schweinefett, das die Muslime nicht berühren durften. Was immer es in Wahrheit war, die Briten sagten den Sepoys, dass sie aufhören sollten zu meckern und die Munition zu benutzen hätten.

✔ **Eine alte Prophezeiung:** Einer alten Geschichte zufolge sollte die britische Herrschaft hundert Jahre nach der Schlacht von Plassey enden. Man schrieb gerade das Jahr 1857. Gespenstisch!

Im Jahr 1857 weigerten sich die Sepoys in Meerut in Nordindien, die Munition zu benutzen, töteten ihre Offiziere und begannen einen riesigen Aufstand gegen die britische Herrschaft. Sie schleiften den alten Mogulkaiser aus seinem glücklichen Ruhestand und sagten ihm, er solle sie führen; verschiedene indische Herrscher nutzten die Gelegenheit, um ihre Königreiche zurückzuerhalten; und die Briten fanden sich abgeschnitten in Städten wie Cawnpore (Kanpur) und Lucknow wieder.

Zweifellos war diese Rebellion sehr blutig. In Kanpur zerschnitten die Inder die Körper britischer Frauen und Kinder und warfen sie in einen Brunnen hinab.

Die Briten nähten gefangene Muslime in Schweinehäute ein, hängten Gefangene ohne irgendeine Form von Gerichtsverfahren an Bäumen auf, zwangen Inder, Blut vom Boden aufzulecken, und bedienten sich des alten indischen Brauchs, Gefangene an Kanonen zu binden und sie in Stücke zu sprengen. Anschließend waren beide Seiten zutiefst schockiert über die Gewalt. Die britische Regierung übernahm die Macht von der alten Ostindien-Kompanie vollständig und versuchte – sehr zögerlich – den Indern ein größeres Mitspracherecht in der Regierung des Landes zu geben. Die indische Meuterei, wie die Briten sie beharrlich nannten, war eine schreckliche Warnung, was passieren konnte, wenn sie Indien falsch regierten.

Cooks Reise: Australien und Neuseeland

Während die Briten damit beschäftigt waren, Indien zu erobern (siehe den vorherigen Abschnitt), ging weiter südlich eine ganz andere Form der Weltreichbildung vonstatten. Die Briten waren sehr stark an einer möglichen Nutzung exotischer Pflanzen interessiert und die Admiralität schickte Schiffe wie die *HMS Bounty* aus, sie zu finden. Wir alle wissen, was mit der *Bounty* passierte, aber Kapitän Cook auf der *HMS Endeavour* war sehr viel erfolgreicher. 1770 segelte er mit einer großen Sammlung von Pflanzen von einem Ort, den er Botany Bay genannt hatte (dem heutigen Neusüdwales in Australien), und beanspruchte ihn für Britannien, bevor er weiterzog, den restlichen Pazifik zu erkunden. Die Menschen, die wirklich in Botany Bay lebten, hatten versucht, Cook und seine Männer davon abzuhalten, an Land zu gehen. Und sie waren nicht die einzigen pazifischen Inselbewohner, die Gefahr witterten, als die Briten eintrafen – Cook wurde von den Inselbewohnern Hawaiis getötet – aber die Briten ließen sich von seiner Ermordung nicht aufhalten.

Die Briten waren es gewohnt, Gefangene in die amerikanischen Kolonien zu schicken – es war billiger, als sie in einem Gefängnis zu bewachen – aber nachdem Amerika unabhängig wurde, mussten sie sich nach einem anderen Ort umsehen. »Wie wär's mit Botany Bay« fragte ein Intelligenzbolzen. »Es ist auf der anderen Seite der Welt, sollten sie also überleben, so kommen sie wahrscheinlich nicht zurück.« Die erste Schiffsladung kam 1788 an.

Die Sträflinge wurden wie Tiere behandelt, obwohl das einzige Verbrechen, das einige von ihnen begangen hatten, war, einen Laib Brot gestohlen zu haben, um ihre Familie zu Hause zu ernähren. Als diese Gefangenen freigelassen wurden, verdrängten sie die Eingeborenen einfach von ihrem Land. Aber die Situation war viel, viel schlimmer in Tasmanien. Tasmanien ist eine kleine Insel mit vielen giftigen Schlangen, also glaubten die Briten, dies sei der ideale Platz, um ihre schlimmsten Kriminellen abzuladen. Diese *bushrangers*, wie man sie nannte, machten sich einen Spaß daraus, Eingeborene zu jagen – mit offizieller Ermutigung. Innerhalb von siebzig Jahren waren die Eingeborenen tot. Alle. Wenn Sie ein Beispiel für einen Genozid möchten, Britisch-Tasmanien ist ein guter Ausgangspunkt dafür.

Neuseeland entkam nicht. Die Maoris hatten mehr Glück als die Tasmanen – die Briten hatten die Gewohnheit, einige Völker als »edle Wilde« anzusehen, normalerweise ausgehend davon, wie gut sie kämpften, und sie waren der Meinung, die Maoris entsprächen den Anforderungen. Mit dem Vertrag von Waitangi von 1840 überließen die Maoris den Briten das Land und die Briten waren so nobel, sie nicht auszurotten. Stattdessen überschwemmten sie Neuseeland mit europäischen Siedlern und vertrieben die Maoris einfach von ihrem Land. Ein deprimierend vertrauter Vorgang, nicht wahr?

Opium? Sag einfach ja: China

Mit all den Kriegen, die die Briten fochten, um Land und Verbindungswege in der ganzen Welt zu sichern, könnte man zumindest so tun, als ob die Briten versuchten, den Handel oder gute Regierungen zu befördern oder etwas Derartiges. Aber selbst damals hatten nicht einmal die Briten selbst eine Entschuldigung für die Opiumkriege mit China.

Die Ostindien-Kompanie fand heraus, dass sie einen Haufen Geld mit dem Export von Opium nach China verdienen konnte, trotz all der Bemühungen der chinesischen Regierung, dies zu unterbinden. Als die Chinesen die Drogenschiffe und Lagerhäuser 1839 räumten, schickte der britische Außenminister Lord Palmerston (Palmerston und sein höchst origineller Ansatz, internationalen Frieden und Harmonie herzustellen, wird in Kapitel 18 behandelt) eine Kanonenbootflotte nach Kanton und eröffnete das Feuer. Die Chinesen mussten Hongkong aufgeben, ihre Zustimmung dazu geben, sich von den Briten so mit Opium vollpumpen zu lassen, wie die es wollten, und nie wieder ehrenwerte britische Drogenhändler zu stoppen. Aber die Chinesen versuchten trotzdem die Dealer aufzuhalten. 1856 nahmen die Chinesen ein britisches Schiff wegen Piraterie fest; die Briten marschierten erneut in China ein. Die Invasion war diesmal sogar noch leichter, weil in China Bürgerkrieg herrschte und die Briten die Franzosen auf ihrer Seite hatten. Sie nahmen Beijing ein und zwangen die Chinesen, ihre Häfen noch weiter für den britischen Handel zu öffnen.

Im 20. Jahrhundert nannten die Chinesen die Verträge aus dem 19. Jahrhundert die »ungleichen Verträge« und weigerten sich, sich länger durch sie gebunden zu fühlen. Diese Weigerung war es, die hinter der Entschlossenheit der chinesischen Regierung stand, Hongkong von den Briten 1997 zurückzubekommen – was sie taten.

Franklins Geschichte

Etwas, was die Briten nie aufgaben, war die Vorstellung, es müsse einen Weg in den Pazifik nördlich von Kanada geben. (Einen Weg gibt es tatsächlich, aber so hoch im nördlichen Polarkreis, dass er nicht der Mühe wert ist.) 1845 brach Sir John Franklin, ein Marinekommandant, Trafalgar Veteran und ehemaliger Gouverneur von Tasmanien, mit zwei Schiffen auf, der _HMS Erebus_ und _HMS Terror_, um die verdammte Nordwestpassage zu finden. Und vermutlich fand er die Passage, aber er kam nie zurück, um seine Geschichte zu erzählen. Die beiden Schiffe wurden im Eis eingeschlossen und die Männer versuchten über Land nach Hause zu kommen. Obwohl sie neu entwickelte Konservendosen dabei hatten, gelangte keiner von ihnen nach Hause. In den 1980er Jahren wurden einige der Leichen gefunden, durch die Kälte vollständig konserviert. Sie waren an einer von den Konservendosen herrührenden Bleivergiftung gestorben.

Weiter, noch weiter: Der Wettlauf um Afrika

Sie mögen dieses Detail dem bisher Gesagten nicht entnommen haben, aber bis zu den 1880ern waren die Briten nicht wirklich allzu interessiert daran, Kolonien zu bekommen. Sie kosteten sehr viel Geld ohne einen erkennbaren Ertrag zu bringen. Aber in den 1880er Jahren veränderte sich etwas. Plötzlich waren die Briten richtig erpicht auf ihr Weltreich. Sie mochten ihr Imperium nicht nur, sie glaubten daran. Sie begannen es »das Weltreich, über dem die Sonne nie untergeht«, zu nennen – ein Name mit zwei Bedeutungen: Erstens, das Weltreich erstreckt sich so weit um den Globus, dass die Sonne stets in einem Teil davon scheint, und zweitens, dass es ewig bestehen würde. Sie bezeichneten ihr Imperium als eine der größten Kräfte für das Gute, die die Welt je gesehen hat. Und sie begannen mehr und mehr Gebiete auf der Oberfläche der Erde einzunehmen, vor allem in Afrika.

 Lange Zeit wollten die Viktorianer nichts mit Afrika zu tun haben. Sie hielten Afrika für den »Dunklen Kontinent«, voller Urwald und Krankheiten und – nun das wusste niemand so genau. Der Mann, der die Volksmeinung über Afrika änderte war David Livingston, der schottische Arzt und Missionar, der zuerst 1841 dorthin ging. Jeder liebte es, seine Berichte zu lesen. Und man fing an zu träumen. Vielleicht gab es mehr in Afrika zu holen, als man geglaubt hatte? Gold? Oder Diamanten? Oder Macht …?

Dr. Livingston, vermute ich?

In einer Geschichte mit herzlich wenig Helden ragt David Livingston als einer der Guten heraus. Jeder mochte ihn – außer den Sklavenhändlern. Er war Arzt und Missionar und er kam nach Afrika, um das Evangelium zu verbreiten, die Kranken zu heilen und ein bisschen mehr über den Ort herauszufinden. Er schaffte alles drei. Anders als die Leute, die nach ihm kamen, respektierte Livingston die Afrikaner und wollte ihre Lebensweise nicht zerrütten. Es gibt eine Erzählung, der zufolge er eines Tages zwei Diamanten fand, sie aber wegwarf, weil er wusste, was passieren würde, wenn andere sie fänden. Er wäre entsetzt gewesen, hätte er vorhersehen können, was aufgrund seiner Berichte passieren würde. Er erhielt einen Vorgeschmack von den künftigen Ereignissen, als er Henry Morton Stanley traf, den Waliser, den der _New York Herald_ losgeschickt hatte, »Livingston zu finden«. (Livingston war nicht wirklich verschollen; jeder wollte nur wissen, wo er war.) Stanley war ein fürchterlicher Mensch, unehrlich und noch dazu Sadist – es ist schwierig, sich jemanden vorzustellen, der ungeeigneter ist, mit Livingston zusammenzuarbeiten. Livingston starb, von allen geliebt, und wurde in der Westminster Abbey beigesetzt; Stanley zog aus, König Leopold von Belgien zu helfen, eine brutale Tyrannei im Kongo zu errichten. Er wurde in den (britischen) Ritterstand erhoben.

Zulu!

Okay, Sie haben Michael Caine und den galanten Waliser gesehen, wie sie eine ganze Zulu-Armee aufhalten – Tausende von ihnen. Aber was geschah wirklich? Die Geschichte handelt von zwei Imperien, einem britischen und einem Zulu-Imperium. Die Briten tauchen in der südafrikanischen Geschichte auf, als sie das Kap der Guten Hoffnung – das ist die Spitze von Südafrika – 1795 den Holländern während der französischen Revolutionskriege wegnahmen (siehe Kapitel 17, um herauszufinden, worum es in diesen Kriegen ging). Das Kap der Guten Hoffnung war ein so nützlicher Stützpunkt, auf halber Strecke zwischen Britannien und Indien, dass die Briten entschieden, es zu behalten. Den Holländern gefiel es gar nicht, das Kap zu verlieren und noch weniger gefiel ihnen, dass die Briten die Sklaverei 1833 abschafften. Die Holländer lebten von der Sklaverei. Also schulterten sie ihre Stöcke und gingen auf den Großen Treck, um von den Briten wegzukommen und neue Afrikaner zu finden, die sie versklaven konnten.

Die Holländer errichteten zwei Staaten, Transvaal und den Oranjefreistaat; während die Briten zurückblieben und überlegten: »Wäre es nicht eine gute Idee, wenn wir die holländischen Gebiete erobern könnten?«, aber nichts unternahmen. Noch nicht.

In der Zwischenzeit ließ es sich ein kleiner, lokaler Stamm, die Zulus, unter seinem – sollen wir sagen, völlig skrupellosen? – König Shaka gut gehen und errichtete ein großes Imperium, das sogar die Holländer nervös machte. 1879 baten die Holländer die Briten um Hilfe und der britische Gouverneur der Kapkolonie, Sir Bartle Frere, ließ sich einen gewieften Plan einfallen. »Warum sollten wir nicht den Holländern helfen, indem wir einen Streit mit den Zulus anfangen (die keinerlei Streitigkeiten mit den Briten hatten) und sie auslöschen? Die Holländer werden so dankbar sein, dass sie gar nicht bemerken, wenn wir zugleich ihr Land erobern.« Kein großer Vertreter der Moralphilosophie, dieser Sir Bartle Frere. Daher marschierte 1879, ohne irgendeine Provokation, eine britische Armee unter Lord Chelmsford im Zululand ein. Und stieß unverzüglich auf Ärger.

Die Zulu löschten eine ganze britische Armeekolonne in Isandhlwana aus. Die Briten hatten Gewehre, aber sie konnten die Munitionskisten nicht öffnen, weil sie nicht die richtigen Schraubenschlüssel mitgebracht hatten! Die Zulu griffen als Nächstes den kleinen Stützpunkt in Rorke's Drift an – die Schlacht, die in dem Film *Zulu* nachgestellt wurde, und, ja, die Waliser hielten sie auf, jedoch durch Gewehrfeuer statt durch die geballte walisische männliche Sangeskraft (auch wenn diese Taktik genauso gut gewesen wäre). Bartle Freres kleiner Plan ging gründlich schief.

Letztendlich gewannen die Briten: Selbst Lord Chelmsford konnte nicht ganze Feldzüge mit Gewehren und Kanonen gegen Speere und Schilder verlieren. Aber Schlimmeres sollte erst noch kommen.

Die wilden Buren

Zwei Jahre später marschierten die Briten in die zwei holländischen Republiken ein (siehe den vorherigen Abschnitt). Sie dachten, dass die holländischen Buren (Bauern) nur zu dankbar für britischen Schutz wären, aber sie waren es nicht. Sie wehrten sich und diese Bauern erwiesen sich als tödlich genaue Scharfschützen: Sie schlachteten die Briten in der Schlacht am Majuba Hill ab. Die Briten zogen sich so schnell sie laufen konnten aus Transvaal zurück. (Zur zweiten Runde dieser anglo-burischen Kriege, siehe den Abschnitt »Der zweite Burenkrieg: Eine verdammte Lektion und ein verdammter Schock« später in diesem Kapitel.)

Eins für dich und zwei für mich: Die Aufteilung Afrikas

Nachdem die Zulus und die Buren sie vernichtend geschlagen hatten, sollte man meinen, dass die Briten genug von Afrika hatten, aber dem war nicht so. Innerhalb eines Jahres waren sie zurück, diesmal in Ägypten. Ägypten war wichtig für Britannien wegen des Suezkanals – dem kürzesten Weg zu Britanniens Kolonien in Indien und im Fernen Osten. Der Kanal wurde von den französischen und britischen Regierungen kontrolliert. Und dies galt de facto auch für Ägypten, was der Grund dafür war, dass eine »Ägypten-den-Ägyptern«-Bewegung in Gang kam. Darum schickte ausgerechnet Gladstone (siehe Kapitel 18, um zu verstehen, warum dieses Detail so überraschend ist) militärische Truppen unter Sir Garnet Wolseley, um mit den Aufständischen fertig zu werden. Was er tat, auch wenn die Briten nun entdeckten, dass sie alle Probleme Ägyptens am Hals hatten, ob sie das mochten oder nicht.

Khartumer Kapriolen

Ägyptens größtes Problem war der Sudan, der von Ägypten beherrscht wurde, dies aber nicht wollte. Im Sudan fand gerade ein großer Aufstand muslimischer Fundamentalisten unter der Führung des Mahdi (einer Art muslimischen Messias) statt. Die Regierung in Kairo schickte Truppen in den Sudan, um sich des Mahdis anzunehmen. Ihr Anführer war ein britischer Offizier namens Hicks, aber Hicks und seine Männer wurden ausgelöscht (dies wurde zur Gewohnheit). Gladstone entschied, dass sich genug militärische Desaster in Afrika ereignet hätten und dass es am besten wäre, wenn Kairo (das nun von London kontrolliert wurde, vergessen Sie das nicht) sich ganz aus dem Sudan zurückziehen würde. Einige ägyptische Staatsangestellte und Europäer residierten noch in der sudanesischen Hauptstadt Khartum, sodass Gladstone 1884 General George Gordon schickte, um sie rauszuholen. Schlechte Wahl.

Gordon war ein weiterer religiöser Fanatiker, diesmal ein christlicher. Er wollte ein Kräftemessen mit dem Mahdi, sodass er, statt Khartum zu evakuieren, es befestigte. Er hatte nicht genug Truppen, hoffte jedoch, Gladstone würde ihm welche schicken. Gladstone war der Auffassung, dass Gordon sich an seine Anweisungen hätte halten müssen und weigerte sich, ihm Verstärkung zu schicken – obwohl die Presse und die Königin ihn anschrien, dies zu tun. Schließlich gab er nach und schickte eine Streitkraft nach Khartum, aber zu spät: Der Mahdi hatte bereits Khartum eingenommen und Gordon war tot. Die öffentliche Meinung in Britannien war erbost (sie änderten Gladstones Spitznamen G.O.M. – Grand Old Man – in M.O.G. – Murderer of Gordon – Mörder von Gordon), aber Gladstone war der Meinung, dass dieses Schicksal Gordon zu Recht widerfahren war.

Die anderen Länder in Europa sahen nicht ein, warum Britannien alleine Spaß in Afrika haben sollte. Also begannen die Franzosen die Kontrolle über Nord- und Westafrika zu übernehmen; die Italiener rückten in Tripolis (Libyen) und Äthiopien ein (obwohl sie ziemlich fix wieder abzogen, als die Äthiopier sie schlugen) und die Deutschen rückten in Ostafrika ein. König Leopold von Belgien übernahm das gesamte Kongobecken als eine Art privater Landsitz und betrieb es wie ein riesiges Arbeitslager für Sklaven. Die Periode entwickelte sich zu einem verrückten Wettlauf – dem Wettlauf um Afrika.

 Die Briten mochten es natürlich nicht, dass alle diese Ausländer in »ihr« Gebiet vordrangen, und begannen folglich auch mehr Land zu besetzen. Manchmal gründeten sie Unternehmen, wie die *Royal Niger Companie*, die Nigeria schuf, indem sie gerade Linien direkt durch die Stammesgebiete auf einer Landkarte zog. Diese willkürliche Schaffung ist der Grund dafür, warum Nigeria in einem Bürgerkrieg 1967 zerbrach und warum Nigeria bis heute ein tief gespaltenes Land ist.

Cecil Rhodes, der kampfeslustige Premierminister der Kapkolonie träumte davon, eine Eisenbahn über das ganze britische Territorium zu führen »von Kairo bis zum Kap«; bedauerlicherweise hatten die Franzosen eine ähnliche Idee, nur dass sie wollten, dass das französische Territorium durch Afrika von West nach Ost geht. Einer musste nachgeben.

Willkommen am Ende der Welt

Der große Showdown zwischen den Briten und den Franzosen ereignete sich an einem winzigen Ort namens Fashoda im Sudan. In Fashoda gab es nichts. Niemand wollte es, vermutlich nicht einmal die Fashoder selbst. Aber 1898 geriet es in die Schlagzeilen, als es zum Treffpunkt zweier sehr unterschiedlicher Militärexpeditionen wurde:

✔ **der britischen, die von Nord nach Süd zog:** Eine große britische Armee unter General Hubert Kitchener hatte sich aufgemacht, den Sudan zu erobern und sich für das, was Gordon zugestoßen war, zu rächen (siehe den vorherigen Abschnitt »Khartumer Kapriolen«).

✔ **der französischen, die von West nach Ost zog:** Eine kleine französische Expeditionstruppe, bestehend aus Kapitän Jean-Baptiste Marchand, drei Trägern und einem Hund, aber mit einer großen französischen Flagge, hatte sich aufgemacht, den Sudan für Belle France zu reklamieren.

Kitcheners Männer hatten die Schlacht von Odurman gegen die Sudanesen gewonnen, weil sie sich vorsichtshalber mit Maschinengewehren eingedeckt hatten, um die Feinde in großer Zahl umzumähen. Gerade als sie im Begriff waren, sich zu ihrem Post-Massaker-Tee mit Gebäck hinzusetzen, traf der französische Major Marchand ein und teilte ihnen nach vielen Verbeugungen und Ehrbezeugungen mit sehr hoher Stimme mit, dass sie sich freundlicherweise von französischem Territorium wegzuscheren hätten – *Zut alors!* General Kitchener sagte dem kleinen Kerl, dass er seinen Mut bewundere, aber dass er 10 000 britische Truppen hinter sich habe, sowie eine große Zahl von Kanonen und dass er, falls Major Marchand nicht umkehre und ziemlich flott dorthin zurückginge, von wo er gekommen war, die Abdrücke seiner Stiefel in seinem Rücken zu spüren bekäme. »Das bedeutet Krieg!«, schäumte Major Marchand, während er sich hinsetzte und eine sehr förmliche Postkarte nach Paris schrieb. Und dieser Zwischenfall löste – kaum zu glauben – fast einen Krieg aus.

Die Franzosen nahmen die *l'affaire Fachoda* sehr ernst (und tun es immer noch). Als die Briten aufgehört hatten zu lachen, erinnerten sie die Franzosen behutsam daran, dass die Franzosen zu diesem Zeitpunkt nur einen Freund auf der Welt hatten, und zwar die Russen und die würden keinen Finger krümmen, um ihnen zu helfen. Die ganze Situation geriet aus den Fugen. Nein, meine Freunde, wenn es darum ging Kriege in Afrika zu kämpfen mit der ganzen Welt gegen sich, reichte keiner an die Briten heran. (Sie können diese britische Charakteristik in dem Abschnitt »Der zweite Burenkrieg: Eine verdammte Lektion und ein verdammter Schock«, später in diesem Kapitel noch einmal sehen.)

Die Kolonien werden erwachsen – so lange sie weiß sind

Wenn Sie das britische Volk im 19. Jahrhundert fragen würden, wofür ihr Weltreich gut sei, würden sie sagen, dass sie alle diese Menschen regierten, bis sie so weit seien, sich selbst zu regieren. Und wenn Sie fragen würden, wann es so weit sein könnte, würden sie freundlich auf die Kolonien hinweisen, die genau dies bereits taten:

✔ **Kanada:** Die französischen Kanadier konnten die Engländer nicht ausstehen, die Engländer konnten die Franzosen nicht ausstehen und das gesamte Gebiet musste im 18. Jahrhundert zweigeteilt werden. 1867 vertrugen sich alle wieder und es wurde ihnen gestattet, sich selbst zu regieren.

✔ **Australien:** Dort herrschte völliges Durcheinander, vor allem nach dem Goldrausch von 1851. Ordentliche Regierungen wurden in einem Staat nach dem anderen eingeführt, bis die *Aussies* 1901 bereit waren, sich selbst zu regieren. Zu dumm, dass wir ihnen Kricket spielen beigebracht haben. Vielleicht bringen sie's uns bei.

✔ **Neuseeland:** Die Wirtschaft läuft gut. Viele Schafe. Gold hat's dort auch. Noch mehr Schafe. 1907 sind sie bereit, sich selbst zu regieren. Habe ich die Schafe erwähnt?

Morant-Bay-Aufstand auf Jamaika

Jamaikas Wirtschaft brach zusammen, als Britannien die Sklaverei 1833 abschaffte und nicht überlegt hatte, was an ihre Stelle treten sollte. Bis in die 1860er Jahre hinein waren die Schwarzen auf Jamaika schrecklich arm und baten die Regierung, ihre Abgaben zu senken. Als die Regierung nein sagte, marschierte eine Gruppe von Frauen nach Kingston und steinigte einige Wachen. Dann brach die Hölle los. Ein schwerwiegender Aufstand ereignete sich, mit abscheulichen Grausamkeiten. Einem Mann wurde die Zunge herausgerissen, ein anderer wurde in ein brennendes Gebäude geworfen, ein dritter wurde buchstäblich in Stücke gehackt – und dann nahm Gouverneur Edward Eyre die Sache in die Hand.

Eyre brachte die Aufständischen zur Strecke und erschoss oder erhängte sie, ohne auch nur einmal innezuhalten und zu fragen, ob sie irgendetwas mit den Aufständen zu tun hätten. Er zwang die Aufständischen sogar, sich gegenseitig zu hängen. Er ließ tausend Häuser bis auf die Grundmauern niederbrennen und 600 Menschen auspeitschen, oft mit Drahtpeitschen. Er ging davon aus, dass der Ärger durch den Geistlichen G. W. Gordon ausgelöst wurde, einem Mitglied von Jamaikas Nationalversammlung – dem Parlament von Jamaika. Also ließ er ihn festnehmen und hängen und, nein, er machte sich nicht die Mühe eines Gerichtsverfahrens. Pastor Gordon war schwarz, müssen Sie wissen.

Was passierte mit Eyre? Er wurde entlassen und zurückberufen, um sich vor Gericht zu verantworten. Einige Leute hielten ihn für einen Mörder, andere für einen Helden. Das Gericht befand ihn für nicht schuldig. Und noch ein Letztes. Vor den Unruhen hatte Jamaika den Schwarzen zumindest das Wahlrecht gegeben. Nun verloren sie es. Die Abschaffung der Sklaverei hatte sich also kaum gelohnt, nicht wahr?

Wenn Sie zufälligerweise darauf hinweisen würden, dass dieser stetige Marsch in Richtung Selbstverwaltung ein wenig weiß aussah, würden Sie viel davon hören, dass natürlich schwarze Menschen noch nicht so weit waren und länger brauchten, um in der Lage zu sein, sich selbst zu verwalten, und dass es nicht ihrer Natur entsprach und so weiter und so fort. Und falls Sie weiter darauf beharren würden, würden Sie viel über die Aufstände in Jamaika erfahren, die für die Briten ein Beweis dafür waren, dass einige Völker (sprich Nicht-Weiße) der britischen Herrschaft (sprich britische Herrschaft der Weißen) in ihrem eigenen Interesse bedurften. Details zu den Ereignissen auf Jamaika finden Sie in dem Kasten »Morant-Bay-Aufstand auf Jamaika«.

Löwenbändiger

Viele Leute werden Ihnen sagen, die Briten hätten ihr Weltreich gewonnen, indem sie mit Kanonen und Maschinengewehren gegen Völker vorgingen, die nur mit Speeren und Knüppeln bewaffnet waren, aber diese Sichtweise ist keinesfalls immer zutreffend. In vielen Fällen – Indien ist ein Beispiel – hatten sie es mit Menschen zu tun, die so gut bewaffnet und trainiert waren wie sie. Es gab immer Menschen, die bereit waren, sich den Briten entgegenzustellen und ihnen zu sagen, dass sie sich zum Teufel scheren sollten.

Was ist mit den Iren?

Die Iren waren sehr rührig, wenn es um das Weltreich ging, aber sie sahen nicht ein, warum sie zu Hause wie eine Kolonie behandelt werden sollten. Trotz des *Act of Union* (siehe Kapitel 15, um zu erfahren, welche Tricks angewandt wurden, als *das* passierte), war Irland mehr oder weniger eine britische Kolonie mit Tausenden von irischen Pächtern, die von den Grundbesitzern in äußerster Armut gehalten wurden, die sich oftmals nicht einmal die Mühe machten zu kommen und ihre eigenen Güter zu besuchen. Also entschieden die Iren, Veränderungen einzuleiten.

Sie kämpften für ein faireres Abgabensystem – verstehen Sie, ein System, das keine Verhaftungen oder die Zerstörung ihrer Hütten durch die örtliche Polizei beinhaltete. Der Kampf wurde hässlich: die Grundbesitzer, die Pächter gewaltsam vertrieben, wurden boykottiert – vollständig gemieden, als ob sie die Pest hätten – und falls diese Taktik nicht funktionierte wurden sie oftmals erschossen. Gladstones Regierung gab der Polizei Sonderbefugnisse, Leute einzusperren, aber am Ende musste sich das Parlament mit der Abgabenfrage befassen und tat es ziemlich erfolgreich. (Wenn sie sich gleich zu Anfang damit befasst hätten, hätten sie allen viel Ärger erspart.)

Inzwischen hatten sich die Iren jedoch der Frage der *Home Rule* zugewandt, was nicht wirklich Unabhängigkeit bedeutete, aber hieß, dass sie das irische Parlament zurückbekommen wollten (siehe Kapitel 15 dazu, warum sie es überhaupt verloren haben). Der Führer der *Home Rule League*, der politischen Partei, die für die Home Rule für Irland eintrat, war ein irischer protestantischer Abgeordneter namens Charles Stuart Parnell (*Par*-nall ausgesprochen) und er wusste genau, wie er Premierminister William Gladstone zur Weißglut bringen konnte. Er behinderte die Arbeit des Parlaments, indem er stundenlang redete (und wenn sein Hals versagte, übernahm ein anderer irischer Abgeordneter), bis er Gladstone gezwungen hatte, etwas für die Home Rule zu unternehmen. Parnells eigene Rolle kam zum Stillstand, als seine Liebesaffäre mit Kitty O'Shea – eh, Frau Kitty O'Shea – öffentlich bekannt wurde, aber zu diesem Zeitpunkt hatte Gladstone bereits entschieden, dass er schon immer überzeugter Anhänger der Home Rule gewesen sei. Bedauerlicherweise war das Parlament nicht einverstanden: Gladstone spaltete seine Partei und 1886 wurde sein Home Rule Gesetz abgelehnt. Die Iren mussten noch auf ihre autonome Selbstverwaltung warten.

Der zweite Burenkrieg: Eine verdammte Lektion und ein verdammter Schock

Die Burenrepubliken in Südafrika (siehe den früheren Abschnitt: »Weiter, noch weiter: Abstrampeln für Afrika« für die Hintergründe zu diesem Abschnitt) stellten fest, dass sie auf einigen der größten Diamantenminen der Welt saßen. Die Briten wollten sie haben. Viele Briten arbeiteten in den Burenrepubliken und die britische Regierung beschwerte sich laut, dass sie nicht wählen durften, aber das fehlende Wahlrecht war in Wirklichkeit nur ein Vorwand. 1895 unterstützten London und Kapstadt einen illegalen Überfall auf Transvaal unter der Führung eines hitzköpfigen Abenteurers namens Dr. Starr Jameson – die Idee war, eine Erhebung der britischen Siedler zu entfachen, aber die Regierung von Transvaal bekam Wind von dem Plan und nahm die Teilnehmer des Überfalls fest. London und Kapstadt versuchten danach verzweifelt zu leugnen, dass sie irgendetwas von dem Plan gewusst hatten. Doch keiner war überzeugt davon.

Die Buren rechneten (vermutlich richtigerweise) damit, dass die Briten eine groß angelegte Invasion starten würden, also entschieden sie, zuerst anzugreifen. 1899 drangen sie in britisches Territorium ein. In der Schlacht von Spion Kop schlachteten die Buren die Briten ab; sie pferchten die Gefangenen in Mafeking, Ladysmith und Kimberley ein, und sie schlugen die Soldaten der Königin so vernichtend, dass der Angriff, wie der Schriftsteller Rudyard Kipling sagte, eine verdammte Lektion war.

Schließlich war aber die Übermacht der Briten entscheidend (die Briten waren den Buren zahlenmäßig überlegen), aber selbst als die Briten alle Burenstädte eingenommen hatten, zogen sich die Burentruppen (Guerillas) in die Steppe zurück und starteten von dort aus Guerillaangriffe. Dann kam General Kitchener auf den Gedanken mit den Konzentrationslagern. Die Idee war, die ganze Burenbevölkerung zusammenzutreiben, wo sie sich nicht verstecken oder die Kommandotruppen mit Nachschub versorgen konnten. Unglücklicherweise waren Tausende von Menschen ohne richtige Versorgung mit Wasser, Abwasserentsorgung und Nahrung in diesen Lagern zum Sterben verdammt und viele taten es. Und nicht nur weiße Südafrikaner, sondern es gab auch schwarze Lager. Ja, Britannien gewann den Zweiten Burenkrieg, aber es machte sich damit reichlich wenig Ehre. Der große imperiale Traum war dabei, sich in einen Albtraum zu verwandeln.

Teil VI

Nicht nach unten schauen: Das 20. Jahrhundert

The 5th Wave   By Rich Tennant

Im August 1939 fällt den Briten eine gestohlene »Enigma«, eine deutsche Chiffriermaschine, in die Hände. Sie diente dazu, verschlüsselte Informationen zwischen deutschen U-Booten und dem Führungsstab an Land zu senden.

»Wir haben mehr oder weniger herausgefunden, wie dieses Ding funktioniert. Nur haben wir immer noch Schwierigkeiten, die verdammte Uhr einzustellen. Wir können sie anscheinend nicht davon abhalten, die ganze Zeit ›12.00‹ anzuzeigen.«

In diesem Teil ...

Das selbstbewusste Vertrauen des 19. Jahrhunderts wurde auf den Schlachtfeldern des Großen Krieges zerstört. Der Zweite Weltkrieg schien dieses Selbstbild mit einem Streich zu ändern. Die Nation versammelte sich um Churchill, der den Sieg versprach. Als der Sieg schließlich kam, konnten die Briten sich noch eine Weile in dem lieb gewonnenen Glauben wiegen, dass sie noch immer eine Macht seien, mit der man im Nuklearzeitalter rechnen musste.

Zur gleichen Zeit schien Britannien nach seinem Kriegstriumph ein trostloser Ort zu werden. Die Einschlagstellen von Bomben wichen trostlosen Wohnblöcken und die britische Industrie wurde von Konflikten und Streiks heimgesucht. Alte Sicherheiten veränderten sich: Commonwealth-Bürger kamen, um in Britannien zu leben, und Britannien machte sein Schicksal von der Europäischen Union abhängig.

Der Große Krieg: Das Ende der Unschuld – und von allem anderen?

20

In diesem Kapitel

▶ Schematische Darstellung der großen Veränderungen und Herausforderungen, die in Britannien vor dem Krieg stattfanden

▶ Verstehen Sie, wie die im 19. Jahrhundert geschlossenen Allianzen und Verträge Britannien verfolgten

▶ Der Tod Franz Ferdinands und der Beginn des Großen Krieges

▶ Der Horror auf den Schlachtfeldern

E infach gesagt, können Sie das moderne Britannien nicht verstehen, wenn Sie nicht einen Blick auf den Ersten Weltkrieg geworfen haben. Jeden 11. November tragen die Briten rote Mohnblumen und versammeln sich an Gedenkstätten, um den Worten zu lauschen, die in Erinnerung der Toten des Ersten Weltkrieges geschrieben wurden. Das Datum ist der Jahrestag des Waffenstillstands 1918 und die Mohnblumen erinnern an die einzigen Blumen, die auf den von Granaten zerstörten Schlachtfeldern wuchsen. Schulkinder besuchen regelmäßig die Friedhöfe in Frankreich und Belgien, wo die Gräber der Toten des Ersten Weltkrieges noch liebevoll gepflegt werden. Denn die Geschichte des modernen Britanniens beginnt hier.

Spätsommer

Um eine Vorstellung davon zu erhalten, warum der Krieg eine so große Bedeutung hat, schauen Sie sich die Welt an, die er beendete. Wenn Sie irgendein Buch mit alten britischen Fotografien durchblättern, werden Sie Szenen sehen, die aussehen, als ob sie direkt aus dem Buch *The Railway Children* (»Die Eisenbahnkinder« von Edith Nesbit) oder aus der Feder von Beatrix Potter kommen, mit Pferden und Wagen von Händlern, hübschen Ried gedeckten Häuschen und kleinen Mädchen in Petticoats oder Jungen mit Eton-Kragen, die auf der Straße mit Reifen oder Kreiseln spielen und ohne Autos auf weiter Flur. Die Bilder wirken sehr unschuldig, aber natürlich spielte sich auf diesen Bildern mehr ab, als es den Anschein hat.

Vorsicht auf dem Eis

Nehmen Sie das Jahr 1912. In diesem Jahr sank die *Titanic*. Die *Titanic* war das größte Schiff auf See, es hatte die modernste Funkausrüstung, war schnell, der absolute Höhepunkt des

Luxus. Unter den Kabinen der ersten Klasse und unter den Ballsälen befanden sich die engen kleinen Löcher für die Passagiere im Zwischendeck, die sich nur die billigsten Fahrkarten leisten konnten. Die *Titanic* verkörperte Britannien: Vertrauen in Technologie und das Klassensystem, jedoch zerstört von einer der ältesten und einfachsten Gefahren, die man sich vorstellen kann – einem Eisberg.

Im gleichen Jahr ereignete sich noch eine weitere eisige Tragödie. Kapitän Scott und seine Männer starben, nachdem es ihnen nicht gelungen war, eine norwegische Expedition zum Südpol zu schlagen. Obwohl Scott ein Nationalheld wurde, musste er sich für den Misserfolg weitgehend selbst die Schuld geben. Seine Expedition war großartig und heroisch, aber schlecht geplant. Repräsentierte also Scotts fehlgeschlagene Expedition Britannien – stolz und zuversichtlich, aber hoffnungslos defekt und auf eine Katastrophe zusteuernd?

Keine Ruhe an der Heimatfront

Wenn Sie in den Jahren vor 1914 in Britannien gelebt hätten, hätten Sie es nicht für ein friedliches Land gehalten. Schwere Streiks ereigneten sich in der Industrie, das Parlament war im Aufruhr, Frauen demonstrierten für das Wahlrecht und in Irland schien sogar der Ausbruch eines Bürgerkrieges bevorzustehen.

Home Rule für Irland?

1912 verabschiedete das Parlament ein *Home Rule*-Gesetz für Irland, was bedeutete, dass Irland ein Parlament bekam, aber nicht wirklich die Unabhängigkeit. (Wenn Sie mehr über den Hintergrund der *Home Rule* wissen wollen, werfen Sie einen Blick in die Kapitel 15 und 19.) Die Ulster-Protestanten waren erbost: Sie hatten ein Abkommen mit dem Namen *Solemn League and Covenant* unterzeichnet, das besagte, dass sie mit Zähnen und Klauen gegen die Home Rule kämpfen würden, und sie hatten sich auch die Gewehre beschafft, um das zu tun. Die Katholiken hatten ebenfalls Waffen, um *für* die *Home Rule* zu kämpfen (die, vergessen Sie das nicht, zu diesem Zeitpunkt bereits in Kraft war). Die Armee war bereit einzugreifen, nur einige britische Offiziere sagten, sie würden nicht gegen Protestanten kämpfen – ein Vorgehen, das man Partei ergreifen nennt. Tatsächlich war das Einzige, was einen Schusswechsel verhinderte, die deutsche Invasion in Belgien. Man einigte sich darauf, die eigenen Differenzen auf Eis zu legen.

Hände weg vom Parlament

Ein weiteres heißes Thema in Britannien war der Haushalt. Man sollte nicht meinen, dass ein Haushaltsbudget so viel Aufregung verursachen könnte, aber Lloyd Georges »Haushalt des Volkes« von 1909 hätte keinen größeren Wirbel verursachen können, selbst wenn man es versucht hätte. Die Liberale Regierung, die gerade eine große Mehrheit in den Parlamentswahlen 1906 gewonnen hatte, hatte bereits ein Gesetz zur Altersversorgung eingebracht und das Budget sah Steuern vor, mit denen es bezahlt werden sollte. Ausnahmsweise einmal sollten die Reichen den größten Teil des Geldes dafür lockermachen. Aber das Oberhaus (*House of Lords*) wollte das nicht zulassen. Sie nahmen das Budget von der Tagesordnung. »In Ordnung«, sagte das Unterhaus (*House of Commons*), »ihr wollt Streit? Den könnt ihr haben.«

 Eine Abstimmung – Peers vs. das Volk – wurde anberaumt und das *House of Commons* brachte ein Gesetz ein, das dem *House of Lords* einen Riegel vorschob, sodass es das Budget nie wieder würde verhindern können. Tatsächlich wäre das *House of Lords* nie in der Lage gewesen, viel daran zu ändern. Ein guter alter Kampf entbrannte. Die Lords hatten die Wahl: Entweder stimmten sie dem Gesetz zu oder sie würden von liberalen Peers überschwemmt werden, die das tun würden, was die Regierung sagte. Die Lords knurrten und knirschten mit den Zähnen und stampften mit den Füßen auf und sagten, das sei nicht fair, aber am Ende mussten sie klein beigeben. Nie wieder hatte das House of Lords so viel Macht.

Das Frauenwahlrecht

Wenn sich irgendjemand richtig zu benehmen wusste, dann waren es die netten Damen des Bürgertums, die Teegesellschaften veranstalteten und den Pfarrer fragten, ob er mehr Zucker wolle. Richtig? Dennoch waren es genau diese Damen, die in den 1910er Jahren anfingen, Fenster einzuschlagen, Regierungsminister zu belästigen und sich ganz generell ziemlich undamenhaft zu benehmen. Und all dieses schlechte Benehmen erfolgte im Namen des Wahlrechts für Frauen.

Das Leid der Suffragetten

Die Suffragetten zeigten unglaublichen Mut, aber sie schadeten auch ihrem eigenen Anliegen. Die meisten Politiker befürworteten die Ausdehnung des Wahlrechts auf Frauen und den Rest der arbeitenden männlichen Bevölkerung, aber sie konnten das nicht tun, solange es so aussah, als ob sie sich der Gewalt beugten. Die Suffragetten wollten diese Sicht ihres Kampfes nicht wahrhaben. Wenn irgendjemand – einschließlich ihrer eigenen Tochter Sylvia – es wagte, Mrs. Pankhurst zu widersprechen, dann schloss sie sie aus der Bewegung aus (Bei welchen Punkten gab es Meinungsverschiedenheit zwischen Sylvia und ihrer Mami? Sie wollte das Wahlrecht für Frauen der Arbeiterklasse. Mrs. Pankhurst war mehr daran interessiert, das Wahlrecht für Frauen der Mittelklasse, wie sie es war, zu bekommen.) Am Ende waren es nicht die gewaltbereiten Suffragetten, die das Wahlrecht für Frauen erkämpften, sondern Mrs. Millicent Fawcetts gewaltfreie Suffragetten. Und sie erreichten es durch kompromisslose politische Verhandlungen. Da sie keine Fenster einschmissen oder sich vor Rennpferde warfen, hat kaum jemand je von ihnen gehört.

Die meisten Bücher sagen Ihnen, dass die Frauen kein Wahlrecht hatten, weil Männer sie für zu hysterisch oder für zu leicht beeinflussbar hielten, als dass man ihnen diese Verantwortung übertragen konnte. Aber wie die meisten Dinge war auch die Wahlrechtsfrage nicht ganz so einfach. Zum einen hatten die meisten Männer ebenfalls kein Wahlrecht, und zum anderen hatten die Frauen nicht nur das Recht zu wählen, sondern sie wurden auch in großer Zahl gewählt – bei Kommunalwahlen und Ähnlichem. Die Leute hatten allen Grund anzunehmen, dass als Nächstes das Recht zur Wahl des Parlaments drankommen würde, wenn die Frauen und ihre Unterstützer den Druck aufrechterhalten würden. Doch Emmeline Pankhursts _Suffragetten_ machten Schlagzeilen, indem sie Kabinettsminister auf öffentlichen Versammlungen durch Zwischenrufe störten und sich festnehmen ließen. Die Suffragetten veranstalteten Demonstrationen, sprengten Briefkästen in die Luft und traten im Gefängnis in den Hungerstreik. Die Behörden wandten daraufhin Zwangsernährung an – und das bedeutete nicht, dass man ihnen gewaltsam den Mund öffnete für einen Löffel voll Auflauf, sondern es bedeutete, dass man ihnen einen Gummischlauch in die Nase rammte und darüber verflüssigte Nahrung in sie hineinpumpte. Zwangsernährung ist eine Form von Folter. Aber als der Krieg 1914 ausbrach, waren alle Anstrengungen der Suffragetten gescheitert. Die Regierung war gegen das Wahlrecht für Frauen und das war's.

Allianzen

Als ob es nicht schon zu Hause genug Probleme gäbe, begannen die Dinge im Ausland sehr bedrohlich auszusehen.

1870 waren die Deutschen in Frankreich einmarschiert und hatten innerhalb weniger Wochen Paris unter Beschuss genommen (wenn Sie wissen wollen warum, lesen Sie _Deutsche Geschichte für Dummies_). Europa war geschockt und Europa erstarrte vor Ehrfurcht. Was war das Geheimnis der Deutschen?

✔ **Militarisierung:** In Deutschland wurde _alles_ entlang militärischer Bedürfnisse geplant – Schule, Politik, sogar die Eisenbahnen. Andere Länder begannen, es ihnen gleichzutun. In Britannien kopierten sie sogar das deutsche Schulsystem mit regelmäßigem Drill auf dem Spielplatz – auch für Mädchen.

✔ **Stärke:** Die Franzosen waren stark, aber die Deutschen waren stärker. Der Schlüssel schien zu sein, mit einer überwältigenden Streitmacht anzugreifen.

✔ **Schnelligkeit:** Abgesehen von der Belagerung von Paris war die Invasion innerhalb weniger Wochen vorbei. Die Lehre? Wenn man A und B richtig macht, kann man einen kurzen Krieg bekommen, man marschiert in die Hauptstadt des Feindes ein und ist rechtzeitig zum Tee – oder zu Weihnachten – wieder zu Hause.

 Der Schlüssel zur Durchführung einer erfolgreichen Invasion schien es zu sein, sich mit jemand anderen zusammenzutun. Eine Allianz ist im Grunde genommen eine Abmachung, dass, wenn du mich haust, mein Freund kommt und dich zurückhaut. Und wenn dein Feind einen Verbündeten bekommt, brauchst du natürlich auch einen – vorzugsweise mehr als einen. In den Jahren nach 1870 kam es daher zu einer Art »Squaredance« in Europa, bei dem Länder miteinander Allianzen schlossen, die dann wiederum Allianzen mit weiteren Ländern eingingen, bis zum Schluss zwei große Allianzen übrig geblieben waren, die sich gegenseitig anknurrten, während sie sich sehr schnell bis an die Zähne bewaffneten: Deutschland, Österreich-Ungarn und Italien standen auf einer Seite und Frankreich und Russland auf der anderen.

Zurückhaltung bei der Entente

Die Briten waren nicht scharf darauf, in die Streitigkeiten der anderen hineingezogen zu werden, also lungerten sie am Rand herum und nannten es *Splendid Isolation*, was so viel bedeuteten sollte wie: Wir haben keinen Freund in der Welt und wir tun so, als ob uns das egal sei. Tatsächlich aber war es den Briten nicht egal: Ihre Armee hatte unglaublich schlecht in den Burenkriegen abgeschnitten (Kapitel 19 erklärt, worum es dabei ging). Was würde passieren, wenn eine dieser Allianzen (die deutsch-österreichisch-ungarisch-italienische Allianz oder die franko-russische Allianz) sich entschlösse, das britische Weltreich anzugreifen? Vielleicht brauchte Britannien doch ein oder zwei Freunde.

Also unterzeichneten die Briten zwei Abkommen, eins mit Frankreich und eins mit Russland. Diese Abkommen waren keine Allianzen – die Briten mochten diese Idee immer noch nicht – aber sie waren *Ententes*, »Einverständnisse« zur Bereinigung von übrig gebliebenen Angelegenheiten des Imperiums. Die französische Entente klärte, wer was in Afrika haben sollte, und die russische Entente bereinigte das *Great Game* in Zentralasien (wenn Sie sich nicht sicher sind, worum es bei all diesen kolonialen Problemen ging, finden Sie sie in Kapitel 19 erklärt). Aber selbst wenn diese Einverständnisse keine offiziellen Allianzen waren, standen die Briten, als die Deutschen die Franzosen in Marokko gezielt provozierten, ihnen so sehr bei, dass man sie ebenso gut für Verbündete halten konnte.

Auf der Jagd nach schwerem Geschütz: Das Wettrüsten zur See

Eines der merkwürdigsten Dinge am Ersten Weltkrieg ist, dass die Briten keine besonderen Querelen mit den Deutschen oder ihren Alliierten hatten und dass die Deutschen die Briten mochten und bewunderten. Einmal sah es sogar so aus, als ob die Briten und die Deutschen ihre eigene Allianz bekommen könnten – wer hätte schließlich dem deutschen Heer und der britischen Flotte widerstehen können? Das Problem war der Kaiser. In gewisser Weise hätte Kaiser Wilhelm II. kaum englischer sein können. Seine Mutter war Prinzessin Viktoria, die älteste Tochter von Königin Viktoria und Prinz Albert. (In Kapitel 18 können Sie die beiden richtig kennenlernen.) Als seine Großmama, Königin Viktoria, im Sterben lag, eilte er zu ihr, um bei ihr zu sein – sie starb in seinen Armen. Er war ein Ehrenadmiral der *Royal Navy* und sehr stolz auf diese Stellung: Er hatte sogar einen aus dem Holz von Nelsons Schiff *Victory* hergestellten Schreibtisch. (Mehr zu Nelson siehe Kapitel 17.) Aber Wilhelm war kein Engländer, er war Deutscher und vergaß dies nie. Warum sollte Deutschland nicht an Englands Ruhm teilhaben – seinen »Platz an der Sonne« haben? Wilhelm II. war entzückt, als Deutschland anfing, Kolonien in Afrika zu haben, und er begann mit dem Aufbau einer deutschen Kriegsflotte.

 Wenn Sie die Briten so richtig ängstigen wollen, dann müssen Sie ihre Überlegenheit zur See bedrohen. Bei so einer kleinen Armee waren die Seestreitkräfte alles, was die Briten hatten, um sich sicher zu fühlen. Vor allem nachdem die *HMS Dreadnought* (dt. Fürchtenichts) 1905 vom Stapel lief. Bis dahin konnten Schiffe entweder schnell und leicht (zuerst am Ort des Geschehens, aber kein Auf-dem-Teller-drehen) oder schlagkräftig, aber langsam sein (große Kanonen, geringe Beweglichkeit). Aber die *Dreadnought* hatte schwere Geschütze, eine dicke

Panzerung und war schnell. Plötzlich war die *Dreadnought* alles was zählte und die Briten bauten mehr davon. Aber das taten auch die Deutschen.

»Wozu braucht ihr all diese Schiffe?«, fragte die britische Regierung. »Nun, wir haben auch Kolonien und wir haben, vergesst das nicht, eine Küste zu verteidigen«, erwiderten die Deutschen. »Von wegen Küste«, sagten die Briten, »ihr wollt in unser Land einmarschieren!« Plötzlich las jeder Spionageromane wie Erskine Childers' *Riddle of the Sands* (dt. Das Rätsel der Sandbank), die alle von finsteren Deutschen handelten, die planten, Britannien mit Tausenden von Booten zu überfallen. Britannien musste mehr Schiffe als die Deutschen bauen. Vier *Dreadnoughts* jetzt, sagte die Regierung – die auch noch ein großes Sozialprogramm zu finanzieren hatte – und vier später. »Wir wollen acht!«, schrie die Öffentlichkeit, »und wir werden nicht warten!« Also bekamen sie acht *Dreadnoughts*. Letztendlich überrundeten die Briten die deutsche Flotte, aber die Vorstellung, dass die Deutschen der Feind waren, blieb fest im Kopf der britischen Öffentlichkeit verankert.

Schüsse in Bosnien

Und dann explodierte die Weltlage ziemlich unerwartet im glorreichen Sommer von 1914. Der Erzherzog Franz Ferdinand von Habsburg, Neffe des österreichischen Kaisers und dank einer Reihe von Attentaten und Selbstmorden der Erbe des österreichischen Throns, wurde in Sarajevo von einem bosnischen Serben, Gavrilo Princip, erschossen. Die Serben waren hinter Ferdinand her, weil sie meinten, Bosnien sei serbisches Territorium und der Erzherzog habe bewusst das wichtigste Datum im serbischen Kalender, den 28. Juni, den Jahrestag der Schlacht auf dem Amselfeld – der zugleich sein Hochzeitstag war – für eine Inspektion der – wie sie sie nannten – österreichischen Besatzungstruppen ausgewählt. Viele bedeutende Attentate hatten sich unlängst ereignet, darunter eins auf den amerikanischen Präsidenten und zahlreiche russische Minister, was also war so besonders an diesem, dass es zum Auslöser des Ersten Weltkrieges wurde?

✔ **Die Österreicher** sehnten sich nach einer Entschuldigung, auf ihre alten Feinde, die Serben, einzuschlagen.

✔ **Die Deutschen** sagten, sie würden die Österreicher unterstützen, was auch immer sie tun würden.

✔ **Die Serben** wussten, dass sie sich auf ihre alten Alliierten, die Russen, verlassen konnten.

✔ **Die Russen** hatten eine alte Rechnung mit den Österreichern zu begleichen.

All diese Gründe sind schön und gut, wenn es darum geht, einen Krieg zwischen den Österreichern und den Serben anzuzetteln, dem sich die Deutschen und die Russen anschließen können. Aber Russland würde wollen, dass sein Verbündeter Frankreich hilft, und Deutschland würde zwischen die Fronten geraten. Aber die Deutschen hatten einen Plan.

General von Schlieffens listiger Plan und Britanniens Ultimatum

Der Generalfeldmarschall Alfred Graf von Schlieffen hatte eine clevere Strategie entworfen, die ungefähr so lautete:

1. Wir werden gegen die Russen und die Franzosen kämpfen müssen.

2. Warum also die Franzosen nicht schnell ausschalten und sich dann auf Russland konzentrieren?

Schlieffen glaubte, dass der beste Weg, Frankreich auszuschalten, ein Einmarsch durch Belgien sei. Keiner, nicht einmal die Franzosen, hatte eine Verteidigung gegen die Belgier errichtet.

Unglücklicherweise gab es ein offensichtliches Problem in Schlieffens Plan: Britannien. Die Briten waren es, die ursprünglich geholfen hatten, Belgien zu schaffen. Belgien ist genau der richtige Ort, wenn man in England einzumarschieren gedenkt, also überlegten die Briten, dass es besser sei, ein kleines Belgien zu haben, das keinem Schaden zufügen kann, als das Gebiet unter die Kontrolle von Großmächten geraten zu lassen, die versuchen, die Welt zu beherrschen. In der Vergangenheit handelte es sich bei diesen großen Ländern um die Spanier und die Franzosen, aber 1914 waren es die Deutschen.

Als die Deutschen im August 1914 in Belgien einmarschierten, teilte die britische Regierung ihnen mit, sie sollten schleunigst von dort verschwinden, und als die Deutschen Quatsch sagten, erklärte Britannien ihnen den Krieg.

Sir Edward Grey und die Straßenbeleuchtung

In der Nacht, als das britische Ultimatum an die Deutschen auslief, blickte Sir Edward Grey, der britische Außenminister, aus dem Fenster des Außenministeriums und schaute den Laternenanzündern zu, wie sie die Gaslaternen in der Straße anzündeten. »Sie löschen die Lampen in ganz Europa«, bemerkte Sir Edward, »wir werden sie zu unseren Lebzeiten nicht wieder erleuchtet sehen.« Dieses wunderbare Zitat fängt den Augenblick perfekt ein. Natürlich haben einige Historiker gesagt, dass es keine Beweise dafür gibt, dass er das jemals gesagt hat, und wieso überhaupt sollte der Anblick von Laternen, die angezündet werden, ihn auf den Gedanken bringen, dass die Lichter ausgehen? Aber die Wahrheit spielt keine echte Rolle. Für Menschen wie Sir Edward, der eine bessere Ahnung davon hatte, was bevorstand als die gewöhnlichen Leute, die schon bald angerast kommen sollten, um sich anzuschließen, war dieser Augenblick das Ende einer Ära. Und überhaupt, warum sollte ihm nicht dieser Gedanke gekommen sein?

Der große Krieg

Zunächst nannte keiner den Konflikt einen »Großen Krieg«. Vielleicht noch eher die große Prügelei. All diese spannungsgeladenen Jahre, in denen den Leuten gesagt wurde, dass sie sich vor den großen, bösen Deutschen oder der russischen Bedrohung in Acht nehmen sollten, waren vorbei – jetzt war endlich die Gelegenheit gekommen, den anderen auszutesten und ihm zu zeigen, aus welchem Holz die britischen oder französischen oder serbischen oder russischen oder deutschen Männer geschnitzt waren.

Jeder glaubte, der Krieg würde bis Weihnachten vorbei sein. Warum? Weil so viele der Kriege in jüngerer Zeit sehr kurz gewesen waren. Und mit all den modernen Zügen und Kraftfahrzeugen glaubte jeder, dass er innerhalb einer Woche in der Hauptstadt des Feindes sein würde. Kein Wunder, dass die Leute Angst hatten, sie könnten was verpassen. Was also ging schief? Zwei Dinge:

✔ **Die Russen kriegten die Kurve.** Dass sie das taten, war ein Schock, weil die Russen seit dem 18. Jahrhundert zu keinem Krieg pünktlich gekommen waren. Aber irgendwie gelang es den Russen, innerhalb von drei Wochen ihre Truppen in Uniformen zu stecken und auf die richtigen Züge zu verfrachten mit Stiefeln, Gewehren und sauberen Hemden. Was sehr viel schneller war, als die Deutschen geglaubt hatten.

✔ **Der Schlieffen-Plan funktionierte nicht.** Die Deutschen marschierten noch gut in Belgien ein, aber dann trafen sie auf die Briten. Das britische Heer war so klein, es wurde nicht einmal Armee genannt, sondern britische Expeditionsstreitmacht, aber sie war hoch professionell und hielt den Deutschen lange genug stand, um den Franzosen Zeit zu geben, von Paris hoch geeilt zu kommen.

Und an diesem Punkt gruben sich beide Seiten ein.

Dein Land braucht DICH!

Jemand sagte einmal, dass Lord Horatio Herbert Kitchener, der britische Kriegsheld und Kriegsminister 1914, vielleicht kein großer General gewesen sei, aber er machte sich Klasse auf einem Plakat. Sie haben bestimmt schon mal das berühmte Plakat gesehen, auf dem er mit dem Finger auf Sie zeigt und sagt: Dein Land braucht DICH! Um fair zu bleiben: Er war einer der Ersten, die erkannten, dass der Krieg Weihnachten nicht vorbei sein würde und dass Britannien sehr viel mehr Soldaten brauchen würde. Und dieser Bedarf bedeutete, dass man eine Million Freiwillige bekommen musste. Deshalb das Plakat.

Die Suffragetten unterstützten auch die Kriegsanstrengungen. Sie organisierten eine Kampagne, bei der sie weiße Federn für Feigheit an die jungen Männer ohne Uniform verteilten – selbst wenn durchsickerte, dass es sich um Soldaten auf Heimaturlaub handelte oder dass sie wichtige Kriegsarbeit zu Hause leisteten. Aber Frauen wurden auf andere Weise gleichfalls gebraucht. 1916 führte die Regierung die Wehrpflicht ein, daher mussten die Frauen ihre Männer in den Fabriken und in der Landwirtschaft ersetzen. Zu jedermanns Überraschung – manchmal auch ihrer eigenen – bewiesen Frauen, dass sie genauso gut wie Männer Maschinen bedienen oder Traktoren fahren konnten. Die Arbeit war auch gefährlich: In Munitionsfabriken konnte man schon dafür, dass man ein Streichholz bei sich trug, verhaftet werden – Hunderte von Frauen wurden bei Unfällen getötet.

Der *Defense of the Realm Act* (DORA) (dt. Kriegsnotstandsgesetz) gab der Regierung außerordentliche Befugnisse, Fabriken zu übernehmen, und die Kontrolle über die Produktion. Pubs mussten früh schließen, damit die Arbeiter nüchtern zur Arbeit kamen, und die Post und die Presse wurden scharf zensiert. Als die Deutschen begannen, Versorgungsschiffe zu torpedieren, führte die Regierung eine strikte Rationierung ein und jeder, vom König und der Königin abwärts, begann, Nahrung in seinem Kleingarten anzubauen. Der Krieg war jetzt total.

Tod in den Schützengräben

Obwohl die Leute zu Hause den Mangel spürten, hatten sie keine Vorstellung davon, was die Männer an der Front erlebten. Im Westen verliefen die Schützengräben in einer ungebrochenen Linie die ganze Strecke von der schweizerischen Grenze bis zum Ärmelkanal. Die Briten bemannten die Schützengräben in Nordfrankreich und Belgien, wo es eine Frontausbuchtung oder einen Frontvorsprung um die Stadt Ypern herum gab. Der deutsche Beschuss machte die Stadt dem Erdboden gleich und der Frontvorsprung war kein beliebter Stationierungsort, weil die Deutschen von drei Seiten feuern konnten.

Die Gräben waren tief und verliefen in einer Art Zick-Zack-Muster, das Ecken zum Verstecken bot, falls der Feind hineingelangen sollte. Wenn man nicht gerade auf Wache war, konnte man sich in einem Unterstand ausruhen – eine Art Raum, der tief in den Untergrund gegraben war (Abbildung 20.1 zeigt einen Querschnitt eines britischen Schützengrabens). Zuerst zogen die britischen Soldaten mit Stoffkappen ins Gefecht, aber so viele wurden in den Kopf geschossen, als sie den Kopf über den Rand des Grabens rausstreckten, dass die Armee sie 1916 mit Stahlhelmen ausstattete.

Patrouillengänge im Niemandsland, dem Gebiet zwischen zwei Frontlinien, waren die häufigste Form der Aktion. An einigen Stellen waren die Frontlinien so dicht aneinander, dass sich die Soldaten gegenseitig reden hören konnten. 1915 setzten die Deutschen das erste Mal Giftgas ein. Die Briten und die Franzosen beklagten sich bitterlich und begannen dann, es selbst einzusetzen. Zusätzlich zu allem anderen mussten die Soldaten dann auch noch Gasmasken mit sich führen und wissen, wie man sie innerhalb von Sekunden anzieht. Es nicht zu schaffen, bedeutete einen grausamen Erstickungstod.

Die Generäle beider Seiten waren durch den Grabenkrieg völlig aus dem Konzept gebracht. Alles, was sie während ihrer Ausbildung gelernt hatten, besagte, dass der Angreifer immer im Vorteil ist, also schickten sie immer mehr Männer gegen die Gräben der anderen Seite. Es begann mit Geschützfeuer – aus irgendeinem Grund glaubten sie, es würde den Stacheldraht durchtrennen – und dann könnten ihre Männer hinter einem Artilleriesperrfeuer vorrücken. In der Theorie bedeutete diese Taktik, dass die Granaten vor ihren Männern Schritt hielten, aber in der Praxis wurden die Männer allzu oft von ihrem eigenen Trommelfeuer in Stücke gesprengt. Noch tödlicher waren die Maschinengewehre. Bereits ein oder zwei von ihnen konnten ganze Bataillone vernichten, vor allem wenn sie im Stacheldraht hängen blieben.

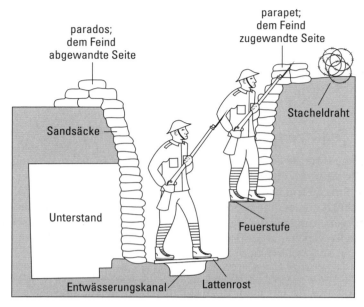

Abbildung 20.1: Querschnitt eines Schützengrabens

Tod in den Dardanellen

Der Erste Lord der Admiralität, Winston Churchill, hatte einen fast brillanten Plan: den Stellungskrieg durchbrechen, indem man Deutschlands neuen Alliierten, die Türkei, angriff (keiner hielt viel von den Türken als Kämpfer; aber sie irrten sich). Dann konnten die Alliierten Truppen entsenden, um den Russen zu helfen, die Deutschen so einzuengen, dass sie ihre Truppen nach Westen umlenken mussten und – schwups! – der Krieg wäre gewonnen. Oder noch besser: Um die Türkei anzugreifen, musste man nur den engen Eingang zum Schwarzen Meer, bekannt als die Dardanellen, einnehmen. Sie wissen, was man über die am besten ausgearbeiteten Pläne sagt.

Zuerst setzten die Briten die Marine ein. Die Türken wurden völlig unvorbereitet erwischt. Diese Strategie hätte funktionieren können, wenn nicht eines der Schiffe auf eine Mine aufgelaufen wäre. Also zog man die Marine ab und entschied, es noch einmal zu probieren, diesmal mit einem Heer. Niemand im Hauptquartier der Alliierten scheint darauf hingewiesen zu haben, dass man das Überraschungsmoment verloren hatte. Als die alliierten Truppen (bestehend aus britischen und französischen Soldaten und einem substantiellen Kontingent von ANZACs – dem *Australian and New Zealand Army Corps*) in Gallipoli landeten, entdeckten sie zu ihrer Überraschung, dass die Türken bereit waren und wussten, wie man Maschinengewehre benutzt. Den Alliierten gelang es nicht, von den Stränden ins Landesinnere zu kommen, und nachdem sie den größten Teil des Jahres festsaßen, dabei Tausende von Männern verloren, zogen sie ab. Zumindest der Abzug überraschte die Türken.

Wenn Sie den Film *Gallipoli* gesehen haben, wissen Sie, dass die Australier diese Schlacht so darstellen, als ob ihre Männer wegen dummen britischen Generälen starben. Tatsächlich litten alle alliierten Truppen, und da die Türken wussten, dass sie kommen würden, konnten die alliierten Generäle sehr wenig unternehmen. Der Kampf bei den Dardanellen hätte entweder als Überraschungsangriff funktionieren können oder überhaupt nicht. Der Angriff funktionierte überhaupt nicht.

Tod auf See

Vor dem Krieg waren die Briten besessen von Angst vor deutschen Schlachtschiffen, aber deutsche U-Boote erwiesen sich als die tödlichste Bedrohung. Die Deutschen erklärten, sie hätten kein Schiff in britischen Gewässern versenkt, nicht einmal in neutralen und taten es doch. So viele Schiffe gingen unter, dass die Regierung die Lebensmittel rationieren musste und die Briten in Konvois eskortiert von Kriegsschiffen fahren mussten. 1915 versenkten die Deutschen den britischen Passagierdampfer *SS Lusitania*, der von New York mit einer Reihe von Amerikanern an Bord ausgelaufen war. Die Deutschen waren, vermutlich aus wohl informierten Quellen, gewarnt worden, dass das Schiff Waffen an Bord hatte, aber Amerika war erbost. Ein paar kleinere Schlachten ereigneten sich im Südatlantik und der deutsche Hilfskreuzer *Emden* richtete sehr viel Schaden an, bis er schließlich versenkt wurde.

Die einzige große Seeschlacht des Krieges fand bei Jütland, vor der dänischen Küste 1916 statt. Wenn Sie nach der Zahl der verlorenen Schiffe entscheiden, wer gewonnen hat, dann haben die Deutschen gewonnen. Wenn Sie danach entscheiden, was als Nächstes passierte, dann haben die Briten gewonnen – weil die Deutschen zurück in den Hafen fuhren und nie wieder raus kamen, außer um sich am Ende des Krieges zu ergeben. Nichtsdestotrotz war die Skagerrak-Schlacht (engl. *Battle of Jutland*) ein schlechter Tag für Großbritannien. Sie verloren im entscheidenden Moment nicht nur den Kontakt zur deutschen Flotte, sondern die Deutschen fanden auch heraus, dass, wenn sie aus einem bestimmten Winkel heraus feuerten, die leicht gepanzerten britischen Schiffe zerbarsten. Gerade wenn man es nicht gebrauchen kann, bemerkt man einen Fehler im Design.

Tod an der Somme

Die Somme spielte eine entscheidende Rolle bei der Beendigung des Ersten Weltkrieges. Die Schlacht begann Mitten im Sommer und dauerte bis zum Herbst, aber der erste Tag, der 1. Juli 1916, ist der Tag, auf den es ankommt. An diesem Tag wurden die Soldaten – die meisten von ihnen Freiwillige von 1914, die an ihrer ersten großen Schlacht teilnahmen – in sogenannten *Pals' Battalions* eingeteilt. Sie wurden so genannt, weil alle Jungs in einer Einheit waren, die in der gleichen Fabrik arbeiteten oder in der gleichen Stadt lebten. Der Plan war, einen massiven Angriff gegen die deutschen Linien nahe dem Fluss Somme zu starten. Weil die britischen Kommandanten besorgt waren, die jungen, unerfahrenen Soldaten könnten am Ende wild durch die Gegend laufen, gaben sie ihnen den Befehl langsam zu gehen. Ein Offizier gab ihnen ein paar Fußbälle, mit denen sie durch die Gegend kicken konnten, um sie aufzuheitern.

Die Idee von der Schlacht an der Somme war, dass die britische Artillerie die deutschen Gräben mit dem größten Bombardement der Geschichte dem Erdboden gleichmachen würde. Der Beschuss hielt eine Woche an und man konnte ihn bis London hören. Die Deutschen sagten, das Bombardement sei die Hölle auf Erden gewesen. Aber ihre Unterstände waren tiefer und stärker, als den Briten bewusst war. Sie saßen dort, bis die Waffen schwiegen, und rannten dann mit ihren Maschinengewehren zurück an die Schusslinie. Dort sahen sie eine lange Reihe von britischen Soldaten langsam auf sich zuspazieren. Also schossen sie sie nieder.

In manchen Büchern wird die Zahl der Opfer mit 60 000 angegeben. Über den Daumen gepeilt, bedeutet diese Zahl etwa ein Drittel Tote, ein Drittel dauerhaft entstellt und ein Drittel verletzt. Somit starben 20 000 an einem Tag! Und dank der _Pals' Battalions_ verloren einige Gemeinden _alle_ ihre jungen Männer.

 Die Briten konnten den Ausgang der Somme nicht fassen. Was war aus all den Versprechungen geworden, die die Generäle gemacht hatten? Wer hatte die dumme Idee gehabt, den Männer zu sagen, sie sollten gehen? Wer hatte behauptet, dass Bombardements Stacheldraht durchschneiden könnten? Die Schlacht an der Somme führte dazu, dass die Briten anfingen, einige sehr ernste Fragen über die Leute an der Spitze zu stellen.

Tod im Schlamm

Ein letzter Albtraum für die Briten ereignete sich. 1917 griff Feldmarschall Douglas Haig, der britische Kommandant an der Westfront, die Deutschen in Belgien in der Nähe des Dorfes Passchendaele an. Starke Regenfälle und Granaten verwandelten das Schlacht- in ein Schlammfeld. Nicht Fußballfeldmatsch, nicht einmal Hindernisparcour-Schlamm, sondern Schlamm so dick und tief, dass man bis zur Brust darin einsank – und viele Männer ertranken darin. Die Schlacht hielt Monate an und kam nicht voran. Ein Stabsoffizier kam frisch vom Hauptquartier Schloss Gemütlich, wo er sich mit Büroklammern herumgeschlagen hatte, die Frontlinien besuchen, um zu sehen, wie es war. Er starrte voller Entsetzen. »Haben wir Männer ausgeschickt, um darin zu kämpfen?«, fragte er. Ja, mein Freund, das habt ihr.

Das Ende des Krieges

Im April 1917 erklärten die Vereinigten Staaten Deutschland den Krieg. Die Deutschen glaubten, dass sie eine letzte Chance hätten, den Krieg zu gewinnen, bevor die Amerikaner in großer Zahl eintrafen. Die Nahrungsvorräte der Deutschen waren so knapp dank der britischen Seeblockade ihrer Küste, dass sie keinen weiteren Winter überstehen konnten. Im März 1918 führten die Deutschen daher ihren letzten großen Angriff durch. Und er funktionierte.

Sie stießen durch die britischen Linien (ironischerweise an der Somme) und stürmten nach Paris. Es war wieder wie 1914. Nur dass ihnen diesmal die Luft ausging und frische amerikanische Truppen ihnen den Weg versperrten. Die Briten erholten sich und begannen, die deutschen Landgewinne zurückzuerobern. Im Herbst befanden sich die Deutschen vollständig im

Rückzug und baten um eine Feuerpause oder einen Waffenstillstand. Die Alliierten stimmten dem zu und am 11. November 1918 um 11 Uhr morgens endete der Große Krieg.

Feldmarschall Haig – Löwe oder Esel?

Feldmarschall Sir Douglas Haig war der britische Kommandant an der Westfront. Die Leute streiten sich immer noch bitterlich über ihn. Haig war besessen davon, den Krieg zu gewinnen, selbst wenn dieser Sieg durch einen Abnutzungskrieg erzielt wurde – bei dem man so viele Leute tötet, wie man kann, bis von den eigenen Leuten mehr übrig sind, als von den anderen. Die Deutschen verstanden ihn nicht. Sie bewunderten den Mut der britischen Soldaten, aber hielten sie für »Löwen, die von Eseln geführt wurden«, wie einer von ihnen es ausdrückte. In dem Musical aus den 1960ern *Oh! What a Lovely War* erscheint Haig als ein stümperhafter Mörder, was so ziemlich dem entspricht, wie die Leute ihn sahen. Aber die Soldaten zu der Zeit beteten ihn an. Nach dem Krieg machte er es sich zur Lebensaufgabe, für die Männer zu arbeiten, die in den Gräben verletzt worden waren, und es war der Earl Haig Fonds, der die Mohnblumen produzierte, die die Menschen jeden November trugen. Historiker haben begonnen, Haig zu überdenken. Er hatte sein Soldatentum in den Tagen der Rotröcke und der Kavallerieangriffe gelernt; jetzt kämpfte er eine neue Art von Krieg mit Panzern und Gas und Flugzeugen. Er verstand diesen Krieg nicht wirklich, aber wer tat das schon?

Die Zeit des Radios

In diesem Kapitel

▶ Die Probleme, die Britannien im In- und Ausland plagten

▶ Einführung in das Britannien der 1920er, von Salattagen zum Kurseinbruch

▶ Die Ereignisse, die zur Münchener Konferenz und zum Krieg führten

▶ Verstehen Sie, warum Britannien im Zweiten Weltkrieg kämpfte

Nach den Schrecken der Schützengräben befand sich Britannien in einer Art kollektivem Schockzustand. Aber selbst als die Briten anfingen, eine Kultur der Erinnerung zu schaffen, merkten sie, dass die Welt nicht still stehen würde. Angesichts der Zerstörung der großen Imperien und dem Rückzug der USA in die Isolation mussten Britannien und Frankreich die Welt führen, diesmal mithilfe des Völkerbundes – ob sie wollten oder nicht. Und auch zu Hause gab es Probleme: Irland verwandelte sich in ein Blutbad und 1926 kam das ganze Land zu einem Halt im ersten Generalstreik Großbritanniens. Nicht alle Neuigkeiten waren schlecht. Für viele Menschen waren die 1920er eine gute Zeit, aber diese Atempause war relativ kurz, und so waren viele Briten schlecht vorbereitet, als der Crash kam. Die Depression traf Britannien heftig, vor allem die alten Industriegebiete in Schottland, Wales, Belfast und Nordengland. Das ganze politische System schien kurz vor dem Zusammenbruch zu stehen mit einer Nationalen Regierung an der Spitze und einer aggressiven faschistischen Partei. Selbst die Monarchie schien kurz vor dem Untergang zu stehen. All diese Ereignisse wurden überschattet von der wachsenden Bedrohung durch Hitlers Deutschland.

Große Unruhen

Die Briten hatten den Ersten Weltkrieg gewonnen, aber sie hatten keine Zeit, sich auf ihren Lorbeeren auszuruhen – oder gar Atem zu schöpfen. Britannien schickte bereits Truppen nach Russland, um gegen Lenins Bolschewiken (Kommunisten) zu kämpfen, und in die Türkei, um die Türken und die Griechen voneinander fernzuhalten. Und schon bald mussten sie sich um Unruhen in ihrer Nähe kümmern.

Die irische Frage

Irland hatte seit Jahren für eine größere Selbstverwaltung gekämpft (siehe Kapitel 19 zu den Hintergründen). »Englands Schwierigkeit«, besagt ein altes irisches Sprichwort, »ist Irlands Gelegenheit«, und Ostern 1916, während die Briten sich auf den Krieg mit Deutschland konzentrierten, zettelte die IRB, die Irisch Republikanische Bruderschaft (*Irish Republican*

Brotherhood) einen Aufstand in Dublin an, um die Unabhängigkeit Irlands zu fordern. Die Briten schlugen den Aufstand ohne allzu große Schwierigkeiten nieder: Die Dubliner waren so wütend auf die Aufständischen – ihre Jungs kämpften in Frankreich und hier fielen ihnen diese IRB in den Rücken –, dass die britischen Soldaten die IRB-Gefangenen davor schützen mussten, von der Menge in Stücke gerissen zu werden. Dann verspielten die Briten ihre vorteilhafte Position, indem sie die Gefangenen vor ein Kriegsgericht stellten und erschossen. Einer der Rädelsführer, James Connolly, war so schwer verletzt, dass sie ihn an einen Stuhl gefesselt zu seiner Hinrichtung tragen mussten. Die Männer wurden umgehend zu Märtyrern. Bei den Wahlen 1918 wurde Sinn Féin, die bis dahin eine kleine nationalistische Partei gewesen war, zur größten politische Partei Irlands. Aber statt nach London zu gehen, gingen die Abgeordneten der Sinn Féin nach Dublin und gründeten das *Dáil Éireann* – das erste Parlament eines unabhängigen Irlands. Und dieses Parlament hatte Michael Collins und seine IRA (*Irish Republican Army*), die es verteidigten.

Kriegstotengedenken

Nach dem Ersten Weltkrieg errichtete jede Stadt und jedes Dorf sein eigenes Kriegerdenkmal. Die Briten sprachen von der »verlorenen Generation« junger Männer, die in den Schützengräben getötet worden waren, und selbst wenn dies nicht ganz der Realität entsprach, war der Gedanke zutreffend. Der König enthüllte ein Kenotaph in Whitehall, und über Jahre hinweg würden Männer aus Respekt ihre Hüte ziehen, wenn sie an dem Denkmal vorbeikamen. Auf wunderschönen Friedhöfen, die von dem Architekten Sir Edwin Luytens entworfen wurden, lagen die Toten in ordentlichen Reihen, einfache Soldaten neben Offizieren, jeder mit seinem eigenen schlichten Grabstein. Am bemerkenswertesten von allem war, dass ein nicht identifizierter Soldat aus Frankreich zurückgebracht wurde und mit vollen Ehren in der Westminster Abbey beigesetzt wurde – der Unbekannte Soldat. Sie können diese Gedenkzeremonien jedes Jahr sehen, mit ihren Kränzen aus roten Mohnblumen und den Trompetern, die ergriffen den letzten Zapfenstreich blasen. Denken Sie an diese Szenen, wenn Sie sich fragen, warum die Briten so erpicht darauf waren, einen zweiten Krieg nur 20 Jahre später zu vermeiden.

Die Kämpfe, die dann folgten wurden als *The Troubles* bekannt. Dieser Konflikt war ein schmutziger Terrorkrieg. Die Briten brachten verdeckte Agenten und Hilfstruppen ins Land, die den Spitznamen *Black and Tans* (dt. Schwarze und Braune) trugen wegen ihrer khakifarbenen und schwarzen Uniformen. Diese Truppen schossen erst und stellten dann Fragen. Was die Briten nicht wussten war, dass Michael Collins Spione innerhalb des britischen Hauptquartiers in Dublin Castle hatte. Die IRA erschoss Polizisten und lauerte britischen Soldaten und den *Black and Tans* auf. Am 21. November 1920, dem »Blutigen Sonntag« (*Bloody Sunday*), wurden vierzehn der führenden britischen verdeckten Agenten von Michael Collins Leuten ermordet. Zur Vergeltung eröffneten die britischen Truppen ein Maschinengewehrfeuer auf ein Fußballspiel und töteten zwölf Menschen.

Aber die Ereignisse entwickelten sich nicht alle zugunsten der IRA. Im Mai 1921 wurden 120 IRA-Leute umzingelt und gezwungen, sich vor dem Dubliner Zollhaus zu ergeben. »Nun«, sagte der britische Premierminister David Lloyd George, »haben wir ein Morden am Hals!« Er hatte nicht ganz unrecht. Beide Seiten waren erschöpft, und 1921 bot Lloyd George Gespräche an. Éamon de Valera, der Präsident des Dáil, akzeptierte, aber schickte Michael Collins nach London, statt selbst zu gehen. Er hatte eine Ahnung, was die Briten sagen würden.

Sinn Féin wollte, dass die ganze irische Insel unabhängig wird, aber die Briten würden ihnen nie den protestantischen Norden überlassen und de Valera wusste das. Sinn Féin musste entweder die Teilung akzeptieren oder wieder in den Krieg ziehen. Collins brachte den Vertrag mit nach Dublin zurück und sagte dem Dáil, es solle ihn akzeptieren. Das Angebot war das Beste, das sie bekommen konnten:

✔ **Die sechs protestantischen Grafschaften Ulsters** erhielten die Möglichkeit, Teil des Vereinigten Königreichs zu bleiben (was bedeutete, dass sie das tun würden).

✔ **Der Rest von Irland** sollte ein Freistaat unter der britischen Krone werden. Mitglieder des Dáil sollten einen Treueid auf König George V. leisten. Was entstehen würde, wäre keine irische Republik.

Der Dáil war in der Mitte gespalten. Sie stimmten für den Vertrag mit 64 zu 57 Stimmen, aber de Valera trat aus Protest zurück und die Abgeordneten, die gegen den Vertrag waren, verließen das Parlament. Erneut brach überall der Bürgerkrieg aus, die Vertragsbefürworter innerhalb der IRA gegen die Vertragsgegner der IRA und diesmal waren die Kämpfe noch grausamer. Die Vertragsbefürworter gewannen, aber Collins erlebte den Sieg nicht mehr. Er wurde auf dem Weg, Frieden zu schließen, aus dem Hinterhalt von Vertragsgegnern im County Cork in den Kopf geschossen.

Sie können eine Vorstellung von dieser erschreckend gewalttätigen Periode in der Geschichte Irlands durch zwei Filme bekommen: *Michael Collins* und *The Wind that Shakes the Barley*, oder Sie können mehr erfahren in der *Irischen Geschichte für Dummies* (Wiley).

Zu blutig für Sie? Beißen Sie die Zähne zusammen; es kommt noch mehr Gewalt.

Indien: Das Massaker von Amritsar

Während der Zeit des Ersten Weltkrieges wuchs eine nationalistische Bewegung in Indien heran, angeführt von dem *Indian National Congress* (oder einfach dem »Kongress«). Zunächst wollte der Kongress nur, dass die Inder ein größeres Mitspracherecht in der Regierung bekommen, aber bis zu den 1910ern kamen sie nicht voran – und wurden ungeduldig. Britische Frauen hatten das Wahlrecht für ihre Arbeit in den Fabriken bekommen, aber Tausende von Indern waren im Kampf für Britannien in den Schützengräben gestorben und London konnte sich noch immer nicht dazu durchringen, ihnen etwas Selbstverwaltung zu geben. »Nun gut«, sagte der Kongress auf seinen immer größer werdenden Versammlungen, »genug der Freundlichkeiten. Wir wollen die Selbstverwaltung und wir wollen sie jetzt.« Die Briten wehrten sich und sperrten jeden ein, der die britische Herrschaft kritisierte. Im April 1919 verkündete der Kongress, dass er eine große Versammlung in Amritsar im Punjab abhalten würde. »Das werdet ihr nicht tun«, sagte der Gouverneur des Staates, der die zwei Hauptredner verhaften ließ und alle politischen Versammlungen verbot.

Daraufhin brach das Chaos aus: Unruhen, Brandstiftungen und fünf tote Europäer. »Gut«, sagte der örtliche Militärkommandant, General Reginald Dyer, »es ist an der Zeit, hier wieder etwas Ruhe und Ordnung herzustellen.« Als er dann von einer großen Zusammenkunft in einem eingefriedeten Hof namens Jallianwala Bagh erfuhr, drang er mit 90 Soldaten ein, stellte die Soldaten vor dem Haupteingang in einer Reihe auf und eröffnete das Feuer. Ohne Warnschuss (Dyer gab keine Vorwarnungen), und 1650 Runden Munition wurden auf den dicht gedrängten Teil der völlig unbewaffneten Menge verschossen. Offiziellen Angaben zufolge gab es 379 Tote (manche Schlachten haben weniger Verluste): Die tatsächliche Zahl lag vermutlich bei über 500. Um eine Vorstellung von der Szene zu bekommen, können Sie sich Richard Attenboroughs Film *Gandhi* von 1982 anschauen.

 Dyers Maßnahmen dienten nicht gerade der Wiederherstellung der Ordnung: Die Unruhen verstärkten sich, die Briten kehrten zu öffentlichen Auspeitschungen zurück und Dyer musste sich einer Untersuchung stellen. Die Untersuchung war erschütternd, aber die Briten in Indien (und ziemlich viele in Britannien) hielten Dyer für einen Helden, der dem Kongress eine Lektion erteilt hatte, die er so schnell nicht vergessen würde.

Probleme daheim

Der Erste Weltkrieg war kaum zu Ende, als zu Hause die Gewerkschaften in den Streik traten. 1919 legten die Eisenbahner ihre Werkzeuge nieder. Im darauffolgenden Jahr waren es die Bergarbeiter und die Regierung musste den Notstand ausrufen. 1921 brach beinahe ein nationaler Streik zur Unterstützung der Bergarbeiter aus und wurde erst in letzter Minute abgeblasen.

Die Ursache all der Probleme war, dass die Leute das Gefühl hatten, dass die Reichen den Armen regelrecht den Krieg erklärt hatten: Durch Lohnsenkungen und Entlassungen. Dann wurden in London 1921 die Abgaben und Steuern, die die Stadträte erhoben, vereinheitlicht, was gut und schön war, wenn Sie in Kensington lebten, aber unglaublich unfair gegenüber den armen Leuten, die im East End lebten. In Poplar, einer der ärmsten East End Gemeinden, ging die örtliche Labour Gemeindeversammlung, angeführt von George Lansbury (später Führer der Labour Partei und Großvater der Schauspielerin Angela Lansbury), sogar ins Gefängnis statt eine Rate festzusetzen, die sie für unfair hielten. Das Land schien in eine sehr höfliche, zivilisierte und durch und durch britische Form des Klassenkampfes zu schlittern.

Dubiose Vorgänge in Number 10

Premierminister war immer noch David Lloyd George, aber er war in einer merkwürdigen Position. Er war ein Liberaler an der Spitze einer liberal-konservativen Koalition, aber 1922 war er der einzige Liberale, der in ihr noch übrig geblieben war. Lloyd George war ein brillanter Politiker – dynamisch, mitfühlend (fragen Sie nur seine Sekretärinnen) und ein Mann, der Dinge geschafft bekam – aber Sie hätten von ihm keinen Gebrauchtwagen kaufen wollen. Er besaß einen politischen Fonds, den Lloyd George Fonds, und 1922 fand man heraus, wie er das Geld dafür beschafft hatte. Lloyd George verkaufte Titel. Sie würden gerne Baron Bloggs heißen? Das kostet Sie 80 000 Pfund in bar. Eine Ritterwürde? Für Sie für nur 12 000 Pfund ohne weitere Fragen. (Wohlgemerkt, 2006 wurde die Regierung von Tony Blair des gleichen Vergehens beschuldigt. Manche Dinge ändern sich nie.)

Für die Konservativen war diese Offenbarung der Tropfen, der das Fass zum Überlaufen brachte. Lloyd George war zu einer peinlichen Belastung geworden. Auf einem geheimen Treffen im Carlton Club entschieden die Konservativen, ihrem zu liberalen Premierminister den Laufpass zu geben. Sie erzwangen eine Wahl und gewannen sie. Aber dann machte der konservative Premierminister Stanley Baldwin etwas sehr Dummes. Er beraumte 1923 eine weitere Wahl an. Er hatte dafür seine Gründe, aber das verbesserte nicht den Ausgang: Labour und die Liberalen übertrafen die Konservativen zahlenmäßig. Baldwin musste gehen und Labour kam an die Regierung.

Eine Botschaft von Ihren freundlichen Bolschewiken

König Georg V. war besorgt angesichts einer Labour-Regierung, aber er hätte es nicht sein müssen. Jemand, der Lenins Bolschewiken unähnlicher war als die schick angezogenen Labour-Minister, die Hände küssten und 1924 Tee mit dem König tranken, war schwer vorstellbar. James Ramsay MacDonald wurde Premierminister. Er wollte bessere Wohnungen und Schulen, aber er wollte keine Revolution anzetteln. Labour war in der Minderheit, sodass MacDonald im Oktober 1924 eine weitere Wahl abhielt, um zu sehen, ob er nicht ein paar mehr Abgeordnete bekommen könnte. Und dann passierte etwas sehr Merkwürdiges. Die rechtsgerichtete *Daily Mail* kam mit einer Exklusivmeldung heraus. Die Zeitung veröffentlichte einen Brief des sowjetischen Außenministers Grigori Sinowjew an die britische Kommunistische Partei, der besagte, dass es jetzt an der Zeit für eine Revolution in Großbritannien sei. »Genossen!«, hieß es in dem Brief (oder so ähnlich), »lasst das Blut der Kapitalisten in den Straßen von St. James fließen, hängt die Reichen an die Laternen von Park Lane auf und sagt allen, sie sollen Labour wählen.« Die Richterskala verzeichnete einen Wert von 8,7, als die kollektive Kinnlade der Mittelklasse herunterklappte und das überkochende Blut der Offiziere im Ruhestand einen scharfen Anstieg des Luftdrucks verursachte. Die Konservativen gewannen die Wahlen mit fliegenden Fahnen, Labour war aus dem Amt und die Liberalen quasi verschwunden. Und der Brief? Er war eine Fälschung – natürlich.

Ein Generalstreik

Die Klassenspannungen erreichten einen Höhepunkt im Mai 1926 – in den Bergwerken. Die Bergwerksbesitzer wollten die Löhne senken und den Arbeitstag verlängern, also richtete die Regierung eine Kommission ein, um sich der Frage anzunehmen. Aber als die Regierung gleichfalls niedrigere Löhne und längere Arbeitszeiten empfahl, traten die Bergleute in den Streik und diesmal waren sie nicht allein: Der *Trade Union Congress* (TUC) rief zum Generalstreik auf, um sie zu unterstützen.

Der Generalstreik dauerte neun Tage. Züge, Druckpressen, Gas, Elektrizität, Post – alles kam zum Stillstand. Der Streik war besonders heftig in Südwales und Schottland, sodass die Regierung den Notstand ausrief und Truppen entsandte. Innenminister Winston Churchill ließ gepanzerte Wagen in den Straßen fahren und seine Zeitung, die _British Gazette_, beschuldigte die Streikenden, eine Revolution zu planen. Es gibt keine Beweise für einen solchen Plan. Von ein paar gewalttätigen Zwischenfällen abgesehen, verlief das ganze Ereignis bemerkenswert entspannt. Freiwillige Helfer aus der Mittelklasse versuchten, die Dienstleistungen am Laufen zu halten, fuhren Züge und verluden Postsäcke, und als die Polizei es leid war, den Streikenden zuzuschauen, forderten sie sie zu einem Fußballmatch heraus.

Nach und nach kehrten die Männer an die Arbeit zurück. Am 20. Mai beendete der TUC den Streik. Die Bergleute waren erbost. Sie blieben bis Ende des Jahres im Streik bis auch sie sich den Ausstand nicht länger leisten konnten. Sie mussten zu ihrer Arbeit zurückkehren und sie mussten längere Arbeitszeiten für weniger Geld akzeptieren. Die Arbeiter hatten ihren Generalstreik gehabt – und verloren.

Stürmische Zeiten

Die nachfolgende Dekade wurde als die _Roaring Twenties_ (dt. »Goldenen Zwanziger«) tituliert. Wenn man Geld hatte – und in dem Maße, in dem sich Britannien vom Krieg erholte, taten das mehr und mehr Leute – konnte man sich amüsieren.

Party Time!

Der Beine schmeißende Charleston erreichte 1925 Britannien, genau das Richtige für all die jungen als _Flapper_ bekannten Frauen mit ihren gerade geschnittenen Kleidern und runden _Cloche_ Hüten. 1928 erhielten die jungen Frauen über einundzwanzig sogar das Wahlrecht. Zwischen zwei Tanzverabredungen konnte man den BBC einschalten (Motto: Die Nation soll zur Nation sprechen) und seine Lieblingstanzgruppe noch auf dem Äther erwischen. Bald besuchten die Leute regelmäßig das Kino, auch als _Kinema_ oder Lichtspielhäuser bekannt, wo sie einige der größten Hollywood-Stars wie Stan Laurel oder Charlie Chaplin bewundern konnten, die zufällig Briten waren. Die Menschen taten gerne so, als ob sie auf dem Land lebten, also bauten sie gepflegte Doppelhäuser mit Pseudo-Balken im Tudorstil und Giebeln in grünen Vororten mit Vorgärten, Garagen für all die bezahlbaren neuen Kraftfahrzeuge, entlang der Straße gepflanzten Bäumen und einen Tennis- oder Golf-Club in der Nähe. 1925 kündigte Finanzminister Winston Churchill die Rückkehr zum Goldstandard an. Ja, für alle, denen es gut ging – was tendenziell die Leute in der südlichen Hälfte Englands bedeutete – schien das Leben in den 1920ern sehr gut zu sein.

Die Party ist vorbei: Der Börsensturz

Die Wall Street brach im Oktober 1929 zusammen und die Weltwirtschaft geriet in eine Rezession. Innerhalb weniger Wochen wollte keiner mehr mit einem anderen Handel treiben und Firmen gingen überall in Europa in Konkurs. Bis 1930 gab es in Britannien 2 Millionen arbeitslose Menschen. Der Labour-Premierminister Ramsay MacDonald richtete eine Kommission ein, um herauszufinden, wie man Britannien wieder auf eine solide wirtschaftliche

Basis stellen könnte, und er mochte ihre Ergebnisse kein bisschen. Die Kommission kam zu dem Schluss, dass der einzige Weg aus der Krise eine große Steuererhöhung sei, gekoppelt mit massiven Kürzungen der Regierungsausgaben, einschließlich einer 20-prozentigen Kürzung des Arbeitslosengeldes. Man konnte eine Labour-Regierung – eine *Labour*-Regierung – nicht auffordern, die Hilfe für Arbeitslose zurückzufahren.

 Das Kabinett weigerte sich, die Empfehlungen der Kommission anzunehmen und MacDonald trat zurück, aber der König sagte, er müsse bleiben. Also formte MacDonald eine *Nationale Regierung* mit den Konservativen. Oder, wie seine Labour-Kollegen es ausdrückten, MacDonald verkaufte sich an die Tories. Faktisch leitete MacDonald eine konservative Regierung. Die Labour Party hat ihm dies bis heute nicht verziehen. Als Tony Blairs Kritiker ihn gegen Ende seiner Amtszeit als Premierminister beschuldigten, er rücke den Tories zu nahe, gaben sie ihm sogar den Spitznamen »Ramsey MacBlair«!

Harte Zeiten

Es ist schwierig, sich die Verzweiflung während der Depression vorzustellen. Im Rückblick sagen die Leute, diese Periode sei schlimmer als der Krieg gewesen, weil man wenigstens wusste, dass der Krieg eines Tages enden würde, aber die Depression schien in der Lage zu sein, ewig anzuhalten. Die Schwerindustriegebiete – Kohlenminen in Wales und Yorkshire, Werften in Belfast, Glasgow und Tyneside – waren am härtesten betroffen. Um Arbeitslosenhilfe zu bekommen, musste man sich einem erniedrigenden *Means Test* unterziehen, bei dem Beamte nach Hause kamen und jedes Detail des Privatlebens gründlich nachprüften, um festzustellen, wie viel Hilfe demjenigen zustand. 1936 entschieden arbeitslose Werftarbeiter in Jarrow, den ganzen Weg nach London zu marschieren, um die Regierung zu beschämen und sie dazu zu bringen, etwas für sie zu tun. Die Regierung nahm keinerlei Notiz von ihnen.

Schwarze Hemden und blaue Augen

Oswald Mosley war ein emporstrebender Labour-Abgeordneter, der über MacDonald frustriert war und 1931 seine eigene *New Party* gründete, um einen dynamischen neuen Weg nach vorne anzubieten: massive Staatsausgaben, Arbeit für die Erwerbslosen und ein allgemeiner nationaler Aufschwung. Und keine Iren oder Juden. Er benannte, für den Fall, dass Sie es noch nicht erraten haben, seine Partei in *Britisch Union of Fascists* (BUF) um und ließ sich einen kleinen Oberlippenbart stehen. Er konnte keine richtige Uniform tragen, weil die Regierung sie verboten hatte, also musste er sich mit einem schwarzen Pullover begnügen. 1936 führte Mosley eine Demonstration in den jüdischsten Teil des East Ends an – Fingerspitzengefühl war nicht die Sache der BUF –, die eine große Straßenschlacht mit der Kommunistischen Partei auslöste. Im nächsten Jahr bekam er einen Ziegel über den Kopf gezogen. Das macht einen stolz auf die Briten.

Wie geht's dem Weltreich?

»Wie geht es dem Weltreich?«, soll König Georg V. angeblich auf seinem Sterbebett 1936 gesagt haben (auch wenn die andere Version »Dieses verdammte Bognor!« wahrscheinlicher klingt, besonders falls Sie je in diesem Ferienort gewesen sind). Und die Antwort auf die Frage lautete: Nicht sehr gut.

Der König, der nie einer gewesen ist

Als die Briten schließlich erfuhren, dass ihr neuer König Eduard VIII. mit Wallis Simpson ausging, die (a) geschieden, (b) verheiratet (und im Begriff war, sich erneut scheiden zu lassen) und (c) Amerikanerin war, fiel es ihnen schwer, sich zu entscheiden, welches dieser Details das schlimmste war. Obwohl die Kirche von England von einem königlichen Geschiedenen gegründet worden war, war sie nicht scharf darauf, wieder einen an ihrer Spitze zu haben. Der Bischof von Bradford plauderte dies aus, als er in einer Predigt sagte, dass der König (der das Oberhaupt der Kirche war, vergessen Sie das nicht) ernsthaft nachdenken und vielleicht einen Blick auf das siebte Gebot werfen müsse, das nicht davon handelte, dass man sich kein Bildnis machen solle.

Eduard weigerte sich, damit aufzuhören, Mrs. S. zu sehen, aber der Premierminister gab zu bedenken, Mrs. S. würde nie als seine Königin gekrönt werden: Die Kirche wolle davon nichts wissen, das britische Volk wolle davon nichts wissen (auch wenn es nicht wirklich etwas dagegen hatte, dass er sie heiratete) und vor allem habe das Empire deutlich gemacht, dass es davon nichts wissen wolle. Es gab also keinen wirklichen anderen Ausweg für Eduard als abzudanken und den Thron seinem scheuen, stotternden Bruder, dem Herzog von York, der König Georg VI. wurde, abzutreten. Wenn Sie also jemals auf eine Krönungstasse von Eduard VIII. stoßen, behalten Sie sie, denn sie sind sehr selten. Damals waren die Leute sehr wütend darüber, Eduard zu verlieren – er war ein populärer Prinz von Wales gewesen. Aber Eduard war ein schwacher Charakter und er und Wallis fielen bald unter Hitlers Bann. Als der Krieg ausbrach, schickte die Regierung ihn auf die Bahamas, um ihn aus dem Weg zu haben. Die königliche Familie hat ihm – oder ihr – nie vergeben.

Palästina: Ein zweifach versprochenes Land

Während des Ersten Weltkrieges hatten die Briten den Arabern, auch den Palästinensern, die Unabhängigkeit versprochen im Gegenzug für ihre Hilfe gegen die Türken.

»Okay, ihr seid dran«, sagten die Araber und begannen, Zügen aufzulauern und in *Lawrence von Arabien* eine Hauptrolle zu spielen. In der Zwischenzeit bat eine sehr einflussreiche jüdische Gruppe, die Zionisten, die zurück nach Hause ins Gelobte Land gehen wollte, die Briten, ihnen zu helfen, und die Briten sagten eingedenk des Einflusses der Zionisten in Washington, ja. Damit hatten die Briten ein und dasselbe Land zwei unterschiedlichen Gruppen versprochen, den Palästinensern und den Juden.

Und raten Sie mal, was die Briten taten? Sie brachen beide Versprechen. Sie errichteten weder einen jüdischen Staat, noch gaben sie den Palästinensern die Unabhängigkeit. Stattdessen übernahmen sie selbst Palästina. Sie ließen einige Juden hinein, um dort zu siedeln, aber als die Palästinenser sich beschwerten, überschwemmt zu werden, hielten sie weitere Juden davon ab zu kommen. Es dauerte nicht lange bis die Juden und Palästinenser sich gegenseitig beschossen – oder jeden britischen Soldaten, der sich ihnen in den Weg stellte.

In Deckung gehen

Den Briten gelang es sogar, ihre weißen Kolonien zu verärgern, ausgerechnet durch Kricket. 1931 reisten die Australier nach England und schlugen sie, dank eines australischen Schlagmannes, Donald Bradman. Wie konnte man ihn schlagen? Die Engländer entwickelten einen Plan. Sie würden schnell werfen (Kricketbälle sind sehr hart, und ein guter, schneller Werfer kann sie mit einer Geschwindigkeit von bis zu 90 oder sogar 100 Stundenkilometer werfen; der englische Werfer Harold Larwood war der schnellste, den es gab), aber sie würden nicht auf den Wicket (die aus drei Stäben bestehende Holzkonstruktion) zielen: Sie würden auf den Körper spielen. Das Körperspiel funktionierte. Bradman und seine Teamkameraden mussten dem Ball ausweichen und England gewann das Turnier. Aber zwei australische Spieler wurden schwer verletzt. Die Australier waren empört: »Ein Team spielt Kricket«, wütete der australische Mannschaftskapitän, »und das andere tut es nicht.« Kricket sollte eigentlich alles, was gut am britischen Empire war, verkörpern – Fairness und Sportsgeist und all das. Ja, ganz *richtig*.

Gandhi

Nach den Geschehnissen in Amritsar (siehe den früheren Abschnitt: »Indien: Das Massaker von Amritsar«) wollte der indische Kongress, dass die Briten das Land verlassen und je schneller, desto besser. Mohandas Gandhi (bekannt als Mahatma Gandhi), Führer der indischen nationalistischen Bewegung, kam daraufhin eine Idee, wie man die Unabhängigkeit bekommen konnte: Gewaltlosigkeit. Wenn die Briten Gewalt anwendeten, und Gandhi wusste, dass sie das tun würden, würden die Inder sie einfach ertragen. Die Inder begannen damit, sich zu weigern, ihre Steuern zu bezahlen, und ignorierten den Prince of Wales, als er zu Besuch kam. Aber Gandhi provozierte die Briten auch gezielt. 1930 führte er einen 200 Meilen langen Marsch zum Meer an, um Meersalz zu sammeln, was ein britisches Monopol war. Die Polizei schlug ihn und seine Anhänger brutal und steckte Gandhi ins Gefängnis. Im darauffolgenden Jahr war Gandhi ein ehrenwerter Gast in London, der sich mit dem Premierminister traf und Tee mit dem König trank. Im Grunde genommen hielt Gandhi durch, indem er sich weigerte Kompromisse einzugehen. Der einzige Wermutstropfen war die Frage, ob es einen separaten muslimischen Staat geben sollte oder nicht. Gandhi sagte nein, aber einige Muslime waren ganz erpicht darauf. Die Labour-Partei unterstützte schließlich die Unabhängigkeit, aber 1931 wurde die Nationale Regierung gegründet (siehe den vorherigen Abschnitt »Die Party ist vorbei: Der Börsensturz« für mehr Informationen über diese ungewöhnliche Regierung), und es war klar, dass sie Indien nicht aufgeben würde. Also gingen die Proteste und der zivile

Ungehorsam weiter. Als der Zweite Weltkrieg ausbrach, sagte Gandhi seinen Anhängern, dass sie sich nicht an dem Konflikt beteiligen sollten. Die Briten mussten ohne ihn zurechtkommen. Also sperrten die Briten ihn erneut ein.

Der Weg nach München

Britanniens Beschwichtigungspolitik (*appeasement*) ist vermutlich die kontroverseste und am meisten missverstandene Episode der britischen Geschichte des 20. Jahrhunderts – möglicherweise der gesamten britischen Geschichte. »Haben sie es denn nicht gesehen?«, fragen die Leute. »Warum boten sie Hitler nicht Paroli, solange sie eine Chance dazu hatten?« Aber aus vielen Gründen – mal abgesehen von den Behauptungen der Feigheit, Inkompetenz und Komplizenschaft – schien Appeasement eine praktikable Option zu sein:

✔ **Die Briten glaubten an den Völkerbund:** Der Bund war eine Idee des amerikanischen Präsidenten Woodrow Wilson gewesen und die Briten hatten begonnen, an die Philosophie der kollektiven Sicherheit zu glauben: Nationen arbeiteten gemeinsam an Lösungen von Problemen, statt gegeneinander zu konspirieren und in den Krieg zu ziehen.

✔ **Das britische Volk wollte *keinen* weiteren Krieg:** 1933 sprach sich die *Oxford Union*, ein britischer Debattierclub, dagegen aus, für König und Land zu kämpfen, und 1935 unterzeichneten elf Millionen Menschen ein Friedensvotum, *Peace Ballot*, gegen den Krieg. Keine demokratische Regierung konnte eine solche massive öffentliche Meinung ignorieren.

✔ **Deutschland war nicht notwendig die Hauptbedrohung:** Die direkteste Bedrohung für Britannien kam von Mussolini, der die Briten aus dem Mittelmeer raus haben wollte, und von den Japanern im Fernen Osten. Also arbeiteten die Briten ein Aufrüstungsprogramm aus, das auf diese großen Entfernungen ausgerichtet war und auf Schiffen und Flugzeugen basierte, statt auf einem großen Heer, das geeignet gewesen wäre für den Kampf gegen die Deutschen.

✔ **Nicht alles, was die Deutschen forderten, war unbotmäßig:** Die Briten hielten den Vertrag von Versailles nach dem Ersten Weltkrieg für viel zu hart gegenüber Deutschland.

✔ **Die Briten waren überhaupt nicht in der Lage, einen Krieg zu führen:** Britannien hatte erst 1936 begonnen, sich wieder zu bewaffnen. (Neville Chamberlain finanzierte die Wiederbewaffnung mit einer Steuererhöhung auf Tee: Er wusste, dass sich Ärger zusammenbraute!) Aber obwohl die Marine und die Luftwaffe sich erholten, war Britanniens Heer immer noch klein und schlecht ausgerüstet. Britannien musste auf Zeit spielen.

✔ **1936: Hitler schickte Truppen in das entmilitarisierte Rheinland.** Die Briten vertraten die Auffassung, dass das Rheinland von Anfang an nicht hätte demilitarisiert werden sollen. Hitler »rückt nur in seinen eigenen Hinterhof ein«, wie es die Leute ausdrückten.

✔ **1938: Hitler annektierte Österreich.** Dies bereitete den Briten etwas Unbehagen, aber dieses Thema schien es nicht wert zu sein, darum zu kämpfen, vor allem wo doch so viele Österreicher augenscheinlich entzückt über Hitlers Ankunft waren.

Die Münchner Konferenz

Im September 1938 forderte Hitler das deutschsprachige Sudetenland von der Tschechoslowakei. Diese Sache war ernst, weil die Tschechen eine Militärallianz mit Frankreich geschlossen hatten. Sollte die Tschechoslowakei angegriffen werden, hätte Frankreich die Pflicht, ihr zu helfen. Aber 1938 versuchten die Franzosen verzweifelt, einen Krieg zu vermeiden. Also suchte Chamberlain nach einem Weg, wie Hitler das Sudetenland bekommen konnte, ohne dafür kämpfen zu müssen. Für das Abkommen mit Hitler brauchte es dreier Treffen von Angesicht zu Angesicht. Im September 1938 ging das Sudetenland auf der berühmten Münchner Konferenz an Hitler.

Jeder hatte mit Krieg gerechnet, sodass dieses Friedensabkommen äußerst populär in London und Paris war. »Man sollte glauben«, sagte ein britischer Regierungsvertreter, der auf die Chamberlain zujubelnde Menge blickte, »dass wir einen Sieg errungen, statt ein kleines Land an die Deutschen verkauft haben.«

Lange Zeit gingen die Historiker sehr hart mit Chamberlain ins Gericht und beschuldigten ihn, Hitler zu sehr nachgegeben zu haben. Später waren die Historiker ihm gegenüber etwas nachsichtiger. Sie argumentierten, dass er sehr wenig Spielraum gehabt hatte, vor allem da Britannien so schwach war. Das Problem mit Chamberlain ist, dass er auch dann noch versuchte Hitler zu beschwichtigen, als Hitler den Rest der Tschechoslowakei eingenommen hatte. Es ist schwierig, die Schlussfolgerung zu vermeiden, dass Chamberlain ratlos war und sich einfach weigerte, sich dies einzugestehen.

Und dann griff Hitler Polen an

Als Hitler nur wenige Monate später Polen überfiel, erklärte Britannien den Krieg. Diese Kriegserklärung war verrückt. Britannien konnte Polen genauso wenig helfen, wie der Tschechoslowakei, vor allem nachdem Hitler und Stalin übereingekommen waren, Polen untereinander aufzuteilen. Aber im September 1939 hatten die Menschen ihre Meinung über Deutschland geändert. Hitler hatte den Rest der Tschechoslowakei eingenommen und in der Kristallnacht zerstörten die Nazis jüdische Geschäfte und Unternehmen und schickten Tausende deutscher Juden in Konzentrationslager. Die Briten entschieden: Keine weiteren Abkommen mehr mit diesem Mann. Als die Deutschen also am 1. September 1939 in Polen einmarschierten, sagten die Briten ihnen, sie sollten verschwinden und zwei Tage später erklärte Britannien ihnen den Krieg.

Der Zweite Weltkrieg

Die Briten hatten bereits begonnen, Gasmasken und Anderson-Luftschutzbunker, die man sich in seinen Garten stellen konnte, zu verteilen. Nun setzten sie ihre Stadtkinder in Züge und evakuierten sie aufs Land und forderten Frauen und Männer auf, in den bewaffneten Streitkräften zu dienen. Aber wohin sollten die britischen Truppen gehen? Sie konnten nicht nach Polen gelangen, und egal wie sie sich entschieden, die Deutschen und die Russen vernichteten die Polen ohnehin. Also schickten die Briten ihr kleines Heer nach Frankreich und warteten. Und warteten. Und dann starteten die Deutschen ihren Blitzkrieg.

Frühe Schlachten und Churchills beste Stunde

Der deutsche Blitzkrieg kam nach Dänemark und Norwegen. Die Briten hatten allerdings schon die norwegischen Gewässer vermint – was illegal war – und die Deutschen verloren so viele Schiffe, dass Hitler die Idee weiterer Invasionen zu Wasser verwarf. Aber obwohl die Briten und die Franzosen kurzfristig die Deutschen aus Narvik vertrieben, mussten sie sich bald aus dem Staub machen.

Als Nächstes überrannten die Deutschen Belgien und Holland, stürmten durch die Wälder der Ardennen und schnitten der gesamten britischen Armee in Frankreich an den Stränden von Dünkirchen den Weg ab. Die Briten hatten keine andere Wahl als nach Hause zu gehen, und aus Gründen, die wir immer noch nicht kennen, befahl Hitler seinen Panzern zu stoppen, was den Briten genügend Zeit gab, eine Flotte kleiner Vergnügungsschiffe (ja, die Lage war so verzweifelt) aufzutreiben, um die Truppen zu den wartenden Schiffen zu befördern. Die Briten nennen dieses Ereignis gerne das »Wunder von Dünkirchen«, aber da sie nahezu alles zurücklassen mussten, außer zwei Pistolen und einem sehr scharfen Stock, gab es daran nicht viel Wunderbares. Wie Churchill so treffend sagte: »Kriege gewinnt man nicht durch Evakuierungen.«

Der Verlust Norwegens führte zum Sturz von Chamberlains Regierung und Winston Churchill wurde Premierminister. Nicht jeder hielt ihn für eine gute Wahl, vor allem als er seine berühmte Rede, dass man nie kapitulieren würde, hielt. Britannien schien nicht in der Lage zu sein, irgendetwas anderes zu tun, besonders nachdem Frankreich sich im Juni 1940 ergeben musste. Und doch sprach Churchill von einem Sieg. Die Vorstellung erschien verrückt – bis zur Schlacht um England.

Die Luftschlacht um England

Nach Dünkirchen waren den Briten so wenige Waffen geblieben, dass sie mit Besenstielen exerzieren mussten, bis die Fabriken eine ausreichende Zahl neuer echter Waffen produziert hatten. Aber indem er sich einfach weigerte, Frieden zu schließen, konnte Churchill den Krieg am Laufen halten, ob es Hitler passte oder nicht. Also befahl Hitler seinen Generälen sich einen Invasionsplan einfallen zu lassen, Operation Seelöwe. Dieser Plan erforderte die Zerstörung der Royal Air Force (RAF). Hermann Göring, Hitlers Oberbefehlshaber der Luftwaffe, glaubte zu wissen, wie er genau das erreichen konnte.

Im Sommer und im Herbst 1940 nahm es die deutsche Luftwaffe mit der RAF auf, in der ersten richtigen Luftschlacht der Geschichte, der Schlacht um England. Die Deutschen versuchten, die britischen Luftbasen zu zerstören, und fast wäre es ihnen gelungen. Drei Dinge retteten die Briten:

✔ **Radar:** Die Briten konnten die deutschen Flugzeuge orten, sobald sie gestartet waren und waren bereit, sie abzufangen.

✔ **Die Spitfire:** Die Spitfire war das spritzigste Flugzeug in der Schlacht. Es konnte nicht nur deutsche Bomber abschießen – das konnte jedes –, sondern es konnte auch deutsche Jagdflugzeuge abschießen. Dieses Flugzeug gab den Briten genau den Vorsprung, den sie brauchten.

✔ **Der Blitz:** Die Deutschen sollten eigentlich Flugzeugbasen und militärische Einrichtungen bombardieren, aber als ein deutscher Bomber sich verirrte und seine Bomben über London abwarf, schlug die RAF zurück und bombardierte Berlin. »Ihr bombardiert meine Hauptstadt, ja?«, zischte Hitler, »ich werde eure demolieren!« Diese Erklärung war eine schlechte Nachricht für London und Coventry, aber eine willkommene Entlastung für die RAF. Wenn die Deutschen die Städte bombardierten, konnten sie nicht die Flugplätze der RAF bombardieren. Am 15. September startete Göring einen großen Angriff, um die RAF zu zerstören, doch er fand eine RAF vor, die genau darauf vorbereitet war. Die RAF griff nun in großer Zahl an und die Luftwaffe wurde in Stücke geschossen. Als die deutschen Flugzeuge nach Hause humpelten, entschied Hitler, die Operation Seelöwe abzublasen. Britannien konnte an einem anderen Tag sterben.

Der Blitz

Die Deutschen bombardierten den britischen Städten die Seele aus dem Leib (Abbildung 21.1 zeigt die Städte, die am meisten darunter litten.) Sie bombardierten die historische Stadt Coventry so heftig, dass die Deutschen den neuen Begriff »Coventrieren« prägten, der etwas völlig zerstören bedeutet. Sie nahmen nicht nur Industriestädte wie Newcastle oder Glasgow ins Visier. Die Deutschen bombardierten auch die Domstädte Exeter, Canterbury und Norwich, nachdem die Briten die alte Hafenstadt Lübeck bombardiert hatten.

Die Briten behaupten gerne, dass die Bombardierung sie nur stärker einte und entschlossener machte, nicht nachzugeben. Als eine Bombe auf dem Buckingham Palast einschlug, bemerkte die Königin: »Zumindest kann ich dem East End ins Gesicht sehen.« Im Großen und Ganzen einte die Bombardierung die Briten wirklich stärker, aber dieses Nationalgefühl war nicht die ganze Geschichte. Unruhen brachen aus nach dem schweren Beschuss von Plymouth und sowohl Churchill als auch der König wurden häufiger ausgepfiffen, wenn sie die Einschlagstellen der Bomben besichtigten. Aber immerhin gingen sie überhaupt dorthin. Hitler hätte sich das nie getraut.

Am 21.8. ging Mr. Brown in die Stadt: Das Leben zu Hause

Menschen, die zu alt waren, um in die regulären Streitkräfte einzutreten, konnten sich immer noch der *Home Guard*, einer Teilzeit-Heimwehr, anschließen, sodass Hitler nicht gewusst hätte, wie ihm geschieht, wenn er am Wochenende oder nach 18.00 Uhr eingefallen wäre. Er hätte auch nicht viel sehen können, dank der Verdunkelung. Jeder musste dicke schwarze Gardinen vor die Fenster hängen und Aufseher patrouillierten, um sicherzugehen, dass niemand den deutschen Bombern mit seinen Nachtischlampen den Weg wies.

Abbildung 21.1: Städte, die beim »Blitz« bombardiert wurden

Es gab Rationierungen: Fleisch, Butter, Zucker, Benzin, Kleider – eigentlich alles, was an den U-Booten vorbei ins Land gebracht werden musste. Während man wartete, konnte man »für den Sieg graben«, also Lebensmittel im eigenen Garten oder auf dem örtlichen Kricketfeld anbauen. Die Regierung gab spezielle Rezepte heraus, wie *Woolton Pie* (nur Gemüse, kein Fleisch), die den Leuten sagten, was sie aus ihren Rationen machen konnten, auch wenn die meisten es ihnen hätten sagen können. »Ist deine Reise wirklich notwendig?«, fragten Plakate in Bahnhöfen. Und »Unvorsichtiges Gerede kostet Leben!«, womit auf die Gefahr herumschleichender deutscher Spione und Sympathisanten gewarnt wurde. Sirenen warnten, dass ein Luftangriff bevorstand, und andere gaben Entwarnung. Wenn man einen Einberufungsbescheid erhielt, bedeutete das nicht, dass man in den Kampf ziehen musste: Frauen wurden zur Arbeit in die Fabriken einberufen und junge Männer, die erwarteten, in eine Uniform gesteckt zu werden, wurden zum Beispiel in die Bergwerke hinuntergeschickt – was genauso wichtig war, um den Krieg zu gewinnen.

Wenn's nicht die glühend heiße Wüste ist, ist's der verdammte Dschungel

1940 griffen die Briten die Italiener in Nordafrika an und die Deutschen mussten ihnen zu Hilfe kommen. Lange Zeit war der deutsche Kommandant Rommel siegreich, aber im Oktober 1942 besiegte ihn der britische Feldmarschall Bernard Montgomery, Kommandant der 8. Britischen Armee in Nordafrika, in El Alamein in Ägypten. In der Zwischenzeit waren die USA in den Krieg eingetreten, dank des japanischen Angriffs auf Pearl Harbor 1941. Die Japaner griffen auch britische Besitzungen in Asien an. Sie nahmen Hongkong und Burma ein und 1942 nahmen sie die großartige britische Inselfestung Singapur ein. Dass Singapur verloren war, war schlimm genug, aber was die Lage noch verschlimmerte war, dass die Schlacht nicht einmal notwendig gewesen wäre. Die Japaner griffen von hinten an, und mit zur Neige gehenden Wasservorräten ergab sich General Percival einfach. Das Bild des mächtigen britischen Weltreiches war zerstört.

Boote und Bomber

Churchill sagte, dass die einzige Sache in diesem Krieg, die ihn wirklich beunruhigte, die U-Boote waren, die Tausende Tonnen von Schiffsladungen versenkten und Britanniens Nahrungsmittelversorgung zu unterbrechen drohten. Die Briten setzten Konvois und Unterwasserradar, bekannt als ASDIC, ein, aber Information war die beste Waffe. Um diese lebenswichtigen Informationen zu bekommen, errichteten sie eine geheime Abhörzentrale in Bletchley Park in Buckinghamshire, wo die Briten in der Lage waren, die geheimen deutschen Kodices abzufangen. Doch das war nicht immer so, und mehrere Monate lang kämpften die Briten im Dunkeln. Erst als die Amerikaner Langstreckenbomber einführten, die den ganzen Atlantik abdecken konnten, waren die Alliierten in der Lage, den Spieß gegen die U-Boote umzudrehen.

Bombardierungen waren die einzige Möglichkeit, die die Briten hatten, den Krieg zu den Deutschen zu bringen. Zunächst schossen die Deutschen die britischen Bomber einfach ab, aber nachdem die USA erstmal in den Krieg eingetreten waren, waren die Alliierten in der Lage, rund um die Uhr zu bombardieren, die Amerikaner bei Tage, die Briten in der Nacht. Die Deutschen hatten Britannien schwer bombardiert, aber der britische Gegenschlag war viel schlimmer. Ganze Städte wurden in schrecklichen Feuerstürmen dem Erdboden gleichgemacht und die Briten begannen sich zu fragen, ob ihre Aktionen richtig waren. Der schlimmste Fall war Dresden, das in einem schrecklichen Bombenangriff im Februar 1945 zerstört wurde, obwohl die Stadt kein wichtiges militärisches Ziel war.

 Auf der einen Seite könnten Sie argumentieren, dass die Bombardierungen notwendig waren. Diese Taktik hielt den Druck auf die Deutschen aufrecht, brachte ihre Industrie zum Erliegen und band Männer und Waffen, die andernfalls möglicherweise gegen die Russen eingesetzt worden wären (und um es ganz klar zu sagen: Es war die russische Front, die den Krieg für die Alliierten gewann). Auf der anderen Seite haben Leute argumentiert, dass diese Art der Bombardierung nichts anderes als Mord und in sich ein Kriegsverbrechen gewesen sei.

D-Day: Am Strand kämpfen

Bis 1944 war Britannien ein riesiges bewaffnetes Lager geworden und am 6. Juni 1944, dem D-Day, starteten die Briten, die Kanadier und die Amerikaner die größte Invasion der Geschichte an den Stränden der Normandie. Die Invasion wäre beinahe am Omaha Beach gescheitert, aber am Ende waren die Alliierten in der Lage, ihren Weg ans Ufer zu erkämpfen. In der Zwischenzeit rückten die Russen im Osten an Deutschland heran. Die Briten entwickelten den Plan, den Rhein zu überqueren und dann nach Berlin zu eilen, bevor die Russen dort eintrafen, aber der Plan lief schief, als die Briten auf einer deutschen Panzerdivision bei Arnheim in Holland landeten. Stattdessen bestand der amerikanische Oberbefehlshaber General Eisenhower darauf, langsamer vorzurücken, und die westlichen Alliierten trafen sich schließlich mit den Russen im Frühling 1945.

Im Februar 1945 trafen sich Churchill, Stalin und Roosevelt (die »Großen Drei«) in Jalta auf der Krim, um die endgültige Niederlage Hitlers zu besprechen und zu entscheiden, wer was während der Besetzung in der Nachkriegszeit bekommen sollte und was mit den befreiten osteuropäischen Staaten passieren sollte und so weiter.

Der Krieg gegen Deutschland endet

Der Krieg gegen Deutschland endete am 8. Mai 1945 – V-E Day (für »Victory in Europe«). Während der Konferenz von Jalta (siehe vorherigen Abschnitt) hatten die Alliierten beschlossen, ein Kriegsverbrechertribunal gegen die führenden Nazis abzuhalten. Nach der Niederlage Deutschlands wurden diese Prozesse in einem alten Gerichtssaal in Nürnberg, einem der letzten erhaltenen Gebäude, abgehalten. Aber während die Alliierten bei der Verurteilung der Nazis zusammenarbeiteten, fiel die Allianz an ihren Rändern auseinander. Als die »Großen Drei« sich das nächste Mal in Potsdam trafen, im Sommer 1945 vor den Toren Berlins, gab es ernsthafte Streitigkeiten. Der Kalte Krieg war im Begriff auszubrechen.

Der Krieg gegen Japan geht weiter

Japan musste noch immer besiegt werden, vergessen Sie das nicht. Die Briten kämpften einen langen Krieg im Urwald von Burma und Indien, aber ihre Soldaten bezeichneten sich selbst als die »vergessene Armee«, weil niemand von ihnen Notiz zu nehmen schien. Speziell ausgebildete britische, chinesische und amerikanische *Chindit*-Einheiten landeten hinter den japanischen Linien, sprengten Brücken in die Luft, lauerten Patrouillen auf und richteten ganz generell Zerstörungen an. Als die Japaner 1944 in Indien einmarschierten, besiegten die Briten und Inder sie in der Schlacht von Imphal. Dieser Teil des Krieges endete also mit einer der letzten großen imperialen Schlachten: Die Zukunft sollte ganz anders aussehen.

Die Zeit des Fernsehens

In diesem Kapitel

▶ Verstehen Sie, warum Churchill gehen musste – und auch das Imperium

▶ Sehen Sie, wie der Staat zum Kindermädchen wird – und das Kindermädchen in den Staat kommt

▶ Durch die Sixties swingen

D ieses Kapitel hat etwas von einer Achterbahn. Wenn Sie kurz nach dem Krieg in Britannien gewesen wären – vielleicht waren Sie es – hätten Sie ein ziemlich düsteres Land gesehen, in dem es immer noch Rationierungen gab und eine gedrückte allgemeine Stimmung. Britannien hatte den Krieg gewonnen, aber es war im Begriff, sowohl sein Imperium als auch sein Prestige zu verlieren. Wenn Sie sich jedoch Britannien in den Sechzigern anschauen, dann erleben Sie ein swingendes London und ein optimistisches Gefühl eines Landes im Aufbruch. Kehren Sie nach Britannien in den Siebzigern zurück und Sie werden kaum sehn, das sich etwas bewegt hat – oder dass jemand noch arbeitet (um noch mehr Streiks zu sehen, blättern Sie vor zu Kapitel 23). Nicht umsonst nannte man eine Form des Arbeitskampfes ein *go-slow*. Dieses Kapitel handelt von einem ab- und auf- und dann wieder abgehenden Britannien. Halten Sie durch.

Wir sind jetzt die Herren

Dies sagte die Labour-Party (mehr oder weniger), als sie die allgemeinen Wahlen 1945 gewann. Ihr Sieg ist nach wie vor ein wenig schwer zu verstehen. Churchill (ein Konservativer) hatte die Briten gerade durch einen der größten Kriege der Geschichte geführt, der Kalte Krieg fing gerade an – und die Briten wählten diesen Augenblick, um den großen Mann fallen zu lassen. Nun ja, und aus einigen sehr guten Gründen:

✔ **Churchill schätzte die öffentliche Stimmung völlig falsch ein.** Die Menschen verbanden Churchills Konservative mit der Arbeitslosigkeit der 1930er und ihre Vorstellungen schienen sich seither nicht weiterentwickelt zu haben. Statt zu sagen, wie er die sozialen Probleme lösen würde, gab Churchill eine verrückte Warnung von sich, dass die Labour Party eine Art Gestapo in Britannien errichten würde, wenn sie gewählt werden würde.

✔ **Die Armee hatte einen politischen Bildungsdienst für die Truppen geleitet,** und viele von ihnen waren überzeugte Unterstützer der Labour Party geworden.

✔ **Labour-Minister hatten in Churchills Kriegskabinett gedient und mehr oder weniger die Heimatfront geleitet.** Nun sagte die Labour Party, sie würde die Empfehlungen des Beveridge-Berichts umsetzen.

Der Beveridge-Report: Kampf gegen Giganten

Während des Krieges richtete die Regierung eine Sonderkommission ein unter dem Vorsitz des Oxford-Gelehrten Sir William Beveridge, die untersuchen sollte, wie man nach dem Krieg ein besseres Britannien schaffen könne. Beveridge sprach von den fünf »Giganten«, die Britannien seit Langem plagten:

- ✔ Armut
- ✔ Krankheit
- ✔ Unwissen
- ✔ Elend
- ✔ Arbeitslosigkeit oder »Untätigkeit«

Zur Bekämpfung dieser Übel, sagte Beveridge, brauche man kostenlose Gesundheitsfürsorge, so etwas wie einen nationalen Versicherungsplan und Vollbeschäftigung. Einige Leute fragten sich, wo das Geld für all diese Sozialfürsorge herkommen sollte, aber die meisten glaubten, dass der Beveridge-Report einfach das war, was der Arzt verordnet hatte. Die Ideale des Reports waren es wert, dafür zu kämpfen.

Mit der Arbeiterpartei arbeiten

Die Menschen erwarteten große Dinge von dieser neuen Labour-Regierung. Waren sie in der Lage, sie zu erfüllen? Der große Wettkampf stand kurz vor dem Anpfiff und die Hauptakteure waren:

- ✔ **Clement Attlee,** der neue Premierminister. Er sah aus wie ein Bankmanager aus Croydon. Churchill nannte ihn ein »Schaf im Schafspelz«, aber Attlee erwies sich als sehr viel zäher, als er aussah.

- ✔ **Aneurin »Nye« Bevan,** der feurige walisische Minister, der die Aufgabe hatte, eine Gesundheitsfürsorge für alle zu etablieren. Er schätzte eine gute Auseinandersetzung, und die Ärzte Britanniens stellten sicher, dass er sie bekam.

- ✔ **Ernest Bevin,** ein Gewerkschafter mit bulligem Gesicht, der zu jedermanns Überraschung – auch seiner eigenen – Außenminister wurde und sich als Gegner der Russen herausstellte. »Meine Außenpolitik«, sagte er einmal, »besteht darin, in der Lage zu sein, eine Fahrkarte an der Victoria Station zu kaufen und dorthin zu fahren, wo immer es mir verdammt noch mal passt.«

Macht für das Volk

Attlee und die Labour-Partei glaubten daran, dass, statt alles privaten Unternehmen zu überlassen – ein System, das so spektakulär in den Dreißigern gescheitert war (siehe Kapitel 21 zu Details darüber, was alles schiefgelaufen war) –, der Staat die wirklich großen Grundindustrien betreiben solle, wie Kohle, Stahl und die

Eisenbahnen, und dass der Staat Leistungen für alle bereitstellen solle. Die Politik markierte eine radikale Abkehr von der Praxis der Vergangenheit.

Die Verstaatlichungen

Attlee nahm die Kohle-, Stahl-, Elektrizitätsindustrie sowie die Eisenbahnen privaten Unternehmen weg, sodass sie »im Interesse des Volkes« geführt werden konnten. Das neu geschaffene *National Coal Board* hatte einen schlechten Start, als es in seinen ersten Monaten von der großen Kälte erwischt wurde und nicht damit zurechtkam. Die Verstaatlichung der Bahn erwischte einen besseren Start, aber das Betreiben all dieser hübschen kleinen regionalen Strecken erwies sich als viel zu teuer und 1962 legte der Vorsitzende der Staatsbahn *British Rail* Richard Beeching zahlreiche Nebenstrecken still. Diese Rationalisierungsmaßnahmen wurden bekannt als *Beeching Axt*. Einige Menschen in Britannien haben ihm das bis heute nicht verziehen.

Der Wohlfahrtsstaat

Attlee sagte, es würde keine Rückkehr zur schlechten alten Zeit geben, als die Leute so arm waren, dass sie einfach verhungerten. Von nun an würde der Staat sich um die Menschen kümmern, von der Wiege bis zum Grab. Kostenlose Gesundheitsversorgung, Bildung und *staatliche Hilfen* – Zahlungen – würde es für Mütter und für die, die nicht arbeiteten, geben. Das hörte sich gut an – doch konnte dieses System umgesetzt werden?

Das Britische Gesundheitssystem

Sie kennen das Bild: Eine arme viktorianische Familie weint über einem kranken Kind, aber sie haben nicht das Geld, um einen Arzt zu holen. Dieses Bild hat das Zeug für ein schlechtes Drama und Labour wollte sicherstellen, dass es so nie wieder sein würde. Gesundheitsfürsorge – Ärzte, Zahnärzte, falsche Zähne und Brillen – sollten für alle frei sein. Die Ärzte liefen Sturm dagegen; es würde ihr Auskommen gefährden und sie müssten arme Leute behandeln. Nye Bevan (der walisische Minister, der mit der Reform des Gesundheitssystems des Landes betraut war) saß die Proteste einfach aus und führte 1948 den staatlichen Gesundheitsdienst (NHS) ein. Der NHS war so erfolgreich, dass die Nachfrage das Angebot überstieg. Die Leute wollten auf ihre Kosten kommen und sie nahmen das NHS so stark in Anspruch, dass es sehr viel schneller expandieren musste, als irgendjemand erwartet hatte. Schon bald musste die Regierung Gebühren für Verschreibungen verlangen und Bevan trat unter Protest zurück. Da gesunde Menschen länger leben, nutzten sie das NHS immer länger, weil sie immer älter wurden. So wurde es größer und größer und immer teurer und gegen Ende des Jahrhunderts war die Finanzierung des NHS zu einem der größten Probleme geworden, dem sich die britische Regierung gegenüber sah.

Ihr habt vielleicht den Krieg gewonnen, aber ihr bekommt keine Süßigkeiten

Als der Krieg zu Ende war, erhielt jeder Mann, der in den Streitkräften gedient hatte, einen zivilen _Demob_-Anzug (von Demobilisierung der Streitkräfte), kostenlos, der ihm helfen sollte, wieder ins Zivilleben zurückzufinden. Aber wenn die Menschen geglaubt hatten, dass die Friedenszeit eine einzige große Party sein würde, dann mussten sie sich auf einen Schock gefasst machen. Man erholt sich nicht so einfach über Nacht von einem sechs Jahre dauernden totalen Krieg und die Briten mussten sich an noch schärfere Restriktionen des täglichen Lebens gewöhnen als während des Krieges:

✔ **Der Wehrdienst blieb bestehen.** Junge Männer wurden noch bis 1960 zum Dienst in den Streitkräften aufgefordert. Viele Kriege und Konflikte ereigneten sich, die eine britische Militärpräsenz erforderten, und das Kriegshandwerk half, die Arbeitslosenzahlen niedrig zu halten.

✔ **Die Rationierungen wurden schlimmer.** Es war weniger Butter und Margarine als während des Krieges verfügbar und man rationierte sogar das Brot. Alles war knapp – Fleisch, Eier, Süßigkeiten, Schokolade. Kleidermarken waren immer noch erforderlich und es gab auch keine schicke Mode: Man musste sich mit einem vernünftigen »Nützlichkeitsstil« zufrieden geben. Und dieser war sehr, sehr langweilig.

✔ **Die große Kälte kam.** Der Winter von 1947 (_the big freeze_) war einer der kältesten, die je verzeichnet wurden: Genau der richtige Zeitpunkt, um einen nationalen Mangel an Kohle zu haben. Die Züge kamen mit den Kohlelieferungen nicht durch den Schnee. Als der Schnee schmolz, gab es große Überschwemmungen.

Die Labour-Regierung nannte all diese Rationierungen und das Gürtel-enger-Schnallen _Austerität_. Übersetzt? Es ist kein Geld im Topf und deshalb können wir keinen Spaß haben. Aber einige Lichtblicke erhellten diese Periode. Die Nation feierte ein Fest, als Prinzessin Elisabeth den Herzog von Edinburgh heiratete, und jeder war völlig aus dem Häuschen, als die ersten Bananen eintrafen – wegen des Krieges hatten die meisten britischen Kinder noch nie eine gesehen. Aber im Großen und Ganzen hatten die Briten die Nase voll von diesem Austeritätsgerede, und als Christian Dior seinen »New Look« für Frauen herausbrachte, mit breiten Hemden und Sanduhrfiguren, flogen die Frauen darauf – zum Teufel mit den Kleidermarken.

Entdeckung und Erholung

Die Olympischen Spiele von 1948 – die ersten seit Berlin 1936 – wurden in London abgehalten. Das Ereignis wurde nicht so verschwenderisch gestaltet wie es Hitlers Spiele gewesen waren, aber wen störte das?

Dann wies irgendein Schlaumeier darauf hin, dass 1951 das hundertjährige Jubiläum der Großen Weltausstellung von 1851 wäre (siehe Kapitel 18, um mehr darüber zu erfahren), und die Leute dachten sich: »Warum sollten wir nicht eine erneute Große Weltausstellung haben, die diesmal auch noch Spaß macht?« Sie nannten das Ereignis das *Festival of Britain*. Eine große Bombeneinschlagstelle in der Londoner South Bank wurde genutzt, um dort einen Entdeckungsthemenpark zu errichten. Im *Dome of Discovery* konnte man sich all die neuesten wissenschaftlichen und technologischen Weiterentwicklungen anschauen; dann konnte man nach draußen gehen und den *Skylon* bestaunen, eine Skulptur, die in der Luft zu schweben schien, ohne irgendeine sichtbare Stütze. Wenn man sich von all den Schwindel erregenden Dingen erholt hatte, konnte man runter zum *Buttersea*-Vergnügungspark gehen und die Autoskooter erkunden.

Es schienen aufregende Zeiten zu sein. 1953 sahen Tausende von Briten die Krönung der neuen Königin Elisabeth II. in einer noch relativ neuen Erfindung, Fernsehen genannt. Am gleichen Tag traf die Nachricht ein, dass Edmund Hillary und Sherpa Norgay Tensing den Mount Everest bestiegen hatten – na gut, Hillary war Neuseeländer und Tensing war Nepalese, aber die Expedition war britisch. 1953 war auch das Jahr, in dem James Watson und Francis Crick in Cambridge die Struktur der DNA entschlüsselten, und im nächsten Jahr lief Roger Bannister in Oxford als erster Mensch eine Meile unter vier Minuten.

Das Ende des Weltreichs

Die Viktorianer hatten gerne behauptet, dass die Sonne über dem Weltreich nie untergehe, weil sie immer an irgendeinem Teil des Globus, der britisch war, schien. Natürlich glaubten sie auch gerne daran, dass das Imperium ewig währen würde, aber das tun Weltreiche nicht, und das britische war keine Ausnahme.

Die Briten fingen an, weniger von dem Weltreich und mehr von dem *Commonwealth* zu sprechen. Keiner war sich ganz sicher, was das Commonwealth war – die Leute sprachen von einer »Familie« von Nationen, die alle Teil des britischen Weltreichs gewesen waren, und die Königin war das Oberhaupt des Commonwealth, was bedeutete, dass man bei den Commonwealth-Gipfeltreffen zumindest ein gutes Mittagessen bekam. Im Großen und Ganzen mochten die Briten das Commonwealth und wenn es nur wegen der Commonwealth-Spiele war, der einzigen Möglichkeit für sie, mit einer vernünftigen Medaillenausbeute nach Hause zu kommen.

Sonnenuntergang im Osten ... und im Nahen Osten

Churchill hasste die Vorstellung, Indien »aufzugeben«, aber Gandhi hatte seit dem Massaker von Amritsar von 1919 dafür gekämpft, dass die Briten Indien verlassen (siehe Kapitel 21 für Details über diesen entsetzlichen Zwischenfall). Während des Zweiten Weltkrieges startete Gandhi eine groß angelegte Kampagne, um die Briten zu zwingen, das Land zu verlassen. Die Folge? Die Briten sperrten ihn und alle anderen indischen nationalistischen Führer, derer sie habhaft werden konnten, ein. Einige der Inder gingen sogar zu den Japanern über und kämpften mit ihnen gegen die Briten. Als der Krieg 1945 endete, entglitt Indien schnell der Kontrolle – Unruhen und Demonstrationen fanden statt und die Briten schienen nicht in der

Lage zu sein, wieder Ordnung herzustellen. Der Vizekönig von Indien, Lord Wavell, beugte sich dem Unvermeidbaren und ließ Indiens nationalistische Führer aus dem Gefängnis frei und in die Regierung.

Wer war der Dritte Mann?

Carol Reeds Film *Der Dritte Mann* spielt in Wien kurz nach dem Krieg, aber Britannien bekam sein eigenes »Dritter Mann«-Drama, als zwei britische Diplomaten, Guy Burgess und Donald Maclean, plötzlich türmten und wenige Tage später in Moskau auftauchten. Sie wurden als Spione Stalins enttarnt und die Polizei war gerade im Begriff gewesen, sie festzunehmen, als sie gewarnt wurden. Aber wer war der dritte Mann, der es ihnen gesteckt hatte? Es stellte sich heraus, dass die Person ein weiterer Diplomat war, Kim Philby, der Burgess und Maclean an der Universität von Cambridge kennengelernt hatte. Der russische Geheimdienst meinte, dass all diese englischen Spione – es gab noch andere – die besten Agenten waren, die sie je hatten.

In der Zwischenzeit hatte zu Hause in Britannien Attlees Labour-Regierung beschlossen, dass es für die Briten an der Zeit sei, nach Hause zu gehen. Aber es gab ein Problem. Gandhi wollte ein geeinigtes Indien mit Hindus und Muslimen, aber die Muslime wollten einen separaten Staat, der Pakistan heißen sollte. Wenn sie diesen eigenen Staat erhielten, wo sollte seine Grenze verlaufen? Und was war mit den Leuten, die sich auf der »falschen« Seite wiederfanden? Attlee schickte Lord Mountbatten nach Indien, um Wavell als Vizekönig abzulösen, mit der Anweisung, die Dinge zu klären. Sollte Britannien Indien teilen oder nicht? Mountbatten entschied: »Ja, und zwar schnell.« Er verkündete, dass die Teilung im August 1947 erfolgen würde, ein Jahr früher als geplant. Etwa sieben Millionen Menschen mussten ihre Sachen packen und von einem in den anderen Staat umziehen. Ärger war unvermeidbar, und er kam. Fast eine halbe Millionen Menschen wurden in den Aufständen gegen die Teilung getötet und 1950 erschoss ein hinduistischer Gegner der Teilung Gandhi dafür, dass er ihr zugestimmt hatte.

Die Briten hinterließen Indien ein großes Vermächtnis – Demokratie, Eisenbahnen, die englische Sprache und den merkwürdigen Brauch, dass Anwälte Nadelstreifenanzüge unter der Tropensonne tragen –, aber sie hatten nicht damit gerechnet, dass sie ihnen auch einen erbitterten Grenzstreit in Kaschmir vermachen würden. Indiens Prinzen und Maharadschas mussten sich entscheiden, ob sie sich Indien oder Pakistan anschließen wollten. Die Staaten entlang der Grenze fügten sich normalerweise den Wünschen der Mehrheit, aber der Maharadscha von Kaschmir im Norden Indiens, das eine überwiegend muslimische Bevölkerung hatte, erklärte, dass er sein Königreich Indien übergeben werde und nicht Pakistan, wie es sein Volk wollte. Die muslimischen Kaschmiri protestierten, Pakistan marschierte ein und das Ergebnis war einer der am längsten anhaltenden und gefährlichsten Grenzkonflikte.

Notstand in Malaysia

Deutlich erfolgreicher als in Indien waren die Briten in Malaysia. Sie reorganisierten 1948 die Region zu einer Föderation um, in Vorbereitung ihres Abzugs. Doch genau in diesem Moment begann eine große kommunistische Erhebung. Die Kommunisten waren jedoch nicht Malaien, sondern Chinesen. Die eingeborenen Malaien wollten mit ihnen nichts zu tun haben, und auf keinen Fall wollten sie, dass ihr Land ein chinesisch dominierter, kommunistischer Staat wird. Also blieben die Briten und kämpften einen äußerst erfolgreichen Kampf gegen die Kommunisten zur Niederschlagung des Aufstandes. Sie gruppierten die Bevölkerung in befestigte Dörfer und verweigerten den Guerillas den Zugang zu Nahrung oder Versorgungsgütern. Bis 1957 war der Aufstand so weit unter Kontrolle, dass Britannien Malaysia die Unabhängigkeit gewähren und abziehen konnte.

Der Krieg in Malaysia wurde als »malaiische Notlage« (*Malayan Emergency*) bezeichnet. Warum? Weil die Versicherungspolicen der britischen Gummipflanzer Kriegsschäden nicht abdeckten, aber unvorhergesehene Ereignisse, Notlagen, schon. Man könnte sagen, dass sie den Begriff sehr weit ausdehnten.

Der britische Erfolg gegen die kommunistischen Guerillas in Malaysia schien in Widerspruch zu dem späteren Scheitern der Amerikaner gegen die Vietcong-Guerillas in Vietnam zu stehen, und manche Leute argumentierten, die Amerikaner hätten die britischen Taktiken besser studieren sollen. Tatsächlich aber waren die beiden Situationen sehr unterschiedlich. Entscheidend war, dass das malaiische Volk gegen die kommunistischen Guerillas war, während viele Vietnamesen die Vietcong unterstützten.

Palästina: Ein weiteres schönes Schlamassel

Britannien hatte Palästina nach dem Ersten Weltkrieg vom Völkerbund erhalten, um sich seiner anzunehmen (siehe Kapitel 21, um mehr über Britanniens merkwürdigen, ungelenken Eintritt in die komplexe Politik des Nahen Ostens zu erfahren). Seit damals hatten die Briten versucht, eine kontrollierte jüdische Einwanderung zu erlauben, während sie zugleich den Palästinensern versicherten, sie würden nicht überschwemmt werden. Nach dem Krieg, wollten Tausende von Juden Europa den Rücken zukehren und sich ein neues Leben in Palästina aufbauen, aber das alarmierte die Palästinenser nur noch mehr, sodass der britische Außenminister Ernest Bevin sagte, es dürften keine weiteren Juden mehr in das Gebiet. Diejenigen, die es trotzdem versuchten, wurden in Lagern mit Stacheldrahtverhauen eingesperrt.

Aber diese Menschen hatten die Todeslager der Nazis überlebt und sie ließen sich nicht so leicht davon abbringen. Jüdische Terrorgruppen, *Irgun* und die *Stern Gang*, begannen, britische Soldaten zu töten. 1946 sprengten sie das König David Hotel in die Luft, in dem sich das Verwaltungshauptquartier der Briten befand: 91 Menschen wurden getötet. Die Briten hatten schon genug Probleme, auch ohne den gesamten Nahen Osten, also zogen sie ab und übergaben die ganze Situation den Vereinten Nationen (*United Nations*). Die UN gründeten den Staat Israel.

»Wind of Change« in Afrika

Die Briten begannen eine Vorliebe für all diese mitternächtlichen Unabhängigkeitszeremonien zu entwickeln, mit vielen Regierungsvertretern in albernen Hüten, die großmütig die Fahne zur Melodie von *The Last Post* einholten. Das erste afrikanische Land, das seine Unabhängigkeit erlangte, war Ghana; einer der VIP-Besucher der Unabhängigkeitszeremonie 1957 war Dr. Martin Luther King, Jr. Bis 1968 hatte eine afrikanische Kolonie nach der anderen ihre Unabhängigkeit erlangt – Nigeria, Sierra Leone, Uganda, Malawi, Sambia, Gambia, Botswana, Lesotho, Swaziland und Tansania.

Mountbatten

Historiker streiten noch immer heftig über Mountbattens Rolle bei der indischen Unabhängigkeit. Mountbattens Version der Ereignisse erwies sich als wenig hilfreich für die Debatte, die im Kern besagte: »Alle guten Ideen stammten von mir, alle meine Entscheidungen waren richtig, und die Entscheidungen aller anderen waren falsch, aber nachdem ihnen klar wurde, dass ich recht hatte, wurden wir alle gute Freunde.« Mountbatten war ein wirkliches Mitglied des Königshauses – Königin Viktoria war seine Urgroßmutter – und charismatischer Marinekommandant im Zweiten Weltkrieg, was auch gut war, denn sein Schiff ging unter. Er war Oberbefehlshaber der alliierten Streitkräfte in Südostasien, leitete die Operationen gegen die Japaner und nahm ihre Kapitulation in Singapur 1945 an. Attlee glaubte, dass Mountbatten genau die richtige Autorität war, um den britischen Abzug aus Indien zuwege zu bringen.

Mountbatten verstand sich sehr gut mit Gandhi und Nehru (Gerüchten zufolge ging seine Frau sogar noch einen Schritt weiter und hatte eine Affäre mit Nehru, auch wenn die Beweise dafür dünn sind); jedoch fand er Jinnah, den Führer der Muslime sehr viel schwerer zu ergründen. Seine Kritiker sagen, er habe Indien in die Teilung getrieben, bevor die Leute für diese Idee bereit waren, und dass er deshalb Schuld an der Gewalt hatte. Diese Anschuldigung geht vermutlich zu weit – es gab bereits viel Gewalt in den Gemeinden bevor er eintraf, und die Teilung musste Ärger provozieren, egal wann sie durchgeführt wurde –, aber es stimmt, dass die Grenze gezogen wurde und alle praktischen Arrangements getroffen wurden unter einem hoffnungslos unangemessenen Zeitplan. Aber selbst seine ärgsten Kritiker können Mountbatten nicht sein letztendliches Schicksal gewünscht haben – 1979 wurde er von der IRA in die Luft gesprengt.

Ärger braut sich in Kenia zusammen

In Kenia zettelten die nationalistischen Guerillas des Kikuyu-Stammes, die *Mau Mau*, einen Aufstand gegen die Briten an. Die Briten reagierten scharf, sie nahmen Tausende fest. Es wurde behauptet, die Briten hätten Folter angewandt. Mau Mau töteten auch afrikanische Mitbürger – 1953 massakrierten sie 79 Afrikaner in dem Dorf Lari – und verloren nach und nach die Unterstützung der anderen Kenianer. 1963 zogen die Briten aus Kenia ab und übergaben die Macht an Jomo Kenyatta, der erst kurz zuvor aus dem Gefängnis entlassen worden war.

Aber inzwischen konnte man sich kaum als einen wirklichen nationalen Führer bezeichnen, wenn die Briten einen nicht irgendwann einmal eingesperrt hatten.

Kenia hatte eine ungewöhnlich große weiße Bevölkerung von Farmern, die allerlei Mauscheleien in den *White Highlands*, die auch »Happy Valley« genannt wurden, machten. Als die Unabhängigkeit kam, packten die meisten ihre Sachen und gingen nach Hause nach Großbritannien, aber die Weißen in Rhodesien und Südafrika hatten andere Vorstellungen. Sie liebten es, die Schwarzafrikaner herumzukommandieren, und sie würden ihre Stellung nicht kampflos aufgeben.

Das Entstehen der Apartheid in Südafrika

Die weißen Südafrikaner ließen sich etwas einfallen, was sie *Apartheid* nannten. Dazu gehörte, dass die Weißen das beste Land, die besten Schulen, Häuser, Arbeitsplätze und so weiter haben sollten und dass die Schwarzen draußen bleiben mussten, außer sie arbeiteten als Arbeiter der Weißen. 1960 reiste der britische konservative Premierminister Harold Macmillan nach Kapstadt und sagte den weißen Südafrikanern, dass sie einer schwarzen Mehrheit nicht ewig Widerstand leisten könnten. Ein *Wind of Change* (»Wind des Wandels«) fege über den Kontinent. Die Weißen, die das hörten, waren nicht begeistert.

Ein paar Monate nach Macmillans »Wind of Change«-Rede, eröffnete die südafrikanische Polizei das Feuer auf eine unbewaffnete Menge von Schwarzafrikanern in Sharpville und tötete 67 Menschen, die meisten von ihnen wurden beim Weglaufen hinterrücks erschossen. Britanniens Ärger über den Zwischenfall war so groß, dass Südafrika entschied, seine Unabhängigkeit zu erklären und das Commonwealth zu verlassen. Das Commonwealth reagierte, indem es Sanktionen gegen Südafrika verhängte – kein Handel mehr, und Kricket spielen wir auch nicht mehr mit euch, das habt ihr nun davon. Offiziell unterstützte die britische Regierung diese Haltung; inoffiziell ignorierten viele britische Firmen und Banken und nicht wenige Kricketspieler sie.

Die weiße Rebellion in Rhodesien

Die Weißen in Rhodesien entschieden, dass sie auch unabhängig sein wollten. Britannien sagte, sie könnten nur dann unabhängig werden, wenn sie eine schwarze Mehrheitsherrschaft akzeptierten. Oder anders ausgedrückt: Demokratie. Dies wollten die weißen Rhodesier auf keinen Fall, also gingen sie los und erklärten 1965 einseitig ihre Unabhängigkeit, die UDI (*Unilateral Declaration of Independence*), um ihr Recht auf eine Supermehrheit über die schwarze Bevölkerung zu verteidigen. Britannien sagte, die UDI sei illegal und verbrachte die nächsten fünfzehn Jahre damit, Sanktionen gegen das weiße Rhodesien zu verhängen (oder vielmehr, sie zu verhängen und dann die Augen vor britischen Unternehmen zu verschließen, die sie brachen). Die Schwarzen Rhodesiens erkämpften sich schließlich 1980 die Herrschaft und änderten den Namen in Simbabwe um, und selbst dann besaßen die Weißen immer noch das beste Land in dem Staat.

Ein Imperium verlieren und eine neue Rolle finden

»Großbritannien«, sagte der amerikanische Staatsmann Dean Acheson 1962, »hat ein Weltreich verloren und noch keine neue Rolle gefunden.« Er hatte nicht ganz unrecht. Ohne sein Weltreich konnte Britannien eins von drei Dingen sein:

✔ **eine Weltmacht** mit der Atombombe und einem Veto bei den Vereinten Nationen

✔ **ein führender Akteur in Europa** statt in der ganzen Welt

✔ **eine kleine Nation, die niemand ernst nimmt** (lachen Sie nicht, diese Situation gab es schon – Österreich und Spanien sind beide große Mächte gewesen und beide erlebten ihren Niedergang)

Welche Option sollte es also sein? Die nachfolgenden Abschnitte ziehen diese Möglichkeiten in Betracht.

Eine Weltmacht oder nicht?

1956 übernahm der Herrscher eines großen, armen Entwicklungslandes die Kontrolle über das einzige bedeutsame wirtschaftliche Vermögensgut, das sein Land besaß. Dieses Land war Ägypten, der Herrscher Oberst Gamal Abdel Nasser und das Vermögensgut, das von den Briten und den Franzosen verwaltet wurde, war der Sueskanal.

London ging an die Decke. Der konservative Premierminister Anthony Eden hatte Hitler und Mussolini in den 1930ern Widerstand geleistet (ja gut, er trat aus Chamberlains Kabinett zurück) und er hatte keine Angst, sich gegen Nasser zu wehren. Einige Leute glaubten, Eden habe recht; andere glaubten, er sei verrückt geworden.

Eden schmiedete ein Komplott mit den Franzosen und den Israelis. Israel würde in Ägypten einmarschieren und dann würden Großbritannien und Frankreich Truppen entsenden, um, eh, den Frieden zu wahren und dabei »zufällig absichtlich« die Kontrolle über den Suezkanal zu übernehmen. Die Briten und Franzosen marschierten am 31. Oktober 1956 ein und zunächst schienen die Ereignisse in Edens Richtung zu gehen – aber die Dinge sind nicht immer so einfach, wie sie scheinen. Riesige Proteste brachen in Großbritannien aus. Die Vereinten Nationen sagten allen, dass sie aus Ägypten abziehen sollten und der amerikanische Präsident Eisenhower weigerte sich, den Briten und Franzosen zu helfen. Investoren zogen ihr Geld aus London ab und die Briten brauchten verzweifelt eine Milliarden-Anleihe von Amerika. Eisenhowers Antwort war einfach: ein (finanzielle) Anleihe gegen einen (militärischen) Rückzug. Also zog Eden ab. Das Ergebnis: völlige Demütigung der Briten (und Franzosen). Oder sieht so eine Weltmacht aus?

In Europa?

Die Briten hatten sich seit Jahren vorgemacht, dass sie Europa nicht brauchten. Sicher, Churchill half 1949, den Europarat zu gründen, aber es war klar, dass der Rat nicht wirklich etwas tun würde. In der Zwischenzeit hatten die Franzosen und die Deutschen die Europäische

Wirtschaftsgemeinschaft (EWG) mit Belgien, den Niederlanden, Italien und Luxemburg gegründet. Sollten die Briten sich diesem Markt ebenfalls anschließen? Sie überlegten hin und her und gründeten schließlich einen Konkurrenten, die Europäische Freihandelsassoziation (EFTA), mit sechs weiteren Ländern, mit denen sie nicht wirklich Handel trieben. Schließlich entschied der konservative Premierminister Harold Macmillan 1962, in den sauren Apfel zu beißen und sich um den Beitritt zur EWG zu bewerben. Er konnte jedoch nicht, da die Franzosen ein Veto gegen den britischen Beitritt eingelegt hatten. Präsident de Gaulle glaubte, dass Großbritannien nur ein Strohmann der Amerikaner war, und er wollte diese Situation nicht in »seinem« Europa haben.

Schließlich gelang es Premierminister Edward Heath 1973, Großbritannien schreiend und tretend in die EWG zu zerren, und selbst dann hielten die Briten zwei Jahre später noch ein Referendum ab, um zu sehen, ob sie wirklich Mitglied sein wollten. Sie votierten für »nun, da wir schon mal drin sind, können wir genauso gut auch drin bleiben«, was man als »Ja« deutete.

Welche neue Rolle auch immer die Briten für sich finden sollten, die Rolle des »Anführers Europas« war es nicht.

Zornige Junge Männer

Ein kleines Wohnzimmer an einem Sonntagabend. Ein ziemlich junger Typ sitzt dort ohne Hosen – seine Frau bügelt sie gerade. »Ich vermute«, sagt er, »dass Menschen unserer Generation nicht mehr für eine gute Sache sterben können … Es sind keine guten, heldenhaften Sachen mehr übrig.« Diese Szene stammt aus John Osbornes *Blick zurück im Zorn*, dem provokativen Drama, das 1956 ins Royal Court Theatre kam, gerade rechtzeitig zur Sueskrise (siehe »Eine Weltmacht oder a-NIL-iert?«). Oscar war einer der »Zornigen Jungen Männer«, die einen Blick auf das glanzlose, ruinierte Land-das-einst-den-Krieg-gewonnen-hatte warfen und sich fragten: »Ist das alles?« Wenn Sie Theaterstücke über traurige, enttäuschte Menschen mögen, die keine Ideale oder Illusionen mehr haben, dann hätten Sie sich in den späten Fünfzigern königlich amüsieren können. Zu gegebener Zeit wurde aus den Zornigen Jungen Männern von damals die *Grumpy Old Men* von heute (dt. »die mürrischen alten Männer«; der deutsche Titel dieser Filmkomödie lautet *Ein verrücktes Paar*).

Schwarz und britisch – und braun und gelb

Schwarze haben in Britannien seit der Zeit der Tudors gelebt, aber gewöhnlich datieren die Menschen den Startpunkt für die wirklich große Einwanderung nach Britannien auf die Zeit, als die *SS Empire Windrush* den ersten Schwung Nachkriegsimmigranten aus Jamaika brachte.

Diese Menschen kamen, weil sie britische Pässe hatten und Britannien sie eingeladen hatte. Britische Unternehmen warben in den karibischen und indischen Zeitungen um Menschen, die nach Britannien kommen wollten, um die Art von Tätigkeiten zu machen, die weiße Briten nicht tun wollten. Also kamen sie.

Einige Briten hatten Angst, die neuen Immigranten würden ihnen »ihre« Arbeitsplätze wegnehmen. Tatsächlich stießen die Neuankömmlinge auf eine »Rassenschranke«, was bedeutete, dass sie oft keine Arbeit oder Wohnung bekamen. Viele Einwanderer mussten in einem kleinen Eckladen oder chinesischen oder indischen Restaurants oder Imbissstuben anfangen. Ernste Rassenkämpfe ereigneten sich im Londoner Stadtteil Notting Hill 1958 und in Toxteth (Liverpool) und Brixton (Südlondon) 1981. 1993 wurde ein schwarzer Jugendlicher namens Stephen Lawrence in London ermordet und die Polizeiuntersuchung wurde so schlecht gehandhabt, dass eine Untersuchung erfolgte, die herausfand, dass die Großstadtpolizei »institutionalisiert rassistisch« war.

Dies ist die dunkle Seite der Immigration. Auf der positiven Seite verabschiedete das Parlament 1965 den *Race Relations Act* (das Gesetz gegen Rassendiskriminierung), der rassistische Reden und rassistisches Verhalten verbot. Rechte Gruppierungen wie die *National Front* oder die *British National Party* haben nie mehr als den gelegentlichen Sitz im Gemeinderat gewonnen. Das man Moscheen in den Stadtzentren findet, ist heutzutage normal und die größten Hindu- und Sikh-Tempel außerhalb des indischen Subkontinents befinden sich in London. Selbstgefälligkeit in diesen Fragen ist dumm, aber im Großen und Ganzen haben sich die Einwanderergemeinschaften in Großbritannien leichter integriert, als es irgendjemand 1948 vorhergesehen hätte.

Yeah, yeah, baby – groovy

Denken Sie nur: Ohne das Britannien der Sechziger wären Sie nie Austin Powers begegnet. In den Sechzigern wurde Britannien, vor allem London, plötzlich *der* Ort, um gesehen zu werden – das heißt, wenn man jung war. Britanniens neu gewonnene Popularität begann mit den *Beatles* und bald konnte man zu den *Rolling Stones* rocken, mit *Lulu* schreien oder sogar Cliff Richard fragen, wo er seine »walkin' talkin' livin' doll« hat. Die BBC war zuerst ein bisschen hochnäsig gegenüber dieser neumodischen »Pop«-Musik und versuchte, sie vom Äther fernzuhalten, sodass die Discjockeys von Radio Luxemburg aus senden mussten oder von »Piratensendern« auf Schiffen auf See, wie das berühmte Radio Caroline. Aber 1967 entschied die BBC, sich mit diesen *groovy* jungen Menschen zusammenzusetzen und *Radio One* zu starten, Britanniens erste nicht kommerzielle Popstation.

Britische Designer schienen die Welt zu beherrschen, ob es Mary Quants Mode oder die kurvigen Ecken des Mini Cooper, jedermanns Lieblingsauto, war. Kein Wunder, dass einer der erfolgreichsten britischen Filme der Sechziger, *The Italian Job* (dt. »Jagd auf Millionen«), mit einem rasanten Autorennen endet, an dem drei farbige Mini Cooper teilnehmen – natürlich – in den Farben rot, weiß und blau. Während amerikanische Studenten die amerikanische Flagge, *Stars and Stripes*, auf Demonstrationen gegen den Vietnamkrieg verbrannten – bei einer Gelegenheit sogar vor der amerikanischen Botschaft am Londoner Grosvenor Square –, trugen die Briten den Union Jack auf allem, von T-Shirts bis Bikinis. Als eine Gruppe von Sekretärinnen aus Surbiton entschied, ihren Beitrag zur Wirtschaft zu leisten, indem sie eine halbe Stunde zusätzlich ohne Bezahlung arbeiteten, starteten sie damit eine patriotische Zuversichtskampagne mit Abzeichen, auf denen auf einem Union Jack gedruckt stand: »Ich unterstütze Britannien«. Sie konnten Britannien sogar mit einem Union Jack Minirock unterstützen. Oh, halten Sie sich zurück!

Ströme von Blut

Enoch Powell war ein eigenwilliger konservativer Abgeordneter und klassischer Gelehrter. 1968 hielt er eine der ungeheuerlichsten Reden zur Einwanderung, die man je in Britannien gehört hat. Wenn man nicht den Zufluss weiterer farbiger Einwanderer stoppe, sagte er, würde es Tod, Zerstörung und Bürgerkrieg geben. »Wie der Römer«, sagte er, »scheine ich den Tiber mit einem Schaum von Blut bedeckt zu sehen.« Die Rede löste einen Sturm bei rassistischen Eiferern aus, von denen die wenigsten die klassische Anspielung verstanden haben werden. Die Konservativen entließen ihn, also schloss er sich den Ulster Unionisten an. Die Themse schäumte bis heute nicht vor Blut.

Was MACHEN diese Politiker?

Churchill wurde 1951 erneut Premierminister, aber er war zu alt und zu krank, um viel zu erreichen. Anthony Eden (Premierminister 1955–57) juckte es geradezu in den Fingern, die Macht zu übernehmen und allen zu zeigen, was er erreichen konnte, was sich als herzlich wenig herausstellte. Lord Harold Macmillan (Premierminister 1957–63) war optimistischer.

»Nie hattet ihr es so gut!«, erklärte er, und sein Kriegsminister (in diesen Tagen gab es die euphemistische Bezeichnung »Verteidigungsminister« noch nicht), John Profumo, nahm ihn beim Wort. 1963 sickerte durch, dass Profumo es sich mit einem Nacktmodell namens Christine Keeler gut gehen ließ, die auch mit einem Militärattaché der sowjetischen Botschaft schlief. Profumo hatte nicht wirklich Staatsgeheimnisse im Bett ausgeplaudert, aber er hatte vor dem Unterhaus über die Affäre gelogen und so musste er gehen. Wohlgemerkt, wenn jeder, der etwas Geringeres als die Wahrheit im Parlament sagte, zurücktreten müsste, dann blieben uns nur noch der Erzbischof von Canterbury und die Reinigungsleute.

Horror im Moor

Die Sechziger handelten aber nicht nur von jungen Leuten, die Spaß hatten und freie Liebe genossen. 1966 war das Land durch einen entsetzlichen Mordfall im Norden Englands vor Schock wie gelähmt. Ein arroganter junger Psychopath namens Ian Brady hatte zusammen mit seiner Freundin Myra Hindley eine Reihe von Kindern in ihr Auto gelockt und sie auf ein einsames Stück Moor mitgenommen, wo sie sie missbrauchten und ermordeten. Vor Gericht spielte die Staatsanwaltschaft eine Tonbandaufnahme ab, die das Paar von einem ihrer Opfer gemacht hatten, das um Gnade flehte, als sie es quälten. Sie wurden beide zu lebenslanger Haft verurteilt.

1966 und das Wembley-Tor

1966 gewann England die Fußballweltmeisterschaft. In Wembley. Vor der Königin. Und dazu schlugen sie die Westdeutschen. Die Schotten, Waliser und Iren sind es nachvollziehbarer Weise ziemlich leid, ständig an diesen besonderen englischen Sieg erinnert zu werden, umso mehr, als die englischen Zeitungen und Fernsehstationen ihn so oft erwähnen, dass man glauben könnte, der Kampf hat gerade erst stattgefunden. Aber nichtsdestotrotz war es ein bedeutendes Ereignis.

Dieser Sieg ereignete sich gerade mal 20 Jahre nach dem Ende des Krieges und es schien eine Bestätigung des Verdikts des Krieges zu sein, vor allem da Westdeutschland sich besser als Britannien davon erholt zu haben schien. Wohlgemerkt, die Deutschen – und viele Schotten, Waliser und Iren – sind immer noch der Meinung, dass beim entscheidenden Tor der Ball nicht hinter der Linie war. (*Anm. dt. Lektor* und das vollkommen zu Recht)

Labours Wehen

Die Konservativen waren von 1951 bis 1964 an der Macht und das, was sie vorzuweisen hatten, schien nicht viel zu sein. »Dreizehn verlorene Jahre«, spottete Labour, als die Nation 1964 an die Wahlurnen ging. Und das Land schien seiner Meinung zu sein. Labour war wieder an der Macht mit einer Mehrheit von vier Sitzen. Neuer Premierminister war Harold Wilson (Premierminister 1964–70; 1974–76), der Regenmäntel trug, Pfeife rauchte und einen starken Yorkshire-Akzent hatte. Unter seiner Führung tauchten in der Downing Street keine feinen Pinkel mehr auf.

Harold Wilson ehrte die *Beatles* und startete Gesamtschulen für alle und eine visionäre *Open University* (eine staatliche Universität, die Abschlüsse im Fernstudium anbietet) unter Einsatz der neuesten Fernsehtechnologie und Aufzeichnungen, sodass jeder eine höhere Schulbildung erhalten konnte. Er war sogar im Amt, als England die Fußballweltmeisterschaft gewann (siehe den Kasten »1966 und das Wembley-Tor«), von der er glaubte, dass sie ihm den Wahlsieg 1966 brachte. Aber in anderer Hinsicht erging es ihm nicht so gut. Die Arbeitslosigkeit stieg und ebenso die Preise, sodass Wilson 1967 das Pfund abwerten musste. »Dies wird das Pfund in eurer Tasche nicht berühren!«, erklärte er, aber keiner glaubte ihm – zu Recht.

Der konservative Premierminister Edward Heath (Premierminister 1970–74) veränderte das Pfund noch stärker, als er die Währung 1971 auf das Dezimalsystem umstellte. Ein Bergarbeiterstreik und ein Krieg im Nahen Osten zwangen Heath, die Arbeitswoche auf drei Tage zu reduzieren. Hört sich gut an, bis einem bewusst wird, dass man auch nur für drei Tage bezahlt wird. Labour erging es nicht besser. 1976 musste der Labour-Premierminister James Callaghan (Premierminister 1976–79) sogar beim Internationalen Währungsfond einen Kredit von 2,3 Milliarden Pfund beantragen. 1979 schien das ganze Land zum Erliegen gekommen zu sein, als die Angestellten des öffentlichen Dienstes im *Winter of Discontent* (der Winter der Unzufriedenheit) in den Streik traten. Dieser Streik bedeutete lange Warteschlangen in den Krankenhäusern, keine Müllabfuhr (sodass er sich in den Straßen türmte) und sogar ein Streik auf den Friedhöfen, sodass man nicht einmal ein Grab bekam, in das man sich hineinlegen konnte. Callaghan musste sich einem Misstrauensvotum im Unterhaus stellen und verlor es. Diese Niederlage bedeutete, dass er eine Parlamentswahl ansetzen musste, und auch die verlor er. Damit zog die konservative Führerin Mrs. Margaret Thatcher in Downing Street No. 10 ein und das Land hielt den Atem an. Atmen Sie aus, indem Sie Kapitel 23 lesen, das Ihnen Informationen über Margaret Thatchers Führung und viele weitere Streiks gibt.

Fernsehen

Nach der Ausstrahlung der Krönung 1953 begann jeder, Fernseher zu kaufen. Zunächst musste man sich mit der BBC zufrieden geben, wo mit vornehmem Akzent gesprochen wurde und wo man stets wusste, was gut für die Bürger ist. Unabhängiges Fernsehen (*Independent Television* – ITV) kam 1954. Dieser Kanal war weniger vornehm und sendete sogar Werbung. Harold Wilson war vermutlich der erste Politiker, der die Macht des Fernsehens erkannte: Er erschien sogar in der Sendung *Morecambe and Wise* (einer Sendung mit einem Kabarettistenduo). Als die Fernsehkameras schließlich im Parlament zugelassen wurden, hörten die Politiker auf, eloquente Reden zu halten – die Sinn ergaben – und begannen, markige kurze Sprüche von sich zu geben, nur um ins Fernsehen zu kommen. Hart gegen Kriminalität, hart gegen die Ursachen der Kriminalität – und hart für die Zuschauer.

Interessante Zeiten

In diesem Kapitel

▶ Britannien im Griff der Gewerkschaften

▶ Britannien und die Gewerkschaften im Griff
  von Mrs. Thatcher

▶ Das neue Millennium mit Tony Blair

D ie Chinesen haben einen alten Fluch, der lautet: »Mögest du in interessanten Zeiten leben.«
Das mag sich nicht so schlimm anhören, bis Ihnen bewusst wird, dass dieser gütige Fluch
Ihnen von Krieg und Revolution bis Bürgerkrieg alles an den Hals wünscht. Die letzte Dekade
des 20. Jahrhunderts und die erste Dekade des 21. Jahrhunderts haben mehr als genug Kriege,
Revolutionen, Streiks und ökonomische Booms und Zusammenbrüche angehäuft – ganz zu
schweigen von wirklich schrecklichen Moden –, sodass künftige Historiker über Jahre hinaus
beschäftigt sein werden. Wenn Sie zu sehr mit Feiern, Schwärmereien, dem Kauf von Schul-
terpolstern und Ähnlichem beschäftigt waren oder dem Investieren in rote Zahnspangen und
dem Dotcom-Boom, um es zu bemerken, können Sie dies hier nachholen.

Mrs. Thatchers Handtasche

Selbst die stolzesten Bürger müssen zugeben, dass Grantham nicht eines der schönsten Städt-
chen Englands ist. Grantham ist ein ziemlich langweiliger Ort in der Ebene von Lincolnshire,
wo es vor dem Krieg einen kleinen Lebensmittelladen gab, der von einem sehr respektablen
Bürger und Mitglied des Stadtrates namens Alfred Roberts geführt wurde. Mrs. Roberts Tochter Margaret half im Geschäft, zählte sorgfältig die Pennies und lernte die grundlegenden
ökonomischen Fakten des Lebens: Bezahle deine Schulden und gib nicht mehr Geld aus, als
du hast. Margaret heiratete einen Geschäftsmann namens Denis Thatcher, so kam es, dass die
junge Margaret als Mrs. Thatcher die britische politische Bühne betrat. Und ihr gefiel nicht,
was sie vorfand.

Bis in die 1970er Jahre betrieben die beiden größten britischen Parteien, die Konservativen und die Labour-Partei, eine Art von Konsenspolitik, bei der sie im Detail
anderer Meinung, aber in den Grundfragen der britischen Politik und Wirtschaft
einig waren. Beide akzeptierten eine Mischökonomie, in der die Schwerindustrie
und die Versorgungsunternehmen in staatlicher Hand und alle anderen in privater
Hand waren, und in der es viele *Quangos* gab (Quasi-Autonome Nichtregierungs-
organisationen, ein Spitzname, den Leute erdacht haben, die sie nicht mochten),
die sich verschiedener Aspekte des nationalen Lebens annahmen. Beide akzeptierten auch die Macht und Bedeutung der Gewerkschaften.

Die Macht der Gewerkschaften, das öffentliche Leben zu unterbrechen

 Bis in die 1970er Jahre hinein waren die Gewerkschaften zu riesigen Organisationen gewachsen mit Ehrfurcht gebietender Macht. Menschen, die zu dieser Zeit lebten, erschien es so, als ob das Land sich ständig im Streik befand. Andere Länder sprachen von diesen militanten Streiks als »der britischen Krankheit«. Streiks betrafen nicht nur Fabriken, wo der Konflikt sich ereignete; Arbeiter anderer Fabriken, selbst in vollständig anderen Industrien, streikten aus Sympathie mit ihren streikenden Kollegen mit. Manchmal schickten sie *Flying Pickets*, Streikposten, die nicht dem bestreikten Betrieb angehörten, die sich den ursprünglich Streikenden bei der Bewachung der Betriebstore anschlossen, und wehe dem Arbeiter, der versuchte, die Streikposten zu durchdringen und sich zur Arbeit zu melden: Solche Leute wurden als *Scabs*, als Streikbrecher, denunziert, und sie und ihre Familien wurden von der gesamten örtlichen Gemeinde vollständig gemieden. Manchmal wurden sie, ihre Familien und ihre Häuser angegriffen.

Der Labour-Minister Harold Wilson versuchte, ein gutes Verhältnis mit den Gewerkschaften aufrechtzuerhalten: Er lud sie einmal zu einem Treffen in die Downing Street ein, wo er auf den feinen traditionellen Tee mit Gebäck verzichtete und ihnen stattdessen Bier und dicke belegte Brote servierte. Als der konservative Premierminister Edward Heath 1970 die Regierung übernahm, versuchte er, die Gewerkschaften dazu zu bewegen, ihre Lohnforderungen zu mäßigen. Schlechte Idee. Die Bergarbeitergewerkschaft *National Union of Mineworkers* verkündete ein Verbot der Überstunden (sie brauchte nicht einmal einen ausgewachsenen Streik, um das Land in die Knie zu zwingen), das zu einer Senkung der Kohlelieferungen für Elektrizitätswerke im ganzen Land führte und nächtliche Stromunterbrechungen zur Energieeinsparung bedeutete. Im ganzen Land mussten die Menschen ihre Abende im Dunkeln mit einer Kerze sitzend verbringen, was eine schöne Geschichte ist, um sie den Enkelkindern zu erzählen, aber weniger lustig ist, wenn man es selbst erlebt. Dann stoppte die arabische Welt nach dem Nahostkrieg 1973 die Öllieferungen an den Westen. Um Energie zu sparen, musste Heath die Arbeitswoche auf drei Tage verkürzen, was – da es auch nur drei Tage Lohn bedeutete – die Gewerkschaften erneut aufbrachte. 1974 hatte Heath genug. Er setzte Parlamentswahlen an über die Frage »Wer regiert Britannien – die Regierung oder die Gewerkschaften?« und verlor.

Die Konservativen hatte die Wahlniederlage 1974 so schwer getroffen, dass sie sich von Heath abwandten und seine ehemalige Kultus- und Wissenschaftsministerin Margaret Thatcher zu ihrer Führerin wählten. Heath konnte ihr das nie verzeihen und pflegte seine verletzten Gefühle in dem längsten Schmollen der Geschichte.

Nun ward der Winter unseres Missvergnügens...

Die Labour-Regierung verbrachte die 1970er Jahre damit einen vergeblichen Kampf gegen die galoppierende Inflation zu kämpfen. 1976 musste sie um einen Kredit des Internationalen Währungsfonds bitten und der Preis dafür war, dass sie die Gehaltsforderungen der Gewerkschaften senken musste. Die Gewerkschaften spielten nicht mit. 1978 forderten sie immer höhere

Gehaltssteigerungen, wohl wissend, dass sie nur in den Streik treten mussten und ihre Bosse würden nachgeben. In dem grimmigen kalten Winter 1978/79, während Premierminister James Callaghan auf einem internationalen Gipfeltreffen in Guadeloupe war (warum, oh warum nur, muss er sich gefragt haben, musste das Gipfeltreffen auf einer sonnigen karibischen Ferieninsel stattfinden?), stürzte das Land ins Chaos. Es gab keine Waren und kein Benzin mehr, weil die Lastwagenfahrer streikten. Krankenhäuser und Schulen schlossen, weil die Krankenschwestern und das Hilfspersonal im Streik waren, und riesige Mengen von Nahrungsmitteln und Dreck türmten sich in den Straßen, weil die Müllmänner im Streik waren. Ratten hatten ihre beste Zeit seit dem Schwarzen Tod (siehe Kapitel 10, um zu erfahren warum), nur dass man seine Toten nicht begraben konnte, weil die Totengräber sich gleichfalls im Streik befanden.

Einige Ihrer Fotos können durch Sonnenlichteinstrahlung oder den totalen Industriekrieg beeinträchtigt sein

Einer der erbittertsten industriellen Konflikte ereignete sich 1976/77 bei einem Versandfotogeschäft im Norden von London, namens Grunwick. Der Direktor entließ eine Gruppe indischer Frauen, die auf ihrem Recht bestanden, sich einer Gewerkschaft anzuschließen. Die Industriegewerkschaft nahm sich des Falles an und schon bald fielen Massen-Mahnwachen aus dem ganzen Land über die Fabrik herein. Gewaltsame Zusammenstöße ereigneten sich zwischen Streikposten und der Polizei am Fabriktor, und als die Postangestellten sich weigerten, die Post des Unternehmens zu befördern, übernahm eine Gruppe des extremen rechten Flügels, die *Freedom Association*, diesen Job und der Streik brach zusammen.

... zum glorreichen Sommer für diese Tochter Granthams

Als Callaghan sonnengebräunt und mit Souvenirs von seinem Gipfeltreffen zurückkehrte, fragten einige Reporter ihn, was er nun angesichts der Krise tun würde. »Krise? Welche Krise?«, erwiderte er. Sobald die Arbeiter ihre Lohnerhöhung erhalten und an die Arbeit zurückgekehrt waren, setzte er Parlamentswahlen an. Die Konservativen nutzten ihre Chance. »Labour funktioniert nicht«, erklärte eines ihrer Wahlplakate, das eine enorme Schlange arbeitsloser Menschen zeigte, und das Land stimmte zu. Labour erlitt einen schweren Verlust und Margaret Thatcher zog in No. 10 ein. Nun sollten die Dinge holperig werden.

Mrs. Thatcher liebte es, ihre Handtasche fest umklammert, in die Schlacht zu schreiten. Sie hatte eine klare Analyse dessen angestellt, was Großbritannien brauchte:

1. **Vergiss die Konsenspolitik.** Wir sind nicht einer Meinung mit Labour, also lasst uns aufhören so zu tun, als ob wir es wären.

2. **Verringerung der Macht der Gewerkschaften.**

3. **Stopp aller staatlichen Gelder zur Unterstützung von scheiternden Unternehmen.** Wenn das hieß, dass die Unternehmen untergingen und Arbeiter ihren Arbeitsplatz verloren, dann war das eben so.

4. **Verkleinerung des Staates.** Er war zu groß. Wir entlassen einige Staatsangestellte, schließen die Quangos und verkleinern die Kommunalregierungen.

 Thatchers politischer Ansatz basierte darauf, den Einzelnen zu ermutigen, seinen eigenen Weg zu gehen, ein Haus zu besitzen und sogar Anteile des Unternehmens zu erwerben, für das er arbeitete, statt sich auf den Staat zu verlassen. Ihr Ideal war, was sie eine »Eigentum besitzende Demokratie« nannte.

 Thatcher hatte viele ihrer Ideen von dem amerikanischen Ökonomen Milton Friedman und seiner Philosophie des *Monetarismus* übernommen. Der Monetarismus lehrt, dass Regierungen Steuern senken sollten, vor allem für die Reichen, um so den freien Fluss des Geldes an der Spitze der Gesellschaft zu erlauben, der dann in die unteren Gesellschaftsschichten hinuntersickern würde in dem Maße, wie Leute neue Unternehmen gründeten und Arbeitsplätze schufen. Kurzfristig bedeutete der Monetarismus hohe Arbeitslosigkeit, da unprofitable Unternehmen ihre staatlichen Subventionen verloren und Bankrott gingen, aber solange Arbeiter bereit waren, neue Arbeitsformen auszuprobieren, würde die Wirtschaft sich am Ende erholen. So viel zur Theorie.

Thatcher begann damit, die Gesetze zu ändern, um Leuten, die in staatlichen Häusern wohnten, zu erlauben, diese Häuser zu besitzen. Als der Labour regierte Stadtrat des Großraums London widersprach, ließ sie ihn auflösen. Als Nächstes verkaufte sie die privatisierten Industrien und bot allen Anteile daran an. Das Problem war, dass ihre Politik zu einer massiven Arbeitslosigkeit führte, vor allem in Nordengland, wo viele der alten Schwerindustrien von neuen Technologien oder effizienteren Arbeitsmethoden im Ausland überholt wurden. Die Stahlindustrie musste regelrecht schließen, um sich dann neu zu erfinden. Wenn Sie den Film *The Full Monty* gesehen haben, dann haben Sie eine Vorstellung davon, welches Elend diese Politik in Sheffield, dem Zentrum der Stahlindustrie, erzeugte. Aber der größte Konflikt entstand beim Bergbau.

Der große Bergarbeiterstreik 1984/85

Nach Jahrhunderten des Bergbaus gingen die Kohlevorräte zurück und Thatchers Regierung war erpicht darauf, von dieser Industrie, die sie als dreckig, gefährlich und zunehmend irrelevant ansah, wegzukommen. Auch fand sie die Vorstellung eines finalen Showdowns mit der *National Union of Mineworkers* (NUM), der Bergarbeitergewerkschaft, reizvoll. Dies galt auch für den Führer der NUM, Arthur Scargill.

Als das *National Coal Board* verkündete, dass es eine große Zahl von Zechen schließen würde, rief Scargill für die ganze Gewerkschaft einen Streik aus. Diesmal hatte die Regierung Kohlevorräte angelegt und ausländische Kohleimporte arrangiert; sie hatte auch ein Gesetz verabschiedet, das *Secondary Picketing* verbot (Streikposten, die bei einem anderen Betrieb als dem eigenen standen). Als riesige Mengen von wütenden Streikposten sich vor den Zechen versammelten, war die Polizei bereit. Heftige Kämpfe zwischen Polizisten und Bergarbeitern brachen aus, vor allem vor der Zeche Orgreave im Süden Yorkshires. Das Ganze ähnelte einem Bürgerkrieg.

Die ganze Nation war tief gespalten. Einige meinten, die Regierung sei rachsüchtig, andere waren entsetzt über die Art und Weise, in der Scargill und die Bergleute bereit waren, Gewalt anzuwenden. In einem der schlimmsten Zwischenfälle ließ eine Gruppe von Bergleuten einen Betonklotz auf ein Taxi fallen, das einen arbeitenden Bergarbeiter als Fahrgast hatte, der den Fahrer tötete. Menschen im ganzen Land sammelten Geld zur Unterstützung der Familien der streikenden Bergarbeiter, aber Scargill erhielt auch Geld von Oberst Gadaffis Regime in Libyen, der die Chance sah, ein westliches Land zu destabilisieren. Die Libyer hatten einige Jahre zuvor eine britische Polizistin in London getötet, sodass diese libysche Verbindung nicht gut ankam. Selbst der Führer der Labour Party, Neil Kinnock, wandte sich gegen den Streik.

Teile und stürze

Nach einem Jahr immer erbitterterer und gewaltsamerer Konfrontationen mussten die Bergarbeiter nachgeben und zurück an die Arbeit gehen – solange es noch Arbeit gab, zu der sie zurückkehren konnten. Hier sind die Gründe dafür, dass der Streik zusammenbrach:

✔ **Die Bergarbeiter waren gespalten.** Scargill hatte die Bergarbeiter nicht in einer Abstimmung gefragt, ob sie ihn unterstützten, und die Bergleute in Nottinghamshire und Derbyshire taten es nicht. Sie gründeten sogar eine abtrünnige Gewerkschaft, die das Recht ihrer Mitglieder weiterzuarbeiten verteidigte.

✔ **Die Regierung weigerte sich, Stromunterbrechungen zuzulassen.** Der Winter 1984 war ohnehin mild, sodass den Leuten die Kohle nicht so sehr fehlte wie damals 1973.

✔ **Die anderen Gewerkschaften unterstützten die NUM nicht.** Die anderen Gewerkschaften waren wütend, dass Scargill den britischen Gewerkschaftsbund, *Trade Union Congress* (TUC) beschuldigt hatte, ihn nicht genug zu unterstützen. Von da an war Scargill auf sich allein gestellt.

✔ **Thatcher weigerte sich, einzulenken.** Und Scargill blinzelte zuerst.

Der Falklandkrieg, die Übergabe Hongkongs

Thatcher hatte 1982 einige der niedrigsten Zustimmungswerte seit ihrer Aufzeichnung, als sie aus unerwarteter Richtung Hilfe bekam, in Form der rechtsgerichteten Militärjunta von Argentinien. Argentinien hatte einen weit zurückreichenden Anspruch auf die Falklandinseln im Südatlantik, Heimat einer kleinen Zahl britischer Bewohner und einer großen Zahl von Schafen. Der argentinische Diktator General Galtieri ordnete eine Invasion an und Thatcher beeilte sich, eine militärische Task Force zusammenzustellen, um gen Süden in See zu stechen und sie zurückzuerobern. Der Konflikt ging gerade noch mal gut aus, vor allem als die britischen Schiffe sich als schrecklich verwundbar gegenüber argentinischen Raketen erwiesen. Die *HMS Sheffield* wurde von einer einzigen Rakete zerstört, und in einem besonders grauenhaften Zwischenfall wurde ein Schiff voller walisischer Wachleute getroffen bei dem große Verluste an Menschenleben zu beklagen waren. Den Briten gelang es jedoch an Land zu gehen und sich ihren Weg ins Landesinnere zu bahnen, um die Hauptstadt Port Stanley von einer Truppe müder, frierender, hungriger und verängstigter argentinischer Wehrpflichtiger zurückzuerobern.

Versenkt Belgrano!

Am 2. Mai 1982 versenkte ein britisches U-Boot den argentinischen Kreuzer *General Belgrano* und tötete dabei 360 Menschen. »Erwischt!«, war die geschmacklose Reaktion der Tageszeitung *Sun*. Aber die öffentliche Meinung in Großbritannien geriet ins Wanken, als herauskam, dass die *Belgrano* sich von den Falklands fortbewegt hatte und nicht auf sie zu. Thatcher behauptete verärgert, dass dieses Detail keinen Unterschied mache: Der Kreuzer sei immer noch eine Gefahr für die britische Task Force gewesen. Aber andere, angeführt von dem Labour-Abgeordneten Tam Dalyell, stritten jahrelang für eine Untersuchung des Untergangs, den er ein Kriegsverbrechen nannte. Noch heute spaltet die Versenkung der *Belgrano* die Öffentlichkeit.

Nachdem sie so hart dafür gekämpft hatte, die Falklandinseln aus den Fängen einer Diktatur zu befreien, erwies sich Thatcher als bemerkenswert entgegenkommend bei der Übergabe Hongkongs an eine andere Diktatur. Britanniens Pachtvertrag über die *New Territories* in Hongkong lief 1997 aus. Thatcher stimmte der Rückgabe ganz Hongkongs an China zu, sofern die Chinesen sich bereit erklärten, Hongkongs boomende kapitalistische Finanzökonomie beizubehalten und seine demokratischen Institutionen zu respektieren. Da die Briten sichergestellt hatten, dass Hongkong keine demokratischen Institutionen hatte, hatten die Chinesen kein Problem mit dem Vertrag – bis der neue Gouverneur von Hongkong, Chris Patten, plötzlich Wahlen einführte. Die Chinesen gaben Patten alle möglichen unhöflichen Namen bis 1997, als die britische Herrschaft über die letzte profitable Kolonie schließlich endete. Die Chinesen machten sich dann daran, die Gewinne aus Hongkongs Wirtschaft abzuschöpfen, während sie seine demokratischen Institutionen nicht beachteten. Keine Veränderung also.

Sehr spezielle Beziehungen

Thatcher hatte eine sehr »erfrischende« Art, mit den anderen Führern der Welt umzugehen. »Die Augen von Caligula und den Mund von Marilyn Monroe«, so beschrieb sie der französische Präsident François Mitterand (er bezog sich auf den wahnsinnigen römischen Kaiser und die amerikanische Sexgöttin, für den Fall, dass Sie sich nicht sicher sind). Sie war ganz sie selbst, als sie auf der Zweihundertjahrfeier der Französischen Revolution 1989 erklärte, die Revolution sei eine Verschwendung von Zeit und Menschenleben gewesen und die Franzosen wären besser dem englischen Vorbild gefolgt. Da haben Sie's!

Mit dem amerikanischen Präsidenten Ronald Reagan verstand sie sich sehr viel besser. Sie gestattete ihm sogar die freie Nutzung des britischen Luftraums für seine Bombenangriffe auf Libyen 1986. Und sie erlaubte ihm nur zu gern, so viele Marschflugkörper in Britannien zu stationieren, wie er wollte, da sich der Kalte Krieg in den frühen 1980er Jahren zu erhitzen schien.

Protestiere und überlebe

Die »Kampagne für nukleare Abrüstung« (*Campaign for Nuclear Disarmament*, CND) begann 1958 und entwickelte sich zu einer der größten Protestbewegungen des Jahrhunderts. Sie machte in den 1980er Jahren Schlagzeilen, als die amerikanischen Marschflugkörper in Westeuropa stationiert wurden. Frauen hielten einen Dauerprotest gegen die Marschflugkörper auf dem Luftwaffenstützpunkt *Greenham Common* aufrecht. Die Bewegung machte den Menschen bewusst, was Nuklearraketen anrichten konnten, und hat den Politikern vielleicht – *vielleicht* – eine Denkpause verschafft. Oder vielleicht auch nicht.

Die Russen hatten Thatcher abfällig als *Iron Lady* (»Eiserne Lady«) bezeichnet. Sie hielten es für eine Beleidigung, aber ihre Anhänger liebten diese Bezeichnung. Als Michail Gorbatschow 1985 der neue Generalsekretär der Sowjetunion wurde, erklärte Thatcher, dies sei ein Mann, mit dem sie Geschäfte machen könne und ihre Billigung half, sein Image im Westen zu erhöhen.

Ironischerweise gingen Thatchers Zustimmungswerte in Amerika und Russland in die Höhe just als ihre Popularität im Inland sank. Als ihr Ende kam, stolperte sie über zwei Themen: die Kopfsteuer und Europa.

Eine Dame verschwindet

Entweder liebte man Thatcher oder man hasste sie zutiefst. Sie gewann drei Wahlen in Folge (1979, 1983 und 1987), aber als die 80er Jahre zu Ende gingen, litt der größte Teil ihrer Anhänger. 1987 ereignete sich ein spektakulärer Börsencrash. Die Häuserpreise stiegen stark an, als die Leute begannen, sie zu kaufen, nicht um darin zu leben, sondern um sie mit großem Gewinn wieder zu verkaufen. Aber dann brach der Immobilienmarkt zusammen und Tausende von Hausbesitzern fanden sich in Häusern festsitzend wieder, die sehr viel weniger wert waren, als sie für sie bezahlt hatten. Gerade als es so aussah, als ob es nicht noch schlimmer kommen könnte, stieß Thatcher die Nation mit der *Poll Tax* vor den Kopf, einer personenbezogenen Kopfsteuer.

Die *Poll Tax* (die offiziell *Community Charge* hieß, was schöner klang, aber keinen Unterschied machte) war eine Steuer zur Finanzierung kommunaler staatlicher Dienstleistungen. Das Problem war, dass die Rate für alle gleich war, egal wie reich oder arm jemand war. Das letzte Mal, als eine Poll Tax eingeführt wurde, löste sie den Bauernaufstand von 1381 aus (siehe Kapitel 10, um herauszufinden wie). Die Proteste gegen die Thatcher Poll Tax waren die schlimmsten seit dem Streik der Bergarbeiter (siehe den früheren Abschnitt »Der große Bergarbeiterstreik«, um mehr dazu zu erfahren). Obwohl sich ein Krieg über der irakischen Invasion in Kuwait zusammenbraute, entschieden die Konservativen, es zu versuchen.

Zunächst aber musste noch ein weiteres Drama aufgeführt werden.

Ganz allein in Europa

Die Europäische Gemeinschaft erhielt einen ersten Vorgeschmack des Thatcher-Stils, als sie einen Rabatt auf den britischen Beitrag zum EG-Budget forderte. »Ich will mein Geld zurück!«, forderte sie und klopfte dabei auf den Tisch wie ein wütender Kunde in dem Laden ihres Vaters damals in Grantham. Sie erhielt ihren Rabatt auch, aber der Rest Europas war ziemlich verärgert über diese merkwürdige Hausfrauengestalt mit der Furcht einflößenden Handtasche, und von da an fand sich Großbritannien regelmäßig in einer Minderheit von einer Stimme bei allen wichtigen europäischen Abstimmungen wieder.

Thatcher hasste die Gemeinsame Agrarpolitik der EG (GAP), die Bauern dafür bezahlte, zu viel zu produzieren, und zu riesigen Vorräten unverkaufter Butter, Getreide und Wein führte. Sie unterzeichnete den *Single European Market* (den einheitlichen europäischen Markt), der alle Handelsrestriktionen beseitigte, aber sie hasste das sozialistische *SozialKapitel* des Vertrages, das Mindestlöhne und das Recht, einer Gewerkschaft anzugehören, garantierte, und sie war strikt gegen den Plan der Vereinigten Staaten von Europa mit einer einheitlichen europäischen Währung. Als die Berliner Mauer 1989 fiel, war Thatcher gegen die Wiedervereinigung Deutschlands. Die Deutschen, sagte sie, könnten die Gelegenheit nutzen, erneut Europa zu dominieren.

1990 hatten ihre Minister und Ex-Minister, vor allem die proeuropäischen, genug von ihr. Als Sir Geoffrey Howe aus Protest gegen ihre Haltung gegenüber Europa aus der Regierung austrat, hielt er eine eindrucksvolle Rücktrittsrede, in der er ihren ganzen Regierungsstil angriff. Ihre Minister verstanden das Stichwort und traten einer nach dem anderen vor, um ihr mitzuteilen, dass das Spiel vorbei sei. Sie musste gehen. Mit Tränen in den Augen verließ Margaret Thatcher Downing Street ein letztes Mal.

Belfast geht in die Luft

Als ein erschreckendes Maß an Gewalt 1968 in Nordirland ausbrach, waren viele Menschen in Großbritannien verdutzt. Aber für diejenigen, die sich Irlands Geschichte im 20. Jahrhundert angeschaut hatten, kam dieser Gewaltausbruch keinesfalls überraschend.

 Der größte Teil Irlands hatte seine Unabhängigkeit von Großbritannien 1922 erhalten (siehe Kapitel 21, um zu erfahren wie), aber sechs Grafschaften in der Provinz Ulster mit einer überwiegend protestantischen Bevölkerung hatten sich entschieden, Teil des Vereinigten Königreichs zu bleiben. Irische Nationalisten hatten nie die Hoffnung aufgegeben, sie in ein vereintes Irland zurückzuholen – ob sie das wollten oder nicht.

Während der 60er Jahre schien Nordirland relativ friedlich zu sein, aber unter der Oberfläche brauten sich ernste Probleme zusammen. In Gebieten mit einer katholischen Mehrheit, wie der Innenstadt von Londonderry, manipulierten die Protestanten die Grenzen der Wahlbezirke (dies ist bekannt als *Jerrymandering*), um so die Kontrolle zu behalten und sicherzustellen, dass ihre Familien die besten Schulen und Häuser erhielten. 1968 begann eine katholische Menschenrechtsbewegung dagegen zu protestieren, aber die Protestanten attackierten die

Demonstranten mit Steinen und Schlagstöcken, während die (protestantische) Polizei dabei stand und zuschaute. Die Unruhen verstärkten sich und im nächsten Jahr schickte Premierminister Harold Wilson Truppen nach Nordirland, um die Ordnung dort wieder herzustellen und die Katholiken zu beschützen.

Die nationalistische – und katholische – IRA (*Irish Republican Army*) sah eine Chance, wieder das Interesse der Leute an einem vereinten Irland zu wecken. Sie begann damit, britische Soldaten zu erschießen (obwohl die Soldaten dort waren, um die Katholiken zu beschützen). Die Soldaten begannen, sich wütend gegen die Katholiken zu wenden, die Katholiken wandten sich gegen die Soldaten und die langen und blutigen *Troubles* begannen, wie man den Nordirlandkonflikt im Englischen nennt.

Der Nordirlandkonflikt

Der Nordirlandkonflikt beinhaltete so viele schreckliche Zwischenfälle, dass man kaum weiß, wo man anfangen soll. Dies ist nur eine Handvoll der berüchtigtsten Ereignisse – es gab noch viele, viele weitere:

✔ **1972: Blutsonntag (**engl. *Bloody Sunday***)** – britische paramilitärische Truppen eröffnen das Feuer auf einen Protestmarsch der Bürgerrechtler in Londonderry und töten 13 Menschen. Die Briten geben der IRA die Schuld; alle anderen beschuldigen die Briten.

✔ **1974: Birmingham** – die IRA bombardiert zwei stark besuchte Pubs im britischen Birmingham und tötet siebzehn Menschen. Die Polizei kommt auf den brillanten Gedanken, einer Gruppe völlig unschuldiger Menschen das Verbrechen anzuhängen und sie sechzehn Jahre lang im Gefängnis einzusperren. Wodurch die tatsächlichen Bombenattentäter weiterhin frei herumlaufen, um erneut zuschlagen zu können.

✔ **1984: Brighton** – die IRA bombardiert das Hotel, in dem Thatcher und ihr Kabinett für eine Parteiversammlung übernachten. Sie entkommt ihrem Tod um ein Haar.

✔ **1987: Enniskillen** – die IRA bombardiert eine Gedenkparade in einer kleinen Stadt in der Grafschaft Fermanagh.

✔ **1996: Canary Wharf und Manchester** – nach dem Zusammenbruch eines Waffenstillstands platziert die IRA Bomben, die das Finanzzentrum von London und ein Einkaufszentrum in Manchester verwüsten.

Die Briten verhafteten Hunderte von paramilitärischen Verdächtigen und hielten sie ohne Anklage in dem berüchtigten H-Block des Gefängnisses *Maze* gefangen (benannt nach der Form des Buchstaben H). Die britischen Verhörmethoden, die Schlafentzug und Desorientierungstechniken beinhalteten, wurden vom Europäischen Gerichtshof für Menschenrechte als »unmenschlich und erniedrigend« verurteilt. Die IRA-Gefangenen verlangten den Status von politischen Gefangenen und traten in einen Hungerstreik, weigerten sich, Gefängniskleidung zu tragen, und beschmierten sogar ihre Zellen mit ihren eigenen Exkrementen aus Protest, weil sie diesen Status nicht bekamen. Ein IRA-Gefangener, Bobby Sands, kandidierte sogar erfolgreich für das Parlament von seiner Zelle aus. Thatcher, deren Nordirlandsprecher, der Abgeordnete Airey Neave, von der IRA im Unterhaus in die Luft gesprengt wurde, weigerte sich jedoch nachzugeben. Bobby Sands und die anderen Protestler hungerten sich zu Tode, ohne ihre Ziele erreicht zu haben.

Auf der Suche nach Frieden

1976 begannen zwei Hausfrauen, Betty Williams und Mairead Corrigan, eine Friedensbewegung, die ihnen sogar den Nobelpreis einbrachte, aber schon bald im Sande verlief. Die einzige Möglichkeit, die Gewalt zu stoppen, war herauszuarbeiten, wem Nordirland gehören sollte. 1973 lösten die Briten das Parlament Nordirlands auf und begannen endlose Gespräche, um einen Weg zu finden, wie sich die Protestanten mit den Katholiken die Macht teilen könnten. Kein leichtes Unterfangen mit Leuten, die sich manchmal weigerten, zusammen in einem Raum zu sitzen. 1974 stoppten die Protestanten einen Versuch der Machtteilung, indem sie einen Generalstreik starteten. 1985 gestattete Thatcher Dublin ein klitzekleines Mitspracherecht in der Nordirland-Angelegenheit, aber die Unionisten antworteten: »Ulster sagt Nein!«. Sehr, sehr laut.

1993 unterzeichnete Premierminister John Major die *Downing Street Erklärung* mit dem irischen Ministerpräsidenten (irisch *Taoiseach*) Albert Reynolds, in der beide Seiten sich einverstanden erklärten, die Wünsche der Mehrheit der Bevölkerung von Nordirland zu respektieren und 1998 handelte Tony Blair das *Karfreitagsabkommen* mit allen Parteien aus, einschließlich der Sinn Féin (dem politischen Arm der IRA). Es bestätigte das Abkommen von 1993 und zog einen Waffenstillstand nach sich. Die paramilitärischen Truppen weigerten sich, ihre Waffen abzugeben, aber sie verpflichteten sich, sie auszumustern – sie irgendwie nutzlos zu machen (»decommission«) – und eine Sonderkommission unter Leitung des kanadischen Generals John de Chastelain wurde eingesetzt, um sicherzustellen, dass sie das auch taten.

Die Bevölkerung von Irland im Norden und Süden stimmte mit großer Mehrheit für den Waffenstillstand, aber dies reichte einer Gruppe von eingefleischten IRA-Leuten nicht: Am 15. August 1998 zündete die »wahre IRA« eine Autobombe in Omagh, die 28 Leute tötete, darunter Kinder, die aus Irland und aus Spanien zu Besuch waren, und drei Generationen einer Familie. Die Bombenattentäter versuchten den Friedensprozess zu Fall zu bringen. Und ausnahmsweise gelang ihnen das nicht.

Allerdings sah es so aus, als ob die Politiker in der Lage wären, den Friedensprozess ganz ohne jede Hilfe kaputt zu machen. Die erste nordirische Regierung unter dem Friedensabkommen hatte einen unionistischen Führer und einen Bildungsminister der Sinn Féin. Diese Regierung hatte nicht lange Bestand. Hier ist der Grund dafür:

Zahl der ausgemusterten Waffen in Nordirland 1997–2000: Null.

 Im Jahr 2000 musste Tony Blairs Regierung die neue nordirische Versammlung einige Monate lang entmachten und die direkte Herrschaft (*direct rule*) Londons wieder einführen. Nichtsdestotrotz, ohne alle paar Monate explodierende Bomben, begann sich Nordirland zu erholen. Belfast und Londonderry fingen an, die Café- und Club-Kultur zu entwickeln, an die andere britische Städte gewöhnt waren. Dennoch wurden immer noch keine Waffen ausgemustert und 2005 schmissen die Unionisten ihren Nobelpreis gewinnenden Führer, den gemäßigten David Trimble, raus, zugunsten des eher als Hardliner bekannten Veteranen Ian Paisley. Keiner wollte eine Rückkehr zur Gewalt und Konfrontation, aber jeder wusste, dass in Nordirland die Gewalt immer dann wieder aufflammt, wenn man gerade gedacht hat, sie für immer hinter sich gelassen zu haben.

Die Amerikaner kommen

Als der Nordirlandkonflikt in Ulster 1968 ausbrach, spendeten viele irische Amerikaner der Organisation Noraid Geld, das diese für die IRA sammelte. Die Öffentlichkeit in Großbritannien war über diesen Vorgang zutiefst beleidigt –amerikanisches Geld diente der Finanzierung von Terroristen – und lange Zeit war die britische Regierung skeptisch, ob sie die amerikanische Regierung in Nordirland intervenieren lassen sollte. Als Tony Blair 1997 Premierminister wurde, entwickelte er eine gute Beziehung zum amerikanischen Präsidenten Bill Clinton, der gerne behauptete, er hätte irisches Blut in den Adern (obwohl er es nicht hat). Clinton gab Senator Mitchell grünes Licht, nach Ulster zu gehen, um die Friedensverhandlungen zwischen der britischen und irischen Regierung und den nordirischen politischen Parteien, einschließlich Sinn Féin, zu überwachen. Nachdem das Karfreitagsabkommen unterzeichnet war, kam Clinton nach Ulster und hielt eine Rede im Belfaster Rathaus vor einer jubelnden Menge. Und ohne Zweifel fühlte er sich wieder irisch.

New Labour – ein Neuanfang

Ironischerweise hat Thatcher die Labour Party noch stärker verändert als die Konservativen. Zunächst reagierte Labour auf sie, indem sie sehr viel stärker nach links rückte, eine einseitige Abrüstung, höhere Steuern, hohe Staatsausgaben und die Renationalisierung all dessen, was Thatcher privatisiert hatte, forderte.

In Liverpool weigerten sich Labour-Stadtratsmitglieder unter der Führung von Derek Hatton, rechtlich zulässige Steuersätze festzusetzen. Sie wollten die Reichen schröpfen und würden sich nicht durch solch eine Kleinigkeit wie das Gesetz aufhalten lassen.

Der Labour-Führer Neil Kinnock legte sich schließlich mit der Linken an und schloss die Extremisten aus der Labour-Partei aus. Er war besonders scharf gegenüber Hattons Stadtratsmitglieder, die die Stadt in ein solches finanzielles Chaos gestürzt hatten, dass sie Hunderte ihrer eigenen Angestellten entlassen mussten. Labour sah also bereits sehr viel ausgeglichener, moderater, kompetenter und wählbarer aus, als die Partei 1994 den jungen aufstrebenden Abgeordneten Tony Blair zum Parteivorsitzenden wählte.

Tony Blair überredete die Partei, ihr Bekenntnis zu Staatsunternehmen fallen zu lassen. Für Leute auf der Linken stand staatliches Eigentum in der Industrie für Labour an sich, aber Blair hatte für sie eine Antwort parat: Das war *Old Labour;* was er machen wollte war *New Labour.*

Majors Probleme

Die Konservativen waren noch an der Macht, nun unter John Major. Aber Major war in Schwierigkeiten. Am *Schwarzen Freitag* im September 1992 brach der Wert des Pfundes ein und Major musste Großbritannien aus dem europäischen Wechselkursmechanismus herausnehmen. Die meisten Leute verstanden dieses Thema vermutlich nicht, aber die Krise ließ die Regierung schwach und, was noch schlimmer war, inkompetent wirken.

Major unterzeichnete den Vertrag von Maastricht, der die Europäische Union gründete, mit einer speziellen Befreiungsklausel für Großbritannien, die sowohl für die Sozialabkommen als auch für die einheitliche europäische Währung galt. Die Augen rollende Brigade innerhalb der konservativen Partei verurteilte die Europäische Union als das Werk Luzifers und schoss ständig gegen Major, weil er nicht Manns genug gewesen war, sich ihr zu widersetzen. Bis 1997 konnte man Majors parlamentarische Mehrheit an den Fingern einer Hand abzählen und der Ruf seiner Partei war stark angeschlagen durch Filz und Skandale. In der Parlamentswahl in dem Jahr schlug ihn Tony Blair vernichtend.

Blairs Großbritannien

New Labour trat umgehend in Aktion. Der neue Schatzkanzler, Gordon Brown, übertrug sofort die Kontrolle der Zinssätze der Bank von England: Nicht länger würden Minister die Hypothekenzahlungen der Menschen zu ihrem eigenen politischen Vorteil hoch oder runter setzen. Labour unterzeichnete das Europäische Sozialabkommen, das Mindestlöhne für alle Beschäftigten einführte, verabschiedete ein *Freedom of Information Act* und inkorporierte die Europäische Menschenrechtskonvention in das englische Recht.

Während Thatcher die Gemeindeverwaltung gehasst hatte, versuchte Blair sie zu stärken, indem er gewählte Bürgermeister in einigen größeren Städten einführte. Der lokale Labour-Kandidat in London, Ken Livingston, war ein charismatischer Kritiker von New Labour. Blair setzte seinen eigenen Kandidaten durch, aber Livingston kandidierte einfach als Unabhängiger und gewann. Livingston erwies sich als schillernder Bürgermeister, der die viel gescholtene *Congestion Charge* (eine Stauabgabe) einführte, um Londons chronischen Verkehrsinfarkt in den Stoßzeiten zu bekämpfen.

Blairs Millenniumsdom in Greenwich, der das neue Jahrtausend markieren sollte, wurde zum Gespött der Nation, aber 2005 feierte London bereits schon wieder, als es das Recht gewann, 2012 Gastgeber der Olympischen Spiele zu sein. Unterdessen waren die ländlichen Regionen in einer Krise und erbost angesichts von Labours Plänen, die Jagd zu verbieten. Blairs Regierung war eine sehr urbane.

Schottland und Wales: Sozusagen wieder Nationen

Schottische und walisische Nationalisten gaben ebenfalls ein Angebot ab, um sich aus der Großbritannien AG zu verabschieden. Diese Nationalisten bezeichneten den Prozess als *Devolution*, (Dezentralisierung) was nicht wirklich Unabhängigkeit heißt, aber etwas mehr ist, als nur den Soldaten zu erlauben, Kilts zu tragen oder Lauchstangen an ihren Hüten. Die Schotten bekamen ein richtiges Parlament, mit einer konstituierenden Sitzung, die durch die Königin eröffnet wurde, und einem topmodernen neuen Gebäude (das viel zu spät fertig wurde und das Budget bei Weitem überstieg) und der Befugnis, so ziemlich alles tun zu dürfen, außer Botschafter zu entsenden und Krieg zu erklären. Die Waliser erhielten eine National-versammlung (*National Assembly for Wales*) mit beschränkten Befugnissen in Cardiff. Diese Versammlung konnte nicht viel tun und sie tat es auch nicht.

Trotz Devolution erwies sich Labour als sehr scharf darauf, ein Gefühl nationaler Staatsbürgerschaft zu entwickeln, und entwarf eine Zeremonie für neue britische Bürger, die eine große Unionsflagge beinhaltete und eine Tonbandaufnahme der Nationalhymne. Diese Zeremonie ähnelte mehr einer Universitätsabschlussfeier und das ganz zu Recht, weil die Einwanderer auch einen Staatsbürgerschaftstest bestehen mussten. Dieser Test umfasste keine Geschichts-kenntnisse, aber es wurde erwartet, dass man grundlegende Kenntnisse der britischen Geografie hatte, etwas über die politische Struktur des Landes wusste und wusste, was man machen musste, wenn man jemandem sein Pint im Pub umstößt (Antwort: weglaufen).

Herrschaft über die Herren erlangen: die Reform des House of Lords

Blair war bestrebt, einige der Anomalien im House of Lords zu beseitigen. Na gut, er wollte, dass sie aufhörten, gegen ihn zu opponieren. Der Lordkanzler, Lord Irvine, löste es durch die Abschaffung der erblichen Lords. Lord Irvine – ein ziemlich stattlicher Mann, der sein Verhältnis zu Blair gerne mit dem von Kardinal Wolsey zu dem jungen Heinrich VIII. verglich (siehe Kapitel 11, wenn Sie sich nicht sicher sind, worum es sich dabei zum Teufel handelt) – handelte eine Vereinbarung aus, der zufolge die meisten erblichen Lords ihre Titel behielten, aber ihre Sitze aufgeben mussten. Das bedeutete, dass das ganze House of Lords von der Parteiführung nominiert werden würde, was zwielichtige Geschäfte geradezu heraufbeschwor. Und tatsächlich begann die Polizei nach der Wahl 2005 Anschuldigungen zu untersuchen, dass die Sitze der Lords gegen Geld gewechselt worden seien.

Blair sagte, er habe sich für seine Regierung Thatcher zum Vorbild genommen. Wie sie gewann er drei Wahlen in Folge (1997, 2001 und 2005). Er tat dies, weil er die *Middle-class* Englands ansprach, Bürgern, die etwas Geld hatten und die traditionell die Konservativen wählten, wären sie nicht so bestürzt gewesen über die fragwürdigen Machenschaften der Konservativen und ihre allgemeine Inkompetenz. Unglücklicherweise glaubten viele Leute in der Labour Party, dass Blair zu sehr damit beschäftig war, ehemalige Tory-Wähler zu gewinnen, dass er seine eigenen traditionellen Labour-Anhänger zu vergessen schien. Blair ließ die privatisierten Industrien in privater Hand. Und er dehnte die Privatwirtschaft auf Schulen und Krankenhäuser aus. Für eine Labour-Regierung sah dieses Vorgehen sehr merkwürdig aus.

Aber nichts bestürzte die Anhänger von Blairs Labour Party so sehr wie sein außenpolitischer Ansatz.

Bleiben Sie stehen, General. Sie sind gefasst.

1998 wurde der ehemalige chilenische Diktator General Pinochet auf Antrag eines spanischen Richters in London festgenommen. Die Gerichte konnten sich nicht entscheiden, ob der General als ehemaliges Staatsoberhaupt Immunität genoss oder nicht, aber das Oberhaus entschied, dass er dieses Privileg nicht hatte. Mal wurde Anklage gegen Pinochet erhoben und dann wieder nicht, und am Ende wurde er aus gesundheitlichen Gründen zurück nach Chile geschickt. Aber das Prinzip, das der Entscheidung der Lords zugrunde lag, gilt noch immer im Völkerrecht: Selbst ehemalige Staatsoberhäupter können wegen Verbrechen gegen die Menschlichkeit angeklagt werden.

Schulterschluss mit Amerika

New Labour hatte viel von Bill Clintons Erfolg gelernt, die Demokraten nach den Reagan-Jahren wieder wählbar zu machen, und sie teilten viele Haltungen und Ansichten. Blair, der immer ein sehr treuer Ehemann und Vater gewesen war, stand sogar zu seinem Freund Bill während des schrecklichen Monika-Lewinsky-Skandals in Washington.

Als George W. Bush 2000 zum Präsidenten gewählt wurde, war er sehr misstrauisch gegenüber Clintons britischen Kumpel Blair, aber nach den Anschlägen von al-Qaida (dem extremistischen islamistischen Terrornetzwerk) auf New York und Washington am 11. September 2001, erklärte Blair schnell, dass Großbritannien Schulter an Schulter mit Amerika in seiner Stunde der Not stehen würde. Als Bush eine groß angelegte Invasion Afghanistans anordnete, um al-Qaidas Stützpunkt und die Taliban-Regierung zu beseitigen, die sie unterstützt hatte, verpflichtete Blair umgehend britische Truppen, an der Seite Amerikas zu kämpfen. (Er hätte vielleicht in diesem Buch zunächst mal prüfen sollen, was bei früheren Gelegenheiten passiert war, als Großbritannien in Afghanistan einmarschierte. Sie können es in Kapitel 19 nachlesen.)

Und dann begann Bush vom Irak zu sprechen.

Irak, die Erste: 1990-91

Seit den 60er Jahren wurde der Irak von einer brutalen, antiislamischen Diktatur regierte, die die Ba'ath-Partei unter ihrem Führer Saddam Hussein errichtet hatte.

Der Westen unterstützte Saddam und seinen Krieg gegen Ayatollah Khomeinis antiwestliche islamische Republik im Iran. Als Saddam Giftgas einsetzte, um Hunderte von Kurden im Nordirak zu ermorden, schaute der Westen sorgfältig weg. Aber als Saddam plötzlich 1990 eine Invasion in das ölreiche Kuwait startete, verurteilte der Westen ihn plötzlich als Tyrannen und Mörder. Eine von den Amerikanern geführte Koalition marschierte in Kuwait ein, trieb die Irakis hinaus, zog dann aber nicht weiter in den Irak, um Saddam zu stürzen. Dieses Vorgehen war keine gute Neuigkeit für Iraks kurdische Bevölkerung, die sich in einer Rebellion gegen Saddam erhoben hatte in der Erwartung, dass die Alliierten ihnen helfen würden. Nachdem klar war, dass die Alliierten ihnen nicht helfen würden, richtete Saddam seine Armee gegen die wehrlosen Kurden.

Als die Lage so aussah, als ob der amerikanische Präsident George Bush (Senior) doch keine Truppen schicken würde, griff Margaret Thatcher zum Telefon und sagte ihm ganz klar und deutlich: »George, dies ist nicht die Zeit zu schwanken.« John Major schickte britische Truppen in den Irak und entwickelte die Idee der sicheren Häfen (*safe havens*) und Flugverbotszonen (*no-fly-zones*) für die Kurden, in die die irakische Regierung keine Truppen oder Flugzeuge schicken durfte und wo die Kurden sicher waren. Koalitionsstreitkräfte überwachten die Flugverbotszonen, und das System schien zu funktionieren. Großbritannien und die USA unterhielten auch internationale Sanktionen gegen Saddams Regime. Zumindest behaupteten sie, dass sie das täten.

Irak, die Zweite: 2003

Nach der Invasion Afghanistans 2002 begann Präsident George W. Bush von einer Bedrohung durch Iraks versteckte Massenvernichtungswaffen zu sprechen (*Weapons of Mass Destruction – WMD*). Er sagte, die einzige sichere Lösung sei ein Regimewechsel. Was eine Invasion bedeutete.

In London marschierten eine Viertelmillion Menschen gegen den Krieg in einer der größten Demonstrationen in der britischen Geschichte. Um das Parlament von der Notwendigkeit eines Krieges zu überzeugen, bereitete Blairs Regierung ein Dossier mit Beweismaterial vor, das der britische Geheimdienst gesammelt hatte. Das Dossier behauptete, der Irak besitze Raketen, die britisches Territorium in nur fünfundvierzig Minuten treffen könnten. Auch als herauskam, dass das Dossier der Doktorarbeit eines Studenten im Internet entnommen war, gab das Parlament grünes Licht und die britischen Truppen zogen an der Seite Amerikas in den Irak.

Das »windige Dossier« (*dodgy dossier*) verursachte Tony Blair schlimme Kopfschmerzen. Die Koalitionsstreitkräfte fanden keinerlei Beweise für WMD und Blair musste zugeben, dass die Geheimdienstinformationen falsch waren. Aber waren sie es? Ein BBC-Journalist behauptete, dass, einem führenden britischen Waffeninspektor zufolge, der Geheimdienstreport von Blairs Büro aufgepeppt worden war, um es eindeutiger aussehen zu lassen. Der Krach begann sich gerade zusammenzubrauen mit ärgerlichen Beschuldigungen und Verneinungen vonseiten der Regierung und der BBC, als der fragliche Waffeninspektor, Dr. David Kelly, tot aufgefunden wurde, anscheinend getötet durch eigene Hand.

Blair ordnete eine Untersuchung an, die äußerst kritisch gegenüber der BBC war und die Regierung davonkommen ließ. Eine zweite Untersuchung unter dem Vorsitz von Lord Butler, einem ehemaligen Kabinettsmitglied, war jedoch äußerst kritisch gegenüber Blairs Regierungsstil und deutete an, dass er das Land in einen Krieg geführt hatte, ohne die entscheidenden Diskussionen und Treffen ordentlich zu dokumentieren. Und dann rückte der Krieg nahe heran.

Briten bombardieren Britannien

Am 7. Juli 2005 nahmen vier junge britische Männer einen Zug nach London, bestiegen die *Tube* (U-Bahn) in vier unterschiedliche Richtungen und zündeten Bomben in ihren Rucksäcken. Einer von ihnen konnte nicht in die U-Bahn einsteigen, weil alle Stationen nach den ersten drei Bomben evakuiert worden waren, also bestieg er einen Bus und sprengte den stattdessen in die Luft. Insgesamt wurden an diesem Tag 56 Menschen getötet – die Bombenattentäter nicht mitgerechnet. Die Leute vermuteten, dass dies eine al-Qaida-Attacke war aus Rache für die britische Beteiligung an der Besetzung Afghanistans und des Iraks, und sie hatten recht. Aber die Bombenattentäter kamen nicht von außen: Sie waren britische Muslims, im Land geboren und aufgewachsen.

Großbritannien war geschockt. Blair versuchte zu behaupten, dass die Bombenattentate nichts mit dem Irak zu tun hatten, aber keiner glaubte ihm, und bald wurden Videoaufnahmen freigegeben, die die Verbindung recht klar machten. Zwei Wochen später versuchte eine zweite Gruppe muslimischer Briten vier weitere Selbstmordbomben zu zünden. Am folgenden Tag erschoss die Polizei einen jungen brasilianischen Elektriker, Jean Charles de Menezes, vor den Augen entsetzter U-Bahnpassagiere, aber es stellte sich bald heraus, dass sie einen furchtbaren Fehler gemacht hatten.

Was passierte in Großbritannien? Die Regierung reagierte auf die Anschläge, indem sie die persönlichen Freiheiten noch stärker einschränkte und der Polizei erlaubte, Verdächtige längere Zeit ohne Anklage einzusperren. Die Richter entschieden, dass einige dieser neuen Gesetze ihrerseits illegal seien und dass sie Freiheiten verwehrten, für die das britische Volk einige Jahrhunderte zuvor gekämpft hatte.

Als das 21. Jahrhundert anbrach, hatten die Briten mehr als je zuvor den Bedarf, sich ihre Geschichte anzusehen, um herauszufinden, wofür ihr Land stand, und was es in der Zukunft bewahren sollte. Großbritannien lebte in interessanten Zeiten.

Wo war die Königin, als all dies geschah?

Als Elisabeth II. 1952 den Thron bestieg, sagte jeder, ihre Regentschaft würde ein »neues elisabethanisches« Zeitalter sein. Das war es nicht. Die Königin hat so wenig Macht, dass sie nicht einmal gebraucht wird, wenn es in einer Wahl ein Unentschieden gibt. Sie hat jedoch das Recht, dass ihr Rat gehört wird, und viele Premierminister haben ihre Fragen überraschend scharfsinnig gefunden. Ihre silbernen Jubiläumsfeierlichkeiten 1977 waren ein großer Erfolg mit Straßenfesten und Feldern voller rot-weiß-blauer Fahnendekorationen. Die Hochzeit von Prinz Charles mit Lady Diana Spencer 1981 war ein noch größerer weltweiter Hit. Diana hatte wirklich Starqualitäten und entwickelte eine treue Anhängerschaft auf der ganzen Welt.

Aber dieser königliche Traum zerplatzte, als die Regenbogenpresse sich mit unverhohlener Freude von den Royals abwandte. In den 50er Jahren, als die Frage aufkam: »Würde Prinzessin Margaret den geschiedenen Fliegeroberst Peter Townsend heiraten?«, war die Antwort Nein. In den 60er Jahren lautete die Frage: »Würden sich Prinzessin Margaret und Lord Snowdon scheiden lassen?«, und die Antwort war Ja. Dann scheiterte Prinzessin Annes Ehe, und Prinz Andrew hatte sich kaum das Konfetti aus den Haaren gestrichen, als seine Ehefrau, Sarah »Fergie« Ferguson, die Herzogin von York, vor der Kamera, mit einem texanischen Millionär herummachend, erwischt wurde. Konnten die Dinge noch schlimmer werden? Ja, sie konnten. Diana und Charles ließen sich auch scheiden.

Charles hatte, wie später durchsickerte, offensichtlich nie wirklich Diana heiraten wollen und war seit Jahren in Mrs. Camilla Parker-Bowles verliebt. Diana gab ein offenes Telefoninterview, in dem sie darauf hinwies, dass ihre Ehe mit drei Leuten ziemlich überfüllt sei. Nicht lange nach ihrer Scheidung wurde Diana in einem spektakulären Autounfall in Paris getötet. Man muss die öffentliche Trauer gesehen haben, um sie zu glauben. Die Mitglieder des Königshauses waren in großen Schwierigkeiten und sie wussten es.

Aber erstaunlicherweise erholte sich die königliche Familie. Dianas Kinder, William und Harry, sind sehr beliebt, der Tod der Königin Mutter 2002 brachte dem Königshaus viel Anteilnahme und allen Widrigkeiten zum Trotz war das goldene Thronjubiläum der Königin 2002 ein Triumph. Die Öffentlichkeit begann sogar, Charles' Eheschließung mit Camilla 2004 zu akzeptieren. Viel von diesem Erfolg war auf die Königin selbst zurückzuführen, die sich mit einigen wohl gewählten Worten der Situation gewachsen zeigte, als muslimische Selbstmordattentäter London 2005 trafen. Was wird passieren, wenn sie gegangen ist? Wir werden es sehen!

Teil VII

Der Top-Ten-Teil

The 5th Wave   By Rich Tennant

»Wir sind eine moderne Europäische Gemeinschaft, aber wir schätzen auch unsere Verbindung zur Vergangenheit. Das ist der Grund dafür, dass die meisten Häuser hier mit eingebauten Katapulten ausgestattet sind.«

In diesem Teil ...

Dieser Teil gibt Ihnen einige Informationen, die Sie in das Gespräch auf einer Dinner Party einfließen lassen können. Sie kennen diese Situation: Das Gespräch fließt so dahin, die Leute plappern und Sie müssen nur sagen: »Die Briten? Ich erzähle Ihnen was über die Briten. Ich kenne zehn britische Persönlichkeiten, die bekannter sein müssten, als sie es sind, geben Sie mir einen Moment, um Ihnen von diesen besonderen Menschen zu erzählen ...«

Hier stehen sie also. Meine Listen mit den Wendepunkten in der britischen Geschichte und zehn wichtigen Leuten, die man kennen sollte. Sie mögen nicht mit allen Punkten einverstanden sein, aber Meinungsverschiedenheiten sind doch das Schöne an der Geschichte – die Leute glauben immer, es geht um Fakten, aber das stimmt nicht, Geschichte wird lebendig durch Meinungen.

Zehn entscheidenden Wendepunkte

In diesem Kapitel

▶ Wichtige und weitreichende politische Ereignisse

▶ Zentrale militärische Feldzüge

▶ Der Beginn eines Inselwettlaufs

Manchmal wissen die Leute, wenn etwas passiert, dass dieses Ereignis wirklich bedeutsam ist, dass die Dinge nie wieder so sein werden, wie sie einmal waren. Gewöhnlich wird jedoch erst viel später klar, wie entscheidend ein Ereignis ist. Als Königin Viktoria 1901 starb, sprach jeder vom Ende einer Ära, aber heute erkennen wir, dass ihr Dahinscheiden nicht annähernd so bedeutsam war, wie der Ausbruch des Ersten Weltkrieges 1914. Als der Krieg jedoch erklärt wurde, nahm das keiner allzu ernst. Man dachte, dass die Feindseligkeiten eine kurze Rauferei sein würden, die, der berühmten Redewendung zufolge, »bis Weihnachten« vorbei sein würden. Es sind also nicht die zu einer bestimmten Zeit lebenden Menschen, die die »Wendepunkte« bestimmen; es sind die Historiker, die später kommen und sehen können, was sich aus einem Ereignis heraus entwickelt hat, die die Wendepunkte bestimmen. Hier ist meine Liste der zehn Ereignisse in der britischen Geschichte, die einen Wandel hervorbrachten.

Das Ende der Eiszeit, ca. 7500 v. Chr.

Es gibt eine schöne Geschichte über die Schlagzeile, die eine britische Tageszeitung einst titelte: »Nebel über dem Ärmelkanal: Der Kontinent ist abgeschnitten.« Na gut, der Titel sollte ein Witz sein, aber dennoch bringt er die Briten und ihre Sicht auf die Welt gut auf den Punkt. Alles hängt damit zusammen, dass Britannien eine Insel ist, und dies ist die Periode, in der sie eine wurde. Wenn Sie etwas über die frühe, *frühe* Geschichte Großbritanniens lesen wollen, gehen Sie zu den Kapiteln 2 und 3.

Die Römer marschieren in Britannien ein, 43 n. Chr.

Die Engländer sind sehr stolz darauf, einst römische Bürger gewesen zu sein, und haben sogar begonnen davon zu sprechen, dass sie Nachfahren einer römischen Person namens Brutus seien: Eine römische Vergangenheit unterscheidet sie von den Schotten und den Iren (siehe Kapitel 4). Später verglichen die Viktorianer ihr Weltreich mit dem der Römer: Während die Römer Aquädukte und den *Pax Romana*, den »römischen Frieden«, brachten, brachten die Briten Eisenbahnen und den *Pax Britannica*. Ein viktorianischer Außenminister rechtfertigte sogar die Anwendung militärischer Gewalt gegen die Regierung Griechenlands, indem er sagte, jeder britische Bürger könne militärischen Schutz von London fordern, genau wie ein römischer Bürger überall auf der Welt Schutz von Rom fordern konnte (gehen Sie zu Kapitel 18, um mehr zu diesem Ereignis zu erfahren).

Die Synode von Whitby, 664

Das Christentum hat seit seiner Ankunft zur Zeit der Römer in der britischen Geschichte eine zentrale Rolle gespielt. Welcher Version sollten die Briten folgen? Im Jahr 664 wurde die Frage auf einem großen Treffen in der Whitby Abbey in Yorkshire, bei dem König Oswiu den Vorsitz führte, erörtert. Oberflächlich betrachtet ging es auf dem Treffen darum, ob England in der Keltischen Kirche, der Kirche Irlands und Schottlands, bleiben oder ob es sich der Römischen Kirche anschließen würde, die Missionare nach Kent geschickt hatte. Aber was wirklich auf dem Spiel stand war, ob England sich dem europäischen *Mainstream* anschließen würde oder ob es bei seiner eigenen, ursprünglichen Weise, die Dinge zu tun, bleiben würde. König Oswiu entschied sich für die Römische Kirche und für die Verbindung zu Europa. Die Synode von Whitby war der Punkt, an dem England schließlich den Kelten den Rücken kehrte und sie hinausdrängte, sogar aus ihrer eigenen Kirche. Mehr über diese Synode und das Leben im angelsächsischen England erfahren Sie in Kapitel 5.

Die normannische Invasion Englands, 1066

Die normannische Invasion ist immer noch einer der bemerkenswertesten militärischen Feldzüge der Geschichte. Die Normannen hätten nicht gewinnen dürfen: Sie kamen aus einem kleinen, zweitklassigen Herzogtum, und England war ein stabiles, hoch entwickeltes und wohlhabendes Königreich. Aber nachdem sie gewonnen hatten, veränderte sich alles. Die Normannen machten England zu einer europäischen Macht, nicht nur stark genug, um sich selbst zu verteidigen, wie es die Sachsen getan hatten, sondern bereit und in der Lage zu expandieren. Diese Expansionsfähigkeit ist der Grund, warum 1066 auch für die Waliser, die Iren und die Schotten bedeutsam ist. Gehen Sie zu Kapitel 7, um mehr über die Normannen zu erfahren.

Die Engländer marschieren in Irland ein, 1170

Es gab nur einen englischen Papst im Mittelalter: Nicholas Breakspear, der als Papst Hadrian IV. herrschte. Er war es, der König Heinrich II. die Erlaubnis für die Invasion Irlands gab. Eigentlich hatte der König von Leinster, einem irischen Königreich, die Engländer eingeladen, ihm zu helfen, an die Macht zu kommen, aber die Engländer entschieden sich zu bleiben und die Macht selbst zu übernehmen. Diese Aktionen veränderten Englands Beziehungen zu Irland für immer und sie waren der Beginn des jahrhundertelangen Elends und Blutvergießens. (Kapitel 8 gibt mehr Informationen darüber, wie die Engländer in die irische Geschichte verwickelt wurden.) Die Engländer konnten nie ganz Irland kontrollieren, aber solange sie glaubten, sie könnten es, sollte es keinen Frieden geben. Und es gab auch keinen.

Die Schlacht von Bannockburn, 1314

Die Schlacht von Bannockburn ist Schottlands Lieblingsschlacht. Bei diesem großen Ereignis schlugen sie die Engländer und verjagten sie. Die Engländer hatten bereits Wales erobert und allen Grund zu glauben, mit Schottland würde es genauso laufen. Bannockburn rettete die Schotten und zerstörte die Vorstellung, die Engländer wären irgendwie unbesiegbar. Hätte England gewonnen, wäre Schottland eine englische Provinz geworden, genau wie Wales (Kapitel 9 erklärt dies im Detail), und die Vorstellung, dass es einst ein eigenständiges Königreich gewesen war, wäre zu einer Erinnerung geworden. Die Tatsache, dass Schottland seine eigenständige Identität und Geschichte behielt, ist in weiten Teilen den Ereignissen in Bannockburn geschuldet.

Der Bruch von Heinrich VIII. mit Rom, 1532

Der Streit von Heinrich VIII. mit Rom mag als rein englische Angelegenheit erscheinen, aber er hatte enorme Implikationen für ganz Britannien. Heinrichs Loslösung der Englischen Kirche von der Römischen Kirche gab grünes Licht für eine Welle religiöser Veränderungen auf der ganzen Insel. Die Reformation überquerte nationale Grenzen – schottische Protestanten hatten das Gefühl, viel mehr mit den englischen Protestanten gemeinsam zu haben als mit den schottischen Katholiken –, aber die Engländer fingen an, Protestantisch-Sein mit Englisch-Sein gleichzusetzen. Ihr Protestantismus war eine weitere Sache, die die Engländer von den Iren trennte, und er wurde zu einem der bedeutendsten Unterschiede zwischen ihnen und den Franzosen oder Spaniern. Der Protestantismus half England in einer Art und Weise zu teilen und zu formen, die wir noch heute erkennen. Und Heinrich VIII. brachte den Prozess ins Rollen. Lesen Sie Kapitel 11 zu den Details über die Regentschaft Heinrichs und Kapitel 12 für die Rolle, die die Religion in den Geschehnissen spielte, die sich während der Regentschaften der Tudor- und Stuart-Monarchen ereigneten.

Karl I. versucht fünf Abgeordnete zu verhaften, 1642

Jeder kann eine Rebellion veranstalten, aber dem König vor seinem Angesicht zu trotzen, ist etwas anderes. Selbst Rebellen versichern gewöhnlich ihre Loyalität dem König gegenüber und sagen, dass sie nur auf seine »bösen Berater« wütend sind. Aber als Karl I. 1642 ins *House of Commons* ging, um fünf Abgeordnete festzunehmen, teilte ihm das Unterhaus faktisch mit, er solle verschwinden. Karl hatte nicht nur seine Autorität verloren: Er hatte sie für alle Monarchen, die nach ihm kommen sollten, verloren.

Die Briten mögen einen Monarchen tolerieren, sogar einen ganz sentimentalen Gesichtsausdruck bekommen, wenn sie an ihn denken, aber nach 1642 gab es Monarchen, weil das Volk es so wollte und aus keinem anderen Grund. Karl I., Jakob II., Georg III. und sogar Eduard VIII. mussten alle ihr Lehrgeld bezahlen. Karl I. den Kopf abzuschlagen, war ein schlagkräftiger Präzedenzfall für alle nachfolgenden Revolutionen: Man könnte sagen, das *House of Commons* veränderte die Weltgeschichte an diesem Morgen im Januar 1642. Gehen Sie zu Kapitel 13, um mehr über die Regentschaft von Karl I. zu erfahren, und über das Tauziehen, das zum Bürgerkrieg führte.

Das Große Reformgesetz, 1832

Einst lernte jeder etwas über Earl Grey und das Reformgesetz (*Reform Act*) (erklärt in Kapitel 17). Das ist schon lange nicht mehr so. Diese Unterlassung ist eine Schande, weil das Reformgesetz so bedeutsam ist wie irgendeine Schlacht, möglicherweise bedeutsamer. Oberflächlich betrachtet ging es bei dem Reformgesetz um *rotton boroughs* (»verfaulte Bezirke«, d. h. Wahlbezirke mit einer extrem geringen Zahl von Wählern) und verschiedene Arten von Wahlrecht, aber das Gesetz war wichtiger als die Ungleichheiten, die es behandelte.

Wenn Sie bedenken, dass nahezu jede andere europäische Nation eine Revolution hatte und die USA einen Bürgerkrieg hatten, dann ist die Tatsache, dass Britannien keine hatte, keine geringfügige Leistung. Der Unterschied bestand darin, dass die Briten die Kunst der Reform beherrschten und wussten, wann und wie sie Veränderungen innerhalb des System vornehmen mussten. Letztlich bedeutete dieses meisterhafte Können, dass die Briten ohne eine blutige und gewaltsame Revolution ein demokratisches System entwickeln konnten, dass das 20. Jahrhundert und darüber hinaus überdauern würde. Dank dem *Great Reform Act*.

Der Fall Singapurs, 1942

Das britische Weltreich gründete sich immer auf einer Täuschung und in Singapur wurde diese Täuschung aufgedeckt. Jeder hielt Singapur für uneinnehmbar, das Symbol britischer Macht im ganzen Fernen Osten. Die Briten waren so daran gewöhnt, überlegen zu sein, dass sie davon ausgingen, wie Churchill es ausdrückte, dass die »kleinen gelben Männer« es nie wagen würden, die Macht des britischen Imperiums herauszufordern. Aber sie taten es und es zeigte sich, dass das Weltreich gar nicht so mächtig war. Singapur fiel nicht nach einer verzweifelten letzten Schlacht; es fiel nach kaum einem Schuss. Alle diese stolzen britischen Offiziere und Männer mussten sich einer asiatischen Armee ergeben. Das ganze Gefühl einer rassischen und militärischen Überlegenheit, für die das britische Weltreich stand, brach in sich zusammen. Die Briten waren nicht besser als andere und die ganze Welt wusste es. Von diesem Augenblick an war es egal, wer den Krieg gewann. Das britische Weltreich war dem Untergang geweiht. Mehr über den Anfang und das Ende des britischen Weltreichs erfahren Sie in den Kapiteln 19 und 22.

Zehn Briten, die bekannter sein sollten

25

In diesem Kapitel

▶ Menschen, die sich gegen Ungerechtigkeiten auflehnten

▶ Menschen, die nahezu unüberwindbare Schwierigkeiten überwanden

▶ Menschen, die die Medizin oder die Wissenschaft zum Nutzen der Menschheit weiterentwickelten

W ie beurteilt man, wie bekannt jemand ist? Sie können eine Wiedererkennungsumfrage starten, aber die Resultate werden ihnen nicht viel sagen. Auf jeden Fall können Leute zu einer Zeit sehr bekannt und einige Jahre später komplett vergessen sein. Nun, hier sind einige Menschen, von denen Sie vielleicht gehört haben oder auch nicht, aber die man kennen sollte. Dies ist ihre Chance, doch noch in die Geschichtsbücher zu kommen.

König Oswald von Northumbria

Eine Liste von Leuten, die besser bekannt sein sollten, mit einem König zu beginnen, mag merkwürdig erscheinen, aber so ziemlich alle Könige des angelsächsischen Englands verdienen es, bekannter zu sein. Oswald (633–642) war im Vergleich zu anderen Herrschern nicht lange auf dem Thron, aber er war phänomenal erfolgreich. Er kam aus dem Exil zurück, um sein heimatliches Northumbrien von dem fürchterlichen walisischen König Cadwallon zu befreien, und er holte St. Aidan von der Insel Iona, der ihm helfen sollte, das Evangelium zu verbreiten. Er gab Aidan die Insel Lindisfarne als Ausgangsbasis, die nur ein Stück weit die Küste entlang von Oswalds eigener Burg in Bamburgh entfernt lag, und die beiden Männer arbeiteten sehr eng zusammen. Oswald war einer dieser vielseitigen Monarchen wie Alfred oder Heinrich VIII., sowohl ein Gelehrter als auch ein Soldat. Für mehr Informationen über Oswald gehen Sie zu Kapitel 5.

Robert Grosseteste

Robert Grosseteste (1175–1253) war Bischof von Lincoln im 13. Jahrhundert. Er war ebenfalls ein großer Gelehrter und Theologe und Kanzler der Universität von Oxford, wo er den Pionierwissenschaftler und Mönch Roger Bacon unterrichtete.

Grosseteste war ein echter Wissenschaftler: Er war in der Astronomie und der Optik tätig und zeigte, wie man Linsen benutzen konnte, um etwas aus der Nähe betrachten oder in großer

Entfernung sehen zu können, und er zeigte die Lichtbrechung im Wasser. Er war ein wirklich guter Bischof: Er klärte alle Missbrauchsfälle in der Diözese Lincoln auf und sorgte dafür, dass seine Gemeindepfarrer ihren Dienst ordentlich versahen. Grosseteste hatte keine Angst davor, sich mit den Mächtigen anzulegen. Als der Papst englische Kirchengemeinden an seine italienischen Kumpanen vergeben wollte, stoppte Grosseteste ihn, auch wenn der Papst Grosseteste suspendierte und ihm mit Exkommunikation drohte. Grosseteste führte auch eine Gruppe von Bischöfen an, die sich weigerten, der Anordnung des Papstes Folge zu leisten, Geld an den König zu zahlen – und machte sich damit gleich zwei Feinde an höchster Stelle. Seine nahezu letzte Amtshandlung vor seinem Tod war es, dem Papst zu sagen, er solle sich zum Teufel scheren, als dieser versuchte, für seinen Neffen einen Posten in England zu ergaunern. Grosseteste stand nicht ganz so auf Dramen wie Becket und er starb in seinem Bett.

Nicholas Owen

Wenn Sie Katholik sind, ist dieser Mann für Sie der Hl. Nicholas. 1970 sprach Papst Paul VI. 40 englische und walisische Märtyrer heilig und Nicholas Owen (?-1606) war einer von ihnen. Wir wissen so gut wie nichts über Owens Hintergrund, aber wir wissen, dass er während der Regentschaft von Elisabeth I. ein jesuitischer Laienbruder wurde, just als dies äußerst gefährlich war (siehe Kapitel 12 für Informationen über die Katholikenverfolgung – und nahezu jeder anderen religiösen Sekte). Aber sein Ruhm begründet sich darauf, dass er die erstaunlichsten _Priest Holes_ baute – Verstecke für katholische Priester. Diese Verstecke waren nicht einfache Schiebetürkonstruktionen (viel zu leicht zu entdecken); Owen war der Thomas Chippendale der _Priest Holes_. Sein Meisterstück befindet sich in Sawston Hall bei Cambridge. Sie können auf einer steinernen Wendeltreppe stehen, mit nichts als gähnender Leere unter der Stufe, auf der Sie stehen, mit dem festen Stein der Treppe klar erkennbar zwischen hölzernen Brettern und doch stehen Sie auf dem Eingang zu einem Priesterversteck. Diese Kammer erscheint menschenunmöglich, aber es gibt sie – ich war schon mal drin.

John Lilburne

Man muss schon Klasse haben, um von Karl I. _und_ Oliver Cromwell inhaftiert zu werden, aber John Lilburne (ca. 1614–1657) hatte sie. Im Namen der Religionsfreiheit bot Lilburne jedem Paroli und nahm jede Bestrafung in Kauf. Als Lilburne einen puritanischen Prediger namens John Bastwick kennenlernte, der dafür, dass er dem Erzbischof von Canterbury widersprochen hatte, die Ohren abgeschnitten bekommen hatte, war er entsetzt und setzte sich für Bastwick ein. William Laud, der fragliche Erzbischof, ließ Lilburne einsperren und durch die Straßen peitschen. Kaum überraschend kämpfte Lilburne für die Parlamentarier im englischen Bürgerkrieg (1642–49) und erfolgreich war er auch.

Dann aber geriet Lilburne in Schwierigkeiten mit dem Parlament. Sein alter Kumpel Bastwick ließ ihn dafür einsperren, dass er den _Speaker_ des House of Commons kritisiert hatte (so viel zum Thema Dankbarkeit). Das Parlament sperrte Lilburne ins Gefängnis, verhängte eine Geldstrafe gegen ihn und entschied dann, dass er doch nicht schuldig sei, und ließ ihn frei. Als

Nächstes nahm sich Lilburne der gewöhnlichen Parlamentssoldaten an, die den Bürgerkrieg für das Parlament gewonnen, aber kein Wahlrecht hatten. Er half dabei, eine radikale Gruppe zu gründen, die *Levellers*, die die Korruption und Machtgier im Parlament kritisierten. Nun war es an Cromwell, Lilburne zu inhaftieren und des Hochverrats anzuklagen. Für Informationen über diese stürmischen Zeiten und Ereignisse, gehen Sie zu Kapitel 13.

Lilburne ist einer der Menschen, die für das eintreten, was sie als richtig erkannt haben, und die sich nicht zum Schweigen bringen oder einschüchtern lassen, was auch immer die Regierung ihnen antut. Wir könnten mehr Menschen wie ihn gebrauchen. Oh, und wie Grosseteste (siehe den früheren Abschnitt) starb er in seinem Bett – auch wenn man darauf nicht gewettet hätte.

Olaudah Equiano

Olaudah Equiano (ca. 1745 – ca. 1797) war ein erfolgreicher Schriftsteller und Entdecker im England des 18. Jahrhunderts. Er nahm während des Siebenjährigen Krieges an einer Reihe von Seeschlachten teil und schloss sich einer Expedition an, um die schwer erreichbare Nordwestpassage um die Spitze Kanadas zu finden. Später kaufte er in Zentralamerika eine Plantage und setzte sich als wohlhabender Mann zur Ruhe. Gut, was ist so besonders an ihm? Das besondere an ihm ist, dass er die meiste Zeit seines Lebens ein afrikanischer Sklave war. Er stammte aus Guinea und lernte die Seefahrtskunst durch den Marineoffizier, der ihn gekauft hatte. Er lernte Lesen und Schreiben in den Pausen zwischen den Seefahrten. Es gelang ihm, genug Geld zu sammeln, um sich freizukaufen, aber er wurde ständig um sein Geld betrogen. Einmal sah es sogar so aus, als würde er wieder versklavt werden. Er war einer der sehr wenigen ehemaligen Sklaven, die selbst Sklavenbesitzer wurden, auch wenn er darauf achtete, die Sklaven auf seiner karibischen Plantage gut zu behandeln. Nicht überraschend interessierte er sich sehr für die Bewegung zur Abschaffung des Sklavenhandels, den er aus eigener Erfahrung kannte. Der Sklavenhandel brachte viele bemerkenswerte Lebensgeschichten hervor, aber nur wenige waren so wechselvoll und überraschend wie die von Olaudah Equiano. Gehen Sie ihm einmal nach.

John Snow

John Snow (1813–1854) war ein einfacher Londoner Arzt, aber er machte sich einen Namen dadurch, dass er eines der dringlichsten medizinischen Rätsel des 19. Jahrhunderts löste. Was um alles in der Welt verursacht die Cholera? Glauben Sie mir, Sie wollen keine Cholera bekommen. Die Krankheit beginnt mit akutem Durchfall und dann strömen all Ihre Körperflüssigkeiten durch jede mögliche Öffnung ab: Cholera ist wirklich eine schreckliche Art zu sterben. Die Cholera erfasste London das erste Mal 1832 aus Indien kommend, aber wie sie sich verbreitete, konnte man nur vermuten. Die meisten Ärzte glaubten, der Überträger sei irgendetwas in der Luft, ein *Miasma*, wie sie es nannten, aber Snow glaubte, dass die Cholera wahrscheinlich eher durch etwas verbreitet wurde, das die Leute aßen oder tranken. Als sich ein sehr starker Ausbruch in einem bestimmten Teil von Soho 1854 ereignete, schaute Snow sich die Statistik an und zeichnete die tödlichen Fälle auf einer Karte ein. Die Antwort starrte ihm ins Gesicht: Alle Menschen, die gestorben waren, erhielten ihr Wasser von einer bestimmten Pumpe an der Ecke der Broad Street; den Menschen, die die Pumpe am anderen Ende der Straße benutzt hatten, ging es gut. Snow ließ den Schwengel der Wasserpumpe entfernen und raten Sie mal, was passierte? Die Zahl der Todesfälle sank sofort. Es wird Sie nicht überraschen zu hören, dass die Miasma-Lobby sich weigerte, Snows Erkenntnisse zu akzeptieren, aber Snow hatte gezeigt, dass man Statistik dafür einsetzen konnte, die Quelle der Cholera zu beseitigen. Und natürlich hatte er recht.

Sophia Jex-Blake

Elizabeth Garrett Anderson wurde 1865 Großbritanniens erste Ärztin, aber jeder, der glaubte, dass Frauen es in der medizinischen Profession fortan leicht haben würden, musste sich auf einen herben Schock gefasst machen. Sophia Jex-Blake (1840–1912) war eine gebildete Dame der Bürgerschicht, die sich 1886 entschied, sich als Ärztin ausbilden zu lassen. Sie schrieb sich an der Universität von Edinburgh ein, oder versuchte es zumindest. Aber Edinburgh legte ihr jedes nur denkbare Hindernis in den Weg. Als man sie und ihre Freundinnen nicht davon abhalten konnte, sich einzuschreiben, versuchte die Universität sie daran zu hindern, ihre Prüfungen abzulegen oder ihre Abschlüsse zu bekommen. Die Studenten schikanierten sie und versuchten, sie aus dem Hörsaal zu werfen. Jex-Blake musste mindestens so viel Zeit mit rechtlichen Auseinandersetzungen mit der Universität verbringen wie mit dem Studium der Medizin. Aber sie gab nicht auf. Nach und nach erfuhren die Leute, was sich in Edinburgh ereignete. Das Parlament verabschiedete ein Gesetz, das es Frauen erlaubte, sich in der medizinischen Fakultät zu den gleichen Bedingungen wie Männer einzuschreiben. Jex-Blake wurde eine erfolgreiche Ärztin und half, die *London Medical School for Women* zu gründen. Kaum überraschend, war sie auch eine aktive Anhängerin des Frauenwahlrechts. Ihr Fall sollte besser bekannt sein, schon weil die Opposition, der sie sich gegenüber sah, so unglaublich heftig und ganz einfach gemein war. Keine Glanzstunde Edinburghs.

Emily Hobhouse

Am Ende des Burenkrieges war es die Aufgabe des britischen Generals Sir Horatio Herbert Kitchener, die Guerillakämpfer der Buren in dem südafrikanischen *Veldt* zusammenzusammeln. Also verbrannte er die Ernte meilenweit im ganzen Umkreis, trieb die Leute zusammen und zwang sie in eine Reihe von *Konzentrationslagern*. Ja, Sie haben richtig gelesen. Schon bald starben Tausende Männer, Frauen und vor allem Kinder an Unterernährung und Krankheiten. Was nicht überraschend war, da es in den Lagern kaum Nahrung, so gut wie keine medizinische Versorgung und keine vernünftigen Unterkünfte gab.

Emily Hobhouse (1860–1926) reiste extra nach Südafrika, um sich diese Lager selbst anzusehen. Sie besuchte, da sie eine verdammt zähe Frau war, die Lager und sagte den Kommandanten genau, was sie von ihnen hielt. Durch reine Entschlossenheit und Durchhaltevermögen konnte sie sie dazu bringen, zumindest einige kleine Verbesserungen vorzunehmen – zum

Beispiel Seife als essentiell anzuerkennen. Dann kehrte sie nach Großbritannien zurück, um die Frage mit dem Premierminister zu erörtern. Emily Hobhouse ist einer dieser Menschen, die sich nicht einfach hinsetzen und ihren Kopf über das Leid schütteln, sondern aufstehen und etwas dagegen tun. Als Bob Geldof die Nachrichten über die Hungersnot in Äthiopien sah, ging er ans Telefon und gründete *Band Aid*; als Emily Hobhouse die Nachrichten aus Südafrika hörte, ging sie an Bord eines Schiffes, um denen dort unten die Hölle heiß zu machen.

Dr. Cecil Paine

Auf jede berühmte Persönlichkeit wie Alexander Fleming, der Wissenschaftler, der das Penizillin entdeckte, kommen Hunderte von Cecil Paines im Hintergrund, ohne die die Flemings dieser Welt nicht existieren würden. Cecil Paine (1905–1994) war ein Pathologieberater in Sheffield in den 1930ern. Er arbeitete an Infektionen, vor allem einer schrecklichen Infektion, dem Puerperal- oder Kindbettfieber, das Tausende von Müttern im Wochenbett tötete. Keiner wusste, was das Kindbettfieber auslöste und die Zahl der daran sterbenden Mütter stieg, anstatt zu sinken. Paine fand heraus, dass das Tragen einer Maske während der Entbindung das Risiko reduzierte und er war kurz davor herauszufinden, wie man Penizillin einsetzen muss, um es ganz auszumerzen.

Zu dieser Zeit stellten Ärzte Penizillin immer noch her, indem sie Flaschen und Pfannen rausstellten, auf denen sich Schimmel entwickelte, was ein bisschen zufällig war. Nichtsdestotrotz versuchte Paine Penizillin-Schimmel bei Augeninfektionen einzusetzen. Nun kommt der traurige Teil. Paine fand sein Penizillin so mühsam, dass er aufgab, aber sein Assistent Howard Florey löste das Problem, wie man Penizillin effizienter herstellt und damit geeignet für die Massenproduktion macht. Dank dieser Entdeckung ist das Kindbettfieber nahezu verschwunden. Florey sagte, dass Paines Arbeiten entscheidend gewesen waren; Paine selbst sagte von sich, dass er ein armer Narr gewesen sei, der das Offensichtliche nicht erkannt hatte, als es direkt vor seinen Augen lag. Nun, vielleicht. Aber es sind diese armen Narren, die die Arbeit machen, die den berühmten Namen helfen, ihre Entdeckungen zu machen. Und auf diese Tatsache gilt es hinzuweisen.

Chad Varah

Chad Varah (1911–2007) war ein junger Vikar der Kirche von England, als er 1936 den Trauergottesdienst für ein junges Mädchen halten musste, das sich selbst umgebracht hatte. Welche schrecklichen Dinge hatten dieses Mädchen dazu gebracht, ihr Leben zu beenden? Ihre Periode hatte begonnen. Ohne jemanden an ihrer Seite, der ihr sagen konnte, was da vor sich ging, dachte diese Vierzehnjährige, sie müsse sich eine Geschlechtskrankheit zugezogen haben. Varah war so entsetzt, dass er entschied, etwas gegen diese Unwissenheit zu tun. Das erste, offensichtliche, was gemacht werden musste, war Sexualerziehung in Großbritannien auf die Beine zu stellen, und um dies zu tun, brauchte es in den 1930er und 1940er Jahren Mut. Wenn Schulkinder heute gut informiert sind über ihre Körper und über Sexualität, dann ist das Chad Varah zu verdanken.

Aber Varah lernte noch etwas anderes aus dem Tod dieses Mädchens. Sie war nicht gestorben, weil ihre Periode eingesetzt hatte; sie starb, weil sie, als sie am dringlichsten Hilfe gebraucht hätte, niemanden hatte, an den sie sich hätte wenden können. Varah entschied, dass sich niemand je wieder so allein fühlen sollte, und 1953 startete er eine Telefonseelsorge, aus der dann die _Samaritans_ hervorgingen. 1953 hatten viele Familien kein Telefon und niemand hätte je daran gedacht, Telefone auf diese Weise zu nutzen: Varahs Idee war, dass, egal wo man sich befand und was auch immer für ein Problem es war, es für jeden, der Hilfe benötigte, immer jemanden am anderen Ende des Telefons geben sollte, der bereit war, zuzuhören und den Hilfesuchenden zu unterstützen – rund um die Uhr an sieben Tagen. Dies war ein wirklich visionärer Gedanke. Nicht viele Menschen können Wunder bewirken, aber die Gründung der _Samaritans_ scheint mir Chad Varah zu einem von ihnen zu machen. Ein wirklich großer Brite.

Stichwortverzeichnis

A

Ablass 209
Abrüstung 393
Abukir, Schlacht von 299
Acheson, Dean 380
Act of Attainder 231
Act of Settlement 260
Act of Union 34, 38, 39, 264, 268
Adrian I. 100
Afghanistan 328, 400
Afrika 378
Agrarreform 275
Agrarverfassung 245
Agricola, Gnaeus Julius 78, 79
Ägypten 380
Alba 107
Albany, Herzog von 196
Albert, Prinz 308
Alexander III. 157
Ælfgifu 116
Alfred der Große 89, 103, 108, 109, 116
Al Quaida 402
Amerika
    Afghanistan 400
    IRA, Beiträge zu 397
    Irak 400
    Kolonien, Besteuerung der 291
    Kongress von Philadelphia 292
    Pontiak-Aufstand 290
    Proteste der Kolonien 291
    Revolution 295
    Suezkrise 380
    Terrorismus, Allianz gegen 400
    Unabhängigkeitserklärung 292
    Unabhängigkeitskrieg 290, 293, 295
    Vermittlung im Nordirlandkonflikt 397
    WK I 351
    WK II 352, 369
Amritsar, Massaker von 357
Amselfeld, Schlacht auf dem 346
Angeln 87, 88, 90, 91, 92, 93, 94, 95
Angelsachsen 87, 94
    Einmarsch in Britannien 88

Angelsächsische Chronik 101, 110
Angevinisches Reich 139
Angus, Herzog von 196
Anjou 139
Anna (Schwester von Maria II.) 260
Anna von Kleve 193, 213, 214
Anselm 130, 131
Anti-Corn Law League 311
Antoninus Pius 80
Antoninuswall 80
ANZAC 350
Apartheid 379
Appeasement 364
Aquädukt 279
Arbeiterbewegung 314
Arbeitslosigkeit 245, 361
Arkwright, Richard 280
Armengesetze 245
Arnold, Benedict 294
Arthur 149, 191
Artuslegende 90
Ashdown, Schlacht von 108
Aske, Robert 213
Athelfled 110
Æthelstan 108, 110, 111, 115
Attlee, Clement 372, 373
Aufstand der Protestanten 219
Augustiner 175
Augustinus 95, 98, 99
Auld Alliance 38, 187, 194, 196
Auslesezüchtung 276
Australien 336
Azincourt, Schlacht von 164

B

Babington-Verschwörung 200
Bacon, Francis 247
Bacon, Roger 177, 411
Bailey 126
Bakewell, Robert 276
Baldwin, Stanley 359
Ball, John 182
Balliol, John de 157

Bane, Donald 129
Bannister, Roger 375
Bannockburn, Schlacht bei 158, 409
Barnet, Schlacht bei 169
Bauernaufstand 180, 182
Bayeux, Teppich von 122, 123, 124
BBC 382, 385, 401
Beatles 382
Beaton, Kardinal 210, 219
Becket, Thomas 212
Beda 89
Behn, Aphra 287
Belgrano 392
Benediktiner 174
Berliner Mauer Fall 394
Berwick-upon-Tweed 36
Bessemer, Henry 285
Betrachtungen über die Revolution in Frankreich
    (Burke) 297
Bevan, Aneurin 'Nye' 372, 373
Beveridge, Sir William 372
Beveridge-Report 372
Bevin, Ernest 372, 377
Bewegungsgesetze 251, 252
Bibelversionen 214
Bildung 373, 384
Bill of Rights 258
Bischofskrieg 230, 231
Black and Tans 356
Blair, Tony 396
    Irakkrieg 400, 401
    Nordirlandgespräche 396
    Privatisierung der Industrie 397
    Wahl 397, 398
Blanketeers 303
Bletchley Park 369
Blitz 367
Blitzkrieg 366
Bloody Assizes 256
Bloody Sunday, 1920 356
Bloody Sunday, 1972 395
Boleyn, Anne 192, 211, 213
Bolingbroke, Henry 165
Bolschewiken 355, 359
Bonaparte, Napoleon 296
Bonnie Prince Charles 267
Book of Common Prayer 215
Börsencrash 360, 393
Bosnien 346

Boston, Massaker von 292
Boston Tea Party 292
Bosworth, Schlacht von 169
Bothwell, Lord 198
Boudica 77, 78
Boulton, Matthew 284
Bouvines, Schlacht von 150
Boyle, Robert 250
Brehan Law 91
Bretagne 139
Bretwalda 94, 95
Brian Boru 113, 130
Bridgewater, Herzog von 279
Brigantes 64
Brindley, James 279
Britenrabatt 394
Britisch, Begriff 25
Britisch Union of Fascists (BUF) 361
British National Party 382
Britonen 90, 93
Brunanburh, Schlacht von 111
Brunel, Isambard Kingdom 320
Brythoni 62
Buckingham Palast 227
Burenkriege 333, 338, 414
Burgen 126, 156
Bürgerkriege 232, 234, 239, 413
Burke, Edmund 297
Burma 329, 370
Bush, George Sen. 401
Bush, George W. Jr. 400, 401

C

Cabot, John 201, 324
Caesar, Gaius Julius 59, 61, 65, 66, 67, 73, 74,
    75, 76
Calais, Belagerung von 162
Caledonia 35
Callaghan, James 384, 389
Calvin, Johannes 210, 215
Campaign for Nuclear Disarmament (CND) 393
Campion, Edmund 219
Caracalla 83
Caratacus 76, 77, 84
Carausius 85
Carham, Schlacht von 107, 114
Cartwright, Edmund 281
Cash, Johnny 62

Cassivelaunus 75
Catesby, Robert 225
Catostraßenverschwörung 304
Catus Decianus 77
Cecil, Lord Robert 203, 225
Cecil, Sir William 199
Cedwalla 100
Chamberlain, Neville 365
Charge of the Light Brigade (Tennyson) 315
Charles, Prinz von Wales 402
Chartisten 313, 314
China 392
Chindit 370
Cholera 413
Christentum
    britische Kirche 95
    Geschichte von Papst Gregor 94
    keltische Kirche 95
    Ordensgemeinschaften 174
    römischer Einfluss 98
    Synode von Whitby 99, 408
Churchill, Winston 350, 359, 366, 371, 372, 375, 380, 383
Cives 88
Claudius 73, 76, 77, 78
Clerkenwell 183
Cliffords Tower 178
Clinton, Bill 397, 400
Clive, Robert 326, 327
Clontarf, Schlacht von 113
Coke, Sir Edward 226
Coleman 99
Collins, Michael 356
Columban 95, 96, 98, 100
Common Sense (Paine) 293
Commonwealth 375, 379
Community Charge 393
Comyn, John 158
Congestion Charge 398
Connolly, James 356
Constantius 85
Contagious Diseases Acts 318
Cormac von Munster 110
Cottage Industry 279
Covenanter 230, 233
Coventry 367
Coverdale, Miles 214
Cranmer, Thomas 215, 217

Crécy, Schlacht von 162
Crick, Francis 375
Cricket 363
Cromagnonmenschen 51
Crompton, Samuel 281
Cromwell, Oliver 223, 232, 234, 235, 236, 262, 412
Cromwell, Richard 237
Cromwell, Thomas 193, 212, 213
Culen 114
Culloden Moor, Schlacht auf dem 265
Cumberland, Herzog von 265
Cunobelinus 76, 80

D

D-Day 370
Dail Eireann 356
Dalriada 107
Dalyell, Tam 392
Dampfmaschinen 283
Danegeld 112, 113
Danelag 108, 110
Darby, Abraham 285
Dardanelle, Schlacht in den 350
Darién 263
Darnley, Lord 197
Darwin, Charles 47, 48, 49, 320
Datierungskonventionen 26
Datierungssystem, christliches 26
David I. 132, 143
David II. 159
Defense of the Realm Act 349
Deklaration von Arbroath 159
Depression 361
Der letzte Blick auf England (Gemälde) 42
Dermot (Diarmait Mac Murchada 142
Descartes, René 247
Deutschland
    Invasion Frankreichs (1870) 344
    Weltkrieg II 366
    Wiedervereinigung 394
    WK I 347, 351
    WK II 364, 369
Diana, Prinzessin von Wales 402
Die Menschenrechte (Paine) 298
Diggers 249
Disraeli, Benjamin 308, 310, 312
DNA 375

Dome of Discovery 375
Domesday-Book 127
Domesday Book 36
Dominikaner 174
Domitian 59, 79
Dowland, John 243
Downing Street Erklärung 396
Drake, Francis 201
Dreadnought 345
Drei Resolutionen 228
Drogheda, Massaker von 237
Druiden 73, 74, 77, 78
Dubh 114
Dubliner Wikinger 113
Dudley, Robert 199
Dunbar, Schlacht von 236
Duncan 114
Duncan II. 129
Dunfermline 129
Dünkirchen, Schlacht von 366
Dunsinane, Schlacht bei 115
Durotriges 64
Dyer, General Reginald 358

E

Eanfled 99
Eden, Anthony 380, 383
Edgar Ætheling 117, 119, 125, 129, 131
Edikt der Brüderlichkeit 297
Edinburgh, Herzog von 374
Edith 117
Edmund Eisenseite 113
Eduard I. der Bekenner 38, 116, 117, 155, 156, 178
Eduard II. 153, 158, 159, 160, 161, 167
Eduard III. 153, 160, 161, 162, 163, 167, 168
Eduard IV. 168
Eduard V. 169, 187
Eduard VI. 194, 211, 215, 216, 220
Eduard VIII. 362
Edwin 99
Edwin von Mercia 125
Egbert 108
Egerton, Francis 279
Einwanderung 381
Eisenbahnen 284, 373
Eisenherstellung 285
Eisenhower, Dwight D. 380

Eiszeit 407
Eleonore von Aquitanien 137, 139, 141, 146
Eliot, Sir John 228
Elisabeth I. 39, 43, 198, 199, 201, 207, 217
Elisabeth II. 374, 375, 402
Elisabeth von York 190
Ely 126
Emma von der Normandie 116
Empirismus 247, 248, 249
Enclosure Act 277
Enclosures 277
Englische Sprache, Ursprung 127
Ententes, prä-WK I 345
Equiano, Olaudah 413
Erasmus von Rotterdam 214, 242
Erik I. die Blutaxt 111
Erklärung der Menschen- und Bürgerrechte 296
Erklärung zur Gewährung der Gewissensfreiheit 238, 257
Ethelbald 108
Ethelbert 95, 98, 99, 108
Ethelburga 99
Ethelred 108, 112, 113, 116, 117
Ethelred II. der Ratlose 103, 112, 116
Ethelwulf 108
Europäische Allianzen 344
Europäische Freihandelsassoziation (EFTA) 381
Europäisches Sozialabkommen 398
Europäisches Wechselkurssystem 398
Europäische Union 398
Europäische Wirtschaftsgemeinschaft (EWG) 381
Europarat 380
Evesham, Schlacht von 156
Exkommunikation 199
Eyre, Edward 336

F

Fabriksystem 281
Falkland-Krieg 391
Faschisten 361
Fashoda 335
Fawkes, Guy 226
Fegefeuer 173, 208
Fenier 40
Ferdinand, Erzherzog Franz 346
Fernsehen 385
Festival of Britain 375

Feudalsystem 127, 128, 181
Fischer, Bischof John 212
Flagellanten 179
Flamsteed, John 250
Fleming, Alexander 415
Flodden, Schlacht von 191, 196
Florey, Howard 415
Flottenaufrüstung (vor WK I) 345
Flucht der Grafen 229
Flying Pickets 388
Fortschrittsglaube 319
Fox, Charles James 296, 297
Franklin, Sir John 331
Frankreich
    Deutsche Invasion (1870) 344
    Invasion Ägyptens 380
    Kolonialismus 335
    Krieg mit 161, 162
    Landbesitz dort 154
    Revolution 289, 293, 295, 297
    schottische Allianz mit 194
    Veto gegen Großbritanniens EG-Beitritt 381
    WK I 347, 349
    WK II 366
Franz II. 197
Franziskaner 174
Französische Revolution 295
    Menschenrechtserklärung 296
    Sturm auf die Bastille 295
Frauen
    Bildungschancen 319
    Emanzipation 319
    Erwerbstätigkeit 348
    viktorianisches Frauenbild 319
    Wahlrecht 343
Freedom Associatio 389
Freedom of Information Act 398
Freibeuter 201
Freihandel 311
Frere, Sir Bartle 333
Friedensbewegung 393, 396
Friedman, Milton 390
Friedrich Barbarossa 148
Fruchtfolge 276
Fußball 162, 384
Fyrd 121

G

Galileo 247
Gallipoli, Schlacht von 350
Galtieri, General 391
Gandhi, Mohandas (Mahatma) 375
Garrett Anderson, Elizabeth 414
Gaveston, Piers 160
Gefolgschaftswesen 138
Gemeinsame Agrarpolitik (GAP) 394
Gemeinsamer Markt 394
Genfer Bibel 214
George, Herzog von Clarence 169
Georg I. 264, 265, 269
Georg II. 269
Georg III. 41, 43, 268, 269, 293
Georg IV. 270, 305
Georg V. 359
Georg VI. 362
Gesetz der Sechs Artikel 214
Gesundheitssystem 373
Getreidegesetze 302, 310, 311
Gewerkschaften 315, 358, 387, 388, 389, 390
Ghandi, Mohandas 363
Gildas 88, 89
Gladstone, William 309, 312, 313, 334, 337
Glockenbecherleute 53, 54, 55
Glorreiche Revolution 256, 258, 289
Glyn Dwr, Owain (Glendower, Owen) 167
Godwin 116, 117
Goldene Zwanziger 360
Gorbatschow, Michail 393
Gordon, General George 334
Gordon, Pfarrer G.W. 336
Gottesbeweis 247
Gottfried 137, 139, 146, 147
Gottfried von Anjou 132
Göttliches Recht der Könige 224
Grattan, Henry 267
Great Game 328
Great Reform Act 410
Greenham Common 393
Gregor I. 94
Grey, Earl 306, 410
Grey, Lady Jane 195
Grey, Sir Edward 347
Grindal, Edmund 219
Große Remonstranz 232
Großer Treck 333

Grosseteste, Robert 176, 411
Grosse Weltausstellung 308, 319
Guthrum 109

H

Habeas Corpus 302
Hadrian 80, 84
Hadrian IV. 39, 408
Hadrianswall 80, 81, 85, 86
Haig, Feldmarschall Sir Douglas 353
Halley, Edmond 251, 252
Hallstatt-Stil 60
Hamilton, Emma 299
Hampden, John 232, 302
Hampden Clubs 302
Hampton Court Konvokation 225
Handel, Entwicklung des 202
Harald Hardrada 118, 120, 121, 122
Harald Harefoot 116
Hargreaves, James 280
Harold Godwinson 117, 118, 119, 120
Harrison, John 250
Harthaknut 116, 118
Harvey, William 249
Hastings, Schlacht von 119, 123
Hastings, Warren 327
Hawkins, John 201
Heath, Edward 388
Heinrich der Jüngere 146
Heinrich I. 130, 131
Heinrich II. 39, 43, 137, 139, 143, 144, 145, 146
Heinrich III. 155
Heinrich IV. 163, 165, 167
Heinrich V. 35, 162, 178
Heinrich VI. 167
Heinrich VII. 39, 169, 187, 190, 191, 324
Heinrich VIII. 38, 39, 43, 191, 211, 213, 214, 242, 243, 409
Hengist 89, 90, 91
Heptarchie 94
Hereward the Wake 126
Herodot 58
Hexenverfolgung 227, 249
Hillary, Edmund 375
Hitler, Adolf 364, 365
Hobbes, Thomas 248
Hobhouse, Emily 414
Hochländer, Vertreibung der 262

Höchstädt, Schlacht von 261
Home Rule 40, 337, 342
Hongkong 331, 392
Hooke, Robert 250
Hopkins, Matthew 249
House of Commons 409
House of Lords 342, 399
Howard, Catherine 193
Howe, Geoffrey 394
Humanismus 242
Hundertjährigen Krieg 153, 161
Hungersnot 275
Hussein, Sadam 400
Huxley, Thomas 47
Hywel der Gute 108

I

Iceni 77, 78
Imperialismus, Kolonien
    Afrika 338
Imperium
    britische Rolle nach dem 380
    Ende 375, 410
    Ursprünge 323
Imperium, Kolonien
    Afrika 332, 333, 334, 378, 379
    Ägypten 334, 380
    Amerika 325
    Australien 330, 336
    China 330, 331
    Indien 326, 327, 329, 357, 363, 376, 378
    Jamaika 336
    Kanada 336
    Neuseeland 330, 336
    Palästina 362, 377
Indien 357, 370, 375
Indulf 114
Industrielle Revolution 281, 287
Inflation 245
Infrastrukturausbau 278
Interdikt 150
Invasions-Hypothese 61
Investiturstreit 131
Iona 96, 105
IRA (Irish Republican Army) 356, 378, 395
Irak 400
IRB (Irish Republican Brotherhood) 355, 356
Irish Volunteers 267

Irland
    Beitritt zum Vereinigten Königreich 266, 268
    Eroberung von 130
    ethnische Zusammensetzung 229
    Gebiete während angelsächsischer Invasion 91
    Große Hungersnot 309
    Home Rule 337, 342
    Invasion der Wikinger 113
    Invasion in 158
    Invasion von 142, 237, 408
    Parlament 337, 356
    religiöse Entwicklung 229, 258
    religiöse Konflikte 232
    Steuern 229
    Teilung 357
    Unabhängigkeitskampf 337, 342, 355
Ironsides 232
Isabella (Ehefrau von Eduard II.) 160, 161
Isle of Anglesey 68
Isle of Man 37, 105
Israel 377
Italien 364
Ivar der Knochenlose 107

J

Jakob I. 159, 223, 224, 226, 227, 228, 229, 261
Jakob II. 40, 41, 159, 256, 259
Jakob III 264
Jakob III. 159, 195, 257
Jakob IV. 195
Jakob V. 196
Jakob VI. 34, 203, 220, 223
Jakobiner 296
Jakobiten 265
Jakobitenaufstände 264
Jalta, Konferenz von 370
Jamaika 337
James, Herzog von Monmouth 256
James I. 214
Jameson, Dr. Starr 338
Jeanne d'Arc 164
Jeffreys, George 256
Jesuiten 199, 219
Jethro Tull 276
Jex-Blake, Sophia 319, 414
Johann II. 162
Johann Ohneland 35, 137, 138, 146, 147, 148,
    149, 150, 151

John of Gaunt (Johann von Gent) 165, 177, 181
Juden 178, 180, 237, 363, 365, 377
Jungfrau von Norwegen 157

K

Kalter Krieg 370, 392
Kanada 336
Kanalbau 279
Kanonenboot-Diplomatie 311
Kanonenbootpolitik 331
Karfreitagsabkommen 396
Karl der Große 106
Karl I. 223, 227, 228, 235, 236, 409, 412
Karl II. 236, 238, 250, 262
Karl V. 192
Karl VII. 164
Kartäuser 174
Kaschmir 376
Katharina von Aragón 191, 196, 211
Katholiken, Unterdrückung der
    Jakob I. Regentschaft 225
    Oliver Cromwell 237
    Regentschaft Jakob II. 256
    unter Elisabeth I. 218
    unter Wilhelm III. 267
Katholikenemanzipation 40, 267, 268
Katholikenverfolgung 412
Katholische Kirche
    Ablehnung der 255, 256
    Glaubensinhalte und -praktiken 172, 173,
        199, 207, 208
    hierarchischer Aufbau 207
    königliche Konflikte mit der 192, 212
    Viktorianische Epoche 318
Kay, John 280
Kenia 378
Kenneth I. MacAlpin 93, 107
Kenneth II. 114
Kenneth III. 114
Kenyatta, Jomo 378
Keramikindustrie 285
Khomeini, Ayatollah 400
Kindbettfieber 415
Kinderarbeit 317
Kinderliteratur 317
Kinnock, Neil 391, 397
Kirche von England 230, 234
    Gründung 192, 211, 213, 214

Veränderungen der 217
Viktorianische Epoche 318
Kirk o'Fields 198
Kitchener, General Hubert 335, 338
Kitchener, Lord Horatio Herbert 348, 414
Klassenstruktur 317
Knox, John 197, 210, 220
Knut der Große 113, 116
Kollektive Sicherheit 364
Kolonialismus 325
Kommunisten 377
Kongregation der Lords 220
Königliche Familien 402
Konsenspolitik 387, 389
Konservative Partei 359, 384, 387
Konstantin der Große 83
Konstantin II. 111
Konstantin III. 114
Konstitution von Clarendon 145
Konzentrationslager 338
Kopfsteuer 181
Kreuzzüge 148, 209
Krieg um Kapitän Jenkins Ohr 272
Krim-Krieg 315
Kristallnacht 365
Kristallpalast 320
Krönungsstein 158
Kurden 400
Kurzes Parlament 231

L

La-Tène-Stil 60
Labour Party 358, 359, 371, 384, 397, 400
Lancaster, Thomas von 160
Lancaster-Familie 167, 190
Landesname 34
Lanfranc 130
Langbogen 161
Lange Parlament 231
Lansbury, George 358
Lapse Rule 329
Laud, William 230
Leopold II., König von Belgien 332, 334
Leo X. 207
Levellers 234, 249
Lewes, Schlacht von 156
Libyen 392
Lilburne, John 412

Limerick, Vertrag von 266
Lindisfarne 95, 96, 97, 99, 103, 105, 106, 411
Lindow-Mann 60, 69
Little Mesters 285
Livingston, David 332
Livingston, Ken 398
Llewellyn der Große 39
Lloyd George, David 342, 357, 358
Locke, John 248
Log 69
Lokomotiven 284
Lollarden 177
London
    17. Jahrhundert Pest/Feuer 239
Londonderry 394, 395, 396
Lud 69
Ludd, Ned 282
Ludditen 282, 301
Ludwig VII. 139, 140, 141
Ludwig XIV. 257
Ludwig XIV. (von Frankreich) 238
Ludwig XVI. 296, 297
Lusitania, SS 351
Luther, Martin 209, 211, 215
Lyall, Charles 47

M

Macadam, John Loudon 278
Macbeth 115
MacCool, Finn 65
MacDonald, Ramsay 359, 360
MacDonald Clan, Abschlachten durch
    die Campbells 262
Macmillan, Harold 379, 381, 383
Magna Charta 151
Mahdi-Aufstand 334
Major, John 396, 398, 401
Majuba Hill, Schlacht am 333
Malaysia 377
Malcolm I. 114
Malcolm II. 114
Malcolm III. Canmore 125, 128, 143
Malcolm IV. 143
Malplaquet, Schlacht von 261
Marchand, Jean-Baptiste 335
Marcher Lords 39, 140, 154
Margaret (schottische Königin) 195, 196
Margareta 129

Margarete 168
Maria, Königin von Schottland 194, 195, 196, 197, 199, 200, 211, 216, 220, 223
Maria de Guise 196
Maria II. 257
Maria von Guise 219
Maria von Modena 257
Marine 299, 350, 351
Market Bosworth, Schlacht von 190
Marlborough, Herzog von 260
Marston Moor, Schlacht von 232
Massenvernichtungswaffen 401
Mathilde, Kaiserin 132, 138, 143
Mau Mau 378
Mayflower 225, 325
McAlpin, Kenneth 35
Means Test 361
Medizinische Versorgung 175, 373
Mercia 100
Messerschmieden 285
Millennium-Dom 398
Milton, John 248
Mischökonomie 387
Mittelalter
    Begriff 242
    Bildungssystem 241
    Bildungswesen 175
    Gesellschaftsstruktur 180
    Lebensdauer 172
    medizinische Versorgung 175
    Religion 171, 172, 173, 174, 176, 177, 205, 208
Mitterand, Francois 392
Mode 318, 374
Moderne, Beginn der 241
Monetarismus 390
Monmouth Rebellion 256
Montfort, Simon de 155, 156
Morant-Bay-Aufstand 336
Morcar von Northumbria 125
Mortimer, Roger 160
Morus, Sir Thomas 212, 242
Mosley, Oswald 361
Motte 126
Mountbatten, Lord 376, 378
Mount Everest-Besteigung 375
Münchner Konferenz 365
Musik 243
Mussolini 364

N

Napier, Charles 328
Napoleon Bonaparte 300, 301
Naseby, Schlacht von 232
Nasser, Oberst Abdel Gamal 380
National Covenant 230
Nationale Regierung 361
National Front 382
National Union of Mineworkers (NUM) 388, 390
Nawab 327
Nazi-Diktatur 364, 365, 369
Neandertaler 48, 49, 50, 51
Neave, Airey 395
Nelson, Horatio 299
Neolithische Revolution 52
Neuseeland 336
Newcome, Thomas 283
New Labour 397, 398, 400
New Model Army 232
New Party 361
Newton, Isaac 250, 251
Newton, John 287
Nigeria 334
Nightingale, Florence 316
Nonsuch 242
Nordirlandkonflikt 394, 395
Nordwest-Passage 201, 331
Normandie 138
    Wortherkunft 104
Normannen
    Eroberung durch die 123, 408
Northumberland, Herzog von 194
Norwich, Juliana von 177
Nova Scotia 325
Nürnberger Prozesse 370

O

Odurman, Schlacht von 335
Offa 100, 101, 106, 108, 115
Offas Dyke 100
Olympischen Spiele 374, 398
ONeill Clan 96
Opiumkriege 330
Oranje-Freistaat 333
Ordensgemeinschaften 212
Ordinance of Labourers 181
Osborne, John 381

Österreichischer Erbfolgekrieg 272
Ostindien-Kompanie 202, 326, 327, 331
Oswald 96, 99, 100, 411
Oswin 96
Oswiu 99, 100, 408
Oudenard, Schlacht von 261
Owain Glyn Dwr 39
Owen, Nicholas 412
Owen, Robert 283
Oxford University 110

P

Pacifico, Don 311
Paine, Cecil 415
Paine, Thomas 293, 298
Pakistan 376
Palästina 362, 377
Pale 154
Palmerston, Lord 311, 312, 331
Pals Battalions 351
Pankhurst, Emmeline 343, 344
Pankhurst, Sylvia 343
Päpste, Rolle der 207
Parlament
    englisches 155, 228, 231, 232, 234, 236, 410
    Haushaltsstreit, prä-WW I 342
    irisches 356, 396
    Labour Party 315
    Reform 305, 313, 314
    schottisches 399
    walisisches 399
Parlament, Vereinigtes Königreich
    politische Parteien (18. Jahrhundert) 270
parlamentarische Regierung 410
Parnell, Charles Stuart 337
Parr, Catherine 193
Passendale, Schlacht von 352
Paulinus 99
Pax Britannica 312
Paxton, Joseph 320
Pearl Harbor 369
Peel, Sir Robert 308, 309, 310, 311
Pelagius 95
Penizillin 415
Pentrich-Erhebung 303
Peoples Charter 313
Percy, Harry »Hotspur« 167
Percy, Henry 167

Pertinax 85
Pest 239
Pestepidemie 178
Peterloo 303
Petition of Rights 229
Philipp August 147, 148, 149, 150
Philipp II. von Spanien 195, 198, 201, 216
Philipp VI. 161
Pikten 64, 88, 89, 93, 95, 96, 100
Pilgerreise der Gnade 213
Pinkie, Schlacht von 197
Pinochet, General 400
Piraten 325
Pitt der Ältere, William 272, 273
Pitt der Jüngere, William 297, 298
Pius V. 207
Plantagenets 138
Plassey, Schlacht von 327
Plinius, Gaius Secundus 66
Plymouth Plantation 225
Pocket boroughs 305
Poitiers, Schlacht von 162
Pole, Kardinal 216, 217
Polen 365
Poll Tax 393
Potsdam, Konferenz von 370
Powell, Enoch 383
Prasutagus 77
Presbyterianer 224, 234
Preston, Schlacht von 235, 265
Priest Holes 412
Princip, Gavrilo 346
Prinzen im Tower 189
Prinzen von Wales 157
Prinzregent 302, 305
Prinz Ruppert von der Pfalz 232
Privatisierung 390
Profumo, John 383
Prostitution 318
Protestantische Reformation 209, 217, 409
Provisionen von Oxford 155
Puffing Billy 284
Punjab 328
Puritaner 218, 224, 230, 234, 325
Putney Debates 234
Pym, John 231, 232

Q

Quäker 237, 287
Quangos 387, 390
Quarantäne 180

R

Race Relations Act 382
Radio 382
Radio Caroline 382
Raglan, Lord 315
Rahere 176
Raleigh, Sir Walter 202, 325
Ramillies, Schlacht von 261
Rassenkonflikte 382, 383
Rationierungen 349, 351, 368, 374
Rechtssystem 246
     Entwicklung 144
Reform Act 1832 306
Reformgesetz 410
Regency Stil 302
Reiserichter 144
Religion
     irische Konflikte mit 232
     Irland, Entwicklungen 229
     Mittelalter 205
     schottische 223
     viktorianische 318
Religionsfreiheit 238
Renaissance 241, 242
Restauration 238
Revolte der nordenglischen Earls 199
Revolution 289
Reynolds, Albert 396
Rheinland 364
Rhodes, Cecil 335
Rhodesien 379
Rhodri der Große 108
Riccio, David 197
Richard, Herzog von Gloucester 169
Richard, Herzog von York 187
Richard I. 137, 138, 146, 147, 148, 149, 178
Richard II. 35, 165, 177, 182
Richard III. 39, 169, 189
Ridolfi-Verschwörung 199
Roaring Twenties 360
Robert Curthose 131
Robert III. 159

Robert the Bruce (Robert I.) 157, 158
Robespierre, Maximilien 296
Robin Hood 150
Rolling Stones 382
Römer
     Britannien, Eroberung von 407
Rommel, Kommandant 369
Ronald Reagan 392
Rory 142
Rosenkriege 163, 165, 168
Rotten boroughs 305, 410
Roy, Rob 266
Royal Airforce 366
Royal Observatory 250
Royal Society 250
Russell, William Howard 316
Russland 348, 355, 370
Rye-Haus Komplott 238

S

Sachsen
     Invasion der 88, 89, 90
     Königreiche 91, 93
     Namenskonventionen 94
     Religion 91, 97
Saladin 148
Samaritans 416
Sands, Bobby 395
Sauchieburn, Schlacht von 195
Scabs 388
Scargill, Anthony 390
Schießpulververschwörung 225
Schlacht am Boyne 40
Schlacht von Hastings 1066 35
Schlieffen-Plan 347
Schotten 93
Schottland
     Anglisierung 128
     Anglizisierung 143
     Beitritt zum Vereinigten Königreich 261, 263
     Devolution 398
     Frankreich, Allianz mit 187, 194
     Invasion von 107
     Kolonialisierungsversuche 263
     Kolonisationsversuche 325
     Landräumung (clearance) 278
     nationale Unabhängigkeit 159

Parlament 399
Religion 219, 220
religiöse Entwicklung 234
Vereinigung mit England 263
Schützengräben, Krieg in den 349
Schwarzen Freitag 398
Schwarzer Prinz 162, 163, 177
Schwarzer Tod 162, 178, 179
Schwarzes Loch von Kalkutta 327
Scone, Krönungsstein 107
Scott, Robert Falcon 342
Scott, Sir Walter 266
Scotus, Duns 177
Sea dog 325
Sechziger Jahre 382
Secondary Picketing 390
Sedgemoor, Schlacht von 256
Seeblockade 297
Sepoy-Aufstand 329
Septimius Severus 85
Sex, viktorianische Haltung zu 318
Sexualerziehung 415
Seymore, Jane 193
Shaka 333
Shakespeare, William 243, 244
Sharp, Granville 286
Sheriffmuir, Schlacht von 265
Shuja, Schah 328
Siebenjähriger Krieg 272
Simbabwe 379
Simnel, Lambert 190
Simpson, Wallis 362
Sind 328
Singapur, Kapitulation von 410
Singh, Ranjit 328
Sinn Fein 356, 357, 397
Sinowjew, Grigori 359
Six Acts 303
Skagerrak-Schlacht 351
Sklaverei 201, 285, 287, 326, 332
Abschaffung der 286
Skoten 35, 36, 93
Sluis, Schlacht von 162
Smithfield 182
Snow, John 413
Solway Moss, Schlacht von 196
Somerset, Herzog von 194
Somerset, James 286
Somme, Schlacht an der 351

Sophia von Hannover 264
South Sea Bubble 270, 271
South Sea Company 271
Sowjetunion 393
Spa Fields Treffen 303
Spanische Armada 201
Spanischer Erbfolgekrieg 271
Spanischer Unabhängigkeitskrieg 300
Spinning Jenny 280
Spinning Mule 281
Spionage 376
Spion Kop, Schlacht von 338
St. Aidan 97, 411
St. Andrew 129
St. Augustinus 174
St. Augustinus von Hippo 175
St. Benedict 129, 174
St. Bonifatius 98
St. Cedd 97
St. Chad 97
St. Cuthbert 97
St. David 98
St. Hilda 97, 99
St. Ninian 95
St. Patrick 84
St. Wilfrid 97
Stahlhelme 349
Stalin, Josef 365
Stamford Bridge
Schlacht von 121
Standard, Schlacht von 132
Stanley, Henry Morton 332
Star Chamber 231
Statute of Labourers 181
Statut von Rhuddlan 157
Stellungskrieg 349
Stellvertreterkönig 77
Stempelgesetz 291
Stempelsteuer 291
Stephan von Blois 132, 138
Stephenson, George 284
Stephenson, Robert 284
Steuern 181, 231, 291, 393
Stirling Bridge, Schlacht an der 158
Stoke, Schlacht bei 190
Strafgesetze 267
Straßenbau 278
Strathclyde 91, 93
Streiks 358, 359, 385, 388, 389, 390

Strongbow 137, 142, 154
Stuart, Karl Eduard 265
Südafrika 338, 379
Sudan 334
Sueton, Gaius Tranquillus 59, 77, 78
Suez-Krise 380
Suffragetten 343, 344, 348
Sven Gabelbart 112, 113
Sven von Dänemark 125
Swanscombe-Frau 51
Synode von Whitby 408

T

Tacitus, Publius Cornelius 59
Tallis, Thomas 243
Telefonseelsorge 416
Telford, Thomas 279
Tensing, Norgay 375
Test Act 238, 257
Tetzel, Johann 209
Teutates 69
Tewkesbury, Schlacht von 169
Thatcher, Margaret 387, 388, 389, 390, 391, 392,
    393, 394, 395, 396, 397, 398, 401
Theater 243, 245
Theodore 100
Theodosius 83, 86
Thomas Becket 144, 147
Thompson, E. P. 43
Throckmorton-Verschwörung 200
Tinchebrai, Schlacht von 131
Titanic 341
Tonnen- und Pfundsteuer 228
Tories 270
Tostig 120
Townsend, Viskont 276
Townsend Steuern 291
Towton, Schlacht bei 168
Trade Union Congress 359
Trafalgar, Schlacht von 300
Transsubstantiation 214, 215
Transvaal 333, 338
Trevithick, Richard 284
Tribal Hideage 100
Trimbel, David 396
Troubles, the 356
Tschechoslowakei 365
Tuchherstellung 279

Türkei 350, 355
Tyler, Wat 182
Tyndale, William 214
Tynwald 105, 155

U

U-Boote 351, 369
Ui Neill 113
Ulaid 63
Ulster Protestanten
    Ansiedlung 202
    Finanzierung 258
Unilateral Declaration of Independence 379
Union Jack 255

V

Valera, Eamon de 357
Varah, Chad 415
Vasallen 127
Vereinigtes Königreich
    Schaffung 261
Vereinten Nationen 377
Versailles, Vertrag von 364
Versammlungsgesetze 298
Verstaatlichungen 373
Viersäftelehre 176
Vietnam 377
Viktoria I. 36, 42, 43, 307, 308
Viktorianisches Zeitalter 307, 316
    Literatur 321
Villiers, George 226, 227
Vitalinus 88
Völkerbund 364
Vortigern 88, 89, 90

W

Wahlrecht 304, 312, 313
    Anforderungen 305
    Frauen 343, 344, 348
Wales
    Devolution 398
    Entwicklung 108
    Invasion von 129, 140, 141
    Krieg mit England 156
    Parlament 399
Wallace, William 158

Walpole, Sir Robert 271
Walsingham, Francis 200
Warbeck, Perkin 190
Warwick, Earl of 190
Washington, George 293, 294
Water Frame 280
Waterloo, Schlacht bei 301
Watson, James 375
Watt, James 283
Wedgewood, Josiah 285
Wehrpflicht 374
Wellesley, Sir Arthur 300
Wellington, Herzog von 300
Weltausstellung 375
Weltkrieg I 344
    Aufrüstung für 345
    Auslöser 346
    Auswirkung auf Großbritannien 348
    Britannien, Auswirkungen auf 355, 358
    Ende 352
    frühe Konflikte 347
    Gedenken an 341, 356
    Grabenkrieg 349
    Irischer Aufstand während 355
    Strategien 349, 351, 352
Weltkrieg II
    Appeasement-Politik 364
    Ausbruch 365
    Auswirkungen auf 371
    Blitzkrieg 366
    Bombardierung Deutschlands 369
    Britannien, Auswirkungen auf 374
    D-Day 370
    Deutsche Invasionsplan 366
    Europäische Front 365, 370
    Heimatfront 367
    japanische Front 369, 370
    Kriegsende 370
    Luftschlacht um England 366
    nordafrikanische Front 369
Wentworth, »Black Tom« 229, 230
Wessex 108
Westminster Abbey 117
Wettrüsten zur See 345
Whigs 270
Whitby
    Synode von 97, 98, 99, 100
Whitby, Synode von 408

Wikinger
    Invasion der 101, 103, 105, 106, 111
    Langschiffe 106
    Lebensweise 106
    Parlament 105
    Sprache 104
    Ziele, andere 104
Wilberforce, William 287
Wilfrid 99
Wilhelm der Eroberer 117, 119, 120, 121, 122,
    123, 124, 125, 126, 127, 129, 130, 131, 140
Wilhelm der Löwe 143, 146
Wilhelm II., dt. Kaiser 345
Wilhelm III. von Oranien 257, 259, 262, 266
Wilhelm IV. 307
Wilhelm Rufus 131, 138
Williams, Betty 396
Wilson, Harold 384, 388, 395
Wilson, Woodrow 364
Winter of Discontent 384, 388
Winthrop, John 325
Wirtschaftskrisen 384
Wishart, George 210, 219
Wissenschaft
    DNA 375
    medizinische 413, 415
    Naturphilosophie 250
    Viktorianische Epoche 319
Witagemot 119
Witenagemot 118
Wohlfahrtsstaat 373
Wolsey, Kardinal 192
Woodville, Elizabeth 168
Worcester, Schlacht von 236
Wren, Christopher 250, 251
Wren, Sir Christopher 239
Wyatt, Thomas 195
Wyclif, John 177

y

York-Familie 167, 190

z

Zisterzienser 174
Zucker 325
Zulu-Stamm 333

Kunst entdecken

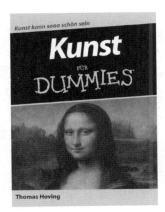

ISBN 978-3-527-70242-8

Der frühere Direktor des Metropolitan Museum of Art in New York, Jon Hoving, führt in diesem Buch durch die Jahrhunderte der Kunstgeschichte: von den ersten Höhlenzeichnungen über die alten Griechen, die Rennaissance und den Barock bis ins 20. Jahrhundert und zur zeitgenössischen Kunst.

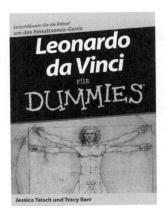

ISBN 978-3-527-70246-6

Leonardo da Vinci schuf mit der Mona Lisa nicht nur das bekannteste Gemälde aller Zeiten, er war auch ein begnadeter Erfinder, Ingenieur und Wissenschaftler. Doch war Leonardo auch der religiöse Freigeist, als der er in jüngster Zeit beschrieben wurde? Jessica Teisch und Tracy Barr lüften die Rätsel um das Renaissance-Genie. Und ganz nebenbei beantworten sie unsere Fragen zum Letzten Abendmahl und zu Mona Lisas Lächeln.

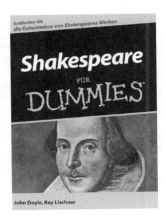

ISBN 978-3-527-70243-5

Alle, die dank »Shakespeare in Love« gerne mehr über Shakespeare wissen möchten, sollten sich dieses Buch nicht entgehen lassen. Fernab von trockenen Schulvorträgen und schlechten Aufführungen sorgen die Shakespeare-Fans John Doyle und Ray Lischner dafür, dass Shakespeare, seine Dramen und Gedichte und auch seine Zeit wieder lebendig werden!

ISBN 978-3-527-70319-7

Einen König wie Ludwig II. würde sich unsere Presse wünschen: Prunk, Kunst und Exzentrik, das verbindet man mit ihm. Thomas Ammon beschreibt in »Ludwig II. für Dummies« nicht nur den bekannten Mythos Ludwig, nicht nur den Märchenkönig, Bauherrn und Wagnerverehrer, er zeigt den Lesern auch neue, unbekannte Seiten des »Kini«.

Ein Bart macht noch lange keinen Philosophen!

ISBN 978-3-527-70095-0

Philosophie ist eigentlich ziemlich interessant, aber viele trauen sich nicht so recht heran. »Philosophie für Dummies« ist eine Einführung in die Gedanken großer Denker, aber vor allem auch eine Ermunterung, sich selbst Gedanken zu machen: über den Sinn des Lebens, ethische Vorstellungen und die Frage, was wir überhaupt wissen können.

ISBN 978-3-527-70328-9

Das Buch erklärt anschaulich und humorvoll, was kluge Männer wie Platon, Kant oder Heidegger, aber auch weniger bekannte Philosophen erdacht haben. Es geht chronologisch auf die philosophischen Theorien der einzelnen Epochen ein und bietet damit einen wunderbaren Überblick über die Geschichte der Philosophie von den Anfängen bis zur Gegenwart.

ISBN 978-3-527-70426-2

Horst Herrmann stellt in diesem Buch die ganze Bandbreite des Agnostizismus vor und erklärt Denkmodelle vom Kritischen Rationalismus bis zur Erkenntnistheorie. So ist das Buch ein Ratgeber für Freidenker, ein Reiseführer durch das Dickicht aus Glauben, Wissen, Hoffen, Dogma und Freiheit. Für alle, die nur wissen nichts zu wissen.

ISBN 978-3-527-70143-8

Wie hieß er doch gleich, der Meeresgott bei den Griechen? Was waren bloß die zehn Aufgaben des Herkules? Mythologie ist spannender als jeder Krimi, grausamer als jeder Horrorfilm und leidenschaftlicher als jeder Liebesroman! Der Schwerpunkt des Buches liegt auf der griechischen und römischen Mythologie.